KB197326

뇌과학 혁명

뇌의 언어부터 이해하라

György Buzsáki 저 | 차지욱 역

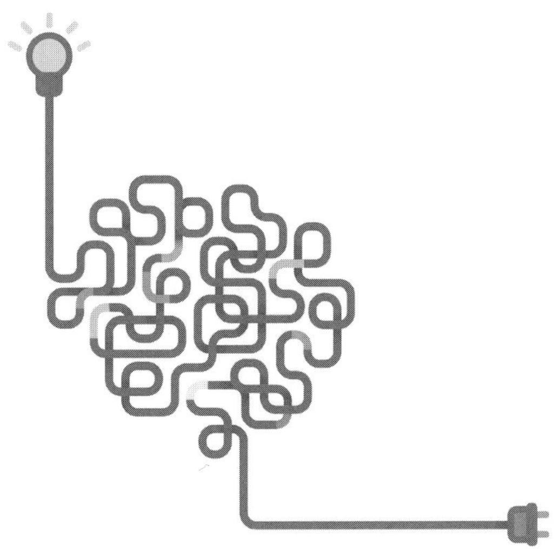

THE BRAIN FROM INSIDE OUT

학지사

THE BRAIN FROM INSIDE OUT

by György Buzsáki

Copyright © 2019 Oxford University Press

THE BRAIN FROM INSIDE OUT was originally published in English in 2019. This translation is published by arrangement with Oxford University Press. HAKJISA PUBLISHER, INC is solely responsible for this translation from the original work and Oxford University Press shall have no liability for any errors, omissions or inaccuracies or ambiguities in such translation or for any losses caused by reliance thereon.

All rights reserved.

Korean translation copyright © 2024 by HAKJISA PUBLISHER, INC. Korean translation rights arranged with Oxford University Press through EYA (Eric Yang Agency).

이 책의 한국어판 저작권은 EYA(에릭양 에이전시)를 통해 Oxford University Press 사와 독점계약한 (주)학지사에 있습니다. 저작권법에 의하여 한국 내에서 보호를 받는 저작물이므로 무단전재 및 복제를 금합니다.

역자 서문

신경과학을 연구하고 공부할 때 가장 큰 즐거움은 가장 현명하고 깊게 생각하는 이들과 소통할 수 있다는 것이다. 신경과학은 융합 학문이어서 연구자들의 학문적 뿌리가 저마다 다르다. 신경과학자들은 심리학, 인지과학, 철학, 미학, 생물학, 물리학, 컴퓨터과학, 통계학, 천문학, 혹은 체육학 등 거의 모든 학문 영역으로부터 지혜와 질문, 혹은 연구 도구를 들고 와서 뇌, 마음, 행동의 비밀을 탐구한다. 동물 모델을 사용하던, 컴퓨터 프로그램을 사용하던 모든 신경과학자들은 그들의 연구가 궁극적으로 자신과 같은 사람의 생각과 행동을 조금 더 잘 이해할 수 있으면 좋겠다는 희망을 품는다.

그렇게 인류 지식의 개척자들로 가득한 신경과학에 간혹 부자키(György Buzsáki) 박사와 같은 선구자도 있다. 부자키 박사는 우리가 지금 열심히 개척하고 있는 이 길만 가지고는 뇌의 신비를 온전히 할 수 없고, 다른 방향으로 길을 터야 한다고 이야기한다.

현재 신경과학과 심리학은 아리스토텔리스(Aristotle)에서 데이비드 흄(David Hume)으로 이어지는 서양 과학의 기초가 되는 외부에서 안으로, '아웃사이드 인(outside-in)' 접근 방식을 사용하고 있다. 이는 인지와 행동을 먼저 연구하고 그와 대응되는 뇌의 특성을 찾는 방법이다. 이 프레임워크 안에서 뇌는 타불라 라사(빈 슬레이트), 즉, 백지 상태로 시작하여 새로운 정보를 받아들임으로써 뇌 회로가 수정되고 발달한다고 본다. 이러한 방법으로 인지, 행동이 뇌와 보이고 있는 끊임없는 상호작용의 관계, 그 상호작용으로 인해 뇌가 환경에 새롭게 적응하는 과정을 탐구할 수 없다. 무엇보다, 뇌를 조사하기 전에 이미 만들어 놓은 인지 행동 개념의 틀에다가 뇌를 집어넣으려고 하는 시도가 과연 실제 뇌가 인지와 행동을 만들어 내는 기작을 밝혀내는 데에 항상 효과적이지는 않을 것이다. 이러한 기존 신경과학 프레임의 한계는 일부 신경과학 프론티어들이 지적해 왔다. 하지만 그 문제점을 치밀하게 제기하거나 대안에 대한 논의를 활발하게 시도하는 사람은 부자키 박사가 유일할 것이다.

부자키 박사는 기존의 외부에서 안으로 '아웃사이드 인(outside-in)' 접근 방식에 보완이 될 수 있는 내부에서 밖으로 '인사이드 아웃(inside-out)' 접근 방식을 제시한다. 이 시각에서 뇌는 타불라 라사가 아니며 이미 뉴런의 단어로 채워진 사전이다. 뇌는 탐색적인 행동을 일으키며 그로 인해 외부 세계의 의미를 파악하고 인식하며 이것이 다시 뇌의 네트워크를 형성한다.

부자키 박사가 인사이드 아웃 프레임워크를 설명하고 설득하는 방식은 실로 놀랍다. 전기생리학, 통계학, 통계물리학, 철학을 넘나들며 기존의 프레임워크로는 설명될 수 없는 지점, 현대 신경과학이 효과적으로 해결하지 못하고 있는 지점들을 보여 주며 이제 새로운 프레임워크로의 전환이 필요함을 설명한다. 독자들은 부자키 박사의 방대한 범위의 설명과 논증에 매료될 것이다.

바야흐로 AI의 시대가 도래했다. 많은 전문가들이 인류의 모든 발명품 중(바퀴, 인쇄술, 엔진, 전기, 컴퓨터, 인터넷 등) AI가 단연코 가장 큰 영향을 주는 발명품이 될 것이라고 한다. '우리 앞 모든 인류 세대가 가졌던 것보다 더 큰 힘이 우리의 손끝에 있다-AI'라는 몇 년 전 광고 문구가 이제 결코 허황되게 느껴지지 않고 아주 적절하다고 챗GPT를 사용할 때마다 느낀다. 문서화된 인류의 거의 모든 지식이 거대 언어 모델에 의해 압축되고 저장되고 활용되어 새로운 지식의 생성까지 이끌고 있다. 앞으로의 10년은 이런 어마어마한 AI의 힘을 과학 연구에 적용하여 인류가 극복하지 못하고 있는 질병, 기후 변화, 기아 등의 문제를 해결하는 'AI4Science', 즉 '과학을 위한 AI'의 시대가 될 것이다. 이에 미국과 중국은 전 국가적인 노력을 AI의 발전과 과학에의 활용에 집중하고 있다.

부자키 박사의 인사이드 아웃 프레임워크는 '다양한 종류의 매우 큰 데이터를 통합적으로 학습하여 기존 모델로 설명하기 어려운 시스템의 작동 원리를 이해하는' 이 AI와 자연스럽게 융합이 될 것이다. 이미 곳곳에서 최신 AI 모델을 활용한 통합적 데이터 뇌과학 연구가 시작되었으며 점점 더 큰 데이터를 점점 더 큰 모델로 학습하는 시도들이 이루어지고 있다. 나는 앞으로 10년 동안 펼쳐질 데이터 뇌과학 연구가 부자키 교수가 이야기하는 '뇌의 언어(syntax)'의 생성 및 작동 원리를 이해하는 데 핵심적인 역할을 하고 현재 뇌과학이 풀지 못하고 있는 많은 비밀들을 풀 것이라고 전망한다. 이 책의 번역이 이런 방향의 과학기술 연구에 국내 독자들의 관심을 모으는 데 일조하길 희망한다.

2024년

역자 차지욱

저자 서문

이론은 거리에서 처음 만나는 사람에게 설명할 수 있을 정도로 명확하게 하기 전까지는 완전한 것으로 간주되어서는 안 된다.

–조제프 디에즈 제르곤(Joseph-Diez Gergonne)[1]

가장 복잡한 기술은 단순해지는 것이다.

–데얀 스토야노비치(Dejan Stojanovic)[2]

성공은 열정을 잃지 않고 한 번의 실패에서 다른 실패로 갈 수 있는 능력이다.

–윈스턴 처칠(Winston Churchill)[3]

내가 기억하는 한, 규칙은 하나뿐이었다. "어두워지기 전에 집에 가세요." 어둠을 어떻게 정의할 것인지는 물론 협상이 가능했다. 내 어린 시절에는 우리 가족의 고양이와 닭 외에도 거북이, 고슴도치 가족, 변기 탱크의 물고기, 비둘기, 헛간 올빼미 등 많은 동물이 포

---

1) Barrow-Green & Siegmund-Schultze(2016)에서 인용.

2) https://www.poemhunter.com/poem/simplicity-30/.

3) https://philosiblog.com/.

함되었다. 우리 돼지 류슈와 나는 좋은 친구였다. 그는 항상 우리에서 나와 우리가 가장 좋아하는 목적지인 헝가리의 작고 얕은 벌러톤만으로 나를 따라가고 싶어 했다. 우리 집에서 길 건너편에 조금만 걸어가면 있는 벌러톤 호수는 내 어린 시절의 많은 행복한 순간의 원천이었다. 여름에는 수영, 겨울에는 스케이트, 1년 내내 낚시 등 필요한 모든 것이 거기 있었다. 나는 동네 친구들과 함께 거리에서 자랐다. 우리는 규칙을 만들고, 게임을 발명하고, 바위와 버려진 건축 자재로 요새를 건설하여 상상의 침략자로부터 우리 영토를 지켜냈다. 우리는 갈대 주위를 돌아다니며 정신없이 탈출구를 찾으면서 방향 감각과 자립심을 길렀다. 나는 어린아이의 낙원에서 자랐다. 그 시절이 우리 부모님 세대에게 공산주의 독재의 최악의 시기였음에도 말이다.

그 여름은 특별했다. 부모님은 부다페스트에서 온 휴가객들에게 침실 2개, 욕실, 주방을 빌려 주셨고, 우리는 임시로 다락방으로 올라갔다. 아버지는 휴가객 중 한 명이 모든 것을 알고 있는 '과학자 철학자'라고 말했다. 나는 어떻게 모든 것을 알 수 있을지 궁금했다. 나는 그의 머리나 눈에서 특별한 것을 발견할 수 있는지 알아내기 위해 기회가 있을 때마다 그를 따라다녔다. 그러나 그는 유머 감각 있는 평범한 사람으로 보였다. 나는 그에게 류슈가 나에 대해 어떻게 생각하는지, 왜 그 돼지가 나와 이야기할 수 없는지 물었다. 그는 내가 알아듣지 못하는 많은 말로 길게 대답했고, 마지막 에 그는 "이제 알겠지"라고 승리에 찬 선언을 했다. 그러나 나는 그렇지 않았고, 내 돼지 친구의 겉보기에는 애정 어린 사랑이 그에 대한 나의 감정과 같은지 계속 궁금해했다. 어쩌면 내 과학자는 그 답을 알고 있었지만 나는 그가 사용한 단어를 이해하지 못했다. 이것은 과학 설명에 사용된 단어에 대한 내 문제의 시작이었다.

어린 시절의 호기심은 결코 증발하지 않았다. 나는 설명 뒤에 숨겨진 진정한 의미를 이해하려고 노력한 결과 과학자가 되었다. 너무나 자주, 내 동료들이 논리적이고 직설적으로 이해한 것이 나에게 미스터리로 남아 있었다. 나는 고등학교 때 중력을 이해하는 데 어려움을 겪었다. OK, 그건 '멀리서 하는 행동' 또는 질량을 가진 신체를 다른 신체로 끌어당기는 힘이지. 그런데 이런 설명은 같은 것을 말하는 다른 방법이 아닌가? 중력에 대한 물리 선생님의 대답은 '나의' 과학자가 제시한 류슈의 능력에 대한 설명을 떠올리게 했다. 내 친애하는 멘토인 엔드레 그라스티안(Endre Grastyán)과 박사후 과정 지도교수인 코르넬리우스 (케이스) 반더울프(Cornelius (Case) Vanderwolf)가 나와 같은 좌절감을 느꼈다는 사실을 깨달은 후 의대생과 박사후 과정을 거치는 동안 설명 용어에 대한 고민이 더욱 깊어졌다. 너무 자주 우리는 무언가를 이해하지 못할 때 한두 단어를 지어내어 그 단어가 수수께끼를 푸는 척한다.[4]

과학자들은 우리 자신과 개인의 마음을 지탱하는 하드웨어의 복잡성을 이해하는 새로운 목표로 21세기를 시작했다. 갑자기 신경과학이 오랫동안 모호한 상태에서 일상 언어로 등장했다. 전 세계적으로 새로운 프로그램이 생겨났다. 미국의 브레인 이니셔티브(BRAIN Initiative)는 뇌의 작용을 엿볼 수 있는 강력한 새로운 도구를 개발하기 위한 공공-민간 협력에 막대한 자금을 투입했다. 유럽에서는 Human Brain Project가 아마도 10년 동안에는 지나치게 야심찬 목표인 인간 뇌 모델을 구축하겠다고 했다. 중국 뇌 프로젝트에서는 인지 및 뇌 질환의 메커니즘뿐만 아니라 정보 기술 및 인공지능 프로젝트의 발전을 주 목표로 한다.

놀랍게도, 이러한 프로그램 중 어느 것도 뇌 기능의 일반적인 원리를 이해하는 데 우선순위를 두지 않는다. 그 결정은 전술적으로 현명할 수 있으며, 뇌의 새로운 원리를 발견하려면 수십 년의 성숙과 아이디어 증류가 필요하다. 훌륭한 이론을 가지고 있고 이를 테스트할 새로운 도구를 끊임없이 찾고 있는 물리학과 달리 신경과학은 아직 초기 단계에 있으며 올바른 질문이 무엇인지를 찾고 있다. 신경과학은 미지의 세계로 가득 찬 서부 시대와 약간 비슷한데, 한 개인도 산업 규모의 기관과 마찬가지로 황금과 같은 지식을 발견할 수 있는 기회를 갖는다. 그러나 큰 아이디어와 가이딩 프레임워크가 절실히 필요하며, 특히 그러한 대규모 프로그램이 설명될 때 더욱 그렇다. 대규모의 하향식 조정 메가 프로젝트는 자원이 가장 효율적인 방식으로 사용되고 있는지 신중하게 조사해야 한다. 브레인 이니셔티브(BRAIN Initiative)가 끝날 때 새로운 세대의 신경과학자들이 크게 생각하고 종합하도록 훈련시키지 못한다면, 점점 더 정확하게 측정은 하지만 결국 동일한 문제만을 다루는 특별한 툴만 남게 될 것이다.

과학은 단순히 세계를 측정하고 그것을 공식으로 변환하는 기술이 아니다. 그것은 단순한 사실의 집합체가 아니라 그들의 관계에 대한 영광스럽게 불완전한 해석이다. 사실과 관찰은 가장 넓은 의미의 사고의 폭과 힘으로 탐구될 때 과학적 지식이 된다. 우리 모두는 경험적 연구가 측정의 기초 위에 서 있다는 것을 인정하지만, 이러한 관찰은 더 많은 진

---

4) 이것들은 '필러 용어'라고 할 수 있다. 아무것도 설명하지 않는 것이다. 과학 저술에서 충분히 자주 사용되면 무고한 독자는 그것들이 실제로 메커니즘을 지칭한다고 믿을 염려가 있다(예: Krakauer et al., 2017).

전을 허용하기 위해 일관된 이론으로 구성되어야 한다. 중요한 과학적 통찰력은 일반적으로 역사의 후반부에야 중요한 발견으로 선언되며, 커뮤니티의 조사와 새로운 실험이 이론을 뒷받침하고 경쟁 실험을 반박한 후에 점진적으로 신뢰할 수 있는 가능성을 얻는다. 과학은 반복적이고 재귀적인 노력의 인간 활동이다. 중요한 통찰력을 인식하고 종합하는 데는 시간과 노력이 필요하다. 이것은 항상 그랬던 것처럼 오늘날에도 사실이다. 신경과학의 기본 목표는 신경 회로 조직의 원리를 식별하는 것이다. 이 목표의 중요성에 대한 나의 확신은 이 책을 쓰게 된 주요 동기였다.

책을 쓰려면 내면의 충동, 즉 산만함으로 일시적으로 억제할 수 있지만 항상 돌아오는 가려움증이 필요하다. 그 가려움증은 얼마 전부터 시작되었다. 2001년 미국 해부학자협회(American Association of Anatomists)로부터 피질 발견자상(Cortical Discoverer Prize)을 수상했을 때, 저명한 저널에 대한 리뷰를 써 달라는 요청을 받았다. 나는 이 기회를 활용하는 가장 좋은 방법은 과학 용어에 대한 나의 문제에 대한 에세이를 쓰고 신경과학의 현재 틀이 올바른 방향으로 가고 있지 않을 수 있다고 주장하는 것이라고 생각했다. 한 달 후 거절 편지가 도착했다. “친애하는 그레고리, 저널을 위해서 귀하의 원고를 출판할 수 없음을 이해해 주시기를 부탁합니다”. 나는 내 에세이의 내용과 저널의 명성 사이의 연관성을 이해하지 못했다. 무엇을 위해서라고? 샌디에이고 캘리포니아 대학교의 나의 훌륭한 지지자이자 위기 고문인 테오도로 불록[Theodore (Ted) Bullock]에게 전화를 걸었다. 그는 주의 깊게 듣고 심호흡을 하며 문제를 뒷전으로 미루고 다시 랩으로 돌아가라고 말했다. 나는 그 말을 따랐다.

그런데도 그 문제들은 계속 나를 괴롭혔다. 수년에 걸쳐, 나는 언어와 과학적 사고 사이의 연관성에 대해 찾을 수 있는 만큼 많이 읽었다. 나는 많은 ‘나의 독창적인 아이디어’가 이미 많은 과학자들과 철학자들에 의해 이미 고려되어 왔지만, 그 아이디어가 심리학이나 신경과학에 효과적으로 침투하지는 못했다는 것을 배웠다. 오늘날의 신경과학은 종종 바꿔 말하지만 실제로 문제의 근원을 설명하지는 않는 주관적인 설명으로 가득 차 있다. 널리 사용되는 신경과학 용어의 기원을 밝히려고 노력하면서 나는 마음과 뇌에 대한 사고의 역사에 대해 더 깊이 여행했다. 오늘날 인지 신경과학의 기초를 이루는 대부분의 용어는 우리가 뇌에 대해 알기 훨씬 전에 만들어졌지만, 우리는 그 타당성에 의문을 제기한 적이 없다. 그 결과, 인간이 만든 용어는 뇌 메커니즘에 대한 현대 연구에 계속 영향을 미치고 있다. 나는 그 자체로 의견 불일치를 추구하지 않았다. 대신에, 나는 신경과학의 넓은 영역에서의 일반적인 관행이 잘못된 철학을 따른다는 것을 천천히 그리고 마지못해 깨달았다. 이 문제를 인식하는 것은 우리가 세계를 묘사하는 데 사용하는 내러티브가 우리가 실험을 설계하고 우리가 찾은 것을 해석하는 방식을 형성하기 때문에 중요하다. 내가 이 책의 내용에 대해 생각하는 데 그토록 많은 시간을 할애한 또 다른 이유는 소수의 전문가 그룹이 개인적으로 관찰한 내용이 아무리 주목할 만하다 해도 실제로는 과학적 지식이 아니라고 믿기 때문이다. 아이디어는 선입견이 없는 교육받은 사람들에게 설명될 때만 현실이 되며, 그 아이디어에 대해 질문하고 이의를 제기할 수 있다. 이 서문의 시작 부분에 인용된 게르곤(Gergonne)의 정의는 높은 기준이다. 신경과학은 복잡한 주제이다. 일상적인 연구에 참여하는 과학자들은 단순화와 관련하여 매우 신중하며 그럴 만한 이유가 있다. 단순화는 종종 한 과학 이론을 다른 이론과 다르게 만드는 깊이와 중요한 세부 사항을 간과하는 대가를 치르게 된다. 연구 논문에서 과학자들은 소수의 독자가 이해할 수 있는 언어로 다른 과학자들에게 글을 쓴다. 그러나 실험실의 실험 결과는 그 업계 외부의 사람들이 이해할 때만 힘을 얻는다.

과학자들이 간단한 언어로 글을 쓰는 것이 어려운 이유는 무엇일까? 한 가지 이유는 우리가 모든 진술과 아이디어를 동료 과학자들에게 인정해야 하는 커뮤니티의 일부이기 때문이다. 전문 과학 저술가는 누구에게서든 아이디어를 빌려 예상치 못한 방식으로 결합하고 매력적인 은유로 단순화하고 조명하며 매혹적인 내러티브로 포장하는 사치를 누린다. 청중은 저자가 발견을 만든 사람이 아니라 현명한 이야기꾼이라는 것을 알고 있기 때문에 주저 없이 이것을 할 수 있다. 그러나 과학자들이 그러한 길을 따를 때, 아름다운 통찰과 지구를 뒤흔드는 아이디어가 그들 자신의 두뇌에서 촉발된 것인지 또는 열심히 일하는 다른 동료들로부터 촉발된 것인지를 그들과 청중 모두 구별하기 어렵다. 우리는 청중을 오도할 수 있기 때문에 편의를 위해 쉽게 모자를 바꾸면서 스토리텔러, 중재자, 관여하는 독단적인 플레이어가 될 수 없다. 이 긴장은 아마도 이 책에 제시된 자료에 반영되어 있을 것이다. 내가 가장 잘 이해하는 주제는 최선의 노력에도 불구하고 필연적으로 더 조밀하게 쓰인다. 반면에 여러 장에서는 내가 직접 공부하지 않는 주제에 대해 논의한다. 나는 그 분야에서 광범위하게 읽고, 그것에 대해 열심히 생각하고, 아이디어를 단순화하고, 그것들을 일관된 그림으로 엮어야 했다. 글 여기저기에 피할 수는 없었지만 변명의 여지가 있는 복잡성에도 불구하고 대부분의 아이디어가 이해되기를 바란다.

이 책의 핵심 주장은 뇌가 이미 존재하는 연결성과 역동성을 갖춘 자체 조직화된 시스템이며, 주요 임무는 행동을 생성하고 그러한 행동의 결과를 조사하고 예측한다는 것이다. 이 견해(나는 그것을 '인사이드-아웃' 전략이라고 부른다)는 뇌의 임무가 세상을 지각하고 표현하고, 정보를 처리하고, 반응하는 방법을 결정하는 것이라고 제안하는 '아웃사이드-인(outside-in)' 방식의 주류 신경과학의 지배적인 틀에서 벗어난 것이다. 앞 페이지에서 이 두 프레임워크 간의 근본적인 차이점을 강조한다. 내가 제시하는 많은 주장은 비록 현대 신경과학의 맥락은 아니지만 꽤 오랫동안 주변에 있었고 뛰어난 사상가들에 의해 논의되었다. 내 목표는 이러한 아이디어를 한곳에서 결합하여 내가 권장하는 뇌 내부 치료의 장점을 논의하는 데 여러 장을 할애하는 것이다. 지난 수십 년 동안 신경과학에서 많은 놀라운 발견이 나타났다. 우리가 나무 너머 숲을 볼 수 있도록 이러한 발견을 종합하고 독자들에게 제시하는 것은 대부분의 과학자들이 가지고 있지 않은 기술을 요구하는 도전이다. 이러한 문제를 해결하기 위해 나는 이 책에서 이중 형식을 활용했다. 본문은 과학에 대한 열정이나 적어도 존경심을 가진 지적이고 호기심 많은 사람에게 기본적인 메시지를 전달하기 위한 것이다. 전문 독자가 더 많은 것을 원할 것으로 예상하여 각주에서 이러한 주제를 확장한다. 나는 또한 각주를 사용하여 관련 문헌에 연결하고 때때로 설명을 위해 동맹을 맺는다. 과학 저술의 황금 기준에 따라, 나는 가능한 한 주제에 대한 첫 번째 관련 논문과 포괄적인 리뷰를 인용한다. 동일한 문제의 다른 측면이 여러 논문에서 논의될 때 가장 관련성이 높은 항목을 나열하려고 시도한다.

당연하게도 그렇게 선택할 때에는 많은 주관성과 부당한 무지가 들어간다. 많은 사람들이 수행한 많은 양의 작업을 요약하는 것과 자격이 있는 연구자에게 공을 돌리는 것 사이에서 균형을 잡으려고 노력했지만 항상 성공하지는 못했다는 것을 알고 있다. 내가 무시했거나 놓쳤을 수 있는 작업을 수행한 분들께 사과드린다. 나의 목표는 복잡함 속에서 단순함을 찾고 지나치게 단순해 보이지 않으면서 읽을 수 있는 이야기를 만드는 것이었다. 내가 종종 실패했다는 것을 알고 있지만 적어도 몇 군데에서는 이 목표에 도달하기를 바란다. 실패는 과학자들이 실험실에서 매일 경험하는 것이기 때문에 후자의 결과는 비극적이지 않다. 실패, 굴욕, 거부에 대한 회복력은 과학 경력의 가장 중요한 요소이다.

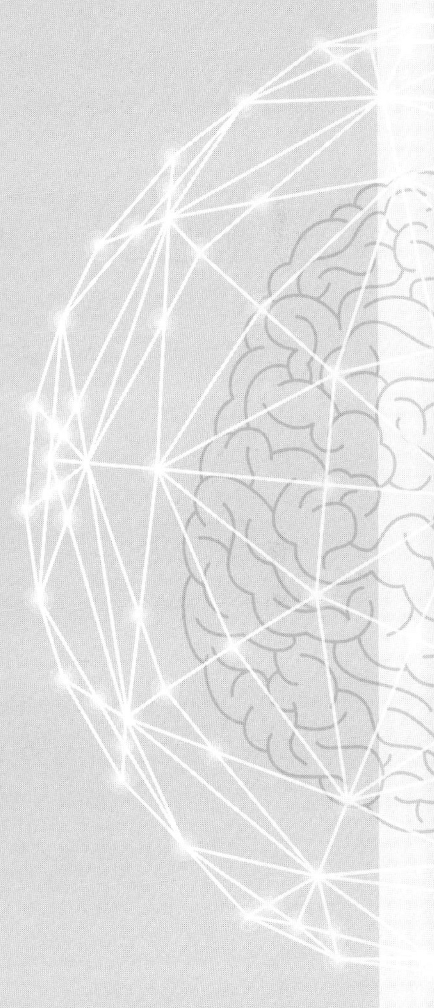

- 역자 서문 _ 3
- 저자 서문 _ 7

제1장 문제 • 19

오늘날 신경과학 틀의 기원 _ 21
심리학적 뿌리 _ 23
외부 접근 방식의 단점 _ 30
행동만이 두뇌 활동에 의미를 부여할 수 있다 _ 33
인사이드-아웃, 독자 중심 프레임워크 _ 38
빈 종이 또는 기존 제약? _ 40
뇌가 정보를 코딩한다: 정말 그럴까 _ 44
요약 _ 48

제2장 신경과학의 인과관계와 논리 • 51

관찰, 동시 발생 그리고 상관관계 _ 52
뇌의 인과관계와 자기 인과관계 _ 55
상호 및 자기 인과관계 _ 64
요약 _ 68

제3장 행동으로부터의 인식 • 69

PHI 현상 및 수동 관찰자 _ 72
행동의 속도가 인지 속도를 결정한다 _ 73
행동–지각 주기의 단축 _ 77
지각 및 능동 감지 _ 84
몸을 가르치는 두뇌 _ 92
행동이 신체 지도에 영향을 준다 _ 94
요약 _ 96

제4장 뉴런 어셈블리: 커뮤니케이션의 기본 단위 • 99

세포 어셈블리 _ 101
목적을 위한 세포 어셈블리 _ 106
요약 _ 113

제5장 경험의 내면화: 행동으로부터의 인지 • 115

환경으로부터의 뇌의 분리 _ 116
머리 방향 감각의 내부화 _ 120
물리적 탐색에서 정신적 탐색 _ 123
정신 탐색을 위한 경로 및 지도 내부화 _ 133
사회적 상호작용은 행동이다 _ 143
언어는 행동에 내부 기반을 둔다 _ 147
요약 _ 150

제6장 두뇌 리듬은 신경 구문을 위한 프레임워크를 제공한다 • 153

뇌 리듬의 계층적 시스템: 신경 구문을 위한 프레임워크인가 _ 155
억제에 의한 구두점 _ 159
진동에 의한 뇌 전체의 활동 조정 _ 162
종을 넘어서는 뇌 리듬 _ 164

오실레이터의 혼입: 스피치의 시간적 역학 추적 _ 167
요약 _ 172

제7장 내부적으로 조직된 세포군의 궤적 • 175
세포군(뉴런 문자) 형태 궤적 _ 176
자기 조직 세포 조립 _ 181
내부 신경 시퀀스가 인지를 만든다 _ 185
해마 이외의 다른 구조에서의 내부적으로 생성된 세포 조립 시퀀스 _ 193
신경망은 어떻게 자기 조직적 시퀀스를 생성하는가 _ 194
궤적 읽기 _ 198
뇌에서 발신자-수신자 파트너십 _ 201
요약 _ 204

제8장 오프라인 두뇌의 내부적으로 조직화된 활동 • 207
날카로운 물결과 파동은 흥분성 이득의 스파이크 전송을 촉진한다 _ 209
날카로운 물결과 파동의 조직된 스파이크 시퀀스 _ 212
비 REM 수면 중 학습된 경험의 통합 _ 214
날카로운 물결과 파동의 구성적인 기능 _ 219
요약 _ 223

제9장 생각의 외부화를 통한 두뇌 성능 • 225
생각은 행동이다: 정신 작용의 외부화 _ 228
외부화: 간략한 개요 _ 230
외부화와 내부화는 상호 보완적인 과정이다 _ 233
인간 협력을 동기화하기 위한 시계 _ 235
정보 혁명 단계 _ 240
브레인 리셋 _ 242
요약 _ 245

제10장 뇌 안의 공간과 시간 • 247

언어로 된 상호 교환 가능한 공간과 시간 _ 248
물리학에서의 공간과 시간 _ 251
뇌의 공간과 시간: 표현인가, 구성인가 _ 257
세계의 공간 대 뇌의 공간 _ 259
세상과 뇌 속의 시간 _ 262
뇌에서의 공간과 시간 _ 271
거리-기간 단일성과 이벤트의 연속성 _ 274
요약 _ 281

제11장 이득과 추상 • 285

이득의 원리와 메커니즘 _ 286
입력 크기 정규화 _ 291
좌표 시스템을 변환하여 관점을 변경한다 _ 292
주의에 의한 이득 통제 _ 297
속도와 이득 제어 _ 299
관심의 속도에서: 이득 제어의 내재화 _ 302
요약 _ 304

제12장 모든 것은 관계다: 비평등주의자, 로그 스케일의 뇌 • 305

다양성은 흥미로운 시스템적인 속성을 제공한다 _ 307
인식의 로그 _ 309
정규분포와 비뚤어진 분포 _ 310
신경망의 로그 아키텍처 _ 313
로그 역학 _ 317
로그 역학 생성하기 _ 321
로그 규칙의 결과 _ 326
영역의 왜곡된 분포 _ 332
요약 _ 336

제13장 두뇌의 최선의 추측 • 339

미리 형성된 뇌 역학 _ 342
매칭 프로세스로서의 경험 _ 346
제약 조건에 장점이 있다 _ 350
관계와 수량의 감각 _ 353
의미는 탐색을 통해 생긴다 _ 355
요약 _ 357

- 에필로그 _ 359
- 참고문헌 _ 363
- 찾아보기 _ 421

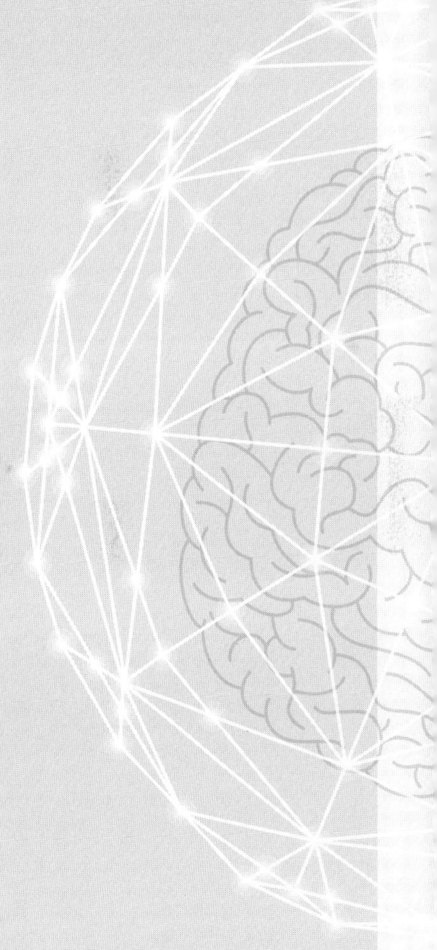

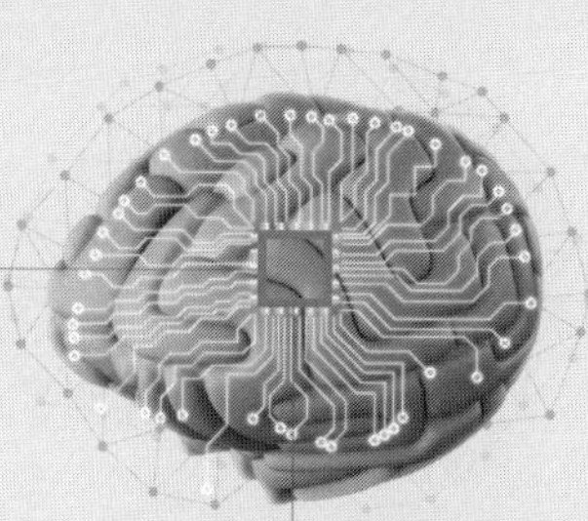

문제

우리를 감싸는 혼란은 언어가 일을 할 때가 아니라 엔진이 공회전하는 것과 같을 때 발생한다.

–루트비히 비트겐슈타인(Ludwig Wittgenstein)[1]

너무 자주 반복된다면 그것이 진실이라고 믿을 수 없을 정도로 터무니없는 것은 없다.

–윌리엄 제임스(William James)[2]

우리가 함께 꿈꾸는 꿈이 현실이다.

–버닝맨(Burning Man) 2017

수수께끼는 항상 중간에 있다. 나는 헝가리 펙스(Pécs)에 있는 의대에서 강사로 있을 때 이 지혜를 배웠다. 신경생리학 세미나에서 나는 뇌가 어떻게 몸과 주변 세계와 상호작용하는지 열정적으로 강의했다. 감각 자극은 주변 센서에서 전기로 변환된 후, 중뇌 및 1차 감각 피질에 충격을 전달하고 이어서 감각을 유도한다. 반대로, 운동 아크에서, 1차 운동 피질의 큰 피라미드 세포로부터의 직접 피질 경로 및 다수의 간접 경로는 척수의 전방 경적 운동 뉴런에 수렴하며, 이의 발사는 근육 수축을 유발한다. 이 수업 교과 과정에는 학생들이 암기하도록 요구하고 강사들이 설명하도록 요구하는 뉴런의 해부학적 특성과 생

1) "철학은 우리의 언어를 통한 우리의 지성의 마법에 맞서는 싸움이다"(Wittgenstein: Philosophical Investigations, 1973). Quine et al.(2013). "이 책 전체에서 'NeuroNotes'는 창의성과 정신질환이 어떻게 얽혀 있는지 상기시키는 것을 목표로 한다(Andreasen, 1987; Kéri, 2009; Power et al., 2015; Oscoz-Irurozqui & Ortuño, 2016). [NeuroNote: 오스트리아에서 가장 부유한 가족 중 한 사람의 아들인 Wittgenstein은 심하게 우울했다. 그의 네 형제 중 세 명이 자살했다.; Gottlieb, 2009]

2) http://libertytree.ca/quotes/William.James.Quote.7EE1.

물물리학적 특성의 긴 목록이 있었다. 나는 학생들에게 자세한 예시를 들어 재미있게 강의하고, 시험 문제에 답할 수 있도록 준비하며, 학생들이 작은 문제를 해결할 수 있게 돕는 데 능숙했다. 그럼에도 불구하고 소수의 사람들(영리한 이들이라고 할 수 있겠지)은 나의 교과서 이야기에 거의 만족하지 않았다. 그들이 하는 전형적인 질문들은 "뇌의 어디에서 지각이 발생합니까?", "대형 피라미드 세포가 발사되기 전에 손가락 움직임을 시작하는 것은 무엇입니까?" 등이었다. 나는 보통 "전두엽 피질에서"라고 대충 대답하고, 교묘하게 주제를 바꾸거나 라틴어를 사용하여 아무도 이해하지 못하지만 과학적으로 들려서 권위 있는 것처럼 보이는 설명해서 그 영리한 이들을 잠시나마 만족시키곤 했다. 이렇게 타당한 질문에 기작을 설명하고 논리적으로 대답하지 못하는 나의 무능력은 그 이후로도 나를 괴롭혔다. 모든 자존심 있는 신경과학자들이 그런 것처럼[3] 내가 이해하지 못하는 것을 어떻게 설명할 수 있을까? 수년에 걸쳐, 나는 이 문제가 나만의 것이 아님을 깨달았다. 실제로 많은 동료들이 같은 생각을 한다(인정하건 인정하지 않건). 한 가지 이유는 뇌가 복잡하고 우리의 과학이 아직 어린 단계에 있어서 많은 미지의 영역에 직면하고 있기 때문이다. 그리고 뇌의 진짜 미스터리라고 할 수 있는 대부분의 미지의 영역은 뇌의 감각 분석기와 운동 시스템과 멀리 떨어진 뇌 깊숙한 곳에 있다. 역사적으로, 뇌에 대한 연구는 외부에서 진행되어 왔는데, 이런 체계적 탐험이 우리를 언젠가는 가운데로, 더 나아가 가운데에서 바깥으로 이끌 것이라는 희망이 전제에 깔려 있다. 나는 이것이 옳은 접근인지, 혹은 성공할 수 있는 유일한 방법인지 궁금했고, 이것에 보완적인 전략을 제공하기 위해 이 책을 썼다.

이 소개 장에서는 걸림돌이 어디에서 보이는지 설명하고 대체 견해를 간략하게 요약하려고 한다. 다음 장에서 알 수 있듯이, 나는 내가 제안하는 틀을 믿는다. 내 동료 중 일부는 나와 함께할 것이나, 다른 사람들은 그렇지 않을 것이다. 이러한 논란은 물론 과학의 프런티어들이 논의되고 도전받을 때마다 예상되는 것이며, 나는 이를 분명하게 선포하고 싶다. 이 책은 이미 이해된 것을 설명하기 위한 것이 아니라 인류가 해결할 수 있는 가장 매혹적인 문제에 대해 생각하도록 초대한다. 미지의 세계로의 모험, 바로 우리 자신.

3) '신경과학자'라는 용어는 1969년 미국에서 신경과학협회가 설립되었을 때 도입되었다.

오늘날 신경과학 틀의 기원

뇌에 대한 과학적 관심은 마음이 어떻게 '진실'을 배우고 진실하고 객관적인 세계를 이해하는지에 대한 인식론적 문제로 시작되었다. 역사적으로, 뇌 연구는 내적 성찰에서 실험적 과정으로 옮겨 왔으며, 이 여정을 따라 연구자들은 개별적인 견해를 표현하기 위해 수많은 용어를 만들었다. 철학자와 심리학자들은 우리의 감각기관(눈, 귀, 코)이 어떻게 세상을 '어떻게' 감지하는지, 그리고 그 특징을 우리의 마음에 전달하는 방법을 물음으로써 이 탐정 조사를 시작했다. 문제의 핵심은 바로 여기에 있다. 아리스토텔레스(Aristotle)와 같은 초기 사상가들은 우연히 바로 설명되어야 하는 대상을 만들어 내고, 설명하는 주체들을 제공하는 것과 같은 마음에 대한 이중적 역할을 가정했다.[4] 이 사상가들은 사물을 상상했고, 이름을 지어 주었고, 이제 수천 년 후, 우리는 그들이 꿈꿨던 생각들과 관련이 있을 수도 있는 신경학적 기작을 찾고 있다.[5] 마음에 대한 새로운 아이디어가 고안되면서 설명할 것들의 목록이 계속 증가하면서 뇌라는 부동산을 점진적으로 재정비하게 이르렀다. 프란츠 요제프 갈(Franz Joseph Gall)과 그의 19세기 추종자들은 첫 번째 시도 또는 실수로 우리의 다양한 정신 능력이 뚜렷한 뇌 영역에 국한되어 있으며, 이 뇌 영역들이 두개골의 튀어나온 모양과 심지어 고르지 않은 형상에 의해 식별될 수 있다고 주장했다. 이를 골상학이라고 한다([그림 1-1]). 갈(Gall)은 뇌를 별도의 '기관'으로 나눌 수 있다고 제안했는데, 이를 오늘날 '지역'이라고 부른다. 임의로 분할된 지역 중 19곳은 번식, 사물 기억 및 시간과 같은 다른 동물들과 공유되는 기능을 담당했다. 나머지 8개 지역은 형이상학, 시, 풍자 및 종교 감각과 같은 인간에 특화되었다.[6] 오늘날 우리는 두개골에 대한 충돌이 모양과 지역화와 거의 관련이 없다는 것을 알고 있기 때문에 골상학은 가짜 과학(혹은 의사 과학)이라

4) Aristotle(1908). 우리는 종종 신경과학에서 이중성의 비슷한 실수를 저지른다. 결과를 설명하기 위해, 우리는 '현실적인' 계산 모델을 구축하여 모델이 '설명할 것'을 면밀하고 안정적으로 대표한다는 것을 우리 자신과 다른 사람들에게 확신시킨다. 동시에 이 모델은 생물학적 문제를 설명하는 역할도 한다.

5) 이 주제에 대한 간결한 소개는 Vanderwolf(2007)와 Bullock(1970)을 참조하라.

6) Gall이 신체에서 의심되는 기능을 위해 집을 찾으려는 시도는 처음이 아니다. 불교, 특히 쿤달리니 요가에서 '심리적 센터'는 차크라 또는 '바퀴'로 알려진 몸 전체에 분포되어 있다. 이 수준은 생식기(에너지), 배꼽(불, 만족할 줄 모르는 힘), 심장(예술, 꿈의 상상), 후두(정화), 신비로운 내면의 눈(권위), 머리의 정수리(생각과 감정)다. 서로 다른 레벨은 코일 뱀을 나타내는 척추에 의해 조화로운 리듬 방식으로 조정된다. 또한 Jones et al.(2018) 참조.

고 조롱된다. 갈(Gall)은 장 바티스트 라마르크(Jean-Baptiste Lamarck)가 진화에 대표한 것과 같이 신경과학에서 대표된다. 곧, 잘못되었다는 사실이 과학에서 쓸모없다는 것을 의미하지는 않는다는 것. 놀랍게도, 인간이 발명한 용어와 개념에 대해 뇌에서 '상자'를 찾으려고 하는 더 심각한 난센스에 대해 불평한 사람은 거의 없다. 이 전략 자체가 그것을 잘못 구현하는 것보다 더 큰 범죄이다. 그 잘못된 구현이라는 것은 '적절한' 뇌 영역을 찾는 데 실패하는 것을 의미한다.

[그림 1-1] A: Franz Joseph Gall과 그의 골상학 추종자들은 우리의 다양한 정신 기능이 두개골의 굴곡의 형태와 지리로 식별될 수 있는 뇌 개별 영역에 국한되어 있다고 믿었다. 골상학은 오늘날 사이비 과학으로 조롱받는다. B: 오늘날 우리가 주장하는 인지 능력의 영상 기반 지역화. 나는 전전두엽 피질에만 관련된 인지 용어를 100개 이상 찾았으며 그중 일부는 여기에 나와 있다.

노트가 너무 많아

"노트가 너무 많아. 그냥 조금만 줄이면 완벽해질 거요." 어린 모차르트(Mozart)에게 황제는 말했다. 이 대사는 영화 〈아마데우스〉에서 우스꽝스러운 대사였지만, 오늘날인지 신경과학의 전문 용어에게 유용한 메시지가 될 수 있다. 뇌 연구 이전에 마음에 대해 축적된 수많은 용어를 위해 충분한 공간이 뇌에 남아 있지 않을 정도다([그림 1-1]). 신경해부학에 정통한 사람이라면 코르비니안 브로드만(Korbinian Brodmann)의 대뇌 피질의 세포 구조적 조직에 대한 기념비적 연구가 인간의 뇌에서 52개의 영역을 구별했다는 것을 알 수 있다. 많은 연구자들은 본질적인 해부학적 패턴의 차이가 기능적 전문화에 달려 있다고 추론했다. 다중 MRI(Multimodal Magnetic Resonance Imaging)를 사용하여 현대 신경과학 연구는 대뇌 피질의 구조, 연결 및 또는 지형에서 비교적 급격한 변화로 경계를 이루는 180개의 피질 영역을 구별한다. 그러면 이는 우리가 예전부터 품고 있던 생각과 똑같은 정도로 우리 뇌 안에 보다 더 많은 잠재적인 상자를 가지고 있다는 말인가?[7] 하지만 이러한 최근의 뇌 영역의 증가에도 불구하고 여전히 인간이 만들어 낸 용어들은 대뇌 피질 영역의 수보다도 많다. 이 책의 뒷부분에서 설명하듯이, 인지 기능은 대개 고립된 뇌 영역 내의 지엽적인 활동이 아닌, 뇌 영역 간의 관계에서 발생한다. 그러나 개별 뇌 영역에서의 계산보다 뇌 영역 간 상호작용이 더 중요하다는 사실을 인정하더라도, 꿈꿔 왔던 용어와 뇌 활동 간의 대응관계를 찾는 것이 뇌를 이해하는 올바른 전략이 될 수는 없다.

심리학적 뿌리

인지심리학에 생일이 있다면 미국의 철학자이자 심리학자인 윌리엄 제임스(William James)가 쓴 『심리학의 원리』가 출판된 1890년일 것이다.[8] 마음과 세계의 연결('의식의 흐름')에 대한 그의 접근은 아방가르드 예술과 문학에 큰 영향을 미쳤는데, 이 대작이 인지과학과 오늘날의 신경과학에 미치는 영향은 지대했다. 그 당시 각 장은 혁신적이었으나, 현재의 우리에게는 친숙하고 자연스럽게 받아들일 수 있다. 1890년 작업의 목차를 한번 보자.

제1권

- 제4장 — 습관
- 제6장 — 마음-물질 이론
- 제9장 — 생각의 흐름
- 제10장 — 자아의식
- 제11장 —주의
- 제12장 — 개념
- 제13장 — 차별과 비교

---

7) Brodmann(1909); Glasser et al.(2016). 최근의 정량적 두개골 내시경 분석에 대한 가벼운 판독 값은 Parker Jones et al.(2018) 참조.

8) James(1890).

- 제14장 — 연합
- 제15장 — 시간에 대한 인식
- 제16장 — 메모리

제2권

- 제17장 — 감각
- 제18장 — 상상력
- 제19장 — '사물'에 대한 인식
- 제20장 — 공간에 대한 인식
- 제21장 — 현실에 대한 인식
- 제22장 — 추론
- 제23장 — 운동의 생산
- 제24장 — 본능
- 제25장 — 감정
- 제26장 — 의지

오랜 시간에 걸쳐 이 용어와 개념은 생명력을 얻게 되고, 실제처럼 보이기 시작했으며, 인지심리학과, 뒤이어 인지 신경과학의 실질적인 전문 용어가 되어 버렸다.

우리가 물려받은 신경과학 어휘

신경과학이 20세기에 등장했을 때, 그것은 무조건적으로 제임스의 용어를 채택하고 각각을 위한 뇌의 집을 찾고(예: 인간 영상 실험에서) 그들의 근본적인 신경 메커니즘을 식별하는 프로그램을 고안하기 시작했다(예: 신경생리학에서). 이 전략은 오늘날까지 계속되고 있다. 압도적으로 대다수의 신경과학자들은 제임스의 목차에서 항목 중 하나를 선택하고 "이것이 내가 관심 있는 문제이며, 뇌 메커니즘을 파악하려고 노력하고 있다"라고 선언할 수 있다. 그러나 이렇게 가정된 정신 구조와 이를 '책임지는' 물리적 뇌 영역 사이의 대응관계를 찾는 연구 프로그램은 골상학과 근본적으로 다르지 않다. 차이점라면 마음과 관련된 용어와 두개골 풍경 사이의 상관관계를 검색하는 대신 오늘날은 단일 뉴런의 발사 패턴,

뉴런 연결, 인구 상호작용, 유전자 발현, 기능적 MRI의 변화에 대한 정보를 수집하는 첨단 방법, 기능적 자기 공명 영상(fMRI) 및 기타 정교한 변수들을 이용한다는 것이다. 그러나 기본 철학은 동일하게 유지되었다. 즉, 인간이 만든 아이디어가 뇌 활동과 어떻게 관련되는지 설명하는 것이다.

여기서 잠깐. 도대체 어떻게, 뇌에 대해 알기 전 수백(또는 수천) 년 전에 열정적인 선배들이 만든 우리가 상상한 어휘의 용어들이 뇌 메커니즘에, 그것도 비슷한 경계를 가진 채로 매핑되기를 기대한단 말인가? 신경과학, 특히 인지 분야는 물려받은 프레임워크의 희생양이자, 오래된 명명법의 포로가 되어 버렸다. 우리는 여전히, 만들어진 단어와 개념이 우리 뇌 안에 있어야 할 자리를 찾고 있고, 병변 연구, 뇌 영상 등의 방법으로 그 탐구를 이어 간다. 끊임없이 상호작용하는 뇌 과정의 관계가 아니라, 미리 결정되고 분류된 개념의 경계가 뇌의 탐구를 이끈다. 우리는 몇 가지 기준에 따라 뇌 활동의 핫스팟을 식별하고 이를 제임스와 다른 사람들의 성문화된 카테고리와 연관시키고 뇌의 해당 장소를 거주지로 표시한다. 비꼬는 말로 내 요지를 끌어오기 위해 나는 이 접근 방식을 '신 생물학'[9]이라고 부른다. 골상학과 현대판 모두에서 우리는 아이디어를 취하고 그 아이디어를 설명할 수 있는 뇌의 메커니즘을 찾는다. 이 책 전체에서 나는 이 방식을 '외부에서 안으로(아웃사이드-인)' 전략이라고 하며, 반대로 나는 그 대안으로서 '내부에서 밖으로(인사이드-아웃)' 프레임워크(제3장, 제5장, 제13장)를 제시한다.

이 '외부에서 안으로' 전략은 현대 신경과학의 방향에서 두 번째로 수정해야 할 사항이다. 다시 말해, 설명할 것은 발명된 용어가 아니라 뇌의 활동이어야 한다. 결국 행동과 인지를 일으키는 것은 뇌다. 행동과 인지가 뇌의 활동에 기인하기 때문에 뇌를 인풋, 독립 변수로 취급해야지, 그 반대가 아니다. 그러나 현재 우리 연구에서는 감정, 기억 및 계획과 같은 용어를 독립 변수로 사용한다. 제2장에서 신경과학에서 상관관계와 인과관계의 역할을 논의할 때 이 문제를 정면으로 다룰 것이다.

9) Poldrack(2010)은 또한 골상학과 새로운 fMRI 매핑 접근법 사이의 유사점을 발견한다. 그러나 '선택적 유사성 검색'에 대해 그가 제안한 프로그램은 여전히 아웃사이드-인 프레임워크 내에 남아 있다.

아웃사이드-인 프로그램

아웃사이드-인 프로그램이 어떻게 현대 신경과학적 사고를 지배하게 되었을까? 제임스의 목차에서 그 단서를 찾을 수 있다. 대부분의 제목은 감각, 지각과 관련 있는데, 이는 외부에서 오는 뇌로 들어가는 입력이라고 할 수 있다. 이런 접근은 우연이 아니다. 윌리엄 제임스와 대부분의 초기 심리학자들은 영국의 경험주의의 영향을 많이 받았으며, 이는 다시 기독교 철학에 기반을 둔다. 경험주의적 틀에서 지식은 객관적인 세계를 인식하고 해석하는 (인간) 두뇌의 능력에서 비롯된다. 경험주의 철학자 데이비드 흄(David Hume)에 따르면[10] 우리의 모든 지식은 원인과 결과의 관계를 드러내기 위한 지각적 연관성과 귀납적 추론에서 비롯된다.[11] 또한 마음은 물리적 세계의 감각으로 구성되어 있기 때문에 감각이 먼저 감지하지 않고서는 어떤 것도 마음에 존재할 수 없다. 그는 연관의 세 가지 법칙, 즉 유사성, 시간과 장소의 연속성, 인과관계를 이야기했다. 예를 들어, 시를 읽으면 관련된 시를 떠올릴 수 있다. 한 가지를 회상(원인)하면 다른 것이 기억(효과)된다. 서양 과학과 그 방법은 주로 흄의 인식 중심 철학에서 유래한 귀납적 방법론에 기초한다.

경험주의의 영감을 받은 모델에서는 신호가 외부에서 뇌로 들어가고, 신경 회로가 신호를 처리하고 인식하며, 뇌의 일부가 운동 반응을 생성할지 여부를 결정한다. 주요 강조점은 외부 세계를 이해하고 표현하는 두뇌 능력의 주요 동인으로 여겨지는 지각 처리 및 연관성에 있다. 존 로크(John Locke)는 "어떤 개념은, 그것이 소속된 세계의 대상 그 자체와 같을 때, 분명해진다."[12] 로크와 그의 추종자들의 가정은 우리의 센서가 목표, 또한 덧붙이자면 관찰자와 독립적인 세계에 대한 실제적인 설명을 제공한다는 것이다. 이러한 지각 중심 관점의 피할 수 없는 결과는 지능적인 호문쿨루스(즉, 의식적 선택자, 혹은 현대의 뉴로 용어로 하자면 '의사 결정자')의 가정이다.[13] 지각 중심 관점은 간접적으로 인식과 행동을 연결하는 자유 의지라는 까다로운 문제와 연결된다. 실험적인 신경과학계에서는 '의식'이라는 말을 쓰면 오늘날에도 여전히 눈살을 찌푸린다. 반면에 '의사 결정'은 어디에서나 쓰이

10) NeuroNote: 흄은 그의 인생에서 몇 가지 '신경 쇠약' 에피소드를 겪었다.

11) 연관 이론은 우리의 기억과 행동 계획과 같은 순차적 사건이 관련 사건 쌍(a와 b, b와 c 등)을 연결하여 구축된다고 가정한다. 그러나 뉴런 서열(제7장)에는 중요한 고차 링크도 포함되어 있다.

12) Locke(1690), Wootton(2015)에 인용되었다.

13) '감독자' 및 '임원' 또는 '하향식 기능'과 같은 몇 가지 다른 관련 용어는 동일한 기본 아이디어를 나타낸다.

는 구어체 용어가 되었다. 이는 흥미로운 일이다. 의사 결정이 정보를 수집하고, 대안을 식별하고, 결과를 추정하고, 증거를 평가하고, 선택하고, 조치를 취하는 과정으로 정의되기 때문이다.[14] 이 정의는 토마스 아퀴나스(Thomas Aquinas)의 자유 의지에 대한 철학적 공식화와 거의 동일하다. 다만, 자아의 자유는 인간에게만 부여되며, 그들은 좋은 선택(즉, 하느님이 좋아하시는 선택)을 하지 않으면 안 된다는 점은 제외해야 할 것이다.[15] 이와는 반대로 인도 불교에서는 결정을 내리는 것이 금지된다.[16]

경험주의자들은 지식의 유일한 원천으로서 감각 입력과 자극 연관성만을 강조했기 때문에 제임스가 그의 책에서 행동에 단 몇 페이지만을 쓴 것은 놀라운 일이 아니다. 이 '외부에서 안으로' 프레임워크에서 뇌는 기본적으로 수동적인 기기로, 감각 입력을 인지하고 평가하고 중요성에 가중치를 부여한 다음 행동 여부와 방법을 결정한다. 이 책을 읽다 보면 알겠지만, 나는 이 인식–행동의 '외부에서 안으로' 모델에 동의하지 않는다(제3장 및 제5장).[17] 경험주의자들의 영향을 따라가면서 19세기와 20세기의 다른 중요한 사고 흐름에서도 '외부에서 안으로' 접근 방식을 채택했음을 우리는 알 수 있다. 자체적인 인식론의 뿌리를 가지고 있는 독일 게슈탈트 심리학도 주로 지각 문제에 초점을 맞추었다. 게슈탈트 심리학의 파생물인 인지주의는 주로 정신적 표현에 관심이 있었다. 이러한 이론들은 뇌의 입력 측면을 강조하고 뇌의 출력에 대한 연구의 중요성을 경시했다(반응 시간이 인지를 연구하는 데 자주 사용되긴 했지만).

이반 페트로비치 파블로프(Ivan Pavlov)가 이끄는 러시아 심리학에서도 '외부에서 안으로' 경험주의 프레임워크의 영향도 분명하다. 하지만 그러한 관계가 공식 소비에트 문헌에서

---

14) Gold & Shadlen(2007); Kable & Glimcher(2009); Shadlen & Kiani(2013).

15) MacDonald(1998). 최근에는 의사 결정이 과거, 현재, 미래를 별개의 실체로 간주하는 컴퓨터 과학 은유로 대중화되었다. 이 틀에서 기억은 과거에 속하고 결정은 미래의 이익을 기대하면서 '현재'에서 이루어진다(제10장 참조).

16) 극동 철학에서 '자유'의 개념은 인간의 넥서스로부터의 해방 또는 다른 사람들로부터 멀어지는 것을 말한다. 최근에는 의사 결정이 과거, 현재, 미래를 별개의 실체로 간주하는 컴퓨터 과학 은유로 대중화되었다. 이 틀에서 기억은 과거에 속하고 미래의 이익을 기대하면서 '현재'에서 결정이 내려진다(제10장 참조).

17) 의식에 대한 현재의 논쟁은 또한 '입력 프로세서로서의 뇌' 모델에서 비롯된다(Dennett, 1991). Joaquin Fuster에 따르면 "모든 목표 지향적 행동은 지각-행동 주기의 광범위한 맥락에서 수행된다"(Fuster, 2004). 지각-행동 주기의 명시적인 공식화는 Jakob von Uexküll('감각-운동 기능 서클')로 거슬러 올라갈 수 있으며, 그는 또한 umwelt(즉, 지각 세계)라는 용어를 만들었다. 그러나 경험주의적 연관주의와 달리 von Uexküll은 동물이 움벨트(즉, 유기체가 존재하고 행동하는 주변 세계)를 수정한다고 강조했다. von Uexküll은 자신의 견해를 설명하기 위해 75개의 새로운 용어를 도입했다(von Uexküll, 1934/2011). 위치, 구체화된 인식(Beer, 1990; Brooks, 1991; Noë, 2004)은 연관 모델의 대안으로 이 프레임워크에서 성장했다(Clark & Chalmers, 1998).

인정되지는 않았다.[18] 파블로프는 뇌를 연관 장치로 간주했다. 그의 개가 학습에 필요한 것은 소리와 음식과 같은 조건 신호와 조건화되지 않은 신호의 짝짓기뿐이었다. 그들 사이의 반복적인 연관의 결과로, 이전에는 효과가 없었던 메트로놈의 소리가 타액 분비(즉, 조건 반사)를 생성하게 되는데, 이전에는 음식만이 유도할 수 있었던(무조건 반사) 타액 분비(즉, 조건 반사)가 발생한다. 파블로프에 따르면 이러한 연관성은 자동으로 만들어지므로 반사 신경이라고 불렀다. 그의 개는 실용적인 이유들로 하네스에 묶여 있었다. 개들의 과제는 참석하고 연계하는 것이었지만 침을 분비하고 음식을 먹는 것 외에는 다른 행동이 필요하지 않았다. 파블로프의 고전적 조건화에 대한 뇌 이론은 자극 대체로 알려져 있다. 본질적으로 동물을 조절한 후 뇌가 조건화된 신호를 비조건화된 신호와 동일한 방식으로 처리한다고 가정한다. 진짜? 개가 메트로놈이 맛있지 않다는 것을 이해할 만큼 똑똑하지 않던가?[19]

대부분의 현대 뇌 기능 계산 모델은 외부에서 안으로 프레임워크에 속한다(제13장). 이 중에서 아마도 가장 영향력 있는 것은 영국의 신경과학자이자 사상가인 데이비드 마(Marr)가 고안한 모델일 것이다. 그는 뇌 기능에 대한 조사가 3단계 순서를 따라야 한다고 제안했다. 첫 번째는 정보 처리 관점에서 문제를 정의하는 계산 단계다. 두 번째 알고리즘 단계는 뇌가 어떤 표현을 사용하고 어떻게 그 표현을 조작하는지 물어보아야 한다. 처음 두 단계가 설정된 후에만 구현 단계로 이동할 수 있다. 그건 바로 알고리즘–수학적 모델이 시냅스, 뉴런 및 신경 회로 수준에서 어떻게 해결되는가의 문제이다.[20] 나는 마(Marr)의 전략에 정중하게 동의하지 않는다. 내 첫 번째 문제는 '정보 처리'의 정의다(나중에 논의 참조). 둘째, 수많은 알고리즘 모델이 주어진 계산 문제와 호환되지만 하나 또는 소수만이 신경 회로에 의해 구현된 모델과 호환된다는 충분한 증거가 있다.[21] 셋째, 뇌의 가장 근본적인 특징인 학습은 마(Marr)의 외부 분석에서 완전히 생략되었다.[22] 계산–알고리즘–구현 전략

18) Pavlov의 조건화와 수동적으로 연관되는 뇌에 부과된 효과에 대한 관련 교리는 전체주의 소비에트 체제의 이데올로기에 완벽하게 들어맞았다.

19) 이 짧은 단락은 내 요점에 빨리 도달하려는 이기적인 목적을 위해 파블로프식 조건화 패러다임의 엄청난 가치를 부당하게 취급하는 것이다. 고전적 조건화는 고차 조건화, 멸종, 자극 일반화 및 차별, 연관 강도, 조건 억제, 차단, 마스킹, 잠재학습 등을 포함하여 흥미롭고 중요한 관찰을 많이 생성했다. Rescorla와 Wagner(1972)의 수학적 공식은 많은 관찰을 설명할 수 있으며, 다양한 실험 데이터에 정량적 적합을 산출할 수 있다. 그러나 조건화에 대한 설명으로서의 자극 대체는 현재까지 지속되고 있다. Watson조차도 이렇게 동의했다. "[조건 자극]은 이제 대체 자극이 된다—그것은 주제를 자극할 때마다 [반응]을 불러일으킬 것이다"(Watson, 1930, p. 21).

20) Marr(1982).

21) Prinz et al.(2004). 사실, Marr가 제안한 3단계 전략을 기반으로 하는 영향력 있는 신경과학 실험을 찾기가 어렵다.

22) Tomaso Poggio가 2010년 Marr의 『Vision』 책의 추가에 대한 후기에서 지적한 것과 같다.

과는 대조적으로, 나는 이 책 전체에서 뇌 기능을 이해하는 것은 뇌 메커니즘에서 시작해야 하고 이러한 메커니즘이 우리가 지각, 행동, 감정 및 인지 기능이라고 부르는 성능을 어떻게 발생시키는지 탐구해야 한다고 주장한다.

자극, 신호, 강화

외부 프레임워크에 대한 일시적인 문제는 행동주의였다. 행동주의의 창시자인 왓슨(John B. Watson)은 '행동의 예측과 통제'를 목표로 하는 '순수한 자연과학의 객관적인 실험 분야'로 심리학을 위치시키려고 시도했다. 그의 추종자인 스키너(B. F. Skinner)는 작동 조건화 이론을 개발하고, 행동은 오로지 결과에 의해서만, 즉 행동이 보상 혹은 처벌로 이어지는지에 의해 결정된다고 제안했다. 파블로프와 마찬가지로 스키너의 유토피아적 견해는 적절하게 강화된 강화를 통해 어떤 형태로든 변형 가능한 백지 상태의 뇌를 옹호했다. 행동주의는 수동적 연관성의 가정에서 벗어나 정량화 가능한 운동 행동의 중요성을 강조하는 데 의의가 있지만, 뇌를 '블랙박스'로 취급해 버렸고, 그 때문에 인지 신경과학이 최근까지 행동주의의 철학과 적용을 받아들이지 않게 되었다.[23]

자극, 신호 및 강화제는 일반적으로 실험자에게 매우 다른 것을 의미한다. 하지만 두뇌도 그렇게 구별할까? 환경과 신체의 입력은 감각 인터페이스를 통해 뇌에 도달한다. 우리는 종종 이러한 입력을 '자극' 또는 '신호'라고 부른다. 두 용어 모두 뇌 외부의 사건과 이에 대한 뇌의 반응 사이에 중요한 관계를 의미한다. '자극'이라는 용어는 뇌 활동을 자극해야 하기 때문에 약간의 변화를 가한다는 뜻이다. '신호'라는 용어는 유용한 신호를 보내기 때문에 뇌가 자극에 대한 반응의 변화를 중요하게 여기는 것을 의미한다. 따라서 자극과 신호는 모두 외부 세계와 뇌 활동 간의 관계를 나타낸다. 반대로, 그러한 관계가 없다는 것은 뇌의 관점에서는 입력이 존재하지 않는다는 것을 의미한다. 우리 뇌는 주변 세계의 수많은 것들과 신체를 알아채지 못하는 상태로 있다. 그 이유는 그것들을 감지할 센서가 없기 때문이거나(예: 전파) 혹은 단순히 일시적인 의미가 없기 때문이다(예: 내가 이 글을 쓰는 동안 입고 있는 티셔츠). 신체적 사물이나 사건에 내재된 채로 자극이나 신호가 될 만한 것은 없다. 오직 뇌가 알아차릴 때만 신호가 된다.

23) Watson(1930); Skinner(1938).

이제 강화로 넘어가 보자. 행동주의 문헌의 용어에서 강화제는 동물의 행동에 변화를 가져오는 자극의 특별한 특성을 나타낸다. 이와 관련하여 강화는 각각 긍정(쾌적함) 또는 부정적(불쾌한) 강화제로 이어지는 행동의 재발 가능성을 높이거나 낮추는 메커니즘이다. 강화제의 발생을 위해서는 뇌가 이를 인지해야 한다. 따라서 입력의 강화 측면은 감각 채널을 통해서만 전달될 수 있다. 다시 말하지만, 어떤 것이 강화자인지 아닌지는 '밖의 것'과 뇌 활동 사이의 관계를 반영한다. 강화 품질은 어떤 물건이나 사건에 내재되어 있지 않다. 초콜릿은 긍정적인 강화제가 될 수 있지만, 누군가가 많은 조각을 먹도록 강요당하면 곧 혐오감을 느끼게 된다. 뇌가 알아차리지 못하는 것은 뇌의 관점에서 보면 아무 상관없다. 신경 활동에 변화를 주지 않으니.

독자는 앞의 두 단락의 내용이 동일하다는 것을 알아차렸을 것이다. 비록 그들이 신호와 강화제라는 다른 것을 언급하는 것 같지만 말이다. 아마도 그들은 같은 것을 의미할 것이다. 일부 입력은 행동에 큰 변화를 가져오는 반면 다른 입력은 작거나 눈에 띄지 않는 효과를 가져온다. 강화제 또는 보상은 자극과 똑같은 감각 채널(냄새, 미각 또는 통증)을 통해 작용하는 또 다른 규칙적인 자극일 뿐이지만 뇌 활동에 더 강한 영향을 미칠 수 있다. 이러한 방식으로 볼 때 신호와 강화제는 분포의 두 끝이 양 또는 음으로 지정되고 중간에 가까운 쪽이 중립 신호로 지정되는 광범위한 규모의 연속 분포를 나타낸다. 이 책에서 나는 뇌에 있는 많은 것들의 광범위한 분포에 대한 논의에 두 장을 할애하고 종종 단어의 불연속적인 특성이 단순히 큰 양적 차이를 반영한다는 점에 대해 논의한다(제12장 및 제13장).[24]

외부 접근 방식의 단점

요한 폰 노이만(John von Neumann)이 컴퓨터와 뇌를 비교 한 이후로 컴퓨터로부터 온 메타포가 신경과학의 언어를 지배해 왔다. 은유는 신비한 현상을 이미 이해된 현상과 연

24) 자극에 대한 뇌의 반응의 크기를 결정하는 것은 무엇일까? 지난 수십 년 동안 '강화제'라는 용어는 신호에서 분리되어 새로운 의미를 얻었다. 현대 신경과학에서는 복부 피막 영역에서 생성되는 신경 조절제인 도파민과 흑질로 확인된다. 도파민을 외부 자극에 가치를 부여하는 강화제 또는 감독자로 사용하는 '강화 학습'으로 알려진 계산 신경과학과 밀접한 관련이 있는 완전히 새로운 분야가 등장했다. 자극이 도파민성 뉴런을 동원하여 소위 '신용 할당 문제'라고 불리는 사후 자극의 가치를 변경하고 확대하는 방법은 현재 강력하게 논의되고 있다. 강화학습 알고리즘은 행동주의에서 영감을 얻었다(Sutton & Barto, 1998; Schultz, 1998, 2015).

관시키기 때문에, 아이디어를 전달하는 강력한 도구라고 할 수 있다. 그러나 은유는 실제로 어떻게 작동하는지 알려지기 전에 새로운 현상을 이해하는 잘못된 생각을 줄 수 있기 때문에 또한 오해의 소지도 있다. 뇌-컴퓨터 은유에서 뉴런 작동은 실제 사물을 표상(representation)[25]이라고 하는 기호로 변환하는 기계의 능력에 비유된다. 이 논리에 따르면 컴퓨터 알고리즘이 객관적 세계의 입력에 대응하거나 표현하는 것과 동일한 방식으로, 뉴런의 활동 패턴과 같은 뇌의 기호가 실제 세계의 자극에 대응해야만 한다. 하지만 컴퓨터와 달리 뇌에서는 종종 동일한 자극이 뇌의 상태와 테스트 조건에 따라 매우 다양한 반응을 일으킨다(제6장).[26]

우리는 종종 뇌가 어떤 특성에 관심을 갖는지 우리가 알고 있는 척하며 그런 특성들을 신경 활동과 연관 짓는다. 이런 임의성은 실험자가 선택한 기능과 기호 사이에 '최적의 일치'를 생성하도록 훈련되었기 때문에 기계에 의한 상징적 표현에는 적합하고 실제로 필수적이다.[27] 하지만 두뇌는 다르다. 객관적인 세계를 표현하고 진실을 찾는 것은 그들의 주요 업무가 아니다. 뇌는 아무것도 나타내지 않고 숙주의 몸이 살아남고 번식할 수 있도록 진화했다. 또한 뇌는 물리적 세계에서 유형에 해당하지 않는 많은 효과를 생성한다. 즐거움과 두려움, 욕망, 비합리적인 숫자 또는 수학이라는 분야 전체, 심지어 산타클로스조차도 뇌 외부의 실제적인 무엇과 대응되지는 않지만, 우리는 그 실제를 느낀다.[28]

아웃사이드-인 프레임워크에 따르면 지각 및 인지 메커니즘을 이해하는 가장 좋은 전략은 다양한 자극(예: 대상 또는 대상의 측면)을 제시하고 뇌에서 일어나는 신경 세포 반응의 시공간 분포를 조사하는 것이다([그림 1-2]).[29] 발견 과정의 엄밀성을 높이기 위해 처음에는 시각을 위한 수직 및 수평 격자 또는 청각 연구를 위한 특정 주파수의 경고음과 같은 '단

---

25) 표현은 Platon의 개념으로, 우리 인간이 현실 세계(Kant의 누메논)를 이해할 수 없고 단지 그것을 대표하는 것(현상)이라는 생각을 나타낸다. 고전적 데카르트 이원론과 로크 경험주의 모두에서 마음은 누메나의 표현에 의존한다(Skarda & Freeman, 1987; Berrios, 2018).

26) Walter Freeman은 그의 저서 『뇌가 마음을 구성하는 방법(How Brains Make Up Their Minds)』(1999)에서 표현과 의미 사이에 비슷한 구별이 이루어졌다. 다음도 참조할 것 Eliasmith & Anderson(2003).

27) 디지털카메라는 다른 형식(비트)으로 '보는' 것을 안정적으로 '표현'할 수 있지만 이러한 정보는 카메라에 의미가 없다. 사진 압축, 얼굴 인식 및 분할과 관련된 많은 스마트 프로그램은 입력에 대한 많은 중요하고 유용한 통계 관계를 나타낼 수 있다. 사실, 입력과 계산된 결과를 알면 알고리즘과 관련된 전자 회로를 효과적으로 파악할 수 있다. 그러나 이 전략은 종종 뇌 조사에서 실패한다(제3장).

28) James(1890); Milner(1996); Damasio & Damasio(1994); LeDoux(2014, 2015).

29) Engel et al.(2001); Hebb(1949); James(1890); Milner(1996); von der Malsburg(1994); Hubel & Wiesel(1962, 1974); Rieke et al.(1997).

순한' 자극이 주어진다. 데이터를 수집하고 해석한 후 연구원은 점점 복잡해지는 자극에 대한 신경 세포 반응을 탐색할 수 있다. 이 전략은 (결국) 어떤 사물이 뇌에서 어떻게 표상되는지는 자극과 신경 반응 간 관계의 관찰부터 설명할 수 있어야 한다고 예상한다.

과학 듀오 데이비드 허블(David Hubel)과 토르스텐 비셀(Thorsten Wiesel)에 의해 개척되었다. 이들은 시각 시스템을 연구하기 위해 단일 뉴런 레코딩을 도입했다. 그들은 오늘날 감각 연구에 계속해서 영향을 미치는 일련의 특별한 발견을 했다. 수동적으로 연관되는 뇌의 이론적 프레임워크는 감각 자극에 대한 신경 반응이 마취되거나 마비된 동물에서도 적용될 수 있기 때문에 실험자들에게 환영받는 전략이었다. 깨어 있는 동물의 실험에서는, 얻어진 뇌 신호에서 불편한 행동으로 인한 변동성을 제거하기 위해 머리와 심지어 눈이 고정되었다. 그러나 가능한 조합의 천문학적 영역을 감안할 때 가정된 기본 구성 요소로부터 뇌에 복잡한 지각을 구축하는 것은 엄청난 장애물로 밝혀졌다.[30] 그래서 감각 연구자들은 최근에는 자연스러운 이미지와 소리를 사용하기 시작했다. 그들은 뇌가 자연적으로 발생하는 자극에 대해 '미세 조정(fine-tuned)'되어 있으므로 이전의 인공적인 자극을 이용했을 때에는 신경 활동의 많은 측면을 놓친다는 것을 발견했다. 예를 들어, 개구리처럼 작은 뇌에서도 소리의 스펙트럼이 자연적인 개구리 호출의 스펙트럼과 일치할 때 음향 정보의 전달이 가장 효율적이다.[31] 그러나 자극의 특성은 기술적인 문제일 뿐이다. 더 큰 문제는 뇌가 신호를 무조건 연결하는 수동적 장치가 아니라는 것이다.

아웃사이드-인[32] 프레임워크의 암묵적인 가정은 객체의 속성이나 특징이 일부 뇌 메커니즘과 연결된다는 것이다. 개체를 전체로 만드는 것은 구성 요소들 간의 유기적 융합이며, 이 구성 요소들은 주변과 분리된다. 예를 들어, 자동차는 차체와 바퀴, 색상, 소리 및 특징적인 움직임 패턴이 있는 특정 모양을 가지고 있다. 그러나 이 철학에는 문제가 있는데, 그것은 물체의 '속성'이 물체 안에 있는, 고정된 집합이 아니라 관찰자의 두뇌 안에 구성되어 있다는 것이다. 뇌 반응은 실험자가 데이터를 해석할 때까지 본질적으로 자극을

30) 방법이 과학적 사고에 어떻게 영향을 미치는지에 대한 조명적인 검토는 Evarts(1973)의 것이다. 나는 종종 30,000명의 신경과학자가 모두 시각 시스템에서 작업하고 있더라도 외부 전략으로 비전을 설명하기 위해 얼마나 많은 녹음, 원숭이 및 고양이가 필요한지 궁금해했다.

31) Attneave(1954); Singh & Theunissen(2003); Wang et al.(1995); Rieke et al.(1995).

32) '아웃사이드' 프레임워크와 관련된 용어는 '경험주의적', '연합적' 및 '대표적' 전략과 다양한 조합이다. 신경과학의 1,700페이지짜리 '성경'이자 신경과학자 교육에 가장 널리 사용되는 교과서인 『신경과학의 원리(Principals of Neuroscience)』도 아웃사이드 프레임워크를 따른다(Kandel et al., 2012).

'표현'하지 않는다.[33] '유사함' 또는 '다름'에 대한 판단은 주관적이다(즉, 관찰자에 따라 다름). 맞다. 실험자가 자극과 기록된 뉴런의 시공간 활동 패턴 사이의 관계를 정량적으로 정의할 수 있다([그림 1-2]). 그러나 이 관계는 실험 대상의 뇌의 뉴런이 실험자와 같은 방식으로 자극을 본다는 것을 의미하지는 않으며, 뇌가 이러한 기록된 신호를 같은 방식으로 사용한다는 의미도 아니다. 이것이 아웃사이드-인의 상관관계 접근의 문제의 핵심이다. 이 방법은 지각이나 신경 계산에 대한 적절한 이해를 제공할 수 없다. 여기에 이 주장의 개요를 간략하게 요약하고 제3장에서 더 자세히 설명한다.

행동만이 두뇌 활동에 의미를 부여할 수 있다

20세기 동안 물리학을 괴롭힌 철학적 문제처럼 신경과학의 문제는 '관찰자'이다. 실험자처럼 뇌 밖의 관찰자와 송과선에 있는 데카르트(Descartes)의 가상 호문쿨루스와 같은 뇌 내부 관찰자 사이에는 근본적인 차이가 있다. 먼저 시각 시스템을 연구하는 실험자의 관점을 살펴보자. 시각 자극이 제시되면 이미지는 망막 신경절 세포에 의해 활동 전위로 변환되고 시상의 외측 슬상체(lateral geniculate body)의 뉴런을 통해 1차 시각 피질로 전달된다. 실험자는 전극 배열과 같은 기록 장치를 뇌 내부에 배치하고 눈에 제시된 다양한 이미지에 대한 신경 반응을 모니터링할 수 있다. 이 상황에서 실험자는 특별한 관점을 가지고 있다. 그는 이미지(외부 세계)와 뇌의 신경 반응 모두에 접근할 수 있다([그림 1-2]). 이 관점에서 그는 제시된 이미지의 특정 특징(입력, [그림 1-2]의 장미)과 신경 반응(현재 목적을 위한 출력) 사이의 신뢰할 만한 상관관계를 찾을 수 있으며, 이를 통해 입력-출력 변환 규칙에 대해 추측할 수 있다. 상관관계를 설정한 후(종종 신경 코드라고 잘못 불림), 그는 신경 반응에서 자극 특성을 복구하고 테스트되지 않은 자극 패턴(예: 다른 꽃)의 특성을 예측할 수도 있다. 요컨대, 신경 스파이크 패턴의 특정 집합이 정보가 되는 것이다. 하지만 그 정보는 누구에게 유용한가? 뇌에 기록된 신호는 자극에 대한 사전 지식과 결합되어 실험자에게만 의미를 부여할 수 있다. 이미지와 신경 반응 사이의 관찰된 상관관계는 뇌 밖 무언가가 뉴런의 활성 패턴으로 변형되었음을 의미할 뿐이다.

---

33) Skarda & Freeman(1987), Werner(1988).

내부 관찰자들, 즉 뇌 회로는 어떤가? 그 이미지에 '반응'하는 뉴런들은 이미지를 보지 않고 동료 뉴런으로부터 온 신경 스파이크 패턴만 볼 수 있다. 시각 피질의 뉴런은 세상에서 일어나는 사건은 볼 수가 없고, 이는 뇌의 나머지 부분이나 모든 시각 피질 뉴런의 작용을 관찰하는 마법의 호문쿨루스(즉, 작은 인간)도 마찬가지다([그림 1-2]). 작은 인간이 마술 실험에서 뇌의 모든 뉴런의 활동을 기록할 수 있는 실험자라고 상상해 보라. 두개골 외부의 정보에 접근하지 않고선 그러한 지식은 뇌가 감지하는 것을 보여 줄 수 없다. 작은 인간은 장미를 볼 수 없다. 신경 코드의 언어에서, '아웃사이드-인' 프레임워크는 신경 활동에서 자극 속성의 해석만이 가능할 뿐이며, 그것도 관찰자가 코드북(즉, 자극-반응 상관관계

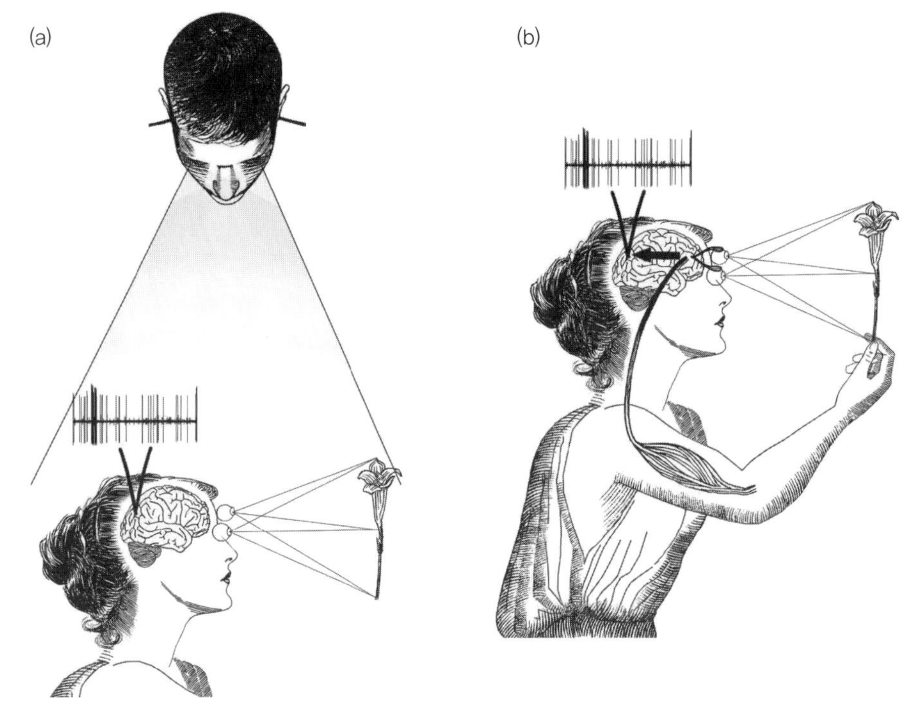

[그림 1-2] '바깥에서 안으로'와 '인사이드-아웃' 전략

A: '아웃사이드-인'. 자극이 (꽃) 제시되고 반응(예: 단일 뉴런의 활동 전위)이 감각 피질에서 기록된다. 실험자는 자극과 신경 반응에 모두 접근할 수 있으며 입력 자극과 신경 활동 사이에 관계를 설정할 수 있다. 그러나 감각 피질의 뉴런은 이 자극을 실제로 '보지' 않는다. 그들이 접근할 수 있는 것은 다른 상위 뉴런으로부터 전달된 활동 전위를 일으키는 입력 전류뿐이다. B: '인사이드-아웃'. 어떤 자극의 의미는 다른 자극과 비교함으로써 근거를 찾을 수 있다. 망막으로부터의 입력 외에도 감각 뉴런은 운동 영역의 움직임을 생성하는 뉴런으로부터 입력을 받는다['재차(reafference)' 신호라고 함; 제3장에서 자세히 논의됨]. 운동 명령이 눈 근육과 팔로 보내질 때마다 감각 뉴런은 이러한 출력에 대해 알려 준다(화살표). 눈을 움직이거나 꽃을 손으로 움직이면 시각 뉴런이 꽃에 대한 '두 번째 의견'을 얻게 된다. 이러한 행동 유도 신호는 자극에 의미를 제공하는 데 중요하다.

집합)을 가지고 있는 경우에만 가능하다는 것을 보여 주었다. 그러나 뇌는 오직 자신의 신경 '응답'만 가지고 있을 뿐이다. '아웃사이드-인' 프레임워크는 어떻게 이러한 코드가 혼자서 신경 반응으로부터 생성되는지 보여 주지 않는다.

뇌의 모든 뉴런이 '보게 되는 것'은 오직 상위 동료 뉴런의 발화 패턴에 약간의 변화가 발생했다는 것이다. 뇌는 그러한 변화가 외부의 변화 때문인지 아니면 뇌의 끊임없는 자기 조직적 활동 때문인지 알 수 없다(제7장, 제8장). 따라서 다른 뉴런의 네트워크에 내장된 뉴런은 뇌의 센서가 감지하는 것을 '알지' 못한다.[34] 그들은 상위로부터의 입력에 단순하게 응답할 뿐이다. 다시 말해, 이상적인 실험자와 달리 뉴런은 망막 대응 또는 감각 입력의 '표상'을 처리하기 때문에 스파이크를 다른 것과 연관시키거나 비교할 방법이 없다. 그러나 그 대응이 구성되는 규칙을 모른 채 대응을 설정하는 것은 우리가 어느 언어도 이해하지 못하는 경우 만시어(우랄어족의 한 언어-역자 주)와 한티어(우랄어족의 또 다른 언어)를 비교하는 것과 같다.[35] 한 언어의 어휘를 정의한 후에야 다른 언어의 해당 의미를 이해할 수 있다. 마찬가지로, 추가 정보 없이 감각 뉴런은 스파이크에 아무런 의미도 부여할 수 없다. 간단히 말해서, 마음은 볼 수 없다.[36]

내 요점을 다르게 설명하기 위해 사고 실험을 하도록 초대한다. 비디오카메라(또는 망막의 시신경)의 출력을 패트리 디시의 배양된 뉴런에 연결해 보자. 접시에 담긴 신경 세포는 세계에서 가장 똑똑한 사람의 시각 피질에서 온 것이어서 카메라 출력에 의해 자극될 수 있다고 치자. 카메라 출력에 의해 자극되는 조직 배양의 일부를 감각 영역이라고 부르자. 이것으로 실험해 보면 우리는 장미 그림과 같은 반복되는 시각적 패턴이 다소 유사한 신경 반응을 유도한다는 것을 발견할 수 있다. 반복의 결과로 뉴런 간의 시냅스 연결성의 일부 변화를 감지할 수도 있다. 그러나 배양된 뉴런 네트워크의 일부 구성원은 서로에게 몰두하고 자극을 완전히 무시할 수도 있다.[37] 실험자는 적용된 자극과 해당 뉴런 반응 사이

34) 이 주제에 대한 고전적인 논문은 Lettvin et al.(1959). 다음도 참조 Eggermont(2007).

35) 이것은 모든 것이 신생아의 뇌와 같다는 것을 말하는 것이 아니다. 계통 발생 경험은 아기에게 인간의 얼굴과 같은 특정 패턴에 필요한 암호를 제공할 수 있다. 그러나 세계의 대부분의 경우 행동 기반 접지를 통해 암호를 만들어야 한다.

36) 내 생각에 이 '실명'은 모든 작업 공간 버전에도 적용된다(Baars, 1988; Dehaene & Changeux, 2011). 그 이유는 의식의 데카르트 극장 은유로, 글로벌 작업 공간은 전체 뇌에서 분산 처리를 포함하더라도 외부 정보에 액세스할 수 없는 똑같은 문제에 직면해 있기 때문이다. 데카르트 극장 아이디어의 단점을 깨닫고 Dennett과 Kinsbourne(1992)은 E. Roy John의 분산 의식 모델(1976)을 연상시키는 '다중 초안' 모델이라고 부르는 대안을 제안했다. 그러나 이 모델 또한 '수동적' 통역사이며 외부 정보에 액세스할 수 없으므로 동일한 '접지 문제'에 직면한다(Harnard, 1990).

37) 뇌의 각성 상태를 모방하여 피질 하 신경 전달 물질의 칵테일을 추가하여 조직 배양이 '각성'되면 도움이 된다(Hinard et al., 2012).

의 관계를 설정하고 일부 코딩이 확인되었다고 선언할 수 있다. 그러나 조직 배양은 장미를 '보지' 않는다. 이런 접근은 수동적이고 표현적인 뇌 모델과 많은 실험실에서 지금까지 사용해 온 실험적 접근 방식과 유사하다. 배양된 뉴런은 외부 세계에 직접 접근할 수 없기 때문에 패턴을 외부 이벤트에 대해 확인하거나 '접지'할 방법이 없다. '접지'라는 용어는 뇌의 소유자에게 의미 있는 무언가에 연결하는 뇌 회로의 능력을 의미한다. 이는 좀 더 신뢰할 수 있는 출처의 두 번째 의견이라고 할 수 있다.[38] 사전에 비유하자면, 영어 사전에 있는 단어의 의미를 안다면 다른 언어의 사전에서 해당 단어의 의미를 파악할 수 있는 것과 같다.

그런데 일부 뉴런의 스파이크 출력이 배양에서 실험자가 지정한 '운동' 뉴런의 스파이크 패턴을 기반으로 카메라를 움직일 수 있는 로봇에 연결하면 페트리 디시의 상황이 극적으로 바뀔 수 있다. 이제 패트리 디시의 뉴런에는 두 가지 기능이 생긴다. 한 기능은 출력을 생성하고 (카메라 이동) 두 번째 기능은 카메라의 신호에 응답 (입력 감지)이다. 배양된 조직의 신경 회로가 서로 잘 연결되어 있으므로, '감각' 영역의 뉴런은 카메라 신호로부터의 입력과 운동 뉴런으로부터의 추가 입력의 두 가지 유형의 입력을 받게 되며, 이를 통해 움직임을 유발하는 것은 바로 자신의 행동, 따라서 감각 입력의 변화임을 알려 준다. 이제, 우리는 출력을 기반으로 한 감각의 피드백 장치인 폐쇄 루프 시스템을 가지게 된다. 로봇의 추가는 배양된 뉴런에 실험자와 동일한 이점을 제공했다. 이제 뉴런은 외부 단어와 내부 계산을 모두 감지할 수 있으므로 그것의 통합적인 영향을 비교할 수 있다.[39]

이제 폐쇄 루프 시스템에 목표를 지정해 보자. 예를 들어, 사진에서 장미를 찾는 것이다. 배양된 뉴런의 우연한 행동에 의해 카메라가 장미에 초점을 맞출 때마다, 마법의 물약(도파민이라고 하자)이 배양된 뉴런에 뿌려지면, 뉴런 간의 연결이 강화되어 카메라를 시각적으로 원하는 지점으로 성공적으로 이동시키게 된다. 이 간단한 변형(가소성)은 이 같은

38) Steve Harnad(1990)는 이해에서 '기호 접지'의 필요성을 설명한다. 효과적인 컴퓨터 알고리즘은 두 기호 집합의 의미를 이해하지 않고도 두 기호 간의 대응관계를 발견할 수 있다. 휴대용 번역기는 방대한 어휘를 가지고 있으며 일반적으로 사용되는 단어와 구문을 놀라운 속도로 수십 개의 다른 언어로 변환할 수 있으며 대상 언어로 단어를 발음할 수도 있다. 그러나 한 세트의 기호(예: 새로운 언어)의 의미론적 '의미'는 번역자의 지식이 이미 알려진 기호 세트(예: 모국어)에 근거한 경우에만 구성될 수 있다. 접지가 없으면 정리는 경험적 현상과 단절된 상태로 유지된다. Fields(2014)도 참조하라. 접지는 또한 '신용 할당 문제'와 관련이 있다. 즉, 이는 뉴런의 집단행동이 행동과 어떻게 관련되어 있는지에 대한 결정이다.

39) 뉴런에 의한 그러한 비교를 달성하려는 시도는 Demarse et al.(2001)를 참조하라. 이러한 빌딩 블록을 사용하는 계산 모델은 Weng(2004), Choe et al.(2007).

신경 활동이 다시 일어날 확률을 증가시키고 카메라가 장미를 더 자주 가리키게 할 수 있다.[40] 따라서 가능한 신경 네트워크 패턴의 넓은 영역에서 적어도 하나의 고유한 현상이 의미를 얻게 되는 것이다. 행동과 지각의 연결을 통해 쓸모없을 뉴런들을 세상과 연결함으로써 우리는 뇌와 같은 장치라는 목적을 가진 기계를 만들었다.[41] 사실, 우리가 가정한다면 마법의 물약이 필요하지 않을 수 있다. 뇌는 이미 어느 정도 사전에 배선이 되어 연결성이 무작위가 아니라 진화 형태의 통계 규칙에 따라 유도된다(제11장). 행동 유도 뉴런에서 감각 뉴런으로의 내부 피드백은 입력 유도 뉴런 반응에 의미를 부여할 수 있는 필요한 접지 신호인 2차 의견으로 사용되기도 한다(제3장).

조직 배양 예제에서 우리는 임의로 두 세트의 뉴런을 지정하고 카메라의 자극이 전달되는 위치에 대한 감각 입력과 카메라를 움직이는 로봇에 연결되었기 때문에 모터 출력이라고 불렀다. 배양된 뉴런 조직은 이러한 지정에 대한 선험적 편견이 없으며 두 영역은 서로 상호 연결된다. 실제 뇌에서는 감각과 운동 영역의 내부 연결이 다소 다르지만 유사점이 차이점보다 더 크다. 차이점은 고차 감각 영역과 보조 운동 영역이라고도 하는 다른 구조를 비교할 때 훨씬 더 모호해진다.[42] 이러한 영역은 상호 연결되어 있으며 정보의 트래픽은 감각 영역에서 운동 영역으로 뿐만 아니라 운동 영역에서도 감각 영역으로도 비슷하게 이동한다. 이 후자의 운동–감각 연결은 다음 장에서 볼 수 있듯이 여러 수준의 뇌 작동에 근본적인 영향을 준다.

저자가 방금 그린 그림은 안타깝게도 지나치게 단순화한 것이다. 나는 우리의 조직 배

---

40) 카메라를 사용하는 인공지능(AI) 장치는 처리 초기 단계에서 모든 이미지 픽셀에 동일한 우선순위를 부여한다. 대조적으로, 시각 시스템은 이전 지식을 기반으로 가장 관련성이 높은 정보의 우선순위를 지정하고 격리하며 이러한 측면에 참석하도록 눈을 움직인다(Olshausen et al., 1993). 뇌의 솔루션에서 영감을 얻은 최신 AI 아키텍처는 입력 이미지를 연속적으로 엿보고 다음 위치를 샘플링하기 전에 내부 상태 표현을 업데이트한다. AI 에이전트의 목표는 최대한의 '보상'을 가져오는 최상의 결과를 선택하는 것이다(Mnih et al., 2014). 예를 들어, Atari 게임에서 인간 플레이어를 물리치는 AI 에이전트의 주요 성공은 이러한 게임도 인공 알고리즘을 사용하여 인간이 설계한다는 것이다. AI 에이전트의 현재 인스턴스화는 일시적으로 확장된 계획 전략을 개발하고 해결하는 데 있어 여전히 매우 무력하다.

41) 영국 브리스톨에 있는 버든 신경학 연구소의 William Grey Walter는 최초의 자율 로봇 중 전자 '거북이'를 만들었는데, 그는 이를 마키나 스페큘라트릭스(Machina speculatrix)라고 불렀다. 그의 Machina는 두 개의 '뉴런'(진공관)만 가지고 있었지만 배터리 전원이 부족할 때 충전소로 가는 길을 찾는 목표를 할당할 수 있었다. Walter(1950)는 목표 지향적 행동이 동물의 주요 특징이며 그의 로봇과 같이 목표가 있는 애니메이션 가제트가 그러한 행동을 모방할 수 있다고 주장했다. Brooks(1991)도 비슷한 주장을 했다. 뇌에는 표현이 없다. 대신, "그것은 경쟁하는 행동의 모음이다. 그들의 상호작용의 지역적 혼란에서 관찰자의 눈에는 일관된 행동 패턴이 나타난다."

42) Mrganka Sur와 동료(Sharma et al., 2000)는 시각 정보가 청각 시스템에 연결되도록 흰 족제비의 뇌를 '재배선'했다. 이 동물의 청각 피질에 있는 뉴런은 시각적 방향 모듈을 포함하여 손상되지 않은 동물의 시각 피질과 같은 여러 가지 방식으로 반응했다. 인상적으로, 흰 족제비는 시각적인 물체를 피하기 위해 새로 연결된 두뇌를 사용했다.

양 사고 실험이 생각하고 느끼는 뇌의 메커니즘을 설명할 수 있다는 인상을 주려는 것이 아니다. 뇌와 같은 시스템에 필요한 최소한의 요구 사항을 설명하기 위한 것일 뿐이다. 무작위 연결과 가소성은 충분하지 않다(제12장). 뇌 구조의 대부분은 유전적으로 결정되며, 자기 조직화 활동은 뇌의 1차 감각 영역에서도 감각 자극만큼이나 뇌 역학의 발달에 중요하다(제5장).[43]

인사이드-아웃, 독자 중심 프레임워크

제임스의 목차와 아웃사이드-인 전략이 수정될 수 있을까? 그렇게 되더라도 나는 그것이 우리를 어디 먼 곳으로 보낼 것이라고 생각하지 않는다. 내 요점은 자극에 대한 뇌 반응을 측정해도 귀중한 데이터나 통찰력을 얻을 수 없다는 것이 아니다. 사실, 내 연구실의 주요 슬로건은 뇌에서 "아무것도 못 찾는 것은 불가능하다"이다. 지난 수십 년 동안 감각 세계의 신경 세포 '대응'과 '표현'을 식별함으로써 엄청난 양의 귀중한 지식을 얻었다. 최근까지 경험주의적 아웃사이드-인 접근 방식은 감각 코딩에 대한 대부분의 지식을 만들어 냈기에 여전히 중요한 전략이다. 그러나 인지와 관련된 뇌의 더 중심 부분을 연구할 때 엄격한 자극-반응 전략의 한계가 분명해진다.[44] 뇌 연구의 궁극적인 목표는 외부 신호와 신경 반응 간의 일치를 밝히는 것만이 아니다. 처음부터 뇌의 표상의 사전을 만드는 것은 엄청난 노력이겠지만, 그러한 노력이 왜 제한적인 성공을 거두었는지 쉽게 알 수 있다(제4장). 아웃사이드-인 접근 방식은 뇌의 계산에 대한 환상에 불과한 이해를 생성하는 회로가 실제로 무엇을 하는지가 아니라 잠재적으로 무엇을 할 수 있는지를 질문함으로써 뇌 회로를 조사한다. 요컨대, 신경과학의 대안적 접근 방법을 찾는 것이 타당하다고 제안한다.

내가 제안하는 보완적 전략의 본질은 간단하다. 내부에서 뇌를 이해하는 것이다. 이 인

---

43) 뇌 회로는 '프로토 맵'을 제공하기 위해 유전적 안내하에 스스로를 조립할 수 있다. Gbx-2 돌연변이 마우스에서 신피질에 대한 시상 입력이 중단되면 신피질 영역 특이적 유전자 발현과 주요 피질층 및 분열이 정상적으로 발달한다(Miyashita-Lin et al., 1999). 마우스에서 단일 단백질 Munc18-1의 결실은 발달 전반에 걸쳐 시냅스 소포에서 신경 전달 물질 분비를 없앤다. 그러나 이것은 뇌의 정상적인 초기 발달을 막지는 못한다. 그러나 시냅스 활성의 지속적인 부재는 시냅스 변성으로 이어지고 마우스는 사망한다(Verhage et al., 2000). 개별 뉴런에서 이온 채널의 별자리는 또한 그들의 활동에 의해 구동된다.

44) Rieke et al.(1997); Friston(2010, 2012).

사이드-아웃 프레임워크에서 핵심 문제는 자극과 상황이 뇌에 의미 있는 지각 및 경험으로 만들어지는 메커니즘이다.[45] 동물의 행동에 반영된 뇌의 출력이 들어오는 신호에 어떻게 영향을 미치는지에 중점을 둔다. 무의미한 뇌 패턴을 행동에 연결함으로써 그 패턴은 유기체에 의미와 중요성을 얻을 수 있다. 두뇌 내에서 중요한 것은 하류 신경 네트워크가 상류의 파트너로부터 얻은 메시지를 사용하는 방법이다. 이 프레임워크에서 뇌의 목표는 세계를 탐색하고 성공적인 탐색 활동의 결과를 기록하여 미래의 행동의 효율성을 향상시키는 것이다. 따라서 행동-지각 루프는 감각 입력 신호를 이해하는 법을 배운다. 인식은 우리가 하는 일일 뿐이다(제3장).[46]

이 책의 거의 모든 장은 행동 중심의 뇌를 중심으로 전개된다. 왜냐하면 행동으로 인한 결과에 의해 신경 패턴을 보정할 수 있는 능력 없이는 뇌에 어떤 의미나 이점이 없다는 것을 가능한 한 분명히 밝히고 싶기 때문이다. 나는 센서의 이동, 최적화, 그리고 뇌 회로 보정을 위한 출력을 생성하지 않으면 지각이나 인지가 존재하지 않는다고 주장한다.[47]

인사이드 아웃 접근 방식의 주요 장점은 철학적 의미가 없다는 것이다. 주관적으로 파생된 범주와 뇌 반응 사이의 일치를 찾으려는 시도와 달리 뇌 메커니즘을 독립 변수로 사용한다. 뇌는 입력 신호에 종속되기보다는 스스로 조직화한다. 나는 내부적으로 생성되고 자기 조직화된 뇌의 패턴이 행동을 통해 '의미'를 얻는 방법에 관심 있다. 이것이 우리

---

45) 아웃사이드 인 대 인사이드 아웃 이분법을 하향식 및 상향식 구분과 혼동해서는 안 된다. 전자는 세계와 뇌의 관계를 나타내는 반면 후자는 주로 해부학적 공간에서의 활동 확산을 나타낸다. 또한 Paul MacLean(1970)의 삼위일체 뇌 개념, 즉 파충류, 고포유류, 신포유류 뇌로 구분되는 개념과도 구별된다. 인사이드 아웃 프레임워크와 구체화된 인지 및 예측 코딩의 관계는 제3장과 제5장에서 다룰 것이다.

46) 어린 시절에는 이러한 생각이 전적으로 내 것이라고 생각했다. 그러나 시간이 지남에 따라 나는 종종 서로 독립적으로 많은 사람들이 비슷한 결론에 도달했다는 것을 발견했다(예: Merleau-Ponty, 1945/2005; Mackay, 1967; Bach-y-Rita, 1983; Held & Hein, 1983; Paillard, 1991; Varela et al., 1991; Berthoz, 1997; Bialeket al., 1999; Järvilehto, 1999; O'Regan & Noë, 2001; Llinás, 2002; Noë, 2004, 2009; Choe et al., 2007; Chemero, 2009; Scharnowski et al., 201). 몸과 마음의 상호작용은 그리스 철학자들에게 자연스러운 일이었다. 아리스토텔레스는 우리가 세상에 대한 우리의 행동을 통해 세상에 대해 배운다고 말했을 것이다. 영혼의 개념이 마음과 융합된 후에야 완전한 분리가 이루어졌으며, 특히 Descartes가 res extensa(물질적 물질 또는 외부 물질)와 신이 주신 res cogitans(생각하는 것 또는 영혼)의 독립성을 선언했다. 아마도 Henri Poincaré는 감각이 관련성이 있고 경험으로 바뀌는 유일한 방법은 감각과 신체 및 그 움직임과 관련시키는 것이라고 추측한 최초의 사상가였을 것이다. "물체를 국소화한다는 것은 단순히 물체에 도달하는 데 필요한 움직임을 자신을 표현하는 것을 의미한다"(Poincaré, 1905, p. 47). Prinz et al.(2013)은 행동과학에 대한 새로운 관심에 대한 훌륭한 업데이트이다. Tolman의 인지 맵 이론(1948)은 외부 프레임워크에서 또 다른 중요하고 중요한 출발이지만 행동 기반은 아니다.

47) 일단 뇌 패턴이 의미를 획득하면(즉, 행동을 통해 보정되면), 추가 조치 없이 기억이 손상되지 않는 한 의미가 유지된다(제5장과 제8장). 행동을 통한 학습은 진화적 선택을 통해 습득한 종의 지식에도 적용된다(Watson & Szathmáry, 2016).

가 '경험'이라고 부르는 것이 된다. 실험자가 선택한 신호와 뉴런의 활동 패턴 사이의 상관관계를 찾는 대신 더 중요한 질문을 해야 한다. 이러한 발사 패턴이 다운스트림 '리더' 뉴런에 어떤 영향을 미치는가? 이 전략을 신경 관찰자 또는 독자 중심의 관점이라고 부를 수 있다. 여러분이 호문쿨루스를 단순히 '리더'로 교체한 게 아니냐고 비난하기 전에 제4장과 제5장을 참조하라. '리더/관찰자'라는 용어는 작동기(예: 로봇, 근육 또는 단순히 하류 뉴런) 상류 뉴런 활동의 특정 패턴에는 반응하지만 다른 것에는 반응하지 않는다. 열쇠꾸러미의 한 열쇠만 특정한 자물쇠를 연다. 다음 장에서는 내부 연구 프로그램을 향한 진행 상황을 보여 주는 일련의 최근 연구 결과를 논의하여 이것이 뇌에서 어떻게 이루어지는지 맛볼 것이다.

빈 종이 또는 기존 제약?

아웃사이드-인 및 인사이드-아웃, 행동 중심 프레임워크의 선택은 또한 기본적인 뇌 작동에 대한 우리의 아이디어를 형성한다. 가장 오래된 외부 관점 중 하나는 경험이 기록된 백지 혹은 타불라 라사(tabula rasa, 아무것도 써 있지 않은 흰 종이라는 뜻-역자 주)를 가지고 태어났다고 제안한 아리스토텔레스에 의해 공식화되었다.[48] 타불라 라사 관점은 아웃사이드-인 프레임워크의 거의 불가피한 가정이다. 왜냐하면 경험주의적 관점에서 뇌의 목표는 진실을 사실적인 세부 사항으로 배우고 표현하는 것이기 때문이다. 이 견해는 기독교와 페르시아 철학, 영국의 경험주의, 마르크스주의 교리의 사고에 영향을 미쳤으며 인지 및 사회과학 분야의 선도적인 학파가 되었다.[49] 인간이 무엇이든 할 수 있다는 자유 의지와 유사하게, 텅 빈 두뇌에 무엇이든 쓸 수 있음을 의미한다. 비록 내가 타불라 라사 관점에 공개적으로 동의하는 신경과학자 동료를 만난 적은 없지만, 오늘날 많은 실험과 모델링 연구는 이 연합주의 철학 기반 프레임워크 또는 그것의 현대 버전인 '연결주의'에 따라

48) 백지 상태(tabula rasa) 개념은 페르시아 무슬림 Avicenna(Abu Ali al-Hussain Ibn Sina)에 의해 보다 명시적으로 개발되었다. Avicenna는 영국 경험주의자들의 중요한 선구자였다. 그의 삼단론적이고 연역적인 추론 방법은 Francis Bacon, John Locke, John Stuart Mill에게 영향을 미쳤으며, 오늘날에도 과학적 추론에 계속 영향을 미치고 있다. Steven Pinker의 『빈 서판(Blank Slate)』(2003)은 이 오래된 철학적 문제에 대한 훌륭한 개요이다.

49) 예를 들어, Popper(1959)를 읽어 보라.

여전히 수행되고 있다. 특히, 인지심리학과 인공지능 연구[50]에서 연결주의의 주요 아이디어는 인식과 인지가 단순하고 균일한 뉴런의 네트워크로 바꿀 수 있다는 것이다. 이 네트워크는 대체로 유사한 시냅스 연결로 비교적 무작위로 상호 연결된다. 제12장에서 설명하고 여기에 간략하게 요약한 것처럼, 이보다 사실에서 더 멀어지는 것은 없다.

초기 행동 관찰은 이미 뇌를 백지로 생각하는 것에 반대한다고 주장했다. 연구자들은 동물이 모든 것을 동등하게 연관시키지 않으며, 실험자가 기대하는 모든 트릭을 수행하도록 훈련될 수 없다는 것을 반복해서 증명했다. 동물의 생태학적 지위와 관련된 행동은 뇌가 생존과 번식에 유리한 일을 하기 위한 성향이 있거나 '준비되어' 있기 때문에 쉽게 훈련될 수 있다. 예를 들어, 설치류가 먹이를 찾을 때 다른 경로를 선택하는 경향인 '자발적 교대'는 종별 학습의 신속한 획득을 위한 생물학적 준비의 한 예다. 제한된 시간 내에 음식을 얻기 위해 한 번 갔던 장소로 되돌아가는 것은, 보상으로 이어질 가능성이 높은 가지 않았던 다른 경로를 선택하는 것에 비해 효율적인 전략이 아니다. 반대로, 생존에 해를 끼칠 수 있는 연관성을 '반준비된 것(contraprepared)'이라고 말한다. 예를 들어, 쥐가 뒷다리로 서는 것은 탐색하는 행동이며 위험 시 은신 및 움츠러드는 행동과는 양립할 수 없다. 따라서 발에 불쾌한 감전을 피할 때에 쥐가 뒷다리로 일어서도록 훈련시키는 것은 사실상 불가능하다.[51] 여기서 실용적 메시지는 훈련이 몇 주 이상 걸리는 경우 실험자는 이런 확장 행동 형태와 관련된 뇌 신호가 본인이 던지는 질문에 대해 별로 많은 것을 드러내지 않을 수 있다는 점을 진지하게 고려해야 한다는 것이다.

신경과학은 또한 타불라 라사 모델에 대한 많은 실험적 증거를 축적했다. 가장 중요한 것은 뇌의 많은 활동이 외부 신호에 의해 구동되는 대신 스스로 조직화된다는 인식이다.

---

50) 연결주의 네트워크에 대한 고전적인 연구는 Rumelhart et al.(1986) 및 McClelland et al.(1986)를 참조하라. 훨씬 더 정교한 최근의 뉴런 네트워크도 백지 상태(tabula rasa) 프레임워크에 속한다. 인지심리학의 연결주의에 대한 주요 저자는 Donald Hebb(1949)이다.

51) 이러한 말을 각각 인지 및 행동심리학의 큰 장을 나타낸다. Skinner는 모든 행동이 자신의 '연속적인 근사치' 방법에 의해 형성될 수 있다고 믿었고, 설치류와 다른 동물에게 특별한 일을 하도록 가르칠 수 있었다. 그러나 그의 학생들(Breland & Breland, 1961)은 동물들이 종종 잘못 행동하고 '자동 모양' 또는 '미신적인 의식'(예: Catania & Cutts, 1963)을 개발한다고 반박했다. 자동 성형에 관한 문헌은 오늘날 점점 더 인기 있는 '가상현실' 작업 사용자가 직면해야 할 예상되는 놀라움에 대한 풍부한 정보 소스이다(Buzsáki, 1982). Martin Seligman이 개발한 준비된 행동과 반대되는 행동 스펙트럼은 인간 공포증 연구에 큰 영향을 미쳤다(Seligman, 1971, 1975). 공포증(예: 거미, 뱀 및 높이)은 일반적으로 진화 역사를 통해 우리를 위협한 물체 및 상황과 관련이 있기 때문에 눈에 띄는 준비된 범주로 볼 수 있다. 위협 행동에 대한 선도적인 권위자인 Joe LeDoux는 설치류의 위협을 감지하고 대응하는 뇌 회로가 인간에게 의식적인 두려움을 유발하는 뇌 회로와 반드시 동일하지는 않다고 설명함으로써 이 견해를 더욱 증폭시킨다(LeDoux, 2015).

이 자체 생성된 지속적인 활동은 제6장에서 논의할 수많은 국소 및 뇌 전체의 신경 리듬에 의해 뒷받침된다. 현재로서는 이러한 진동이 신경 역학의 일부일 뿐만 아니라 안정화에 도움이 된다는 점을 알아두면 충분하다. 또 뉴런 메시지의 구문적 구성을 위한 기반을 제공한다. 진동의 각주기는 활동하는 뉴런의 특정 별자리를 포함하는 프레임으로 생각할 수 있다. 은유적으로 우리는 이것을 '뉴런 문자'라고 부를 수 있다. 차례로, 동시에 작용하는 많은 진동의 주기는 신경 문자를 연결하여 사실상 무한한 방법으로 신경 단어와 문장을 구성할 수 있다. 이 두뇌 구문은 제6장과 제7장에서 본격적으로 논의한다.

넓은 분포: 충분하고 정확한 솔루션

경험주의자의 아웃사이드-인의 백지 상태 관점의 대안으로, 나는 뇌가 이미 무의미한 사전으로 시작될 가능성을 제기한다. 그것은 신경 패턴의 거대한 레퍼토리를 생성할 수 있는 진화적으로 보존되고 미리 구성된 내부 구문 규칙과 함께한다. 이러한 패턴은 경험을 통해 의미를 얻을 수 있는 처음에는 무의미한 신경 단어로 간주된다. 이 가설하에서 학습은 처음부터 새로운 뇌 활동 패턴을 생성하는 것이 아니라 기존의 신경 패턴에 대한 경험의 '적합 과정'이다.

미리 구성된 두뇌는 내가 '고 다양성 조직이라고 부르는 메커니즘에 의해 지원된다(제12장 및 제13장). 다양성과 큰 변이는 우리가 미시적이든 거시적 연결성을 분석하든 또는 작거나 큰 규모로 역학을 처리하든 상관없이 뇌의 표준이다. 뉴런의 발사 속도, 뉴런 간의 연결 강도 및 이들의 공동 작용의 크기는 3~4배 정도 다양할 수 있다. 대수(로그) 규칙(제12장)을 존중하는 이 다양성은 넓은 동적 범위, 가소성 및 중복성에 대한 경쟁 요구 사항에 대해 뇌 네트워크에 안정성, 탄력성 및 견고성을 제공하는 핵심적인 근간 추측한다. 하얀 도화지 모델에 비해 미리 구성된 뇌[52]의 모델은 많은 장점이 있으며, 그중 가장 중요한 것은 뇌 역학의 안정성이다. 이는 각 학습 이벤트 후에 새로운 경험을 추가하는 것이 신경 네트워크의 전체 상태를 많이 교란시키지 않는 것을 의미한다. 경험이 없는 뇌조차도 독특

52) '사전 구성된'은 일반적으로 경험 독립을 의미한다. 뇌 연결의 중추와 새로운 역학은 유전적으로 정의된다(제12장). 더 넓은 의미에서 '사전 구성된' 또는 '기존하는'이라는 용어는 수년간의 행동 기반 보정 후 이 순간에 나와 같은 기존 지식 기반을 가진 뇌를 지칭하는 데에도 자주 사용된다.

한 신경 패턴(제13장)의 거대한 저장소를 가지고 있으며, 각각은 독특한 사건이나 상황의 경험을 통해 중요성을 얻을 수 있는 잠재력을 가지고 있음을 논의할 것이다.

이러한 광범위한 분포의 꼬리(예컨대, 높고 느린 발사 속도와 강하고 약한 시냅스 연결을 가진 뉴런과 같은)는 어떤 상황을 친숙하거나 새로운 것으로 판단하는 것과 같이 겉보기에 반대되는 기능을 이끌어 낼 수 있다. 소수의 고도로 상호작용하고 잘 연결된 뉴런을 포함하는 신경 회로는 제약으로 나타날 수 있다. 그러나 이러한 명백한 제약이 주는 이점이 있다. 그것은 왜곡된 분포를 가진 자원이 그러한 과점 회로의 행동들의 합으로 인해 뇌가 다양한 상황에서 일반화할 수 있고, 어떤 상황에서도 '최선의 추측'을 제공함으로써 완전 무지의 상태를 만들지 않는다는 것이다. 나는 신경 조직의 이러한 측면을 '충분히 좋은' 뇌라고 부른다. 충분히 좋은 두뇌는 자원의 극히 일부만을 사용하지만 구성원 뉴런은 항상 준비되어 있다. 다른 한편, 약한 시냅스 연결을 가진 느린 발사 멤버 뉴런의 나머지 대부분은 높은 가소성 및 느리지만 정확하고 신뢰할 수 있는 처리와 같은 보완적인 특성을 가지고 있다. 이 네트워크 조직의 또 다른 극단은 상황이나 이벤트를 재정의하고 그 차이를 세부적으로 결정하는 것이 주 업무인 '정밀' 두뇌로 구성된다. 두뇌 조직의 '충분히 좋은' 측면과 '정확한' 측면은 서로를 보완하고 실제로 가정한다(제12장 및 제13장).

미리 구성된 뇌 모델에서 학습은 처음에는 유기체에 무의미한 기존의 신경 패턴이 경험의 도움을 받아 의미를 얻는 매칭 과정이다. 앞서 논의했듯이 모든 신경 패턴에 의미나 중요성을 부여하려면 접지가 필요하며, 이는 궁극적 지식의 원천인 행동에 의해서만 제공될 수 있다(제3장). 신경 동역학의 복잡성이 경험의 양에 따라 확장된다고 보는 타불라 라사 모델과는 달리, 미리 구성된 뇌 네트워크 항상성은 회로에 아무것도 추가되지 않기 때문에 새로운 학습에 의해 최소한 일시적으로 영향을 받고, 재배치만 일어날 뿐이다. 뇌 회로의 전체 가소성 크기와 전체 스파이크 활동은 적어도 건강한 성인 뇌에서는 시간이 지남에 따라 일정하게 유지된다(제12장). 나는 내 전략이 확실히 옳다고 주장하지 않지만 내가 제안하는 대체 공식은 현재의 표현 프레임워크와 다른 통찰력을 제공할 수 있다.

미리 구성된 두뇌와는 달리, 아웃사이드-인 프레임워크는 외부 세계에 명백한 무언가가 있다고 가정한다. 이를 우리가 종종 정보라고 부르며 두뇌의 역할은 그 정보를 통합하거나 흡수하는 것이다. 하지만 어떻게?

뇌가 정보를 코딩한다: 정말 그럴까

자주 듣는 이 진술은 모든 사람에게 많은 내용을 전달해야 한다. 결국 우리는 모두가 '정보' 및 '코딩'과 같은 용어에 익숙한 정보화 시대에 살고 있다. 그러나 우리가 뇌에서 정보 코딩을 설명하고 정의하려고 할 때, 널리 받아들여지고 규율된 정의가 없기 때문에 잠시 멈추게 된다. 용어가 정확하게 정의되지 않으면 종종 많은 위장된 해석을 얻으므로 다른 이에게 다른 의미를 전달한다. "제 보조금 제안이 거부 또는 승인됩니까?" 정보 이론의 관점에서 볼 때 대답은 정보의 단일 비트(예 또는 아니요)를 나타낸다.[53] 그러나 그러한 정보를 받는 사람 (나)에게는 내 두뇌에 심오하고 오래 지속되는 변화를 유도한다. 정보 이론의 수학적 형식주의는 정보 '내용'에 대해 중립적이지만 뇌에 대해서도 마찬가지다. 행동하는 유기체의 경우, '해독'하는 정보는 그 정보의 잠재적 결과에 대한 경험 기반 예측인 '의미'와 분리될 수 없다. 자극 자체에는 불변하는 정보 내용과 같은 것이 없다.[54] '특징(feature)'이나 자극의 속성은 자극의 객관적인 물리적 특성이 아니다. 대신 자극의 관련성은 내부 상태의 변화와, 과거 비슷한 상황에서의 뇌 반응의 역사에 달려 있다. 다음 장에서 나는 이러한 상황 관련성이 작은 문제가 아니라 신경 활동의 본질과 감각 환경과의 관계에 심오하고 관찰 가능한 영향을 미친다는 것을 보여 주고자 한다. 동일한 시각적 자극(예: 거부 편지)은 개구리의 뇌, 나의 뇌 또는 다른 사람의 뇌에서 매우 다른 신경 패턴을 불러온다. 내 뇌에서조차도 유도된 패턴은 현재 상태에 따라 다르다. 어떤 거절의 편지를 받았을 때 그 주에 또 다른 거절의 편지를 받은 이후의 상황과, 복권 당첨 다음 날 동일한 거절의 편지가

---

53) 일단 발신자와 수신자 에이전트가 동의하면 모든 것이 기호로 표현될 수 있다. 예를 들어, 동전 던지기의 앞면 또는 꼬리 결과가 1과 0으로 표시된다. 각 대칭 이동은 합의된 일부 규칙에 의해 연결될 수 있는 1비트의 정보를 생성한다. 정보 교환을 위한 미국 표준 코드(ASCII)에서 7비트는 문자를 나타낸다. 예를 들어, 1100101는 문자 'E'에 대한 코드이다. 단일 문자를 나타내는 각 블록은 합의된 SPACE 코드(0100000)로 구분된다. 모스 부호나 다른 코딩 체계에서와 마찬가지로 공백은 메시지 패키징의 필수적인 부분이다(제6장). 공간 코드가 없으면 정보를 완전히 디코딩할 수 없게 될 수 있다. 물리학은 정보를 상호작용과 관계를 이해하는 개념적 도구로 사용한다. 정보는 확률 분포의 로그의 음수로 수학적으로 정의될 수 있다($I = \log2 N$). $n = 2$일 때 정보 I는 1이므로 정보 단위는 '비트'로 측정된 두 가지 가능성 중에서 선택된다(Shannon, 1948). 관찰된 사건의 의미는 이 정보의 정의에서 중요하지 않다.

54) 나는 한 가지 해결책이 섀넌 이론이나 엔트로피(Shannon, 1948)의 틀을 고수하고 그것을 사용하여 세계 사건과 뇌 사건 사이의 관계를 정의하는 것임을 인정한다. 정보 이론과의 연결은 예측 오류 또는 놀라움의 양을 정량화하는 자유 에너지이다. 예측 오류는 한 수준에서 인코딩된 표현과 뇌의 내부 모델에 의해 생성된 하향식 예측 간의 차이, 즉 비교이다. 보다 공식적으로, 이는 해당 데이터의 내부 모델이 주어진 일부 데이터의 음의 로그 가능성에 대한 변형 근사치다(Friston, 2010). 그러나 이 정의로는 우리는 일반적으로 신경과학에 적용되는 정보의 광범위한 사용을 포기해야 한다.

도착했을 때와는 다른 효과를 내지 않겠는가.

컴퓨터 프로그램이나 기계에 의해 수행되는 계산을 일반적으로 '정보 처리'라고 한다.[55] 실제로는 정보는 처리되지 않는다. 그것은 인간의 통역사 든 기계식 구동기든 그 의미와 중요성을 인식하는 관찰자가 해석할 때에 비로소 정보가 된다. 컴퓨터 프로그램은 로봇이나 다른 인공 기계를 효과적으로 제어할 수 있으므로 프로그램에 정보가 있다는 착각을 불러일으킬 수 있다. 그러나 이 프로세스는 인공지능 프로그램의 '딥 러닝'을 포함하여 무수한 시행과 착오의 복잡한 학습 프로세스를 포함하더라도 결국 인간이 설계한 솔루션을 기반으로 한다.[56] 간단히 말해 정보는 계산과정에 내재되어 있는 것이 아니라 (기계든 두뇌든), 해석을 할 때에 그렇게 된다.[57] 신경과학에서 정보는 종종 정보 이론보다 더 넓은 개념인 습득된 지식으로 이해된다. 클로드 섀넌(Claude Shannon)은 정보 이론이 "매우 특정한 방향을 목표로 하는데, 그 방향은 심리학과 같은 분야와 반드시 관련 있을 필요는 없다"고 경고했다.[58] 다음 장에서는 뇌가 정보를 흡수하는 영구적인 코딩하는 기계가 아닌 이유에 대해 논의한다. 오히려 뇌는 모험을 추구하는 탐험가이자 행동에 집착하는 에이전트로서 가설을 테스트하기 위해 신체의 액추에이터와 센서를 지속적으로 제어한다. 뇌는 자신을 유지하기 위해 외부 세계를 단순히 감지하는 것이 아니라 끊임없이 상호작용한다. 이러한 탐구를 통해 상관관계와 상호작용이 의미를 얻고 정보가 된다(제5장). 두뇌는 정보를 처리하지 않고 생성한다.

이제 뇌에 적용되는 코딩의 광범위하게 정의해 보자. 본질적으로 코딩은 발신자와 수신자 간의 통신을 위한 계약이며 인코딩된 정보의 내용을 외부인에게 비밀로 한다. 수신자가 코드를 알지 못하면 패킷은 고유 정보를 전달하지 않는다(제7장). 코딩에는 다양한 형태(예: 모스 부호 또는 유전 부호)가 있지만 기본 기능은 동일하게 유지된다. 인코딩-디코딩

---

55) '처리'라는 용어는 해석적인 의미를 갖는다. 그것은 무언가를 가져와서 다른 것, 일종의 형식 변환으로 바꾸는 절차를 나타낸다. 이것은 일반적으로 '표현'이라고 하는 것이다. 자주 사용되는 '정보 처리' 표현은 이 견해에 의존하며 표현이 최종 제품임을 암묵적으로 암시한다. 그러나 표현은 사물이 아니다. 그것은 과정 또는 사건이다(Brette, 2015, 2017). 따라서 표현 및 인식은 한 사물을 다른 사물로 변환하는 것으로는 설명될 수 없다. Jeannerod(1994)도 읽어 볼 것.

56) 딥 러닝(또는 계층적 딥 머신 러닝 또는 딥 구조화된 학습)은 뇌의 감각 영역과 운동 영역 사이에 끼어 있는 연관 네트워크와 유사한 여러 처리 계층이 있는 '딥 그래프'를 사용하여 데이터의 상위 수준 추상화를 모델링하려고 시도하는 광범위한 기계 학습 알고리즘 제품군의 일부다. 이 매우 성공적이고 빠르게 확장되는 분야의 기원에 대해서는 Hinton et al.(1995) 및 Sejnowski(2018)를 참조할 것.

57) Chiel과 Beer(1997)의 사려 깊은 논문은 뇌에서 영감을 얻은 로봇 설계를 위한 광범위한 프로그램을 설명한다. 또한 König & Luksch(1998) 참조.

58) Shannon(1956).

프로세스는 상호 합의된 구문 규칙에 따라 메시지를 암호화하는 변환 도구인 암호[59]를 통해 수행되므로 이 지식이 없는 사람에게는 정보가 말도 안 되는 것처럼 보인다. 물론 암호화가 항상 의도적 인 것은 아니다. 때로는 그냥 발생한다. 진화는 비밀의 목적이 없지만 생물학적 암호는 종종 우리에게 신비스럽다. 우리가 암호를 밝히기 전까지는 말이다. 아웃사이드-인 철학에서 제임스의 목록에 있는 단어는 발신자이고 뇌는 수신자다. 그러나 '감정', '의지', '주의' 등과 같은 용어는 어떤 것도 보낸 사람이 아니며 고유한 정보를 가지고 있지 않다. 공간과 시간은 뇌에 의해 직접 감지되지 않으며(제10장) 메시지도 전달되지 않는다. 정보를 이해하려면 정보의 창조자인 뇌부터 시작해야 한다.

암호학이 취미였던 미국 작가 에드거 앨런 포(Edgar Allen Poe)는 "인간의 독창성은 인간의 독창성이 해결할 수없는 암호를 만들 수 없다"고 믿었다. 하지만 현대 과학은 인간이나 기계가 깨뜨릴 수없는 메시지를 암호화할 수 있다고 주장한다.[60] 뇌 역학의 암호가 이 보안 수준이 높은 범주에 속할까, 아니면 그것을 뛰어넘을 수 있을까?

뇌에서 암호를 검색할 때 우리는 이전의 해독 성공에서 배울 수 있다. 영국인 토머스 영(Thomas Young)과 프랑스인 장 프랑수아 샹폴리옹(Jean-François Champollion)은 서면 암호인 로제타 스톤(Rosetta Stone)을 사용하여 이집트 상형문자를 해독한 것으로 알려져 있다. 대영 박물관에서 가장 유명한 이 유물에는 3개 언어(그리스어, 데모 틱 및 상형문자)로 된 동일한 스크립트가 포함되어 있다. 박식했던 토머스 영의 전략은 그리스 텍스트의 단어와 문양 사이에 프톨레마이오스와 클레오파트라와 같이 잘 알려진 신과 로열티의 이름과 일치하는 것을 찾는 것이었다. 이 접근 방식은 빠른 초기 진행을 제공했지만 상형문자의 생성 규칙을 밝히지 못했다. 이 작업에는 샹폴리옹의 천재성과 히브리어, 시리아 어, 그리스어, 아랍어, 아람어, 페르시아어, 그리고 중요하게 비판적으로는 콥트어와 민주주의 어의 구문 규칙에 대한 이해가 필요했다. 그는 음성 기호가 왕족의 이름에만 사용되는 것이 아니라 일반적인 규칙을 대표한다고 가정했다. 이 통찰은 문양을 소리로 변환하고 연결함으로써 이집트 상형문자를 읽고 이해할 수 있음을 시사했다.[61] 따라서 잊혀진 언어의 무의

59) 'zip' 또는 '공백'을 의미하는 아랍어 sifr에서 해독은 비밀을 깨는 과정이다(즉, 디코딩). 암호에 대해 광범위하게 읽은 후, 나는 뇌 연구가 그러한 개념을 절실히 필요로 한다는 것을 깨달았다. 그러나 우리가 '뇌의 코드를 깨뜨리는 것'에 대해 이야기는 많이 하지만 그러한 메커니즘을 밝히고 이해하려는 구체적인 연구는 거의 없다.

60) Poe(1841). 암호의 현재 상태에 대한 접근 가능한 리뷰는 Eckert & Renner(2014)이다. 핵심은 기존의 모든 것과 독립적이어서 예측할 수 없는 선택을 하는 것이다. 이는 장치 독립적인 암호화이다.

미한 메시지가 정보가 되었다. 그러나 로제타 스톤이 없었다면 이집트 상형문자의 비밀은 영원히 숨겨져 있었을 것이다.

두 번째 암호 예제는 많은 계정에서 가장 유명한 (사후) 코드 브레이커인 앨런 튜링(Alan Turing)과 연결되어 있다. 그와 런던 북쪽의 블레츨리 파크(Bletchley Park)에 있는 그의 팀은 제2차 세계 대전에서 독일 해군의 비밀 메시지 암호를 해독한 공로를 인정받았다.[62] 튜링의 공헌에 대한 나의 모든 존경과 존경을 담아 수정해야만 한다. 그의 팀은 암호를 해독한 것이 아니다. 그들은 전쟁 초기에 폴란드 암호국으로부터 에니그마 기계(Enigma)[63]의 형태로 암호화의 핵심 구문 도구인 암호를 받았다.[64] 암호의 구문 규칙에 대한 접근 권한이 없으면 독일 U보트에 전송된 비밀 메시지는 동맹국들에게 풀리지 않는 수수께끼로 남아 있을 것이다. 튜링의 로제타 스톤은 Enigma의 하드웨어였다.

구문에 대한 사전 지식 없이 비밀 코드를 해독할 수 있을까? 우리의 세 번째 예인 유전 암호의 발견과 DNA에서 RNA로의 단백질로의 번역이 그러한 경우였다. 이 경우 암호는 이중 나선이었다. 나선의 두 가닥은 더 단순한 뉴클레오티드 단위로 구성된 폴리뉴클레오티드로 구성된다. 각 뉴클레오타이드는 질소 함유 핵 염기[시토신 (C), 구아닌 (G), 아데닌 (A), 또는 티민 (T)]와 디옥시리보오스 및 인산염 그룹이라고 하는 단당류로 구성된다. 구문은 우아하게 간단한다. A는 항상 T와 짝을 이루고 C는 G와 짝을 이루어 이중 나선 DNA를 만드는 규칙을 제공한다. 일치하는 뉴클레오티드 쌍 사이의 수소 결합은 두 개의 개별 폴리뉴클레오티드 가닥의 질소 염기에 결합한다. 이 DNA 서열은 궁극적으로 단백질을 구성하는 빌딩 블록인 일련의 아미노산으로 번역된다. 이것은 RNA를 통해 이루어지며, 이는 세 개의 뉴클레오티드의 특정 세트를 특정 아미노산으로 전사한다.[65] 이 메신저 RNA를

---

61) Champollion(로제타 스톤의 발견자-역자 주)의 주인인 Silvestre deSacy는 이미 상형문자의 뚜렷한 소리와 그 의미 사이의 관계를 발견했다(Allen, 1960). Champollion은 종종 deSacy와 Young에게 충분한 몫을 주지 않았다는 비판을 받았다. 결국, 알파벳과 비슷한 단일 자음을 나타내는 24개의 글리프가 확인되었다.

62) Turing의 짧고 복잡한 삶은 계속해서 여러 세대의 창조적인 사람들에게 영감을 준다. 영화 〈이미테이션 게임〉(2014)은 아마도 그의 암호 해독 기간과 개인 생활에 대한 가장 잘 알려져 있는 설명일 것이다.

63) 오늘날 빠른 컴퓨터로 얻을 수 있는 것처럼 글자를 적절하게 섞으면 암호는 사실상 깨지지 않는 다.

64) 제2차 세계 대전 중 영국 정보부의 역사에 관한 책에서 수학자 Marian Rejewski는 "우리는 [새 로터] 내에서 [배선]을 빠르게 찾았지만 [그들의] 소개는 …… [로터]의 가능한 시퀀스 수를 6개에서 60개로 늘렸다. …… 그리하여 열쇠를 찾는 일도 열 배로 늘렸다. 따라서 변화는 질적인 것이 아니라 양적인 것이었다"(Kozaczuk, 1984의 〈부록〉에서 인용됨). 튜링의 해독 벤처의 또 다른 중요한 전임자는 스페인 남북 전쟁에서 민족주의자들의 수수께끼로 암호화된 메시지를 해독하는 또 다른 영국 암호학자인 Dillwyn Knox의 작업이었다(Batey, 2009).

65) James Watson, Francis Crick, Maurice Wilkins는 1962년 노벨상과 함께 DNA 코드를 발견한 공로를 인정받았다. 러시아 물리학자 Georgiy Gamow는 이미 수학적 모델링을 사용하여 3글자 뉴클레오티드 코드가 20개의 아미노산을 모두

주형으로 사용하면 단백질 분자는 인접 아미노산을 연결하여 구축된다.

이러한 암호 해독 수행의 예와 그 플레이어들은 뉴런 '암호'를 찾는 뇌 과학자들에게 중요한 교훈을 준다. 구문을 알면 코드를 깨는 것은 희망적인 작업이다. 상형문자의 의미를 밝히는 데 몇 명의 사상가와 수십 년의 노력이 필요했다. 암호 해독의 열쇠가 있었음에도 불구하고 Enigma 기계에 의해 암호화된 메시지를 해독하려면 수백 명의 사람들이 함께 일하는 서신을 찾기 위해 몇 년 동안 신경을 쓰게 하는 검색이 필요했다. 잘 이해된 목표(알려진 20개의 아미노산을 세 개로 코드화하는 네 가지 요소의 조합)와 함께 유전 암호의 경우, 수십 년에 걸쳐 수백 명의 학자들의 노력은 자연의 신비에 대한 메커니즘적인 설명을 제공했다. 그 자연은 단순한 씨앗에서 복잡한 유기체를 생산하는 가상의 힘이었다. 그렇다면 뇌의 암호를 식별하기 위한 전략은 무엇인가? 서신과 상관관계를 수집하는 것만으로는 충분하지 않다. 우리는 또한 뉴런 구문(제6장~제8장)을 이해하고 더 확실한 '2차 의견'(제3장 및 제5장)으로 상관관계 관찰을 '접지'해야 한다. 이러한 독립적인 지식이 있어야만 두뇌 어휘의 비밀 의미를 알아낼 수 있다.

이 시점에서 독자는 다음과 같은 올바른 질문을 할 수 있다. 내부에서 밖으로 논리적으로 진행하는 것이 왜 중요한가?(그 반대가 아니라) 어느 쪽이 되었든 이해할 수는 없는 것일까? 이에 답하기 위해서는 다음 장에서 살펴볼 주제인 신경과학의 복잡한 인과관계 문제에 대한 논의가 필요하다.

요약

이 소개 장에서 나는 뇌 작동에 대한 보충 지식을 제공할 수 있는 대조적인 견해와 연구 전략을 제시했다. 첫 번째 비교는 '아웃사이드-인' 전략과 '인사이드-아웃'전략이었다. 밖-안 또는 인식-행동 프레임워크는 아리스토텔레스에서 시작하여 경험주의적 철학

정의할 수 있다고 계산했다. 그는 20명의 정회원(아미노산 하나당 한 명씩)과 4명의 명예 회원(각 뉴클레오티드에 대해 하나씩; Gamow, Watson, Crick 및 Sydney Brenner)과 함께 'RNA Tie Club'을 만들었다. 이 클럽은 RNA가 단백질을 어떻게 만들 수 있는지 이해하는 데 광범위한 협력을 목표로 했다. 그러나 돌파구는 외부인인 Marshall W. Nirenberg, Har Gobind Khorana, Robert W. Holley로부터 나왔는데, 이들은 1968년에 '유전 암호와 단백질 합성에서의 기능에 대한 해석'으로 노벨상을 수상했다. http://www.nobelprize.org/educational/medicine/gene-code/history.html. 참조.

자 데이비드 흄의 가장 명시적이고 정교한 철학적 뿌리를 가지고 있다. 이 틀에 따르면, 우리의 모든 지식은 지각적 연관성과 인과관계의 귀납적 추론에서 비롯된다. 이 철학은 서양 과학의 기초이며 현대 신경과학의 사고에 계속 영향을 미친다. 이 지각적 표현 중심의 관점에서 피할 수 없는 결과는 응답 여부를 결정하는 숨겨진 호문쿨루스의 가정이다. 이와 반대로, 내가 제안하는 인사이드 아웃 프레임워크는 행동을 기본 지식의 원천으로 삼는다. 행동은 다른 의견을 제공함으로써 감각 신호의 의미와 중요성을 검증한다. 이러한 기초가 없으면 정보가 나타나지 않는다.

다음으로, 우리는 타불라 라사(빈 슬레이트)와 미리 구성된 뇌 모델 사이의 관계를 논의했다. 경험주의자의 '아웃사이드-인'의 모델에서, 뇌는 새로운 정보가 누적적으로 기록되는 백지로 시작한다. 뇌 회로의 수정은 병치 및 중첩에 의해 새로 배운 지식의 양에 따라 확장된다. 이와 대조적인 견해는 뇌가 기존의 내부 역학과 문법적 규칙이 있지만 미리 의미 없는 뉴런의 단어로 채워진 사전이라는 것이다. 독특한 뉴런 패턴의 큰 저수지는 탐색적 행동을 통해 동물에 대한 중요성을 획득할 수 있는 잠재력을 가지며 뚜렷한 사건 또는 상황을 나타낸다. 이 대안 모델에서, 발사 속도, 시냅스 연결 강도 및 뉴런의 집단행동의 크기와 같은 뇌 성분의 다양성은 넓은 분포로 이어진다. 이 분포의 두 가지 꼬리는 보완적인 이점을 제공한다. '충분한' 뇌는 일반화되고 빠르게 행동할 수 있다. '정밀' 두뇌는 느리지만 신중하며 많은 상황에서 필요한 세부 사항을 제공한다.

제2장 THE BRAIN FROM INSIDE OUT

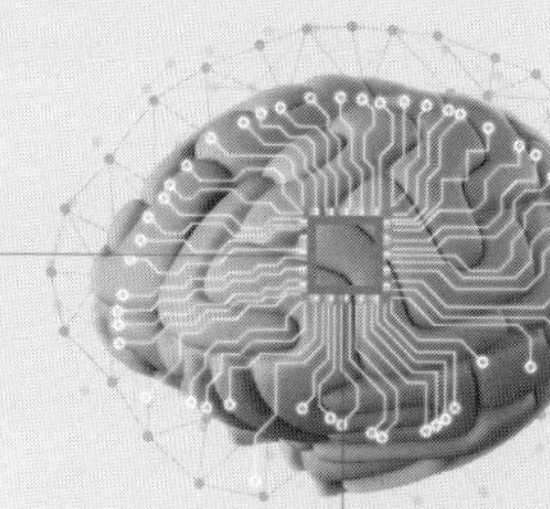

신경과학의 인과관계와 논리

이유 없이 일어나는 일은 없다.

–성경(The Bible)

모든 것은 다른 모든 것과 연결된다.

–레오나르도 다빈치(Leonardo da Vinci)[1]

원인의 법칙…… 과거 시대의 유물로 군주제처럼 살아남은 것은 오로지 해를 끼치지 않는 것으로 잘못되어 있기 때문이다.

–버트런드 러셀(Bertrand Russell)

박사후 연구원으로 미국에 온 후 나는 우리의 양육이 세계에 대한 우리의 해석에 얼마나 큰 영향을 미치는지 점차적으로 알게 되었다. 문화가 다르면 뇌가 다르게 형성되므로 형성 시기를 보냈던 사회적 환경과는 다른 관점을 가진 새로운 사회에 공감하기 어렵게 된다. 다른 사람의 눈을 바라보며 악수를 하면, 절을 하고 소명을 표현하는 것과는 다른 감정을 불러일으킨다. 대부분의 사람들은 우리의 양육이 우리의 편견과 관련 있다는 데 동의한다. 나는 종종 문화적 차이가 도덕적 · 정서적 문제뿐만 아니라 과학적 사고에서도 나타날 수 있는지 궁금했다. 왼쪽에서 오른쪽으로 또는 그 반대로 읽고 쓰는 것과 같이 사소해 보이는 관행조차도 뇌의 작동에 영향을 미칠 수 있다.[2]

1) Brulent & Wamsley(2008).

2) Scholz et al.(2009). 제2언어를 배우면 백질의 구조적 변화를 유도할 수 있다(Schlegel et al., 2012). 음악가의 뇌는 뇌의

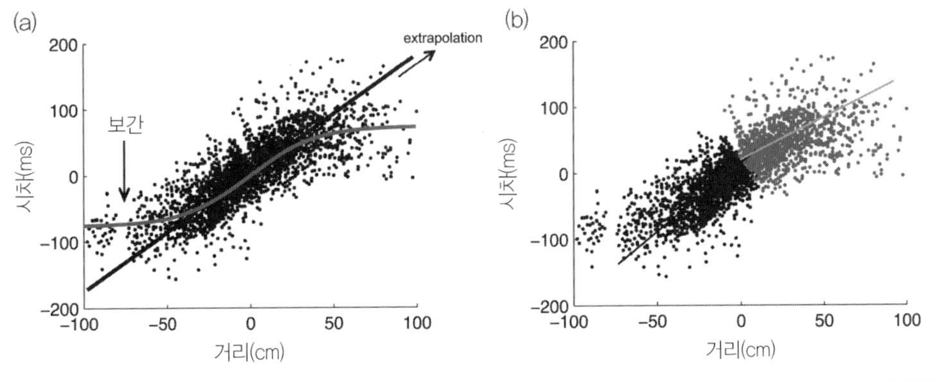

[그림 2-1] 그래프 해석하기

A: 각 점은 뉴런 쌍의 스파이크 사이의 시간차에 대해 플롯된 실험 장치에서 동물이 걸은 측정된 거리에 해당한다. 검은색 선은 모든 값의 선형 회귀이다. 분포의 꼬리를 고려할 때 시그모이드(회색 선)가 더 적합하다. B: 다른 해석은 실제로 두 개의 구름(검은색과 회색)이 있으며 거리 표현과 스파이크의 시간 지연 간에 서로 다른 관계가 있다는 것이다.

우리는 어떻게든 우리 자신을 주관적인 세계에서 벗어나 과거의 영향을 받지 않고 유효한 판단을 내리기 위해 객관적인 방법을 사용할 수 있을까? 내 추론에 장점이 있다면 여러 각도에서 동일한 문제를 조사하는 것이 뇌를 이해하는 데 유용할 수 있다. 서구 세계에서 추론을 위한 일상적인 도구인 논리와 상관관계, 그리고 필요충분의 인과관계 조건을 평가하는 것으로 시작하자.

관찰, 동시 발생 그리고 상관관계

신경과학의 가설의 검정은 주로 세계의 관찰된 속성 간의 연관성 모델을 이용하여 수행된다. [그림 2-1]은 관찰된 두 변수 사이의 관계에 대한 일반적인 예를 보여 준다. 이 그림에서 동물이 걷는 거리와 해당 거리에 해당하는 뉴런 쌍의 스파이크 간의 시간 관계 사이다.[3] 점 구름을 검사하면 신뢰할 수 있는 관계를 알 수 있다. 더 긴 거리는 스파이크 사이

연습으로 인한 구조적 변화를 조사하는 연구자들이 가장 좋아하는 주제이다. 사용 의존적인 뇌 가소성은 전문 음악가의 뇌와 몇 달 동안 기억 훈련을 받는 어린이에게서 일관되게 입증되었다(Hyde et al., 2009; Lutz, 2009).

3) 이 데이터는 Diba & Buzsáki(2008)에서 수정되어 쥐가 선형 트랙을 달리는 동안 한 쌍의 해마 장소 뉴런(x 좌표)의 장소 필드 피크 사이의 거리 측정과 동일한 뉴런 쌍의 스파이크 사이의 시간 차이를 보여 준다. S자 곡선의 평평한 끝에

의 더 큰 간격에 해당한다. 이 관계를 정량화하는 간단한 방법은 값(검은색 실선) 위에 '회귀선'을 맞추는 것이다. 이 선은 모든 측정값이 회귀선으로 '표현'된다는 가정으로 엄청난 단순화이다. 선의 기울기와 선의 양쪽에 있는 값의 분산 크기는 관계의 신뢰도와 강도를 나타낸다. 이 규칙성은 회귀선 위와 아래에 거의 동일한 수의 값이 있는 '상호관계' 또는 상관관계이다.[4)]

[그림 2-1]과 같은 플롯은 관측 값만 보여 주지만, 우리는 종종 데이터 포인트의 정적인 클라우드로부터 더 많은 것을 읽고 싶어 한다. 예를 들어, 그래프에 측정값이 없는 빈 영역이 많이 있다. 우리는 더 많은 데이터를 생성하기 위해 더 많은 시간과 자금이 있다면 그 새로운 포인트가 이미 측정된 것들 사이의 공백을 채울 수 있도록 이러한 가치가 존재한다고 가정할 수 있다. 직관적으로 또는 엄격한 수학으로 수행되는 이 작업을 보간 혹은 사이 채움([그림 2-1]의 화살표)이라고 하지만 설명 또는 추론이라고 할 수도 있다. 보간은 과거에 수집된 데이터를 기반으로 수행되기 때문에 사후 예측이라고 부를 수도 있다. 점들 사이의 가상 데이터로 그래프를 채우는 것이 편하다고 느낀다면, 관측의 추세를 따라 클라우드를 확장하는 더 많은 데이터를 상상하는 것은 별로 큰 도약이 아니다. 이 작업을 외삽 또는 귀납이라고 한다. 또는 현재 사용 가능한 데이터에서 예측 또는 추측이라고 부를 수 있으며, 이는 '논리적 추론'의 행위이다.[5)] 이는 미래를 예측하는 것에 해당하는 제시된 것의 추상화다. 그래프의 외형은 얼마나 멀리 갈 수 있을까? 두 세트의 변수가 현재 상관관계가 있기 때문에 이 상관관계가 미래에도 계속될 것이라는 보장은 없다.

수학적 추상으로서의 보간 및 외삽은 표현되는 객체 또는 관찰과 무관하다. 그래프 자체는 추상적인 관계다. 점은 물리적 대응을 잃어 이제 수학적 그래프에 포함된다. 실제로

대한 생리학적 설명은 거리 대 지속 시간 변환이 세타 진동 역학에 의해 발생한다는 것이다. 세타 주기의 지속 시간은 140ms(그림에서 ±70ms)이며, 이는 등쪽 해마에서 사용 가능한 거리 표현을 약 1m로 제한한다. 더 먼 거리를 해결하려면 동물이 환경에서 움직여야 한다(제7장의 추가 논의 참조).

4) 좌표는 회전(rotation) 대칭과 병진(translation) 대칭이다. y축과 x축이 북쪽과 동쪽을 가리킬 필요는 없다. 그래프는 x값과 y값 간의 관계가 변경되지 않는 한 모든 방향으로 향할 수 있다. 이 대칭은 유클리드 공간에 적용된다. 민코프스키(Minkowski) 시공간에서는 대칭이 시간에도 적용된다(제10장).

5) '설명(explanation)', '예측(prerdiction)', '사후예측(postdiciton)', '원인(cause)'과 같은 표현 간의 융합은 통계 데이터를 해석할 때 일반적인데, 이들을 분별하는 것은 과학 지식을 발전시키는 데 중요하다. 통계 문헌은 종종 설명적 프로세스와 예측 프로세스를 모델링하는 과정에서 발생하는 많은 차이점에 대한 철저한 논의가 부족하다. 설명(과거)과 예측(미래)은 논리적으로 다르다(Shmueli, 2010). '예측하다'(라틴어 pre- 앞에서, 그리고 dicere -말하기)는 미래에 일어날 일을 구두로 선언하는 것을 의미한다. 사후예측(postdiction)은 추론(inference)이다. 따라서 통계는 하위 형용사 해석에서 자유롭지 않다.

동일한 점들은 어떤 관계도 나타낼 수 있으므로 기질과 관련이 없다. 예를 들어, 정서적 크기와 신경 세포 발화 사이의 관찰된 관계를 나타낼 수 있다. 이와 반대로 관계의 해석은 항상 기질에 달려 있다. 실물에는 물리적인 실체가 있다. 변수의 기질이 그래프에서 누락되었기 때문에 실험자는 관측된 관계를 설명하는 기질 종속 메커니즘을 추론하기 위해 해석에 변수를 추가한다. 이러한 해석적 욕구는 우리가 그러한 단순한 $x-y$ 관계에 우발성, 의존성, 상호 의존성, 표시, 기대, 예측 또는 예측 (나는 운세 또는 수정 응시를 추가할 수 있음)과 같은 다양한 이름을 부여하는 이유이다.[6)]

[그림 2-1]의 예에서 우리는 아웃사이드-인 프레임워크의 전통에서 거리를 독립 변수로 사용했다. 미로에서 두 장소 필드 사이의 거리는 통치자가 객관적으로 측정할 수 있으며, 목표는 거리가 뇌에서 어떻게 '표현'되는지(예: 시간 오프셋으로) 학습하는 것이다. 어떤 의미에서 우리는 거리가 기간을 어떻게 예측하는지 묻는다. 그러나 제7장에서 볼 수 있듯이 뇌는 내부적으로 신경 스파이크 사이의 시간 오프셋을 생성하고 동물의 이동 속도의 도움으로 거리를 계산한다. 인사이드 아웃 프레임워크에서 원인은 뇌 메커니즘이고 결과는 거리 추정이다. 행동으로 시각적 신호를 보정하지 않고서는 순진한 뇌에게는 거리가 의미가 없다(제3장). 따라서 프레임워크에 따라 인과관계가 변경될 수 있다.

그러나 다른 실험자는 $x-y$ 관계에 대한 우리의 해석에 동의하지 않을 수 있다. 클라우드의 끝에는 더 적은 데이터 포인트가 있지만 다른 데이터 포인트의 선형 관계 특성을 잃는 것 같다. 시그모이드 함수(S자 곡선, 회색)가 더 적합할 수 있다. 세 번째 옵서버에게는 점 구름이 분할 된 것처럼 보일 수 있다([그림 2-1] B). 모든 점이 우리 마음속에 모여 있을 때, 단일 클라우드를 해석하는 것은 세부 사항이 누락된 그림이나 문장을 완성하는 것과 유사하게 '통합'또는 '패턴 완성'이라는 용어의 사용을 정당화한다. 그러나 세 번째 관찰자의 경험 많은 눈은 실제로 두 개의 구름이 있음을 시사하므로 분리 또는 패턴 분리의 경우 두 개의 관계가 존재한다. 그래프의 포인트가 하나의 통합된 관계를 반영하는가 아니면 두 개의 분리된 관계를 반영하는가? 회귀 문제는 분류 문제가 된다. 우리의 과학적 어휘와 견해는 이 간단한 그림에 표시된 것보다 더 정교하더라도 데이터 플롯으로 형성되는 경우가 많다. 중재자나 감독자 없이는 누가 옳고 그른지를 말할 수 없다.

---

6) Francis Bacon은 실험과 관찰이 세계에 대한 신뢰할 수 있는 아이디어를 얻기에 충분하다고 선언했다. 대조적으로, René Descartes는 수학에 대한 믿음이 있었지만 벌거벗은 사실은 결코 자명하지 않으며 해석이 필요하다고 주장했다. 그래프는 일이 어떻게 일어났는지, 어떻게 일어날 수 있었는지 알려 준다.

뇌의 인과관계와 자기 인과관계

[그림 2-1]에서 두 변수 사이의 규칙성을 확인했다. 하나는 종속 (y) 변수라고 하는 설명되어야 하는 것이고 다른 하나는 독립 변수 (x)라는 설명하는 것이다.[7] 보다 일반적인 용어로 '정의된 개념'과 '정의하는 개념'이라고도 부를 수 있다. 물론 우리의 가장 큰 소망은 하나의 변수가 다른 변수를 예측하거나 유발한다는 결론을 내리는 것이다. 이상적으로 정의하는 개념은 정의되는 개념보다 더 일반적이며 그 사이에 약간의 비대칭이 있다. "뇌는 기계다", 그러나 "기계는 뇌다"라는 다른 방법은 적용되지 않는다. 따라서 하나의 변수를 독립적이고 다른 하나의 종속 변수를 호출하는 선택은 종종 임의적이며 우리의 선입견을 반영하게 된다. 어떤 경우에는 실험적으로 독립 변수를 조작하고 종속 변수에 미치는 영향을 관찰할 수 있다. 신경과학에서 우리는 종종 우리가 직접 조작할 수 없거나 시스템의 더 많은 속성을 간접적으로 조작하지 않고는 단일 변수를 '독립적으로' 조작할 방법이 없는 대상을 관찰한다. 이 경우 하나의 변수를 독립적으로 호출하고 다른 변수를 종속적으로 호출하는 선택은 종종 임의적이며 편향을 반영한다. 사실, 플롯 자체는 대칭이며 통계 설명은 x와 y 좌표를 반대로 하면 동일하다. 비율은 변하지 않는다. 그러나 신경과학에서 우리는 행동 관찰이나 자극 특징을 x축(이 예에서는 걷는 거리)에 배치하고 뇌 측정을 y축에 배치한다. 이 전통은 제1장에서 논의 된 바와 같이 아웃사이드-인 프레임워크에서 시작된다. 이 역사적 문제를 제쳐두고 다른 방식으로 상관 측정을 그래프화하고 평가함으로써 그러한 데이터로부터 인과적 추론을 할 수 있을까?[8] 마찬가지로 중요한 것은 예측에 대한 확신, 즉 옳고 그름의 가능성에 대해 물어보아야 한다는 것이다. 이러한 관찰 데이터가 충분할까, 아니면 추가 실험을 해야 할까?[9] 한 변수가 다른 변수를 유발한다는 사실을 설득

---

7) Hempel & Oppenheim(1948).

8) 우리의 기대는 종종 우리의 해석에 영향을 준다. 외부 프레임워크에서 뇌가 환경의 거리를 '측정'하고 표현하는 뉴런 사이의 시간적 오프셋으로 표현한다고 가정할 수 있다. 그러나 이러한 상관관계를 파악하기 위해 고안된 실험은 해마 뉴런 사이의 시간적 오프셋이 크기가 증가하는 환경에서 동일하게 유지되는 뇌 역학의 내부 규칙에 의해 결정된다는 것을 보여 주었다. 결과적으로 뉴런의 공간 해상도는 더 큰 환경에서 감소한다. 해마 내 거리의 표상은 주변 세계의 크기에 비례한다(Diba & Buzsáki, 2008). 따라서 뇌 네트워크 역학은 거리를 설명하는 독립 변수이지 그 반대가 아니다.

9) 태양계에서 목성을 제거하면 어떻게 될까? 한 천문학자는 사용 가능한 데이터에서 결과를 계산할 수 있다고 말할 것이다(실험이 필요하지 않음). 그러나 다른 천문학자는 동의하지 않고 천체 사이의 복잡한 관계를 고려할 때 그 영향이 예측할 수 없다고 주장할 것이다[그리고 확고한 답을 얻으려면 다른 행성이나 은하의 제거와 같은 더 많은 섭동(perturbation)이 필요하다]. 이것들은 신경과학이 끊임없이 직면하는 질문 유형이다.

력 있게 보여 주기 위해 독립 값을 실험적으로 변경하고 종속 변수가 이러한 변화를 어떻게 따르는지 조사해야 한다.[10] 물리적 대상을 직접 조작하는 것은 원인과 결과의 설득력 있는 규칙을 주장하는 가장 기본적인 방법이다. 어린이가 전등 스위치를 켜면 방이 나타나고 사라질 수 있다는 것을 알게 되면, 그는 자신이 결과의 유일한 원인이라는 것을 배우기 위해 반복적으로 연습한다. 마찬가지로 쥐가 음식을 배달하는 레버를 누르면 그 행동의 결과를 반복적으로 테스트한다. 세상에서 기능하기 위해서 동물은 인과관계의 개념을 개발해야만 하는 것처럼 보인다.

수학과 과학적 사고 모두 논리가 필요하다. 모든 수학적 이론은 내부적으로 일관된 시스템이 구축되는 일련의 공리 또는 일련의 규칙으로 축소될 수 있다. 이러한 공리를 위반해서는 안 된다. 그러나 과학은 아마도 다르다. 선험적 규칙이 없다. 우리는 단순히 규칙적인 성격을 지키고 이를 '법률'이라고 부른다.[11] 우리가 이러한 규칙을 방해할 때 우리는 관계의 일부가 되어 관계를 변경할 수 있다. 양자 역학의 불확실성의 아버지인 하이젠베르크(Heisenberg)는 다음과 같이 유명하게 말했다. "우리가 관찰하는 것은 자연이 아니라 우리의 질문 방법에 노출된 자연이다." 이러한 건전한 회의는 당사의 측정 장비가 인과관계에 영향을 미칠 수 있기 때문에 중요하다.

우리가 취하는 모든 행동은 우리가 관찰하고자 하는 시스템에 영향을 끼친다. 그러나 이 인과관계는 실험 과학의 어려움보다 더 깊다. 서구 세계에서 과학적 추론의 뿌리를 형성한다. 일단 원인이 밝혀지면 문제가 '설명'되고 진실이 발견된다. 전통적으로는 원인이 없는 효과는 없고, 원인이 없는 논리적 논증도 없다. 서양 철학은 인과관계를 기반으로 한다. 그러나 세계의 많은 부분이 그러한 인과관계 규칙을 받아들이지 않고 앞으로 나아갔다. 인과관계의 개념은 유럽 문화와 아시아 문화에서 상당히 다르다. 예를 들어, 불교 철학에서는 사물과 사건이 여러 가지 공동 발생하는 조건에 의존하기 때문에 하나의 독립된 독립체로

10) 시스템을 실험적으로 조작하지 않고도 변수를 추가하거나 생략하여 비인과 관계를 '회귀(regress out)'할 수 있다. 결코 바보 같은 증거는 아니지만 종종 이것이 시스템을 방해하지 않고 할 수 있는 최선의 방법이다. 상관관계를 나타내는 기술 통계는 수동적인 연관성과 비슷하다. 두 경우 모두 인과관계를 밝힐 수 없다. 지식의 원천은 조작에 있다.

11) 법률은 과학적 사고의 조직 도구로서 특정한 신학적 연관성을 가지고 있다. 이러한 법칙을 도입한 뉴턴을 포함한 물리학자들은 사물이 변하지 않고 영원하다고 여겨지는 하느님에 의해 '다스리거나', '다스리는' 것이라고 가정했다. 기독교와 다른 많은 종교에서는 모든 것이 원인과 법칙을 가져야하며 자연의 질서는 그 형태로 고정되어 있다고 가정한다(Toulmin & Goodfield, 1965). 그러나 법률에는 실체가 없다(substrate-free). 그것들은 물질적인 것이 아니므로, 신의 개입 없이는 다른 어떤 것에도 영향을 미칠 수 없다. 그것들은 단지 "지구가 태양 주위를 공전한다"는 규칙성을 반영할 뿐이다.

존재하는 것은 없다.[12] 불교 승려 또는 교사가 서로 기대어 세 개의 향을 피우는 것은 막대기가 떨어지면 다른 막대기도 떨어진다. 유사하게 유교는 인과관계에 대한 네트워크를 찾기 위해 모든 것을 포괄하는 방식으로 접근했다. 역사적 변화는 특정 원인이 아닌 사건의 우연으로 설명된다. 무슬림 철학에서 인과관계는 본질적으로 필요하지 않다. 대신, 그것들은 하느님이 하시는 일의 표현일 뿐이다.[13] 따라서 다른 문화권의 사람들(하지만 같은 종류의 뇌를 가진 사람들)이 우리를 둘러싼 세상의 일을 다르게 판단하는 것은 놀랍지 않다.[14] 그렇다면 우리는 왜 그렇게 가정할까? 유럽의 과학 철학은 특히 다른 많은 문화가 위대한 과학적 발견을 이룬다는 점을 생각하면, 이것이 세계와 우리 자신을 보는 우월하거나 유일한 방법일까? 원인이 밝혀지면 진실이 발견된다는 것이 사실일까? 데카르트(Descartes)조차도 그러한 링크를 받아들이기를 주저했다. 첫째, 그는 다음과 같이 말한다. "원인이 모든 현상을 명확하게 추론할 수 있도록 허용하면 사실이 아니어야 하는 것은 사실상 불가능하다." 그러나 그는 즉시 철회하고 다음과 같이 덧붙인다. "그럼에도 불구하고 우리는 종종 거짓이라고 동의하는 가정을 만들기 때문에 내가 설정하는 원인이 단순히 가설로 간주되도록 원한다."[15] '가설'이라는 용어의 현대적 의미는 관찰과 실험에 의해 거부될 수 있는 추측을 의미한다. 따라서 진실을 증명하기보다는 잠재적인 원인을 제거하는 것이다. 과학적 지식은 잠정적이며 확정적이지 않다. 그것은 점진적이며, 절대적이지 않다.

---

12) '기원'(또는 산스크리트어로 pratityasamutpada)은 상호 의존적인 인과관계의 원리를 말하며 끝없는 삶의 중생을 설명하는 12중 사슬을 설명한다(Dalai Lama & Chodron, 2017). 형이상학에서 우연주의는 모든 것이 명확한 원인에서 발생하거나 발생한다는 교리를 부정한다.

13) Leaman(1985).

14) Carl Jung은 또한 "원인 없이는 아무 일도 일어날 수 없다"는 Kant의 공리에 반항했다. 대신 그는 동양 철학에 근거한 '인과관계 원리' 또는 '비열한 우연의 일치'의 원칙을 주장했다. 그와 물리학자 Wolfgang Pauli는 인과관계를 설명의 원리로 대체하기 위해 '동시성'이라는 용어를 만들었다. 설명은 "원인과 결과의 문제가 아니라 시간 속에서 함께 떨어지는 것, 일종의 동시성"(Jung, 1973)의 문제가 될 수 있다는 것이다. Jung은 텔레파시를 포함한 모든 것을 동시성으로 설명했다. 통계학자에게 우연의 일치는 "표본이 충분히 크면 명백한 인과관계 없이 터무니없는 일이 일어날 가능성이 높기 때문에" 놀랍고 의미 있는 사건이 아니다(Diaconis & Mostelle, 1989). 이러한 문제는 Arthur Koestler의 책 『The Roots of Coincidence』(1973)에서 설득력 있게 드러난다. [NeuroNote: Koestler는 영국으로 돌아가지 못한 후 1940년 리스본에서 자살을 시도했지만 살아남았다. 70대에 파킨슨병에 걸린 후, 그와 그의 아내는 이중 자살을 했다.]

15) Descartes(1984).

원인과 결과

인과성은 미묘한 형이상학적 개념으로, 세계의 사건이 어떻게 진행되는지를 나타내는 추상이다. 인과관계의 일반적인 개념은 아리스토텔레스(Aristotle)로 거슬러 올라가서 공간과 시간에 걸쳐 물체가 서로 어떻게 영향을 미치는지에 대한 진술이 그것이다. 상관관계 그래프([그림 2-1])에서 우리는 추가 조작 없이는 x가 y의 원인이라는 주장을 할 수 없다.[16] 인과관계는 원인이 항상 효과에 선행하는 종속성 연속으로 정의된다. 원인은 현재 사건의 과거에 있다. B가 발생하기 위해 A의 존재가 필요한 경우 A는 B의 원인이다. A가 B에 영향을 미치려면 A가 먼저 발생해야 한다.[17] 데이비드 흄(David Hume)은 "첫 번째 개체가 없었다면 두 번째 개체는 존재하지 않았다"라고 말했다. 결정론적 틀에서 원인의 존재는 효과가 발생하는 데 필요하고 충분한 조건이다. 인과성과 결정론은 종종 얽혀 있다. 물론 효과에는 여러 원인이 동시에 발생할 수 있지만, 우리는 적어도 하나를 식별할 수 있어야 한다고 믿도록 강요받는다. 예를 들어, 개별 유전자만으로 정신질환을 설명할 수 없는 경우 다른 원인과 함께 발생할 때 조건부 원인으로 간주될 수 있다. 필요한 성분이 충분히 함께 발생하면 질병을 유발하기에 충분할 수 있다. 이 프레임워크하에서 상관관계의 세 가지 요소와 필요하고 충분한 조건이 서로를 보완한다. 또 다른 공식에서는 즉각적인 원인(촉진적인 원인이라고도 함: 운동 영역의 뇌졸중이 마비를 일으킴), 기질적 원인(화가 나옴) 및 지속적 원인(고혈압이 있음)을 구분할 수 있다. 지속적이거나 기질적인 원인만으로는 필요하고 충분한 조건으로 지정할 수 없다. 그러나 근접한 원인은 지속적인 원인이나 기질적 원인이 없이 일어날 수 없을 것이다.

인과관계에 대한 아리스토텔레스의 공식화는 지난 수천 년 동안 광범위한 수정을 거쳤지만, 그 단순함 덕택에 여전히 실험실에서 추론의 주요 도구로 남아 있다. 그러나 일상생활에서조차도 그러한 논리가 어떻게 실패하는지 종종 볼 수 있다. 내 그림자는 나를 따르

16) 그래프를 해석하는 한 가지 단계는 독립 변수를 변경하는 것이다. 이 경우 y에 대한 x의 회귀는 x에 대한 y의 회귀와 동일하지 않기 때문에 독립 변수와 종속 변수의 지정이 중요하다.

17) 이 논리는 '시간 화살표'가 있는 뉴턴의 프레임워크에서 비롯된다. 인과관계의 이러한 근본적인 요구(즉, 시간의 개념)가 그 정의에서 제거될 때, 상황은 다소 복잡해진다. 얽힘과 같은 양자 역학적 예에서 두 입자는 상호 의존적이거나 '얽힌' 특성을 가질 수 있다. '고전적' 인과관계의 유용성과 인과관계의 일부로서의 시간의 역할은 일반 상대성 이론과 양자 역학 모두에서 격렬하게 논의되고 있다(Hardy, 2007; Brukner, 2014; Ball, 2017). 논리는 시대를 초월하기 때문에 시간이 인과관계의 일부가 되어야 하는 이유는 분명하지 않다. 우리는 제10장에서 시간의 본질과 뇌 작동에서의 주장된 역할을 살펴본다.

고 나 없이는 결코 발생하지 않다. 내 그림자와 나는 (종종) 상관관계가 있다. 내 그림자가 항상 감지되는 것은 아니기 때문에 나는 필수 (그러나 충분하지 않음) 조건이다. 어둠 속에서 내 그림자의 발생은 빛의 존재를 조건으로 하기 때문에 의심되는 인과 규칙을 위반한다. 그러나 빛은 원인이 아니며 공동 기여 요소도 아니라 조건이다.[18]

이와 비슷한 위반이 신경과학에서 발견된다. 내 다리에 올라오는 개미와 같은 약한 자극은 때때로 여러 뇌 회로에서 신경 세포의 안정적인 발사를 유도할 수 있으며 눈에 띄게 나타난다(효과). 다른 경우에는 동일한 원인(개미)이 전혀 눈에 띄지 않는 효과를 유발하지 않을 수도 있다(예: 이 책을 작성하는 데 열중할 때). 다시 말하지만, 뇌 상태의 변화는 공동 원인으로 간주되지 않지만 탐지 가능한 원인-결과 관계에 필요한 조건이다. 나중에, 나는 과학적 규칙으로서 인과관계에 매일 의존하는 우리의 함정을 강조한다. 물론 나의 목표는 공식화된 추론의 자격을 박탈하는 것이 아니라, 신경과학에서 논리의 단순한 레시피가 실패하는 이유, 특히 사물이 정말 흥미로워질 때 왜 실패하는지에 주목하는 것이다. 논리적 추론과 과학의 인과관계가 무관하기 때문에 철학자와 과학자 모두 여러 차례에 걸쳐 설명하고 이를 개선하려고 시도했다. 매번 이러한 개념은 특정 관점과 목적을 가지고 접근했으며, 예상치 못한 것은 아니지만 그에 따른 설명은 다양하다. 철학자들은 인과관계가 인간의 마음과 무관한 물리적 세계의 고유한 속성인지 아니면 인식적 한계가 있는지에 대한 존재론적 질문에 주로 관심이 있다. 제1장에서 배운 것처럼 데이비드 흄의 주관주의는 객관적인 세계를 우리의 1인칭 주관적 경험과 분리하고 우리의 마음이 객관적 현실을 변화시키고 '표현'한다는 생각을 도입했다. 그는 우리의 마음을 신뢰함으로써 세상에 대한 지식을 얻을 수 있다고 생각하는 이성주의자들을 비판했다. 예를 들어, 우리는 번개와 천둥 사이의 규칙적인 관계를 관찰하지만 번개가 천둥을 유발한다는 추론은 주관적인 정신적 조작일 뿐이므로 둘 사이에 객관적인 인과관계가 없을 수 있다. 흄은 우리가 원인 자체를 경험하지 않는다고 생각했다. 우리는 단순히 원인과 결과의 규칙적인 모습에서 그것을 추론한다. 이마누엘 칸트(Immanuel Kant)는 경험에 근거할 수 없는 인과성의 보편적인 원칙

18) 부울 논리(Boolean logic)에서 이는 '게이트'라고 할 수 있다. 대수학에서 부울 논리는 모든 값이 이진 참(1) 또는 거짓(0)으로 축소되는 형식화된 방식으로 아리스토텔레스 논리를 따른다. 중간에 있는 모든 것은 제외되거나 참 또는 거짓 범주에 속하도록 강요된다(당신은 무언가를 인식하든 그렇지 않든). 부울 대수의 이진 특성은 기본 연산자 And, Or, Xor and Not과 함께 참 및 거짓 진술을 사용하여 컴퓨터 과학에 매우 적합하게 만든다. 부울의 기호 시스템은 계산과 논리를 분리할 수 없게 만든다. 초기 뇌 모델은 뇌 작동이 부울 논리를 따른다고 가정했다(McCulloch & Pitts, 1943).

이 있다고 흄의 해석에 반박했다. 칸트는 그 자체로 사물의 영역(das Ding an sich)이 외모 영역(현상)의 원인이라는 생각을 장려했다.[19] 우리의 경험은 선험적 인과관계에 의해 형성된다. 왜냐하면 마음은 관찰자와 독립된, 객관적인 세계로부터 오는 감각 입력을 해석하기 때문이다.

흄의 표상에 대한 생각은 인지심리학자와 신경과학자 모두의 생각을 형성했으며, 물체의 '속성'이 어떻게 신경의 '표현'이 되는지에 대한 사실상의 과학적 설명이 되었다. 그의 주관주의는 마음이 외부 현실을 충실하게 반영하지는 않지만 표현하는 주관적 현실주의로 현대화되었다. 그러므로 나의 진실과 판단의 표현은 상호 동의하는 합의를 통해서만 당신의 표현과 유사해질 수 있다. 고립된 각 뇌는 동일한 물체, 색상 또는 소리의 다소 다른 표현을 생성한다. 객관적 현실과 주관적 현실이 분리되어 있다면, 인과관계의 정신적 영향이 물리적 세계에 존재하는 관계에 반드시 적용되는 것은 아니다.

구성 요소들 사이에 일방향 상호작용이 있는 결정론적 시스템에서, 원인과 결과 관계는 원인이 정기적으로 영향을 선행적으로 유도하기 때문에 아리스토텔레스-흄의 논쟁에 의해 신뢰성 있게 설명될 수 있다.[20] 결정론은 인과관계에 크게 의존한다. 뉴턴 세계에서 인과관계는 움직이지 않는 한 아무것도 움직이지 않기 때문에 잘 작동하는 것 같다.[21] 시스템에서 초기 조건과 모든 변이를 알고 있다면 원칙적으로 모든 결과를 설명할 수 있다. 그러나 실제로 현실 세계에 대한 우리의 지식은 제한된 정밀도로 필연적으로 노이즈가 많은 측정으로 제한되며 그러한 지혜는 많은 위안을 제공하지 않는다. 우리가 우주의 과거를 완전히 알고 있었다 하더라도 미래를 계산하는 데 필요한 시간은 과거의 경과만큼 길 수 있다.

---

19) 흥미롭게도 무슬림 신학은 바틴(batin, 사물 자체)과 자히르(zahir, 현상)를 비슷하게 구분한다. 무슬림 학자들은 인과관계와 존재의 범주가 명사 영역에만 적용되지만 자히르(zahir, 현상)에게는 적용되지 않는다고 믿는다. 무함마드는 존재하지만 우리는 '어떻게(how)'를 알지 못하며(El-Bizri, 2000), 믿어야만 한다. 인과관계에 대한 신선한 사고에 대한 간결한 노출은 Schaffer(2016)를 참조하라.

20) 일반적인 인과관계 모델에서 종종 전제되는 원인의 개념이란 "이동자(mover; 어떤 후보 요인을 제거하거나 추가함으로써 후보 요인이 결과에 미치는 인과관계를 유추하는 방법-역자 주)"인데, 이는 확률을 줄이는 데 사용할 수 없다. 무언가의 부재 또는 감소가 원인이 될 수 있을까? 뇌의 억제가 그러한 경우이다. 뇌의 어떤 특수한 뉴런들의 주요 역할이 흥분성 뉴런과 서로를 억제하는 것이다. 따라서 외부 세포의 발화 속도의 상승은 다른 흥분성 뉴런을 통한 흥분 또는 억제의 감소에 의해 야기될 수 있다('탈억제 원인?').

21) 거의 모든 도구와 기계는 인과관계의 논리를 기반으로 한다. 기계는 이 논리의 외부화된 반영을 나타낼 수도 있고(제9장), 반대로 도구와 기계 구성 요소의 기능은 관찰된 사물의 논리의 내재화로 이어질 수 있다(제5장).

인과성 문제라는 골칫거리

인과성의 문제는 양자물리학, 비선형 역학, 카오스 이론 및 양자 얽힘의 탄생과 함께 현대 물리학 초기에 나타났다. 양자 물리학은 결정론적 인과관계를 포함하여 다양한 해석을 거쳤다. 반면에 일반 상대성 이론에서는 시간이 대칭이 되었고 인과 논리의 토대가 흔들렸다.

복잡한 경제 데이터를 이해하기 위해 클라이브 그레인저(Clive Granger)는 시간 비대칭 공리(제10장)와 인과관계를 테스트하기 위한 새로운 통계 방법을 다시 도입했다. "과거와 현재가 미래를 초래할 수 있지만 미래는 과거를 유발할 수 없다." 그의 방법은 분리 가능성의 핵심 요구 사항과 원인-결과 관계를 식별하기 위해 상관관계가 아닌 예측 가능성을 제공한다. 즉, 원인 요인에 대한 정보는 변수와 독립적으로 고유하다. 엄밀히 말하면 그레인저의 방법은 인과관계의 정의를 제시하지 않는다. 한 신호에 대한 지식이 얼마나 많은지를 측정하여 나중에 다른 신호를 예측할 수 있는지 측정할 수 있는 메트릭만 정의한다. 예측 가능성의 기본 소스에 대해 모호하다.

그러나 뇌 영역의 활동 사이에 원인과 결과가 없다고 해서 신경과학자들이 항상 뇌에서 파생된 데이터의 상관관계 데이터에서 인과적 추론에 대해 편안하게 이야기하는 것을 방해하지는 않는다. 그레인저의 방법은 특히 복잡한 기능적 자기 공명 영상(fMRI), 뇌파(EEG) 및 자기 뇌파(MEG) 데이터에서 인과관계를 해석하려는 시도로 신경과학에서 인기를 얻고 있다.[22)]

그러나 신경과학에서 흔히 볼 수 있는 많은 상황은 그레인저의 형식주의가 잘못된 답을 주는 결과를 낳을 것이다. 다음 실제 관찰을 생각해 보라. 뇌의 *A* 영역과 *B* 영역의 뉴런 그룹에서 기록한 결과, *A* 영역의 스파이크가 *B*의 피크 스파이크 활동보다 항상 먼저 일

---

22) 인과관계를 테스트하는 데 사용되는 통계 모델은 거의 항상 관측 데이터에 적용되는 연관 기반 모델이다. 이론 자체는 인과관계의 증거를 제공할 것으로 기대되지만, 실제로는 근거 진실이 종종 부재하다(Granger, 1969; Wiener, 1956; Mannino & Bressler, 2015). 추론 도구로서의 인과관계는 모호한 개념에서 많은 과학 분야에서 중요한 응용 분야를 가진 수학적 이론으로 성장했다(Pearl, 1995). Granger의 인과관계 측정 외에도 방향 일관성, 부분 일관성, 전달 엔트로피 및 동적 인과관계 모델링과 같은 다른 방법이 뇌의 활동 흐름 방향을 평가하는 데 사용되었다(Barnett et al., 2009; Seth 2005). 예컨대, 인과관계 다이어그램(Pearl, 1995), 발견 알고리즘(Spirtes at al., 2000), 확률 트리(Shafer, 1996), 성향 점수(Rosenbaum & Rubin, 1983) 및 수렴 교차 매핑(Sugihara et al., 2012)들이다. 이러한 방법을 뇌에 적용하려면 뇌가 결정론적이고 비선형적인 동적 시스템이라는 가정이 필요한 경우가 많지만 이러한 가정은 의심스럽다(Friston et al., 2012).

어나며, 두 영역의 뉴런들의 스파이킹 활동 피크 사이의 신뢰할 수 있는 상관관계를 발견했다. 논리와 그레인저의 공식은 영역 *A*의 뉴런의 활동이 *B* 영역의 활동을 증가시킬 가능성이 있음을 나타낸다. 그러나 우리는 *B*의 뉴런의 축삭이 *A*의 뉴런을 단방향으로 자극한다는 사실에 놀랄 수 있다. 즉, *B*가 *A*의 상류에 있다. 해부학적 근거와 생리학적 관찰 사이의 모순을 설명하기 위해 *A* 뉴런이 낮은 임계치로 *B*의 입력에 응답하기 때문에(다시 말해, *B* 뉴런 그룹의 피크 활동 지점에 도달하기 전에) 첫 번째 스파이크 이후 발사를 멈춘다고 가정해 보자. 이 때문에 뉴런의 피크 활동은 *A*가 *B*보다 빨리 급증하게 된다. 신경 패턴은 종종 그러한 속성을 가지고 있다. 사실, 이것은 뇌 전체에서 발견되는 일반적인 피드 포워드 억제 모티프의 기본 특징이다. 세포 내 메커니즘이 *A* 영역의 뉴런에서 지속적인 발사를 방지할 수 있거나(이러한 반응을 스파이크 주파수 적응이라고 함) 억제 뉴런의 강력한 피드백이 추가 스파이크의 발생을 방지하기 때문에 뉴런은 지속적이고 심지어 증가하는 구동하에서 발사를 중지할 수 있다. 뉴런의 해부학적 연결과 생물 물리학적/회로 특성을 알지 못한 상태에서 그레인저의 공식은 영역 *A*가 영역 *B*에서 활동을 유발한다는 잘못된 결론을 내린다. 이 예는 '인과적' 분석에서 고려해야 하는 많은 함정 중 하나에 불과하다.[23] 물론이 예가 인과관계의 존재와 중요성을 무효화하지는 않다. 그 방법이 항상 적절한 것은 아니라는 것을 보여 줄 뿐이다.

숨겨진 공통 원인은 상관 인수를 기반으로 하는 가장 빈번한 오해의 원인이다. 봄이 꽃을 피우고 출산율이 높다는 관찰을 예로 들어 보자. 아무도 이 신뢰할 수 있는 관계에 대해 반대하지 않는다. 그러나 이러한 관계가 인정되더라도 봄이 노동을 유발하는 것이 아니라 겨울의 길고 어두운 밤에 부부가 더 많은 시간을 함께 보내는 것이 원인일 가능성이 높기 때문에 인과관계 문제는 모호하다. 마찬가지로, 꽃의 개화와 출산율 증가 사이에는 신뢰할 수 있는 상관관계가 있다. 기록되지 않은 세 번째 변수(봄)를 알지 못하면 이 두 변수 간의 인과관계도 의심할 수 있다. 이 예는 꽃과 출생률과 같이 쉽게 관련될 수 있는 관계에 대해서는 어리석은 것처럼 보일 수 있지만, 우리가 일상적인 직감의 사치가 없는 변수

23) 인과관계에 대한 또 다른 놀라운 환상은 내후각-해마(entorhinal-hippocampal) 회로에서 설명되었다. 내후각 피질의 표층 뉴런은 해마 뉴런을 자극하는 것으로 알려져 있지만 그 반대의 경우는 그렇지 않지만, 세타 진동 주기 내의 하류 해마 뉴런의 집단 활동은 상류 내후각 뉴런의 피크 활동보다 일찍 최고조에 달한다(Mizuseki et al., 2009). 이 경우의 설명은 세타 단계 초기에 발화하는 것은 빠르게 급증하는 소수의 뉴런이며, 대부분의 느린 발화 세포보다 표적 중간 뉴런에 훨씬 더 강한 영향을 미친다는 것이다. 우리는 제12장에서 편향된 분포가 평균 모집단 기반 계산이 종종 오해의 소지가 있는 주된 이유라고 논의한다.

를 관찰할 때 독자는 상관관계를 인과관계로 착각하는 것이 얼마나 쉬운지 알 수 있다. 숨겨지거나 허용되는 공통 원인은 상관관계 논증에 기반한 오해의 가장 빈번한 원인이다.[24] 이러한 이유로 결정론적 인과관계는 다른 여러 과학 분야에서도 문제가 되었다.

확률적 인과관계

이벤트는 높은 확률, 매우 낮은 확률 또는 그 사이의 어떤 것이든 서로 뒤따를 수 있으므로 확률적 영향은 0(우연을 의미)에서 1(확실성을 의미)까지 광범위하게 변동한다. 그러나 배포의 어떤 측면이 '인과적'인지 아닌지 명확하지 않다. 확률은 추상적인 수학적 개념이며 뉴턴 물리학에서 인과관계에 필요한 '이동자'가 아니다. 확률적 인과관계를 결정하는 것은 2단계 프로세스다. 첫 번째 단계는 패턴과 확률적 사실에 대한 설명(예: [그림 2-1]의 무게측 그림)이고 두 번째 단계는 측정된 확률에서 결론을 도출하는 것이다. 그러나 이 두 번째 단계는 관찰된 사실에 내재된 것이 아니라 실험자의 해석이다. 사물 사이의 규칙적인 계승을 관찰할 때 우리는 원인을 가정해야 한다는 강박감을 느낀다. 그러나 승계가 '인과적'으로 인식되려면 임계값에 도달해야 할 가능성이 얼마나 될까? 당신의 임계값이 나와 다를 수 있을까? 연속 분포에서 확률이 높은 이벤트와 낮은 이벤트를 골라내어 원인과 기회라고 부른다. 우연, 낮은 확률, 높은 확률에 대한 혼란은 성별과 성과, 유전자와 지능지수(IQ), 종교와 도덕적 가치 사이의 '인과적' 관계를 희망적으로 해석하는 주요 원인이다. 설명(사후)과 예측 사이의 혼동은 신경과학 데이터에서도 일반적이다. 그러나 상관관계, 설명, 예측 및 원인은 다르다.

인과관계와 마찬가지로 확률의 개념은 종종 형이상학적 논쟁에 얽혀 있으며 그 해석은 신비한 속성에 호소한다.[25] 이러한 고려 사항으로 인해 버트런드 러셀(Bertrand Russell)은 우리가 과학적 사고에서 인과관계를 제거할 것을 제안했다. "서로 끌어당기는 신체의 움직임에서 원인이라고 부를 수 있는 것도, 효과라고 부를 수 있는 것도 없다. 그저 공식일 뿐이다."[26] 물리학의 수학적 방정식에는 원인에 대한 여지나 필요가 없다. 신경과학에 필

24) Calcott(2017)은 허용 요인과 교훈적 요인의 차이점에 대해 논의한다. 이러한 요인은 실제로 인과관계가 아니지만 그 존재가 종종 중요할 수 있다. 허용은 원인이 그 효과를 발휘할 수 있도록 하는 게이팅 기능으로 볼 수 있다. 교훈적 요인은 전제 조건이 될 수 있지만 다른 요인과 함께만이 최종 효과를 유도할 수 있다.

25) 확률과 통계적 추론의 견고한 수학적 기반에도 불구하고 확률관계와 상관관계 간의 연결은 종종 모호하다.

요한가? 역설적이게도 러셀의 정량적 확률적 공식은 과학적 설명의 도구로서 인과관계를 제거하는 대신 유지하게 해 왔다. 확률론적 인과관계의 개념은 결정론적 기질-의존적 인과관계를 대체했다.[27] 결정론적 인과관계의 골칫거리인 의도하지 않은 규칙성은 정량화가 가능해졌으므로 '진정한' 규칙성과 대조될 수 있었다. 그러나 상관 데이터에서 인과관계를 추론하는 것은 일반적으로 생각하는 것보다 어렵다. 주로 확률적 인과관계는 통계적 추론인 반면 인과관계는 물리적 기질을 포함해야 하기 때문이다("향상된 신경 동기화는 간질의 원인이다"). 다양한 유전자와 정신분열증 사이의 상관관계는 그러한 유전자의 이상이 질병의 확률을 증가시킨다는 것을 의심할 여지가 없다. 반면에 친구의 정신분열증이 특정 유전자에 의한 것이라고 주장하는 것은 지지하기 어렵다. 설명력을 향상시키려면 상관관계는 도전받아야 한다. 상관관계에 진정한 의미를 추가하려면 설명 독립 변수의 일부 섭동을 기반으로 한 가설 테스트 방법인 두 번째 검증 단계가 필요하다. 이런 이유로 우리는 인과적 설명보다 복제 가능성에 대해 더 많은 독립적인 실험을 해야 한다.

상호 및 자기 인과관계

확률론적 인과관계는 뇌와 같은 복잡한 시스템의 상호작용을 설명하는 데 더 매력적이고 아마도 더 적절해 보인다. 결국 자연이 세상에 영향을 미치는 것은 상호작용에서만 가능하다. 어떤 이는 철학적 문제를 정확한 수학적 설명으로 변환하는 것이 '인과'라는 단어를 더 유효하게 만드는지 궁금할 것이다. 이 문제는 특히 증폭하고 감쇠하는 피드백 루프로 구성된, 창발성을 가지면서, 상호 연결되고, 끊임없이 순환되는 복잡계와 특별히 관련 있다. 뇌 네트워크는 견고하고 균형이 잘 잡혀 있기 때문에 때로는 매우 강한 자극도 뇌에 영향을 주지 못할 수 있다. 다른 경우에는 미세한 교란이 이러한 네트워크의 상태에 따라

26) Russell et al.(1992). 원인(C)는 E에 대한 조건부 확률(E_1C)이 C의 자유 변동하에서 확실하게 변하는 경우 효과(E)에 인과적 영향을 미친다. 개방된 선형 시스템에서는 이 요구 사항이 문제되지 않지만 뇌와 같은 복잡한 상호 연결된 시스템에서는 C의 자유 변이에 대한 가정이 유지되기 어렵다.

27) '확률론적'이라는 용어는 유용한 이론적 구성이지만 실생활에서의 사용이 항상 실용적이지는 않을 수 있다. 엔트로피는 항상 증가한다는 열역학 제2법칙에 의해 정의된 엔트로피의 증가에 대한 Richard Feynman의 설명을 생각해 보자. "한 방향으로 가는 것이 가능하다는 의미에서만 돌이킬 수 없지만, 다른 방향으로 가는 것은 가능하고 물리 법칙에 따라 백만 년 안에 일어나지 않을 것이다"(Feynman, 1965, p. 112). 마찬가지로, 확률론적 인과관계에서 모든 것은 원칙적으로 단일 원인으로 설명 될 수 있지만 대부분은 통계적으로 그리고 실질적으로 불가능할 것이다.

뉴런 활동에 큰 영향을 미칠 수 있다. 복잡한 시스템의 가장 중요한 특징은 스스로 조직화된 역학(제5장)에 의해 지원되는 영구 활동이다. EEG 신호가 뇌와 두피의 표면에서 처음 감지된 이후로 끊임없이 변화하는 전기적 풍경은 '자발적'이라고 불려 왔다. 다른 복잡계에서 더 많이 사용되는 동일한 개념을 일컫는 용어로는 '내생적', '자원적', '자생적', '자기조직적', '자기생산적' 등이 있다.[28] 이러한 개념의 정의에서 자발적인 활동의 생성은 외부 영향과 독립적으로 발생한다. 따라서 후자는 연구하기가 훨씬 쉽지만 외부 원인이 아닌 일부 자체 원인에 의해 유도되어야 한다. 여러 병렬 및 상호작용하는 피드백 루프를 사용하여 자기조직화된 뇌 네트워크에서 원인을 어떻게 분리할 수 있을까? 많은 경우, 신경 진동과 같은 뇌 패턴이 발생하지는 않지만 방출되거나 허용된다. 예를 들어, 시상 피질 시스템의 수면 방추는 때때로 일부 감각 자극에 의해 유도될 수 있지만, 수면 중 피질 신경 조절제의 활동 감소가 발생을 막지 못하기 때문에 가장 자주 발생한다. 자발적인 패턴은 명백한 원인 이벤트 없이 나타나고 진화한다. 적절한 비유는 재즈 뮤지션의 상호작용에서 곡의 창발이다. 일관된 멜로디를 찾으면 각 연주자의 자유도가 감소하고 자신의 행동을 새로운 곡에 맞춰야 한다. 그러나 재밌는 것은, 창발은 여러 분해 가능한 물리적 원인의 합이 아니라 여러 상호작용의 결과라는 것이다. 창발은 뉴런이나 인간에게 영향을 미치는 '사물'이 아니다.[29]

두 세트의 데이터가 시간에 따라 함께 이동한다고 해서 반드시 인과관계로 연결된 것은 아니다. 관습적인 지혜가 말하듯이 상관관계는 인과관계가 아니다. 따라서 원인은 상관관계로 축소되지 않는다. 기계를 이해하기 위해서는 그것을 주의 깊게 보는 것만으로는 충분하지 않다. 우리는 그것을 분해하여 조립하거나 부품을 제거하고 어떤 일이 일어나는지 확인해야 한다. 물론 자동차와 같은 폐쇄형 시스템에서 모든 부품과 모든 선형 상호작용

28) '자기 조직화'라는 용어는 영국의 정신과 의사 W. Ross Ashby(1947)에 의해 소개되었다. 자기 조직화 시스템에서 질서를 증가시키는 것은 자기 조직화에 관한 접근 가능한 텍스트인 Kampis(1991)에서 논의된다. 주제에 대한보다 복잡한 치료법은 Maturana & Varela(1980)를 참조하라.

29) Hermann Haken(1984)은 열역학적 평형과는 거리가 먼 개방형 시스템에서 출현 및 자기 조직화 패턴을 설명하기 위해 '시너지 효과'라는 용어를 도입했다. 그의 '순서 매개 변수'는 시너지 또는 동시에 작용하는 창발성(emergence)이다. 시너지 시스템에서 상향(지역 대 세계) 및 하향(글로벌 대 지역) 인과관계는 동시에 발생한다. 따라서 '원인'은 둘 중 하나가 아니라 관계의 구성이다. 그러한 인과관계를 상호적이거나 순환적이라고 부를 수 있으며, 이는 아리스토텔레스적 논리(circulus vitiosus)에서는 금지된 용어이다. 그러나 복잡한 시스템에서 순환 인과관계는 좋고 나쁨을 떠나 표준(norm)이라고 할 수 있다. 상호작용은 상관관계를 엮는다. 신경과학의 시너지 효과에 대한 훌륭한 논의는 Kelso(1995)에 의해 Bressler & Kelso(2001)의 축약된 버전이다.

이 알려진 경우 원칙적으로 시스템 상태는 언제든지 설명할 수 있다. 그러나 복잡한 역학을 가진 뇌와 같은 개방형 시스템에서는 상호작용이 비선형적이고 예측하기 어렵기 때문에 이러한 완전한 설명이 거의 불가능하다.

어려운 상관관계

시스템에 대한 목표화된 도전인 교란은, 그것이 올바른 설계를 사용해서 수행되고 그에 따른 변화가 적절하게 해석되는 경우에는 시스템을 조사하는 강력한 방법이 된다.[30] 신경학 및 뇌 과학에서 교란 방법은 가장 오래된 방법 중 하나이다. 손상이나 질병으로 인한 특정 뇌 부분의 손상 또는 퇴화는 다양한 뇌 구조가 정상 기능에 기여하는 것에 대한 수많은 강력한 통찰력을 제공하여 뇌의 여러 부분이 다른 기능에 특화되어 있음을 시사한다. 기억, 감정 및 계획과 같은 복잡한 기능은 각각 해마, 편도체 및 전두엽 피질의 신경 기질에서 자신의 집을 찾았으며, 이러한 구조의 신경 활동이 각각의 행동과 인과관계가 있다는 명백한 결론을 내렸다. 동물 실험에서 구조 또는 그 부분은 '인과적' 조작으로 의도적으로 손상되거나, '켜짐' 또는 '꺼짐'될 수 있다. 이어지는 행동, 인지적 결손은 온전한 뇌에서 교란된 구조가 그 행동에 책임이 있음을 나타내는 것으로 해석될 수 있다.

그러나 잠깐. 그러한 결론이 항상 보장되는 것은 아니다. 예를 들어, 흑질 뉴런의 대량 퇴화(도파민 생성 뉴런의 기능 상실)는 근육 경직, 느린 움직임(bradykinesia) 및 떨림이 뒤따른다. 그러나 감소된 도파민은 필수적이지만 항상 증상이 발생하기에 충분한 상태는 아니며, 도파민 기능 장애가 없는 경우에도 유사한 증상이 발생할 수 있다. 비슷하게, 설치류

30) 실시간으로 신경 활동을 제어하는 것은 얼마 전까지만 해도 신경과학자들의 꿈에 불과했다. Karl Deisseroth와 Ed Boyden(Boyden et al., 2005)이 주류 신경과학에 광유전학을 도입한 이래로 우리는 이제 유전적으로 확인된 뉴런을 마음대로 켜거나 끌 수 있다. 이 혁신적인 도구를 통해 우리는 오랜 견해에 도전하고 건강과 질병 모두에서 뇌 기능에 대한 이해에 새로운 발전을 가져올 수 있다. 안타깝게도 새로운 기술이 발명되면 낙관주의와 과대광고가 종종 겸손보다 우선한다. 광유전학적 기술은 특정 신경 회로의 활동 패턴과 행동 사이의 관계를 발견하기 위한 인과적 도구로 너무 자주 광고된다. 그러나 뉴런은 둘 다 회로에 내장되어 있고 회로 기능에 기여하기 때문에 섭동(perturbation)은 광학 자극의 1차 작용과 분리되어야 하는 2차 및 고차 변화를 일으킬 수 있다(Miesenbock, 2009). 네트워크가 예측할 수 없는 방식으로 변경될 수 있기 때문에 이러한 분리가 간단한 경우는 매우 드물다. 이러한 이유로 관찰된 변수가 특정 뉴런 그룹의 침묵으로 인한 것인지 아니면 표적의 새로운 패턴의 보이지 않는 결과인지 알아내는 것은 쉽지 않다. 정확한 효과에 대한 지식이 없으면 가정된 원인은 진정한 원인이 되지 않는다. 잠재적인 개선은 상관 및 섭동 방법의 조합이다. 뇌 회로 분석을 위한 섭동 기술의 장점을 최대한 활용하려면 섭동을 이웃 및 상류 표적과 함께 지속적으로 모니터링되는 소수의 뉴런으로 제한해야 한다(Buzsáki et al., 2015; Wolff & Ölveczky, 2018).

에서 해마로 들어가는 피질하 신경의 손상은 해마 자체의 손상보다 더 심각한 인지 결손을 초래한다. 이것은 해마 회로가 더 이상 생리적 작업을 수행할 수 없기 때문일 뿐만 아니라 탈신경화된 해마가 비정상적인 신경 활동을 유도하여 손상을 가하기 때문에 발생한다. 반대로, 특정 뇌구조나 회로에 병변이 발생한 후에도 행동이 오랫동안 영향을 받지 않는다면, 뇌 회로에는 종종 급성 손상을 보상할 수 있는 중복성, 퇴행성 및 가소성이 있기 때문에 그 행동에 대한 중요한 기여를 배제할 수 없다. 이러한 예는 뇌와 같이 조밀하게 상호 연결된 동적 시스템에서 사소하고 국소적인 교란이 하류 및 먼 구조에서 예상치 못한 활동을 유발할 수 있는 이유를 설명한다. 또한, 기능적 회복은 대체 행동 전략과 손상된 지역의 표적이 되는 구조물의 적응적 용도 변경을 통해 발생할 수 있다. 이러한 하류 구조에서 떠오르는 비생리학적 활동은 업스트림 파트너의 부재만큼 해로울 수 있다. 이러한 고려 사항은 복잡한 뇌 역학 미로에서 생리적 기능을 검색할 때 인과관계를 사용할 때의 주의 사항과 한계를 지적한다.

결론적으로 통계적 상관관계는 연관성과 유사하다. 이 둘의 경우가 인과성을 이끌어 낼 수는 없으며, 인과성을 알기 위해서는 능동적 조작이 필요하다. 강력하게 상호 연결된 뇌의 복잡한 네트워크에서 교란은 2차 및 고차 변화를 가져올 수 있으며, 이는 1차 효과와 분리되어야 한다. 복잡한 네트워크는 종종 예측할 수 없는 방식으로 문제에 응답하기 때문에 이것은 간단한 경우가 거의 없다. 응급 시스템을 다루는 방법에 대한 간단한 방법이 없기 때문에 상관관계 및 섭동 방법은 동일한 현상을 분석하는 상호 보완적인 방법을 나타내므로 가능하면 결합되어야 한다. 이것이 우리가 할 수 있는 최선이다.

추론을 위한 유일한 도구로 인과관계를 적용하는 데 어려움이 종종이 책에서 다시 나타난다. 다음 장에서 우리는 인식과 행동 사이의 관계를 조사할 것이다. 둘은 종종 상관관계가 있다. 이 장에서 배운 것처럼 상관관계는 수학적 의미에서 대칭이다. 그러나 가정된 방향으로 원인을 찾을 때 우리는 한 세트의 변수를 독립적으로 지정하고 다른 한 세트는 종속적으로 지정하고 관계를 비대칭으로 만든다. 직관을 확인하려면 변수 중 하나를 변경하고 다른 변수에 대한 결과를 정량화해야 한다. 이러한 관점에서 우리가 인식-행동 주기(지각이 행동에 대한 결정적인 변수인 경우)를 말하는 것과 행동-지각 주기(행동이 지각에 중요한 경우)를 말하는 것은 서로 다른 것이다. 일상적인 용어로는 이러한 구별이 따분하고 골치 아프게 따지는 것처럼 들릴 수 있지만, 이 차이의 중요성을 인식하지 못하는 것이 아웃사이드-인 프레임워크가 인지 신경과학을 계속 지배하는 주요한 이유라고 나는 생각한다. 보정되지 않은 (순진한) 뇌에서 감각 입력을 변경하면 모터 반응에 많은 영향을 미치지 않을 수 있지만(계통학적으로 학습된 고정 행동 패턴 저장하는 것), 센서를 행동으로 이동하면 감각 구조의 활동에 큰 변화가 발생한다. 다음 장에서는 인과관계의 혼란이 인식 연구에서 사고에 어떻게 영향을 미쳤는지 논의한다.

요약

신경과학에서 우리는 종종 관찰 데이터를 상관관계와 같은 연관 기반 모델과 비교하고 가정된 독립 변수와 종속 변수 간의 관계로 데이터로 그래프화한다. 두 변수 사이의 규칙성을 식별할 때(상관관계 찾기), 우리는 한 세트의 변수를 설명할 대상으로 간주하고 다른 세트를 설명할 대상으로 간주하려는 유혹을 받는다. 이것이 원인과 결과 관계의 기본 논리다. 상관관계 해석은 2단계 프로세스다. 첫 번째 단계는 사실(상관관계)에 대한 설명이고, 두 번째 편향된 단계, 즉 대칭적인 통계관계에서 인과관계를 가정하는 것이 뒤따른다.

인과성은 서구 세계에서 과학적 추론의 가장 중요한 기둥이다. 원인을 밝히는 것은 설명에 해당한다. 그러나 인과적 논증에 의존하지 않는 다른 문화도 유효한 과학적 결론에 도달할 수 있다. 인과관계의 개념은 뇌와 같은 증폭–감쇠 피드백 루프가 있는 자체 조직화 시스템에서 특히 문제가 된다. 이러한 시스템의 원인은 종종 순환형 또는 다방향이다. 이벤트는 어떤 원인에 의해서 생기는 것이 아니라 여러 요소의 상호작용으로부터 창발된다.

제3장 THE BRAIN FROM INSIDE OUT

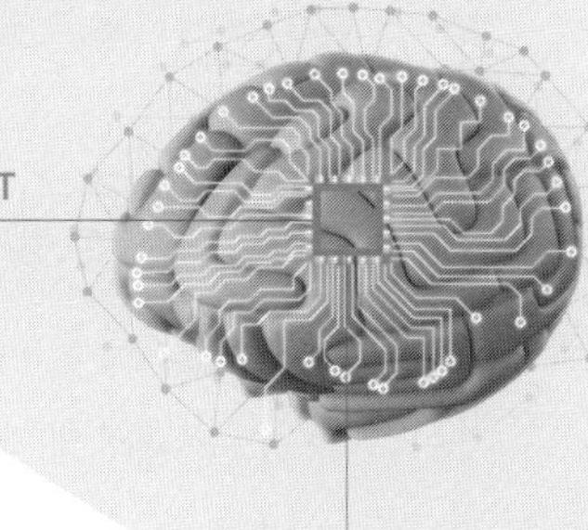

행동으로부터의 인식

우리의 감각 시스템은 외부 세계에 대한 진실이 우리가 세상을 더 효과적으로 탐색하는 데 도움이 된다면 우리가 기대하는 것과 똑같이 현실에 대한 상세하고 정확한 시각을 제공하도록 구성되어 있다.

—로버트 트라이버스(Robert Trivers)[1]

아무것도 아닌 일을 하는 것이 가장 어려운 일이다.

–마리나 아브라모비치(Marina Abramovic)[2]

눈은 마음의 행동에 정확히 순종한다. 프랑스, 독일, 스페인, 튀르키예와 같은 사람 또는 국가의 이름을 열거할 때 눈은 각각의 새로운 이름에 깜빡인다.

–랠프 월도 에머슨(Ralph Waldo Emerson)(1899)[3]

아웃사이드-인 프레임워크에서 행동과 지각의 분리는 중요한 구별이다. 지각-행동 분리는 신경계에 대한 초기 해부학 적 연구의 맥락에서 직관적이고 합리적이다.

---

1) 가장 저명한 진화생물학자이자 사회생물학자 중 한 명인 Robert Trivers는 최근 2011년에 이 진술을 했다(Trivers, 2011). 다른 많은 저명한 과학자들은 우리의 지각이 진실이며 진실의 창이라는 견해를 공유하며, "진실성은 지각과 인지의 본질적인 특성이다"(Pizlo et al., 2014). 데이비드 마(David Marr, 1982)는 또한 인간이"실제 표면의 명시적인 속성을 확실히 계산한다"는 견해를 표명했지만 인간이 아닌 종에서 이 능력을 부인했다. 다른 이론가들은 감각들 사이에서도 그러한 이분법을 만든다. 예를 들어, 시각은 진실하지만 맛은 그렇지 않다는 것이다(Pizlo et al., 2014).

2) Abramovic(2016).

3) Emerson의 에세이 모음집 『삶의 행위(The Conduct of Life)』(1899)의 '행동에 관한 5장'은 인간과 그들의 생각이 안구 운동에 의해 어떻게 외부화되는지에 대한 뛰어난 관찰로 가득 차 있다. "사람의 눈은 방언만큼 많이 대화하며, 그들의 안구 방언은 사전이 필요 없지만 전 세계적으로 이해된다는 이점이 있다"(p. 173).

19세기에 프랑시스 마장디(François Magendie)는 골격근을 자극하는 운동 신경 섬유가 척수의 앞쪽 부분(anterior roor)에서 빠져 나가는 반면, 감각 신경 섬유는 피부의 촉감과 근육의 수축 상태에 대한 정보를 자체적으로 전달한다는 사실을 발견했다. 스트레치 감지 수용체(즉, 고유 수용체)는 척수의 배근(dorsal root)을 통해 들어간다.[4] 즉, 별개의 뉴런 세트가 신체 감각과 근육 조절을 다룬다. 수십 년 후 우크라이나의 신경 해부학자 블라디미르 베츠(Vladimir A. Betz)는 척수의 앞뒤 분리가 뇌에서도 유지된다고 지적했다. 시각, 청각, 미각 및 체성 감각에 전념하는 구조는 대부분 인간 뇌의 뒤쪽 부분 절반에 있다. 반면 눈 뒤에 위치한 앞쪽 부분(frontal structure)은 주로 운동 기능에 전념하고[5] 척수의 전방 운동 및 후방 감각 구조를 유지한다. 그러나 해부학은 감각과 운동 명령의 분리를 지원하지만 사건의 시간적 순서, 뇌의 '감각'과 '운동' 영역 간의 연결 또는 지각과 행동 사이의 가정된 인과관계와는 관련이 없다.

또한 감각과 지각은 분명히 관련되어 있긴 하나 서로 다르다. 일부 저자들은 이 용어를 같은 의미로 사용한다. 다른 이들은 감각은 하등 동물의 것이고 지각은 고등 동물의 것을 사용한다. 보다 엄격한 구별은 감각은 수용체가 자극을 받는 순간적인 느낌인 반면, 지각은 감각을 유사한 경험의 기억과 비교하여 자극을 식별하는 것이다. 마찬가지로 '행동'과 '운동 출력'이 동일한 일반 범주에 속하더라도 '행동'은 '운동'보다 더 일반적인 용어이다. 뇌의 출력은 골격근에 영향을 미칠 뿐만 아니라 자율 신경 효과(예: 심박수 변화)를 발휘하고 내분비 기능(예: 우유 생산)을 제어할 수 있다. 더욱이 생각과 상상력은 또한 행동으로 간주될 수 있다(제5장과 제9장).[6] 따라서 지각과 행동 시스템의 상호작용은 복잡한 문제이다.

우리 주변 세계의 대부분의 세부 사항은 통지 없이 전달된다. 자극은 학습을 통해 두드

---

4) Jørgensen(2003); Bell(1811); Magendie(1822).

5) Betz는 인간의 전방 (운동) 영역이 깊은 층에 큰 피라미드 세포를 포함하는 반면 뒤쪽 부분에서는 세포가 더 작다는 것을 알아차렸다. 이 관찰은 피질 척수로의 기원인 일차 운동 피질(오늘날 'Betz 세포'로 알려짐)의 거대한 피라미드 뉴런의 기능을 추론하는 그의 가장 잘 알려진 공헌으로 이어졌다. "롤란도의 고랑은 대뇌 표면을 두 부분으로 나눈다. 큰 피라미드 신경 세포가 우세한 전방…… 의심할 여지없이 이 세포들은 소위 '운동 세포'의 모든 속성을 가지고 있으며 확실히 대뇌 신경 섬유로 계속된다"(Betz, 1874, pp. 578-580). Betz는 인간의 중심전 이랑 외에도 개, 침팬지, 개코원숭이 및 기타 영장류의 동일한 위치에서 이러한 세포를 발견했으며 Fritsch와 Hitzig의 '뛰어난 생리학적 결과'를 기반으로 "이 세포는 소위 '운동 세포'의 모든 속성을 가지고 있으며 매우 확실히 '대뇌 신경 섬유'로 계속된다(자세한 내용은 Kushchayev et al., 2012 참조). 유인원의 전방 대상 피질은 또한 그러한 큰 뉴런을 포함하고 있으며, 지능에서 폰 이코노모 뉴런(von economo neuron)으로도 알려진 이러한 '방추 세포'의 중요성에 대해 많은 추측이 이루어졌다(Allman et al., 2001).

6) 물론 생각이 행동이라는 생각(Llinás, 2002 참조)은 우리의 생각이 감각 입력의 합성의 결과라는 외부의 견해와는 매우 다른 생각이다.

러지거나 의미가 있으며 지각이 된다. 그러나 지각 인식이 뇌의 감각에 대한 해석으로 이해된다면 그것은 능동적인 과정이다. 생리학적으로는, 인식을 위해서는 신호의 흔적이 많은 뇌 구조에 분포되어 한동안 신경망에 머무르는 것이 필요하다.[7] 이 사실은 흥미로운데, 왜냐하면 시작하는 움직임에도 의지적 요소가 있기 때문이다. 즉, 우리는 반사 운동과 걷기와 같은 자동적이고 잘 학습된 행동과는 반대로 우리의 자발적인 행동을 알고 있다. 따라서 감각 입력과 모터 출력 사이에는 가상의 중앙(또는 '최상위') 프로세서인 지형이 있다. 우리가 아직 잘 모르지만 종종 추측되는 이것은 흔히 호문쿨루스, '의사 결정자' 또는 의지라는 이름으로 불린다.[8]

아웃사이드-인 프레임워크에서 감각 정보는 고차 대뇌 피질 영역에 분포되고 연속적으로 운동 영역으로 전달된다. 감각에서 운동 반응으로의 허용된 뇌 경로를 종종 '지각-행동 루프'라고 한다. 감각 입력과 운동 출력 사이의 설명할 수 없는 영역 어딘가에서 결정이 내려진다. 반대 방향으로 가는 해부학적 연결은 필요 없다.

나는 이미 뇌의 주요 목표가 행동을 생성하고 센서의 도움으로 그 결과를 평가하는 것이라고 제안했다.[9] 인지 신경과학의 역사적 관점(제1장)과 나중에 제시된 실험을 결합하여 나는 올바른 순서는 '행동-지각'이라고 결론을 내릴 것이다. 먼저 이 결론으로 이끌 실험을 살펴보자.

7) 많은 실험에 따르면 의식적 인식은 넓고 분산된 복잡한 뇌 회로에서 수많은 뉴런이 필요하다. Libet(2005)에 따르면, 이것은 0.5초보다 길며, 감각 입력-의식 결정-행동 아크 모델을 지원하는 '마음 시간'이라고 부른다. Goodale et al.(1986)에서 이 요구 사항에 대한 비판을 참조하라.

8) 작은 사람(또는 대부분의 실험에서 '작은 쥐')은 물론 가정 된 뇌 메커니즘 또는 대안으로 영혼에 대한 은유일 뿐이다. 이 호문쿨루스 사고의 기원은 종교와 상식 심리학(folk psychology)이다. 영혼은 종종 자아의 대안적인 버전으로 해석된다. 꿈과 같은 때에는 영혼이 몸을 떠나 초자연적인 능력으로 힘을 실어 준다고 믿어진다. 죽음 후, 영혼과 육체는 이혼하고, 영혼은 무력한 시체를 영원히 남겨 둔다. 영혼은 뛰어난 해석 능력을 가지고 있기 때문에 뇌에 비슷한 것이 존재한다면 비슷한 해석 능력을 가져야 한다. 유교의 음양 이분법은 비슷하지만 매우 다른 일반적인 생각을 반영한다. 음은 하늘에서 파생되는 반면 양은 지구에서 파생된다. 모든 것은 음과 양의 산물이다. 그들은 서로 분리될 수 없다. Daniel Dennett과 같은 많은 사람들은 호문쿨루스를 문자 그대로 망막과 다른 양식에서 투영된 영화를 보는 사람에 비유한다. 이것은 Descartes의 이원론적 마음의 관점(Dennett, 1991)과 관련 있다. 호문쿨루스는 종종 논리의 무한 회귀에 대한 오류 논증으로 사용된다.

9) Hoffman의 지각 인터페이스 모델(Hoffman, 1998; Hoffman et al., 2005)는 또한 우리가 단순히 세상을 수동적으로 보는 것이 아니라 그것에 따라 행동한다는 것을 강조한다. 우리가 환경과 상호작용할 수 있는 것은 객관적인 현실을 인식하기 때문이 아니라 세계가 환경에 대한 우리의 행동을 예측할 수 있는 충분한 규칙성을 가지고 있기 때문이다. 그러나 Hoffman은 "지각적 경험을 갖는 데에는 움직임이 필요하지 않다"고 말한다(Hoffman et al., 2005). 나는 이것이 이미 움직임으로 보정된 뇌의 경우일 수 있다는 데 동의하지만, 행동 없이는 삶의 지각의 어떤 단계에서 보정이 발생하지 않는다고 주장한다.

PHI 현상 및 수동 관찰자

때때로 우리의 눈(실제로 우리의 뇌)은 우리를 속인다. 가장 잘 알려진 환상 중에는 겉보기 운동이나 파이(phi) 현상이 있다. 가장 간단한 버전에서는 화면의 두 개별 위치에 있는 두 개의 작은 공이 짧은 간격(예: 60ms) 동안 번갈아 가며 나타난다. 모든 인간과 대부분의 다른 포유류는 화면에 아무런 움직임이 없더라도 두 위치 사이에서 앞뒤로 움직이는 공 하나를 볼 수 있다.[10] 두 개의 공이 움직임 외에 다른 색상을 가지고 있다면 우리는 또한 두 위치 사이의 공의 환상 통로 중간에서 갑작스러운 색상 변화를 경험한다. 이것은 매우 흥미로운데, 두 번째 색상이 실제로 깜박이기 전 25ms 정도 전에 색상 변화가 느껴지기 때문이다.[11] 물리적 원인이 발생하기 이전에 어떻게 지각이 먼저 발생할 수 있을까? 파이 현상은 지난 세기 동안 철학자와 심리학자들이 수많은 설명을 제공하느라 바쁘게 만들었다. 그들은 마음이 빠진 부분을 채워서 움직임을 생성하는지 아니면 개입하는 겉보기 움직임이 회고적으로 생성되고 어떻게 든 시간이 거꾸로 투영되는지와 같은 세부적인 것들에는 동의하지 않지만, 모든 이론들은 '설명하는 개념'으로서 의식을 사용한다. 하지만 의식이란 설명되어야 할 개념이다.

Phi 현상은 모호한 그림, 롤샤흐 패치와 다른 환상들과 함께 의식 연구자들이 가장 좋아하는 영역이다. 이 연구 프로그램은 종종 인식에 초점을 맞추고, 예를 들어 뇌가 감각 기능을 추출하고 결합하여 통합된 물체를 생성하는 방법을 묻는다. 그러나 이 프로그램은 행동에 대해 아무것도 말하지 않기 때문에 인식-행동 주기[12]를 설명하는 데 부족하다. 이러한 방치는 의지와 의사 결정과 같은 정신적 구성으로 채워야 하는 인식과 행동 사이에 큰 격차를 만든다. 이러한 분리는 인식과 행동에 대한 연구가 신경과학에서 독립적인 경로를 취한 이유에 대한 대략적인 설명이 된다.

---

10) 파이 환상은 독일 심리학자 Max Wertheimer(1912)에 의해 발견되었다. 자세한 내용은 Kolers & von Grünau(1976) 또는 Dennett & Kinsbourne(1992)을 참조하라. 많은 현대 신경과학 연구자들은 환상과 주관적인 피드백을 신경 반응을 조사하는 도구로 사용한다(Dehaene & Changeux, 2011; Koch, 2004). 의식 관련 주제에 대한 Giulio Tononi의 훌륭하고 재미있는 책의 제목은 『Phi』(2012)이다.

11) 파이 현상에는 흥미롭고 실용적이고 이론적인 의미가 많다. 영화관에서는 초당 24프레임의 스틸 프레임이 빠르게 뒤집히는 것을 감지하지 못한다. 대신, 우리는 방해받지 않고 계속 움직이는 환상을 가지고 있다. 네온 불빛 광고도 동일한 원리를 사용하여 움직임 인식을 생성한다.

12) 고차원 피질 영역의 관여에 대한 논의는 Quintana & Fuster(1999)를 참조하라.

내가 주장했듯이 행동이 지각의 전제 조건이라면 행동 없이 지각이 있어서는 안 된다. 고정된 대상에 꾸준히 시선을 고정하여 이것이 실제로 사실임을 보여 줄 수 있다. 응시 대상을 둘러싼 것이 무엇이든 분홍 코끼리가 뛰어다니더라도 불과 몇 초 후에 모두 사라진다. 이 절대 실패하지 않는 증명을 Troxler 효과라고 한다.[13]

행동의 우선순위를 조사하는 또 다른 방법은 그 결과를 완전히 제거하는 것이다. 그러한 조작 중 하나를 망막 안정화라고 한다. 초기의 독창적인 예시화에서, 거울이 달린 흡입컵이 각막에 부착되었다. (오늘날 우리는 그것을 콘택트렌즈라고 부른다.) 거울에 사진이나 영화를 비추면 망막의 이미지가 눈과 같은 방향으로, 동일한 속도와 진폭으로 움직이기 때문에 더 이상 눈의 움직임으로 장면을 조사할 수 없다. 지금 쯤 짐작할 수 있듯이 안구 운동 조사를 통해 '이차 소견'을 얻을 수 있는 뇌의 능력이 없으면 시력이 멈춘다.[14]

행동의 속도가 인지 속도를 결정한다

왜 뇌가 인공적이거나 희귀한 패턴에 속을 수 있는지 묻는 대신, 아마도 뇌가 착각을 안정적으로 만들어 내는 이유를 묻는 것이 더 생산적일 것이다.[15] 스스로 형성된 행동이 실수가 아니기 때문에(제1장) 착시도 실수가 아니다. 이는 쓰레기에서 중요한 특징을 효율적으로 추

13) 이 효과를 처음으로 입증한 스위스 의사 Ignaz Troxler의 이름을 따서 명명되었다(Troxler et al., 1804). 우리는 장면의 세부 사항을 검사하기 위해 시선을 고정해야 하지만, 잠시 고정하면 뇌에서 사라진다. 직접 확인하라. https://en.wikipedia.org/wiki/Troxler%27s_fading. Troxler 효과 및 관련 환상에 대한 한 가지 설명은 적응의 세포 및 회로 메커니즘에 대한 실제 식별 없이 망막 또는 시각 시스템의 더 위쪽에 있는 뉴런 '적응'이다(Martinez-Conde et al., 2004). 눈을 움직이는 순간 시력이 돌아온다. 선불교는 명상을 위한 시각 시스템의 이러한 특징을 효과적으로 활용한다. 교토의 료안지 사원에 있는 유명한 선락 정원(가레산스이)에서 명상가는 평평한 백사장에서 솟아오르는 15개의 바위 중 하나에 집중하고 나머지 (시각적) 세계를 사라지게 할 수 있다. 잘 작동한다. 내가 해 봤다.

14) 안정화 실험에 대한 가장 인기 있는 인용문은 Yarbus의 책(1967)이다. Alfred Yarbus는 인간이 사물과 장면을 보는 동안 안구 운동을 기록한 소련의 심리학자였다. 그는 안구 운동이 물체의 세부 사항에 대한 관찰자의 관심을 안정적으로 추적한다는 것을 보여 주었다. 사람 얼굴의 경우 눈, 입, 뺨 또는 코 부위의 조사는 어떤 감정이 식별되는지에 따라 다르다. Riggs & Ratliff(1952)와 Ditchburn & Ginsborg(1952)도 참조하라. 오늘날 시선 추적 기술에 대한 관심이 다시 높아지고 있는데, 아마도 시선 추적 기술이 '마음의 의견과 의도'에 대한 유용한 정보를 제공한다는 인식 때문일 것이다. 웨어러블 시스템은 장면 및 광고의 특정 세부 사항에 대한 관심을 매우 정밀하게 식별할 수 있다. Sony에서 Google에 이르기까지 모든 주요 기술 지향 회사는 이러한 장치를 제공한다.

15) 시각 영역 V1 및 MT는 실제 움직임 및 겉보기 움직임(예: 정지 자극의 교대 깜박임에 의해 유도됨)에 반응하기 때문에 phi 현상에 관여할 수 있다. 이러한 피질 영역의 뉴런 스파이크는 인간 참가자의 겉보기 운동의 정신물리학적으로 정의된 한계와 밀접하게 평행한 자극의 공간적 및 시간적 특성에 따라 체계적으로 다르다(Newsome et al., 1986).

출하는 두뇌의 능력 때문이다. 일부 구별은 매우 중요하지만 환경의 엄청난 변동성을 대부분 관찰하지 못한다.[16] 인간의 두뇌가 매우 많은 부분을 차지하는 것을 감지하는 시각의 경우에도 지각은 객관적 세계가 실제적으로 표현된 것이 아니다. 가장 정교한 관찰자조차도 파이 착시의 컬러 볼이 움직이지 않는다는 사실을 알지 못하면 뇌가 볼의 움직임을 충실히 따르고 있는지 또는 두 개의 고정 볼이 빠른 순서로 번쩍이고 있는지 알 수 없다. 이러한 빠른 변화를 의식적으로 추적하는 뇌 메커니즘이 존재하지 않기 때문에 두 가지 가능성을 구분할 방법이 없다.

그렇다면 보다 빠른 지각 시스템이 없는 이유는 무엇일까? 뇌의 주요 목표가 인지하고 처리하는 것이라면 진화가 속도를 저해하는 것이 이상할 것이다. 대답은 우리 몸의 역학에 있다. 뇌의 근본적인 목표가 행동을 생성하는 것이라는 내 추측을 조건부로 받아들이고, 그것이 제어하는 근육 시스템이 느리면 속도에 투자할 이유가 없다. 척추동물 근육의 수축 속도는 신체 크기에 관계없이 모든 포유류에 걸쳐 크게 보존되는 수축성 단백질인 미오신의 특성에 의해 결정된다. 따라서 크고 작은 두뇌는 동일한 시간적 규모로 문제를 처리해야 한다. 파이 착시에서는 한 공에서 다른 공으로 망막의 색각 영역(fovea)을 다시 초점을 맞추기 위해 눈의 즉각적이고 단속적인 움직임이 필요하다. 이러한 탄도 안구 움직임은 평균적으로 초당 3~4회 발생하며 인체에서 가장 빠른 움직임이다(읽는 동안 100~300도/초 또는 20~30ms).[17] 골격근은 눈을 움직이는 것보다 상당히 느리다. 누구도 손가락을 초당 20회 이상 빠르게 움직일 수 없다. 프란츠 리스트(Franz Liszt)조차도 마찬가지다.[18] 상상 속의 슈퍼 뇌가 1밀리 초 이내에 움직임 명령을 인지하고 결정하고 보낼 수 있다고 하더라도 근육에 거의 도움이 되지 않는다. 왜냐하면 근육은 느린 수십~수백 밀리 초 동안 작업을 일시적으로 조율해야만 하기 때문이다. 이러한 진화론적 관점에서 우리는

---

16) 시각 예술가는 미적 목표를 위해 환상적인 지각 경험을 활용한다. 내 고향인 헝가리 페치에서 태어난 Victor Vasarely와 다른 화가들은 평면 표면에 불가능한 3차원 물체를 만든다. 불가능성은 선의 연속성을 주의 깊게 스캔한 후에만 분명해진다. 또는 다른 화가인 Maurits Escher를 생각해 보라.

17) 미오신은 골격근에서 발견되는 수축성 단백질이다. 인간 미오신의 수축은 쥐의 미오신 수축보다 2배 더 느리며, 쥐의 수축은 100배 이상 더 작다(Szent-Györgyi, 1951). 인간의 안구 운동 속도에 대해서는 Fischer & Ramsperger(1984)를 참조하라. 근육은 막 전위를 빠르게 변화시키고 활동 전위를 생성할 수 있는(그리고 활동 전위를 생성할 수 있는) 신체의 두 번째 세포 유형이다. 근육의 여러 핵심 분자는 뉴런에서 유사하게 기능한다. 근육과 뉴런 모두 호기성 및 혐기성 대사에 의해 에너지를 생성할 수 있다(예: Buzsáki et al., 2007).

18) 감각 피드백이 있는 골격근에서 빠른 구 심성 처리는 시상 피질 시스템의 두 개의 큰 측면 부속기인 올리브 소뇌 체계(olivocerebellar system)와 기저핵(basal ganglia)에 의해 수행된다. 그의 베스트셀러 책 『I of the Vortex』(2002)에서 Rodolfo Llinás는 뇌가 신체의 속도보다 뒤처져야 하는 진화론적 이유를 설득력 있게 설명한다.

인식이 행동에 이차적이라고 믿을 또 하나의 이유가 있다.

지각-행동인가 행동-지각인가

물론 영리한 회의론자는 '닭과 달걀'의 양방향 문제인 행동-지각 문제에 우선순위를 둘 이유가 없다고 주장할 수 있다. 지각-행동 원인-결과 방향을 위해 자주 사용되는 주장은 슬개골 반사와 같은 단순한 반사의 존재다. 신경과 전문의가 반사 망치로 슬개 건을 치면 대퇴사 두근의 근육 방추 수용체가 늘어난다. 근육 수용체는 척수의 뒤뿌리 신경절(dorsal root ganglion)에 있는 뉴런의 말초 축삭돌기이며, 신장에 의해 유발된 변화를 코드의 앞뿔 뉴런(ventral horn neurons)에 전달하고, 이는 축삭을 보내 동일한 사지 근을 자극한다. 신경과 전문의가 힘줄을 칠 때마다 단일 시냅스 반응이 활성화되고 발차기가 관찰된다. 동시에, 뒤뿌리 신경절에 있는 뉴런의 또 다른 축삭 분지가 동일한 스파이크 메시지를 척수에 있는 다른 뉴런에 전송하고, 이는 차례로 정보를 시상으로 전달한다. 벨-마장디 법칙(Bell-Magendie rule)에 따라 감각 운동 반사는 지각의 진화적 선구자여야 한다. 그러나 누가 감지를 담당하고 있는가? 신경절의 뉴런, 앞뿔 뉴런 운동 뉴런 또는 시상? 어떤 질병이 운동 뉴런을 파괴하지만 근육과 피부에서 척수, 시상 및 나머지 뇌에 이르는 감각 경로를 그대로 남겨두면 어떨까? 물론 스트레치 반사는 발생하지 않는다. 그러나 문제는 환자가 망치의 타격을 감지할지 여부다. 나는 스트라이크에 의한 신경 세포 활성화가 접지되지 않았기 때문에 뇌에 아무런 의미가 없기 때문에 무답에 투표한다.

이 주장을 더 넓은 진화론적 관점으로 보자. 행동만 할 수 있는 동물은 지각만 할 수 있는 동물보다 생존 확률이 더 높다. 감지 또는 감지를 인식하는 것은 유기체가 행동할 수 없는 한 전혀 유용하지 않다. 반면에 감각 정보가 없어도 움직임이 유용할 수 있다. 우리의 고대 동물 조상이 살았던 바닷물에는 음식이 풍부하고 리드미컬 한 움직임이 단순한 생물에게 먹이를 주기에 충분하다. 이동 제어 메커니즘이 마련되면 (이 단계 이후에만) 생존 가능성을 높이기 위해 음식이나 은신처로 이동을 보다 효율적으로 안내하는 센서를 개발하는 것이 좋다. 이 주장은 해파리에서 신경계와 근육이 함께 출현했다는 또 다른 관찰에 의해 뒷받침된다.[19] 동물은 무언가를 해야만 존재의 목적을 가진다.

19) Llinás(2002)는 해양 무척추 동물인 tunicate(피낭동물: 멍게와 미더덕과 같은 외피가 있는 동물)에서 행동의 우위에 대

그러므로 진화의 관점에서 '지각–행동'과 '행동–지각' 사이에는 근본적인 구별이 있다. 지각이 뇌 디자인의 주요 목표라면, 우리의 지각 시스템 중 많은 부분이 제대로 구축되지 않은 것처럼 보일 것이다. 반면에 움직임은 '행동'이라고 부르는 데 유용한 결과를 가져야 한다. 주변 세계 감지에 대한 결과를 분리하면 행동 인식 루프가 깨지고 시스템이 쓸모없게 된다.

이러한 사이클의 중단은 자연스럽게 발생할 수 있다. 빠른 안구 운동(REM) 수면 중에는 근육이 신경계에 의해 제어되지 않기 때문에 일시적으로 몸을 잊어버린다. 깨어나면 즉시 몸을 되찾는다. 때때로 이러한 뇌 기능은 시간이 지남에 따라 조정되지 않고 근육 제어가 회복되기 몇 초 전에 깨어난다. 이 무서운 느낌을 수면 마비라고 한다. 우리의 센서에 자극이 가해지기 때문에 뇌는 혼란스럽지만, 우리가 행동할 수 없기 때문에 의미가 없고 의미를 유발하지 않는다. 악마의 목소리가 들리고 기괴한 귀신이 가슴팍에서 춤을 추고 우리는 위협을 느낀다. 우리는 꿈을 꾸는 것이 아니라 완전히 깨어 있다. 앞서 논의한 환상과 같이 이러한 환각은 뇌–신체–환경 상호작용의 피할 수없는 결과다.[20] 우리는 센서(필수적이지만)가 아니라 행동을 통해 세계와 연결된다. 이것은 감각/지각이 경험으로서 현실 세계에 '접지'될 수 있는 유일한 방법이다(제1장). 두 나무와 두 산봉우리 사이의 거리는 망막에서 동일하게 보일 수 있다. 걷는 것과 눈을 움직여서만 그러한 구별을 뇌로 배울 수 있다. 다시 말하지만, 나는 뇌의 주요 기능이 거의 의미가 없는 세부 사항으로 객관적 세계를 실제로 인식하고 표현하는 것이 아니라 다음과 같은 특정 목표에 중요한 환경 측면에 대한 뇌의 행동의 결과로부터 배우는 것이라고 강조한다.

최근의 해부학 및 생리학적 실험들은 지각 계산에서 행동의 중요한 역할에 찬성하여 풍부한 지원을 제공한다. 1차 감각 영역, 특히 '고차 감각'으로 지정된 영역은 '운동'으로 정의된 뇌 영역에서 수많은 입력을 받는다. 실제로 감각으로부터 직접 시상–중계된 입력을 받

한 훨씬 더 놀라운 예를 지적한다. 애벌레 단계에서 튜니케이트는 올챙이를 닮았고 행복하게 돌아다니며 고향을 찾는다. 그들이 정착하기에 적합한 장소를 찾자마자, 그들은 배럴과 같은 앉아 있는 성인 형태로 변태(metamorphose)한다. 이 고착된 존재에서는 움직일 필요가 없으므로 튜니케이트는 대부분의 뇌를 소화한다.

20) 나는 첫 번째 수면 마비 경험에서 무서워 죽을 뻔했다. 그러나 순간적인 이른 아침 공격으로부터 안전하게 회복함으로써 경험을 내면화할 수 있었고(제5장에서 논의됨) 더 이상 나를 괴롭히지 않는다. 다른 말로하면, 나는 중립적인 의미를 부여함으로써 이러한 경험을 '근거'했다. 당신도 비슷한 모험을 했을 것이다. 악몽은 성인 인구의 약 1/3에서 발생하지만(Ohayon et al., 1999) 일반적으로 수면 마비와 다른 비 REM 수면 중에 발생한다. 드문 경우에 동일한 메커니즘에서 끔찍한 경험이 발생한다. 뇌는 행동 능력 없이 감각 입력을 (잘못) 해석할 수 있다. 불안과 공황 발작은 상황을 바꾸고 책임을 질 수 없거나 인식 할 수 없기 때문에 유사한 메커니즘을 포함할 수 있다.

고 축삭돌기를 척수로 보내는 피질 영역을 넘어서 다른 모든 영역은 매우 강력하고 광범위한 상호 연결을 보여 준다.[21] 설치류의 신경생리학적 실험은 우리가 일차 감각이라고 부르는 것을 포함하여 전체 피질에 걸친 뉴런 활동은 신체 움직임, 수염 움직임, 구 안면 움직임 및 동공 직경 변화와 같은 자체 생성 된 행동 매개 변수에 의해 설명될 수 있다. 뇌 활동의 이러한 강력한 행동 조절은 감각 자극에 대한 반응을 약화시킨다. 넓은 뇌 영역이 활동에 관여한다는 것은 거의 모든 피질 뉴런이 두 가지 유형의 구심성(afferents) 신경을 받아들이고, 비율은 다르지만 활동과 감각 입력을 모두 전달한다는 것을 시사한다.[22]

행동–지각 주기의 단축

누군가의 귀 근처에서 큰 소리로 외치면 몇 초 동안 듣기가 어려울 수 있다. 반대로, 우리는 우리 자신의 소리가 귀로 들리면 바로 정상적인 대화를 다시 시작할 수 있다. 그리스인들이 오래전에 추측했듯이 이런 경우에 우리는 청각 시스템의 여러 메커니즘에 의해 보호된다. 오늘날 우리는 그 이름을 가지고 있다. 이름에서 알 수 있듯이 이 보조 활동은 운동 출력과 동시에 발생한다. 뇌의 활동을 시작하는 회로는 활동 전위를 하류 운동 경로뿐만 아니라 뇌의 다른 영역에도 동시에 보낸다. 이 2차 활동은 자기 조직화된 행동에 대한 피드백보고 메커니즘을 제공한다. "내가 센서에 변화를 가져온 장본인이다."

자극이 예기치 않게 발생하거나 동물이 자극을 적극적으로 검색하거나 예상할 때 특정 감각 양식이 활성화될 수 있다. 이 두 가지 유형의 자극은 만지거나 만졌을 때의 감정과 같은 다른 반응을 불러일으킨다. 예상치 못한 자극은 시끄러운 소음에 대한 깜짝 반응 또는 방향성 반응과 같은 일반화된 반응을 유도할 수 있다.[23] 방향성 반응은 예상치 못한 사건

---

21) Petreanu et al.(2012); Economo et al.(2016); Chen et al.(2018); Han et al.(2018); Harris et al.(2018).

22) Stringer et al.(2018)은 "달리기 및 동공 확장과 같이 쉽게 특성화되는 측정을 넘어 지속적인 행동과의 관계를 측정하고 이해하지 않고는 감각 피질의 기능에 대한 이해가 불가능할 것"이라고 결론지었다. Musall et al.(2018)을 참조하라.

23) '오리엔테이션 반사'라는 용어는 Ivan Pavlov에 의해 만들어졌으며 Evgeny Sokolov(1960, 1963)에 의해 가장 광범위하게 연구되었다. Sokolov는 새로운 신호 뒤에 보상이 뒤따르지 않으면 동물은 그것을 무시하는 법을 빨리 배우게 되는데, 이를 습관화라고 부른다고 지적했다. 흥미롭게도 Sokolov는 추론 방전 모델([그림 3-1])에서 사용된 것과 동일한 비교 회로를 사용하여 뇌(특히 해마)가 무언가가 새로운 것인지 아닌지를 감지할 수 있는 방법을 설명했다. 이것은 아마도 놀라운 일이 아니다. 눈 단속이 발생하면 뇌는 감각 지식의 현재 상태(베이지안 사전; 제13장). 새로운 일이 일어나지 않으면 감각 변화가 등록되지 않는다. 그러나 단속 중에 새로운 것이 나타나면 예상 입력과 실제 입력 사이에 불일

에 대해 더 많이 배우려는 뇌의 적극적인 시도이다.

제1장에서 논의한 바와 같이, 뉴런은 독립적 인 검증 없이는 반응을 접지할 수 없기 때문에 감각 입력에 의해 전달되는 신호의 관련성을 해석할 수 없다. 뉴런 네트워크가 세상을 해석하려면 비교를 위해 두 가지 유형의 정보가 필요하다. 추가 정보는 뇌 센서의 움직임으로 인한 변화에 의해 제공될 수 있다. 두 신호를 비교해야 하며, 그중 하나는 움직임이나 이전 지식(인생의 어떤 시점에서 행동에 의해 생성됨)에 기반을 두고 있어야만 그곳에서 무슨 일이 일어났는지 알아낼 수 있다. 이 구별은 한쪽 눈을 감고 손가락으로 옆에서 열린 안구를 움직여서 쉽게 설명할 수 있다. 전체 시야가 손가락이 움직이는 속도로 움직이는 것처럼 보인다. 반대로 머리를 앞뒤로 움직이거나 눈으로 세계를 스캔하여 망막에 유사한 자극 패턴을 생성하면 눈을 깜박이거나 단속적인 눈을 움직여도 세계가 정지된 것처럼 보인다. 비판적으로, 당신의 눈 근육이 어떤 이유로 마비되어 오른쪽으로 눈을 움직이려고 했다면 시야가 같은 방향으로 이동하는 것을 관찰하게 될 것이다.[24] 그런 혼란스러운 변화를 보상하기 위한 능동적인 뇌 메커니즘은 무엇인가?

능동적인 동반 방출 메커니즘

실제 세계와 지각 세계를 구별하는 것은 신경과학 이전부터 철학자와 예술가 모두에게 흥미로운 주제였다. 아마도 이탈리아 화가 필리포 브루넬레스키(Filippo Brunelleschi)는 이를 실험적으로 테스트 한 최초의 사람일 것이다. 그는 약 12인치 정사각형의 나무 패널의 주변에 피렌체 세례당을 그렸다. 중앙에는 구멍을 뚫고 거울을 들고 관객에게 그림 뒷면을 들여다보도록 권유했다. 브루넬레스키는 실제 세례당과 그림이 완벽하게 정렬되도록 그림을 신중하게 배치했다(즉, 거울에 반사됨). 거울을 통해 현실 세계는 더 2차원적으로 보이고 그림은 더 입체적으로 보이기 때문에 관객은 두 거울 반사를 쉽게 구별할 수 없었다. 그의 목표는 머리를 앞뒤로 움직여야 만 현실과 이미지를 구별하여 시청자 자신의 세계를

치가 있다(즉, 이전 모델이 잘못된 경우 모델이 업데이트됨). 업데이트의 필요성은 인식이라고 할 수 있다. 동작적으로 센서의 예측된 상태와 감지된 상태 간의 불일치는 방향 응답이라는 동작을 트리거한다.

24) 이것은 눈 근육의 마비 환자가 보는 것과 정확히 같다. Kornmüller 교수(1931)는 의지 행위가 차단될 때 어떤 일이 일어나는지 조사하기 위해 자신의 눈 근육을 마취한 것으로 유명하다. 그는 시야의 명백한 이동을 보고했는데, 이는 시각적 입력의 실제 이동의 비슷한 크기와 구별할 수 없다.

만들고 해체할 수 있다는 것을 보여 주는 것이었다. 실제 변화와 명백한 변화를 구별할 수 있는 것은 이 예술적 엿보기 쇼에서 시청자의 머리 움직임의 자발적인 행동이다.[25]

독일에서 어류와 무척추 동물을 연구하는 에리히 폰 홀스트(Erich von Holst)와 호르스트 미텔슈테트(Horst Mittelstaedt)와 캘리포니아 공과대학교에서 인간의 광 운동 반사를 연구하는 로저 스페리(Roger Sperry)는 브루넬레스키보다 더 나아갔다. 그들은 운동 명령이 눈에 띄지 않게 뇌를 빠져 나가는지 또는 흔적을 남기는지 궁금해했다.[26] 그들은 스스로 생성된 자극과 뇌 센서의 외부 유도 자극을 분리하는 뇌 메커니즘이 있어야 한다는 결론에 도달했다. 이 가상 메커니즘은 운동 명령 신호의 사본이 뇌 어딘가에 자신의 이미지를 남긴다고 가정한다. 스페리는 그것을 '추진적 방출'이라고 불렀고, 독일 듀오는 이것을 'reafferenz'라고 불렀는데, 둘 다 사진의 네거티브에 비유했다. 반대로, 움직임 중 센서의 자극은 네거티브와 결합될 때 이미지를 사라지게 하는 포지티브 프린트(사진 인화 과정에서 원본 이미지나 필름 색상과 동일하게 출력되는 것을 의미－역자 주)이다. 스페리, 폰 홀스트, 그리고 미텔슈테트의 실험은 행동이 감각에 직접적인 영향을 미친다는 것을 입증한 최초의 사례 중 하나이다. 최종 모터 명령을 발생시키는 뉴런은 센서 제공 신호를 처리하는 뉴런에 사본을 보낸다. 후자의 뉴런(비교자라고 함)은 뇌에서 들어오는 것과 나가는 것을 비교할 수 있다([그림 3-1]).[27]

---

25) Wootton(2015, p. 165)에 기술되어 있다.

26) von Holst & Horst Mittelstaedt(1950)의 논문은 특별한 읽을거리다. 30페이지에 걸쳐 운동 제어 및 감각 생리학의 전체 역사가 노출되고 파리에서 물고기에 이르기까지 많은 실험이 제시되며 그 결과는 정량적 모델로 요약된다. 저자들은 가장 단순한 생물의 뇌조차도 '단순히 수용체와 근육 사이의 연결 케이블 세트' 이상으로 구성되어 있다고 독자에게 경고한다. 그들은 곤충이 자신의 움직임과 주변 환경에서의 움직임을 구별할 수 있다는 것을 증명했을 뿐만 아니라 그들의 발견을 일반화할 만큼 충분히 확신했다. "귀환 원리는 가장 낮은 현상(팔다리의 내부 및 외부 제어, 신체의 다른 부분의 관계)부터 가장 높은 현상(공간에서의 방향, 지각, 환상)에 이르기까지 CNS(중추신경계) 전체에 적용된다." 이것을 Sperry의 설명과 비교해 보라. "[그] 운동 성분은 명백한 움직임의 여기 패턴의 일부로 중앙에서 발생할 수 있다. 따라서 일반적으로 망막에서 시각 이미지의 변위를 야기하는 움직임을 초래하는 임의의 여기 패턴은 망막 변위를 보상하기 위해 시각 센터로의 필연적 방전을 가질 수 있다. 이것은 방향과 속도와 관련하여 각 움직임에 특정한 시각 중심의 예상 조정을 의미한다……. 망막 장이 180도 회전하면 그러한 예상 조정은 망막 입력과 정반대의 부조화가 될 것이므로 환상 운동의 취소보다는 강조를 유발할 것이다"(Sperry, 1950, p. 488). 추론 방전의 필수 기능은 예측 코딩의 기초이기도 하다(Rao & Ballard, 1999; Kilner et al., 2007) 및 운동 제어 이론(Shumway-Cook & Woollacott, 1995; Wolpert et al., 1995; Kawato, 1999; Grush, 2004).

27) 추론 방전 메커니즘은 뇌의 루프 조직의 기본 패턴을 나타낸다. 출력 패턴은 입력 분석기 회로에 정보를 제공한다. 우리는 이 재미있는 메커니즘의 확장에 대해 여러 장에서 논의할 것이다. 비교기 회로는 오랫동안 많은 뇌 기능의 기본 메커니즘으로 여겨져 왔다(Sokolov, 1960, 1963). MacKay(1956)의 인식론적 오토마톤(automaton; 자동인형)은 실제 감각 입력과 예상되는 감각 입력을 비교한다. 흥분성 재발 피드백 회로는 추론 방전 메커니즘의 내재화된 버전으로 볼 수 있다.

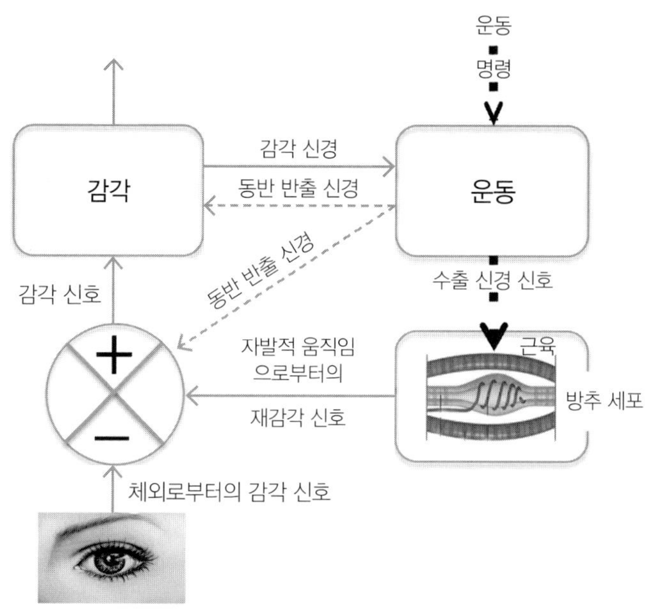

[그림 3-1] 동반 방출 메커니즘의 개략도

모터 명령 신호는 모터 영역에서 안구 근육으로 전송된다(출력 신호). 동시에, 동반 방출(점선 화살표)도 감각 시스템의 비교기(comparator) 메커니즘으로 전송된다. 비교기는 동반 발출에 의해 결정된 외부의 신호에 대해 빼기 또는 나눗셈 정규화를 수행한다. 또한 근육의 장력 센서에서 나오는 재강도 신호의 크기는 감각 신호에 지연된 영향을 미칠 수 있다. 운동 피질에서 감각 피질 영역으로의 투영은 모든 포유류에서 공통적인 구조적 특징이다.

동반 방출(즉, 감각 시스템이 행동 명령에 대해 알릴 수 있는 메커니즘)은 뇌의 발명품이다. 이러한 내부 재강화는 척수 앞뿔 운동뉴런에서 척수 감각 뉴런으로는 존재하지 않는다. 따라서 베츠의 직관은 부분적으로만 옳은 것이다. 실제로 뇌의 후방 '감각' 영역과 전방 '운동' 영역의 기하학적 분리가 있다. 그러나 그들의 의사소통 방식은 척수와는 매우 다르다. 척수는 모듈식 시스템으로, 각 모듈은 거의 동일한 알고리즘과 세그먼트 간 조정을 사용한다. 대부분의 신경 세포가 지원하는 반사와 운동에 관한 것이다.

사실, 코끼리의 척수 부피는 원숭이 원숭이의 뇌보다 크다. 따라서 뇌의 '스마트함'은 많은 수의 뉴런과 시냅스 연결 때문만은 아니다. 또한 중요한 것은 이러한 연결이 구성되는 방식이다. 출력에서 입력으로의 결과적인 반복 루프는 피질의 핵심 모티프다. 나는 이러한 메커니즘이 인지 작업의 가장 중요한 기초 과정이라고 주장하기 위해 여러 장에서 재발성, 긍정적 피드백, 그리고 동반 방출을 살펴볼 것이다.

두 가지 유형의 동반 방출 메커니즘

자신의 움직임에 의해 생성되는 감각 자극과 주변 세계의 실제 움직임을 구별하는 방법은 적어도 두 가지가 있다. 첫 번째는 적응 필터링이라고 할 수 있으며 그 예는 귀뚜라미에서 찾을 수 있다. 지저귀는 귀뚜라미를 잡으려고 한 적이 있는지? 귀뚜라미는 매우 시끄럽지만, 귀뚜라미를 향해 움직이면 움직임을 감지하고 조용해진다. 이런 이유로 일본 시골의 농부들은 귀뚜라미를 보초로 사용하여 가정을 보호했다. 그들은 움직이는 것을 감지할 때를 제외하고는 밤의 어두운 시간 동안 노래를 불렀던 작은 우리에 넣었다. 그 뒤 이어지는 소리는 집주인에게 경고하는 역할을 했다.[28] 귀뚜라미는 귀가 없지만 다리에 한 쌍의 고막 기관이 장착되어 있다. 이 초 고감도 장치는 진동하는 공기 분자(소리)를 감지하여 포식자를 방지하기 위한 주요 경보 메커니즘을 제공한다. 듣는 것 외에도 수컷 귀뚜라미도 '노래'한다. 즉, 날개에 줄과 스크레이퍼 몸체 부분이 있어 큰 소리를 낸다. 100데시벨의 짹짹 소리는 발자국 소리보다 몇 배 더 크지만, 귀뚜라미는 지저귀는 동안 완전히 경계할 수 있다. 그것의 뇌는 소리 생성과 동시에 발생하는 추론적인 방출로 중앙 청각 뉴런을 억제함으로써 소리 생성 중에 청각, 고유 수용, 기계 수용 정보의 엄청난 유입을 방해한다. 놀랍게도 귀뚜라미의 뇌에서 이러한 전방 신호 전달을 담당하는 메커니즘은 단일 억제 뉴런에 의해 수행된다. 이 대동맥 방전 뉴런이 활성화되면 자가 생성 처프와 관련된 청각 뉴런의 반응을 선택적으로 억제한다. 이러한 청각 뉴런의 빼기 또는 나누기/정규화 과정(제11장)은 자체 생성된 시끄러운 진동 신호를 제거하면서도 훨씬 더 조용한 외부 자극을 감지하는 크리켓의 능력을 유지한다.[29]

자신의 움직임으로 인한 명백한 감각 변화와 환경의 실제 변화를 구별하는 것은 동반 방출과 신호 감지가 서로 다른 시간에 발생하기 때문에 '시간 분할'이라고 할 수 있는 두 번째 메커니즘을 통해 수행할 수도 있다. 예를 들어, 눈을 깜빡이거나 단속적인 안구 움직임을

---

28) As told by Dethier(1987). 그의 에세이는 과학적 통찰력과 내러티브의 미적 아름다움 모두에서 읽을 가치가 있다.

29) 주목할 만한 일련의 연구에서, Poulet & Hedwig(2006)는 일차 청각 시그널이 처리되는 전흉부 신경절(prothoracic ganglion)에서 청각 뉴런의 세포 내 기록을 사용했으며, 지저귐 패턴 생성 네트워크의 일부를 수용하는 중흉부 신경절에서 추론 방전을 검색했다. 억제성 결과 방전 뉴런의 수상돌기와 세포체는 지저귐 패턴 생성기 뉴런으로 둘러싸여 있으며, 이 뉴런은 매우 큰 축삭 나무가 전흉부 신경절의 청각 뉴로필과 수많은 시냅스를 형성한다. 뉴런은 각 지저귐 소리와 동시에 스파이크를 생성하지만 외부 소리에는 반응하지 않는다. 그것의 파괴는 지저귐 유도에 영향을 미치지 않으므로 유일한 작업 설명은 청각 뉴런에 결과적 방전을 제공하는 것이다. 현재까지, 이것은 그러한 메커니즘에 대한 가장 명확한 기계론적 설명이다.

만들면 세계에서 망막으로의 입력이 사라지거나 흐려지지만 우리는 그것을 알아차리지 못한다. 이상적인 관찰자는 항상 주변의 모든 것을 '볼' 수 있지만 실제 세계에서 '보는 것'은 공간 해상도와 속도 사이의 타협이다. 파리의 눈과 디지털카메라에는 둘 다 작업할 특정 수의 픽셀이 있다. 카메라는 일반적으로 대상 픽셀을 픽셀 단위로 스캔하며 유효 해상도는 프로세서가 주어진 시간 동안 처리하는 픽셀 수에 의해 결정된다. 파리의 겹눈은 약 3,000픽셀을 가지고 있으며, 빠르게 날아(몸 크기에 비해 우리가 걷는 것보다 50배 더 빠름), 자신의 환경의 큰 부분을 스캔하는 광학 흐름이라고 하는 망막에 이미지 이동(image shift)을 생성한다. 파리의 불규칙하게 보이는 지그재그 비행은 실제로는 심도 해상도를 높이고 인물을 배경과 구별하여 시각적 입력을 적극적으로 형성하는 서다–멈추다를 반복하는 신속 눈운동(saccadic eye movement) 패턴이다.

다른 생물들은 세상을 다르게 스캔한다. 개구리는 눈 근육이 부족하지만 호흡은 눈을 리드미컬하게 움직인다. 먹이 사마귀는 단속적인 스캔으로 머리 전체를 움직인다. 몸이 그물에 고정된 거미는 눈을 튀어 나와 소형 잠망경처럼 돌려 세상을 바라본다. 뇌 처리 능력이 뛰어난 척추동물은 공간 해상도와 스캔 전략을 모두 활용한다. 인간을 포함한 영장류의 눈은 정확한 시야를 위해 중심와(fovea) 영역에 많은 원뿔이 있고 움직임을 감지하기 위해 중심와를 둘러싼 더 많은 간상세포가(rod) 있다. 영장류의 눈은 천천히(탐사적) 또는 빠르게 (단속적) 움직일 수 있다. 거미처럼 우리는 뇌가 눈을 움직이는 한 움직이지 않는 한 고정 상태를 유지하면서 주변 환경의 매우 많은 부분을 모니터링할 수 있다. 단속적인 안구 운동 중에는 시각적 장면이 흐려지지 않는다. 대신, 가정된 동반 방출에 의해 일시적으로 억제된다. 시야는 중간 스캔을 경험하지 않고 한 장소 또는 다른 장소에 있는 것처럼 보인다. 이는 스스로 거울로 확인해 볼 수 있다. 당신은 계속해서 자신을 보고 단속적인 안구 움직임을 알아차리지 못한다. 억제 메커니즘은 뇌의 시각 처리 영역에 다가오는 중단이 시각 세계의 변화가 아니라 뇌의 명령의 결과라고 알려 준다.

영장류의 뇌에서 이 순방향 신호의 신경 하드웨어는 귀뚜라미보다 약간 더 복잡하지만 원리는 동일하다. 신피질의 앞쪽 안구 영역에 있는 뉴런은 시상의 내측 등쪽 핵에서 안구 단속에 대한 시각 및 추론적 배출 정보를 모두 받기 때문에 작업에 적합한 후보이다. 시각 입력을 안구 운동에 대한 접지 정보와 비교한 후, 전두안운동야(前頭眼運動野, frontal eye field)의 안구 신경 세포는 자극이 안정적으로 유지되었는지 또는 움직였는지 여부, 동반 반출의 강도와 타이밍, 장면이 이동하는 동안 자극 변환의 크기를 대상에 알려 준다. 예를 들어, 시상 내측 등쪽 핵에 국소 마취제를 주입하여 국소적으로 스파이크 활동을 억제하여 작용 경로를 비활성화하면 필요한 접지 정보에 대해 시각 뉴런에 알리지 못한다. 그 결과, 전두안운동야 신경 세포는 표적에 난센스 정보를 제공하게 된다. 이러한 조건에서 실험 원숭이는 인간이 안구 근육 마비 후에 느끼는 것처럼 각 단속 운동과 함께 시각적 장면이 점프한다고 보고한다. 전두안운동야의 역할을 더욱 뒷받침하기 위해 원숭이를 대상으로 한 실험에서 이 영역의 미세 자극이 수용 영역이 공간적으로 겹치는 시각 피질 뉴런의 반응성을 향상시킨다는 것을 보여 준다.[30] 회로는 센서에 의해 뇌로 전달되는 신호와 예상 신호를 비교할 수 있도록 감각 시스템에 대한 예측 신호를 제공한다.

지속적인 시각 환상

시각적 세계의 샘플링은 신속안구 운동(saccade)에 의해 중단되기 때문에 연속적이지 않으며, 각 단속 속도는 샘플링 시간에서 최대 10%의 손실을 유발한다. 그러나 이 손실에는 중요한 이점이 있다. 첫째, 단속 과정에서 시각 입력이 억제되어 시야가 흐려지는 것을 방지한다. 둘째, 동반 방출은 시각 시스템 너머의 신경 활동을 조정하는 데 도움이 되는 중요한 타이밍 신호다. 셋째, 신속안구 운동 동안 여러 유형의 시각 뉴런에서 억제된 스파이크는 예를 들어 강렬한 스파이크 동안 비활성화된 수지상 소듐 및 칼슘 이온 채널을 복원함으로써 자원을 보충할 수 있다. 결과적으로 단속 운동 후에 시각 시스템은 일시적으로 자극에 더 민감해지며 상당한 이득을 얻게 된다.

근육 활동 (또!) 형태의 작용은 감각 입력의 간헐적 샘플링의 진화적 기원일 수 있다. 근육의 가장 빠른 반응은 경련에 이어 활성화되지 않는 불응기가 뒤따르는 것이다. 이러한 기계적 제약은 센서가 그러한 체제에 적응한 이유를 설명할 수 있다. 출처에 관계없이 간

---

30) 두정엽 피질(특히, 측면 두정내 영역)의 뉴런은 또한 추론 방전 비교기로 기능할 수 있으며 전두엽 안구에서 뉴런을 구동할 수 있다. 외측 슬관절체, 상구, 심지어 초기 시각 영역인 V1에서 V4를 포함한 다른 뇌 영역이 관여하는 것으로 보인다. 망막 입력의 억제 외에도, 단속적 안구 운동의 시기에 뇌에서 많은 흥미로운 일들이 일어나는데, 여기에는 단속의 방향에 따라 공간과 시간의 혼합과 세계의 일부가 변위되는 것이 포함된다(제10장 참조). 시각 시스템의 초기 단계에서 마그노 및 파보 세포 경로는 차별적으로 영향을 받는다. 그것은 주로 단속성 운동(saccades)에 의해 억제되고 운동 센터에 알려 주는 외측슬상체(lateral geniculate body)의 거대 세포 경로(magnocellular pathway)다. 추론 메커니즘에 더하여, 안구 운동 자체로 인한 시각적 움직임은 시력을 가리는 데 기여할 수 있다. Duhamel et al.(1992); Umeno & Goldberg(1997); Sommer & Wurtz(2006); Crapse & Sommer(2012); Moore et al.(2003). Ross et al.(2001) 리뷰 참조; Crapse & Sommer(2008).

헐적 샘플링은 정보 전송에 유리하다. 첫째, 간헐성은 단어 사이의 공백과 유사하게 정보를 나누는 방법을 제공한다. 따라서 모든 신경 메시지에는 시작 코드와 중지 코드가 있을 수 있다(제6장). 둘째, 간헐성은 관련된 모든 메커니즘이 공유할 수 있는 명확한 시간 기준의 프레임을 생성하는 수단을 제공하기 때문에 정보 처리가 뇌 영역 전반에 걸쳐 조정될 수 있는 방법을 단순화한다. 시각장애인들은 돌출된 점으로 구성된 형태가 연속적인 돌출된 선보다 손가락 끝으로 더 쉽게 구별된다는 것을 깨닫고 간헐적 감각 샘플링의 우위를 발견했다.[31] 손가락으로 텍스트를 감지하는 것도 움직임에서 시작된다.

지각 및 능동 감지

모든 사람이 단속적인 안구 운동을 할 수 있는 것은 아니다. AI라는 이름의 연구 참여자는 눈 근육의 섬유증으로 인해 태어날 때부터 눈을 움직일 수 없었다. 그러나 그녀는 자신의 시력에 대해 불만이 없었다. 읽기 속도가 느리긴 해도 그녀는 읽고 쓸 수 있었다. 그녀는 안구 운동 부족을 머리 단속 운동으로 보완하여 이 위업을 달성했다. 그녀는 톱니 하나와 같은 미세함으로 머리를 오른쪽으로 움직였는데 이 움직임은 평균 200ms의 지속되었다. 줄의 끝에 다다르면 그녀의 머리는 다음 줄을 읽기 위해 페이지의 왼쪽으로 다시 움직였다. 사진을 보는 동안 AI의 머리 움직임은 흥미로운 특징을 추출하기 위해 안구 단속 운동을 전개하는 방식과 유사하게 사진의 중요한 세부 사항을 스캔했다([그림 3-2]). 그녀의 머리(결과적으로 그녀의 눈)의 능동적인 움직임이 AI가 시각적 감지 능력을 향상시킬 수 있게 한 것이다.[32]

능동적 감지는 예상되는 사건에 대한 반응과는 반대로 뇌가 시작하는 탐색을 의미한다.[33] 아마도 다른 단어인 '관찰'도 동일한 과정을 똑같이 잘 포착할 것이다. 현실 세계에

31) 어린 시절부터 시각장애인이었던 Louis Braille는 일종의 병렬 모스 부호인 점자 촉각 문자 체계를 만들었다.

32) Gilchrist et al.(1997).

33) Weizmann Institute의 Ehud Ahissar는 능동 감지를 '폐쇄 루프' 감지라고 부르며, 이는 센 고리 기관과 환경 간의 상호작용이 첫 번째 단계인 지각-행동 세미 루프와 대조된다(Ahissar & Assa, 2016). James J. Gibson의 행동유도성(affordance) 이론은 능동적 감지의 선구자로 간주될 수 있다. 그의 이론에 따르면, 세계는 물체의 형태와 공간적 관계의 관점에서 인식될 뿐만 아니라 이러한 것들은 행동에 대한 직관적인 가능성(행동 유도성 affordance)을 제공한다. 환경은 "좋든 나쁘든 제공하거나 제공하는 것을 제공한다"(Gibson, 1979). Gibson은 지각과 행동 사이의 의사 결정자를 제거하려고 노력했지만 여전히 지각이 행동을 유도한다고 생각했다.

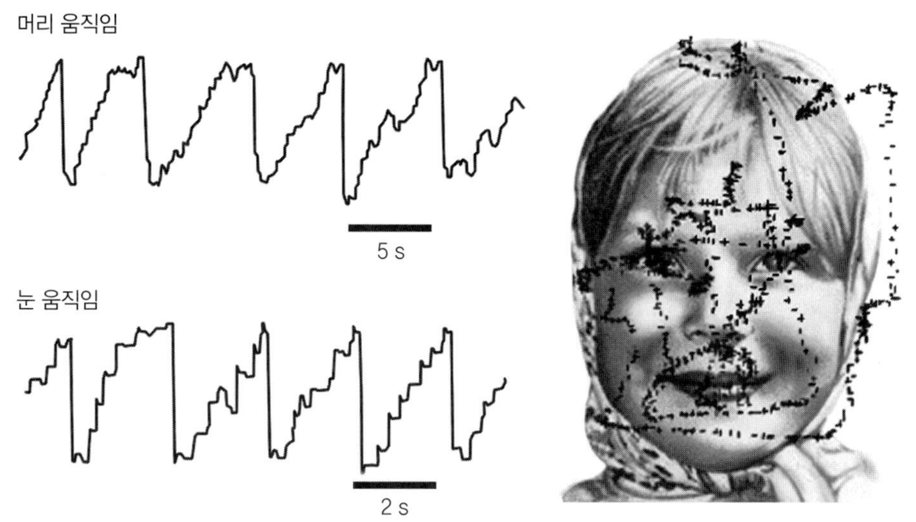

[그림 3-2] 마비된 눈을 가진 환자 AI의 머리 움직임(head saccades) 및 제어 대상의 눈 움직임(eye saccades)을 사용하여 기록된 텍스트 읽기

AI는 전반적으로 상당히 느리고 머리의 안정성은 대조군에 비해 좋지 않지만 단속적 전략은 일반 대상과 동일하다. 그렇다, AI가 사진을 보면서 머리를 움직인 것이다. Gilchrist et al.를 다시 그림(1997).

서는 자극이 뇌에 주어지지 않는다. 뇌가 자극을 획득해야 한다. 센서의 감도는 부분적으로 센서를 이동하고 효율성을 극대화할 수 있는 실행기관에 따라 다르다. 이것은 카메라와 그 사용자 사이의 관계와 약간 비슷하다. 카메라가 사진을 찍지만 캡처되는 내용은 사용자의 행동에 따라 다르다. 움직임과 무관하게 예상치 못한 자극이 발생하면 검색 행동을 유발하고 센서를 최적화한다. 그러한 능동 감지의 생리학적 토대는 또한 필연적인 방전이다.

능동 감지는 두 가지 형태로 발생한다. 전신이 이동할 수 있거나(예: 파리의 시각 솔루션) 또는 센서가 국부적으로 움직여진다(예: 거미의 시각 솔루션). 그러나 목적은 같다. 같은 동물이 두 가지 전략을 이용할 수 있다. 예를 들어, 사냥개가 땅에서 새의 냄새 샘플을 채취할 때 리드미컬하게 풀을 킁킁거리지만, 같은 냄새를 공중에서 쫓기 위해 코를 치켜들고 빠르게 달려서 냄새의 흐름을 만든다. 두 경우 모두, 그러한 능동적 감지 행동을 이해하기 위한 생리학적 토대는 동반 방출이다.

능동 감지 메커니즘

연구자들은 특정 형태의 능동 감지의 기저에 깔린 신경 메커니즘을 이해한다. 일부 동물은 전기장을 감지하고 생성할 수 있다. 약한 전기 물고기(Eigenmannia)는 전기로 환경을 적극적으로 조사한다. 꼬리에는 전기장을 방출하는 전기 기관이라는 특수한 구조가 있다. 또한 피부에 결절성 수용체라고 하는 전기수용체를 가지고 있어 진흙탕에서 물체 감지(전기 위치 확인) 및 다른 전기 물고기와의 통신(전기 통신)을 위한 전기장을 감지한다.

전기 위치 측정에서 물고기의 뇌는 방출된 축농 전기장과 물체에서 돌아온 주파수와 위상차를 분석한다. 두 물고기가 서로 가까이 있을 때 각각이 방출하는 필드의 주파수 차이는 두 물고기의 방출 패턴의 조합에 의해 결정된다. 따라서 다른 물고기가 생성하는 전기장에서 자체 생성 전기장을 분류하는 문제는 무언가를 만지는 것과 만져지는 것과 동일하다. 다만 매체만 기계에서 전기적으로 바뀌었을 뿐이다. 뇌의 해법도 유사하다. 즉, 결과적으로 동반 발출 신호 비교기와 유사한 회로이다. 전기 기관의 발화 패턴은 운동 명령 핵에 의해 구동되는 운동 뉴런에 의해 제어된다. 명령 핵으로부터 뻗어 나온 뉴런의 축삭이 두 갈래로 나뉘는데, 하나는 척수를 따라 뻗어나가 전기 기관 방전을 생성하는 전기 운동 뉴런을 자극하는 축삭의 수질 중계 핵(medullary relay nucleus)으로 이동한다. 다른 부수적인 경로는 필연적 방전 비교기 회로를 포함하는 구 영역을 자극한다([그림 3-1]). 이 회로는 비록 세부 사항은 다르지만 귀뚜라미의 방출 회로와 유사하다.[34]

생체 음파 탐지기라고도 하는 반향 위치 측정은 소리나 초음파 호출을 환경으로 방출하고 반환된 반향을 분석하여 물체와 먹이를 찾는 방식으로 작동하는 또 다른 잘 알려진 능동 감각이다. 박쥐와 해양 포유류는 음파 탐지기로 가장 잘 알려진 동물이다. 고래는 잠수하는 동안 일련의 클릭을 사용한다. 박쥐 반향정위의 정확도는 곤충과 박쥐가 모두 날고 있는 경우에도 모기를 식별할 수 있을 만큼 충분히 좋다. 뇌간의 소리 위치 파악 메커니즘은 두 귀 사이의 소리의 시간차를 감지하여 작동한다. 자기 발화음은 청각 피질뿐만 아니라 청각 시스템의 초기 스테이션인 달팽이관 신경과 하구부 사이에서 강하게 감쇠된다.[35]

---

34) Walter Heiligenberg의 책은 재밍 회피에 사용되는 Eigenmannia의 전기 감지에 대한 윤리학, 전기 생리학 및 모델링의 훌륭한 조합이다(Heiligenberg, 1991). 업데이트에 대해서는 Chacron(2007)을 참조하라.

35) Suga & Schlegel(1972); Hechavarría(2013).

반향정위(echolocation)에 사용되는 신경 메커니즘은 우리가 작은 방에 있는지 큰 방에 있는지 알기 위해 자체 생성된 소리를 사용하는 능력과 유사하다. 일반적으로 우리는 시력이 좋기 때문에 이 옵션을 많이 사용하지 않는다. 그러나 필요한 경우 이 능력을 향상시킬 수 있다. 일부 맹인은 큰 소리로 발자국을 내딛거나 지팡이를 두드리거나 입에서 딸깍 소리를 내고 돌아오는 메아리를 들음으로써 시력을 대체할 수 있다. 이러한 능동 감지 방식은 도로를 건너거나 자전거나 롤러블레이드를 탈 때도 충분하다. 일부 예외적인 시각장애인은 금속 울타리와 나무 울타리의 차이와 같이 물체의 거리, 크기 및 질감을 식별할 수 있다.[36]

영상 연구에서 맹인 연구 참가자는 획득한 소나 방법을 기반으로 물체의 위치를 파악했을 때 시각 피질 영역과 중간 시간 영역에서 어느 정도 활동이 증가했음을 보여 준다. 그러한 활성화는 어린 시절에 맹인이 된 개인에서 강하고, 나중에 시력을 잃은 사람들에서 약하며, 정상 대조군 참가자에서는 결석한다. 놀랍게도 청각 피질에서는 차이가 감지되지 않는다. 이러한 관찰은 자연적 입력이 박탈된 시각 피질이 반향 측위와 같은 새로운 기능을 채택하도록 훈련될 수 있음을 의미한다.[37] 성공하기 위해서는 자기주도적 행동이 전제 조건이다.

후각

후각은 포유류에서 능동 감지의 훌륭한 예를 보여 준다. 후각 연구에서 모든 연구자는 호흡 운동이 지각을 조절하기 때문에 어떤 질문을 연구하든 호흡 단계를 고려해야 한다는 것을 알고 있다. 냄새를 맡는 목표는 냄새를 최적으로 샘플링하여 후각 수용체로 보내는 것이다. 킁킁거리며 냄새를 맡게 되면 규칙적인 호흡 중에만 천천히 확산되는 냄새 물질이 수용체와 직접 접촉하도록 코에 난류를 생성하는 리드미컬한 패턴이 생긴다(초당 4~10회 킁킁). 킁킁거리며 냄새 맡기는 간헐적 샘플링을 만들어 낸다. 즉, 흡입 중에는 효과가 있고 호기 중에는 감소하거나 없다. 하지만 그게 다가 아니다. 전체 후각 시스템은 호기에

36) 반향정위는(Echolocation) 시각장애인에게 일상생활에서 자립할 수 있는 훈련 가능한 기술이다. 어린 시절부터 시각장애인이었던 두 명의 캘리포니아 주민인 Ben Underwood와 Daniel Kish는 이러한 소나 기술을 사용하는 가장 잘 알려진 개인이다(Kremer, 2012; Kolarik et al., 2017).

37) De Volder(1999); Thaler et al.(2011).

의해 시작되는 (또는 흡기 운동 작용의 이완으로 인해 더 가능성이 높은) 결과적인 방출 신호에 의해 냄새 물질의 예상 도착에 대해 미리 알려 준다. 이 신호의 정확한 경로와 메커니즘은 아직 모르지만, 많은 생리학적 증거들은 후각 수용체 뉴런에서 후각(이상형) 피질에 이르는 전체 시스템이 후각 주기와 위상이 같은 리듬 패턴을 생성한다는 것을 보여 준다. 후각 수용체 뉴런에서 승모판 세포(후각구의 주요 출력)에 이르기까지 모든 뉴런은 큰 진폭의 막전압 진동과 후각 주기에 대한 동기 스파이크를 보여 준다. 냄새 정보의 중요성과 의미가 추출될 가능성이 있는 후각 피질의 피라미드 뉴런도 강력한 흡입 결합 스파이크 출력을 보여 준다.

어떤 이는 코에 난기류를 유발하는 능동적 킁킁 거리기의 기계적 효과는 후각 시스템의 뉴런에 호흡 단계에 대해 알릴 필요 없이 냄새 감지 및 식별을 향상시키기에 충분하다고 주장할 수 있다. 그 주장에 맞서기 위해 연구자들은 인간 지원자의 혈류에 낮은 농도로 냄새 물질을 주입하여 난기류 효과를 제거했다. 참가자들은 코를 킁킁거릴 때 냄새 물질을 더 확실하게 감지하여 코에 냄새 물질이 없는 경우에도 운동 활동이 여전히 이득을 제공한다는 것을 보여 주었다.[38] 이 발견은 행동에서 감각 시스템으로의 피드백이 지각을 향상시킨다는 주장을 뒷받침한다.

서치라이트로서의 시각

단속적 안구 운동의 동반 방출은 세계 또는 안구가 움직이는지 여부를 시각 시스템에 알리는 신호 역할을 한다. 능동 감지의 다른 이름인 시각적 검색에도 동일한 회로가 사용된다. 시각 또는 보는 행위는 수동적인 카메라와 같은 기능이 아니라 환경에 대한 능동적인 스캐닝이다.[39] 인간의 고정밀 시각(즉, 이 책의 텍스트를 읽을 수 있게 하는 것)은 망막의 중심와(fovea)에 있는 원뿔 수용체에서만 가능한데, 이는 시야의 중앙 5도에 해당하는 작은 영

38) 저자(Bocca et al., 1965)는 냄새 맡기에 의한 상피의 기계적 자극이 혈액 매개 분자의 검출 임계값을 낮추는 것을 보여 주는 관찰을 해석했다. 후각 점막을 우회하는 현대적 시연은 Dmitri Rinberg와 동료들에 의해 이루어졌다(Smear et al., 2013). 그들은 후각 처리의 기능적 단위인 단일 사구체를 광유전학적으로 자극했으며, 이 '이식된 냄새 물질'이 정체성, 강도 및 타이밍 신호를 동시에 전달함으로써 냄새 인식에 충분하다는 것을 보여 주었다.

39) 나는 초기 시각 연구자들이 엔지니어나 제어 이론가였다면 오늘날 시각 과학이 어디에 서 있을지 종종 궁금해했다. 머리와 눈을 고정시키는 환원주의적 길을 택하는 대신, 자유롭게 행동하는 동물에서 환경과 관련된 눈의 위치를 감지하는 방법을 개발하고 행동으로 보는 메커니즘을 관찰했다면 어떨까? David Hubel은 그의 경력이 끝날 무렵 시력에서 안구 운동의 중요성에 관심을 집중했다(Martinez-Conde et al., 2004).

역이다. 1도의 시야각은 대략 팔 길이를 기준으로 검지손가락 정도의 너비이다. 초정밀 수용체에 잘 맞추기 위해 사진의 특정 부분에 시선을 고정하면 주변 영역이 흐려지는 것을 볼 수 있다. 그 효과는 어둠 속에서 대상의 일부를 향해 손전등을 가리키는 것과 같다. 바깥에 무엇이 있는지 보려면 손전등을 앞뒤로 움직여야 한다. 낮에도 우리는 주변을 잘게 토막으로 받아들이지만 눈의 움직임으로 자주 스캔하기 때문에 시각 시스템의 기억이 전체 시각 장면을 한번에 높은 시력으로 보는 듯한 착각을 일으키게 된다.

우리가 한 지점에 눈을 고정할 때에도, 안구 운동은 수십 개의 광수용체를 가로질러 장면을 이동시키는 눈의 작은 도약인 빈번한 '미세 단속'을 통해 시력을 돕는다. 이러한 움직임은 우리의 눈이 완전히 정지된 그림에 고정되지 않도록 한다. 미소 안구운동(Microsaccades)는 시각 피질에서 뉴런의 스파이크 활동을 향상시켜 시각 성능을 향상시킨다. 원숭이 원숭이가 목표물에 고정하고 최적으로 지향된 선이 1차 시각 피질에서 세포의 소위 수용장(receptive field)[40] 중앙에 위치할 때, 스파이크 활동은 미세 운동 후에 증가한다. 중요하게도, 이러한 미세 운동에 의해 유도되고 일시적으로 강화된 신경 흥분성은 다른 연구 그룹에서 조사한 모든 시각 영역과 망막 정보를 일차 시각 피질로 전달하는 시상 구조인 외측 슬개체(lateral geniculate body)에도 존재한다. 시각 영역이 뇌의 많은 부분을 차지하기 때문에 예상할 수 있듯이 많은 수의 뉴런이 안구 운동에 의해 영향을 받는다.[41] 다시 말해, 눈의 움직임은 감각 시스템의 시각적 성능을 향상시키고 시각이 고정되어 있을 때 지각의 유지를 돕는다. 따라서 단속적 안구 운동은 감각적 이득을 제공하는 '시각적 킁킁거리기'로 간주될 수 있다(제11장).

시각 기능 면에서는 일반적 단속 안구 운동과 미소안구 운동 간에 실질적인 차이가 없다. 눈을 고정하는 동안 단속 속도는 더 작고('미세'), '자발적' 시각적 검색 중에는 단속 속도가 더 크다. 두 가지 유형의 단속 운동은 중뇌의 상구에서 시작된다. 이 구조에서 널리

40) 뉴런은 다양한 입력 별자리에 반응한다. 가장 강력한 응답은 '관련된' 입력을 반영하는 것으로 믿어진다. 많은 시각 뉴런은 선호하는 방향 선택성, 운동 방향 선택성, 색상 선호도 등을 가지고 있으며, 이를 수용장이라고 한다.

41) 급속 안구 운동(eye saccade)에 대한 많은 우수한 독창적인 연구가 이 짧은 단락에 압축되어 있다. 이러한 연구 중 일부는 Yarbus(1967), Carpenter(1980), 그리고 Martinez- Conde et al.(2004)에 의해 리뷰되었다. Martinez-Conde et al.(2004)은 시력에서 안구 운동의 중요성을 강조했지만 망막 처리에만 영향을 미치는 것으로 간주했다. 단속이 전체 시각 시스템에 영향을 미칠 수 있음에도 불구하고 시각적 이득을 위한 메커니즘으로서의 뇌 내 추론 방전은 논의되지 않는다. Otero-Millan(2008) 참조. Hofmann et al.(2013)은 박쥐(반향 위치)와 무척추 동물(예: 전기 통신)에서 다양한 형태의 능동 감지에 대해 논의한다. Wachowiak(2011)와 Morillon et al.(2015)은 각각 청력과 후각에서 운동의 역할에 대한 훌륭한 리뷰다. 급속 안구 운동(eye saccade)은 해마 뉴런에도 영향을 미친다(Meister & Buffalo, 2016).

퍼진 해부학적 투영은 AI가 단속적인 머리 움직임을 유도하여 눈 근육 손실을 효과적으로 보상할 수 있는 이유를 설명할 수 있다([그림 3-2]). 이 관찰은 신경 조직의 중요한 규칙을 강조한다. 다시 말해 생존에 중요한 기능은 뇌에 광범위하고 중복적으로 분포되어 있다는 것, 즉 강력한 안전 메커니즘이라는 것이다.

청각

귀가 막히면 다른 사람의 말을 잘 들을 수 없을 뿐만 아니라 제대로 말하거나 노래하는 데 어려움이 있다. 청각 피드백은 말할 때에 매우 유용하다.

우리 자신의 말과 녹음을 구별하는 것은 케이크 조각이다. 그 이유는 동반 방출 메커니즘이 소리 생성과 청각 사이의 친밀한 관계를 제공하기 때문이다. 발화되는 각 소리는 다음 행동으로 이어지고 모든 소리는 행동 준비가 선행된다. 소리 발화는 소리 제어 근육을 조정하고 원하는 결과를 달성하는 데 도움이 된다. 다른 감각 시스템과 마찬가지로 피질의 청각 영역도 운동 영역에서 직접 투영을 수신하여 결과적으로 방출 신호를 전달하기 위한 기질을 제공한다. 전운동 피질 영역의 운동 명령 사본은 청각 피질 영역으로 보내져 다양한 자연적 움직임 동안 자발적 시냅스 활동과 톤 유발 시냅스 활동을 모두 강력하게 억제한다. 이것은 소위 피드포워드(feed-forward) 억제 메커니즘에 의해 달성되는데, 이는 청각 피질에서 억제 중간 뉴런의 활성화와 결과적으로 피라미드 뉴런의 스파이크 활동의 일시적인 억제를 수반한다. 결과적으로 소리 유발 피질 반응은 움직임 동안 선택적으로 억제된다.[42] 피질 메커니즘 외에도 고막에서 달팽이관으로의 소리 전달을 조절하는 중이의 근육은 유사한 선제 작용을 수행한다. 움직임 명령에 의한 활성화는 달팽이관에 영향을 미치기 전에 음압을 강하게 약화시킨다. 이러한 두뇌 출력의 필연적 작용은 헨델(Handel)의 〈메시아〉에서 무거운 팀파니의 소리를 즐겁게 만드는 반면, 예상치 못한 동일한 소리는 우리를 놀라게 할 것이다.

따라서 행동에 의해 유발된 동반 방출 신호는 예측 가능한 소리에 대한 청각 시스템의 감도를 일시적으로 약화시키면서 예상치 못한 자극에 대한 반응성을 유지할 수 있다. 질

42) Paus et al.(1996); Houde & Jordan(1998); Zatorre et al.(2007); Eliades & Wang(2008); Nelson et al.(2013); Schneider et al.(2014).

병에 의해 몸이 안 좋아질 때 이러한 동일한 메커니즘이 이명 및 환청과 관련이 있다.[43] 스스로 유도된 소리 중에는 발생하지 않는 신경 흥분이 운동 영역에서 청각 영역으로 전송되면 뇌는 실제인 것으로 해석한다.

신체 감각

운동 기능과 감각 기능의 전통적인 분리는 체성 감각 시스템에서 훨씬 더 두드러진다. 이러한 견해는 운동과 감각 '호문쿨루스'의 고전적인 교과서 그림에서 명확하게 설명되어 있다. 그들의 임무는 각각 지각하고 행동하며 그들 사이의 단방향 감각 대 운동 통신이다.[44] 그러나 최근 설치류에서의 발견은 다른 그림을 보여 준다. 설치류는 특히 어둠 속에서 촉각 탐색에 적합한 정교한 수염 시스템을 가지고 있다. 수염은 손가락처럼 물체를 촉지한다. 입력 경로와 출력 경로 사이에는 짧은 뇌간 연결과 더 긴 시상, 피질 및 소뇌 경로를 포함하는 다중 루프가 있다. 중요하게도, 풍부한 해부학적 증거들은 감각 영역과 운동 영역 사이의 소통이 대뇌 피질에서도 양방향이라는 것을 보여 준다. 수염 운동의 신호는 체성 감각 영역에 도달하고 그에 따른 방전으로 작용할 수 있다. 이러한 신호는 이 영역의 뉴런이 시간이 지남에 따라 여러 수염의 움직임과 터치를 통합할 수 있도록 하며, 이는 능동적 터치에 의한 물체 식별 및 탐색의 핵심 구성 요소다. 또한, 수염 표현의 체성감각 영역(배럴 피질이라고 함)은 똑같이 직접적이고 두드러진 운동 제어 경로를 형성한다. '체성감각' 피질에서 뉴런의 활성화는 해부학적으로 지정된 운동 피질의 자극만큼 수염 운동을 제어하는 데 효과적이다. 신체 감각 피질에서 척수로의 직접적인 해부학적 투영은 설치류뿐만 아니라 원숭이에게도 존재하며, 이는 유사한 메커니즘이 다른 종에서도 작용하고 있음을 시사한다.[45]

지각에서 행동의 중요한 역할에 대한 고전적인 시연은 위스콘신 대학교의 폴 바키리타

---

43) Feinberg et al.(1978); Ford & Mathalon(2004); Langguth et al.(2005); Nelson et al.(2013).

44) 신경외과 의사인 Wilder G. Penfield는 몬트리올 신경 연구소의 신경과 전문의 Herbert Jasper와 함께 일하면서, 전기 탐침으로 깨어 있는 환자들의 뇌를 전기적으로 자극하여 그들의 운동 반응을 관찰하거나 구두 피드백을 얻었다. 자극 기술을 통해 그들은 피질의 조잡한 감각 및 운동 지도(신체 표면의 만화 표현 또는 호문쿨리)를 만들 수 있었다. 이 다소 오해의 소지가 있는 해부학적으로 분리된 지도는 오늘날에도 여전히 사용되며 거의 변경되지 않았다.

45) Ferezou et al.(2007); Mátyás et al.(2010); Hatsopoulos & Suminski(2011); Huber et al.(2012); O'Connor et al.(2013); McElvain et al.(2017).

(Paul Bach-y-Rita)와 동료들의 촉각-시각 감각 대체 실험으로, 이 실험을 통해 시각장애인은 표면에 배치된 전극 배열을 사용하여 '볼' 수 있다. 약한 전기 펄스로 혀를 자극하고 감각 말단을 자극한다. 시각장애인 참가자는 비디오카메라의 출력으로 혀로 전달되는 일부 시각 기능을 부분적으로 얻을 수 있었다. 각 사례에서 성공적인 결과의 중요한 구성 요소는 참가자의 카메라 제어 능력이었다. 수동적인 혀 '보기' 조건에서는 혀를 간지럽히는 것만 느꼈지만 참가자에게는 시각과 같은 감각이 발생하지 않았다.[46]

물론 당신은 내 주장을 단순한 자기 성찰로 반박하며, 완전히 움직이지 않고 앉아 있으면서도 감각의 흐름을 완벽하게 처리할 수 있다고 말할 수 있다. 손을 만지거나 시야에 날아다니는 벌레는 아무런 힘을 들이지 않고도 감지할 수 있다. 따라서 이러한 예는 지각의 감각에서 운동으로 이어지는 순서를 지지하는 증거로 간주될 수 있다. 그러나 그러한 인식은 이미 '보정된' 뇌에서 발생한다. 자극을 능동적으로 감지하지 않고, 삶의 어느 시점에서 자극을 조사하지 않고는 자극이 뇌에 의미를 부여할 수 없다. 의미(즉, 동물에 대한 자극이나 사건의 중요성)가 나타나면 기억 저장소에 보관할 수 있다. 우리는 그것이 내면화되었다고 하고, 내면화된 패턴이 더 많은 지각 해석을 위한 기초 메커니즘으로 기능할 수 있다고 말할 수 있다. 나는 제5장에서 이 논점을 확장할 것이다.

몸을 가르치는 두뇌

뇌는 센서가 감지하는 것 또는 실행기가 실행하는 것에 대한 선험적 단서가 없지만(제1장), 발달 중인 뇌가 아무것도 없이 시작하는 것은 아니다. 그것은 유전된 초기 프로그램으로부터 막대한 베네핏을 가진다. 그러나 몸이 다양한 모양과 형태를 가지기 때문에 획일적인 청사진은 작업을 수행하기에 부적합하다. 유전자 청사진은 단순히 '프로토맵'이다. 갓 태어난 쥐에서 척수시상로와 시상피질 체성감각 경로는 이미 제자리에 있다. 따라서 이 지도는 신체 부위와 일부 일치한다. 그러나 피질 간 연결이 출생 후 막 성장하기 시작하기 때문에 이 초기 단계에서는 신체 부위 표현 간의 혼선이 제한된다. 성장하는 축삭돌기는 어떤 뉴런에 신경을 공급해야 하고 어떤 뉴런을 피해야 하는지를 어떻게 '알고' 있을까?

---

46) Bach-y-Rita et al.(1969).

근접 관계는 도움은 되지만 충분하지 않다.

출력 끝에서 이미 근육에 연결된 척수의 복측 뿔 운동 뉴런(ventral horn motorn-euron)은 불규칙하고 조정되지 않은 움직임을 생성하기 시작한다. 갓 태어난 설치류에서 이러한 겉보기에는 목적 없는 움직임은 인간의 임신 후기 단계에서 관찰되는 태아 움직임 또는 '베이비 킥'과 동일하다. 모든 임산부와 의사는 그러한 발차기가 태아의 정상적인 발달의 중요한 측면이라는 것을 알고 있다. 그러나 발차기의 생물학적 유용성과 뇌에 대한 서비스는 최근에야 밝혀졌다. 나중에 보게 되겠지만, 각 발차기는 뇌가 제어하는 신체의 물리학에 대해 학습하는 데 도움을 준다.

근육과 힘줄의 스트레치 센서는 근육의 수축 상태를 척수와 결국 체성감각 피질에 보고한다. 또한 골격근의 경련은 근육 위의 피부가 둥지의 다른 새끼를 만지거나 인간 태아의 경우 자궁 벽에 닿을 확률을 높인다. 뼈와 관절의 물리적 제약으로 인해 제한되지 않은 근육 활동 조합으로 인해 발생할 수 있는 잠재적으로 매우 많은 가능성 중에서 제한된 부분의 근육 운동 조합만 발생한다. 이러한 모든 동작 조합은 의미 있는 교육 패턴이다. 체감각 시상과 피질은 나중에 사용하게 될 조합이기 때문이다. 포유류의 몸을 움직이는 600개 정도의 골격근에 의한 피질 활동의 무작위적이고 독립적인 유도는 생물학적으로 거의 관련이 없다. 더욱이 조직화된 입력을 뇌에 보내는 것은 신체가 성장함에 따라 신체 부위 간의 미터법 관계가 빠르게 변하기 때문에 유전적 청사진만으로는 달성할 수 없다.

근육 경련 조합으로 인한 그런 단순한 '훈련'이 신체 지도의 형성에 어떻게 기여할 수 있을까? 갓 태어난 쥐에서 모든 경련과 사지 경련(limb jerk)은 수백 밀리 초 동안 지속되는 체성 감각 피질에서 '방추 모양'의 진동 패턴을 유도한다. 성체 동물의 경우 신경생리학자들은 이러한 패턴을 시상피질의 '수면 방추'라고 부를 것이다. 왜냐하면 이러한 패턴은 성인에게서 비 REM 수면 중에만 발생하기 때문이다. 강아지와 조산한 인간 아기 모두에서 이것이 처음으로 조직화된 피질 패턴이다.[47] 쥐에서 출생 후 장거리 피질피질 연결이 형성되면 방추 진동은 다음에서 동시 활성화되는 뉴런 그룹을 함께 묶는 역할을 할 수 있다. 마찬가지로, 신체에서 반대 운동 관계를 가진 근육(예: 상완의 이두근과 삼두근)은 감각 피질에서 일관된 활동-침묵 관계를 유도하고 각 신경 그룹 사이에 억제 관계를 생성한다. 피질

47) 초기 방추와 유사하게, 자발적인 망막파는 초기 발달 단계에서 시각 시스템의 모든 부분에서 활동을 유발한다(Katz & Shatz, 1996).

간의 장거리 연결이 태어난 지 약 일주일 후에 자리 잡고 신체 지도가 형성되면 방추는 비REM 수면으로 제한된다. 그런 다음 새끼는 신체 지도를 사용하여 국부적 접촉에 반응하고 근육과 근육 힘줄의 고유감각 정보를 사용하여 손쉬운 보행을 할 수 있다.[48] 따라서 처음엔 무의미하게 행동으로 시작되는 센서로부터의 피드백은 신체에 대한 공간적 레이아웃을 뇌의 뉴런 사이의 시간적 스파이크 관계로 바꾸어 버린다. 이 발달 과정은 뇌가 통제하는 신체에 대한 지식을 획득하는, 더 적절하게 표현하자면, 협력하는 방식이다. 따라서 어리석은 교사(즉, 확률적으로 발생하는 움직임 패턴)는 소유자의 신체 환경에 대한 두뇌의 영리함을 증가시킬 수 있다. 일단 신체 체계가 구축되면 방추와 근육 움직임 사이의 관계는 사라진다. 방추는 '내재화'되어(제5장) 수면 중에 자기 조직화된 패턴으로 계속 발생한다. 그러나 움직임과 스핀들의 관계는 완전히 사라지지 않는다. 독자는 잠자기 직전에 가끔 극적인 전신 경련을 경험했을 수 있다. 이러한 움직임은 미숙아에서와 같이 수면 방추를 유발한다.

행동이 신체 지도에 영향을 준다

내 관점에서 볼 때 '체감각' 피질이라는 용어는 신체를 감지할 뿐만 아니라 시뮬레이션하기 때문에 아웃사이드-인 프레임워크에 대한 잘못된 명칭이다.[49] 이것은 누락된 신체 부위의 지속적인 표현으로 가장 분명하게 입증된다. 환상 사지의 소유권과 상실 또는 절단 후 '그들'에서 발생하는 고통스러운 감정은 잘 연구된 임상 문제다. 감각 피질이 진정으로 감각적이고 외부 입력에 완전히 의존한다면, 가상의 팔다리는 정신적으로 구성되지 않을 것이다.[50] 체성 감각 시스템에 의한 신체 시뮬레이션의 또 다른 놀라운 예는 잘못된 신

---

48) Khazipov et al.(2004); Buzsáki(2006). 미숙아의 초기 방추를 델타 브러시 진동이라고 하며, 침묵과 활동의 교대 패턴을 추적 대체물(trace alternan)이라고 한다. 새끼 쥐와 마찬가지로 근육 경련은 미숙아와 자궁에서 임신 후 29~31주에 델타 브러시를 유도한다(Milh et al., 2007).

49) Michael Brecht는 이러한 아이디어를 확장하고 체성 감각 피질의 신체 모델 이론을 공식화했다(Brecht, 2017). 그는 체성 감각 피질의 4층이 감각 구심성뿐만 아니라 몸 전체를 반영한다고 제안한다. 이 신체 모델은 레이어 6에 의해 레이어 4 입력으로 지속적으로 업데이트되며 단순한 감각 맵이 아닌 아바타와 비교된다.

50) 마찬가지로 시각장애인도 시각적 장면을 상상하고 꿈꿀 수 있다. 반대로, 일차 시각 피질에 양측 손상이 있는 환자는 아무것도 못하고 물체에 대한 기억이 없다고 보고하더라도 여전히 일부 시각적 자극에 다시 의존하고 시각적 물체 주위를 탐색할 수 있다. 이 현상은 실명으로 알려져 있다(Cowey, 2010; 여기에서 직접 확인하라. https://www.youtube.

체 부위 환상이다. 연구실에서 연구 참여자는 왼팔을 작은 탁자 위에 놓고 스크린으로 가려진 상태로 앉고, 실제 크기의 손과 팔고무 모형을 피험자 바로 앞에 놓인 탁자 위에 놓는다. 실험자는 고무손을 페인트 브러시로 눈에 띄게 만지는 동시에 피험자에게 알려지지 않은 동시에 다른 페인트 브러시로 숨겨진 손을 만지는 동안 참가자에게 인공 손에 눈을 고정하도록 요청한다. 실제 팔과 고무 팔을 동시에 여러 번 만지면 평균 참가자는 자발적으로 고무손을 자신의 손으로 받아들인다. 이 간단한 절차가 이물질에 대한 소유권의 느낌을 생성하고 신체 체계에 통합한다.[51] 실험의 다른 버전에서는 실험자가 참가자의 왼쪽 검지를 손가락 관절의 오른쪽 고무손에 닿도록 움직인다. 검지손가락을 움켜쥐고, 동시에 실험자는 참가자의 오른쪽 검지손가락 관절을 만진다. 두 손의 터치가 동기화되면 참가자는 곧 자신의 손을 만지고 있음을 느낀다. 환상적 접촉은 차례로 복부 전운동 피질, 두정내 피질 및 소뇌를 활성화시키며, 이는 환상이 영상 실험에서 밝혀진 바와 같이 자신의 신체에서 일치하는 다감각 신호의 감지를 반영한다는 것을 나타낸다.[52]

이러한 환상은 행동에 의한 접지(grounding)가 없을 때 생긴다. 고무손을 만진 상태에서 참가자가 손과 팔을 움직이면 착시가 발생하지 않다. 또한 실험자가 팔을 움직일 때 참가자는 순간적으로 팔에 대한 소유권을 잃는다. 행동–지각 프레임워크에 대한 확실한 직접적인 테스트는 뇌의 운동 및 자율 출력을 완전히 없애고 행동과 함께 촉각을 경험한 적이 없는 뇌에서 감각이 유발될 수 있는지 여부를 조사하는 것이다. 그러한 행동–박탈 실험이 없다면 우리는 뇌가 비정상적인 신체를 어떻게 다룰 것인지 물을 수 있을 것이다. 예를 들어, 두 개의 뇌가 하나의 몸을 공유한다면 어떻게 될까? 자연은 그러한 예를 몇 가지 제공한다.

두 개의 두뇌가 하나의 몸을 제어한다

애비(Abby)와 브리트니(Brittany)는 미네소타에 사는 샴쌍둥이다. 그들은 매력적인 아이들이었고, 지금은 자신감 넘치는 어른이 되었다. 쌍둥이는 척수가 분리되어 있고, 심장 2개,

com/watch?v=GwGmWqX0MnM. 원발성 시야 영역 병변이 있는 원숭이는 유사하게 행동한다; Cowey & Stoerig, 1995). 이러한 관찰은 '감각' 피질이 단순히 외부 세계를 진실하게 '표현'하는 역할을 하지 않는다는 것을 보여 준다.

51) 여기를 참조하라. https://www.youtube.com/watch?v=sxwn1w7MJvk.

52) Botvinick(2004); Ehrsson et al.(2005).

손 2개, 다리 2개가 있는 공동의 가슴을 가지고 있다. 각 뇌와 척수는 한쪽 손과 한쪽 다리에 신경을 공급한다. 촉각과 사지 제어는 각 뇌가 지배하는 신체의 절반으로 제한된다. 그러나 애비와 브리트니는 걷기, 달리기, 수영, 공놀이 또는 자동차 운전과 같이 양손과 다리의 협응이 필요한 많은 동작 패턴을 수행할 수 있다. 그들은 다른 취향과 다른 직업 목표를 가지고 있다.[53] 그들의 뇌는 공유 신체의 일부에 대해 별도의 체성 감각 신경 분포를 가지고 있기 때문에 많은 관찰자들은 단순하거나 복잡한 행동을 할 때에, 일치되거나 또는 교차되는 움직임을 수행하기 위해 감각을 어떻게 효과적으로 조정하는지를 궁금해했다. 그러나 내가 이 장에서 제안한 것처럼 행동이 지각을 가르친다면 우리는 필연적으로 '다른 몸'의 움직임이 두 뇌에서 모두 감지되는 이유를 설명할 수 있다. 골격계의 물리적 제약이 신체 확장의 통합을 가능하게 했기 때문이다. 다른 신체는 행동 유발 관절 경험의 결과로 신체 체계의 일부가 된다.

행동이 지각에 매우 중요하다면 인지에서도 중요한 역할을 해야 한다. 이것이 사실인지에 대해서는 제5장에서 논의할 것이다. 그러나 그 논의의 전제 조건은 다음 장의 주제인 뉴런의 집단적 행동에 대한 이해이다.

요약

이 긴 장의 짧은 메시지는 지각이 뇌에 의해 시작된 탐색인 행동 기반 과정이라는 것이다. 이 메시지는 필연적으로 다음과 같은 질문을 제기하는 아웃사이드-인 경험주의 철학에 힘입은 표상적 관점과 근본적으로 다르다. 지각과 행동 사이에 무엇이 오는가? 의사 결정 능력이 있는 호문쿨루스(그리고 의식의 문제까지도)는 지각과 행동을 분리하는 불가피한 논리적 결과다. 나는 대안적 관점을 제안한다. 세상의 사물과 사건은 두뇌가 주도하는 행동을 통해서만 의미를 얻을 수 있다. 이 과정에서 뇌는 세계를 그 수많은 관련 없는 세부

---

53) 이 쌍둥이에 대한 수많은 YouTube 사이트가 있다. https://www.yahoo.com/tv/ conjoined-twins--abby---brittany--get-their-own-reality-show--video-.html.
쌍둥이가 정중하게 접근하면 뇌-신체 문제에 대한 독특한 정보의 풍부한 원천이 될 수 있다. 이 중에는 불안감이 뇌에 대한 신체 유발 영향인지 여부에 대한 중요한 질문이 있다. 예를 들어, 연구자들은 한 쌍둥이에게 불안을 유발하는 사진을 보여주고 다른 쌍둥이에게 어떻게 느끼는지 물어볼 수 있다. 다른 많은 뇌-신체-뇌 질문은 결합된 쌍둥이에서 탐구될 수 있다.

사항으로 표현하지 않고 탐색을 통해 유기체와 관련이 있게 된 측면을 추출한다. 따라서 뇌는 사건의 관계를 서로 인코딩하여 단순화되고 맞춤화된 세계 모델을 구축한다. 모델 구축의 이러한 측면은 뇌마다 고유하게 다르다.

감각 입력을 경험으로 만드는 중요한 생리학적 메커니즘은 '동반 방출'이다. 이는 행동을 시작하는 뇌 영역에서 비교기 회로로 전송되는 운동 명령의 레퍼런스 사본이다. 이 비교기 메커니즘을 통해 뇌는 감각 입력의 진정한 변화와 센서의 자가 개시 움직임으로 인한 변화 사이의 관계를 조사할 수 있다. 동일한 동반 방출 메커니즘은 능동 감지 역할도 하며, 이를 통해 감각 수용체를 환경 감지에 가장 효율적으로 활용할 수 있다.

제4장 THE BRAIN FROM INSIDE OUT

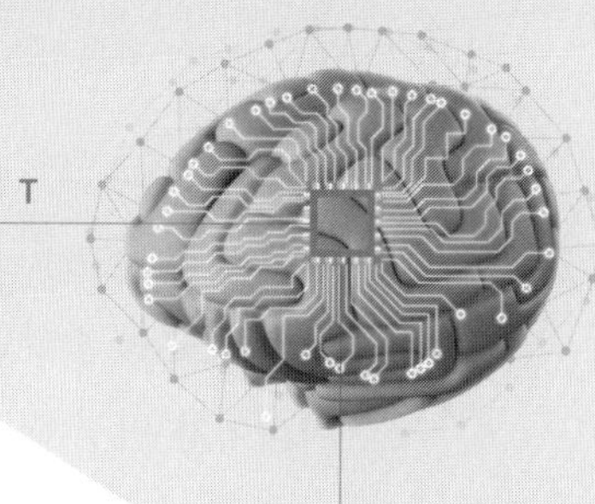

뉴런 어셈블리
커뮤니케이션의 기본 단위

많은 것 중에 하나.

–미국 국새(Great Seal of the United States of America)

뭉치면 서고, 흩어지면 넘어진다.

–켄터키주 인감(The Seal of Kentucky)

성공은 집단에 의해 결정된다.

–라슬로 바라바시(László Barabási)[1]

아웃사이드–인 프레임워크는 다양한 자극을 제시하고 뇌 반응을 모니터링하는 방법에 대해 뇌를 탐색하는 방법에 대한 명시적인 방법을 신경과학에 제공했다. 학습을 연구하려면 학습의 다양한 단계에서 자극과 신경 반응 사이의 관계를 설정해야 한다. 마찬가지로 운동 행동을 연구하려면 신경 활동과 운동 패턴 사이에 신뢰할 수 있는 관계를 설정해야 한다. 원칙적으로, 인지의 다양한 측면을 설명하는 복잡한 용어를 포함하여 실험자가 생각할 수 있는 모든 것은([그림 1–1]을 다시 확인하라.) 신경 활동과 상관될 수 있다.

한 번에 하나씩 뉴런을 기록하는 것은 신경생리학 분야에서 처음으로 인기 있는 기술 중 하나였다.[2] 실험자의 목표는 신뢰할 수 있는 뉴런 발화를 유도할 수 있는 관련 자극을 찾는 것이다. 예를 들어, 망막의 신경절 세포의 활동을 기록할 때 이 세포가 냄새나 소리에

1) Barabási(2018).
2) Hubel(1957); Evarts(1964).

반응하는 것을 검사하는 것은 의미가 없다. 대신 시각적 패턴을 사용하여 시각적 영역의 활동 패턴을 조사한다. 그러나 우리가 뇌 속으로 더 깊이 들어갈수록 관련 자극에 대한 아이디어가 점점 더 모호해진다. 또한 감정이나 기억과 같은 보다 복잡한 행동을 연구할 때 상관적 접근 방식을 교란 방법으로 보완해야 한다. 단일 뉴런의 활동에 대한 최상의 상관관계를 찾고, 예를 들어 시각 자극의 방향이나 색상에만 독점적으로 또는 일차적으로 반응한다고 선언하는 것은 동일한 뉴런을 계속해서 테스트해야 하기 때문에 영웅적인 모험이다. 또한 그동안 동물의 뇌 상태가 변하지 않는지도 확인해야 한다. 더욱이 뉴런의 생리학적인 '튜닝' 반응을 찾는 것은 우리가 적어도 대략적으로 그 역할을 이미 알지 못한다면 실패할 수 있다. 예를 들어, 뉴런은 주요 기여가 색상 식별에 있음에도 불구하고 검은색 세로 막대의 특정 방향에 상대적으로 선택적으로 반응할 수 있다. 아웃사이드-인 접근 방식은 엄청난 양의 유용한 정보를 제공할 수 있지만 주어진 실험에서 뉴런이 몇 가지 조건에서만 조사될 수 있기 때문에 본질적으로 장애가 있다.

단일 뉴런의 스파이크 활동은 제한된 정보만 제공할 수 있지만, 동일한 실험을 반복하고 동일한 실험 조건에서 더 많은 뉴런을 수집하고 모든 뉴런이 동시에 기록되었다고 '상상한다면' 그 뉴런의 생리적 기능에 대한 평균적인 그림을 그릴 수도 있다. 이 아이디어는 오케스트라의 각 연주자에게 자신의 역할을 따로 연주한 다음 개별 조각을 전체로 결합하도록 요구하는 것과 유사하다. 이것이 단일 뉴런 독트린(교리)의 이론적 근거이다.[3] 단일 뉴런 프레임워크에 대한 합리적인 주장은 유연한 뇌 회로에서 뉴런이 다재다능한 신경과학자—예컨대, 상황에 따라서 부모 역할도 하고, 테니스 파트너, 혹은 재주꾼 역할도 할 수 있는—처럼 여러 작업을 위해 용도를 변경할 수 있다는 것이다.[4] 더 중요한 것은 단일 뉴런이 한 번에 하나씩 기록되므로 뉴런이 서로 어떻게 영향을 미치는지 조사할 수 없다는 것이다. 고립된 멤버들이 연주하는 음악을 합친 재즈곡은 제대로 들리지 않을 가능성이 크다. 이러한 고려 사항을 바탕으로 이론가들은 단일 뉴런이 뇌에서 계산의 기본 단위라는 점에 의문을 제기하기 시작했다. 대신 특정 목적을 위해 스스로 정렬하고 필요하지 않

3) 이 연구 분야의 고전 논문은 Barlow(1972)이다.

4) 예를 들어, entorhinal cortex의 동일한 뉴런은 많은 모자를 쓸 수 있다. 위치, 속도 또는 머리 방향 뉴런으로 분류될 수 있다. 소수의 뉴런이 전문가로 나타날 수 있지만 대다수는 혼합된 특성을 가지고 있다. 개별 기능 클래스 대신 모든 뉴런은 다중화된 속성을 가질 수 있다(Hardcastle et al., 2017). 실험자가 지정한 특정 행동 상관관계는 실제로 반응 특징의 광범위한 분포의 꼬리에 해당할 수 있다(제12장).

을 때 스스로를 분해할 수 있는 뉴런 그룹이 등장했다. 이것이 세포 조립 또는 신경 앙상블 가설이다.

세포 어셈블리

뉴런 어셈블리의 개념은 모든 신경과학자들이 이야기하고 중요한 발견을 엮고 복잡한 관찰(심지어 마음의 작용)을 설명하는 데 사용하는 것 중 하나이지만 엄격한 정의가 부족하다. 결과적으로 과학자들은 각자 세포 어셈블리를 다르게 정의한다. 이 개념은 그의 고전 저서인 『행동의 조직(Organization of Behavior)』[5]에서 용어를 만든 도널드 헵(Donald O. Hebb)과 가장 자주 연관된다. 헵(Hebb)은 단일 뉴런이 목표에 안정적으로 영향을 줄 수 없다는 것을 인식하고 물리적으로 서로 연결된 별개의 스파이크 그룹을 제안했다. 뉴런(세포 집합체)은 별개의 지각, 인지적 실체 또는 개념을 나타낼 수 있는 단위다. 뉴런의 집합체는 고립되어 살지 않고 다른 집합체와 효과적으로 통신한다. 어셈블리 구성원의 강력한 상호 연결성으로 인해 충분한 수의 활성화가 전체 어셈블리를 활성화할 수 있으며 초기 텍스트에서 어셈블리의 '점화'로 설명된 프로세스이다. 헵(Hebb)은 외부 세계의 '표상'을 찾고 있었고 하나의 신호가 다른 신호로 이어지는 방식을 이해하기를 원했기 때문에 상호 연결된 뉴런의 대규모 그룹과 방아쇠가 모두 필요했다.

어셈블리 아이디어는 근접성, 유사성 및 양호한 연속성의 원칙에 대한 지각의 가상 뇌 기질을 정의한 지난 세기 초 베를린 게슈탈트 심리학에서 나온 것 같다.[6] 헵(Hebb)의 세포 조립 개념은 뇌에 기반한 설명을 제공할 수 있다. 적어도 원칙적으로는 다양한 실험적 심

---

5) Donald Hebb의 과학적 '손자'이다. Cornelius (Case) Vanderwolf는 그의 몇 안 되는 학생 중 한 명이자 박사후 과정 어드바이저였다(http://neurotree.org/neurotree/). 우리의 '가족' 관계에도 불구하고 Hebb이 어셈블리나 앙상블 아이디어를 구상한 유일한 사람이 아니었다는 점을 지적하는 것이 타당하다. James(1890), Sherrington(1942), Nikolai Bernstein(1947년, 러시아어; 영어 번역, 1967), Konorski(1948). 그러나 아마도 첫 번째 공로는 Yves Delage(1919)에게 가야 할 것이다. "다른 사람들과의 협력의 결과로 뉴런의 진동 모드에 새겨진 모든 변형은 유전적 구조와 이전 협력의 영향으로 인한 진동 모드에서 다소 영구적인 흔적을 남긴다. 따라서 현재의 진동 모드는 다양한 표현에 대한 이전 참여의 전체 역사를 반영한다"(Frégnac et al., 2010 번역). 따라서 Delage는 이미 진동과 세포 그룹화의 장점을 결합했으며 그의 설명은 Hebb의 두 번째 주요 개념(즉, 스파이크 타이밍 기반 가소성 규칙)과도 관련이 있다. 해 아래 새것은 없다(Sub sole nihil novi est).

6) 심리학에 대한 게슈탈트 개념은 생리학의 단일 뉴런 '교리'에 대한 중요하고 반복적인 대위법으로 작용했다(Barlow, 1972).

리학적 관찰에 대한 설명을 기반으로 한다. 이산 경계를 가정한 이러한 가상의 신경 집합체는 대상 또는 추상적인 생각의 실체를 나타낼 수 있다. 한 어셈블리의 활성화가 다른 어셈블리를 촉발할 수 있기 때문에 두 어셈블리를 연결하면 연결을 위한 뉴런 기질 역할을 할 수 있다. 여러 어셈블리를 고리로 유연하게 연결하면 활동의 반향이 유발 자극이 사라진 후에도 지속될 수 있으므로 단기 기억의 기초가 될 수 있다. 그런 가상의 세포 집합체의 연결은 기억 회상, 사고, 계획과 같은 복잡한 인지 과정을 지원할 수 있으며, 어떤 내부 과정이 실제로 그러한 순서를 생성할 수 있다고 가정한다(제6장).[7]

헵(Hebb)은 또한 어셈블리를 유연하게 연결하고 이러한 연결을 강화하여 장기적인 연관성을 지원할 수 있도록 두 번째 규칙이 필요하다는 것을 깨달았다. 그는 뉴런 쌍 사이의 시냅스 연결이 활동 전위의 적절한 타이밍에 의해 수정될 수 있다는 일반적인 방법을 제안했다. 그러한 많은 연결의 수정은 새로운 기억 또는 '엔그램'을 형성할 수 있다.[8] 역사적 역설은 그의 두 번째 규칙인 헵의 Hebbian 가소성 규칙 또는 단순히 헵(Hebb)의 규칙, 즉 그가 다른 사람들로부터 빌린 아이디어가 그에게 얻은 아이디어라는 것이다. 이 규칙은 헵(Hebb)을 신경과학 명예의 전당에서 올려놓게 했다. 그의 말을 빌리면, "일반적인 생각은 동시에 반복적으로 활동하는 두 개의 세포 또는 세포 시스템이 '연관'되는 경향이 있으므로 한쪽의 활동이 다른 쪽의 활동을 촉진한다는 오래된 아이디어"이다. 헵(Hebb)의 이 단문장 규칙은 아마도 신경과학에서 가장 자주 인용되는 인용문일 것이다. 즉, "한 세포가 반복적으로 다른 세포의 발화를 도울 때, 첫 세포의 엑손이 두 번째 새포의 세포체와 교신하시는 시냅스 꼭지(synaptic knob)를 발달시킨다." 더 간단히 말하면 '함께 발화하는 뉴런들은 함께 연결'된다.[9]

---

7) Hebb의 아이디어는 그의 아이디어를 다양한 방식으로 뇌 이론에 통합한 수많은 연구자들의 생각을 형성했다. 예를 들어, Miller(1956); Marr(1971); Braitenberg(1971); John(1972); Shaw et al.(1985); Damasio(1989); Abeles(1991); Churchland & Sejnowski(1992); Edelman(1987); Wickelgren(1999); Pulvermüller(2003); McGregor(1993); Miller(1996); Milner(1996); Kelso(1995); Mesulam(1998); Laurent(1999); Varela et al.(2001); Yuste et al.(2005); Harris(2005); Buzsáki(2010) & brain models, 예: Willshaw et al.(1969); Palm & Aertsen(1986); Hopfield (1982); Amit(1988); Bienenstock(1994); Wennekers et al.(2003). '세포 조립'이라는 용어는 수년에 걸쳐 발전했으며 Hebb이 원래 의도한 것과 더 이상 유사하지 않다고 주장할 수 있다. 내 토론에서 나는 Hebb의 원래 정의를 사용한다.

8) 기억을 나타내는 가상의 뉴런 그룹을 정의하는 데 사용되는 '엔그램'의 개념은 세포 조립의 개념과 밀접한 관련이 있다. '엔그램'이라는 용어는 독일 심리학자 Richard Semon(1859~1918, Schachter, 2001 참조)에 의해 소개되었으며 엔그램을 식별하기 위해 평생 동안 검색한 Karl Lashley(1930)에 의해 대중화되었다. Lashley의 현지화 '실패'는 좋은 정의의 부족 또는 널리 분산된 특성으로 설명될 수 있다. MIT의 노벨상 수상자인 Susumu Tonegawa는 최근 '엔그램'이라는 용어를 되살리고 기억을 지우고 생쥐의 해마에 이식하는 광유전학적 방법으로 일련의 실험을 수행했다(Tonegawa et al., 2015). 엔그램의 역사와 현재 상태에 대한 검토는 Schacter(2001), Josselyn et al.(2015)을 참조하라.

세포 집합에 대한 헵(Hebb)의 정의는 뉴런의 구조적 및 생리학적 연결성에 의존한다. 특히, 그 구성원은 경험에 의해 생성되거나 강화된 흥분성 시냅스로 연결된다. 일단 세포 집합체가 형성되면, 소그룹 구성원의 활성화는 전체 시공간 서명을 재활성화할 수 있다. 헵(Hebb)의 가설의 조립 및 가소성 개념은 오늘날까지 지배적인 이론적인 신경과학의 프로그램을 정의했다. 이 가설에 기초하여 인지심리학은 심리학과 생리학적 과정을 연결하는 웅대하고 포괄적인 연구 프로젝트를 수립했다.[10] 헵(Hebb)의 가설은 뇌가 분류하고 카테고리화를 하는 생리학적 메커니즘을 추적하는 길을 열었다.[11]

세포 집합체의 개념이 유용한 것으로 판명되었지만 헵(Hebb)의 정의는 주장된 기질을 사실상 식별할 수 없도록 만들었다. 또한 사용 가능한 단일 뉴런 방법을 사용하여 생리학적 실험에서 세포 어셈블리의 서명을 추적하는 것은 엄청난 작업으로 밝혀졌다. 연구자들은 초기에 뉴런 발화 패턴의 큰 시험 대 시험 변동성에 주목했다. 일부 실험에서 자극에 강력하게 반응하는 '최고의' 뉴런조차도 외로운 스파이크를 발사하거나 다른 실험에서는 완전히 침묵했다. 세포 조립 가설에 따라 신경과학자들은 기록된 단일 뉴런에 기록되지 않은 파트너가 여러 개 있고 그들의 평균 집단행동이 단일 뉴런에서 얻을 수 있는 정보보다 더 신뢰할 수 있다고 암묵적으로 가정했다.[12] 뉴런의 진정한 집단행동을 테스트하고 헵(Hebb)의 어셈블리 아이디어에 이의를 제기하기 위해 연구자들은 많은 수의 뉴런을 동시에 기록할 수 있을 때까지 기다려야 했다.

---

9) 원래 문장은 "뉴런이 함께 발사되면 함께 연결된다"(Löwel & Singer, 1992)이지만, 이 문구는 Carla Schatz에서 가장 널리 대중화되었다. '스파이크 타이밍 의존적 가소성'(또는 STDP)으로도 알려진 Hebb의 규칙을 입증하려면 Magee & Johnston(1997)을 참조하라. Markram et al.(1997); Bi & Poo(1998). Hebb 이전에 타이밍 규칙은 이미 Pavlovian 조건화에서 잘 알려져 있었다. 조건부 신호(CS)는 항상 무조건 신호(US)보다 앞서야 하며, CS와 US는 모두 성공적인 연관성을 생성할 수 있는 유사한 확률로 발생해야 한다. 우발적 상황을 역전시키면 실제로 CS가 우연한 확률보다 낮은 확률로 US를 예측할 수 있다. STDP에 대한 시험관 내 실험 이전에 Levy & Steward(1983)는 치아이랑에서(dentate gyrus) 반대측(약한) 및 동측(강한, 교사) 내후각 입력 유발 국소 전위(LFP) 반응을 연관시킴으로써 마취된 쥐에서 타이밍의 가장 중요한 중요성을 이미 입증했다.

10) 세포 조립과 스파이크 타이밍 의존적 가소성의 개념은 다양한 형태의 인공 신경망에서 지침 규칙이 되었다. 연결성으로 인해 일부 뉴런의 활동은 어셈블리의 모든 구성원을 활성화하는 경향이 있다. 그 결과, 패턴은 전체적으로 '자동 연관'되고 특정 항목을 나타내도록 고정된다. 이러한 원리에 기초한 가장 인기 있는 모델은 Hopfield attractor network(Hopfield, 1982)이다. Hopfield 네트워크의 활동은 시간에 따라 달라지며 하나의 안정된 상태('어트랙터'라고 함)에서 다음 상태로 천천히 점프하거나 이동할 수 있다. 활동 범프의 점프는 Hebb의 위상 시퀀스로 간주될 수 있다. 허용 가능한 간섭으로 저장할 수 있는 항목(메모리)의 수는 뉴런의 수와 함께 조정된다.

11) Gerald Edelman에 따르면 가장 기본적인 뇌 수술은 통합과 분리이다(Edelman, 1987; Tononi et al., 1994). 구문 분석 대 그룹화, 미분 대 일반화, 패턴 분리 대 패턴 완성과 같은 다른 반의어 쌍도 자주 사용된다.

12) von Neumann(1958)도 비슷한 견해를 표명했는데, 그는 뉴런이 중복되어 함께 작용하며, 뉴런의 결합된 활동이 약간의 정보에 해당한다고 제안했다.

개체군 벡터

미네소타 대학교의 어포스틀로스 조조폴러스(Apostolos Georgopoulos)와 그의 동료들은 운동 방향의 신경 제어에 관심이 있었다. 그들은 팔을 8개의 가능한 목표 중 하나로 움직이도록 원숭이를 훈련시켰고 단일 뉴런의 방전 활동과 원숭이의 팔 움직임 방향 사이의 현저한 관계를 관찰했다. 운동 피질의 많은 뉴런은 도달 방향을 선호했다. 즉, 원숭이의 손이 특정 방향으로 움직일 때 활동 전위가 최대로 발생하고, 인접한 표적을 향해 움직일 때는 덜 발생하고 손이 선호하는 방향과 반대 방향으로 움직일 때는 전혀 발생하지 않았다([그림 4-1]). 실험자들은 한 번에 하나의 뉴런만 기록했지만 많은 뉴런의 활동을 차례로 수집하여 마치 동시에 기록된 것처럼 분석했다. 원숭이의 운동 과제가 매우 전형적이기 때문

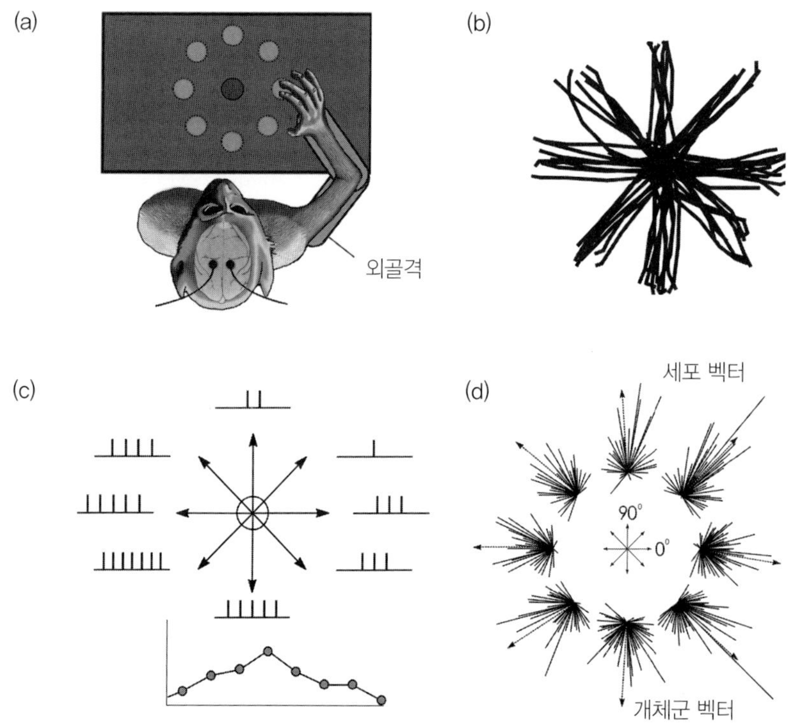

[그림 4-1] 도달 움직임의 개체군 벡터 코딩

A: 원숭이는 8가지 가능한 방향 중 하나에 도달한다. B: 팔 움직임의 궤적. C: 예시 뉴런의 스파이크 활동. 다른 도달 방향에서 매우 다른 발사 속도에 주목하라. D: 운동 피질에 기록된 많은 뉴런의 방전율로부터 계산된 개체군 벡터에 의한 8개의 이동 방향의 정확한 코딩. 8개의 클러스터 각각은 뉴런의 가중 선호 방향(실선)과 계산된 뉴런 개체군 백터(점선 화살표)로 구성된다. 중앙 다이어그램의 화살표는 지시된 이동 방향을 나타낸다.

*Apostolos Georgopoulos의 허락하에 기재.

에 이러한 무심한 단순화가 가능했다.

주어진 행동에 대한 모든 뉴런의 기여도를 평가하기 위해 조조폴러스(Georgo-poulos)는 개체군 벡터 가설을 고안했다. 이러한 벡터에서 선호도가 다른 뉴런의 기여도를 합산하여 최종 이동 명령을 생성한다. 각 뉴런은 팔이 선호하는 목표를 향해 움직일 때 가장 많은 스파이크를 발사하지만 선호하는 방향이 가까운 뉴런도 같은 방향을 덜 강력하게 지원할 수 있으므로 최종 결정은 발사 속도에 의해 가중치가 결정되는 개별 뉴런의 선호 방향의 벡터 합산으로 계산된다. 그들의 주어진 시간 창에서 많은 방향 조정된 뉴런의 발사 속도를 조사함으로써 개체군 벡터 모델은 결과적인 이동 방향을 정확하게 설명할 수 있다. 더욱이 원숭이가 시각적 자극의 위치를 공간적으로 이동된 도달 목표로 변환해야 할 때 개체군 벡터는 정신 회전을 정확하게 예측했다.[13] 최근에는 많은 뉴런의 동시 기록을 사용하여 개체군 벡터 방법의 개선된 버전이 개발되었다. 실시간으로 이동 방향을 디코딩하는 데 사용된다. 그것은 원숭이와 영구적으로 마비된 인간 환자 모두가 생각을 통해 컴퓨터 커서나 로봇 팔을 제어할 수 있게 해 주는 소위 뇌-기계 인터페이스 실험에서 없어서는 안 될 도구가 되었다. 즉, 적절한 뉴런 집합에서 자발적인 스파이크 생성에 의해 발생한다.[14]

모집단 벡터와 세포 집합 간의 관계

세포 어셈블리와 개체군 벡터 사이에는 분명한 유사점이 있다. 그러나 수학적으로 정의된 모집단 벡터와 달리 세포 어셈블리 개념은 흥분성 연결을 통한 '어떤 것'을 나타내는 식으로 느슨하게 설명된다. 인지심리학의 지배적인 틀에 따라 어셈블리 개념은 주로 뇌 활동의 감각 입력 중심 모델로 남아 있다. 헵(Hebb)의 가설의 강점은 일반화 가능성이지만

---

13) Georgopoulos et al.(1986, 1989). 모집단 벡터 아이디어에 대한 암묵적인 예측은 뉴런이 뉴런의 튜닝 방향에 있을 때 근육 움직임을 명령하는 데 기여하는 데 상대적으로 동일하다는 것이다. 그러나 이 가정은 개별 뉴런의 기여도가 크게 왜곡되어 있기 때문에 잘못된 것으로 판명되었다(제12장). 팔 운동의 인구 코딩에 대한 현대적인 접근 방식은 Churchland et al.(2012)을 참조하라.

14) 듀크 대학교의 선구적인 Miguel Nicolelis와 브라운 대학교의 John Donoghue는 인구 벡터의 개념을 사용하여 의도를 읽고 인공 액추에이터의 움직임으로 변환할 수 있는 뇌-기계 인터페이스 장치를 만들어 번역 신경과학의 장엄한 장을 꿈꿨다(Nicolelis & Lebedev, 2009; Hochberg et al., 2012). Georgopoulos는 전설적인 신경 생리학자 Vernon Mountcastle의 제자였으며, 그는 '피질 기둥'이라는 용어를 만들었다(Mountcastle, 1957). 한편, 현재 피츠버그 대학교에 재학 중인 Andrew Schwartz는 사지 마비 환자의 로봇 팔을 보다 효율적으로 2차원으로 제어하기 위해 인구 벡터 분석을 완성했다(Collinger et al., 2013). 뇌-기계 인터페이스 분야는 세포 어셈블리 코딩 아이디어의 빠르게 움직이는 번역 응용 프로그램이다.

이것이 또한 주요 약점이기도 하다. 뉴런 발화 패턴의 변화하는 별자리가 우리 인지 능력의 기초가 된다는 생각은 일반인의 견해와 다르지 않으며 대안적인 가설이 없기 때문에 거의 반증할 수 없다. 헵(Hebb)의 개념을 독특하고 구체적으로 만드는 것은 세포 집합이 경험에 따른 시냅스 변화에 의해 형성되고 경계가 가정된 고유한 집합이 별도의 대상과 생각을 나타낼 수 있다는 그의 제안이다.

그러나 엄밀한 정의가 없으면 많은 질문이 제기된다. 알베르트 아인슈타인(Albert Einstein), 윌리엄 셰익스피어(William Shakespeare), 당신 또는 나 중 누가 더 많은 세포 어셈블리를 가지고 있을까? 인공 신경망에서 일반적으로 그렇듯이 훈련을 통해 세포 어셈블리가 생성되면 뇌는 어셈블리 없이 시작하여 수년에 걸쳐 축적할까? 경험이 없다면 뇌의 역동적인 풍경은 어떻게 보일까? 잠자는 동안 세포 어셈블리는 어떻게 될까? 셀 어셈블리의 크기는 얼마인가? 뇌의 평균 경로 길이는 몇 개의 시냅스에 불과하기 때문에[15] 입력에 의해 유발되는 모든 점화는 흥분성 연결을 통해 전체 뇌로 퍼진다. 헵(Hebb)의 원래 조립 개념은 억제를 포함하지 않기 때문에 어떤 메커니즘이 뉴런 그룹 사이의 경계를 표시할지 명확하지 않다. 이상적으로, 이러한 질문은 주관적 추론이 아닌 학습, 동물 행동에서의 실험을 통해 해결될 것이다. 그러나 최고의 도구를 사용할 수 있는 경우에도 실험은 어느 정도 확신을 갖고 거부하거나 유지할 수 있는 가설에 따라 진행되어야 한다.

목적을 위한 세포 어셈블리

내 생각에 헵(Hebb)의 '표상 개념'의 근본적인 문제는 동일한 입력이 항상 동일한 뉴런 세트를 동원한다고 가정한다는 것이다. 이 프레임워크는 세상의 대상이 뇌의 뉴런 반응에 대응해야 한다고 제안하기 때문이다. 우리는 이것을 'x의 뉴런 상관관계' 접근법이라고 부를 수 있다. 표상적 아웃사이드-인 프레임워크에 따르면, 지각의 메커니즘을 이해하고 입력을 대표하는 세포 집합을 식별하는 가장 좋은 전략은 뇌에 다양한 자극을 제시하고 유발된 신경 반응의 시공간 분포를 조사하는 것이다.[16] 하지만 이는, 제1장과 제3장에서 논

15) Sporns(2010).

16) Engel et al.(2001); Hebb(1949); James(1890); Milner(1996); von der Malsburg(1994); Hubel & Wiesel(1962); Rieke et al.(1997).

의된 바와 같이, 인간이 발명한 정신 구조의 신경 상관관계를 식별하는 것은 신경 표현에 해당하는 명확한 경계가 있어야 한다는 가정 아래 있는 의심스러운 전략이다. 스파이크와 외부 자극 기능의 상관관계는 실험자에게 유용한 정보이지만 뇌의 뉴런에는 이러한 상관관계가 없다(제1장). 세포 어셈블리가 신경 계산을 위한 의미 있는 이벤트라면 다운스트림에 있는 파트너에게 예측 가능한 결과가 있어야 한다. 마지막으로, 뇌는 수면 중에도 활동하기 때문에 깨어 있는 상태와 마찬가지로 수면 중에도 세포 조립이 중요할 것으로 예상된다(제8장). 외부 내부, 표상 프레임워크는 뇌 작동의 오프라인 모드 동안 세포 어셈블리의 존재와 기능에 대해 침묵한다.

제3장에서 나는 이미 뇌의 근본적인 우선순위가 주변 세계를 충실하게 '표상'하는 것이 아니라 사전 경험을 기반으로 주변 세계의 실질적으로 유용한 측면을 시뮬레이션하고 가장 유리한 행동을 선택하는 것이기 때문에, 표상 전략이 세포 어셈블리를 객관적으로 식별할 수 있는지 의심을 표명했다. 이러한 관점에서 세포 어셈블리를 객관적으로 정의하기 위해서는, 두 가지 관련 핵심 조건인 판독 분류기와 시간 프레임을 필요로 한다. 이 대담한 진술에 대해 조금 더 자세히 설명하겠다. 집단 벡터 개념에서 영감을 받아, 세포 어셈블리는 하위 '판독' 메커니즘의 관점에서만 정의될 수 있다고 나는 제안한다. 이는 특정 활성 뉴런(즉, 추정된 세포 어셈블리 또는 어셈블리 시퀀스)의 생물학적 중요성은 그 결과를 바탕으로만 판단 가능하다. 나의 세계에서 '판독'이라는 용어는 수신한 입력을 사용하여 어떤 식으로든 응답할 수 있는 메커니즘을 나타낸다. 판독기 메커니즘[17]은 근육, 단일 뉴런, 뉴런 그룹, 기계 또는 입력의 의미를 해석하는 인간 관찰자일 수 있다. 의미가 있으려면 단일 뉴런, 뉴런 그룹, 근육 또는 호르몬 방출 수준에 관계없이 어셈블리의 동일한 집합이 항상 유사한 작업을 이끌어야 한다. 집회는 일관된 결과를 가져야 한다. 이 작업 결과는 모든 뉴런 연합을 의미 있는 어셈블리로 만든다.[18]

---

17) 'reader'의 동의어는 배경이 물리학, 생물학, 계산 과학 또는 공학인지 여부에 따라 '관찰자', '분류자', '통합자' 또는 '액추에이터'와 같은 용어가 될 수 있다. 현재 정의에서 그들은 모두 같은 것을 나타낸다.

18) 가장 복잡한 수준에서 그러한 '유발된' 결과는 계획, 기억, 결정 또는 생각일 수 있다(제13장). Berkeley의 격언 '존재는 지각될 것(Esse est percipi)'은 영국의 경험주의 철학에 대한 반응이었다. 버클리는 "나무가 숲에 쓰러졌을 때 주변에 그 소리를 들어주는 사람이 아무도 없다면 나무는 어떤 소리를 내는가?"라는 유명한 질문을 던졌다(Berkeley, 1710/2010). 아리스토텔레스 논리학의 가장 저명한 옹호자인 Galileo Galilei도 비슷한 질문을 던졌다. "귀, 혀, 코를 빼면 몸의 수, 모양, 움직임은 남지만 맛, 소리, 냄새는 남지 않는다. 후자는 살아 있는 생물의 외부에 있는 이름일 뿐이라고 나는 믿는다"(1623/1954). 아마도 Berkeley의 주관적 이상주의보다 현대 신경과학에 더 낯선 것은 없지만, '독자-액추에이터'의 의미가 존재하지 않는다는 생각은 뇌 기능에 대한 공학적 접근과 잘 공명한다. 독자/통역사/액추에이터의 은유는 으스스한 요소를 가지고 있지만, 동적 시스템의 제어 이론의 주요 특징, 즉 목표 또는 원하는 출력을 포착한다.

세포 어셈블리의 영향을 읽으려면 시간적 통합 메커니즘이 필요하다. 뉴런은 시간적으로 함께 간다. 즉, 단일 구성원만으로는 불가능한 작업을 수행하기 위해 동기화된다. 이벤트가 동기식인지 아닌지는 관찰자의 관점에서만 결정할 수 있다.[19] 확장하여 나는 뉴런 어셈블리가 뉴런 판독기 메커니즘의 관점에서만 정의될 수 있다고 제안한다.

판독기 메커니즘—정의된 세포 어셈블리

앞의 모든 논의는 추론과 추측을 기반으로 한다. 그러나 과학을 위한 유일한 방법은 정량적 측정이다. 이 경우 추정 어셈블리 구성원 간의 스파이크의 시간적 관계를 조사한다. 1990년대에 이르러 우리 그룹과 다른 실험실에서는 뉴런 스파이크의 정확한 타이밍을 결정하는 중요한 질문을 해결할 수 있도록 충분히 큰 뉴런 앙상블을 기록하는 방법을 개발했다. 우리는 헵(Hebb)처럼 기록된 뉴런이 다른 어셈블리에 참여하지만 모든 어셈블리 구성원이 각 경우에 활성화되는 것은 아니라고 가정했다. 우리는 또한 어셈블리의 구성원들이 측정 가능한 시간 내에 함께 작업해야 한다고 추론했다([그림 4-2]). 오케스트라의 구성원과 마찬가지로 회로의 뉴런은 다른 뉴런에 비해 자신의 행동을 효과적으로 타이밍할 수 있다.[20] 그래서 우리는 뉴런이 서로의 스파이크 타이밍을 가장 잘 예측할 수 있는 시간 창을 결정하려고 했다. 분석 창을 실험적으로 변화시킴으로써 우리는 동료의 활동에서 단일 해마 뉴런의 스파이크 타이밍에 대한 최상의 예측이 시간 창이 10~30ms 사이에서 변할 때라는 것을 발견했다.[21]

이것은 많은 생리적 변수가 그것을 공유하기 때문에 신경생리학에서 중요한 시간 창(time window)이다.[22] 무엇보다도, 피질 피라미드 세포의 막 시상수(τ)가 정확히 이 범위에 있으며, 이는 뉴런의 통합 능력을 결정한다. 리더 뉴런에서 스파이크 응답을 생성하는 것은 세포 어셈블리가 함께 모이는 주된 이유이다. 따라서 단일 리더 뉴런의 관점에서 스

19) 이것은 상대성 이론의 고전적인 문제이다(제10장 참조).

20) 이 프로젝트는 당시 내 연구실의 박사후 연구원인 Ken Harris et al.(2003)가 진행했다. Truccolo et al.(2010)을 참조하라.

21) Jensen & Lisman(1996, 2000); Harris et al.(2003); Harris(2005); Kelemen & Fenton(2010); Lansner(2009).

22) 멤브레인 시간 상수(τ)는 멤브레인의 저항 rm과 커패시턴스 cm($\tau = \gamma_{rm}\ c_{rm}$)의 곱이며 전압 단계 후 멤브레인 전위가 초기 값의 약 37%(= e^{-1})로 완화되는 기간을 나타낸다. 더 긴 τ를 가진 뉴런은 더 오랜 기간 동안 시냅스 후 전위를 통합할 수 있다(Johnston & Wu, 1995; Koch et al., 1996). 시간 상수는 뉴런이 내장된 네트워크의 상태에 따라 달라질 수 있다(Destexhe et al., 2003). 해마의 날카로운 파동과 같은 강렬한 시냅스 활동 중에는 뉴런의 입력 임피던스가 감소하고 빠른 파동파(6~7ms; Buzsáki, 2015)에 해당하는 입력 통합 시간 창이 단축된다.

파이크 활동이 자체 스파이크에 기여하는 모든 뉴런은 의미 있는 집합체로 간주될 수 있다. 이 중요한 시간 창 밖에서(즉, 비동기식으로) 실행되는 다른 업스트림 뉴런은 다른 어셈블리의 일부만 될 수 있다. 따라서 리더 뉴런의 스파이크 활동을 모니터링하여 상위 뉴런이 동일한 어셈블리의 일부이고 동일한 목표(리더 뉴런의 방전)를 제공하는지 또는 다른 어셈블리에 속하는지 객관적으로 결정할 수 있다([그림 4-2]). 어셈블리의 구성원은 수백 또는 수천 개의 다른 뉴런에 개별적으로 투영할 수 있다. 따라서 각 뉴런은 대상 수에 따라 크게 결정되는 많은 어셈블리의 일부가 될 수 있다. 이러한 다른 잠재적인 별자리는 다른 판독기 뉴런을 활성화할 때 집합이 된다.

내 정의에 따르면 주 세포는 어셈블리를 형성하기 위해 서로 해부학적으로 연결될 필요가 없다. 또한 상위 어셈블리 구성원 뉴런이 이웃인지 뇌의 여러 모서리에 있는지 여부도 중요하지 않다. 예를 들어, 표적 피질 뉴런의 방전으로 이어지는 시상 뉴런의 동시 활성 그룹은 의미 있는 세포 집합이다. 그러나 헵(Hebb)의 정의에 따르면 이러한 뉴런은 흥분성

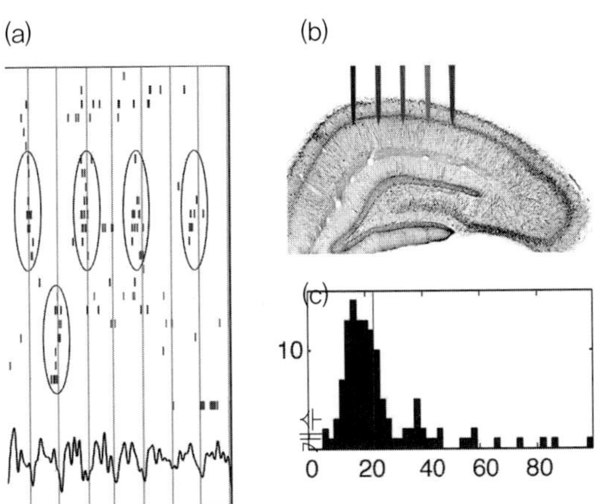

최적 예측 타임 스케일(ms)

[그림 4-2] 세포 어셈블리: 신경 구문의 기본 단위

A: 1초 동안 활성화된 해마 피라미드 세포의 하위 집합에 대한 래스터 플롯 시간적 관계에 따라 정렬된 열린 필드에 대한 공간 탐색. 각 선은 뉴런에 해당하고 각 틱은 해당 뉴런의 활동 전위이다. 상단 4개의 타원체는 반복적으로 활성화된 셀 어셈블리를 나타내며 다른 하나(하단)와 번갈아 나타난다. 하단 트레이스는 세타 및 중첩 감마 진동파에 의해 지배되는 로컬 필드 전위를 보여 준다. 수직선은 세타파의 골을 나타낸다.

B: 쥐의 해마 CA1 피라미드 층의 기록 사이트. C: 세포 어셈블리의 무작위로 선택된 구성원 뉴런의 스파이크 타이밍은 주위 뉴런의 활동에서 예측할 수 있다. 주위 뉴런 활동이 주어진 셀의 스파이크 시간 예측을 최적으로 개선한 시간 척도의 분포. 최적의 중위 시간 척도는 23ms(수직선)이다.

*Harris et al.(2003)의 허가를 받아 수정됨.

시냅스에 의해 서로 연결되어 있지 않기 때문에 집합체로 간주되지 않는다. 대조적으로, 세포 조립의 독자 뉴런 정의에서 볼 때, 하류 피질 뉴런의 막 시간 상수 내에서 이러한 시상 뉴런의 동기 활성은 뉴런의 효과적인 조립을 제공한다. 따라서 이러한 세포 집합체의 정의는 헵(Hebb)의 정의보다 모집단 벡터의 개념에 더 가깝다. 그러나 시냅스 전 뉴런도 연결되어 있으면 헵(Hebb)의 가소성 규칙에 의해 예측된 것처럼 동기 방전이 시냅스 통신을 강화할 수 있으며, 이러한 연합은 미래에 동시 발사를 향상시킬 수 있다.[23] 이것은 보너스이지만 필수 사항은 아니다.

셀 어셈블리의 감마파 프레임

세포 어셈블리의 일시적인 수명의 생리학적 중요성에 대한 또 다른 주장은 10~30ms의 시간 창이 빠른 시냅스 신호 전달 메커니즘의 지속 시간과 유사하다는 것이다. 흥분성 및 억제성 수용체는 모두 이 시간 범위에서 작동한다.[24] 반대되는 흥분성 및 억제성 시냅스 후 효과 사이의 시간적 상호작용은 진동하는 줄다리기를 일으키고 가장 잘 알려진 뇌 리듬 중 하나인 감마 진동의 기초를 형성한다.[25] 감마파의 시간 척도는 또한 뉴런 간의 시냅스 연결을 수정할 수 있는 메커니즘인 스파이크 타이밍 종속 가소성의 시간 창에 해당한다.[26] 감마 진동의 기간은 이 시간 창 내에서 작용하는 상위 셀 어셈블리가 중요할 수 있다는 강력한 근거다. 이에 대해서는 다음 섹션에서 더 자세히 설명한다.

세포 어셈블리는 뇌의 어휘에 있는 한 글자다

효과적이려면 단일 감마파(10~30ms 에포크) 내에서 작용하는 세포 어셈블리가 집단 스파이크 활동이 표적(판독기) 뉴런을 방전할 수 있도록 충분한 피어 뉴런을 동원해야 한다. 스

---

23) Hebb은 억제 연결을 고려하지 않았다. 그러나 흥분성 피라미드 세포와 상호 연결되는 억제성 뉴런은 뉴런 회로의 스파이크를 라우팅하는 데 매우 효과적이다(Fernández-Ruiz et al., 2017).

24) 이들은 AMPA 수용체 매개 흥분성 시냅스 후 전위(EPSP) 및 GABAA 수용체 매개 억제 시냅스 후 전위(IPSP)이다.

25) Buzsáki et al.(1983); Bragin et al.(1995); Kopell(2000); Whittington et al.(2000); Csicsvari et al.(2003); Bartos et al.(2007); Atallah & Scanziani(2009); Colgin et al.(2009); Buzsáki & Wang(2012); Schomburg et al.(2014); Bastos et al.(2015); Lasztoczi & Klausberger(2016). 4층 피질 뉴런은 이 기간 동안 공명과 역치 이하 진동을 보여 주며(Pedroarena & Llinás, 1997), 이 주파수에서 입력에 특히 민감하다.

26) Magee & Johnston(1997); Markram et al.(1997); Bi & Poo(1998, 2001).

파이크 업스트림 뉴런의 다른 별자리가 동일한 어셈블리의 일부로 간주되는지 아니면 다른 어셈블리의 일부로 간주되는지 여부는 다운스트림 판독기 뉴런에 의해서만 지정될 수 있다. 표적 뉴런의 스파이크 반응이 전부 아니면 전무하기 때문에 이 판독기 뉴런에 의해 정의된 세포 조립은 개별적이고 집합적인 단일 사건을 나타내며, 이를 '기본 세포 조립'[27] 혹은 '뉴런 글자' 라고 부를 수 있다. 이러한 감마 어셈블리 중 몇 가지는 연결되어 신경 단어를 구성할 수 있다([그림 4-2], 제6장).

지금까지 특정 판독기 뉴런의 관점에서 글을 작성했지만, 사실 특별히 전용 판독기 뉴런은 없다. 모든 뉴런은 판독기가 될 수 있고 모든 판독기는 어셈블리의 일부가 될 수 있다. 마치 오케스트라의 구성원이 행동을 생성하고 다른 사람의 행동에 반응하는 것과 같다. 나는 단순히 '판독기'라는 용어를 특정 성좌 입력 패턴에 대한 응답으로 동작을 보내는 분류기-액추에이터 메커니즘을 나타내는 은유로 사용한다. 어셈블리 개념에서 판독기 메커니즘을 분리하는 것은 잘 정의된 목표를 제공하는 신경 연합의 객관적으로 정량화된 정의에만 필요한 것이다. 상호 연결된 네트워크에서 판독기는 측정 가능하고 해석 가능한 출력을 생성한다는 점에서 관찰자 통합자이자 기여자다. 가장 단순한 경우, 출력은 활동 전위와 같은 이진법이다. 다른 경우에 판독기 메커니즘은 모집단 버스트 또는 순차적 스파이크 패턴일 수 있다. 따라서 어셈블리 구성의 판독기 중심적 관점은 업스트림 소성 패턴과 해당 패턴의 독자 사이의 관계를 향상시키는 메커니즘을 밝히는 훈련된 프레임워크를 제공한다. 이것이 뉴런의 스파이크가 정보가 되는 방식이다.

셀 어셈블리의 크기는 얼마일까

뉴런 어셈블리는 4중주, 실내악 오케스트라 또는 필하모닉 오케스트라와 유사할까? 헵(Hebb)의 세포 집합체 정의에서 구성원 자격은 흥분성 시냅스를 통한 연결로 정의된다. 그러나 앞서 논의한 바와 같이 기간과 목표를 먼저 알지 않고는 충분한 회원 수도 총 회원 수도 결정할 수 없다. 예를 들어, 시각적 지각의 기초가 되는 헵(Hebb)의 어셈블리 크기에

27) 다시 말하지만, 셀 어셈블리에 대한 나의 정의는 다른 용도와 다르다. 예를 들어, Valentino Braitenberg는 매 순간 전체 피질에 단 하나의 집합체만 존재한다고 제안했다. 그의 공식화는 의식적 경험의 주관적인 통일성을 추구함으로써 동기를 부여 받았다. 그러나 감각 경험을 인식하려면 최소 500msec 동안 적절한 뇌 네트워크가 필요하다(Libet, 1985, 2005).

대한 질문은 답할 수 없고 잘못된 질문이다. 파티에서 키스하는 커플의 모습을 보면 자극이 일시적으로 수천 개의 뉴런만 활성화할 수 있다. 반면에 부부 중 한 명이 파트너라면 두 감각을 전달하는 망막 뉴런의 수가 거의 같더라도 뇌의 절반을 움직일 수 있다.

셀 어셈블리의 독자 중심 정의는 통합자-액추에이터 메커니즘에 의존하기 때문에 어셈블리 크기 문제에 접근하는 객관적인 방법도 제공한다. 어셈블리의 목표가 생체 내에서 하류 피라미드 세포를 방전하는 것이라면 스파이크가 약 20ms(즉, 하나의 감마 주기)에 통합될 수 있는 뉴런의 수는 효과적인 어셈블리의 크기를 정량적으로 정의할 수 있다. 해마 피라미드 세포의 약 1%가 감마 주기에서 발화하고 15,000~30,000개의 피라미드 세포가 각 피라미드 세포에 입력을 제공한다. 따라서 감마 주기 내에서 발화하는 추정된 150~300개의 피라미드 세포는 어셈블리를 구성할 수 있지만,[28] 이 숫자는 시냅스 강도가 더 강하거나 약할 경우 광범위하게 달라질 수 있다. 후각 전구에서, 예리하게 조정된 판독기-분류기 승모판 세포의 10% 미만이 개별적이고 정의된 출력을 생성하는 역할을 한다.[29]

뉴런 어셈블리의 크기를 결정하는 데 내재된 어려움은 명확한 목표 없이는 어떤 뉴런이 기본 어셈블리에 속하고 어떤 뉴런이 다른 목표를 제공하는 어셈블리 구성원 또는 새로 모집된 어셈블리의 피드백 활성화를 나타내는지 정량적으로 정의할 수 없다는 것이다. 많은 뉴런이 세포 조립에 기여할 수 있지만 오케스트라에서와 같이 개별 구성원의 기여는 동일하지 않다. 제1바이올리니스트가 없다고 해서 제2바이올리니스트가 없는 것은 아니다. 유사하게, 강력하게 발화하는 몇 개의 뉴런의 활동은 동일한 볼륨에서 동시에 기록된 수십

---

28) 물론 조립 크기는 격자 판독기 뉴런의 특성, 시냅스 강도 및 활성 상류 집단의 동시성에 따라 크게 달라질 수 있다. 특별한 조건에서 입력이 동일한 수지상 가지에 수렴하고 뉴런이 6ms 이내에 동기적으로 발화할 때 20개의 뉴런만으로도 전방 전파 수지상 스파이크를 시작하기에 충분할 수 있다(Losonczy & Magee, 2006). 이러한 상태는 급격한 파동 동안 해마에 존재할 수 있으며(Csicsvari et al., 2000) 시각 전달 동안 무륲피질 시스템에 존재할 수 있다(Wang et al., 2010). 시냅스가 강하다면, 단일 시냅스진 뉴런의 단일 스파이크 또는 스파이크의 폭발은 시냅스 후 뉴런을 배출하기에 충분할 수 있다(Csicsvari et al., 1998; Constantinidis & Goldman-Rakic, 2002; Henze et al., 2002; Barthó et al., 2004; Hirabayashi & Miyashita, 2005; Fujisawa et al., 2008; English et al., 2017). 감각 입력의 효과를 효과적으로 대체하기 위해 세포 어셈블리의 최소 크기를 추정하는 다른 접근 방식에서, 운동 피질의 채널 로돕신-2(ChR2) 발현 뉴런은 빛에 의해 직접 자극되었다. 생쥐는 약 300개의 뉴런에서 단일 활동 전위가 동기적으로 유발될 때 자극을 감지했다고 보고했다. 빛이 일련의 스파이크를 유도할 때 더 적은 수의 뉴런(~60)이 필요했다(Huber et al., 2008). 그러나 이러한 모든 고려는 제12장에서 시냅스 무게와 발사 속도의 심하게 왜곡된 분포에 대해 알게 되면 쓸모없게 될 것이다.

29) Niessing & Friedrich(2010). 특별한 조건하에서, 단일 피라미드 세포 또는 중간 뉴런의 자극은 회로에서 많은 표적 뉴런을 모집할 수 있다. 단일 운동 피질 뉴런에서 세포 내 스파이크를 유발하는 강렬한 열차는 개체군 활동을 유발하거나 쥐의 휘젓는 움직임을 재설정하기에 충분했다(Miles, 1990; Brecht et al., 2004; Bonifazi et al., 2009; Ellender et al., 2010; Quilichini et al., 2010).

개의 다른 뉴런만큼 특정 결과에 대한 정보를 제공할 수 있다. 뇌 기능에 대한 뉴런의 비평등적 기여의 결과는 제12장에서 논의할 것이다. 지금으로서는 피질의 작은 세포 집합조차도 수십에서 수백 개의 피라미드 세포와 일시적인 파트너 중간 뉴런을 포함할 수 있다는 잠정적인 결론만 내릴 수 있다. 그러나 이러한 어셈블리가 어떻게 지각이나 행동으로 이어지기 위해 뉴런 단어에 연결되는지는 추가 요인에 달려 있다.[30] 뉴런 문자를 단어로, 단어를 문장으로 결합하는 뇌 회로의 능력을 논의하기 전에(제6장과 제7장), 이러한 구문 작업의 예상되는 이점을 처리해야 한다. 제5장을 건너뛰지 말기 바란다.

요약

단일 피라미드 뉴런의 스파이크는 시냅스 후 뉴런을 방출하는 데 거의 효과적이지 않다.[31] 이것은 많은 의미가 있다. 단일 뉴런이 수천 개의 시냅스 후 표적을 항상 방출할 수 있다면 스파이크는 뉴런 정보를 인코딩하는 데 거의 가치가 없을 것이다. 메시지를 효과적으로 보내려면 단일 뉴런이 동료와 협력해야 한다. 이러한 협력은 들어오는 신호를 통합하는 다운스트림 판독기 뉴런의 능력에 의해 제한된 시간 창 내에서 스파이크를 함께 동기화하여 달성할 수 있다. 따라서 독자 뉴런의 관점에서 정의된 세포 집합체는 뉴런 통신

30) 우리는 150msec 정도에서 낯익은 얼굴을 인식하며, 한 명 또는 그 이상의 사람을 보는지 여부를 결정하는 데 훨씬 적은 시간이 걸린다. 이 기간 동안 망막의 신호는 최소 6~8개의 뉴런 층을 통해 시각 피질로 전달되어 각 층에 대해 약 20msec의 처리 시간을 허용한다. 뉴런의 최대 발사 속도(예: 100/s)를 알면 하나 또는 때때로 두 개의 스파이크만 방출될 수 있다(vanRullen et al., 2005; Guo et al., 2017)을 짧은 시간(하나의 감마 사이클)에 적용한다. 이 짧은 시간 창에서 속도 코딩의 개념은 의미가 없다. 중요한 것은 얼마나 많은 뉴런이 함께 발화하느냐 하는 것이다. 관찰하는 하류 뉴런의 관점에서, 이 공생성은 조립 동시성으로 판단된다.

31) Bernard Katz 경과 동료들의 선구적인 연구에 따르면 시냅스의 강도는 적어도 세 가지 요인에 의해 결정된다. 시냅스 접촉의 수, 단일 시냅스 소포에서 신경 전달 물질 방출로 인한 시냅스 후 분극의 양적 크기, 시냅스 전 말단에서 신경 전달 물질이 방출될 확률(Katz, 1966). 이러한 매개 변수는 뇌의 다양한 시냅스에 따라 크게 다르다. 대부분의 피질 피라미드 뉴런은 단일 시냅스에 의해 시냅스 후 파트너와 접촉하고 스파이크당 단일 소포(양자)를 방출하는 반면(Gulyás et al., 1993), 열등한 올리브에서 섬유를 등반하는 것과 같은 일부 특수 시냅스는 소뇌의 Purkinje 세포에 500개 이상의 시냅스를 만든다(Llinás & Sugimori, 1980). 신경 전달 물질 방출 확률은 확률적이다(Zhang et al., 2009). 피질에서 단일 스파이크가 시냅스 후 반응을 유도할 확률은 일반적으로 매우 낮다(0.05~0.5). 단일 스파이크가 시냅스 후 스파이크를 유도할 확률은 적어도 한 단계 낮다. 그러나 시냅스에 걸친 이러한 값의 분포는 매우 왜곡되어 있다(제12장). 낮은 방출 확률의 중요한 이점은 유연성이다. 이러한 방식으로 시냅스는 주파수 필터 및 공진기 역할을 할 수 있다. 그들은 단기 및 장기 기간 모두에 걸쳐 동적으로 강도를 변화시킬 수 있으며 승수/분배기 이득 제어 메커니즘으로 작용할 수 있다(검토를 위해 Branco & Staras, 2009 참조).

의 단위라고 할 수 있다.[32)]

어셈블리에서 작동하면 몇 가지 이점이 있다. 단순한 뉴런 체인은 한 뉴런에서 다음 뉴런으로의 시냅스 또는 스파이크 전송 실패에 취약하여 뉴런 메시지가 손실된다. 또한 선행 뉴런과 후행 뉴런 사이의 시냅스 가중치의 작은 차이는 노이즈가 있는 상태에서 예측할 수 없는 방식으로 뉴런 트래픽의 흐름을 전환할 수 있다. 대조적으로, 협력적 어셈블리 파트너십은 어셈블리의 전체 흥분 효과가 독자에게 중요한 것이기 때문에 개별 세포의 스파이크 속도 변화를 효과적으로 허용한다. 상호작용하는 어셈블리 구성원은 결정적인 정보를 전달하기보다는 확률을 계산할 수 있으며 노이즈에 강력하게 견딜 수 있게 된다. 우리는 이 어셈블리를 의사소통의 단위 혹은 임시로 '뉴런 단어'라고 부를 수 있다.

32) 스파이크 통신은 뉴런이 신경 전달 물질의 시냅스 방출을 통해 근거리 및 원거리 모두에서 다른 뉴런에 영향을 줄 수 있도록 한다. 이것은 많은 유형의 신경 통신 중 하나일 뿐이다. 근처의 뉴런은 전기 접합, ephaptic 효과, 신경 전달 물질의 수상돌기에서의 방출 및 뉴런-교세포(glia)-뉴런 효과에 의해 서로 영향을 줄 수 있다.

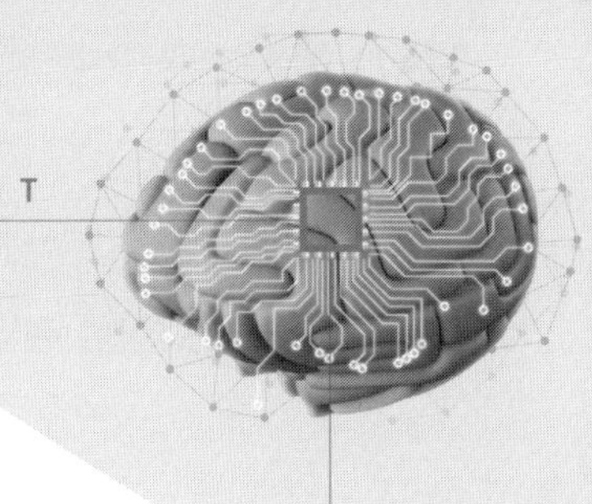

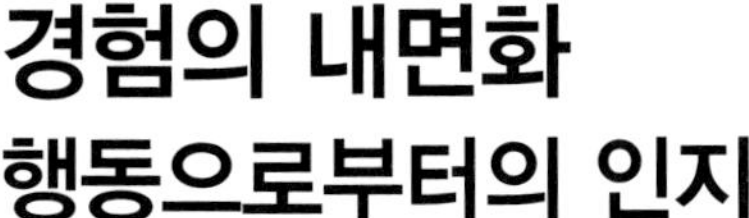

경험의 내면화 행동으로부터의 인지

나는 움직인다, 고로 존재한다.

–무라카미 하루키(Haruki Murakami)[1]

태초에 행동이 있었다.

–괴테(Goethe)의 『파우스트(Faust)』에서

듣지 못함은 듣는 것만 못하고, 듣는 것은 보는 것보다 못하고,
보는 것은 아는 것만 못하고, 아는 것은 행동하는 것만 못하다.
진정한 배움은 실천에 옮길 때까지 계속된다.

–공자[2]

인지 이론은 여러 단계를 거쳐 발전해 왔다. 첫 번째는 뇌가 우리 주변의 세계를 분석하고 판단을 결정하는 표상적인 장치라고 가정하는 아웃사이드-인의 경험주의적 관점이었다. 그런 다음 인지를 위한 공간을 많이 만들지 않은 파블로프 반사 이론이 등장했다. 모든 것이 연관 반사의 계층 구조였다. 이와 유사하게, 행동주의 패러다임은 행동이 항상 즉각적인 외부 신호에 대한 반응으로 설명될 수 있기 때문에 인지에 대해 생각할 필요가 없다고 주장했다. 이러한 견해에 대한 응답으로, 완고한 생각을 하는 소수는 행동을 단순히 입출력 기능으로 이해할 수 없으며 두뇌의 숨겨진 층에서의 활동이 중요하다고 주장했다(제

1) https://www.goodreads.com/quotes/503630-i-move-therefore-i-am.
2) 공자의 문제 공식화도 대표적이다. 행동의 중요성을 인정하지만, 그것은 감각에서 시작한다.

1장과 제3장).[3] 이 장에서 나는 내부적으로 논의한다. 즉각적인 감각 입력과 운동 출력에서 분리된 이러한 은닉층의 조직화된 활동은 인지의 필수 조건이다.

환경으로부터의 뇌의 분리

인간은 물론 다른 동물들도 미래를 상상하고 과거를 회상할 수 있다. 우리는 그러한 정신 활동에 많은 시간을 할애한다. 나는 이러한 활동이 외부 통제로부터 자유로워지는 뇌의 능력에서 발생한다고 제안한다. 핵심 아이디어는 인지가 세계의 이전 행동 기반 경험에 의존한다는 것이다. 이 경험을 통해 내부적으로 생성된 시퀀스는 '만약에' 시나리오를 테스트하고 실제로 수행하지 않고도 대체 행동의 가능한 결과를 예측할 수 있다. 이 과정은 미래의 명백한 행동을 선택하는 데 도움 된다. 내 가설을 설명하기 위해 [그림 5-1]에 표시된 세 가지 가능한 뇌 네트워크 시나리오를 고려해 보자.

작은 신경계(왼쪽 패널)에서 출력 네트워크와 입력 네트워크 간의 연결은 짧고 간단하다. 이 가상의 작은 뇌의 주요 목표는 동물 행동의 결과를 예측하는 것이다. 이러한 두뇌는 간단한 환경에서 비교적 짧은 시간에 경험 기반 예측을 할 수 있다. 이러한 예측은 여러 세대(진화적 적응) 또는 유기체의 일생 동안 적용되는 학습 규칙을 통해 생성된다. 저장된 과거 경험의 결과로 유기체는 유사한 상황의 미래 발생에 보다 효과적으로 대처할 수 있다. 이것은 뇌가 그 대표적인 예인 적응 시스템의 기본적인 조직 원리이다. 예를 들어, 동물은 약간의 훈련 후에 음식이나 불쾌한 공기 퍼프의 발생을 예측하는 법을 배운다.[4]

---

3) Tolman의 인지 지도 이론(1948)은 아웃사이드-인 프레임 작업에서 크게 벗어난 것이었다. 시행착오 또는 '도구적 반응' 솔루션과 달리 Tolman(1948)은 설치류가 미로 문제를 해결하기 위해 배설을 통해 생성된 매핑 전략(즉, '인지 지도')을 사용한다고 추측했다. 그의 생각은 John O'Keefe의 선구적인 생리학적 실험에 연료를 공급했다(O'Keefe & Dostrovsky, 1971; 제6장 참조).

4) 파블로프 이론에 따르면, 초기의 '중립적인' 조건부 자극은 체계적인 페어링 후에 무조건 자극의 '대체물'이 된다. 따라서 중성 자극은 조건부 자극을 '나타내는' 뉴런이 무조건 신호를 나타내는 뉴런에 연결되기 때문에 타액 분비도 유도한다. 차례로, 후자의 뉴런은 선천적 자극-반응 반사(아웃사이드-인)를 유발한다. 파블로프의 제자 중 한 명인 Piotr Stevanovitch Kupalov는 이미 이 설명에 만족하지 않았으며(Giurgea, 1974), 나의 멘토인 Endre Grastyán과 함께 조건부 신호가 무조건 신호의 대체물이 아니라 조건부 신호에 대한 적극적인 조사를 통해 동물에게 의미를 부여하는 새로운 목표가 된다고 주장했다(Brown & Jenkins, 1968; Grastyán & Vereczkei, 1974; Kupalov, 1978; 리뷰 논문은 Buzsáki, 1983 참조). 이 가설에 따르면, 센서가 조건 자극을 최적으로 감지하여 의미 있는 신호가 되도록 조정하는 것은 모터 출력이기 때문에 동작이 필수적이다.

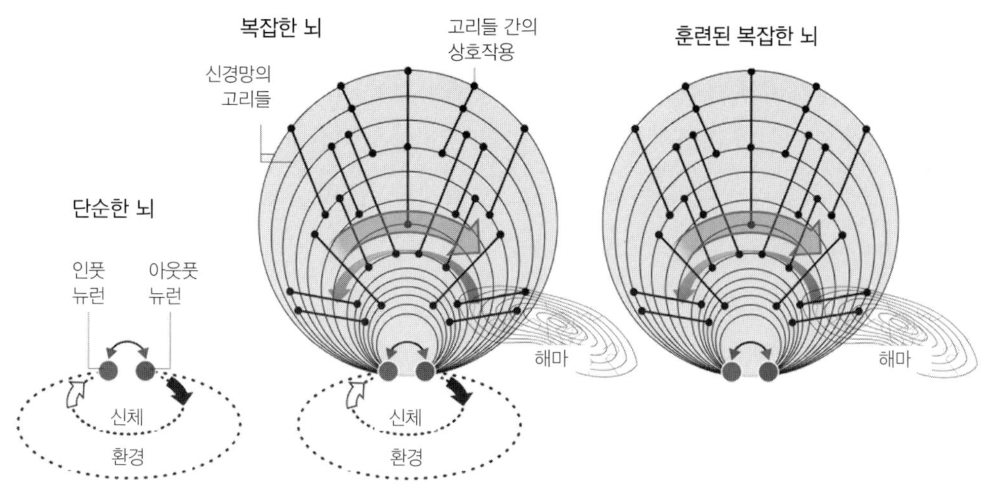

[그림 5-1] 외부 주도 및 자기 조직화된 뇌 작동

A: 작은 두뇌에는 간단한 신경망이 있다. 출력은 주변이나 신체를 스캔하는 센서를 움직여 뇌가 유사한 상황에서 이전 경험(계통 발생 또는 개체 발생)을 기반으로 행동의 결과를 예측할 수 있도록 한다. B: 더 복잡한 두뇌에서는 길이와 층이 증가하는 다중 상호작용 루프가 예측을 향상시킨다. 효율적인 메모리 메커니즘(사후 예측)을 생성하여 더 복잡한 환경과 더 긴 시간 규모에서 더 정교한 이벤트를 처리한다. C: 광범위한 훈련 후에 루프는 외부 신호에 의존하지 않고 자체 조직되고 오래 지속되는 뉴런 시퀀스를 유지할 수 있으므로 기억, 계획 및 상상과 같은 인지 작업을 지원할 수 있다. 센서로부터의 학습과 분리는 동시에 발생한다. 원리를 설명하기 위해 다른 곳에서 발췌하여 보여 준다.
*Buzsaki(2013)에서 수정됨.

더 복잡한 두뇌는 '다중 루프' 패턴으로 구성된다. 배선 및 시간 역학의 복잡성 수준이 각각 증가하는 이러한 병렬 루프는 출력과 입력(중간 패널) 사이에 삽입된다. 예를 들어, 포유류에서 센서와 근육 활성화 사이의 가장 직접적인 회로는 단일 시냅스 척수/뇌간 연결이다. 이러한 동일한 입력과 출력을 연결하는 더 복잡한 루프에는 시상피질 시스템과 신피질과 여러 피질하 구조 간의 양방향 통신이 포함된다. 또한 해마 시스템의 측면 루프는 시상피질 루프의 내용이 질서 있는 궤적으로 구성되어 동시적 사후 예측(기억) 및 예측(계획) 작업(제13장에서 자세히 설명됨)을 허용하도록 순차적인 뉴런 활동을 생성하는 데 전념한다. 큰 뇌든 작은 뇌든 주요 목표는 같다. 그것은 자신의 행동의 미래 결과를 예측하는 것이다. 그러나 다중 상호작용 루프와 해마의 사후 예측 시스템을 통해 더 정교한 두뇌가 훨씬 더 긴 시간 규모와 더 복잡한 환경에서 행동 결과를 더 효과적으로 예측할 수 있다.

복잡한 환경에서 효율적인 예측 작업을 수행하려면 현재 상황을 과거의 유사한 사건과 비교하기 위해 방대한 양의 과거 경험을 저장해야 하며, 가능한 조치 범위의 중요성을 평가하고 가중치를 부여할 수 있어야 한다. 이러한 작업의 대부분은 일시적인 감각 입력이 사라지고 행동이 완료된 후에도 오랫동안 계속되는 두뇌 계산을 필요로 한다. 이러한 지속적인 활동은 인식된 항목과 수행된 작업의 중요성을 계산하는 데 필요하다. 계통 발생 및 개체 발생 경험의 축적의 결과인 학습은 유기체가 직면한 사건을 보간(interpolate)하고 외삽(extrapolate)할 수 있게 함으로써 더 길고 복잡한 뉴런 루프를 '스마트'하거나 더 효과적으로 만든다.

자기 조직화된 활동은 두뇌 네트워크가 입력과 명백한 행동에서 분리되도록 한다(오른쪽 패널). 나는 훈련된 두뇌에서 행동 시스템에서 감각 및 고차원 영역으로의 확장을 통한 동반 방출 회로(제3장)가 그러한 작동을 가능하게 한다고 제안한다.[5] 즉, 메모리 루프로 보완된 보조 방출 메커니즘은 신체와 환경이 제공하는 피드백을 대체할 수 있다. 이 가상 행동은 근육의 움직임이나 심박수 변화로 해석되지 않지만 뇌는 그러한 행동이 일어날 수 있는 것처럼 해석한다. 이러한 내면화된 행동(실제 행동의 시뮬레이션이라고 부를 수 있음)은 내부적으로 생성되고 상상된 시나리오를 평가하여 뇌가 자신의 계산을 검사할 수 있도록 한다. 그리고 모든 명백한 입력이나 출력 없이 잠재적인 행동의 결과를 추정한다([그림 5-2]).[6]

뇌 네트워크의 경우 외부 입력이 없을 때 동일한 상류 뉴런 그룹에 의해 전달되는 감각 입력 또는 활동 간에 차이가 없다([그림 1-2] 참조). 외부 제약 없이 두뇌의 분리된 처리는 기존 및 저장된 지식에 대해 테스트된 대리 또는 상상 경험을 통해 내면화된 '가상 세계'와 새로운 지식을 생성할 수 있다. 대부분의 과학자와 철학자들이 인지라고 부르는 이 과정[7]은 복잡한 환경과 장기간 규모에서 실제 행동의 결과를 예측하는 데 극적인 이점을 제공한다. 물론 이러한 새로 생성된 아이디어의 유효성은 결국 실제 상호작용에서 테스트되어야 한다. 그때까지 내부 내용은 신념으로 남아 있다. 요컨대, 인지는 시간이 지연된 행동이다.

방금 제시된 프레임워크의 중요한 측면은 대부분의 뇌 구조가 두 가지 용도로 사용된다

5) Mátyás et al.(2010); Mao et al.(2011).

6) 이 과정은 진화 과정에서 발전할 것으로 예상되며, 도교의 우위(wu-wei) 사상, '행동하지 않는 행동' 또는 '끊임없는 경계'와 불교의 내면화된 초점에서 벗어나야 하며, 이 모든 것은 개인의 삶에서 실행된다.

7) Merleau-Ponty(1945/2005), Gibson(1977) 및 그들의 지적 후계자들은 내가 여기에서 설명한 것과 유사한 아이디어를 개발했으며, 이는 '구체화된 인지'로 알려지게 되었다(Thelen, 1989; Gregory, 1980; Maturana & Varela, 1980; Beer, 1990; Brooks, 1991; Varela et al., 1991; Jeannerod, 1994; Clark & Chalmers, 1998; O'Regan & Noë, 2001; Llinás, 2002; Noë, 2004; Buzsáki, 2006; Prinz et al., 2013; Goodrich, 2010). 나는 구체화된 마음(즉, 뇌가 신체, 환경 및 다른 두뇌로부터 똑똑함을 얻는다는 것)의 일반적인 철학을 공유하지만, 나의 접근 방식은 신경 회로 관점으로부터다.

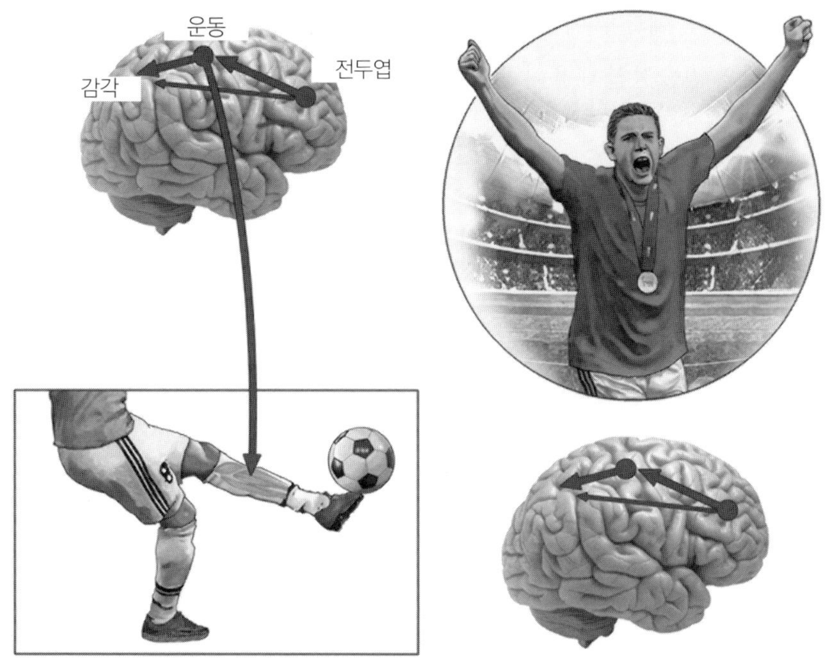

[그림 5-2] 뇌는 신체의 즉각적인 통제에서 벗어날 수 있다.

왼쪽: 운동 명령이 근육에 전송될 때마다 다른 여러 뇌 영역에 출력 신호가 전송되었음을 알린다(화살표). 전전두엽 뉴런은 운동 뉴런을 활성화하고 두 영역 모두 감각 영역에 필연적인 방전(제3장)을 보낸다.
오른쪽: 몸과 환경의 피드백을 포함하는 경험에 의해 동반 방출 시스템이 보정된 후 명령 신호의 활성화는 동일한 대상 회로를 활성화하지만 근육에 신호를 보내지 않고 실제 동작을 시뮬레이션할 수 있다. 즉각적인 근육 제어('내재화 또는 시뮬레이션된 행동')로부터의 이러한 분리는 상상력과 계획의 신경 기반으로 가정된다. '생각'은 지연된 행동을 위한 완충 장치로 간주될 수 있다.

는 것이다. 이에 대해서는 다음 예제에서 자세히 설명한다. 때때로 그들은 직간접적으로 감각 입력이나 운동 출력에 연결되어 감각 입력이 변화하는 속도에 따라 세포 어셈블리의 내용을 변경한다. 다른 때에는 뇌 리듬에 의해 유지되는 내부 역학에 크게 의존한다(제6장).[8]

나는 인풋 의존성, 자기 조직화 활동, 아웃풋 분리와 같은 과정이 순차적으로 또는 독립적으로 발달했다고 주장하지 않는다. 반대로, 이러한 메커니즘은 강하게 얽혀 있으며, 각 뇌에서 이러한 메커니즘이 지배하는 정도는 회로의 복잡성, 외부 신호의 가용성 및 기타 요인에 따라 달라진다. 따라서 인지의 출현은 단계적이고 질적인 것이 아니라 점진적이고

8) 우리는 이미 이 과정의 놀라운 예인 초기 스핀들의 '내재화'에 대해 논의했다. 이는 자발적으로 발생하는 수면 스핀들이 되기 전에 외부 자극에 의존한다.

양적인 것이다. 구체적인 예를 들어 '인지의 출현' 가설을 설명해 볼까? 텍스트가 불가피하게 여기저기서 약간의 기술적인 내용이 될 것이지만 간단하게 유지하려고 노력할 것이다.

머리 방향 감각의 내부화

인지 신경과학에서 아리스토텔레스의 유산은 아마도 사람들이 우리의 오감에 대해 이야기할 때 가장 분명하게 드러날 것이다. 눈, 귀, 코, 피부, 혀에는 보고, 듣고, 냄새 맡고, 만지고, 맛보는 센서가 있다.[9] 이러한 고전적인 감각 이외의 모든 감각은 여전히 '육감'이라고 한다. 그러나 온도, 통증, 균형, 운동 및 머리 방향 감각을 포함하여 더 많은 것이 있다. 이 중 머리 방향 감각은 머리가 가리키는 방향이라는 단일 차원만 있기 때문에 가장 단순할 수 있다.

머리 방향 감각의 신경 기질은 1984년 다운스테이트 뉴욕 주립대학교의 제임스 랭크(James Ranck)에 의해 발견되었다.[10] 그는 해마 시스템의 일부인 구조인 후해마이행부(post subiculum)의 뉴런이 동물의 머리를 가리킬 때 관찰 특정 방향으로 강하게 발화한다는 것을, 머리 방향 세포라고 불렀다. 예를 들어, 마우스가 테스트 상자의 모서리를 마주할 때 한 세트의 뉴런이 활성화된다. 쥐가 머리를 오른쪽으로 돌리면 다른 머리 방향 세포 세트가 활동을 켠다. 360도 각각에 대해 다른 뉴런 세트가 동일한 확률로 발화한다([그림 5-3]). 머리 방향 시스템은 뇌간, 유선체, 전배측 시상핵, 후하 전두엽 피질 및 내후각 피질, 측중격, 두정 피질을 포함하여 직렬로 연결된 뇌 네트워크의 많은 뉴런으로 구성된다. 많은 뇌 구조에서 머리 방향이 널리 퍼져 있다는 것은 이 감각이 뇌에 근본적으로 중요하다는 것을 나타낸다. 연구자들은 머리 방향 뉴런이 다른 감각 시스템과 마찬가지로 말초 입력에 의해 크게 제어된다고 암묵적으로 가정했다. 실제로, 여러 실험실에서의 수많은 실험은 머리 방향 뉴런이 전정, 고유수용성, 시각 및 보조 입력에 의해 제어된다는 것을 보

---

9) 오감 또는 '재치'는 원래 세 권으로 구성된 논문(아리스토텔레스의 「De Anima」)에 설명된 영혼의 능력에서 파생되었다. 흥미롭게도 그는 미각을 별도의 감각으로 다루기 전에 먼저 미각을 촉각과 함께 묶었다.

10) Jim Ranck는 1984년 헝가리 Pécs에서 Endre Grastyán의 60번째 생일을 위해 내가 조직한 소규모 회의에서 자신의 발견을 처음으로 선보였다(Ranck, 1985). 해마 장소 세포의 발견자인 John O'Keefe를 포함한 모든 참가자는 짐의 예상치 못한 발견의 중요성을 즉각 인식했다. 포괄적인 검토를 보려면 Taube(2007)를 참조하라.

여 준다. 물론 모든 감각 시스템의 뉴런이 관련 감각 양식에 반응하기 때문에 이러한 반응은 감각 시스템에서 예상된다. 그러나 나는 종종 감각이 없을 때 그러한 '감각' 뉴런이 무엇을 하는지 궁금했다.[11] 외부 자극의 입력 없이 감각 뉴런들이 활동하는 경우에도 조직적이고 협력적인 패턴을 보여 줄까?

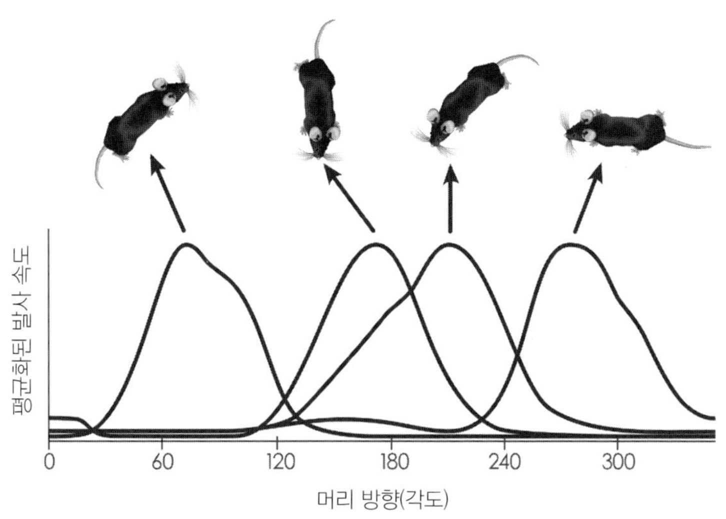

[그림 5-3] 각 헤드 방향에 대해 헤드 방향 셀의 하위 집합이 활성화된다.
4개의 머리 방향 셀의 발사 패턴이 표시되며, 각각은 마우스의 머리가 특정 방향을 향할 때 최대로 발사된다.

머리 방향 뉴런이 어떻게 함께 작동하는지에 대한 이 질문을 해결하기 위해 우리는 기술이 성숙하여 충분히 많은 뉴런 집단에서 기록할 수 있을 때까지 기다려야 했다. 그런 다음 우리는 다양한 행동 동안 시상의 작은 전등핵에서의 뉴런들의 역동적 상호작용을 비교했다.[12] 인공 뉴런 네트워크를 훈련함으로써 우리는 기록된 뉴런의 집단 상호작용으로부터 동물의 머리 위치를 재구성할 수 있었다. 마우스의 머리가 왼쪽에서 오른쪽으로 회전할 때 이 동작은 각 머리 방향 뉴런이 선호하는 방향으로 조정됨에 따라 뉴런 발사 시퀀스의 스위프에 안정적으로 반영되었다. 측정된 (실제) 머리 방향과 뉴런 발화에서 재구성된 (가상) 방향이 완벽히 일치했다.

11) 계산 모델은 이미 유사한 선호 방향을 가진 머리 방향 뉴런이 함께 발사된다고 가정했다. 이러한 모델에 따르면, 시간적으로 결합된 머리 방향 뉴런 그룹(즉, '활동의 언덕' 또는 '활동 패킷')은 동물이 머리를 돌릴 때 가상 고리 위에서 움직인다(Redish et al., 1996; Burak & Fiete, 2012; Knierim & Zhang, 2012).

12) Adrien Peyrache는 이 실험의 핵심 플레이어였다(Peyrache et al., 2015).

실험의 흥미로운 부분은 마우스가 잠들었을 때 시작되었다. 수면 중에는 모든 주변 입력이 없거나 일정하기 때문에 머리 방향 뉴런이 조용하거나 무작위로 발화할 것으로 예상할 수 있다. 그러나 놀랍게도 머리 방향 뉴런은 계속 활성화되었을 뿐만 아니라 깨어 있는 마우스에서 볼 수 있는 순차적인 활동 패턴을 보여 주었다. 가까운 방향을 코딩하는 뉴런은 계속해서 함께 발화하는 반면 반대 방향으로 조정된 뉴런은 반상관성을 유지했다. 급속 안구 운동(REM) 수면 동안 뇌 전기 생리학이 깨어 있는 상태와 놀라울 정도로 유사할 때 신경 패턴은 깨어 있는 동물과 동일한 속도로 이동하여 마우스가 깨어 있는 동안 머리를 다른 방향으로 움직일 때 나타나는 활동을 요약했다. 본질적으로, 세포 어셈블리의 시간적으로 이동하는 활동에서 우리는 REM 수면 동안 마우스의 가상 시선을 결정할 수 있다. 비 REM 수면 동안 활동은 여전히 완벽하게 조직되었지만 이 가상 머리 방향은 깨어 있을 때와 REM 수면에서보다 10배 더 빠르게 표류했다.[13] 잠자는 동물에서는 머리의 움직임이 이러한 변화를 동반하지 않았기 때문에 시간적 조직은 외부 자극보다 내부 메커니즘에 의존해야 했다.

머리 방향 감각의 신경 코드가 수면 중에 보존된다는 관찰은 시스템이 자기 조직화된 메커니즘에 의해 유지된다는 것을 시사한다.[14] 물론, 이 자기 조직화된 역학은 깨어 있는 동물에서 계속 활성 상태를 유지하고 일부 기능에 기여해야 한다. 예를 들어, 감각 입력은 내부적으로 생성된 머리 방향 예측과 결합되어 재구성된 환경에 빠르게 적응할 수 있다. 모호하거나 충돌하는 신호의 경우, 자기 조직된 메커니즘은 입력 신호를 통해 보간하거나 제한적이거나 모호한 감각 정보에서 머리 방향 벡터의 정확한 위치를 외삽함으로써 뇌의 '최상의 추측'을 생성할 수 있다.

전반적으로 이러한 실험은 내부적으로 조직된 메커니즘이 외부 세계에 대한 뇌의 해석을 향상시킬 수 있는 방법을 보여 준다. 내부 계산은 외부 신호 없이도 계속되며 보간(interpolation) 및 외삽(extrapolation)을 모두 수행할 수 있다. 눈을 감아도 머리 방향 감각은 지속된다. 그러나 자체 조직화된 머리 방향 시스템은 행동적인 탐색에 의해 보정됨으로써 그 잠재력을 이용하게 된다.

---

13) 비 REM 수면 동안 몇 배 더 빠른 가상 머리 방향 관련 신경 활동은 이전에 설명한 피질 네트워크의 비 REM 수면의 더 빠른 동역학과 일치한다(Buzsáki, 1989; Wilson & McNaughton, 1994; Nádasdy et al., , 1999).

14) '자기 조직화'는 물리학과 공학에서 가장 자주 사용되는 용어다. 이는 자율적으로 생성된 패턴, '비조직에서 조직으로 변경' 또는 엔트로피가 감소하는 모든 변화를 의미한다(Winfree, 1980).

물리적 탐색에서 정신적 탐색

당신이 처음으로 낯선 도시의 지하철역에서 지도를 손에 들고 나올 때 가장 먼저 해야 할 일은 지도의 방향을 올바르게 지정하는 것이다. 지도의 북쪽은 세계에서 북쪽을 향해야 한다. 둘째, 자신의 위치를 찾아야 한다. 즉, 지하철역을 찾아야 한다. 또한 지도의 수직 및 수평선(그리드)은 박물관, 호텔 및 기타 중요한 장소를 찾는 데 도움이 될 수 있다. 셋째, 목표가 도보 거리 내에 있는지 또는 택시를 타는 것이 더 나은지 결정하기 위해 거리 보정이 필요하다. 이제 그리드를 사용하여 임의의 위치 또는 두 임의 위치 간의 관계를 식별할 수 있다. 이 지도 기반 탐색의 대안을 사용하려면 길 이름, 걸음 수, 회전 방향 등의 긴 목록을 기억해야 한다. 이 후자의 전략은 한곳에서 다른 몇 곳으로 이동할 때는 잘 작동한다. 그러나 목표가 어디에서나 다른 곳으로 이동하는 것이라면 지도가 경로 설명보다 우수하다.

지도를 구성하려면 누군가가 환경의 모든 단일 지역을 탐색해야 한다. 그러면 각 위치는 지도에서 수평 및 수직 좌표의 교차로 고유하게 설명될 수 있다. 이 접근 방식의 장점은 두 지점 간의 가장 효율적인 경로를 계산할 수 있어 잠재적인 도로 차단 또는 지름길을 포함하여 거리 또는 시간을 최소화할 수 있다는 것이다. 물리적 지도는 뇌 기능의 '외부화'의 대표적인 예이다(제9장). 다른 동물들이 하는 것처럼 각 뇌의 주변을 주의 깊게 탐색하고 암기하는 대신, 다른 사람이 준비한 지도를 읽을 수만 있다면 인간은 사전 탐색 없이 효과적으로 탐색할 수 있다.[15] 말이나 다른 직접적인 의사소통 없이 지도는 랜드마크, 거리 및 특정 위치에 대한 단서를 제공한다.

여러 상호작용 구조로 구성된 뇌의 전체 시스템은 공간 탐색을 지원하는 인지 지도 전용이다. 머리 방향 뉴런은 방향 안내를 제공하고 지도 그리드는 내비 '격자 세포'로 표시되며 자기 위치 파악은 해마 '장소 세포'에 의해 지원된다. 거리 보정의 근거는 여전히 논쟁의 여지가 있지만 자체 동작이 여전히 주요 후보 메커니즘이다.[16] 해마 시스템에 대한 탐색 연

15) 현대 사회에서는 지도의 일상적인 사용이 급속히 줄어들고 있다. GPS(Global Positioning System)의 광범위한 가용성으로 인해 여행 및 목표 찾기가 다시 로케일(목록) 시스템으로 되돌아갔다. 현실 세계나 추상 지도에 대한 지식은 필요하지 않다. 그냥 말로 하는 명령을 따르라. GPS를 이용한 내비게이션의 즉각적인 편리함은 분명하지만, 이를 독점적으로 사용하면 사람들의 공간 감각이 박탈될 수 있다. GPS 내비게이션 위성에 대한 공격이나 장애가 미치는 영향을 상상해 보라. 어떤 사람들은 집으로 가는 길조차 찾지 못할 수도 있다. 이러한 이유로 위성에 의존하지 않고 여행자(예: 전투병)의 정확한 경로를 추적하고 본거지로 돌아가도록 안내할 수 있는 '추측 항법' 장치를 구축하려는 노력이 있다.

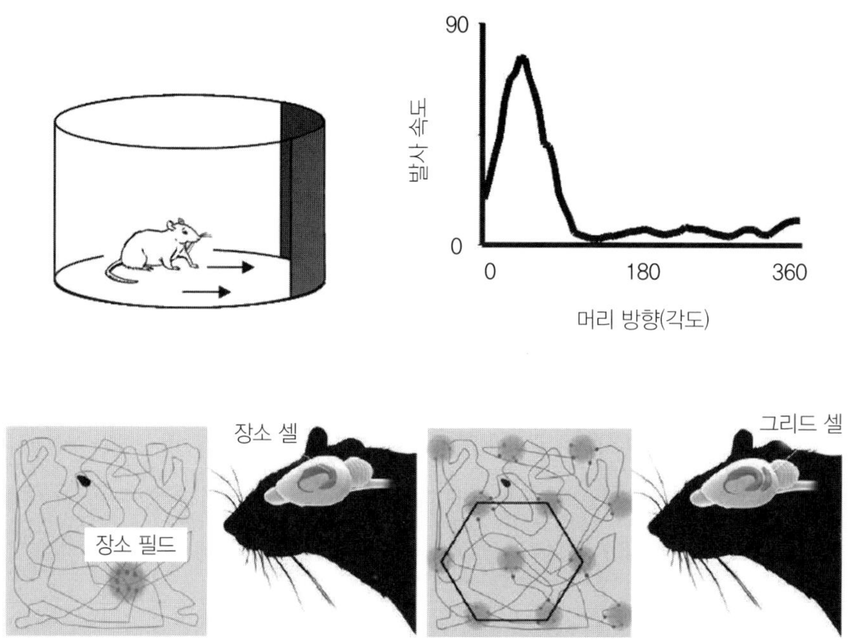

[그림 5-4] 탐색의 신경 구성 요소

위: 쥐의 머리가 동쪽을 향하고 있는 동안 전해마이행부(presubiculum)에서 머리 방향 뉴런의 조정 곡선. **왼쪽 하단**: 직사각형 플랫폼을 탐색하는 동안 해마 피라미드 뉴런의 단일 장소 필드. 선은 쥐의 경로를 나타낸다. 원형 영역은 장소 셀이 가장 많이 발생하는 곳이다[장소 세포(place cell)라고 불린다]. **오른쪽 하단**: 쥐가 직사각형 플랫폼을 탐색하는 동안 격자 세포 발사(내측 내후각 피질에서). 육각형의 정점에서 증가된 발사 속도에 주목하라.

습의 긍정적인 영향은 런던 유니버시티 칼리지의 엘리너 매과이어(Eleanor Maguire)와 동료들의 일련의 유명한 연구에 의해 입증되었다. 이 연구자들은 뇌의 구조적 영상을 사용하여 런던 주변에서 길을 배우는 데 최소 3년을 보낸 택시 운전사의 해마 뒤쪽(꼬리) 부분

16) 뇌 공간의 인지적 표상을 이해하는 데 있어서 중요한 이정표는 O'Keefe & Nadel(1978)의 논문이었다. 해마 시스템의 탐색 측면에 대한 수백 개의 리뷰가 있지만 이 책은 해당 주제에 대한 가장 눈을 뜨게 하고 생각을 자극하며 포괄적인 처리로 남아 있다. 이는 지난 수십 년 동안 우리가 해마에 관해 주장한 거의 모든 것에 대한 사실상의 참고 자료로 남아 있다. 2014년 10월 6일, 『뉴욕 타임스』는 John O'Keefe, Edvard Moser, May-Britt Moser가 "우리가 어디에 있는지 알고, 장소 간 길을 찾고, 정보를 저장하는 데 도움이 되는 뇌 GPS를 발견한 공로로 노벨 의학 및 생리학상을 받았다"고 발표했다. 세 과학자의 발견은 "수세기 동안 철학자와 과학자들을 사로잡았던 문제, 즉 뇌가 우리 주변 공간의 지도를 어떻게 만들고 복잡한 환경에서 우리가 어떻게 길을 찾을 수 있는지에 대한 문제를 해결했다." 왜냐하면 공간 탐색의 신경 메커니즘이 여러 훌륭한 리뷰에서 자세히 설명되어 있기 때문이다(O'Keefe & Nadel, 1978; O'Keefe, 1991, 1999; O'Keefe & Burgess, 1996; Burgess & O'Keefe, 2011; Buzsáki & Moser, 2013; Moser et al., 2008, 2014, 2017; Hasselmo & Stern, 2015; Mehta, 2015; Redish, 2016; McNaughton et al., 2006; Connor & Knierim, 2017), 여기서는 내비게이션 및 해마-내후각 시스템에 관한 대규모 문헌의 주요 논문을 편견을 가지고 간략하게 요약하여 내 자신의 견해를 이야기할 것이다.

이 대조 그룹보다 더 크다는 것을 보여 주었다. 따라서 택시 기사의 두뇌는 직장에서 성장한다.[17] 이것은 연습을 통해 탐색 기술이 향상될 때마다 그럴 가능성이 높다.

내후각 피질의 그리드 맵

물리적 맵의 선 그리드와 마찬가지로 그리드 셀의 공간 발사 패턴은 공간의 신경 표현에 대한 계량치를 제공한다. 그러나 일반적인 도시 지도의 정사각형 그리드 대신 그리드 셀은 환경의 2차원 표면을 벌집 모양으로 바둑판식으로 배열한다. 이 패턴은 단일 격자 셀에서 방출되는 스파이크가 실험 장치의 바닥에 투영될 때 실험자에게 분명하게 나타난다. 눈의 느린 시간적 해상도에 비해 많은 지점이 빠르게 연속적으로 조명되어 정지된 것처럼 보이는 그림이 형성되는 TV 화면을 생각해 보라. 그리드 셀의 경우 움직이는 빔은 쥐의 움직임이다. 육각형 패턴을 보려면 동물이 환경의 각 픽셀을 몇 번 통과할 때까지 참을성 있게 기다려야 한다. 긴 탐사 동안 스파이크가 충분히 방출되면 육각형 격자 발사 패턴이 분명해진다([그림 5-4]).

인접 그리드 셀은 유사한 패턴을 갖지만 약간의 공간 오프셋이 있다. 이 세포는 격자 스케일이 작은 것에서 큰 것까지 다양하며 내측 내후각 피질의 등쪽에서 복부까지 축을 따라 반독립적인 모듈 또는 클러스터로 배열된다. 이 배열은 동일한 환경의 여러 맵을 저해상도, 중급 및 고해상도로 중첩하는 것과 같다. 많은 격자 셀의 발사 패턴이 중첩되면 테스트 장치의 전체 바닥을 정확하게 타일링한다. 그들의 결합된 활동은 각각의 위치가 다양한 크기와 위치의 격자 사이에서 고유한 발사 패턴을 불러일으키기 때문에 언제든지 높은 정밀도로 동물의 위치를 설명하는 일련의 개체군 벡터 또는 궤적(제4장)에 해당한다.[18] 이 독립적인 또는 소위 동심원 표현은 각 위치와 다른 위치(지도)의 관계를 설명한다.

---

17) Maguireet al.(2000).

18) Moser 그룹의 격자 세포 발견은 신경과학에서 획기적인 순간이었다(Hafting et al., 2005). 그 아름다움은 공간 항법 이외의 많은 연구자들의 관심을 끌었고 이 분야에 많은 새로운 연구자들을 이끌었다. 처음에는 해마에 속하는 매핑 및 탐색 기능이 내후각 피질에 존재하여 해마가 다른 기능을 수행할 수 있도록 하는 것으로 나타났다. 진자는 지난 10년 동안 몇 차례 앞뒤로 흔들리며 논쟁을 심화시키고 우리가 더 큰 맥락에서 생각하도록 강요했다. 수많은 모델과 실험에도 불구하고 그리드 패턴이 내장된 회로(즉, 표면 내후각층, 전해마이행부 및 비장후 피질)에 의해 어떻게 지원되는지에 대한 합의된 설명이 없다. 기능은 이런 저런 구조에 있는 것이 아니라 상호작용을 통해 나타난다는 것이 점점 더 명확해지고 있다.

장소 세포와 장소 필드

배치 내후각 격자 패턴과 대조적으로 해마 뉴런은 장소 필드(place field)라고 하는 매우 유연한 공간적으로 조정된 패턴을 표시한다. 일반적으로 주어진 환경에서 대부분의 피라미드 뉴런은 침묵하고 소수는 단일 장소 필드를 형성한다. 즉, 동물이 테스트 장치의 특정 위치에 도달할 때만 뉴런이 활성화된다. 이 응답이 존 오키프(John O'Keefe)가 그것들을 장소 세포라고 명명한 이유다. 장소 필드의 크기는 해마의 등쪽 부분에서 작고, 지형적으로 연결된 내후각 피질의 격자 크기 증가와 일치하여 복극 쪽으로 크기가 커진다. 해마 뉴런의 분리된 장소 필드 때문에 내비 그리드 세포보다 훨씬 더 구체적인 정보를 전달한다. 고유한 위치를 가진 많은 수의 장소 세포는 신뢰할 수 있는 지도를 제공하고 환경에서 동물의 위치를 충실하게 추적할 수 있다.[19] 하지만 놀랍게도 내후방 격자 지도와 대조적으로 해마 지도는 고정되어 있지 않다. 동물이 다른 환경에 배치되면 다른 장소 세포 세트가 활성화된다. 한 환경에서 인접한 장소 뉴런은 서로 매우 다른 공간적 관계를 가질 수 있다. 예를 들어, 한 장치에서 바닥의 인접한 부분을 나타내는 한 쌍의 장소 셀이 다른 장치에서는 무음이 되거나 그중 하나만 활성 상태로 유지되지만 다른 위치에 있을 수 있다. 둘 다 계속해서 발사하면 두 미로에서 선호하는 발사 위치 사이의 거리가 다를 수 있다. 따라서 각 환경은 활성 장소 셀과 장소 필드의 고유한 조합으로 표시된다.[20] 시험 장치나 작업의 변수에서 겉보기에 사소한 변화라도 해마 장소 세포의 발화 패턴을 크게 바꿀 수 있다.

개별 장소 세포의 공간 레이아웃(즉, 지도)은 해마 회로에서 장소 세포의 위치 관계와 관련이 없다. 두 개의 인접한 피라미드형 뉴런은 비슷한 정도로 가깝거나 혹은 멀리 있는 패치를 표상한다. 대신 다양한 조건에서 세포를 동적이고 상대적으로 무작위로 배치한다. 주로 이러한 배열로 인해 조밀하게 연결된 해마의 재발 측부(recurrent collaterals)는 동물이 일생 동안 방문하는 많은 환경에 개별화된 개별 지도를 생성할 수 있다.[21] 그러한 관계를

---

19) 환경에서 동물의 위치를 추적하는 해마 위치 세포 집합체의 능력은 Wilson & McNaughton(1993)의 랜드마크 논문에서 처음으로 입증되었다.

20) 다양한 상황에서 독특한 발화 패턴은 분리 메커니즘[종종 '직교화(orthogonalization)'라고도 함; Marr, 1969]이며, 이는 독립적으로 조절된 수많은 과립 세포와 축삭이 대량으로 돌출되어 있는 소수의 이끼 세포 사이의 상호작용에 의해 달성되는 것으로 믿어진다. 다시 과립 세포로 돌아간다(Senzai & Buzsáki, 2017). 패턴 분리 및 통합 메커니즘과 이러한 프로세스에서 어트랙터 역학의 가정된 역할은 McNaughton & Morris(1987), Treves & Rolls(1994), Knierim & Neunuebel(2016)에서 논의되었다.

21) Samsonovich & McNaughton(1997).

상상하기 위해 종이에 있는 많은 장소 세포가 고무줄로 서로 연결되어 있다고 상상해 보라. 종이를 구기면 다른 장소 셀이 서로에 대한 새로운 변위 관계를 차지하게 된다. 주름진 종이 표면의 이러한 거리는 그들 사이의 시냅스 강도로 생각할 수 있다. 이제 종이를 평평하게 하고 조금 다르게 다시 구울 수 있다. 이것은 또 다른 관계 세트를 제공한다. 따라서 동일한 뉴런 집합은 서로 다른 여러 관계의 집합을 생성할 수 있으며, 각각은 지도를 나타낸다.

물론 지도는 기준 프레임으로서 정적인 위치를 지정하는 도구일 뿐이다. 이 지도안세 랜드마크들 간의 공간적 관계가 환경에서 동물의 위치를 정의하는 데 도움이 되는 된다. 이 관계는 오키프에 의해 다음과 같이 웅장하게 설명[22]된다.

"모든 장소 세포는 두 가지 입력을 받는다. 첫째는 환경으로부터의 수많은 자극 혹은 이벤트이고, 둘째는 항법 시스템으로부터의 입력이다. 이 입력을 이용하여 그 순간에 그것에 가해지는 자극과 독립적인 환경 안에서 동물이 어디에 위치하는지를 계산한다……. 동물은 환경에 자신을 위치시켰을 때(환경적 자극을 사용하여) 해마는 동물이 그 사이에 얼마나 멀리, 어떤 방향으로 이동했는지에 기초하여 그 환경에서 후속 위치를 계산할 수 있었다. 이동한 거리에 대한 정보 외에도 항법 시스템은 일부 환경 랜드마크와 관련하거나 동물의 자기중심적 공간 내에서 이동 방향의 변화에 대해 알아야 한다." 그러나 지도는 동물이 적극적인 탐색을 통해 랜드마크 간의 관계의 중요성을 이미 학습한 후에만 유용하다.

까마귀가 날 때: 항법과 자발적 운동

애리조나 대학교의 브루스 맥노튼(Bruce McNaughton)과 캐럴 반스(Carol Barnes)는 신중하게 설계된 실험과 기존 데이터의 재해석을 통해 지도의 정적 표현을 동물 탐색과 연결하는 중요한 단계를 밟았다. 그들의 첫 번째 핵심 통찰력은 머리 방향 정보가 내비게이션 시스템의 통합 부분이라는 것이었다. 두 번째 통찰력은 자기 모션이 장소 특정 발사로 이어지는 공간 정보의 주요 소스라는 것이다.[23] 다시 말해, 시각적 랜드마크 및 환경의 기타 자

22) 제11장; Andersen et al.(2007), p. 499.

23) McNaughton과 그의 장기 협력자 Carol Barnes는 O'Keefe 연구실의 박사후 연구원이었다. 그들은 확고한 실험적 증거를 제공하고 항법의 자기 위치 파악에 있어서 국소 단서와 신체 유래 신호의 중요성에 주목했다(McNaughton et al., 1996). 계산적 주장에서 Redish & Touretzky(1997)도 인지 지도와 독립적인 경로 통합자의 필요성을 강조했다. Gallistel(1990)도 참조하라.

극은 비록 이 연결을 명시적으로 설명하지는 않지만, 행동에 의해 의미를 얻는다(제3장).

여러 실험이 탐색에서 행동의 우선성을 지지한다. 첫째, 장소 세포의 발사 빈도는 동물의 속도에 따라 다르다. 둘째, 달리기 트랙에서 왼쪽에서 오른쪽으로 가는 여정에서 관찰된 강력한 장소 필드는 종종 돌아오는 길에는 없다. 즉, 장소 필드는 $x-y$ 환경 좌표에 대한 절대적 설명자는 아니다. 또한 쥐가 향하고 있는 방향과 머리 방향이 내후각 피질-해마(entorhinal cortex-hippocampus) 지도의 방향을 지정하는 방법과 같은 상황에 따라 달라진다. 셋째, 특정 상황에서 동일한 물리적 공간이 다른 맥락적 변수에 따라 서로 다른 장소 셀 집합으로 표현될 수 있다. 예를 들어, 쥐를 완전히 어둠 속에서 친숙한 환경에 두었을 때 새로운 장소 필드가 나타나서 이어지는 빛에서 지속될 수 있다. 따라서 장소 필드는 시각적 랜드마크와 독립적으로 발생할 수 있지만 랜드마크는 장소 셀의 표현을 제어할 수 있다. 넷째, 랜드마크의 위치를 변경하지 않고 랜드마크의 기능을 변경하면 지도에 영향을 줄 수 있다. 예를 들어, 대칭 장치(실린더)의 흰색 큐 카드가 검은색 큐 카드로 교체된 후 위치 셀은 실린더의 방사형 축에 대해 그대로 유지된다. 그러나 흰색 카드와 검은색 카드를 번갈아 가며 여러 번 시도한 후 동물이 두 신호를 구별하는 방법을 배우면서 여러 뉴런의 장소-필드 분포가 두 조건에서 크게 상관관계가 없게 된다.[24] 다섯째, 쥐가 반복적으로 방향 감각을 잃었을 때(흔히 표시가 없는 원통에 넣기 전에 손으로 여러 번 돌려서) 쥐의 장소 필드가 불안정해지는 경향이 있다. 여섯째, 시작 상자와 골 상자 사이의 거리가 변경되면 일부 뉴런만이 멀리 떨어진 방의 단서에 대한 통제를 유지한다. 그들 중 다수는 출발 상자나 목표 상자로부터의 거리에 따라 그 반응성을 조절한다.[25]

이 목록은 계속된다. 이러한 관찰의 심오한 의미는 맥노튼, 캐럴 반스 및 동료들이 가상의 '경로 통합자' 시스템, 즉 신체 신호의 일종인 피드백 바탕의 가이드 메커니즘을 가정하도록 이끌었다. 이 피드백은 신체(예: 근육, 힘줄), 걸음 수, 전정 입력(병진 및 회전 머리 가속), 그리고 아마도 자기 동작 활동으로 인한 동반 방출에 근거한다. 자발적 운동을 통합하면 동물이 시작 위치를 추적하면서 눈에 띄는 랜드마크 없이도 공간을 이동할 수 있다. 경

24) 여러 실험에서는 멀리 있는 시각적 단서가 장소 세포에 큰 영향을 미칠 수 있음을 설득력 있게 보여 준다. 예를 들어, 행동 장치의 벽이 재배치될 때 장소 필드의 크기와 모양은 종종 장소 필드를 확대, 연장하거나 심지어 두 개로 분할하여 그러한 수정을 따른다(Muller & Kubie, 1987; Kubie et al., 1990; O'Keefe & Burgess, 1996; Wills et al., 2005; Leutgeb et al., 2005).

25) Redish et al.,(2000); Gothardet al.,(2001); Diba & Buzsáki(2008).

로 통합 시스템은 이동 거리와 동물의 회전을 계산하여 사전 공간 참조 없이 또는 완전한 어둠 속에서도 작동할 수 있다.

항로 통합의 또 다른 이름인 추측 항법 은 해양 항법의 초기 형태 중 하나였다. 선장은 기지에서 방향, 속도 및 시간을 기반으로 함선의 움직임을 계산한다. 속도에 시간을 곱하면 이동한 거리가 나온다. 거리 및 진행 방향 변경의 순서는 차트에 표시된다. 이 경로 차트는 항상 집으로 돌아가는 직선 경로를 계산하는 데 사용할 수 있다. 추측 항법은 포르투갈 선원이 지도와 랜드마크(더 정확하게는 '스카이마크' 또는 천체) 항법을 도입하기 전 수세기 동안 지중해의 선원을 위한 주요 항법 전략이었다.[26]

경로 통합에 의한 탐색은 직관적으로 매력적이다.[27] 선원뿐만 아니라 동물도 랜드마크 신호 없이 길을 찾을 수 있게 하지 않는가. 쥐의 어미가 원형 경기장 내에서 새끼를 안정적으로 회수하고 내부 방향 감각을 사용하여 완전한 어둠 속에서 경기장 경계에 있는 둥지로 돌아갈 수 있다. 엄마가 눈치 채지 못하게 플랫폼을 천천히 회전시키면 둥지가 없어져도 새끼를 원래의 공간 위치로 안아 준다. 그런데 경로 통합에는 몇 가지 문제가 있다. 속도와 방향의 모든 변경은 오류를 누적시킨다. 위치에 대한 각 추정치는 이전 추정치에 상대적이므로 이러한 오류는 빠르게 누적된다.

경로 통합과 관련된 정확한 뇌 네트워크가 무엇인지는 초기부터 논쟁거리였다. 처음에는 녹음과 병변 실험을 기반으로 해마가 용의자였다. 격자 세포의 발견 후에는 내후각 피질(entorhinal cortex)이 가장 인기 있는 구조가 되었다. 대부분의 격자 세포는 배내측 내후각 피질의 두 번째 층(layer 2)에 존재하지만 더 깊은 층의 많은 뉴런은 머리 방향에 반응하며 이러한 뉴런의 하위 집합도 전형적인 격자 응답을 나타낸다.[28] 동물의 달리는 속도는

26) Christopher Columbus는 추측 항법을 사용해 신대륙을 발견하고 안전하게 집으로 돌아왔다. '경로 통합'이라는 용어(Wegintegration)는 Mittelstaedt & Mittelstaedt(1980)는 시작점으로부터의 방향과 거리를 지속적으로 업데이트하는 표현이 자체 움직임(또는 이질적인)에 의해 생성된 신호를 반영한다는 생각으로 도입되었다. 지속적으로 감지되지 않을 수 있는 랜드마크를 통한 내비게이션의 간헐성과 반대이다. 이 저자들은 또한 위치 업데이트가 수동적 이동과 반대로 활성 동작 중에 훨씬 더 정확하다고 썼다. 이것은 우리에게 친숙한데, 주변 환경에 대한 승객의 감각은 항상 운전자의 감각보다 나쁘다. 모래쥐에 대한 Mittelstaedts의 연구 이전에 Wehner & Srinivasan(1981)은 사막 개미가 최단 경로를 사용하여 수백 미터를 바깥쪽으로 여행한 후 둥지로 직접 돌아올 수 있다고 보고했다. Whishaw et al.(2001)을 참조하라.

27) 베이스에서 큰 방에 있는 세 개의 물체(랜드마크)까지 걸어간 시각장애 아동은 비록 그 경로를 경험한 적이 없음에도 불구하고 스스로 세 개의 물체 사이의 경로를 즉시 찾을 수 있다. 두 목표 사이를 이동하려면 아이는 추측 항법을 통해 세 가지 훈련 경로를 인코딩하고, 이러한 경로를 저장하고, 두 개의 올바른 저장된 경로를 결합하여 새로운 경로를 추론해야 한다. 이 추론은 추측 항법(Dead Reckoning Navigation)을 기반으로만 인지 지도를 구성할 수 있다는 것을 보여 준다(Landau et al., 1984; Wang & Spelke, 2000).

28) 그리드 셀의 상황 불변 발사 특성은 이들이 경로 통합 공간 표현 시스템의 일부라는 제안으로 이어졌다(Hafting et al., 2005; McNaughton et al., 2006).

일부 장소 세포(place cell) 및 대부분의 억제 개재 뉴런(inhibitory interneuron)의 발화 속도와 상관관계가 있다. 따라서 동일한 내비 뉴런 그룹에서 위치, 방향 및 변형의 정보의 결합은 자체 동작 기반 탐색 동안 그리드 좌표의 업데이트를 가능하게 한다. 그러나 내후각(entorhinal) 뉴런은 여러 출처에서 머리 방향과 속도에 대한 정보를 받기 때문에 이러한 상관관계만으로는 충분하지 않을 수 있다. 이 아이디어를 뒷받침하기 위해 머리 방향 시스템의 주요 허브인 시상(thalamus)의 앞등쪽 핵(anterodorsal nucleus)이 손상되면 그리드 역학이 사라진다. 또한 위치, 속도, 머리 방향 정보, 심지어 거리도 해마이행부(subicular neuron)에 존재한다. 두정엽(parietal) 및 비장 피질(retrosplenial cortex)의 뉴런은 환경 및 신체 신호와 관련된 동물의 움직임을 계산하는 데 관여할 수 있으며, 이는 경로 통합이 여러 시스템을 포함한다는 것을 시사한다.[29]

내비게이션 시스템은 그것이 신체를 탐색하는 능력만큼만 유용하다. 추상적인 해마 인지 지도는 이 지도에서 올바른 경로를 선택하도록 어떻게 신체에 지시할까? 해마의 가장 조밀한 외측 중격(lateral septum)이라고 하는 피질하 구조에 수렴되며, 이 구조는 이후 뇌의 동기를 유발하는 시상하부로 투영된다. 실제로, 동물의 행방에 대한 공간 정보는 외측 중격 뉴런의 뉴런 어셈블리에도 존재한다.[30] 그러므로 외측 중격은 동기 부여된 행동에 대한 추상 지도의 해석자이자 번역자다.

타인중심 지도(allocentric map) 표현과 자기참조 혹은 자기중심 경로 통합 정보는 함께 작동한다. 어떤 전략이 우세한지는 환경 조건이 결정한다. 큐가 풍부한 환경에서 표현은 감각 입력 구성의 변경으로 자주 업데이트될 수 있다. 고정 랜드마크가 거의 없거나 완전히 어두운 환경에서는 경로 통합이 기본 모드이다. 이러한 지도 및 경로 통합 메커니즘은 다른 신경망을 필요로 할까, 아니면 동일하거나 겹치는 신경 기질의 다른 표현일까? 탐색이 두 시스템을 모두 효과적으로 활용한다는 것만 추측할 수 있다. 목표가 보편적인 솔루션의 생성인 경우(어디에서나 다른 곳으로 이동하는 것) 랜드마크를 사용할 수 있다면 지도가 경로 설명보다 우수하다. 지도 내에서 경로를 계획하려면에서 자아와 위치에 대한 정신적

---

29) Alyan & McNaughton(1999); Cooper & Mizumori(1999); Leutgeb et al.(2000); Whishaw et al.(2001); Etienne & Jeffery(2004); Parron & Save(2004); McNaugthon et al.(2006); Sargolini et al.(2006); Samsonovich & McNaughton(1997); Winter et al.(2015); Acharya et al.(2016). 사람들은 해마가 손상된 후에도 여전히 간단하고 뚜렷한 경로를 배울 수 있다. 그러나 여행 구간 사이에 지연이 삽입되거나 별도의 경로 표현 사이의 새로운 경로를 계산해야 하는 경우 해마는 필수 불가결하다(Kim et al., 2013).

30) Tingley & Buzsáki(2017).

이미지를 타인중심 지도에서(allocentric map) 만들어야 한다. 자율 로봇이 탐색 방법을 학습하는 방법을 살펴봄으로써 이것이 어떻게 일어날 수 있는지에 대한 통찰력을 구해 보자.

탐색 로봇

동물과 마찬가지로 탐색 로봇도 환경에서 자신을 찾는 문제에 직면해 있다. 자율 로봇 탐색의 돌파구는 로봇의 센서를 완벽하게 하는 것이 탐색에 큰 도움이 되지 않는다는 인식에서 비롯되었다. 센서는 로봇이 환경에서 유도된 감각 피드백을 추적하면서 능동적으로 센서를 움직일 수 없다면 쓸모가 없다. 매핑과 로봇 위치 파악이 단일 추정 문제로 결합되자, 진행 속도가 빨라졌다. 이러한 통찰력은 모터 기반의 구동 경로 통합(mapping)과 센서 기반의 랜드마크 감지(localization)의 조합인 SLAM(Simultaneous Localization and Mapping)이라는 솔루션의 약어로 잘 표현된다([그림 5-5]). 모바일 로봇의 이동 궤적과 모든 랜드마크의 위치는 사전 지식 없이도 지속적으로 추정되고 업데이트된다. 이 과정에서 로봇은 지도를 사용하여 위치를 추론하면서 다양한 위치의 관찰을 융합하여 환경 지도를 구성할 수 있다. 로봇의 현재 위치에 대한 추정의 정확도는 능동적으로 구성된 지도의 품질에 의해서만 제한된다.[31] 로봇이 더 많이 움직일수록 랜드마크 간의 관계를 더 잘 추정할 수 있다. 따라서 탐색을 통해 성능이 향상된다. 개념적 수준에서 자율 로봇 탐색은 이제 해결된 문제로 간주되지만 보다 일반적인 솔루션을 구현하고 속도와 정확도를 높이고 여러 환경으로 일반화하는 데에는 많은 실질적 문제가 남아 있다.[32]

자율 로봇 탐색의 이러한 놀라운 발전은 머지않아 로봇을 일상생활의 일부로 만들 수 있다. 다양한 모바일 로봇이 모든 랜드마크가 고정되지 않은 실내 및 실외 환경에서 테스트되었다. 로봇 자동차는 다른 움직이는 물체에 대한 상대적인 위치를 지속적으로 업데이트

31) 스프링 맵 모델은 Muller et al.(1996)의 '인지 그래프' 아이디어를 연상시킨다. 이 논문에서는 스프링이 해마 CA3 뉴런 사이의 시냅스 강도로 대체된다.

32) 확률론적 SLAM 문제에 대한 해결책은 사전 및 사후 분포의 효율적인 계산을 가능하게 하는 관찰 모델(랜드마크 탐색)과 모션 모델(추측 항법) 모두에 대한 적절한 표현을 찾는 것을 포함한다(Durrant-Whyte & Bailey, 2006). 그래프 기반 SLAM은 노드가 랜드마크와 각 순간 포즈 상태를 나타내고 가장자리가 모션 또는 측정 이벤트에 해당하는 희소 그래프로 모델링된다. 그래픽 SLAM 방법의 장점은 환경을 확장할 수 있는 능력이므로 작은 환경에서 관련된 큰 환경으로 일반화할 수 있다는 것이다(Brooks, 1991 참조). 최근 항공기용 디지털 '플라이 바이 와이어(fly-by-wire)' 비행 제어 시스템부터 '드라이브 바이 와이어(drive-by-wire)' 자동차, 고급 로봇 및 우주 시스템에 이르기까지 실용적인 응용 분야를 발견한 많은 새로운 비선형 제어 시스템이 개발되었다(Slotine & Li, 1991).

해야 한다. 최근의 모바일 로봇은 심지어 (상대적으로) 분주한 도심을 자율적으로 탐색하고 보행자와 반려동물과 상호작용할 수 있다.[33] 이러한 기술적 발전은 그레이 월터(Gray Walter)의 '기계 투기(Machina speculatrix)'(제1장; 1949년 그레이 월터가 만든 로봇에 관한 책-역자 주)에서 멀리 나간 것이지만 보행으로 인한 지식 수집에 대한 기본 아이디어는 동일하게 유지되었다.

마이크로프로세서가 몇 개 있는 기계나 뇌가 작은 곤충이 탐색 문제를 해결할 수 있다면 포유류는 수백만 개의 상호작용하는 뉴런이 있는 복잡한 탐색 시스템이 필요한 이유는 무엇일까? 공정하게 말하면 자율 로봇은 (아직) 완벽하지 않으며 무인 자동차와 트럭은 GPS(인간이 만든) 지원에 크게 의존한다. 대부분의 곤충은 비교적 일정한 환경에서 활동하

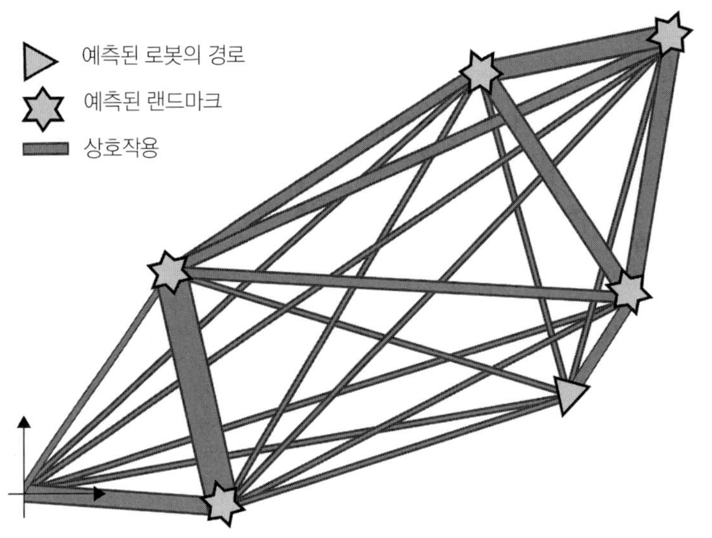

[그림 5-5] 스프링 네트워크 비유

스프링은 랜드마크와 연결되고 서로 상관관계를 가진다. 차량이 환경을 통해 앞뒤로 이동함에 따라 스프링 강성 또는 상관관계가 증가한다(링크가 더 두꺼워짐). 랜드마크가 관찰되고 예상 위치가 수정되면 이러한 변경 사항이 스프링 네트워크를 통해 선파된다. 이렇게 지속적으로 업데이트 되는 상관관계는 로봇들에 의해 학습되거나 '내재화'된다. 이러한 상관관계는 해마 CA2/3 시스템과 같은 순환 네트워크에서 효과적으로 구성될 수 있다.

*Durrant-Whyte와 Bailey(2006)의 허가를 받아 재인쇄됨.

33) 로봇자동차를 이용한 무인 항법은 집중적으로 연구되어 왔다. 이러한 노력은 주로 국방고등연구계획국(DARPA; Seetharaman et al., 2006; Urmson et al., 2008; Rauskolb et al., 2008), Google(Google, Inc., 2012), 그리고 유럽 육상 로봇 시험(European Land Robot Trial: ELROB). 빠르게 변화하는 이 분야에서는 진행 상황을 따라잡기가 어렵다(Schneider & Wildermuth, 2011; Adouane, 2016).

기 때문에 많은 독립적인 지도를 만들 필요가 없다. 겉보기에 놀라운 이들의 탐색 능력은 엄격한 계산 규칙에 따라 달라진다. 개미와 벌은 적절한 장기적 매개체를 선택하고 서로 결합하여 하나의 친숙한 식품 목표에서 다른 목표로 직접 이동할 수 있다.[34] 그러나 별도의 지도 간에 명시적인 비교가 필요한 상황에서는 일관되게 실패한다. 포유류 내비게이션 시스템은 더 많은 환경 세부 사항을 나타낼 뿐만 아니라 이러한 세부 사항을 유연하게 결합하고 비교하여 사건, 사물 및 생물을 기호화하고 범주화할 수 있다.[35]

정신 탐색을 위한 경로 및 지도 내부화

포유류에서 어떻게 그러한 조합 능력이 나타났는지 조사하려면 '구조가 기능을 제한한다'는 격언을 기억하자. 이 격언은 특히 해마 시스템에서 사실이다. 그것의 구조와 연결성에 대한 어떤 것도 그것이 공간 탐색을 위해 진화되었다는 것을 암시하지 않는다. 광범위하게 평행한 과립 세포(granule cell) 인터페이스와 강력하게 반복되는 CA2/3 흥분 시스템, 두 개의 매우 다른 건축 설계는 장소와 대상을 분리하고 통합하는 데 이상적이다. 그러나 분리와 통합은 수많은 뇌 과정에 도움이 될 수 있는 기본적인 작업이다.[36] 따라서 공간 탐색을 위해 처음에 진화된 해마 시스템은 다른 작업을 위해 용도도 변경될 수 있다.

하나의 회로, 많은(겉보기) 기능

해마-내후각 시스템은 지형적으로 조직화된 큰 신피질과 양방향 통신을 한다. 설치류에서 신피질의 대부분은 운동 출력을 제어하고 감각 입력을 처리하는 역할을 한다. 대조

34) 무척추동물, 설치류, 인간의 공간 인지 능력은 Wehner & Menzel(1990)에 의해 검토되었다. 반대되는 견해에 대해서는 Gould(1986)를 참조하라.

35) Etchamendy et al.(2003)은 해마 손상이 있는 쥐는 이전에 학습한 미로 팔과 보상 사이의 관계를 유연하게 비교할 수 없는 반면, 손상되지 않은 쥐는 비교할 수 있음을 보여 주었다.

36) 비슷한 건 다르다! 유사한 것으로 간주되는지 아니면 다른 것으로 간주되는지는 관찰자의 특정 관점('분류자')에서 판단할 수 있다. 선험적 목표 없이는 의미 있는 분류가 불가능하거나 분류 프로세스에서 목표 없이는 의미를 해석할 수 없는 수많은 미세한 차이가 나타날 수 있다. 해마는 그러한 분류자이며, 계산된 결과(즉, 보낸 사람에게 반환되는 분리된 항목)의 의미는 신피질에 의해 해석된다.

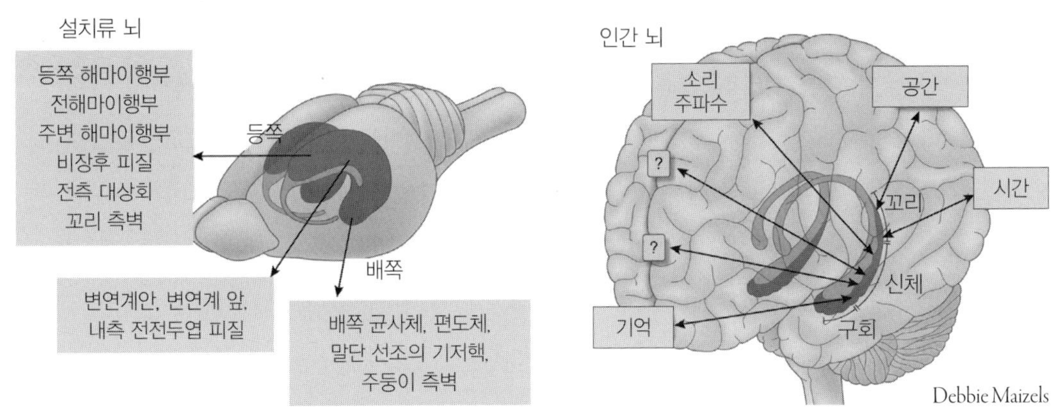

[그림 5-6] 인간과 쥐의 뇌에 있는 해마의 상응 부위
설치류 해마의 복측 사분면은 영장류에서 점점 더 많은 고차 신피질의 몫을 따라잡기 위해 불균형적으로 확대되었다. 영장류 해마의 비교적 작은 꼬리 부분만이 시공간 영역과 소통한다. 이 꼬리는 설치류의 등쪽 중간 해마와 상응한다. 중격측두엽(Septotemporal) 축의 세그먼트에 대한 다양한 연결이 표시된다. 설치류 뇌의 대부분의 기록 및 조작은 등쪽 해마에서 수행되었다.
출처: Royer et al.(2010).

적으로 영장류에서는 더 복잡한 기능을 계산하는 데 많은 부분이 사용된다.[37] 해마의 무감각 표현은 포유류 진화 동안 신피질의 확대와 함께 점진적으로 증가했다([그림 5-6]). 따라서 공간 정보의 계산은 뇌가 더 큰 동물의 해마에서 시간제 작업일 뿐이다.[38] 이 아이디어는 해마가 신피질의 어느 부분에서 받는 정보가 무엇이든 동일한 일반 계산이 수행될 것임을 시사한다. 다시 말해, 해마는 입력의 양상과 특성에 대해 '맹인'이다. 신피질의 메시지를 출처에 상관없이 동일한 방식으로 처리하고 판단을 반환한다.[39] 공간, 시간 또는 기타

37) 신경과학의 철학은 영국 경험론(제1장)의 발자취를 따랐기 때문에 이러한 비동맹의 고차원 피질 영역이 여전히 '연합' 피질이라고 불리는 것은 놀라운 일은 아니다.

38) 설치류 해마의 중격(등쪽)과 측두엽 1/3은 등쪽 내후각 피질로부터 시공간 및 기타 감각 입력을 받는 반면, 측두극은 주로 시상하부, 편도체 및 전두엽 영역과 통신한다(Risold & Swanson, 1996; Amaral & Lavenex, 2007). 영장류 뇌에서는 복부 극이 비연합 신피질의 많은 부분을 따라잡기 위해 불균형적으로 확대되어 구상돌기와 몸체를 형성한다. 영장류 해마의 비교적 작은 꼬리 부분만이 시공간 영역과 소통한다. 이 꼬리는 설치류의 등쪽 해마와 상동적이며 설치류 뇌의 대부분의 기록과 조작이 여기에서 이루어졌다. 해마 크기와 신피질 사이의 관계는 고래류에서는 흔하지 않다. 돌고래와 기타 여러 수생 포유류의 해마는 확장된 신피질 파트너에서 예상되는 것보다 당황스러울 정도로 작다. 또 다른 역설은 이들 포유류가 출생 후 과립 세포의 신경 발생이 거의 또는 전혀 없다는 것이다(Patzke et al., 2015). 한 가지 주장은 랜드마크(또는 '해상 표시') 항법이 광대한 바다에서는 그다지 유용하지 않다는 것이다. 어차피 대부분의 시간에 보는 것은 물뿐이므로 인지 지도는 필요하지 않다. 따라서 해마는 '수축'된다. 해양 공원의 돌고래 풀은 물 위로 1피트 정도 솟아 있는 수중 그물로 분리되어 있다. 나는 왜 그들이 그물을 뛰어넘지 않는지 오랫동안 궁금해했다. 그들은 거기에 무엇이 있는지 조사할 만큼 호기심이 없을까? 아니면 그들이 육상 포유류와는 다른 공간 개념을 갖고 있는 걸까?(Gregg, 2013)

정보를 처리하는 것으로 보이는가의 여부는 주로 실험 설정에 의해 결정된다.

해마가 항법 기능만 했다면 현재 연결 항공편을 기다리고 있는 일본 나리타 공항에서 환경 신호의 도움 없이 어떻게 이 선을 기록할 수 있는지 미스터리로 남을 것이다. 이러한 매우 동일한 구조는 기억, 계획 및 상상과 같은 겉보기에 분리된 기능을 담당하기도 한다. 이 모든 기능은 외부 또는 신체에서 파생된 자극에 의존하기보다는 자체 생성된 세포 조립 순서에 의해 지원되어야 한다. 나중에 설명하겠지만 이러한 인지 기능은 물리적 환경에서 공간 탐색을 위해 처음 도입된 메커니즘에서 나온 정신적 탐색으로 생각할 수 있다.

정신 탐색의 형태

난치성 간질을 완화하기 위해 두 해마를 수술로 제거한 유명한 환자 HM을 시작으로 해마와 관련 구조가 기억을 만드는 데 책임이 있다는 합의가 이루어졌다.[40] 기억은 또 다른 가정된 해마 기능인 공간 탐색과 어떤 관련이 있는가? 인지 지도 이론의 선도적 지지자인 오키프는 "인간의 기본 공간 지도에 시간적 요소를 추가하는 것이 일화적 기억 시스템의 기초를 제공한다"고 추측했다.[41] 한편으로, 이 제안은 설치류와 인간의 해마가 다른 일을 하며 설치류는 '시간적 요소'가 부족하다는 것을 암시한다.[42] 반면에, 외부 충동에 의존하는 동심 구조인 인지 지도에 시간을 추가하는 것이 어떻게 우리가 소유하고 있는 가장 자기중심적인 것, 우리의 일화적 기억 모음에 대한 메커니즘을 제공할 수 있는지 전혀 명확하지 않다.

---

39) 예를 들어, 복부 CA1 피라미드 세포의 하위 그룹은 상대적으로 선택적으로 전두엽 피질, 편도체 및 측격핵에 돌출한다. 이러한 하위 그룹은 작업의 성격(예: 불안 또는 목표 지향적 행동; Ciocchi et al., 2015)에 따라 활성화된다. 그러나 해마는 이러한 각 행동에서 동일한 '알고리즘'을 실행한다. Aronov et al.(2017)을 참조하라. Teradaet al.(2017).

40) 양측 해마 병변에 따른 기억상실 증후군은 Scoville & Milner(1957)에 의해 제시되었다. 이 유명한 연구와는 별도로 Nielsen(1958)은 다양한 뇌 시스템이 다양한 기억에 관여한다는 수많은 사례를 연구한 후 결론을 내렸다. 하나의 시스템은 개인의 생활 경험을 지원하고 시간 구성 요소(일시적 기억상실). 다른 유형의 기억은 습득된 지식, 개인적이지 않은 사실에 해당한다(범주형 기억상실증). Milner et al.(1998); Corkin(2013)을 참조하라. 이 주제에 관해 여러 가지 포괄적인 리뷰가 작성되었다(Squire, 1992a, 1992b; Cohen & Eichenbaum, 1993; Milner et al., 1998; Eichenbaum, 2000).

41) O'Keef(1999).

42) 이 주장은 인간만이 주관적인 시간을 '느끼는' 능력을 갖고 있기 때문에 인간만이 일화적 기억을 갖는다는 Tulving(1983, 2002)의 반복적인 주장에 의해 강화되었다. 그의 유명한 환자 KC는 개인적으로 경험한 사건, 상황 또는 사건을 기억할 수 없었다. KC는 정신적 시간여행을 할 수는 없지만 지도를 사용할 수는 있다. 그의 의미론적 지식 기반은 비교적 정상적이었고, 그는 자신에 대해 많은 사실을 알고 있었다.

아마도 내비게이션 시스템이 환경이나 신체 신호에서 분리될 수 있다면 내재화된 성능이 기억을 뒷받침할 수 있을 것이다. 공간 탐색과 유사하게 해마 시스템 의존 기억의 두 가지 형태를 구별할 수 있다. 이것은 개인적인 경험(일화적 기억 또는 특정 사례에 대한 기억)과 암기된 사실(의미적 기억 또는 통계적 규칙성을 위한 기억)이다. 우리는 두 가지 유형을 의식적으로 인식하고 구두로 선언할 수 있으므로 함께 이라고 선언적 기억한다. '일화적' 또는 '유연한'과 같은 용어는 인간이 아닌 동물의 유사한 기억을 나타내는 데 사용된다.[43]

일화 기억

개인의 기억은 우리 삶의 중요한 에피소드로 자아의 감정을 만들어 내는 개성의 유일한 원천이다.[44] 그러한 1인칭(자기중심적) 맥락 의존적 에피소드를 다시 경험하려면 우리 자신을 시간과 공간으로 다시 투영해야 한다. 캐나다 토론토 대학교의 엔델 툴빙(Endel Tulving)은 이 가상의 뇌 작동에 대해 '정신적 시간 여행'이라는 용어를 만들었다. 정신적 시간 여행을 통해 과거와 미래를 알 수 있다. 시간을 거슬러 올라가는 것을 에피소드 회상이라고 하고 상상한 미래로 여행하는 것을 계획이라고 할 수 있다. 물론 일부 사람들은 과거와 미래가 크게 다르며 이러한 구분은 기억과 계획에도 적용되어야 한다고 항의할 수 있다. 실제로 이러한 범주는 일반적으로 신경과학 핸드북의 여러 장에서 다루며 다양한 뇌 구조와 메커니즘에 할당된다. 그러나 뇌는 이런 식으로 사물을 보지 못할 수도 있다(제10장).

이러한 문제를 해결하기 위한 나의 첫 번째 제안은 추측 항법에 의해 물리적 공간에서 탐색을 위해 처음에 진화한 뇌 메커니즘이 에피소드 기억을 생성하고 회상하기 위해 '인지 공간'에서 탐색에 사용되는 것과 기본적으로 동일하다는 것이다. 두 번째 관련 제안은 지도 기반 탐색을 지원하도록 진화된 신경 알고리즘이 의미론적 지식을 생성, 저장 및 기억하는 데 필요한 알고리즘과 거의 동일하다는 것이다. 나의 세 번째 제안은 의미론적(동종중심적) 지식의 생성은 추측 항법 탐색에 의한 지도 생성과 유사한 사전 자체 참조 에피소드 경험이 필요하다는 것이다([그림 5-7]).[45]

---

43) '의미론'은 '중요한'을 의미하는 그리스어 semantikos에서 유래되었다. '에피소드'는 그리스 비극에서 '연결 노래' 또는 '송시'를 의미하는 epeisodion에서 나왔다. 에피소드 전반에 걸친 일반화는 공통 링크를 추상화하기 위해 구체적인 내용을 뒤로 하는 것을 의미한다. 일화기억과 의미기억 사이의 구별은 Tulving(1972)에 의해 이론적인 근거로 이루어졌으며 수많은 병변, 생리학적, 영상 데이터에 의해 뒷받침되었다(Squire, 1992a).

44) '개인'이 된다는 것은 나 자신이 여러 부분이나 하위 시스템으로 나누어질 수 없다는 단일한 감각을 얻는 것을 의미한다.

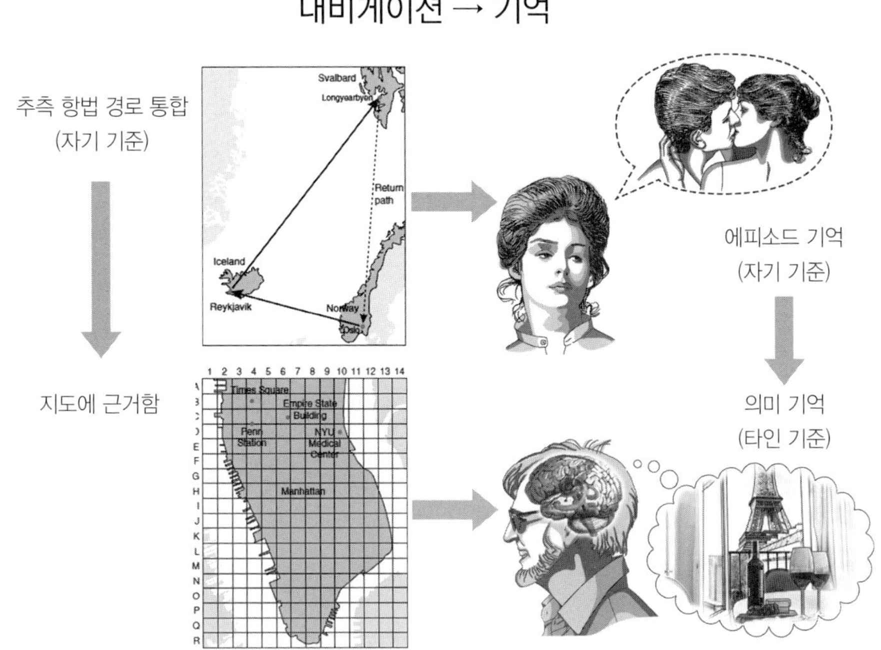

[그림 5-7] 탐색과 메모리의 관계

왼쪽: 경로 통합(추측 항법, dead reckoning)은 자체 참조 정보를 기반으로 한다. 이동 거리(경과 시간에 속도를 곱한 값) 및 회전 방향을 추적한다. 시작 위치를 기준으로 위치를 계산하면 여행자가 최단(원점 복귀) 경로(점선 화살표)를 따라 시작 지점으로 돌아갈 수 있다. **왼쪽 하단**: 랜드마크 간의 관계를 통해 지도 기반 탐색을 지원한다. 지도는 탐색(추측 항법에서 지도로의 큰 화살표로 표시된 대로 경로 통합)에 의해 구성된다. **상단 오른쪽**: 에피소드 기억은 자기를 기준으로 한 시간과 공간에 '정신 여행'이다. **오른쪽 하단**: 의미 기억은 시간적 또는 맥락적 배경 없이 생물, 사물, 장소 및 사건의 명시적 표현이다. 의미론적 지식은 공통 요소가 있는 여러 에피소드를 통해 획득할 수 있다(일화에서 의미로 화살표로 표시됨).

출처: Buzsaki & Moser(2014).

45) 오늘날 해마 시스템이 기억(Milner et al., 1998)과 공간 탐색에 필수적이라는 것이 잘 받아들여지고 있지만, 해마의 근본적인 역할에 관한 견해는 얼마 전까지만 해도 다양했다. 다음은 인지 지도 이론의 선두주자인 John O'Keefe(1999)의 인용문이다. "나는 공간 정보의 처리 및 저장이 개인의 기본적이고 아마도 배타적인 역할이라는 인지 지도 이론의 기본 교리를 반복한다. 그리고 이것과 모순되는 것처럼 보이는 데이터는 잘못 해석되었다." 다른 사람들은 또한 해마가 설치류와 인간에서 서로 다른 기능을 지원한다고 가정했다(예: Tulving & Schacter, 1990). 일화 기억 시스템과 의미 기억 시스템의 진화적 뿌리가 각각 추측 항법과 랜드마크 기반 탐색 형태라는 생각은 Whishaw & Brooks(1999)에서 논의되었다. Buzsáki(2005); Buzsáki & Moser(2013). 장소 셀과 그리드 셀 간의 관계는 공간 영역과 물리적 탐색에만 국한되지 않고 기억, 추론, 일반화, 상상, 학습 등 다양한 인지 연산에 필요한 모든 2차원 공간의 공통된 조직 구조를 나타낼 수 있다(Constantinescu et al., 2016).

의미론적 기억

자기중심적 일화기억의 관찰자 의존성과 달리 지식은 관찰자 독립적이다.[46] 의미 기억은 장소 셀과 격자 셀이 지도에서 위치 좌표를 명시적으로 정의하는 방식과 유사하게 시간적 맥락과 무관하게 주변 세계의 대상, 사실 및 이벤트를 정의한다. 물리적 탐색과 정신적 탐색 사이의 깊은 관계는 그리스 웅변가의 연습에서도 잘 설명된다. 그들은 각각의 방이 특정한 주제를 담고 있는 집의 다른 방을 걸어갔다고 상상함으로써 연설을 암기했다. 또한 전문 재즈 뮤지션은 음표의 풍경을 상상하고 콘서트에서 미리 계획된 경로를 탐색한다.

고유한 사건에 대한 일화적 기억의 1회 획득과 달리 의미론적 정보는 일반적으로 동일한 사물이나 사건을 반복적으로 만난 후에 학습된다. 초기에 에피소드 기억으로 인코딩된 정보는 점차 맥락적 특징을 잃어 전방향성인 장소 필드를 연상시키는 일반화되고 명시적이다. 즉, 장소 세포는 동물이 접근하는 방향에 관계없이 장소 필드에서 발화한다.[47] 예를 들어, 운이 좋아서 무언가를 발견했다면 그 에피소드는 평생 동안 소중하게 남아 있다. 그러나 나의 연구실과 다른 사람들이 다른 각도에서 동일한 결론에 도달하여 당신의 발견을 확인하면 그것은 사실이 된다. 즉, 발견 및 확인의 조건에 관계없이 모든 사람이 동일한 일반적 방식으로 이해하는 명시적 지식이다.

의미 정보를 인코딩하는 데 에피소드 경험이 필요하다는 데 모든 사람이 동의하는 것은 아니다. 실제로 인간의 경우 언어 및 기타 외부화된 뇌 기능을 통해 개인적인 경험 없이도 의미적 지식을 빠르게 습득할 수 있다(제9장). 돌보는 사람이 물건의 이름을 제공할 수 있으며, 그러면 아이가 학습하게 된다. 해마 없이 태어난 환자는 사실을 습득하고 효율적으

---

46) 철학자들은 일반적으로 관찰자로부터 독립적인 사물을 객관적인 현실이라고 하며, 물리적 세계의 사물을 지칭한다. 또한 이름, 사건, 개념(예: 공간 및 시간), 상상된 사물과 같은 인간이 만든 다른 많은 아이디어도 의미론적 범주에 속한다.

47) 일화 기억과 의미 기억 사이의 관계에 대한 추가 논의는 Tulving(1972); McClelland et al.(1995); Nadel & Moscovitch(1997); Eichenbaum et al.(1999); Manns et al.(2003); Hasselmo(2012)를 참조하라. 장소 셀은 지도의 좌표를 명시적으로 정의한다. 마찬가지로, 깊이 전극을 이식한 간질 환자의 해마 및 내후각 피질의 뉴런은 신체적 특징, 심지어는 이름과 관계없이 사물이나 사람의 사진에 선택적으로 반응한다(Heit et al., 1988; Quian Quiroga et al., 2005) 이는 명시적 지식의 정의 기준이다. 기억상실 환자를 대상으로 한 실험에서는 일화 기억에 필요한 뇌 영역이 손상되면 의미 지식 획득이 가능하다는 사실이 시사되었다. 환자 KC는 개인적인 경험을 전혀 기억할 수 없었지만 새로운 사실과 관계를 배울 수 있었다(Hayman et al., 1993; Schacter et al., 1984; Shimamura & Squire, 1987도 참조). 그러나 그의 학습 속도는 매우 느렸다. 아마도 에피소드 시스템의 부스팅 효과가 부족했기 때문일 것이다. 어린 나이에 기억상실증에 걸린 세 명의 젊은 성인은 심각한 일화 기억 결핍에도 불구하고 세계 사실과 관계에 대해 거의 정상적인 의미론적 지식을 얻었다(Vargha-Khadem et al., 1997).

로 의사소통에 사용할 수 있다. 그러나 사회적 상호작용이 지식에 대한 지름길을 제공할 수 있지만 이 능력은 각각 추측 항법 및 지도 기반 탐색에서 발생하는 에피소드 및 의미론적 기억의 진화적 기원을 약화시키지 않는다.

기억은 이동할까

의미론적 근접성으로 알려진 이벤트와 객체 간의 관계는 랜드마크 탐색에서의 거리 관계와 비슷한 것이 많다. 의미 관련성 모델은 인지 지도의 랜드마크 간의 공간적 관계와 마찬가지로 위상 유사성을 기반으로 하는 메트릭을 사용한다.[48] 통합된 의미 정보의 운명에 대한 논쟁이 계속되고 있지만, 서술적 기억이 내후각 피질-해마 시스템에 의존한다는 데에는 일반적으로 동의한다. 한 가지 논란은 의미론적 기억과 일화적 기억을 생성하는 데 관련된 신경 회로가 겹치거나 완전히 분리되어 있는지 여부이다.

또 다른 논란은 기억이 생성된 회로에 남아 있거나 시간이 지남에 따라 점차적으로 해마 시스템에서 신피질로 이동하여 통합된 기억을 검색할 때 원래 기억을 생성한 구조가 더 이상 필요하지 않다는 것이다. 후자의 아이디어는 환자 HM의 인지 증상에 대한 초기 설명에서 파생된 것 같다. 초기 분석에 따르면 그는 새로운 선언적 기억을 배우거나 기억할 수 없었지만 뇌 수술 전에 일어난 거의 모든 것을 기억할 수 있었다. 그러나 HM 및 유사한 환자에 대한 후속 연구는 양측 해마 손상 후 이야기를 할 수 없으며, 과거 또는 미래로 '정신적으로 여행'하는 능력이 부족함을 밝혔다. 그들의 상상력과 계획 능력은 시공간적 맥락에 자신을 배치하는 능력만큼이나 심하게 손상되었다. 대신, 그들은 온전한 논리와 의미론적 지식을 사용하여 합리적으로 들릴 수 있는 시나리오를 발명한다.[49] 예를 들어, 기억상실증 환자가 자란 집에 대해 묻는다면 기억나는 세부 사항이나 사건에 대해 깊은 인상을 받

---

48) Trope & Liberman(2010). 명시적 지식의 의미론적 분류의 공간적 기원은 단어 간의 관계를 정의하는 데 사용되는 벡터 거리에도 반영된다(Talmy, 1985; Navigli & Lapata, 2010). 이러한 거리 표현은 '마인드 맵' 및 '개념 맵'에도 사용된다. https://wordnet.princeton.edu/를 참조하라.

49) 이러한 조작은 원래 만성 알코올 남용 환자에게 나타나는 코르사코프 증후군의 핵심 증상이다. 알코올뿐만 아니라 비타민 B(티아민) 결핍, 약물 남용, 간뇌에 영향을 미치는 두부 외상, 측두엽의 양측 손상으로 인해 유두체 변성이 발생하면 충실하게 기억할 수 없게 될 수 있다. 과거(Bayley & Squire, 2002; Downes et al., 2002; Squire et al., 2004; Gilboa et al., 2006). Christopher Nolan 감독의 영화 〈메멘토(Memento)〉 속 인물인 Leonard Shelby는 역행성 기억상실의 증상을 매우 정확하게 보여 준다.

을 수 있다. 그러나 환자는 가족과의 저녁 식사나 형제자매와의 싸움과 같은 개인적인 에피소드를 적절한 순서로 이야기할 수 없다. 다시 말해서, 이 환자들은 상황에 자신을 끼워 넣어서 상황을 요약하거나 재상상할 수 없다.

'two-trace' 모델로 알려진 보다 최근의 견해는 에피소드 기억이 신피질로 옮겨지지만 기억의 사본은 해마에 남아 있다고 제안한다. 이 견해를 뒷받침하기 위해 인간 연구 참가자의 기능적 자기 공명 영상(fMRI) 실험은 수십 년 전에 획득한 사건에 대해서도 기억 회상 동안 해마 활성화를 일관되게 보여 준다.[50] 또 다른 설명은 기억 자취(trace) 자체가 더 이상 해마에 존재하지 않지만 해마 네트워크가 신피질에 저장된 항목의 순차적 회상을 조정하는 데 도움이 되므로 에피소드의 항목과 사건에 대한 자기중심적 관점을 제공한다는 것이다(제13장 참조).

전반적으로, 공간 탐색과 정신적 탐색의 비교는 탐색 네트워크가 외부 의존으로부터 분리되어 어떻게 이를 내면화된 기억 조작으로 변환할 수 있는지를 나타낸다.[51] 이러한 인식은 분명히 다른 기능의 신경 메커니즘에 대한 이해를 단순화한다. 공간 탐색, 기억, 계획 및 상상은 별개의 용어이지만 신경 기질과 신경생리학적 메커니즘은 동일하거나 적어도 유사하다. 뇌의 관점에서 보면 행동 신경과학과 심리학의 이 먼 장을 통합할 수 있다.[52]

내부화 작업: '거울'

뉴런 시스템 뇌가 감각 입력과 운동 재구심성 의존으로부터 분리되는 또 다른 놀라운 예는 거울 뉴런 시스템이다. 경험을 부호화하고 기억하는 동안 활성화되는 해마-내비 기관의 뉴런처럼, 신피질의 많은 뉴런은 우리가 의도적으로 행동할 때뿐만 아니라 다른 사람이나 반려동물의 의도적 행동을 해석할 때도 활성화된다. 그들은 이중 기능을 제공한다.

---

50) 메모리 추적 전송에 대한 지원은 다음에서 찾을 수 있다. Squire & Alvarez(1995), Squire & Alvarez(1995); McClelland et al.(1995); Eichenbaum(2000); Frankland & Bontempi(2005). Nadel & Moscovitch(1997)에서는 두 트레이스 모델(two-trace model)을 지원하는 많은 실험이 검토되었다.

51) 외부화된 공간 기억이 내부 기억의 전조가 될 수 있다는 놀라운 예는 뇌가 없는 점액 곰팡이가(Physarum polycephalum) 이전에 탐색한 영역을 피할 수 있다는 것이다. 함정에 빠지면 마치 환경 지도를 만든 것처럼 함정을 피할 수 있다(Reid et al., 2012).

52) 기능은 진화 과정에서 조건이 변경됨에 따라 용도가 변경되는 경우가 많다. 물리적 탐색에서 정신적 탐색으로의 전환은 놀랍고 잘 연구된 하나의 예일 뿐이다. 동종 중심(지도와 같은) 탐색을 지원하는 그리드 셀 역학과 같은 신경 메커니즘은 논리적 추론 및 추론과 같은 더 복잡한 기능의 기초가 될 수도 있다(Constantinescu et al., 2016). 그리드 셀 메커니즘은 추상적 분류 및 일반 지식 구성을 위해 여러 피질 영역에서 주기적인 인코딩을 지원할 수 있다.

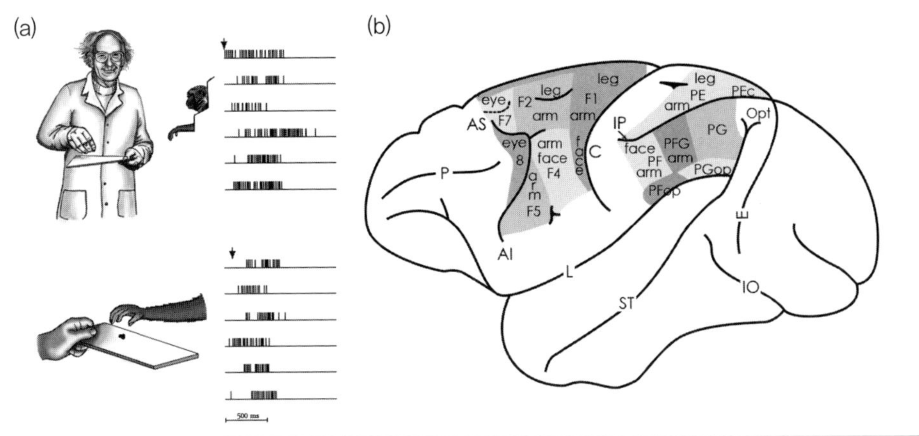

[그림 5-8] 원숭이의 전두엽 영역에서 기록된 거울 뉴런

A: 뉴런은 원숭이가 건포도(똑같이 활성화된다. 아래쪽에 손을 뻗을 때) 또는 실험자가 건포도에 손을 뻗는 것을 관찰할 때(위쪽). 수직 진드기. 뉴런의 활동 전위. B: 음영 영역은 미러 뉴런이 기록된 뇌 영역을 나타낸다.

이러한 '거울 뉴런'의 우연한 발견은 틀림없이 지난 세기에 인지 신경과학의 가장 유명한 순간 중 하나일 것이다. 이탈리아 파르마 대학교(University of Parma)의 자코모 리촐라티(Giacomo Rizzolatti)와 그의 동료들은 원숭이가 손가락으로 땅콩을 집는 것과 같은 특정 행동을 할 때뿐만 아니라 원숭이의 전운동 피질(F5라고 함)에 있는 일부 뉴런이 발화한다는 사실을 관찰했다. 같은 행동을 하는 다른 원숭이나 실험자를 관찰할 때도 마찬가지다([그림 5-8]).[53] 이러한 뉴런의 강력한 반응을 관찰하면 그들이 특별하고 광범위한 활동을 대표한다는 것이 의심의 여지가 없다. 거울 뉴런의 작은 부분집합에서 관찰된 행동과 실행된 행동 사이의 강력한 상관관계는 일반적인 행동(예: 쥐기)과 실행된 행동(예: 정밀 그립) 모두에서 보인다. 그러나 전운동 영역에 있는 대부분의 뉴런은 그들이 반응하는 시각적 행동과 그들이 조직하는 운동 반응 사이에 신뢰할 수 있는 상관관계를 나타낸다.[54]

53) 거울 뉴런의 발견은 연구에서 준비된 마음의 중요성을 보여 준다. 이러한 뉴런이 존재하는지, 어디에 존재하는지 알 수 있는 방법이 없었기 때문에 테스트되는 선험적 가설은 없었다. 원래 관찰은 di Pellegrino et al.(1992)에 의해 출판되었다. '거울 뉴런'이라는 용어는 Gallesse et al.(1996)에 의해 만들어졌다. 거울 뉴런 시스템에 대한 포괄적인 개요는 Rizzolatti & Craighero(2004)를 참조하라. 거울 뉴런의 존재는 '마음 이론'을 생리학적으로 뒷받침하는 데에도 사용되었다. 즉, 다른 사람(또는 동물)의 의도, 욕구 및 두려움을 그들의 행동에서 감지하는 뇌의 능력이다.

54) 피질 활동에서 운동 활동의 분리는 놀라운 속도로 발생할 수 있다. 뇌-기계 인터페이스 실험에서 원숭이는 처음에는 손으로 레버를 움직이도록 훈련받았고, 이후 전운동 피질에서 신경 활동을 생성하여 컴퓨터 알고리즘에 의해 판독되고 레버를 제어하는 작동기로 전송되었다. 수백 번의 시도 후에 원숭이의 팔은 움직이지 않았고 레버는 신경 활동에 의해서만 작동되었다(또는 원할 경우 원숭이의 의지; Nicolelis & Lebedev, 2009).

거울 뉴런은 인간 두뇌에서 간접적으로 입증된 후 명성을 얻었다. 대학생들은 실험자들이 손가락을 움직이는 것을 보았고 일부 실험에서는 fMRI로 뇌를 모니터링하면서 동일한 손가락 움직임을 스스로 했다. 관찰-실행(액션) 및 관찰-전용 조건 모두에서 활성이 두 영역, 즉 하전두 피질(opercular part)과 오른쪽 상두정엽의 가장 앞부분에서 관찰되었다. 참가자들이 상징적 단서에 의해 지시되는 움직임을 상상할 때 유사한 활성화가 관찰되었다. 두 뇌 영역 모두 행동 모방에 참여하지만 역할이 다소 다르다. 하전두 피질(눈꺼풀 영역)은 움직임의 정확한 세부 사항을 정의하지 않고 관찰된 동작을 운동 목표 또는 계획으로 나타낸다. 대조적으로, 오른쪽 두정엽은 움직임의 운동 감각적 세부 사항(예: 손가락을 얼마나 들어야 하고 어떤 방향으로 들어야 하는지)을 나타낸다. 이러한 영역이 실제 행동과 관찰되거나 모방된 행동에 동등하게 잘 반응한다면 사람들은 자신이 운동의 배우인지 모방자인지 어떻게 알 수 있는가? 한 가지 가능한 대답은 두정 피질의 신호가 계획된 행동의 필연적 방출 사본을 반영하여(제3장), 뇌에 "움직이고 있는 것은 내 몸이다."[55]

인간 환자의 뉴런에 대한 세포외 기록은 그러한 미묘한 차이 패턴에 약간의 빛을 주었다. 보조 운동 영역과 심지어 해마에 있는 뉴런의 상당 부분은 환자가 손을 잡는 행동과 얼굴 감정 표현을 실행하거나 관찰하는 동안 반응한다. 이 뉴런 중 일부는 행동 실행 중에는 흥분했지만 행동 관찰 중에는 억제되었다. 이러한 발견은 자신이나 다른 사람이 수행하는 행동의 운동 및 지각 측면을 구별하는 메커니즘과 양립할 수 있다.[56]

원래의 거울 뉴런 연구는 행동을 수행하는 것과 다른 사람이 행동을 수행하는 것을 보는 것 사이의 뉴런 패턴의 유사성을 조사했다. 그 후, 연구자들이 그러한 뉴런이 다른 사람들의 감정, 의도 및 감정을 인코딩할 수 있는 방법을 조사함에 따라 이 아이디어는 신경과학의 다른 영역으로 퍼졌다. 다른 사람의 가슴을 기어다니는 독거미를 볼 때 같은 뇌 영역에 있는 같은 유형의 뉴런이 관찰자와 관찰자 모두에게 활성화되어 있는가? fMRI 실험은 적어도 이차 체성 감각 영역에서 그렇게 제안한다.[57] 거울 뉴런 시스템은 그 행동이 자신에

---

55) Iacoboni et al.(1999). 명백한 행동과 상상에 대한 이러한 실험과 기타 실험에는 운동 경로와 근육이 일부 약화된 형태로 활성화될 가능성이 있다. 운동 시스템은 뇌의 나머지 부분과 강력하게 연결되어 있으므로 인지와 감정의 기초가 되는 신경 패턴은 중요하지 않은 경우에도 근육 활동으로 표현되는 경우가 많다. 흥미진진한 경기가 진행되는 동안 축구 팬들이 어떻게 행동하는지 지켜보라. 그들은 잠재의식 형태로 플레이어의 행동을 모방한다. Iabobini et al.(1999), Rizzolatti와 그의 동료들은 참가자들이 실험자가 물체를 잡는 것을 지켜보는 동안 손 근육의 경련과 관련 근전도를 검사했다. 종종 그들은 연구 참가자가 실험자를 관찰하거나 실제로 물체를 직접 잡을 때 근전도 패턴 사이의 좋은 일치를 발견했다(Fadiga et al., 1995).

56) Mukamelet al.(2010).

의해, 다른 사람에 의해, 또는 마음속 시뮬레이션에 의해 수행되었는지 여부에 관계없이 행동과 그 의미 또는 의도를 연결할 수 있다. 이러한 뉴런의 활동은 우리의 사회적 상호작용의 일부 측면에 대한 신경생리학적 기초를 형성할 수 있다.

명백한 움직임에서 뇌의 분리는 중요한 결과를 낳다. 첫째, 내면화된 상태 동안 운동 시스템은 행동 계획을 '운동 형식'(제11장)으로 설정하여 명백한 행동이 수반되지 않더라도 기록된 신경 활동과 관련될 때 실제 행동처럼 보이도록 한다. 이러한 관점에서 모방은 관찰된 행동을 그 행동의 내부 시뮬레이션으로 변환하는 것으로 간주될 수 있다. 둘째, 두정피질에 대한 필연적 방전 신호(제3장)는 은밀한 '행동'을 초래하여 뇌가 미래 계획의 잠재적 결과를 평가할 수 있도록 한다. 어떤 명백한 행동도 없이 거울과 그에 따른 방출 시스템은 뇌의 소유자에게 그녀가 이 은밀한 활동의 대리인임을 알릴 수 있다.[58]

사회적 상호작용은 행동이다

가장 정교한 결과적 배출 시스템 중 하나는 안구 운동과 관련이 있으며(제3장), 이를 통해 신생아는 손을 뻗고 기어가기 훨씬 전에 세상을 발견할 수 있다. 얼굴과 생물학적 움직임은 인간과 같은 시각 동물의 안구 운동을 유발하는 데 특히 효과적이다. 이것을 설명할 수 있는 최소한 두 가지 아이디어가 있다. 한 가지 견해는 이러한 단서가 뇌에 어떻게 든 특별하므로 자동으로 반응을 유발한다는 것이다.[59] 또 다른 견해는 안구 운동이 행동학적으로 관련된 패턴에 대한 내부 주도 추구를 반영하므로 뇌가 이러한 단서를 적응적으로 사용할 수 있다는 것이다.[60] 구별이 미묘해 보일 수 있지만, 그 답은 우리가 기본 메커니즘을 검색하고 평가하는 방법을 결정할 수 있다. 실험실에서 눈의 움직임을 모니터링하면 뇌가 세

57) Keyserset al.(2004). 혐오감을 느끼는 것과 혐오스러운 표정을 짓는 배우를 보는 것 모두 전엽섬엽을 활성화한다(Wicker et al., 2003).

58) 거울 뉴런 시스템의 기능 장애는 탈선된 사회적 상호작용과 자폐증의 운동 언어 문제 증상의 기초가 되는 것으로 제안되었다(Iacoboni & Dapretto, 2006). 거울 뉴런 개념은 행동의 잘못된 귀속, 환각, 행위자 영향에 대한 망상, 정신병 환자의 외계인 통제 경험과 같은 다른 기능 장애 상태에 대한 잠재적인 틀도 제공한다. 거울 뉴런 시스템은 일차 측두엽, 후두정엽, 전두엽 피질을 포함하는 '핵심' 네트워크를 형성하는 것으로 가정되었으며, 이는 행동 실행 및 관찰된 행동과 상상된 행동을 포함한 시뮬레이션 상태 동안 활성화된다(Wolpert et al., 1995; Jeannerod, 2001).

59) 이는 많은 동물에서 나타나는 행동 패턴과 유사할 수 있다(Tinbergen, 1951).

60) Scarr & McCartney(1983); Hopfingeret al.(2000); Treue(2003).

상과 어떻게 연결되어 있는지 알 수 있다. 이 간단한 방법은 구두 의사소통이 필요하지 않는다.

안구 운동 패턴의 변화는 신경 정신질환, 특히 자폐증을 진단할 수 있다. 자폐증은 일반적으로 근본적인 메커니즘이 아니라 사회적 의사소통장애와 반복적인 행동으로 정의된다. 부모가 가장 먼저 발견하는 것 중 하나는 자폐아가 정상 영아와 달리 간병인과 눈맞춤을 요청하거나 보답하는 경우가 거의 없다는 것이다. 이 차이는 생후 2~6개월이 되면 분명해진다.[61] 영향을 받은 어린이의 안구 운동에는 아무런 문제가 없다. 그들은 단순히 다른 곳을 본다.

자폐증과 많은 '이상하지만' 건강한 사람들 사이에는 큰 차이가 없다.[62] 대신에, 유전적 요인에 의해 크게 결정되는 사회적 시각적 참여의 양에 반영된 사회성의 연속체가 있는 것 같다. 일란성 쌍둥이 유아는 다른 유아가 상호작용하는 영화를 볼 때 비슷한 것에 눈을 고정하는 경향이 있다. 게다가 동시에 같은 방향으로 시선을 옮겼다. 다시 말해서, 그들의 눈 검색은 현저하게 일치했다. 이러한 관절 패턴은 성별과 나이가 일치하지 않는 일란성 쌍둥이 또는 형제가 아닌 경우 훨씬 더 드물어 일란성 쌍둥이의 안구 움직임 패턴을 동기화한 것은 영화 장면뿐만 아니라 일부 내부 프로그램에서 보여 준다. 눈 탐색의 유전성은 눈과 입을 바라보는 시선에서 가장 두드러진다. 자폐증이 있는 유아는 얼굴의 이 중요한 부분에 거의 초점을 맞추지 않기 때문에 다른 어린이와 양육자의 미소와 찡그린 표정을 보고 자신의 행동이 사회적 결과에 미치는 영향을 배우지 못한다.[63]

눈의 흰자위를 연구하다

다양하고 종종 상충되는 견해를 가진 방대한 문헌에서 일부 편견을 가지고 선택한 이러한 발견은 내부적으로 주도적으로 얼굴 단서를 찾는 것이 유전적임을 시사한다. 사회적 시각 참여를 담당하는 신경 메커니즘은 잘 알려져 있지 않지만, 조금 추측하자면 편도체가

---

61) Jones & Klin(2013). 능동적 검색 아이디어와 달리 Markram et al.(2007)은 자폐증이 있는 사람들이 다른 사람의 눈을 보는 것이 스트레스를 받기 때문에 편도체가 과잉 반응한다고 제안했다.

62) 어떤 사람들은 과학자들이 자폐 스펙트럼의 끝부분에 속한다고 주장한다. 과학자들은 눈을 맞추는 대신 서로의 신발을 바라본다. 반면에 수학자들은 자신의 신발을 본다.

63) Constantineet al.(2017).

핵심 구조일 가능성이 크다. 편도체와 그 파트너는 감정의 인식과 표현과 관련된 신경 시스템으로 구성[64] 그리고 얼굴 표정에서 사회적 단서 검색된다.[65] 거의 모든 사회적 상호작용에는 감정이 포함된다. 양측 편도체 손상이 있는 환자는 뇌가 손상되지 않은 환자나 대조군에 비해 외모로 신뢰를 판단하기 어렵다. 양측 편도체 손상이 있는 사람들은 또한 두려운 얼굴을 인식하지 못한다.[66]

동물에 대한 수많은 실험과 함께 이러한 결과는 편도체가 감정, 특히 두려움의 자리임을 나타내는 것으로 해석되었다. 그러나 이 교과서의 가르침은 오해의 소지가 있다. 첫째, 감정적 얼굴 판단의 손상은 사람에 대한 언어적 설명으로 확장되지 않는다. 둘째, 정지된 얼굴을 보고 감정을 검사하는 실험실과 달리 편도체 손상 환자가 실생활에서 신뢰할 수 없는 사람을 반드시 오판하는 것은 아니다. 셋째, 음성 커뮤니케이션을 통해 표현된 두려움을 쉽게 인식한다. 넷째, 사진 속 눈에 초점을 맞추라고 지시하면 통제 대상자의 판단에 가까워진다.

임상 결과와 동물 실험은 모두 편도체의 주요 행동 기능이 사회적 의사소통과 관련된 행동학적 단서로 시선을 돌리는 것이라는 대안적 해석과 양립할 수 있다. 영장류의 경우 이러한 신호는 주로 얼굴의 측면(원숭이의 귀 포함)이다. 생리학적 실험이 이 아이디어를 뒷받침한다.

뉴런과 생리학적으로 관련된 입력이 강력한 발사를 유도해야 한다는 일반적인 합의가 있다. 그러나 편도체의 뉴런은 공포 조건화 실험을 포함하여 대부분의 상황에서 매우 낮은 속도로 발사되는 것으로 악명이 높다. 아마도 공포 학습으로 이어지는 실험 조건은 편도체 뉴런이 실제로 가장 신경 쓰는 것이 아닐 수도 있다. 그러나 뇌의 다른 뉴런과 유사하게

---

64) Adolphset al.(1994, 1998); Calderet al.(1966). 감정은 William James의 후보 목록에 있는 구성 요소 중 하나다. 여기엔 두 가지 측면이 있다. 하나는 외부 관찰을 통해 인지하고 측정할 수 있는 행동과 신체 표현에 관한 것이다. 예를 들어, 호흡 변화, 홍조, 울음 또는 기타 얼굴 변화 등이 있다. 다른 측면은 감정을 가진 참가자에게만 제공되는 내부 경험(또는 qualium)이다(Damasio, 1995). 관찰 가능한 측면만 객관적으로 연구할 수 있다(LeDoux, 2014). 뇌 영상 연구는 또한 감정적인 얼굴의 시각적 처리에서 편도체의 핵심 역할을 지적한다. 두려운 얼굴은 왼쪽 편도체, 왼쪽 치골, 왼쪽 전엽 및 양측 전대상회에서 양전자 방출 단층 촬영(PET) 스캔 변화를 유발한다(Morris et al., 1998). 여기서는 이 연구 분야의 방대한 사고방식을 정의할 수 없지만 훌륭한 요약을 추천할 수 있다(Damasio, 1994; LeDoux, 2015). 감정에 대한 고전적인 출처는 James(1890), Papez(1937), MacLean(1970)이다.

65) 자폐증의 지각 모델은 근본적인 문제가 사회정서적 과민성임을 시사한다.

66) 동반된 자폐증이 있는 간질 환자의 편도체에서 얻은 신경 기록은 신경 세포의 스파이크 반응이 일반적으로 비자폐증 환자 그룹의 반응과 다르지 않으며 얼굴 전체에 대한 반응도 다르지 않음을 보여 준다. 그러나 자폐증 환자의 일부 뉴런은 눈에 대한 비정상적인 무감각과 입에 대한 비정상적인 민감성을 나타냈다(Rutishauser et al., 2013).

편도체 뉴런도 적절한 상황에서 매우 활성화될 수 있다. 조명 실험에서 원숭이는 익숙하지 않은 원숭이의 자연스러운 행동에 대한 비디오를 보는 동안 원숭이 편도체의 신경 활동이 기록되었다. 녹화된 원숭이가 비디오 원숭이와 눈을 마주쳤을 때 많은 뉴런의 발사 속도가 몇 배 증가했다. 영화 원숭이의 시선이 녹화된 원숭이의 망막 주변부를 가리킬 때 작은 반응만 관찰되었다. 중요한 관찰은 이러한 시선 접촉 뉴런의 발화 대기 시간이 80~140ms로 다양하며, 이는 시각적 자극에 대한 응답 대기 시간보다 수십 밀리 초 짧다. 따라서 이 실험은 편도체 뉴런이 특정 시각적 패턴에 반응하지 않지만 낯선 사람을 검사할 때 얼굴의 어느 부분을 참조해야 하는지 선택하는 데 관여할 수 있음을 시사한다.[67] 나는 이러한 발견을 전통적으로 감각 입력을 통해 접근해 온 감정이 뇌의 행동 측면에서 볼 때 재평가될 수 있음을 의미한다고 해석한다. 여기서도 이탈 가설이 지침으로 사용될 수 있다.

감정에 대한 가장 오래되고 영향력 있는 이론 중 하나는 오늘날 제임스-랑게(James-Lange) 감정 이론으로 알려진 윌리엄 제임스(William James)와 덴마크 생리학자 칼 랑게(Carl Lange)에 의해 제시되었다.[68] 이 이론은 감정이 심박수 및 호흡의 변화와 같이 일반적으로 감지하지 못하는 신체 신호에 대한 생리적 반응의 결과로 발생한다고 주장한다. 우리는 곰이 무서워서 도망치는 것이 아니라 곰에게서 도망치기 때문에 두려워한다. 윌리엄 제임스의 말에서, "반대로 나의 논제는 신체 변화는 흥미진진한 사실에 대한 인식을 직접적으로 따르고, 일어나는 동일한 변화에 대한 우리의 느낌은 감정이라는 것이다." 당연히 제임스의 설명은 'outside-in'이다. 뇌가 의식적으로 해석하여 두려움을 일으키는 것은 신체에서 파생된 신호이다. 이 이론은 지난 세기에 걸쳐 여러 차례 비판을 받았지만 그 호소력은 여전하다.

뉴욕 대학교에서 일하는 감정 전문가 조 르두(Joe Ledoux)는 최근 위협 신호를 감지하고 반응하는 뇌 메커니즘과 의식적인 두려움을 유발하는 뇌 메커니즘의 차이점에 대해 논의했다. 전자는 전기 충격을 가한 장소를 짝짓기하고 그 과정에서 신경 세포의 반응을 조사

---

67) Mosheret al.(2014). 지배적인 원숭이는 다른 사람의 눈을 응시하고 그들이 직접적인 시선으로 돌아올 때까지 기다리면서 눈맞춤을 시작한다. 대조적으로, 복종하는 개인은 직접적인 눈 접촉을 피하거나 아주 잠깐만 접촉한다(Redican, 1975).

68) James(1884); Lange(1885/1912). Walter Cannon(1927)은 James-Lange 이론을 비판했지만 미주 신경과 척수에 의해 전달되는 감각 신호만을 조사했다. 보다 최근 이론에서는 감정이 인지적 해석이며 뇌는 이전 경험 및 사회적 단서와 결합하여 자율신경 반응에서 의미를 생성한다고 주장한다(Barrett-Feldman, 2017; LeDoux, 2014, 2016; LeDoux & Daw, 2018).

하는 것과 같이 동물에서 연구할 수 있는 반면, 두려움은 단순히 신경 활동을 명백한 반응과 연관시키는 것으로 고정될 수 없는 의식 영역의 주관적인 느낌이다. 그 신호에, 나는 동의한다. 그러나 우리는 인지 메커니즘과 감정 메커니즘 사이에 평행선을 그릴 수 있다. 이 장의 앞부분에서 논의한 바와 같이, 인지는 운동 작용 시스템에서 뇌가 분리되는 것이다. 유사하게, 감정은 자율적 행동 시스템으로부터의 이탈로 개념화될 수 있다. 두 경우 모두 기본적인 생리학적 메커니즘은 결과적 배출 시스템이다. 감정의 경우에는 뇌의 내장 시스템 제어 메커니즘에서 편도체와 신피질로의 참조이다. 감정의 계통 발생학적 뿌리는 자율 시스템의 명백한 피드백을 기반으로 할 수 있지만 더 복잡한 두뇌는 자율 시스템에서 분리되어 얼굴이 붉어지거나 땀이 나거나 동공이나 호흡 변화가 없을 때 내면화된 감정이 발생할 수 있다. 요약하면, 제임스-랑게 이론에서 명백한 감각 피드백의 내면화는 감정을 개념화하고 연구하는 대안적인 방법이 될 수 있다.

언어는 행동에 내부 기반을 둔다

사회적 의사소통에서 개인은 다른 사람의 몸짓과 음성 행동과 의도를 이해하려고 노력한다. 거울 뉴런 시스템이 동종의 행동과 감정을 나타낸다면, 유사한 프레임워크가 언어의 신경생리학적 메커니즘의 기초가 될 수 있으며, 팔다리, 귀, 얼굴 근육의 제스처 의사소통 시스템을 언어적 의사소통에 연결한다고 추측할 수 있다. 이것은 언어가 본질적으로 몸짓과 연결되어 있는 진화적 이유일 수 있다. 비행기 안에서 휴대전화로 통화를 하거나 TV를 보고 있는 사람을 보자. 상대방이 보답할 수 없을 때 손을 흔들거나, 미소를 짓거나, 다른 제스처를 할 필요가 없다. 두뇌는 그것을 도울 수 없으며 어쨌든 몸을 동원한다.

제스처 의사소통 가설에 대한 해부학적 지원을 제공하는 비인간 영장류의 F5 영역과 사람의 브로카 언어 영역은 상동 뇌 영역이다. 브로카 영역은 행동을 위한 거울 시스템의 꼭대기에서 진화했으며 말의 모터 시퀀스를 생성하고 읽기 위한 씨앗을 제공했을 수 있다. 유사하게, 정수리 거울 시스템은 베르니케(Wernicke)의 '지각' 언어 영역의 선구자가 될 수 있다. 이러한 진화적 발전을 통해 수동 및 신체 제스처의 조합적으로 개방된 레퍼토리는 원형 음성 발성의 출현을 위한 발판을 제공하여 결국 구문 및 구성 의미론을 가진 언어로 이어질 수 있었다. 관찰-실행 매칭 시스템은 행동을 사회적 의사소통에 연결하여 언어 구문에서 절정을 이룰 수 있었고, 따라서 행위자와 관찰자 사이에 효과적인 발신자–수신자 관계가 발전할 수 있었다.[69]

이 가설적인 진화 경로에 따라 언어에서 동사로 상징되는 행동은 문장의 구조적 중심이다. 동사의 의미를 배우지 않고는 언어를 마스터할 수 없다. 동사는 의도를 표현하고 움직임에서 일어나는 일을 인코딩한다. 통사론적 행동의 엔진으로서, 그들은 한 문장에 많은 수행원을 가질 수 있다. 동사는 동작이나 이벤트를 지정하고, 일부 참조 공간 점에 대해 동작의 궤적을 설명하고, 동작이 완료되었는지 또는 진행 중인지 표시하고, 동작에서 참여자의 의미론적 역할을 선택할 수 있다. 모든 언어는 아니지만 많은 언어의 동사에는 과거, 현재 또는 미래를 나타내는 시제가 있다. 그들은 의도뿐만 아니라 화자의 기분까지 표현한다. 예를 들어, 보행 동작은 다양한 속도, 기분, 의도, 방향 및 걷기 패턴을 나타내는 다양한 동사로 설명될 수 있다.[70]

동사에 의미를 부여하고 이를 운동 행동 및 실제 경험과 연관시키는 과정을 '의미적 근거'(제3장)라고 한다. 처음에는 의미가 없는 소리 패턴이 듣는 사람에게 의미를 부여한다. 이 학습과정이 끝나면 뇌에서 패턴이 반복될 때마다 사물(또는 에피소드)이 존재하지 않는 경우에도 시뮬레이션 되거나 구성된 사물을 다시 가져올 수 있다.

일반적으로 명사와 단어의 의미론적 기반을 이루는 특정 신경 메커니즘은 알려져 있지 않지만 독특한 방식으로 환경과의 상호작용을 기반으로 한다. 예를 들어, 대부분의 언어에서 '위'와 '아래'는 각각 긍정적인 의미와 부정적인 의미를 가지고 있다. 보상으로 이어지는 많은 운동 행동 때문에 우리가 살고 있는 중력과 싸우고 직립 자세가 필요하기 때문일 수 있다. '위로', '그는 잠이 들었다', '기분이 안 좋아','그의 수입은 높고 내 것은 떨어졌다', '실험실의 일들이 내리막길로 가고 있다', 또는 '그녀는 감정을 초월할 수 없었다.' 언어의 수많은 예는 행동 은유를 기반으로 한다. '이 페이지를 소화', '그는 내 기발한 아이디어를 죽였다', '아인슈타인의 이론은 새로운 시대를 낳았다.'[71]

인간 유아의 조기 학습은 종종 사물에 대한 적극적인 탐색의 맥락에서 발생한다. "유아

---

69) 이 개념은 Rizzolatti & Arbib(1998)과 Arbib(2005)에 의해 더욱 발전되었으며, 인식에서 단어의 운동 템플릿에 대한 필요한 접근을 가정하는 '음성 인식의 운동 이론'(Lieberman et al., 1967)에 그 뿌리가 있다.

70) 예를 들어, 걷기, 달리기, 접근하기, 떠나기, 깡충깡충 뛰기, 헤딩하기, 빨리 걷기, 터덜터덜 걷기, 추월하기, 히칭하기, 낚시질하기 등은 기분, 속도 및 방향을 반영하는 다양한 움직임 패턴을 나타낸다. 헝가리어와 같은 행동 지향 언어에서는 200개 이상의 동사가 걷기 차원을 설명한다.

71) Lakoff & Johnson(1980).

는 단순히 바닥에 있는 장난감의 뒤죽박죽을 수동적으로 보는 것이 아니라 머리, 손, 눈을 사용하여 관심 대상을 선택하고 잠재적으로 시각적으로 분리하여 감각 수준에서 모호성을 줄인다."[72] 물론 '모호함을 줄이는' 과정은 행동 지원 접지의 아이디어이거나, 비트겐슈타인(Wittgenstein)이 더 웅변적으로 언급했듯이 "우리의 대화는 우리의 나머지 활동에서 의미를 얻다." 손으로 물건을 가리키거나 사람의 눈으로 바라보는 것은 의사소통하는 개인 간의 공동 관심을 유도하는 효율적인 제스처다.[73]

정신물리학 연구, 병변 연구, 기록 연구 및 경두개 자극 연구에 따르면 연구에 따르면 운동 피질과 체성 감각 피질은 행동 단어를 직접적인 의미와 연결하는 데 관여하는 반면, 하전두엽 피질, 측두엽 및 하두정 피질은 행동 단어의 보다 추상적인 특징을 암호화한다.[74]

구어에서처럼, 악기를 연주할 때 행동이 원하는 효과로 이어지는 방법을 배우려면 청각적 피드백이 필요하다. 소리 피드백이 도착하기 전에 전운동 피질(premotor cortex)에서 계획된 행동의 사본이 전송된다. 이 추론 시스템이 훈련되면 소리가 없을 때도 소리를 상상할 수 있다. 이것은 많은 청각장애인들이 소리의 크기와 높낮이를 조절하는 데 어려움을 겪으면서도 언어를 습득한 후 청력을 잃으면 말하고 노래하거나 심지어 작곡을 할 수 있는 이유를 설명할 수 있다. 베토벤은 44세에 사실상 귀머거리가 되었지만, 그는 여생 동안 계속해서 뛰어난 음악을 작곡했다.[75] 대조적으로, 난청을 가지고 태어난 작곡가는 알려져 있지 않는다. 행동 시스템의 필연적인 피드백 루프는 유용한 방식으로 배포되기 전에 보정되어야 한다.

요약하자면, 미러 뉴런 시스템은 신체 언어를 해석하여 다른 사람의 의도를 읽을 수 있도록 한다. 행동 체계를 구어로 확장함으로써 우리는 은유적 행동 형태로 볼 수 있는 말을 해석함으로써 광범위하고 효과적인 의사소통 체계를 구축할 수 있었다. 언어의 발명은 뇌

---

72) Yu & Smith(2012). Pulvermüller(2003)도 의미와 행동 사이의 연관성을 지적한다. '킥'이라는 단어를 읽으면 실제 발차기와 동일한 운동 피질 부분이 활성화된다.

73) 가리키기와 응시는 인간의 뇌 기능이 외부화되는 예이다(제9장). 길 들여진 개를 제외하고는 다른 종에서는 그러한 행동이 관찰되지 않았다. Miklósiet al.(2003)은 상대방의 읽기 의도가 인간과 개의 공진화의 결과이며, 늑대와 심지어 인간이 아닌 영장류에게는 존재하지 않는다고 제안한다. 그러나 모든 동물에는 활동적인 의사소통 시스템이 존재한다. 쥐는 호흡을 통해 음식의 안전성을 전달한다. 일단 '시연자' 쥐가 새로운 식용 식품에 대한 정보를 전달하면, 순진한 '관찰자' 쥐는 시연자의 먹는 행위를 관찰하지 않았더라도 그 음식에 대한 선호도가 상당히 향상되는 것을 보여 준다(Galef & Wigmore, 1983).

74) Damasioet al.(1996); Tomasinoet al.(2008); Pulvermüller(2013).

75) 몇몇 다른 작곡가들은 청력을 완전히 상실한 후에도 계속해서 음악을 만들었다. Bedrich Smetana는 그의 청력이 50세에 그를 떠난 후 아마도 그의 가장 유명한 작품인 〈몰다우(The Moldau)〉를 만들었다.

기능의 외부화를 가속화하여 집단적 종 기억을 생성했다(제9장).

인지 작업을 가능하게 하려면 언어의 구문 규칙과 유사한 신경 메시지를 분리하고 결합하는 메커니즘이 뇌에 장착되어 있어야 한다. 뉴런 네트워크가 이러한 작업을 지원하는 방법은 다음 장의 주제이다.

요약

우리는 외부 입력에서 뇌 네트워크의 분리가 인지 작업에 어떻게 유용할 수 있는지에 대한 몇 가지 예를 논의했다. 이 시나리오의 핵심 생리학적 메커니즘은 명백한 움직임과 근육의 감각 피드백이 없을 때에도 뇌가 활동 회로의 활동을 해석할 수 있도록 하는 필연적 방전과 같은 시스템이다. 그러한 내면화된 세계에서 두뇌 네트워크는 상상한 행동의 결과를 행동으로 옮길 필요 없이 예상할 수 있다. 대신, 결과는 이전에 획득한 지식에 대해 테스트될 수 있으며, 이는 완전히 자기 조직화된 뇌 활동을 통해 새로운 지식을 생성한다.

단순화를 위해 외부 및 내부 주도 활동을 진화 중에 순차적으로 나타나는 별도의 프로세스로 묘사했다. 실제로 이러한 단계는 추상화일 뿐이다. 이 프레임워크의 논리는 작은 두뇌의 네트워크가 전적으로 외부 입력에 의존하고 큰 두뇌가 내부 작업으로 전환한다는 것이 아니다. 대신, 두 프로세스는 본질적으로 얽혀 있으며 동일한 회로가 입력 종속 및 입력 해제 작업을 모두 수행할 수 있다.[76] 예를 들어, 머리 방향 시스템은 내부 메커니즘을 통해 상상된 머리 방향을 외삽하기 위해 환경 및 신체 파생 신호에서 일시적으로 분리될 수 있다. 공간 탐색, 특히 추측 항법은 일종의 메모리를 가정한다. 더 큰 두뇌는 내부 처리를 위한 더 많은 용량을 가질 수 있다. 그러나 복잡한 뇌에서도 외부 정보를 통해 기억 회상을 향상시킬 수 있다. 내러티브가 막힐 때 간단한 단서가 유용하기 때문에 사람들은 연설을 위한 키워드 목록을 준비한다. 다시 말해, 작은 뇌라도 내부 연산('인지') 요소를 가지고 있

76) 실제로 제3장에서 논의한 것처럼 자기 조직화된 뇌 활동은 센서(예: 아기 발차기) 없이도 유용한 운동 출력을 생성할 수 있는 기본적인 뇌 작동일 수 있다. 외부 섭동에 대한 이러한 자기 조직화 패턴의 수정은 기존 신경 패턴을 행동-지각과 일치시킴으로써 행동에 '의미'를 제공할 수 있다(13장; Buzsáki, 2006). 흰족제비 개발 실험에서는 시각 영역에서 자발적인 활동과 시각적으로 유발되는 활동 사이의 유사성이 나이가 들수록 점진적으로 증가한다는 사실이 나타났다. 내부 모델은 자기 조직화된 뇌 패턴을 주변 세계의 통계에 적용한 결과다(Fiser et al., 2004). 비슷한 맥락에서, 특별한 실체로서 자아의 내부 표상을 구성하는 것은 내부 데이터를 환경에 대한 정보와 동시에 재처리함으로써 달성될 수 있다.

지만, 신경망이 복잡해질수록 내재화된 연산의 몫과 효율성도 높아진다. 따라서 더 큰 두뇌에 수많은 상호작용 루프가 있는 복잡한 뉴런 네트워크는 더 작은 두뇌보다 훨씬 더 긴 시간 규모와 더 복잡한 환경에서 두뇌 활동의 결과를 예측할 수 있다.

제6장 THE BRAIN FROM INSIDE OUT

두뇌 리듬은 신경 구문을 위한 프레임워크를 제공한다

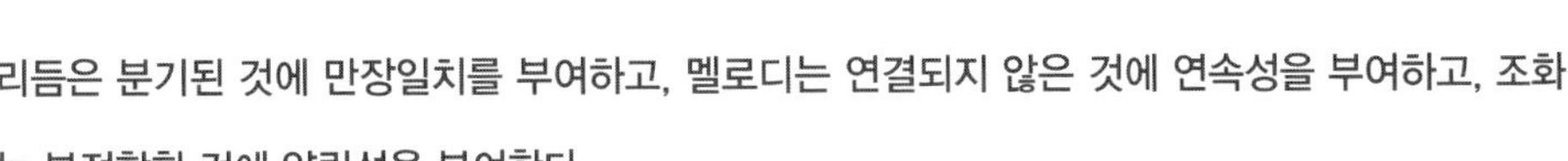

리듬은 분기된 것에 만장일치를 부여하고, 멜로디는 연결되지 않은 것에 연속성을 부여하고, 조화는 부적합한 것에 양립성을 부여한다.

–예후디 메뉴인(Yehudi Menuhin)[1]

언어는 자유로운 창작의 과정이다. 그 법칙과 원리는 고정되어 있지만 생성 원리가 사용되는 방식은 자유롭고 무한히 다양하다.

–노엄 촘스키(Noam Chomsky)[2]

간단히 말해서 나는 단어의 시를 리드미컬한 아름다움의 창조로 정의한다.

–에드거 앨런 포(Edgar Allan Poe)[3]

나는 헝가리에서 중학생이었을 때 내가 다녔던 햄 라디오 강좌에서 모스 부호를 처음 들었을 때 매료되었다. 송신기로 에테르를 통해 신호를 보내면서 강사는 뉴질랜드에서 누군가가 자신의 부름에 응답했다고 말했다. 지구 반대편에 있는 교환원은 그곳의 화창한 날씨, 수신 조건, 장비의 세부 정보, 사용한 안테나 유형에 대해 알려 주었다. 내가 진짜 놀란 것은 우리 강사가 영어나 마오리어를 할 줄 모르고 뉴질랜드의 교환원이 헝가리어를 이해하지 못한다는 것을 알았을 때였다. 대신에 나는 그들이라고 점(짧은 펄스)과 대시(긴 펄스)를 이용하는 세 글자로 구성된 만국어인 Q-code를 통해 서로 '말했다'는 것을 알았다. 그

1) https://en.wikiquote.org/wiki/Yehudi_Menuhin.

2) http://www.famousphilosophers.org/noam-chomsky/

3) Poe, EA(시적 원리; CreateSpace Publishing, 2016).

런 대화에 참여하려면 모스 부호를 배우고, Q 언어를 암기하고, 전자공학에 대해 조금 배우고, 시험에 합격하고, 면허를 취득하고, 송신기와 수신기를 만들고, 둘 사이에 와이어 안테나를 설치하기만 하면 되었다. 우리 집의 굴뚝과 이웃의 굴뚝. 그러면 전 세계의 어떤 햄 라디오와도 통신할 수 있다. 그것이 내가 한 일이며 그 이후로 코딩 문제가 나를 괴롭혔다.

모스 부호를 배울 때 가장 큰 장애물은 짧은 공백으로 구분된 점과 대시의 바다에서 문자를 인식하는 것이다. 메시지의 분리는 음성, 문어, 컴퓨터 언어 또는 뇌의 스파이크 전송과 같은 모든 코딩 시스템에서 가장 중요한 것이다. 모스 부호에서 문자는 점 지속 시간의 묵음 기간으로 구분되는 반면 단어는 [.. _ _ _ _ . ._ _ ._ . . . . _]에는 정보(번역: '이해가 된다')가 포함되어 있는 반면 [.. .. ._ . . . . ._]는 정확히 같지만 점과 대시의 순서 문자 사이에 공백이 없으면 말도 안 되는 노이즈이다. 마찬가지로, 이 전체 페이지가 하나의 긴 단어라면 내용을 해독하는 것이 매우 어려울 것이다. 비록 불가능하지는 않더라도 30개의 문자의 고유한 조합이 두 개의 문자의 조합보다 훨씬 더 해독하기 쉽기 때문이다. 뉴런 메시지의 상황은 활동 전위가 모두 거의 동일하기 때문에 훨씬 더 복잡하다. 점밖에 없는 것이다.[4)]

인간의 언어도 요소를 결합하여 만들어진다. 예를 들어, 특정 시퀀스에서 문자를 연결하면 개별 문자에는 없는 새로운 특성을 가진 단어가 생성된다. 이러한 조합은 구문이란 요소(예: 문자 또는 음표)를 질서 있고 계층적인 관계(단어, 구 및 문장 또는 화음 및 화음 진행)로 변환 및 시간적 진행을 제어하는 일련의 규칙에 의해 규제된다. 뇌가 의미를 해석할 수 있도록 하는 것이다. 구문(syntax)을 통한 기본 요소들의 그룹화 또는 청킹(chunking)[5)]은 음악, 인간 언어, 수화, 신체 언어, 인공어, 컴퓨터 언어 및 수학적 논리에서 최소한의 규칙만

---

4) 원칙적으로 단일 스파이크와 스파이크 버스트는 점과 대시로 생각할 수 있다. 실제로, 시냅스 후 뉴런은 단일 스파이크와 버스트 이벤트를 효과적으로 구별할 수 있다고 제안되었다(Lisman, 1997). 햄 무선 통신수는 신경과학자들 사이에서 예외가 아니다. 나는 W. Ross Adey(UCLA), John Hopfield(Princeton University), Terry Sejnowski(Salk Institute), Fritz Sommer(UC Berkeley)를 포함하여 그들 중 몇 명을 만났다. 나는 또한 유리 가가린(UA1LO), Barry Goldwater 상원의원(K7UGA), 요르단의 Hussein 왕(JY1), 그의 Noor 왕비(JY1H)를 포함한 몇몇 유명인과 라디오 접촉을 했다. 비행사 Howard Hughes도 햄 라디오 운영자(W5CY)였다. Q-code는 해상 통신에도 사용된다. Q-code 외에도 hams는 임의의 신호(예: 88 = love and kisses)를 포함하는 보다 전문화된 코드를 사용하는 반면 다른 것은 단순화된 영어 단어(예: vy = very, gm = good morning, r = are)를 사용한다.

5) 분할 또는 청킹은 종종 기본적인 지각 및 기억 작업으로 간주되었다. Newtson 등에 따르면(1977), 세분화는 지각의 상향식 프로세스와 추론의 하향식 프로세스 간의 상호작용이다. 관찰자는 예상되는 이벤트나 활동 및 그 변화에 대한 특징을 선택하는 데 도움이 되는 미리 형성된 예상 스키마를 가지고 있다. 사건 경계의 인식은 사건의 연속적인 흐름을 개별 단위로 분할하고 새로운 정보의 검색 및 추출을 재정의하는 기초를 형성한다. '미리 형성된 예측 스키마'는 뇌 리듬 시스템에 해당할 수 있다. Shipley & Zacks(2008)도 참조하라.

을 사용하여 유한한 수의 어휘 요소들로부터 사실상 무한한 수의 조합을 생성할 수 있도록 한다.[6] 30자 정도의 글자(또는 소리)와 40,000자 정도의 단어만으로도 인류 전체의 지식을 효과적으로 전달할 수 있다. 이것은 놀라운 조합의 위업이다. 구문은 정보가 코딩, 전송 및 디코딩되는 모든 시스템에서 활용된다.[7] 이 장에서 나는 뉴런 리듬이 뇌에 필요한 구문 규칙을 제공하여 스파이크 패턴에서 무한한 조합 정보가 생성될 수 있다고 제안한다.

뇌 리듬의 계층적 시스템: 신경 구문을 위한 프레임워크인가

신경 리듬이나 진동을 연구하는 연구자들은 정신물리학, 인지심리학, 신경과학, 생물물리학, 컴퓨터 모델링 및 철학을 아우르는 학제 간 플랫폼을 만들었다.[8] 뇌 리듬은 여러 시간 척도에서 뉴런 회로 내외의 스파이크 흐름에 대한 비구문론적 구조를 제공하는 계층적 시스템을 형성하기 때문에 중요하며, 이러한 리듬의 변화는 정신질환 및 신경질환으로 이어질 수 있다.[9]

뉴런의 막횡단 전위는 밀리 초 미만의 시간 분해능으로 뉴런 활동을 보고할 수 있는 전극으로 측정할 수 있다. 많은 뉴런에서 흐르는 전류는 세포외 매체의 주어진 위치에 중첩되어 참조 사이트에 대한 전위를 생성한다. '활성' 위치와 기준 위치 간의 차이를 전압으로 측정한다. 작은 팁이 있는 전극을 사용하여 수백에서 수천 개의 뉴런이 기여하는 세포외 전압을 모니터링할 때 이 신호를 로컬 필드 전위(LFP)라고 한다.[10] 전기 피질도(ECoG)

---

6) 몇몇 이전 사상가들은 언어의 구문을 지원하기 위한 두뇌 규칙의 필요성을 고려했다. 예를 들어, Port & Van Gelder(1995); Wickelgren(1999); Pulvermüller(2003, 2010). Karl Lashley(1951)는 아마도 순차적이고 계층적인 신경 조직이 '고정된 행동 패턴' 또는 '행동 구문' 뒤에 있어야 한다고 구체적으로 생각한 최초의 사람일 것이다(Tinbergen, 1951).

7) 엄밀한 의미에서 '구문'(그리스어 신택스에서 유래)은 '배열'을 의미하며, 언어에서는 대략 단어의 순서(즉, 문장에서 어디로 가는지)를 나타낸다. 의미론의 영역인 의미에 대한 정보는 제공하지 않는다. 문법은 구문을 포함하는 더 큰 개념이지만 구문은 문법과 동의어로 사용되는 경우도 있다. 문법은 단어의 활용 및 쇠퇴 방법에 대한 규칙을 측면, 시제, 수 및 성별에 따라 설정한다.

8) 나는 이에 대한 책(Rhythms of the Brain, 2006), 모노그래프(Buzsáki, 2015) 및 여러 리뷰(예: Buzsáki, 2002; Buzsáki & Draguhn, 2004; Buzsáki & Wang, 2012)를 할애했다. Whittington et al.(2000), Wang(2010); Engel et al.(2001); Frieset al.(2001).

9) 뇌(및 기타 시스템)에서 계층 구조는 순방향 연결과 역방향 연결 간의 비대칭 관계로 정의된다.

10) LFP라는 용어는 불행히도 잘못된 이름이다. 왜냐하면 'field potential'과 같은 것이 없기 때문이다. 전극이 측정하는 것

로 알려진 기록은 더 많은 뉴런을 샘플링하기 위해 뇌 표면이나 주변 경막에 더 큰 전극을 배치하여 만들어진다. 마지막으로, 더 큰 발자국 전극이 두피에 배치되면 기록된 신호를 뇌파(EEG)라고 한다. 각 측정은 동일한 기본 메커니즘과 뉴런 전압을 참조하지만 LFP, ECoG 및 EEG 기록에 사용되는 모니터링 전극의 크기가 다르기 때문에 수십에서 수백만에 이르는 점점 더 많은 수의 뉴런에 통합된다. 뉴런의 동일한 막횡단 활성에 의해 유도된 자기장은 자기 뇌파(MEG)로 알려져 있다.[11]

LFP, ECoG, EEG 또는 MEG로 측정된 패턴은 협력하는 뉴런의 타이밍에 대한 중요한 정보를 제공하기 때문에 실험자에게 매우 유용하다. 축구 경기장에서 측정되는 소음과 마찬가지로 이러한 기술은 개별 대화에 대한 정보를 제공할 수 없지만 경기장의 목표 또는 뇌에서 동기화된 패턴의 출현과 같은 잠재적으로 중요한 이벤트의 타이밍을 정확하게 결정할 수 있다. LFP 또는 자기장을 모니터링하는 것은 뇌 상태 변화를 식별하고 뇌 리듬과 같은 동적 인구 패턴을 충실하게 추적하는 데 사용할 수 있는 가장 좋은 방법이다.

리듬 시스템

약 0.02에서 600초당 주기(Hz)에 이르는 수많은 뇌 리듬이 있으며 4차수 이상의 시간적 크기를 포함하다([그림 6-1]).[12] 이러한 분리된 뇌 리듬의 대부분은 수십 년 동안 알려져 왔지만, 이러한 진동대가 선형 주파수 스케일에서 기하학적 진행을 형성하거나 자연 로그 리스 스케일에서 선형 진행을 형성하여 적어도 10개의 주파수 대역이 자연스럽게 분리된다는 것이 최근에야 인식되었다.[13] 이웃 대역은 자연 로그의 밑인 e = 2.718의 대략 일정한

은 세포외 공간의 전압이다(*Ve*; 볼트로 측정된 스칼라). 전기장은 *Ve*의 음의 공간 기울기로 정의된다. 진폭이 볼트/미터로 측정되는 벡터이다. 뇌 조직의 특정 지점에서 빠른 활동 전위에서 신경교의 가장 느린 전압 변동에 이르기까지 모든 막횡단 이온 전류가 중첩되어 해당 부위의 *Ve*가 생성된다. 모든 흥분성 막(척추, 수상돌기, 체세포, 축삭돌기 및 뉴런의 축삭 말단)과 모든 유형의 막횡단 전류가 기여하며, 여기에는 아교세포에서 모세혈관 주위세포로의 느린 사건이 포함된다. *Ve* 진폭은 소스와 레코딩 사이트 사이의 거리에 반비례하여 조정된다. 일반적으로 진폭과 주파수로 측정되는 LFP 및 EEG 파형은 여러 소스의 비례 기여도와 뇌 조직의 다양한 속성에 따라 달라진다. 세포 외 필드 기록의 주요 이점은 네트워크 활동을 조사하는 데 사용되는 다른 방법과 달리 이러한 측정과 관련된 생물 물리학이 잘 이해되고 있다는 것이다(Buzsáki et al., 2012; Einevoll et al., 2013).

11) Hämäläinen et al.(1993).

12) 리듬은 모든 문에(phyla) 걸친 신경계의 유비쿼터스 현상이며 헌신적인 메커니즘에 의해 생성된다. 단순한 시스템에서 뉴런은 종종 특정 주파수 대역에서 리드미컬한 활동과 공명을 선호하는 심박조율기 전류를 부여받는다(Grillner, 2006; Marder & Rehm, 2005).

13) Penttonen & Buzsáki(2003); Buzsáki & Draguhn(2004). 뇌 리듬의 다중 시간 척도 또는 간화는 인도 클래식 음악과 유

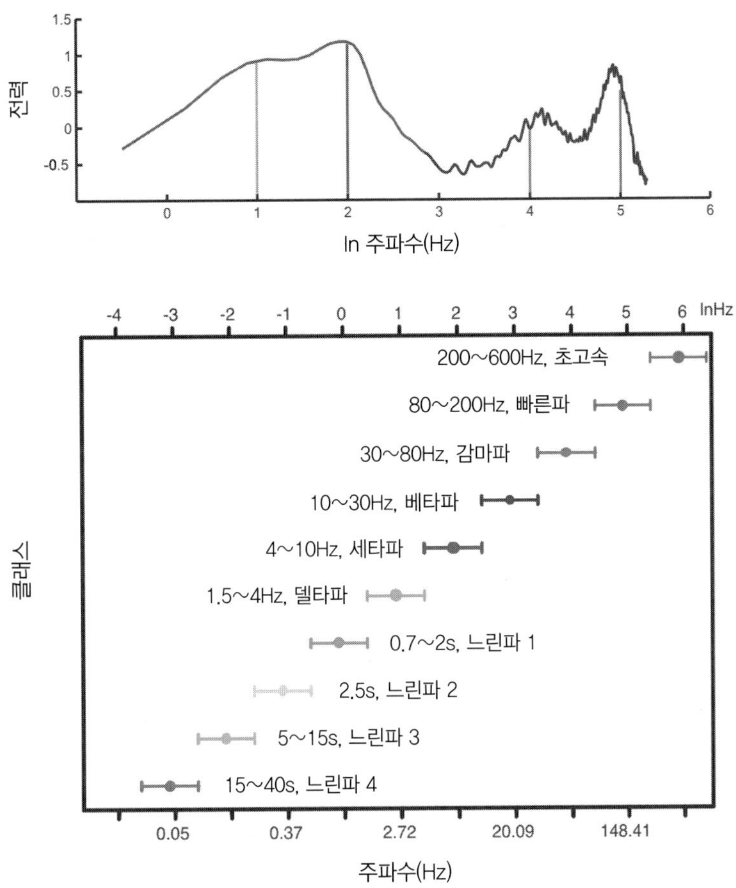

[그림 6-1] 여러 진동자는 대뇌 피질에서 계층적 시스템을 형성한다.

위: 수면 및 각성 기간 동안 기록된 마우스의 해마 뇌파(EEG) 전력 스펙트럼. 기존 델타, 세타, 감마 및 고속('리플') 대역에 해당하는 4개의 피크(1, 2, 4, 5)는 자연 로그 정수 값(ln 주파수)의 배수이다.

하단: 대뇌 피질의 진동 클래스는 로그(ln) 척도에서 주파수 클래스의 선형 진행을 보여 준다. 각 등급에서 주파수 범위('대역폭')는 인접 등급의 주파수 범위와 겹치므로 주파수 범위는 4배 이상이다.

* Penttonen & Buzsáki(2003)의 허가를 받아 수정됨.

사하며, tāla의 개념으로 설명되는 다단계 중첩 리듬 구조가 구성을 특징으로 한다. Tāla는 대략 리듬 프레임워크에 해당하며 음악 문구, 주제 및 즉흥 연주의 반복을 위한 광범위한 구조를 정의한다. 각 tāla에는 여러 개의 다른 빠른 리듬이 중첩되는 뚜렷한 주기가 있다(Srinivasamurthy et al., 2012).

비율을 가지고 있다.[14] 다양한 뇌 리듬 간의 정수가 아닌 관계로 인해 서로 다른 주파수는 서로를 완벽하게 동반할 수 없다. 대신, 그들이 생성하는 간섭은 바다의 파도와 같이 불안정한 상태와 일시적으로 안정적인 상태 사이의 영구적인 변동인 준안정성을 발생시킨다. 끊임없이 간섭하는 네트워크 리듬은 비선형 역학의 말을 사용하여 안정적인 어트랙터로 정착될 수 없다. 이것은 EEG의 끊임없이 변화하는 풍경을 설명한다.

전통적으로 주파수 대역은 그리스 문자로 표시된다.[15] 여러 리듬이 시간적으로 동일하거나 다른 구조로 공존하고 서로 상호작용할 수 있다. 그들의 별자리는 수면 단계와 각성 수준과 같은 다양한 뇌 상태를 결정한다. 피질 네트워크에서 생성된 다양한 진동은 계층적 관계를 나타내며, 종종 다양한 리듬 사이의 교차 주파수 위상 변조로 표현된다. 이 용어는 느린 진동의 위상이 더 빠른의 진폭을 변조 리듬한다는 것을 의미한다. 즉, 진폭은 각 주기 내에서 예측 가능하게 변한다. 차례로, 더 빠른 리듬의 위상은 더 빠른 리듬의 진

---

14) 상수 e는 때때로 네이피어 상수라고도 하며(제12장 참조) π를 제외하고 가장 유명한 무리수일 것이다. 그러나는 ee 기호를 정의한 독일 수학자 Leonhard Euler를 기린다. 이름을 짓고 발견에 대한 공로를 인정하는 것이 종종 역사의 특이한 현상인 이유에 대해 궁금한 적이 있다면 수학의 학점 할당 토론에 관한 다음 재미있는 기사를 읽어 보라. Maor(1994); Conway & Guy(1996); Beckmann(1971); Livio(2002); Posamentier & Lehmann(2007).

15) 그리스 문자는 주파수의 논리적 순서를 나타내는 것이 아니라 대략적으로 발견된 순서를 나타낸다. 인간 EEG의 발견자인 Hans Berger(1873~1941)는 연구 참가자들이 눈을 감았을 때 후두 피질 영역 위의 8~12Hz 리듬 패턴을 처음 관찰했으며 이를 알파파라고 불렀다(Berger, 1929). 그것들이 없을 때 눈을 떴을 때 나타나는 더 작은 진폭의 더 빠른 진동을 베타파(13~30Hz)라고 명명했다. 가장 큰 진폭의 파동은 깊은 수면 중에 존재하며 델타파(0.5~4Hz)로 알려져 있다. 우리는 이미 해마에서 가장 두드러진 세타 진동(4~10Hz)에 대해 논의했다. 감마 진동의 이야기는 정말 매력적이다. 아마도 Jasper & Andrews(1938)는 35Hz와 45Hz 사이의 주파수에 대해 '감마파'라는 용어를 처음 사용했을 것이다. 이 '40~Hz' 진동이 '인지적' 리듬이라는 아이디어는 삼매 상태 동안 훈련된 요가 수행자의 두피 EEG에서 40Hz 리듬 트레인을 설명한 Henri Gastaut(Das & Gastaut, 1955)에서 유래한 것 같다. Banquet(1973)도 초월 명상의 세 번째 깊은 단계에서 40Hz 시합을 관찰했다. 정상 참가자에서 Giannitrapani(1966)는 어려운 곱셈 질문에 답하기 직전에 35~45Hz의 증가를 발견했다. 그 후, Daniel Sheer는 기본적으로 고주파 '베타' 메커니즘이라고 생각한 바이오피드백에 대한 많은 논문에서 '40Hz'를 대중화했다(예: Sheer et al., 1966; Bird et al., 1978). '감마 리듬'이라는 문구는 1980년대에 대중화되었다. 故 Walter Freeman에 따르면 "나는 1980년에 '40Hz'라는 유행어를 만들었다. 당시 Steve Bressler는 대학원 공부를 시작하고 내 연구실에서 연구를 하고 있었기 때문에 OB의 역관계를 문서화하기 위한 문헌 검색을 그에게 맡겼다. [후각 전구] 주파수와 크기. Berger는 알파를 만들었다. 다른 누군가가 베타를 만들었고(누군지 기억나지 않음) Berger가 이를 채택했다. 입자물리학과 유사하게 다음 단계는 감마이다. 나는 EEG 연구에서 '감마'의 사전 사용을 발견하지 못했고, 그래서 Steve와 나는 그것을 그렇게 불렀다. EEG Journal의 오랜 편집자인 Mollie Brazier에게 원고를 보냈다. 그녀는 국제 EEG 학회의 명명법에 우리의 용어를 제출할 것이라고 썼다. 한 달 후 그녀는 위원회가 사용 승인을 거부했기 때문에 우리가 그것을 꺼내지 않는 한 신문을 출판하지 않을 것이라고 다시 보고했다. Steve는 지원을 받기 위해 출판물이 필요했기 때문에 우리는 이에 따랐다. 기사가 나왔을 때(Bressler & Freeman, 1980) 러닝 제목에 'EEG의 감마 리듬'이 있었다. 나는 그것을 꺼내는 것을 잊어 버렸고 아무도 눈치 채지 못했다. 그렇게 이 제목이 인쇄물에 처음 등장한 것이다. 나는 감마는 주파수가 아니라 범위라고 주장하면서 강의에서 계속 사용했다. 이제 과학의 수많은 성공적인 발전과 마찬가지로 그것이 어디서 왔는지 아는 사람은 거의 없다"(2011년 4월 3일 WF와의 이메일 서신에서 인용). 그 후 Steve Bressler는 자신의 원본 원고를 나에게 보냈다(그는 30년 동안 보관했다!). Voila, 제목은 'EEG

폭 등을 변조한다. 이 계층적 메커니즘은 뇌에만 있는 것이 아니다. 봄, 여름, 가을, 겨울은 1년의 4단계로 낮의 길이와 진폭을 모두 '조절'한다. 차례로, 하루의 위상은 바다의 조석 크기를 조절하는 태양과 달의 정렬과 상관관계가 있다(즉, 위상 고정).

교차 주파수 커플링 때문에 더 빠른 이벤트의 지속 시간은 더 느린 이벤트의 '허용 가능한' 위상 범위에 의해 제한된다. 가장 빠른 진동은 국부 뉴런의 스파이크와 교차 주파수 결합으로 인해 계층 구조의 모든 느린 리듬에 위상 고정된다. 예를 들어, 해마의 초고속 진동 '리플'파(5~7ms 또는 ~150~200/s)는 피라미드 세포와 여러 유형의 억제 개재 뉴런의 스파이크에 위상 고정되어 있으며, 짧은 기간의 리플 이벤트(약 40~80ms)는 시상피질 수면 방추의 위상에 의해 조절된다. 스핀들 이벤트는 차례로 대뇌 피질 델타 진동에 의해 위상 변조되며, 이는 뇌 전체의 저속(느린 3) 진동에 중첩된다([그림 6-2]).[16] 뇌 리듬의 중첩된 특성은 구문 규칙에 필요한 구조를 나타낼 수 있으며, 메시지 분리(예: 세포 어셈블리를 포함하는 감마 진동 주기, 제4장 참조)와 연결 단어 및 문장으로의 연결을 모두 허용한다.

억제에 의한 구두점

흥분성 피라미드 뉴런은 피질에서 정보의 주요한 전달자로 간주된다. 이들의 잠재적 폭주 흥분은 억제성 신경 전달 물질인 GABA(감마 아미노부티르산)를 함유하는 피질 뉴런의 15~20%인 억제성 개재 뉴런에 의해 축소된다. 이 뉴런의 주요 기능은 뉴런 네트워크에서 여기의 흐름을 조정하는 것이다. 여러 부류의 억제성 개재 뉴런에는 여러 특수 기능을 가

감마파: 고양이, 토끼 및 쥐의 후각 시스템 EEG의 주파수 분석'이다. 서론에서 그들은 "'감마파'라는 레이블이 Jasper와 Andrews(1938)에 의해 사용되었다"고 인정하지만 Walter는 이 세부 사항을 기억하지 못했다. 소스 메모리의 피할 수 없는 오류는 제쳐두고 감마 진동을 다시 도입한 Walter Freeman에게 감사해야 하다. 감마 리듬은 Wolf Singer와 그의 동료들이 지각 결속 문제에 대해 Rosetta Stone이 될 수 있다고 제안한 후 현재의 명성을 얻게 되었다(Gray et al., 1989).

16) Sirota et al.(2003). 구조와 종에 걸친 교차 주파수 결합의 많은 예가 있다(Buzsáki et al., 1983; Soltesz & Deschênes, 1993; Steriade et al., 1993a, 1993b, 1993c; Sanchez-Vives et al., 2000; Bragin et al., 1995; Buzsáki et al., 2003; Csicsvari et al., 2003; Chrobak & Buzsáki, 1998; Leopold et al., 2003; Lakatos et al., 2005; Canolty et al., 2006; Isomura et al., 2006; Sirota et al., 2008). 사실 아무도 예외를 본 적이 없다. 우수한 리뷰를 보려면 Jensen & Colgin(2007)을 참조하라. Axmacheret al.(2010); Canolty & Knight(2010). 그러나 파형 왜곡 및 비정상이 종종 스퓨리어스 결합을 생성할 수 있으므로 교차 주파수 위상 결합을 정량화할 때는 주의해야 한다(Aru et al., 2015). 인공 커플링을 피하는 한 가지 방법은 먼저 검사된 네트워크에 두 개의 독립적인 진동이 존재하는지 확인하는 것이다.

진 종류들이 있다. 한 그룹은 활동 전위가 생성되는 피라미드 세포의 축삭 초기 부분에 선택적으로 신경을 공급하고 스파이크의 타이밍에 영향을 줄 수 있다. 두 번째 그룹은 세포체를 둘러싸는 영역에 분포하며 축삭에서 수상돌기를 전기적으로 분리할 수 있다. 세 번째 그룹은 수지상 억제에 전념한다. 그들의 주요 기능은 흥분성 입력을 다른 수지상 세그먼트로 감쇠하거나 '필터링'하는 것이다. 수상돌기를 표적으로 하는 개재 뉴런은 또한 전체 수상돌기 가지나 나무를 효과적으로 단락시킬 수 있으며, 따라서 억제된 주 뉴런의 생물물리학적 특성을 동적으로 변경할 수 있다. 또 다른 그룹은 다른 개재 뉴런을 독점적으로 억제한다. 개재 뉴런은 주변 피라미드 세포로부터 흥분성 입력을 수집하고 멀리 있는 흥분성 뉴런 또는 다양한 신경 조절제를 운반하는 피질하 뉴런에 동등하게 효과적으로 반응한다. 차례로, 대부분의 중간 뉴런의 축삭은 국부적으로 수목화되어 주변 피라미드 세포 집단을 억제한다. 마지막으로, 억제 세포의 더 작은 중요한 그룹은 축삭을 멀리 떨어진 구조로 투사하므로 이 장거리 개재 뉴런이라 불린다.

이러한 개재 뉴런 유형 각각에 대해 합의된 작업 설명은 없지만 전반적인 작업은 대도시의 교통 관제사와 유사하다. 여기를 멈추거나 느리게 하고 원하는 방향으로 흥분성 트래픽을 라우팅하는 기능은 복잡한 네트워크에서 중요한 요구 사항이다. 효과적이려면 다양한 트래픽 컨트롤러가 주어진 각 작업에 대해 시간적으로 잘 조정되어야 한다.[17] 흥분성 뉴런의 억제는 뉴런 메시지를 구문 분석하고 분리할 수 있는 신경 구문의 구두점으로 생각할 수 있다.

뉴런 진동의 분리 또는 게이팅 효과는 막 전위가 활동 전위 역치 주변에서 변동하는 단일 뉴런을 고려하여 설명할 수 있다. 뉴런의 구심성 흥분의 결과는 뉴런의 상태에 따라 다르다. 막 전위가 임계값에 가까우면 매우 적은 양의 여기만으로도 세포를 방전하기에 충분하다. 그러나 구심성 흥분이 과분극 시점에 도달하면(즉, 막 전위가 휴지보다 더 음인 경우) 입력은 무시될 수 있다. 개재 뉴런의 축삭돌기는 많은 주세포를 표적으로 하기 때문에 억제는 주세포의 작용을 효과적으로 동기화할 수 있다. 예를 들어, 진동 메커니즘에 의해 중

---

17) 피질 개재 뉴런에 대한 여러 리뷰가 있다(Freund & Buzsáki, 1996; Buzsáki et al., 2004; McBain & Fisahn, 2001; Soltesz, 2005; Rudy et al., 2011; Klausberger & Somogyi, 2008; De1Felipe et al., 2013; Kepecs & Fishell, 2014). 장거리 개재 뉴런은 또한 피질에서 발견되며 선조체의(striatum) 중간 가시 뉴런 및 복부 피개 영역의 GABA성 뉴런, 흑색질(substantia nigra), 솔기핵(raphe nuclei) 및 기타 여러 뇌간(brainstem) 영역과 같이 긴 축삭이 있는 다른 억제 뉴런 유형과 관련될 수 있다.

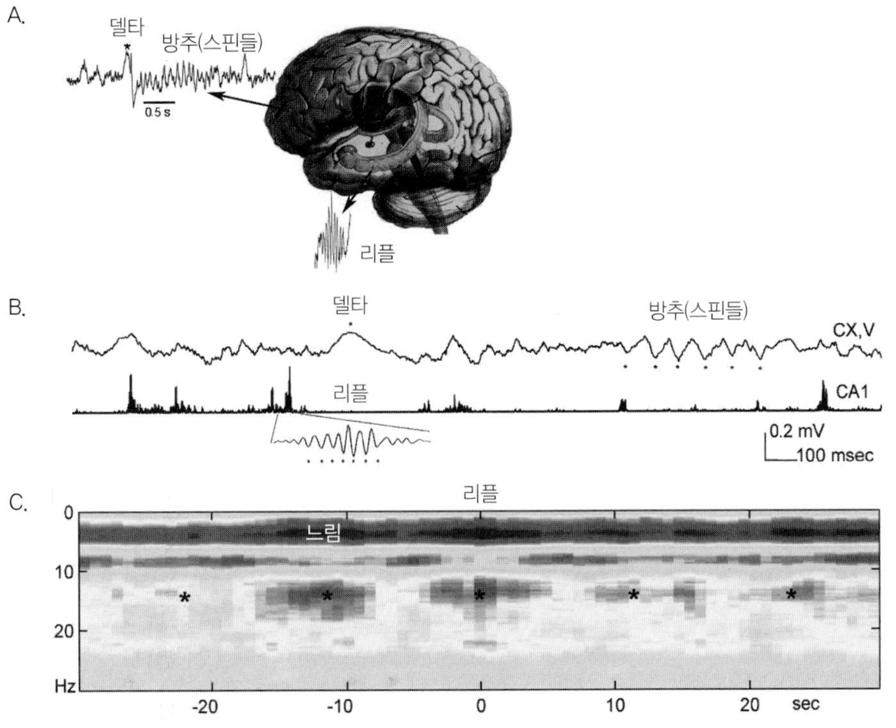

[그림 6-2] 해마의 날카로운 파동, 신피질의 느린 파동 및 수면 방추는 종종 시간적으로 결합된다.

A: 사건 및 구조의 개략도. B: 쥐의 해마(CA1) 국부 장 전위에서 신피질(CX, V) 국부 장 전위 및 빠른 진동(100~200Hz)의 거듭제곱(power)의 예. 빠른 국부 진동(리플)의 예도 표시된다. C: 해마 리플 피크 트리거(시간 0) 신피질 분광도. 느린 진동(느림) 및 수면 방추(10~18Hz) 대역에서 해마 파문과 전력의 상관관계 증가에 주목하라. *매우 느린 신피질 및 해마 활동의(~0.1Hz) 조절.

출처: Sirota et al.(2003).

간 뉴런의 방출이 시간적으로 조정되면 네트워크의 많은 피라미드 세포가 동기 출력을 생성할 수 있으며 비조정 또는 비동기 발사와 비교하여 다운스트림 목표에 더 강한 영향을 미칠 수 있다. 요컨대, 중간 뉴런의 합동 작용은 흥분성 정보를 적시에 올바른 방향으로 전달할 수 있다.

억제는 진동을 만든다

억제는 뇌 리듬의 기초이며 알려진 모든 신경 오실레이터(oscillator)에는 억제가 기능한다. 반대 세력 간의 균형, 여기 및 억제와 같은 것은 진동을 통해 가장 효율적으로 달성될 수 있다. 출력 단계는 흥분성 메시지의 전송을 허용하며, 이는 억제의 축적에 의해 차단된다. 진동은 기계적이든 생물학적이든 모든 시스템의 구성 요소를 동기화하는 가장 저렴한 방법이다. 이것은 유용한 외부 타이밍 신호를 사용할 수 없을 때 뇌 네트워크가 자발적으로 진동을 생성하는 좋은 이유일 수 있다. 억제 개재 뉴런은 많은 표적 뉴런에 동시에 작용하여 구심성 입력이 억제 조정 국소 회로에 영향을 미칠 수 있는 기회의 창을 효과적으로 생성한다. 요약하면, 진동 타이밍은 상호 연결된 주 셀 그룹과 연결되지 않은 주 셀 그룹을 모두 일시적인 연합으로 변환하여 유연성과 스파이크의 경제적 사용을 제공할 수 있다.

진동에 의한 뇌 전체의 활동 조정

이웃과 물리적으로 멀리 떨어져 있는 구성 요소 사이의 통신이 똑같이 빠른 컴퓨터와 달리 뇌의 축삭 전도 지연은 빠른 진동 주기로의 뉴런 모집을 제한한다. 결과적으로, 저속파는 쓰나미 크기이고 큰 뇌 영역의 많은 뉴런을 포함하는 반면, 초고속 진동은 느린 파동의 소용돌이를 타고 있는 잔물결일 뿐이며 대부분 로컬 통합에 기여한다. 이러한 교차 주파수 관계의 결과는 느린 주파수의 섭동이 필연적으로 모든 중첩 진동에 영향을 미친다는 것이다.

리듬의 교차 주파수 위상 결합의 중요한 유틸리티는 뇌가 많은 분산된 로컬 프로세스를 전역적으로 정렬된 상태로 통합할 수 있다는 것이다. 로컬 계산과 하류 리더 메커니즘으로의 다수 신호 흐름은 인지과학에서 일반적으로 실행, 주의, 맥락 또는 하향식 통제라고 부르는 메커니즘인 보다 포괄적인 뇌 활동의 통제를 받을 수 있다.[18] 이 용어는 감각 입력만으로는 네트워크 활동의 가변성을 설명하기에 충분하지 않으므로 다른 원동력의 일부를 가정해야 한다는 암묵적 인식을 반영한다. 이러한 다른 소스는 감각 입력의 의미에 필요한 접지를 제공할 수 있는 기존 배선 및 뇌의 지식 기반에서 오는 감독 신호로 생각할 수 있다(제3장).

교차 주파수 결합을 통해 여러 뇌 영역에서 로컬 계산의 전역 조정은 수많은 영역의 정보를 보장할 수 있다. 다운스트림 리더 메커니즘의 통합 시간 창 내에서 전달된다. 여기에서 유용한 비유는 많은 사람들이 동시에 말할 때 발생하는 칵테일파티 문제이다. 듣는 사

18) Engel et al.(2001); Varela et al.(2001).

람도 화자의 행동을 볼 수 있을 때 대화를 이해하는 것이 훨씬 쉽다. 발화에 관여하는 입술과 안면 근육의 움직임은 소리보다 수십 밀리 초 앞서서 그 패턴이 발화음과 특징적으로 연관되어 있다. 따라서 소리 생성 정보의 시각적 지각은 소리 지각을 준비하고 향상시킬 수 있다. 시각 정보는 도착한 청각 입력과 결합하기 위해 적시에 뇌의 청각 영역에 도달한다. 실제로, 사람이 말하는 무성영화를 보는 것은 청자의 뇌의 청각 영역을 활성화시킨다.[19] 외국 억양을 가진 사람을 이해하는 것은 처음에는 어렵지만 듣는 사람은 청각과 시각 정보를 결합하여 빠르게 따라갈 수 있다. 청각적 흐름과 시각적 흐름 사이의 시간적 불일치로 인해 이해가 어려울 수 있지만 사람들은 빠르게 이를 보상하는 법을 배운다.

입력–출력 조정

뉴런 진동은 뉴런 네트워크에서 이중 기능을 가지고 있다. 입력 및 출력 뉴런 모두에 영향을 준다. 진동파 내에서 자극에 대한 반응성이 향상되거나 억제되는 경우가 있다. 우리는 그것들을 '이상적인' 단계와 '나쁜' 단계라고 부를 수 있다. 진동은 막 전위를 임계값에 가깝게 주기적으로 상승시켜 뉴런이 반응할 기회의 개별 창을 제공하는 에너지 효율적인 솔루션이다. 이 게이팅 효과에 대한 생리학적 설명은 앞서 논의한 바와 같이 진동파의 나쁜 위상이 억제에 의해 지배되는 반면, 여기가 이상적인 위상에서 우세하다는 것이다. 네트워크 수준에서도 동일한 원칙이 적용된다. 동일한 원리가 네트워크 수준에서도 적용된다. 즉, 입력이 진동의 이상적인 상(phase)에 도달할 때, 즉 뉴런이 동시에 발화하여 메시지를 보낼 때, 대부분의 뉴런이 침묵하는 오실레이터의 이상적이지 않은 상(phase)에서 도착하는 동일한 입력에 비해 훨씬 덜 효과적이다.

앞서 논의한 바와 같이 억제성 개재 뉴런의 활성화는 많은 주요 뉴런을 동시에 과분극화할 수 있다. 억제성 인터 뉴런의 모집은 구 심성 입력(피드 포워드) 또는 활성화된 국소 회로의 피라미드 뉴런(피드백)을 통해 발생할 수 있다. 결과적으로, 입력 여기의 영향을 차단하는 동일한 메커니즘이 로컬 회로의 많은 뉴런에서 출력 스파이크의 타이밍에도 영향을 미친다.[20] 이러한 동기화된 세포 조립 활동은 스파이크 간 간격이 불규칙한 조정되지 않

---

19) Schroeder et al.(2008); Schroeder & Lakatos(2009).

20) 무작위로 발생하는 입력이 진동하는 대상 네트워크의 위상에 의해 결정된 출력을 생성한다는 아이디어는 Bishop

은 개별 뉴런보다 다운스트림 파트너에 훨씬 더 큰 영향을 미칠 수 있다. 뉴런 진동의 이러한 이중 기능은 정보를 다양한 길이의 패키지로 묶는 데 유용한 메커니즘으로 만든다.[21]

종(species)을 넘어서는 뇌 리듬

두뇌는 자연에서 가장 정교한 확장 가능한 아키텍처 중 하나이다. 확장성은 동일한 계산을 수행하면서 종종 효율성을 높이면서 시스템을 확장할 수 있는 속성이다. 확장 가능한 아키텍처에서 시스템의 특정 주요 측면은 원하는 기능을 유지하기 위해 보존되어야 하고 다른 측면은 이러한 보존을 보완해야 한다.

리듬으로 표현되는 뉴런 활동의 시간적 구성은 뇌 크기를 조정할 때 보존해야 하는 근본적인 제약이다. 실제로, 아마도 뇌 리듬의 가장 놀라운 측면은 진화적으로 보존된 본성일 것이다. 한 포유류 종에서 알려진 모든 LFP 패턴은 현재까지 조사된 거의 모든 다른 포유류에서도 발견된다. 주파수 대역뿐만 아니라 진동 활동의 시간적 측면(예: 지속 시간 및 시간적 진화), 그리고 중요한 것은 교차 주파수 결합 관계 및 행동 상관관계도 보존된다([그림 6-3]). 예를 들어, 수면 방추의 주파수, 지속 시간, 파형 및 피질 국소화는 마우스와 인간의 뇌에서 매우 유사하다.

한편으로 이것은 그리 놀라운 일이 아닐 수도 있다. 결국, 신경 전달 물질, 그 수용체, 주요 세포와 중간 뉴런의 막 시간 상수도 보존되며 이러한 특성은 다양한 진동의 기초가 된다. 따라서 뇌의 크기에 관계없이 뉴런 네트워크에서 여러 시간 척도의 관리는 동일한 기

(1933)으로 추적할 수 있다. Bishop은 시신경을 자극하고 EEG의 봉우리와 골짜기의 기능에 따라 피질 반응이 어떻게 변하는지 관찰했다. 진동 통신의 많은 후속 모델은 이러한 관찰을 기반으로 하다(예: Buzsáki & Chrobak, 1995; Fries, 2005).

21) 뇌 리듬은 약하게 혼돈된 오실레이터 계열에 속하며 조화 오실레이터와 이완 오실레이터의 기능을 공유한다. 여러 뇌 리듬의 거시적 모양은 파동이 거의 대칭적이지 않지만 고조파 진동자의 사인파 패턴과 유사하다. 고조파 오실레이터의 장점은 위상각의 단기 관찰을 통해 장기 동작을 안정적으로 예측할 수 있다는 것이다. 오늘날의 달의 위상을 알면 지금부터 100년 후의 위상을 매우 정확하게 계산할 수 있다. 고조파 오실레이터의 이러한 정밀도는 교란하기 어렵고 위상 동기화가 제대로 이루어지지 않기 때문에 단점이기도 하다. 기능적으로 뉴런 오실레이터는 이완 오실레이터처럼 행동하며 스파이크 정보가 전송되고 그 뒤에 불응기가 이어지면 '의무 단계'가 수행된다. 주기의 이 내화 단계를 섭동 또는 '수신' 단계라고 부를 수 있다. 이 단계에서 오실레이터가 '취약'하고 위상이 재설정될 수 있기 때문이다. 송신 및 수신 위상의 분리로 인해 이완 오실레이터는 단일 사이클에서 강력하고 빠르게 동기화할 수 있으므로 시간과 공간 모두에서 스파이크 정보를 패키징하는 데 이상적이다.

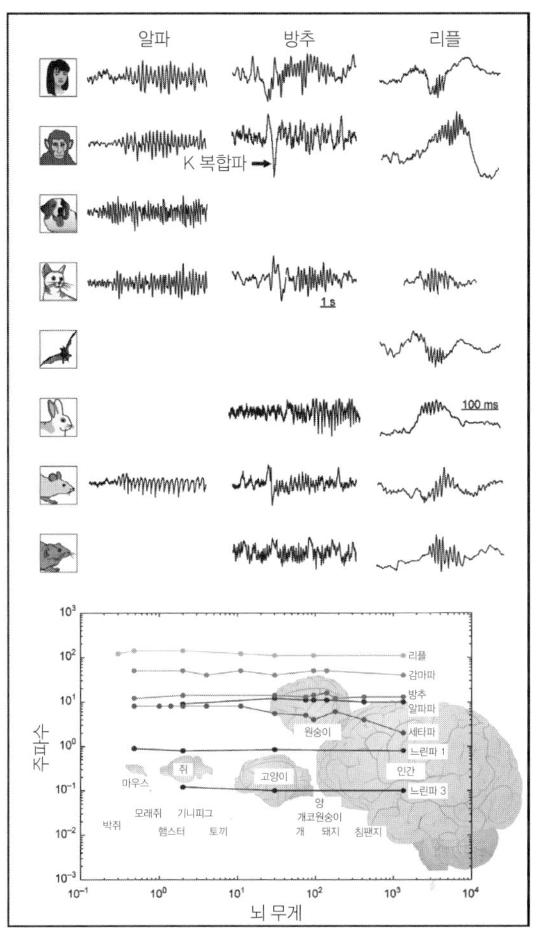

[그림 6-3] 포유류의 뇌 리듬 보존

A: 다양한 종의 신피질 알파 진동, 수면 방추 및 해마 잔물결의 예시적인 흔적. 종에 걸친 각 패턴의 주파수, 시간적 진화 및 파형의 유사성에 주목하라. B: 로그-로그 척도에서 다양한 리듬 클래스의 뇌 무게와 빈도 사이의 관계. 뇌의 무게가 수십 배 증가함에도 불구하고 주파수 변화는 작다는 것에 주목하라.

출처: Buzsaki et al.(2013).

본 메커니즘에 의해 지원된다. 반면에 영역 간의 의사소통 속도는 소뇌와 대뇌 사이에 상당한 차이가 있어 리듬을 보존하기가 예기치 않다. 예를 들어, 다중 모드 입력의 일관된 인식을 위해 시상 및 여러 기본 감각 피질 영역의 국부 계산 결과는 대상 연관 피질의 통합 시간 창 내에 도달해야 한다. 뇌의 운동 쪽에도 동일하게 적용된다. 제3장에서 논의한 바와 같이, 미오신과 액틴의 기본적인 특성은 포유류 전반에 걸쳐 대체로 보존되어 있다. 따라서 운동피질, 소뇌, 기저핵에서의 운동 명령 계산은 유사한 시간 창에서 수행되어야 하고 척수에 대한 명령 신호는 다른 종에서 동일한 시간 범위 내에서 전달되어야 한다. 그러나 이러한 구조의 거리는 종에 따라 크기에 따라 다르다. 따라서 적절한 기능에 필요한 모든 타이밍 제약은 뇌의 크기 증가에 따른 복잡성과 조화되어야 한다. 작은 말괄량이에서 대뇌 고래류에 이르기까지 뇌 부피가 17,000배 증가했다는 점을 감안할 때 이것은 사소한 일이 아니다. 많은 뇌 진동의 불변성과 종에 걸친 교차 주파수 결합 효과는 신경 활동의 시간적 조정에 대한 근본적인 역할을 제안한다.[22]

종에 걸친 뇌 리듬의 보존

타이밍 메커니즘을 보존하면서 뉴런 네트워크의 확장을 허용하는 메커니즘이 적어도 두 가지 있는 것으로 보인다. 첫 번째 메커니즘은 두 뉴런 사이의 최단 경로에 있는 단일 시냅스 연결의 평균 수로 정의되는 뉴런 사이의 시냅스 경로 길이를 단축하여 뉴런 수의 증가와 가능한 연결의 엄청난 수를 보상한다. 이 문제는 도시를 고속도로 및 항공사로 연결하여 연결 길이와 도시 A에서 도시 B로 이동하는 데 필요한 중간 도시 수 사이에서 효율적인 절충안을 얻는 것과 유사하다. 대부분의 실제 네트워크에서는 모든 것을 서로 직접 연결하는 것은 불가능하다. 연결해야 할 노드의 수보다 연결의 수가 훨씬 더 빠르게 증가하기 때문이다. 효율적인 절충안은 장거리 짧은 지름길 연결을 소수 지역 연결에 삽입하는 것이다. 결과로 나온 '작은 세계와 같은' 아키텍처 솔루션은 뇌의 크기가 증가함에 따라 평균 시냅스 경로 길이를 유사하게 유지하면서 확장을 허용한다.

이러한 스케일링은 과도한 부피 성장을 방지하는 반면, 더 긴 축삭은 활동 전위의 이동 시간을 증가시킨다. 이것은 신경 통신에 심각한 문제를 제기한다. 따라서 이러한 시간 지연을 보상하기 위한 두 번째 메커니즘이 필요하다. 이 요구 사항은 더 복잡한 뇌에서 더 큰 구경, 더 잘 절연된, 더 빠르게 전도되는 축삭돌기를 사용하여 해결된다. 예를 들어, 마우스 뇌에서 반구간 감마 밴드 동기화를 달성하려면 5m/sec의 전도 속도가 충분하다. 반면에 인간 뇌에서 동일한 주파수 범위(반구 사이 70~160mm)에서 일관된 진동을 유지하려면 훨씬 더 빠르게 전도하는 축삭이 필요하다. 따라서 더 큰 뇌에서 타이밍 메커니즘의 이점은 신호가 유사한 시간 창 내에서 더 긴 거리를 이동할 수 있도록 하는 더 큰 구경과 더 강하게

22) Buzsáki et al.(2013). 이 리뷰의 보충 자료 섹션은 수많은 포유류 종에서 기록된 다양한 리듬에 대한 수백 편의 논문을 비교한다.

수초화된 축삭돌기를 추가하여 보존될 수 있다. 인간의 뇌에서 대부분의 뇌의 반구를 연결하는 축삭(교량, callosal)은 작은 직경(<0.8μm)을 갖지만 가장 두꺼운 0.1%는 직경이 10μm를 초과할 수 있다. 이 두꺼운 섬유는 뇌 크기에 따라 가장 잘 확장되는 반면, 얇은 섬유의 비율은 실제로 감소한다. 직경이 큰 축삭돌기를 추가하면 뇌의 부피와 대사 비용이 증가하지만 결과적인 부피 증가는 모든 뉴런에서 축삭 구경의 비례 증가로 인한 것보다 여전히 상당히 작다. 직경이 큰 축삭의 작은 추가 부분은 종에 걸쳐 반구 사이의 전도 지연의 작은 변이에 영향을 줄 수도 있다.[23] 구경이 큰 축삭돌기를 가진 정확한 뉴런 유형은 알려져 있지 않지만 실험 데이터에 따르면 적어도 일부는 장거리 억제 뉴런에서 비롯된 것으로 나타났다. 이론적인 연구나 모델링은 장거리 개재 뉴런이 감마 및 잠재적으로 다른 진동의 뇌 전체 동기화에 중요하다고 제안한다.[24]

요약하면, 점점 더 커지는 뇌에서 뇌 리듬의 보존은 뇌 수행에서 타이밍의 근본적인 중요성에 대한 뒷받침 증거로 받아들여질 수 있다. 다양한 중첩 리듬이 여러 뇌 시스템에서 병렬로 발생하기 때문에 진동 자체가 특별한 생물학적 기능을 제공하지 않는다는 것이 분명하다. 감각 후각 구(olfactory)의 감마 진동의 의미는 인지 기능을 담당하는 전두엽 회로의 진동과 다르다. 대신, 특정 진동의 이점은 이를 지원하는 뇌 시스템의 기능에 따라 다르다.

오실레이터의 혼입: 스피치의 시간적 역학 추적

동일한 주파수를 가진 두 개의 오실레이터가 서로 맞물리면 결과는 두 리듬의 위상에 따라 달라진다. 동위상 상호작용은 공명을 유도하고 결과적으로 증폭을 유발한다.[25] 대조적

---

23) Aboitizet al.(2003); Wang et al.(2008). 제12장의 축삭돌기 직경에 대한 추가 논의를 참조하라.

24) 조밀하게 연결된 국소 뉴런 네트워크는 장거리 회로 사이의 시냅스 경로 길이를 효과적으로 줄이고(Buzsáki et al., 2004) 먼 네트워크를 통한 진동의 동반을 허용한다. 장거리 개재 뉴런은 직경이 크고 수초화된 축삭을 갖는 경향이 있으므로 빠른 도관을 제공할 수 있다(Jinno et al., 2007). 뇌에서 대부분의 신경 연결은 국소적이지만 장거리 지름길에 산재해 있다(Bullmore & Sporns, 2009). 이 아키텍처 디자인은 수학적으로 정의된 '작은 세계' 네트워크를 연상시킨다(Watts & Strogatz, 1988). Small-world 유형의 네트워크는 활동이 하나의 뉴런(또는 더 가능성이 높은 뉴런 집합, '노드')에서 멀리 떨어진 뉴런으로 전파되도록 한다. Steve Strogatz의 책(Sync, 2003)은 그가 만든 용어인 소규모 네트워크에 대한 훌륭한 참고 자료다. 뇌의 연결 규칙은 제12장을 참조하라.

25) 단일 뉴런은 또한 공명과 필터링을 이용할 수 있다. 뉴런 막의 누설 컨덕턴스와 커패시턴스는 주로 뉴런의 저역 통과

으로, 상반된 상호작용은 리듬을 소멸시키거나 약화시킬 수 있다. 정수가 아닌 관계의 오실레이터는 영구적인 간섭을 유발한다. 이것은 뇌 리듬의 전형이며 간섭 메커니즘은 파도의 간섭과 유사하게 뇌 역학이 끊임없이 변화하는 이유를 설명한다. 때때로, 진동 판독기 메커니즘은 들어오는 입력에 대해 위상을 일시적으로 조정할 수 있다. 이러한 위상 조정은 뇌 오실레이터의 가장 중요한 유연한 기능 중 하나다. 이것은 오케스트라의 음악가가 비트를 유지하는 것과 유사하다. 첫 번째 바이올리니스트가 조금 더 빠르면 나머지 음악가가 움직임의 타이밍을 조정한다. 또한 정보 전달 주세포의 최대 및 최소 스파이크 활동의 위상 분리는 오실레이터를 자연스러운 분석 메커니즘으로 만든다. 앞서 언급했듯이 이것은 구문 연산의 기본 요구 사항인 뉴런 메시지의 효과적인 분리 메커니즘이다.[26]

말하기 리듬이 뇌 리듬이다

뇌 오실레이터의 선택 및 증폭 특성의 놀라운 예는 언어에 대한 반응이다. 인간의 말의 리듬은 모든 음성 언어에서 매우 유사하며 우리의 두뇌는 그러한 정보를 효율적으로 추적하고 추출하도록 조정된다. 말을 더듬는 사람이나 말더듬이가 있는 사람은 언어 리듬의 변화로 인해 어떤 언어로든 쉽게 알아볼 수 있다. 이른바 운율적인 억양, 강세, 멈춤과 같은 언어적 특징은 개인의 특징이지만, 0.3/s에서 2/s(델타 밴드) 사이에서 변하는 모든 사람들 사이에서 공통적인 특징을 공유하기도 한다.[27] 음절은 또한 초당 4~8회(세타 대역) 사이에서 다소 리드미컬하게 반복되는 반면 음소와 빠른 전환은 30/s에서 80/s(감마 대역) 사이의 주파수 대역을 특징으로 한다. 뇌 진동의 두 가지 특징은 계층적으로 조직된 연속어의 추

필터링(기본적으로 RC 필터)을 담당한다. 대조적으로, 활성화 범위가 휴지 막 전위에 가까운 여러 전압 개폐 전류는 고역 통과 필터로 작용하여 뉴런이 빠른 스파이크 열에 더 민감하게 만든다. 이러한 공명 진동 기능을 통해 뉴런은 주파수에 따라 입력을 선택할 수 있다. 고역 통과 및 저역 통과 필터링이 있는 뉴런은 대역 통과 공진기로 기능할 수 있는 뉴런 네트워크를 구축하기 위해 결합될 수 있다(Llinás et al., 1988; Alonso & Llinás, 1989; Hutcheon & Yarom, 2000). 피질 개재 뉴런 클래스는 광범위한 선호 주파수를 가지며(Thomson & West, 2003), 다양한 주파수 조정 속성은 네트워크 역학을 설정하는 데 중요하다.

26) Bickerton과 Szathmáry(2009)가 편집한 이 책에는 언어 및 신경 활동과 관련된 구문 규칙에 대한 훌륭한 장들이 많이 포함되어 있다.

27) 운율적 특징은 개별 음소를 넘어선 음성의 청각적 특성을 설명한다. 운율구는 연결된 음소, 음절 및 형태소로 말의 초분절적 특징을 반영한다. 그들은 목소리의 높낮이와 억양, 리듬, 강세, 소리의 크기가 특징이다. 음소는 추상적 인 사운드 기능이다. 차별화 BE- 트윈 두 단어(예를 들어, '집' 대 '마우스'). 음절은 하나 개의 모음으로 발음의 단위이다. 형태소는 단어의 단어 또는 일부와 의미가 작은 문법 단위다. 예를 들어, 정보 [in-for-m-tion]에는 4개의 음절과 1개의 형태소가 있다.

출을 촉진할 수 있다. 첫 번째는 언어와 기본 뇌 리듬 주파수 간의 일치이다. 교차 주파수 위상 결합은 사운드 기능을 증폭하고 음성 구성 요소의 분할을 지원할 수 있다. 둘째, 위상을 재설정하는 뉴런 오실레이터의 능력은 준리듬 구어의 시간적 특징을 효과적으로 추적할 수 있다.

뇌 리듬에 의해 지원되는 신경 구문과 언어 구문을 연결 짓는 것은 매력적인 생각이다. 뇌 리듬은 우리의 운동 시스템이 소리의 발화를 제어하는 방식을 제한할 수 있다. 그 대가로 소리의 순서를 나타내는 '음성 구문'은 뇌의 진동에 영향을 줄 수 있다. 나는 나중에 이 비교를 음성 구문과 음성의 구문 코딩 사이에 차이가 있음을 명시적으로 인정한다. 그러나 두뇌가 구성한 구문 규칙과 인간 커뮤니티에서 구성한 구문 규칙은 종종 상관관계가 있는 것처럼 보인다.

EEG, ECoG 또는 MEG 방법을 사용한 실험은 음성 엔벨로프(envelope)의 가장자리가 오른쪽 측두엽 및 전두엽 영역에서 느린 뇌 진동의 위상을 재설정할 수 있고 어음(speech sound) 엔벨로프 변동이 델타 밴드의 진폭 변화와 상관관계가 있음을 보여 주었다. 음절 시퀀스의 시변 역학은 세타 진동의 진폭과 감마 활동의 통합 진폭에 의해 충실하게 추적될 수 있다. 환자의 상측두이랑(superior temporal) gyrus(비일차 청각 피질) 표면의 고밀도 ECoG 기록에서 연속 언어의 시간 스펙트럼적(spectrotemporal) 청각 특징이 신경 신호로부터 안정적으로 재구성될 수 있고 많은 단어와 의사어가 통계적으로 분리될 수 있었다. 유사하게, 연구 참가자들에게 노래 일부분을 들려줬을 때, 특징적인 시간 변화 사운드 패턴이 높은 감마 진동의 미묘한 파워 변화로부터 인식될 수 있었다. 뇌 리듬에 의해 언어의 시간적 역학을 추적하기 위한 요구 사항은 테스트 문장이 시간 왜곡되는 실험에 의해 설명된다. 음성이 압축되더라도 이해력이 유지되면 음성의 시간적 엔벨로프(envelope)와 녹음된 뇌 신호 사이의 위상 고정 및 진폭 일치가 모두 유지된다. 그러나 음성이 지나치게 압축되면 뇌 진동이 더 이상 음성을 효과적으로 추적하지 못하고 이해력이 저하된다.[28]

28) 중요한 배경 논문은 Shannon 등(1995)은 음성 패턴 인식이 일반적으로 스펙트럼 및 시간 신호를 모두 사용할 수 있음을 보여 주었다. 여러 작업에서 언어의 구문 규칙이 신경 구문과 관련이 있다고 암시적 또는 명시적으로 제안했다(Buzsáki, 2010; Bickerton & Szathmáry 편집 볼륨의 장, 2009도 이러한 의심되는 링크에 대해 논의함). 언어 분할에서 뇌 진동의 역할에 대한 생리학적 지원에 대해서는 Ahissar et al.(2001); Lakatos et al.(2005, 2008); Howard & Poeppel(2010); Ding & Simon(2012). 귀중한 ECoG 데이터는 일반적으로 경막하 전극 어레이를 사용하여 뇌종양 또는 간질이 있는 환자로부터 이러한 검사에 대해 정보에 입각한 동의를 제공할 때 얻을 수 있다(Pasley et al., 2012; Sturm et al., 2014).

아웃사이드-인의 관점에서 보면, 말하기와 뇌 진동 사이의 역동적 관계는 말하기 패턴이 뇌 패턴에 영향을 미치기 때문이라고 할 수 있다. 다시 말해, 언어 자극은 뇌가 말 내용을 효과적으로 분할하고 구문 분석하도록 '훈련'한다.[29] 이 주장은 모든 포유류에서 신경 진동이 동일하고 모든 인간 문화에서 언어 리듬이 동일하기 때문에 타당성이 거의 없다. 대신, 나는 청각 시스템의 코딩 전략이 내부적으로 조직된 뇌 리듬과 일치한다고 제안한다. 이 견해를 뒷받침하기 위해 쥐가 음악이나 광대역 핑크 노이즈와 같은 복잡한 소리를 들을 때 청각 피질의 표층에 있는 시상피질 패턴도 초당 2~4 프레임으로 분할된다. 인간에서와 같이 이러한 이벤트는 음향 자극의 특정 시간에 로컬 필드 전위의 위상을 안정적으로 재설정한다. 전반적으로 종 전반에 걸쳐 뇌 리듬의 보존은 인간의 언어가 기존의 뇌 역학에 기반을 두고 있음을 시사한다.

뇌의 진동 시스템에 의한 구문 분할, 그룹화 및 구문 분석

지금까지 우리는 뇌 리듬이 연속적인 자연의 소리를 분할하고 구문 분석하는 데 효율적이며, 청각 피질의 변조 능력과 언어 역학 간의 일치가 이해의 전제 조건이라는 점에 대해 논의했다(확실히 충분하지는 않지만). 그러나 소리 엔벨로프(envelope)에 대한 뇌의 반응은 단순히 진동 결합의 문제가 아니라 특징 추출도 포함한다. 이 아이디어를 뒷받침하기 위해 동일한 음성 세그먼트가 뒤로 재생되거나 음성 구성 요소가 무작위로 섞일 때와 비교할 때 청취자가 음성을 이해할 때 세타-감마 위상 결합의 크기가 더 강하다.[30] 다시 말해, 교차 주파수 결합 크기의 변화가 의미를 가질 수 있다.

---

29) 진폭 엔벨로프의 확률 분포와 모든 자연음의 시간-주파수 상관관계는 매우 유사하다. 동물의 발성과 인간의 말은 대부분의 스펙트럼 파워의 낮은 시간적 변조를 특징으로 한다. 진폭 엔벨로프의 분포는 자연음에 대한 특징적인 모양과 발성에 대한 진폭의 로그에 대해 비교적 균일한 분포를 나타낸다(EEG 신호의 경우와 같이 1/f 형식으로 특성화됨). 대체로 이러한 이유로 Singh & Theunissen(2003)은 청각 시스템이 행동과 관련된 소리를 처리하도록 진화했다고 제안했다. 이 가설에 따르면, 소리의 분광 시간 진폭 엔벨로프의 통계는 청각 뇌 영역이 소리 정체성을 추출하는 데 중요하다.

30) 기능적 자기 공명 영상(fMRI) 연구는 EEG/MEG 데이터를 간접적으로 지원한다. 청각 피질의 혈중 산소 농도 의존적(BOLD) 신호는 지능적인 말이든 지능적이지 않은(스크램블된) 말이든 관계없이 증가한다. 시간적 언어 영역(예: Broca 영역, Brodmann 영역 45, 47)에서는 혈류 변화를 유도하기 위해 문장 수준에서 일관된 정보가 필요한 반면 정수리 및 전두엽 영역(Brodmann 영역 39, 40, 7 및 22)은 응답만 한다. 지능적인 말의 온전한 단락이 제시될 때(Lerner et al., 2011). 뇌에서는 두 가지 주요 언어 관련 시스템, 즉 등쪽 및 복부 시스템을 구별할 수 있다. 등쪽 시스템은 후측 측두 피질과 함께 계층적 구문 계산 및 복잡한 문장의 이해를 지원하는 Broca 영역(특히, Brodmann 영역 44)을 포함한다. 복부 시스템(영역 45/47)과 측두 피질은 어휘 의미 및 개념 정보의 처리를 지원한다(예: Hagoort, 2005; Berwick et

칵테일파티에서의 두뇌 리듬

여러 사람이 동시에 말할 수 있는 칵테일파티에서 음성 시스템은 복잡한 청각 장면을 별도의 '대상'으로 그룹화하여 우리를 돕는다. 선택한 사람의 말에 뇌의 리듬을 위상 고정하여 알아들을 수 있는 말을 추출한다. 이것은 한 개인(즉, 대상 청각 대상)에서 방출되는 소리가 위상 재설정 및 공명에 의해 증폭되기 때문에 선택적 이득 제어(제11장)의 적절한 예이다. 동시에 다른 화자의 음성 스트림은 청취자의 뇌 리듬의 '무시' 단계에서 음성이 도착했기 때문에 필터링되고 억제된다.

실제 칵테일파티에서 스피커는 물리적으로 다른 위치에 있으므로 양쪽 귀로 듣는 방식으로 스피커의 공간적 위치를 삼각측량할 수 있다고 주장할 수 있다.[31] 그러나 청취자가 단일 이어폰을 통해 듣는 두 명의 경쟁 화자(일반적으로 남성 및 여성) 중 하나에 선택적으로 주의를 기울이도록 요청받을 때 공간 위치 파악 메커니즘의 기여는 실험실 설정에서 제외될 수 있다. 이러한 실험은 스피커 선택이 선택한 스피커 사운드의 시간적 변조와 주파수 모양 간의 일치와 청취자의 저주파(델타, 세타 대역) MEG/EEG 활동에 의존한다는 것을 보여 준다. 이 선택적 추출 메커니즘은 합리적인 범위 내에서 경쟁 화자의 소리 강도를 변화시키는 것이 이해에 영향을 미치지 않기 때문에 선호하는 화자의 운율 및 음절 템포에 대해 뉴런 오실레이터를 위상 조정함으로써 주로 달성된다.

비침습적 기록 방법(MEG 및 EEG)을 사용하는 건강한 인간 연구 참가자를 기반으로 한 이러한 관찰은 간질 환자의 후상측두이랑(고차 청각 영역)의 고해상도 다중 전극 표면 기록(ECoG)으로 보완된다. 높은 감마 리듬(75~150/s)의 엔벨로프에서 재구성된 화자 혼합의 음성 스펙트로그램 분석은 참석한 화자의 소리에 의해 유발된 ECoG 신호의 스펙트럼 및

---

al., 2013 참조). 측두엽의 뉴런은 의미 범주에 반응하거나 사진, 스케치 또는 친숙한 사람의 이름에 의해 활성화될 수 있어 높은 의미 추상화를 암시한다(Quian Quiroga et al., 2005). 단어 명명 속도는 '의미론적 풍부함'에 따라 달라진다. 뉴런 어셈블리는 많은 단어 표현에 결합될 수 있으며, 의미적으로 관련된 단어는 가상적으로 중첩되는 신경 앙상블에 의해 인코딩된다(Li et al., 2006; Sajin & Connine, 2014; Friederici & Singer, 2015).

31) 음원을 위치화할 때도 타이밍 정보가 사용된다. 오른쪽 스피커의 소리는 먼저 오른쪽 귀에 도달하고 약간 지연된 후 왼쪽 귀에 도달한다. 이 시간 차이는 청각 신경에서 단일 활동 전위의 지속 시간보다 짧을 수 있다(1ms 미만). 물론 두 귀 사이에 소리 강도의 약간의 차이도 있다. 캘리포니아 공과대학교(California Institute of Technology)의 Mark Konishi와 동료들은 내측상 올리브 올빼미의 뉴런이 타이밍 차이에 대해 선택적임을 보여 주었다. 이러한 뉴런은 '우연성 감지기'다. 일부 뉴런은 20μsec 시간 지연에서 선택적으로 반응하고, 다른 뉴런은 50, 75, 100μsec 등에서 선택적으로 반응한다. 따라서 스파이크 출력은 음원의 방향을 알려 준다. 두 귀 사이의 소리 강도 차이는 또한 음원까지의 거리를 계산하는 데 도움이 될 수 있다(Knudsen & Konishi, 1978).

시간적 특징이 경쟁 스피커에 의해 유도된 것보다 더 두드러진다. 이러한 발견은 음향적 특징뿐만 아니라 의도적인 스피커 선택도 위상 고정 진동에 의해 향상될 수 있음을 보여준다.[32]

화자 중 한 사람의 예에 대해서만 훈련된 계산 모델(인공 분류기)은 경쟁 화자의 간섭 효과에도 불구하고 주의 단어와 화자 신원을 모두 인식할 수 있다. 행동 오류가 발생하면 진동 튜닝의 저하에 반영된다. 전반적으로, 피질 활동은 음향 자극에 대한 반응을 반영할 뿐만 아니라 청자의 목표를 포함하여 말의 보다 복잡한 측면을 식별할 수도 있다.[33]

이 장에서 우리는 뉴런과 세포 집합이 뇌 진동으로 표현되는 집단행동에 의해 어떻게 지배되는지 조사했다. 이제 뇌의 진동이 세포 어셈블리를 더 긴 순서로 조직화하고 그들이 지원하는 기능을 돕는 방법을 배울 때다. 궁금한가? 페이지를 제7장으로 넘기라.

요약

말하기 구문과 뇌 리듬 간의 유추에서 나는 뇌 진동의 계층 구조가 뇌 영역 간의 통신에서 신경 정보를 분해 및 포장하기 위해 신경 활동을 구문 분석하고 그룹화할 수 있다고 가정했다. 모든 신경 진동은 억제를 기반으로 하기 때문에 모든 코딩 메커니즘의 전제 조건인 신경 메시지를 구문 분석하고 연결할 수 있다. 교차 주파수 결합 리듬의 계층적 특성은 연결 문자를 단어로, 단어를 문장으로 결합하기 위한 스캐폴드 역할을 할 수 있다. 모든 포유동물에서 같은 형태로 존재하는 뇌의 진동은 움직임 패턴의 생성, 언어, 그리고 음악 생

---

32) 아마도 Socrates로 시작하여 많은 언어학자들이 '좋은' 단어에는 의미에 맞는 소리가 있다고 추측했지만, 단어의 음향 및 의미론적 특징은 가장 자주 독립적인 것으로 가정된다. 최근의 대규모 연구는 여러 언어로 그러한 연결을 보여 줌으로써 이 오래된 논쟁에 다시 불을 붙였다. 동물이 만든 소리를 모방하는 소리(예: 'moo')뿐만 아니라 언어 간에도 비슷하다. 사람들에게 'bouba' 또는 'kiki'가 아메바 모양 또는 별 모양(뾰족한) 모양에 적합한 단어인지 묻는 질문에 다른 언어를 사용하는 사람들은 일관되게 올바른 추측을 한다(키키를 선택함). '모래'를 나타내는 데 사용되는 단어에는 종종 4,000개 이상의 언어에서 검사된 /s/ 소리가 포함된다. 모음 /i/는 종종 관련이 없는 언어에서도 작은 크기, /r/은 원형, /m/은 어머니나 유방을 나타낸다(Blasi et al., 2016; Fitch, 2016).

33) Schroeder & Lakatos(2009); Ding & Simon(2012); Mesgarani & Chang(2012); Zion Golumbic et al.(2013). 다른 연구자들은 음성 분할에서 저주파 오실레이터의 역할을 강조한다. 두피 EEG 기록은 청각 피질의 4~8Hz 활동이 참석한 화자의 지속적인 말 내용에 맞추는 데 중요하다고 제안한다. 정수리 부위에서 알파 전력(8~12Hz)의 반구간 비대칭은 화자에 대한 청각 주의 방향을 나타낼 수 있다(Kerlin et al., 2010). 뇌가 청각적 객체 분리 문제를 효율적으로 해결하지만, 여전히 자동 음성 인식 알고리즘의 주요 과제로 남아 있다(Cooke et al., 2010).

성을 포함하는 신경 계산의 기본적인 측면을 나타낸다. 뉴런 진동자는 서로 쉽게 동조하여 뇌 영역 간의 메시지 교환을 효과적으로 만든다. 나는 언어와 음악적 구문의 뿌리는 언어와 음악의 생성을 지원하는 동일한 뇌 리듬이 구문적 분할 및 통합에도 관여하기 때문에 이 고유한 신경 구문에서 비롯된 것이라고 추측한다.[34)]

LFP 또는 EEG 신호에서 감지된 뇌파는 실험자가 외부 이벤트(말) 및 내부 이벤트(뇌 진동)에 모두 액세스할 수 있기 때문에 신호 변환의 특정 측면을 나타낼 수 있다. 그러나 뇌가 통신을 위해 LFP 혹은 EEG를 사용하는 것은 아니기[35)] 때문에 뇌 네트워크가 자체 목적을 위해 이러한 패키징 메커니즘을 사용하는지 여부와 그 방법은 여전히 입증되어야 한다. 정보 패키지의 의미론적 내용은 신경 스파이크만으로도 읽을 수 있지만 정보가 되려면 스파이크 패턴이 발신자와 수신자 메커니즘 모두에 알려진 구문 규칙이 필요하다. 뇌 진동은 모든 통신 당사자의 모든 뇌 영역에 존재하기 때문에 후보 암호를 나타낸다.

34) Singh & Theunissen(2003); Buzsáki(2010); Pulvermüller(2010); Giraud & Poeppel(2012).

35) 예외가 있다. 근처 뉴런의 동기 활동에 의해 생성된 전기장은 동일한 뉴런의 막 전위에 영향을 미치고 동기를 더욱 증가시킬 수 있다. 이러한 국소적 '감정' 효과는 특히 해마와 같이 뉴런 밀도가 높고 규칙적인 구조를 가진 구조에서 효과적이다(Anastassiou et al., 2010).

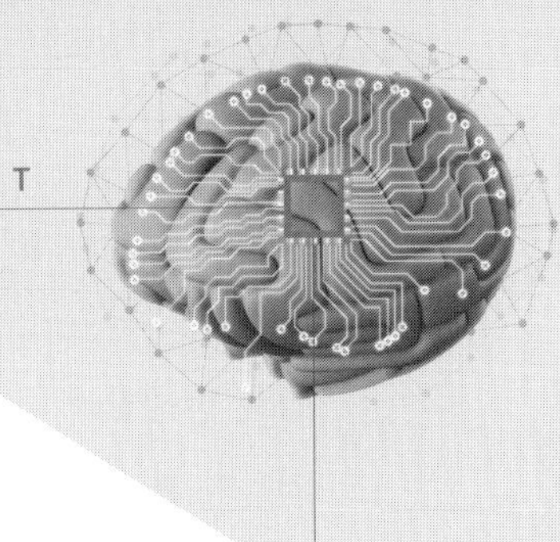

제7장

내부적으로 조직된 세포군의 궤적

도시는 …… 실제로 건물로 둘러싸여 정의된 일련의 공간이다.

—이오 밍 페이(IM Pei)[1]

시인들은 이전에 들었던 단어를 새로운 순서로 쓴다.

—브라이언 해리스(Brian Harris)[2]

나는 게놈을 한 번만 시퀀싱하면 사람들의 일생에서 대부분의 일에 충분할 것이라고 생각했다. 이제 우리는 그것이 얼마나 변화무쌍하고 적응 가능한지 보고 있다. 이것이 바로 우리가 하나의 종으로서 생존하고 진화하는 이유이다.

—크레이그 벤터(Craig Venter)[3]

신경과학 학회의 연례 모임은 뇌과학 및 건강에 대한 세계 최대의 신선한 아이디어의 소스이다. 지난 10년 동안 신경과학과 사회 간의 대화 시리즈에는 달라이 라마(Dálài Láma), 여배우 글렌 클로스(Glenn Close), 댄서 마크 모리스(Mark Morris), 경제학자 로버트 실러(Robert Shiller)와 같은 저명인사가 등장했다. 2006년 애틀랜타 회의에서 프랭크 게리(Frank Gehry)는 건축과 신경과학의 관계에 대해 논의하도록 초대되었다. 강연이 끝난 후 한 청중(실은 나)이 그에게 물었다. "게리, 당신은 어떻게 창조하시나요?" 그의 대답은 직관적이고

1) https://www.brainyquote.com/authors/i_m_pei.
2) Aggarwal(2013)에서 인용.
3) https://hbr.org/2014/09/j-craig-venter.

재미있었다. "[내 뇌 속에] 회전하고 전구를 켜고 무언가를 돌리고 이 손에 동력을 공급하는 톱니바퀴가 있는데, 이 톱니바퀴가 펜을 집어들고 직관적으로 흰 종이 한 장을 받고 빙글빙글 빙글빙글 돌기 시작하고 스케치를 한다. 그리고 스케치는 어떻게든 내가 가져온 모든 것들과 관련이 있다."[4]

게리의 대답은 진화하는 뉴런군 궤적 개념의 완벽한 은유적 공식화다. 뉴런 그룹의 활동이 뇌에서 어떻게든 점화되어 그 내용을 다른 앙상블('기어에서 전구로')로 전달한다는 아이디어이다. 두 번째 앙상블에서 세 번째 앙상블까지, 근육질의 행동이나 생각이 만들어질 때까지 계속된다. 아이디어를 만드는 것은 간단하다. 인지 작업을 효과적으로 지원하려면 뇌가 대량의 세포 조립 시퀀스를 자체 생성해야 한다.

게리와 마찬가지로 나는 오랫동안 이 장을 쓸 수 있는 유일한 이유가 내 뇌의 지속적으로 변화하는 뉴런군이 영구적인 사슬로 진화하기 때문이라는 것을 알고 있었다. 사실, 이 아이디어는 내부적으로 생성된 행동과 생각을 설명하는 유일한 현재 경쟁자이다. 그러나 나는 내부적으로 생성된 세포군 시퀀스(또는 간단히 내부 시퀀스)를 추적하는 데 내 인생의 수십 년을 바쳐야 했다. 제5장에서 나는 내부 시퀀스가 인지의 기초라고 제안하는 모델을 개괄했다. 이 장에서 나는 그러한 시퀀스가 뇌에서 어떻게 발생하는지 논의한다.

세포군(뉴런 문자) 형태 궤적

모스 통신은 인간의 대화와 비슷하다. 연사는 일반적으로 한 번에 한 사람만 이야기하면서 교대로 진행한다. 암호가 있으면 해독이 간단하다. 그러나 '병렬 모스 부호'에 포함된 정보를 해독해 보라([그림 7-1]). 시각 시스템을 포함한 많은 디코딩 메커니즘이 그림에 뚜렷한 패턴이 포함되어 있음을 쉽게 인식할 수 있지만 암호 없이 단순히 보기만 해도 메시지가 표시되지 않는다. 그러나 이러한 패턴을 소리로 변환하면 대부분의 사람들은 즉시 그것을 음악으로 인식하고 고급스런 소수는 베토벤 〈교향곡 5번〉의 일부로 인식할 것이다. 이러한 인식은 청각 시스템이 필요한 암호를 가지고 있는 반면, 시각 시스템은 훈련된 음악가를 제외하고는 그렇지 않기 때문에 발생한다.

---

4) http://info.aia.org/aiarchitect/thisweek06/1110/1110n_gehry.htm.

음표의 병렬 스트림은 복잡해 보이지만 일단 판독기 메커니즘을 조정하면 훨씬 더 풍부한 정보를 전달할 수 있다. [그림 7-1]의 오른쪽을 살펴보면 그 이유를 알 수 있다. 각 시간 슬롯에는 음표의 다양한 부분(즉, 모집단 벡터, 제4장)의 고유한 집합이 포함되어 있으며 슬롯 간에 변경 사항도 특징적으로 다르다. 이것이 순차적으로 고유한 음표 모집단 벡터를 통해 시청자가 작은 조각에서 패턴을 완성하여 멜로디(익숙한 경우)를 해독할 수 있는 방법이다. 뇌의 세포 조립 순서는 유사하게 만들어지며 유사한 방식으로 읽을 수 있다.

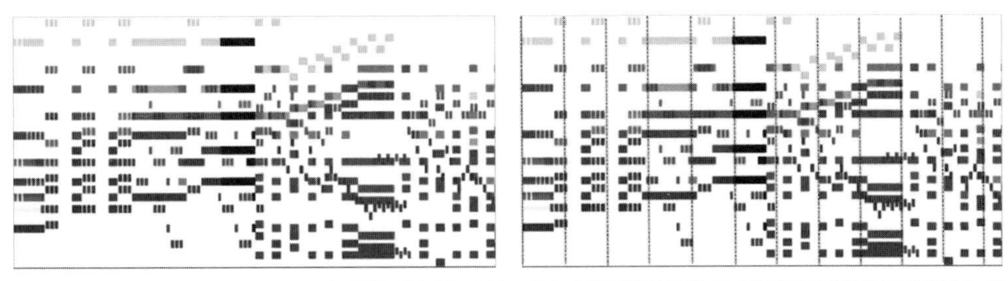

[그림 7-1] 동시 다중 스케일에 앞으로 다성 음악 이동의 패턴

왼쪽: 베토벤 〈교향곡 5번〉 첫 악장. 그래픽 악보 애니메이션. **오른쪽**. 타임 슬롯의 분할. 각 슬롯에서 패턴의 성좌는 다르지만 종종 어느 정도 예측할 수 있다.

*Smalin의 YouTube 채널의 허락하에 사용.

그러나 복잡한 것이 있다. 화면에서 단지 몇 픽셀의 변화를 조사하여 영화의 줄거리를 따라가려고 한다고 상상해 보라. 변화하는 시퀀스는 적어도 특별한 조건하에서 약간의 정보를 제공하지만, 그러한 언더샘플링된 터널 비전은 영화를 즐기기 어렵게 만든다. 모스 부호는 직렬 통신의 예다. 대조적으로, 신경 통신은 언어보다 다성 음악을 연주하는 오케스트라에 가깝다.[5] 단일 뉴런은 짧은(감마 주기) 시간 창 내에서 발사를 동기화하여 세포군를 형성한다(제4장). 동시 병렬 스트림은 뉴런 전송을 위해 훨씬 더 넓은 대역폭을 제공한다. 공원에서 걷기와 같은 기본적인 동작을 수행할 때에도 우리는 다양한 시각 및 청각 소스와 과거 경험의 신경 활동을 조정한다. 이러한 양식의 뉴런군에서 오는 메시지는 조직화된 방식으로 대상 독자에게 전달 때만 정보가 된다. 뉴런 네트워크는 거의 항상 병렬 스트림을 사용하지만 상호 연결된 뇌 회로에서 정보 전송은 [그림 7-1]에 표시된 것보다 더 복잡하다.

5) Pesic(2018)은 다성 음악과 뇌 활동과의 관계에 대한 유쾌하고 접근하기 쉬운 소개를 제공한다.

모든 시스템의 진화는 수학적으로 다차원 공간에서 모션 벡터로 설명될 수 있다. 이 공간에서 순차적으로 방문한 점을 궤적이라고 한다. 이 아이디어를 뇌에 적용하면 뉴런 궤적이 공간과 시간에서 진화하는 인구 벡터의 시퀀스에 해당한다. 그 모양은 시퀀스를 시작하는 입력과 벡터가 움직이는 뇌 네트워크의 제약 조건의 조합을 반영한다. 이 추상적인 개념은 뉴런군 시퀀스와 그 기능의 특정 예를 통해 더 쉽게 이해할 수 있다.

새소리의 신경 구문

새소리의 기저에 깔린 신경 궤적은 신경 단어로 생각할 수 있다.[6] 촉발된 신경 단어와 달리, 새소리 생성은 개별적인 자극과는 관련이 없다. 암컷 새의 존재 자체만으로 수컷 얼룩말 핀치(Taeniopygia guttata)는 노래 부른다. 이 노래는 무음 간격(틈)으로 구분된 뚜렷한 소리(음절) 버스트로 구성된다. 음절 시퀀스는 정형적이며 1초 미만 동안 지속된다. 노래 제작에서 중요한 두뇌 영역은 '높은 보컬 센터' 핵이다. 매사추세츠 공과대학교(Massachusetts Institute of Technology)의 마이클 피(Michale Fee) 연구실은 노래의 시간적 구조가 이 영역에서 뉴런의 희박한 순차적 활동에 의해 생성된다는 것을 보여 주었다. 약 200개의 뉴런이 일관된 어셈블리를 형성하고 노래에서 한 번에 한 번만 스파이크의 짧은 단일 버스트를 방출한다. 이것은 신경 문자로 볼 수 있다. 이러한 여러 글자의 순차적인 활성화는 노래 에피소드에서 약간의 변형으로 여러 번 반복되는 단어로 생각할 수 있다.[7] 파열의 영향은 아르코팔리움(arcopallium)으로 알려진 하류 구조의 뉴런에 의해 감지되며, 이는 차례로 발성 기관인 울대를 신경 지배하는 운동 뉴런을 구동한다. 각 남성의 어휘는 한 문장으로 제한되며, 이는 그의 정체성을 다른 동종과 구분할 수 있을 만큼 충분히 구별된다.

새소리의 구성은 타고난 신경 구문이 운율 내용의 변형을 코딩하는 데 어떻게 도움이 될

---

6) 신경 궤적의 또 다른 저명한 예는 곤충에서 설명되었다. 일련의 아름다운 실험에서 캘리포니아 공과대학교(California Institute of Technology)의 Gilles Laurent는 냄새에 대한 반응으로 메뚜기의 더듬이 엽에서 유발된 뉴런 시퀀스('뉴런 단어')의 시공간 패턴을 연구했다. 냄새가 나면 각 감마 주기에서 발화하는 더듬이 엽 뉴런의 다른 작은 하위 집합과 함께 더듬이 엽에서 일시적인 감마 주파수 진동을 유도한다. 냄새가 시작된 후 수백 밀리 초 동안 지속되는 인구 벡터(궤적)의 진화 시퀀스가 이어진다. 동일한 자극의 연속적인 제시는 주어진 냄새를 나타내는 유사한 신경 궤적을 불러일으키는 반면, 다른 냄새는 독특하게 다른 신경 궤적 또는 단어와 연관된다. Laurent(1999); MacLeod et al.(1998); Broome et al.(2006); Mazor & Laurent(2005).

7) Nottebohmet al.(1976); Fee et al.(2004); Hahnloser et al.(2002); Long & Fee(2008).

수 있는지에 대한 간단한 설명을 제공한다.[8] 노래를 배우는 것은 잘 생각한 알고리즘이라기보다는 우연한 과정일 수 있다. 어린 수컷 핀치새는 처음에 일부 소리를 '중얼거리며' 이러한 자가 생성 음절과 아버지의 노래를 모방하여 점진적으로 운동 기능을 개선한다. 최종 결과물은 아버지의 노래와 비슷하면서도 다른 노래이다. 유사하게, 인간 아기의 옹알이는 자기 조직화된(self-organized) 본질적인 역학을 반영할 수 있다. 발화되는 소리가 특정 단어와 비슷할 때 행복한 부모는 그것을 실제 단어로 간주한다. 그들은 아기에게 의미를 부여할 때까지 해당 대상, 행동 또는 현상으로 자발적인 말을 강화한다. 기본 자체 조직 언어 이전의 두뇌 패턴은 새로운(de novo) 백지 솔루션보다 패턴 형성의 더 효과적인 메커니즘이다(제13장).

얼룩말 핀치새가 벵갈 핀치새(Lonchura striata) 양부모에 의해 길러지면 어린 새들은 벵골 핀치새 노래 음절을 모방한다. 그러나 배운 노래의 리듬은 벵골 노래의 짧은 간격과 구별되는 얼룩말 핀치 노래 패턴의 조용한 간격을 유지한다. 따라서 구문 규칙은 포유류의 뇌 리듬과 마찬가지로 유전적으로 유전되는 종별 패턴인 반면 음절과 단어의 다양한 내용은 경험을 통해 획득할 수 있다. 패턴과 내용은 새의 뇌에 있는 해리 가능한 신경 회로에 의해 처리된다. 청각 피질에서 느리게 발화하는 뉴런은 주로 음색 및 피치와 같은 음향 기능에 민감하다. 대조적으로, 더 빠른 발사(억제 가능성이 있는) 뉴런은 노래의 조용한 간격과 리듬을 인코딩하고 음향적 특징에 둔감하다. 구문 역할을 하는 상속된 시간 패턴과 유연한 내용 사이의 이러한 분업은 인간의 언어가 구성되는 방식과 유사할 수 있다.[9]

노래를 부르다가 잘못된 음을 쳤을 때, 우리는 원하는 계획에서 벗어난 오류를 즉시 알아차린다. 어떤 음에도 본질적으로 특별한 것이 없다면 우리가 실수를 했다는 것을 어떻게 알 수 있을까? 한 가지 아이디어는 내부적으로 생성된 목표 패턴이 노래 생성 사운드의 청각 피드백과 비교하기 위해 청각 피질(즉, 이제 친숙한 동반 방전, 제3장 참조)로 전송된다는 것이다. 유사하게, 새끼 수컷 얼룩말 핀치가 노래할 때 청각 피드백을 사용하여 소리가

8) 새소리는 일반적으로 조합적이지만 의미 구성이 부족하다. 핀치새의 단일 노래와 대조적으로 나이팅게일(Luscinia megarhynchos)은 천 요소에서 결합된 최대 200곡의 레퍼토리를 가지고 있다. 나이팅게일에서 그러한 가변성의 신경생리학적 기초를 연구하면 어셈블리 시퀀스(문장)가 적절한 컨텍스트에서 구성되고 검색될 수 있는 방법에 대한 단서를 제공할 수 있다.

9) Araki et al.(2016). 새의 지저귐에서와 같이 사람의 말은 음절 길이의 편차가 크고 비뚤어진 반면 음절 사이의 시간 간격은 더 짧고 편차가 낮다. 그러나 새의 지저귐과 인간의 언어 사이에는 유사성에 한계가 있다(Fisher & Scharff, 2009; Bolhuis et al., 2010; Berwick et al., 2011).

내부 대상 노래와 일치하는지 테스트한다. 노래 리듬의 학습은 오류 수정 메커니즘 역할을 하는 도파민성 뉴런 그룹의 도움을 받다. 실험실에서 실험자는 노래의 일부 음절을 왜곡하거나 옮겨서 새가 잘못된 음절을 생성했다고 확신시켜 새를 속일 수 있다. 그의 뇌가 그러한 불일치를 감지하면 도파민성 뉴런의 활동이 감소한다. 반대로 내부적으로 생성된 목표에 도달하면 도파민 신호가 증가한다. 따라서 이 활동은 노래의 정확성을 추적하는 데 중요하다.[10]

몸단장의 구문

대부분의 경우 새소리는 단순히 반복되는 음절이나 단어일 뿐이므로 순차적으로 활성화되는 서로 다른 신경 단어의 조합을 요구하는 신경 문장의 기준을 완벽하게 만족시키지 못한다. 일반적으로 고정 행동 패턴이라고 하는 몇 가지 유형의 고정관념적 행동 패턴이 연결 문장의 예가 될 수 있다. 고정된 행동 패턴은 행동학적으로 관련된 단서에 의해 유도되거나 명시적인 단서 없이 나타날 수 있다.[11]

설치류에서 잘 연구된 행동 순서는 자가 손질이다. 새들의 지저귐이 반복되는 말과 달리 몸단장은 정교하고 오래 지속되는 행동 패턴이다. 전형적인 몸단장(self-grooming) 구문 체인은 20개 이상의 행동 문자와 음절을 각각 하나의 단어로 간주될 수 있는 4개의 별개 단계의 직렬 구조로 연속적으로 연결한다. 그루밍은 코 근처에서 일련의 타원형 양측 발 스트로크(1단계)로 시작하여 한쪽의 스트로크(2단계)가 이어진다. 다음 단계는 두 발로 동시에 머리를 두드리는 일련의 양방향 스트로크(단계 3)이며, 체인은 자세 회전과 몸을 핥는 것으로 마무리된다(단계 4). 스스로 몸단장을 하는 것은 포유류 종에 걸쳐 현저하게 유

---

10) Gadagkar et al.(2016). 이 도파민성 뉴런은 복측 피개 영역(VTA)에 있으며, 그 하위 그룹은 노래 학습에서 중요한 것으로 알려진 구조인 영역 X에 축삭을 투사한다. VTA 뉴런은 다양한 다른 영역과 통신하며 해당 대상에서도 유사한 '오류 수정' 역할을 할 수 있다. 유사하게, 마우스의 흑색질에 있는 도파민성 뉴런은 시간적 불일치에 강력하게 반응한다. 마우스가 두 개의 동일한 청각 자극 사이의 경과 시간을 무작위 간격으로 판단하도록 훈련되었을 때, 도파민성 뉴런의 활동이 간격의 확률을 추적한다. 이러한 뉴런이 광유전학적으로 활성화(또는 비활성화)되면 동물은 행동 측정을 통해 기간을 과소평가하거나 과대평가하여 도파민성 뉴런이 경과 시간의 주관적 평가에 중요함을 나타낸다(Soares et al., 2016; 제10장).

11) 고정된 행동 패턴은 일반적으로 '본능적인' 행동 순서로 정의되며, 이는 유도될 때 완료된다. 행동 순서는 고정관념적이며 유기체가 관련 자극을 처음 접할 때에도 '방출 신호'에 대한 응답으로 발생한다(Tinbergen, 1951). 성적 행동, 모성 행동 및 공격성이 전형적인 예이다. Karl Lashley(1951)는 아마도 복잡한 순차적 행동이 계층적으로 조직된 신경 프로그램에 의해 조직된다고 제안한 최초의 사람일 것이다.

사하다. 앞의 순서를 샤워 중에 몸을 씻는 방법과 비교해 보라.

정교한 행동 설명과 달리 몸단장 행동의 생리학적 상관관계는 거의 없다. 자가 그루밍과 관련된 신경 회로에 대한 대부분의 지식은 병변 연구에서 비롯된다. 전뇌가 후뇌 및 중뇌에서 분리되어 있는 퇴행성 동물은 여전히 개별 그루밍 단계를 실행할 수 있지만 올바른 순서로 컴파일하거나 4단계를 모두 완료하는 경우는 드물다. 대뇌피질-선조체의 회로(Corticostriatal circuits)는 행동 순서의 실행에 중요한 역할을 하는 것으로 보인다. 선조체(striatum)의 앞쪽(dorsolateral region)에 병변이 있는 쥐는 연속적인 구문론적인 몸단장의 체인(self-grooming chain)을 완성하는 능력에 영구적인 결함이 있다. 손상이 중뇌로 확장되면 쥐는 털 손질을 거의 시작하지 않고 개별 단계를 실행하는 데 어려움을 겪는다.[12] 몸단장은 유도하기 어렵고 예측할 수 없는 시간에 동물의 재량에 따라 발생하므로, 깔끔하게 정리된 행동 패턴의 신경 상관관계를 연구하려면 여러 구조의 신경 세포에 대한 안정적인 장기 기록이 필요하다. 이러한 데이터는 그루밍의 기본이 되는 신경 이벤트의 기계적 설명에 필수적이다.

자기 조직 세포 조립

뉴런 시퀀스를 생성하는 방법에는 두 가지가 있다. 첫째, 일시적으로 변화하는 신경 활동은 다양한 외부 자극에 의해 유발된 외부 반응을 반영할 수 있다. 예를 들어, 우리가 길을 걸을 때 환경 자극의 결과적인 변화는 궤적을 형성하는 다양한 뉴런 세트를 활성화한다. 또는 신체의 자극이 뉴런을 순차적으로 '구동'할 수 있다. 어둠 속에서 고개를 돌리면 전정계가 반응하여 머리 방향 뉴런이 순차적으로 활성화된다. 환경적 단서와 신체에서 파생된 단서는 모두 뇌의 관점에서 볼 때 외부적 단서로 간주된다. 둘째, 뇌의 활동은 감각 입력과 독립적으로 변할 수 있다. 그러한 자기 조직화된 활동은 기억, 추론, 계획, 의사 결

12) 그루밍의 신경 메커니즘 및 강박장애 및 자폐증과 같은 정신질환의 모델로의 사용에 대한 우수한 리뷰는 Berridge & Whishaw(1992), Spruijt et al.(1992), 그리고 Kalueff et al.(2016)를 참조하라. 선조체의 역할은 Cromwell & Berridge(1996)에 의해 입증되었다. Cntnap4라는 단백질에 대한 유전자가 없는 마우스는 강박적으로 몸단장을 하게 되는데, 이는 주로 또래를 대상으로 한다(Karayannis et al., 2014). 이 유전자는 파르발부민 개재 뉴런 및 도파민성 뉴런의 축삭 말단에서 감마 아미노부티르산(GABA)의 방출을 조절하는 데 관여한다.

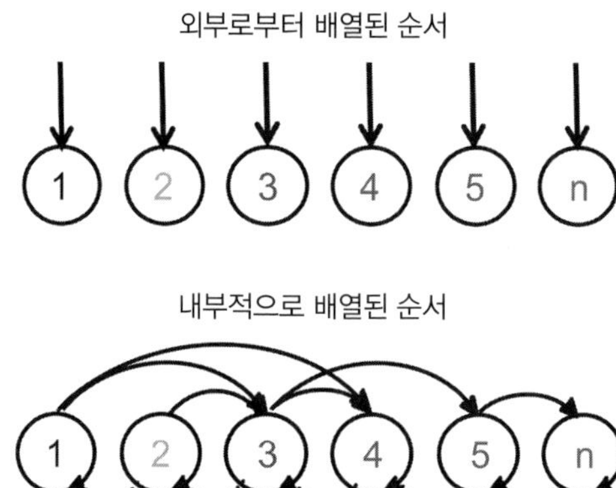

[그림 7-2] **상단**: 뉴런 앙상블(1~n)의 순차적 활동은 환경 랜드마크 또는 신체의 고유수용성 정보의 배열을 변경하여 발생할 수 있다. **하단**: 대안적으로, 순차 활성화는 내부적으로 구동되는 자기 조직화 패턴에 의해 지원될 수 있다.

정 및 사고를 포함한 모든 인지 작업의 원천일 것이다([그림 7-2]).

다중 시간 척도 표현

제5장에서 논의한 바와 같이, 머리 방향 뉴런은 시스템이 외부 입력으로부터 분리될 때 수면 중에 조직화된 활동을 계속 표시한다. 이러한 해마의 장소 세포와 내비 그리드 세포의 내재화된 활동은 정신 탐색의 기초이다. 여러 실험실에서 여러 실험을 통해 해마 뉴런이 외부 신호에 단순히 반응하는 것 이상을 수행함을 보여 준다. 한 가지 중요한 관찰은 작은 부분의 해마와 내후 신경 세포가 쥐가 어디로 왔는지 또는 어디로 향하는지에 따라 T 미로의 중앙 팔에서 안정적으로 다른 속도로 발화한다는 것이다. 한 가지 중요한 관찰은 T 미로의 중앙 팔에서 쥐가 어디에서 왔는지 또는 어디로 향하는지에 따라 해마 및 내후각 뉴런의 작은 부분이 안정적으로 다른 속도로 발사된다는 것이다. 대신 기억에 의한 것이라든가 또는 계획의 상관관계가 더 나은 설명이다.[13]

두 번째 단서는 해마 장소 세포의 시간적 조직화에서 나온다. 장소 필드는 비교적 크기 때문에 여러 뉴런의 장소 필드는 여러 세타 주기에 걸쳐 서로 겹칠 수 있다([그림 7-3]). 트

13) 찍으면 이러한 뉴런을 '분할' 세포(Wood et al., 2000) 또는 전향적/후향적 세포(Frank et al., 2000)라고 불렀다. Ferbinteanu & Shapiro(2003)도 참조하라.

랙의 향후 위치를 나타내는 장소 셀의 스파이크는 서로 어떻게 관련되어 있을까? 이 질문은 흥미로운데, 그것은 시냅스 통합이 수십 밀리 초에 걸쳐 발생하지만 위치 간 이동에는 몇 초가 걸리기 때문이다. 각 세타 주기 동안 약 7개의 감마 주기가 발생하고 각 감마 주기 내에 공간 위치를 나타내는 셀 어셈블리가 중첩된다. 신경 어셈블리의 스파이크 타이밍 시퀀스는 쥐의 경로에서 통과 및 다가오는 위치의 시퀀스를 예측하며 더 큰 시간 지연은 더 큰 거리를 나타낸다([그림 7-3]).[14] 즉, 단일 세타 주기에 대해 '스냅샷'을 찍으면 스파이크 시퀀스는 동물이 방금 지나갔고 방문할 장소 필드의 궤적에 해당한다([그림 7-4]).

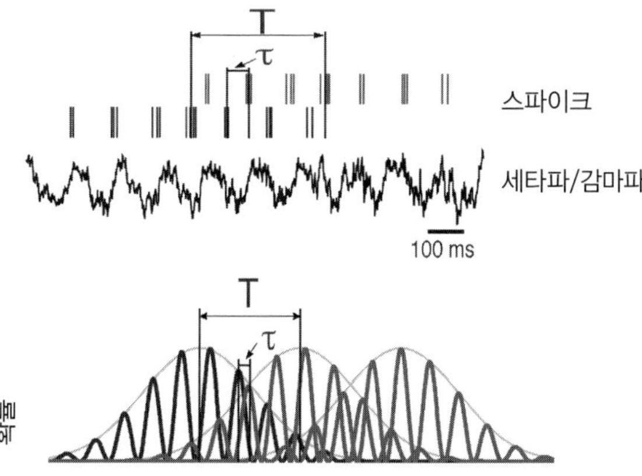

[그림 7-3] 해마에서 거리의 이중 시간 표현

위: 미로 보행 중 두 장소 세포의 스파이크 활동 및 국소 장 전위 세타 리듬. 시간 지속 시간 T는 쥐가 두 장소 필드(행동 시간 척도)의 피크 사이의 거리를 달리는 데 필요한 시간이다. τ, 세타 주기 내에서 두 뉴런 사이의 시간 오프셋('세타 시간 척도'). **하단**: 동일한 세타 진동 주파수를 갖는 3개의 장소 셀의 이상화된 중첩 장소 필드. T와 τ 사이의 관계를 보여 준다. 장소 필드의 거리와 많은 뉴런 쌍의 세타 시간 척도 오프셋(τ) 사이의 상관관계는 [그림 2-1]에 나와 있다.

출처: Geisler et al.(2010).

14) 이 실험(Dragoi & Buzsáki, 2006)은 O'Keefe & Recce(1993) & Skaggs et al.(1996). 해마 뉴런의 세타 진동 기반 시간적 조정은 끌개 기반 역학 모델과도 관련이 있다(Tsodyks et al., 1996; Wallenstein & Hasselmo, 1997; Samsonovich & McNaughton, 1997). 그러나 이러한 후자의 실험 결과는 공간 신호가 해마 장소 세포 활동을 제어한다는 아이디어를 뒷받침하는 것으로 해석되었다. 세타 시퀀스 압축은 속도가 증가함에 따라 감소한다(Maurer et al., 2012). 또한 제11장을 참조하라. Jensen & Lisman(1996a, 1996b, 2000, 2005)의 시퀀스 모델은 내 견해에 훨씬 더 가깝다. 이 모델은 장기 시냅스 가소성이 그러한 시퀀스 학습의 기초가 되며, 여기에서 세타 안에 있는 감마 진동이 중요한 역할을 한다는 것을 보여 준다. Diba & Buzsáki(2008)는 미로 트랙의 길이를 변경하면 선호하는 발사 위치, 최대 발사 속도, 필드 크기 및 필드 겹침을 포함하여 뉴런의 많은 발사 특성이 변경됨을 보여 주었다. 그러나 장소 세포의 세타 규모 타이밍은 영향을 받지 않았으며, 이는 이러한 매개 변수가 해마 네트워크가 환경을 나타낼 수 있는 메커니즘에 제약을 설정한다는 것을 나타낸다. 더 큰 환경에서는 더 큰 장소 필드와 장소 필드 사이의 더 큰 거리로 인해 공간 해상도가 더 낮다. 따라서 해마는 환경의 크기에 따라 '축소' 또는 '확대'할 수 있다.

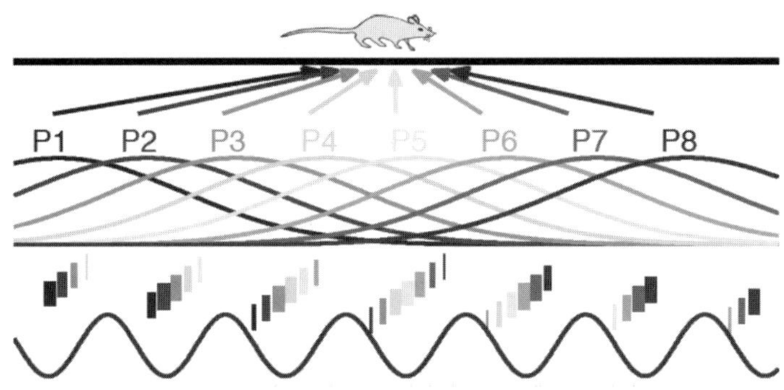

[그림 7-4] 세타 주기 내 신경 시퀀스에 의한 거리 코딩
각 위치(P1~P8)는 세타 주기의 골에서 가장 활동적인 셀 어셈블리 발사에 의해 정의된다. 막대의 너비는 가정된 어셈블리의 발사 속도를 나타내는 반면 어셈블리 간의 세타 시간 척도 시간적 차이는 공간 표현의 거리를 반영한다. 각 어셈블리는 연속적인 세타 주기에서 여러 위치 표현에 기여하기 때문에 각 주기에서 여러 어셈블리가 함께 활성화된다. 결과적으로, 사이클의 골짜기에서 최대 활성 어셈블리로 표현되는 현재 위치/항목은 이웃 어셈블리의 과거 및 미래 표현의 시간적(즉, 세타 주기) 컨텍스트에 포함된다.

이것은 여러 가지 이유로 중요하다. 첫째, 다중 세타 주기에 걸친 세포 집합체의 시간적 관계는 진화하는 집합체 사이의 시냅스 연결을 강화하는 데 유리하다. 둘째, 이러한 시냅스 강도는 장소 세포 간의 거리 관계를 반영한다. 세 번째, 그리고 현재의 맥락에서 가장 중요한 이러한 관찰은 플레이스 필드 스파이크가 외부에서 내부 방식으로 세타 주기에 걸쳐 랜드마크 또는 기타 외부 신호에 의해 독점적으로 지배된다는 전제에 도전한다. 대신, 이러한 관계는 연결 어셈블리 시퀀스의 패키징을 지원하는 내부 메커니즘에 의해 생성된다.

거리-시간 압축의 속도 수정

남아 있는 문제는 쥐의 실행 속도가 변할 때 셀 어셈블리의 세타 주기 조정이 유지되는 방식이다. 쥐가 움직이면 새로운 장소 세포가 세타 주기에서 기존 어셈블리에 합류하는 반면 동물이 방금 필드를 떠났던 장소 세포의 스파이크는 사라진다. 다가오는 장소장(Place field)을 나타내는 뉴런은 세타 주기의 후기 단계에서 발화하는 반면, 최근에 통과된 장소장을 나타내는 뉴런은 초기 단계에서 움직인다. 따라서 동물이 앞으로 이동함에 따라 특정 뉴런의 시퀀스 위치는 세타 주기의 오름차순(후기) 단계에서 내림차순(초기) 단계로 이동한다([그림 7-4]).[15] 이 '원인 원아웃' 이동 구성원은 이미 과거에서 미래 위치로의 이동 경로를 나타내는 데 있어 세타 주기 내의 셀 어셈블리 수를 비교적 일정하게 유지한다.

따라서 각 세타 주기에는 시간(지속 시간)의 스윕으로 코딩된 이동(거리) 세그먼트가 포함된다.

동물이 다른 속도로 달릴 때 이 거리-지속 관계가 어떻게 충실하게 유지될 수 있을까? 쥐가 1초 안에 뉴런의 장소 필드를 가로지른 다음 두 번의 연속적인 시도에서 0.5초 안에 가로지른다면 장소 세포는 각각 8 및 4세타 주기 동안 활성화된다(8/s 세타 주파수 가정). 장소 필드 내의 스파이크 수는 쥐의 속도 변화와 동일하게 유지된다. 이러한 이유로 세타파당 스파이크 수는 약 2배가 된다. 뉴런의 더 강한 여기를 반영하는 발사 속도 증가로 인해 속도가 증가함에 따라 주기 간 위상 이동의 크기가 비례적으로 증가한다. 결과적으로 속도 이득은 장소 필드에서 보낸 더 짧은 시간을 보상하여 위상과 공간 위치 사이의 관계를 상대적으로 불변으로 남긴다([그림 7-5]).[16] 이 다단계 논리가 혼란스럽다면 해마 역학의 기본 구성이 시간적이며 세타 주기가 '척도 막대'라는 점을 기억하는 것으로 충분하다. 뇌는 신체와 전정계로부터 속도에 지속적인 접근이 가능하기 때문에 이동한 시간과 거리는 상호 교환적으로 계산할 수 있다(제10장 참조).

내부 신경 시퀀스가 인지를 만든다

제5장에서 논의한 바와 같이, 환경을 통한 경로를 나타내는 메커니즘은 에피소드 기억에서 순차적 항목을 나타내는 메커니즘과 매우 유사하다. 선형 경로를 따라 뉴런의 위치 의존적인 순차적 발사와 에피소드 기억 작업에서 임의 항목의 순서는 모두 본질적으로 1차원적이다. 세타-감마 결합에 의한 장소 세포의 연결과 유사한 일화적 기억의 항목 연

15) 이 스파이크 위상 이동은 위상 세차로 알려져 있다(O'Keefe & Recce, 1993). 스파이크-세타 위상 관계는 달리기 트랙에서 쥐의 공간적 위치와 확실하게 상관된다. 이러한 관계 때문에 O'Keefe는 자신의 발견을 사용하여 동심 지도 기반 탐색 모델을 추가로 지원했다. 그러나 타인중심 지도는 제5장에서 논의된 것처럼 시간이 필요하지 않다.

16) Geisler et al.(2007)은 진동 주파수가 동물의 이동 속도에 의해 결정되기 때문에 장소 세포가 속도 의존적 진동자임을 보여 주었다. 모든 장소 셀은 진행 중인 LFP 세타보다 빠르게 진동하여 스파이크의 간섭 또는 위상 세차를 초래한다(O'Keefe & Recce, 1993). 장소 필드의 범위(즉, 활동의 '수명')는 뉴런의 진동 주파수와 반비례하기 때문에 위상 세차의 기울기는 장소 필드의 크기를 정의한다. 즉, 더 빠르게 진동하는 뉴런은 더 작은 장소 필드를 가지며 더 가파른 위상 세차 기울기를 나타낸다. 해마의 꼬리(측두) 부분에 있는 뉴런은 속도에 덜 민감하기 때문에(Hinman et al., 2011; Patel et al., 2012), 더 느리게 진동하므로 더 큰 장소장과 덜 가파른 위상 세차의 기울기를 갖는다(Maurer et al., 2005; Royer et al., 2010).

결은 기억 회상의 두 가지 중요한 원칙—비대칭성, 즉 순방향 연결이 역방향 연결보다 강하다는 발견, 그리고 시간적 연속성, 즉, 같은 시기에 발생한 다른 항목을 제시하거나 자발적으로 회상하면 항목의 기억이 촉진된다는 발견—을 설명할 수 있다.[17] 이 장에서 나는 해마와 내후각 피질의 뉴런 네트워크가 외부 세계와 분리되어 끊임없이 변화하는 어셈블리 시퀀스를 생성할 수 있다는 정보를 추가한다.

해마 뉴런이 외부 방식으로 신체의 랜드마크나 신호에만 반응한다면 지도 기반 탐색 이

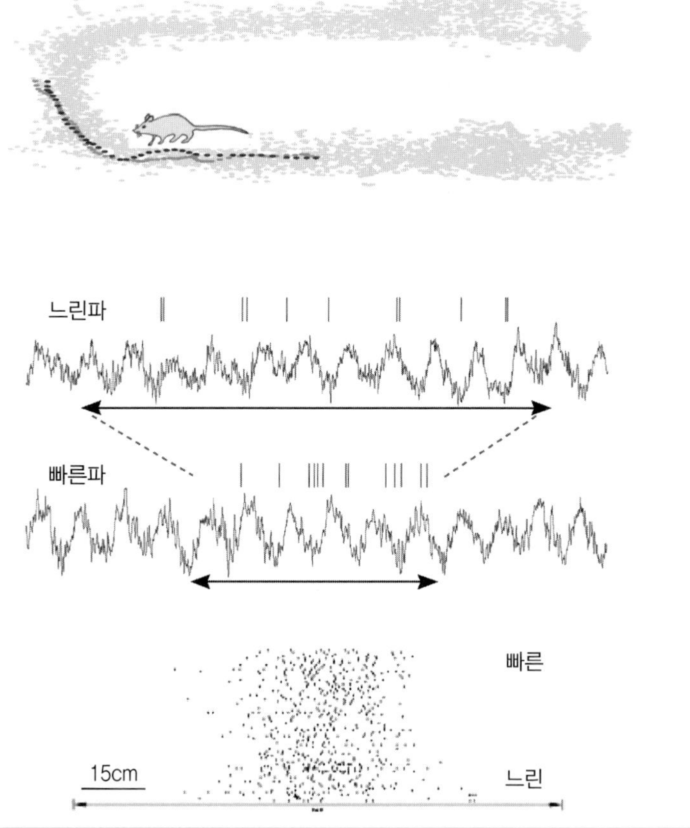

[그림 7-5] 해마의 거리-시간 압축에 대한 속도 이득 보상

위: 다른 속도로 두 번의 시도에서 장소 필드를 통과하는 쥐의 궤적. 중간: 한 자리 셀의 스파이크(세로 눈금) 및 상단과 동일한 두 시도의 해당 세타 리듬. 수평 이중 화살표는 쥐가 장소 필드를 통과하는 데 걸린 시간을 나타낸다. 하단: 뉴런의 장소 필드 내의 스파이크 수는 느리고 빠른 실행 시도에서 유사하다. 시도는 속도에 따라 가장 느린 것부터 가장 빠른 것까지 정렬된다.

출처: Geisler et al.(2007).

17) Kahana(1996); Howard & Kahana(2002).

론(제5장)은 작은 세트의 뉴런(즉, 장소 세포)이 쥐의 머리가 같은 위치에 있기 때문이다. 다른 모든 피라미드 뉴런은 침묵을 유지해야 한다. 대조적으로, 어셈블리 시퀀스가 내부 메커니즘에 의해 생성되는 경우 뉴런 활동은 대신 지속적으로 변경될 수 있다. 내 연구실은 이러한 아이디어에 맞서기 위해 그러한 실험을 설계했다.[18]

동물이 움직이는 동안 제자리에 '고정'되어 있지만 세타 진동이 어떻게든 유지된다고 상상해 보라. 이를 달성하기 위해 우리는 변형된 T 미로의 왼쪽 팔과 오른쪽 팔을 번갈아 가며 쥐를 훈련했다. 쥐는 한 실험에서 왼팔 끝에 물 보상을 찾으면 동물에게 다음 실험에서 오른쪽 팔 끝에 물 보상을 사용할 수 있고 그 반대도 마찬가지임을 알리기 때문에 쥐가 이것을 효율적으로 수행한다. 이러한 실험은 수십 년 동안 설치류에 대해 수행되었다. 우리 작업의 새로운 측면은 미로의 중앙 팔 시작 부분에 바퀴를 추가한 것이다. 쥐는 매번 같은 방향을 바라보면서 거의 같은 속도로 10~20초 동안 바퀴 안에서 뛰도록 했다. 이러한 추가 요구 사항은 두 가지 용도로 사용되었다. 첫째, 선택 사이의 지연은 작업을 해마에 의존하게 만드는 것으로 알려져 있다. 둘째, 훈련된 행동은 환경 및 신체 유래 신호가 모두 달리기 중에 일정하게 유지되도록 보장한다. 따라서 동물은 선택 정보를 유지하는 데 도움이 되는 이러한 신호를 사용할 수 없다. 대신 이전 선택의 메모리에 의존해야 한다. 이 작업을 통해 경로 통합 가설의 예측과 내부화된 메모리 메커니즘의 예측을 구별할 수 있었다(제5장).

실험은 두 번째 대안을 지지했다([그림 7-6]). 실제로 수백 개의 기록된 뉴런 중 단 하나의 뉴런도 바퀴가 달리는 동안 동일한 속도로 계속 발사되지 않았다. 대신 바퀴의 뉴런은 약 1초 동안만 활성화되었는데, 이는 미로의 장소 세포와 동일한 '수명'이다. 일부 뉴런은 실행이 시작될 때, 다른 뉴런은 중간에, 또 다른 뉴런은 실행이 끝날 때 발사되었다. 충분한 뉴런이 동시에 기록되었을 때 바퀴 달린 시대의 모든 부분은 적어도 하나의 능동적으로 발화하는 뉴런과 연관되었다. 피라미드 뉴런은 각 시도에서 바퀴가 달리는 동안 동일한 특정 시간에 발사되었다. 간단히 말해서, 단일 시험의 바퀴에 있는 전체 여정은 끊임없이 변화하는 세포군의 고유한 신경 궤적과 관련이 있다. 바퀴에 있는 동안 동물의 몸과 머리가 다른 곳으로 옮겨지는 것이 아니기 때문에 이러한 활성 뉴런은 장소 세포의 기준을 충족하지 않는다. 대신, 진화하는 신경 궤적은 일부 인지 내용을 반영해야 한다.

18) 내 연구실의 박사후 연구원인 Eva Pastalkova는 이러한 실험의 핵심 참여자였다(Pastalkova et al., 2008).

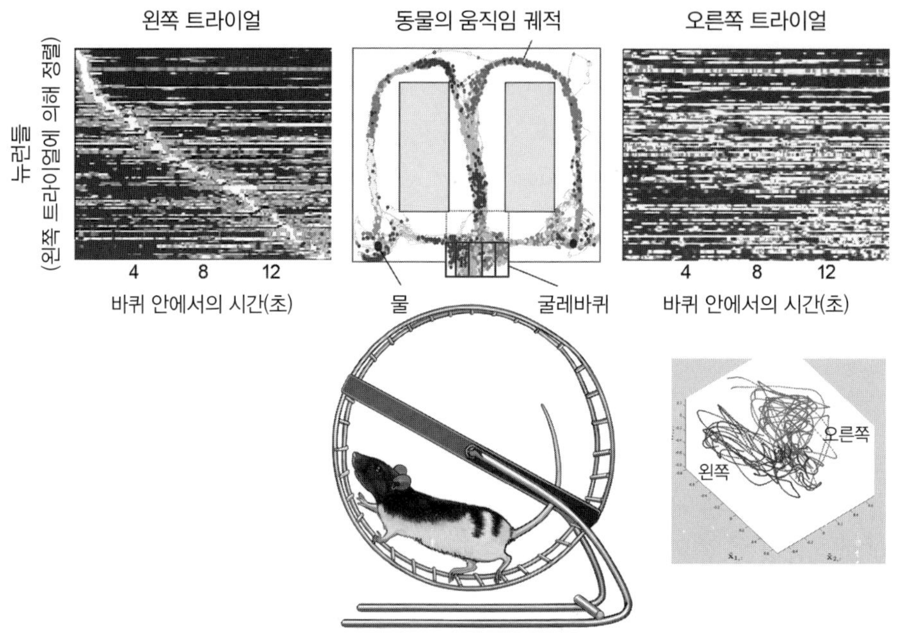

[그림 7-6] 에피소드 기억 작업에서 신경 어셈블리의 순차적 활성화

중앙: 쥐는 미로의 왼쪽 팔과 오른쪽 팔 사이에서 마지막 선택을 기억하면서 실험 사이의 지연 동안 바퀴를 달리게 했다. 이전 선택과 반대되는 팔을 선택하여 물 보상을 얻었다. 미로에 겹쳐진 점(상단)은 동시에 기록된 해마 뉴런의 스파이크 발생을 나타낸다. **왼쪽**: 휠 실행 중 뉴런의 정규화된 발사 속도 궤적. 왼쪽 시도 중 피크 발사 속도의 대기 시간에 따라 정렬된다(각 라인은 단일 뉴런임). **오른쪽**: 오른쪽 실험 중 왼쪽과 같은 방식으로 정렬된 동일한 뉴런의 정규화된 발사 속도. 바퀴가 달리는 동안 언제든지 뉴런군 벡터를 보는 것만으로 미래의 왼쪽 또는 오른쪽 선택의 차이점을 쉽게 알 수 있다. **오른쪽 하단**: 3차원 '상태 공간'으로 축소된 전전두엽 피질의 동일한 뉴런 인구의 뉴런 궤적. 각 시도는 보상에 해당하는 동일한 초기 조건에서 시작하고 종료되며 쥐가 미로의 왼쪽 또는 오른쪽 팔을 선택하는지 여부에 따라 다르게 출발한다.

* 신경 어셈블리의 순차적 활성화는 Pastalkova et al.(2008). Esther Holleman이 제공한 신경 궤적.

내면화된 인지 내용은 과거의 성공적인 선택이나 미래의 목표에 대한 정보이다. 이것은 쥐가 미래에 선택할 팔(왼쪽 또는 오른쪽)에 따라 개별 실험을 분류하여 쉽게 설명할 수 있다. 신경 궤적은 왼쪽 및 오른쪽 선택 시험에서 고유하게 다르며, 올바르게 식별된 보상 위치에 의해 설정된 초기 조건이 신경 궤적의 패턴을 결정함을 나타낸다([그림 7-6]). 이 글을 읽는 여러분은 궤도가 이전 선택의 회고적 기억과 일치하는지 또는 장래의 미래 계획에 해당하는지 올바르게 질문할 수 있다. 오류 시도는 이러한 가능성을 명확하게 하는 데 도움이 될 수 있다. 대부분의 오류 시도에서 신경 궤적은 바퀴 달리기의 맨 처음부터 올바른 시도(예: 오른쪽 팔이 정확할 때 동물이 왼쪽으로 회전하는 경우 발사 패턴이 왼쪽 시도에 해당함)와 유사하여 동물이 그 계획이 옳았다고 '믿는다'.

요약하자면, 이 실험은 진화하는 신경 궤적이 계획을 실행하기 수십 초 전에 올바른 시도와 잘못된 시도 모두에서 동물의 선택을 안정적으로 예측한다는 것을 보여 준다.[19] 이러한 결과는 계획이 연기된 행동이라는 생각을 뒷받침한다. 이 실험의 또 다른 흥미로운 측면은 순차적 조직, 발화 속도, 수명 및 세타 시간 압축을 포함하는 해마 뉴런의 발화 패턴이 바퀴와 미로에서 현저하게 유사하다는 것이다. 따라서 우리는 현실 세계와 정신 공간에서의 탐색이 동일한 해마 메커니즘에[20] 의해 지원된다는 결론을 내릴 수 있으며, 이는 뇌가 환경에서 분리될 수 있다는 제5장의 주요 논문을 뒷받침한다.

신경 궤적은 행동을 예측한다

신경 궤적이 동물의 행동 결정 15~20초 전에 확실하게 동물의 선택을 예측할 수 있다는 사실은 독자를 놀라게 할 수 있다. 그래도 설명할 수 있다. 올바른 실험에 대한 인구 활동은 동물의 미래 선택을 예측할 뿐만 아니라 이전 선택을 사후 예측(즉, 회상)할 수도 있다.[21] 강화의 순간부터 우물에서 바퀴 달린 바퀴까지의 여행, 달리기 기간, 미로의 횡단을 나타내는 연속적인 신경 궤적이 선택된다. 이 궤적은 몇 가지 조건에만 의존하는데 그것은 초기 조건, 초기 조건 순간의 뇌 상태, 초기 조건과 뇌의 만남의 히스토리다. 초기 조건이 생성된 후 해마가 예상한 것과 경험한 것 사이에서 이상한 것을 감지하지 않는 한 궤적은 매번 비슷하다. 이 신경 궤적에는 흥미로운 특성이 있다. 과거가 끝나고 미래가 시작되고 있음을 나타내는 명확한 중단점이 없다. 미래에 대한 믿음은 과거에 대한 믿음과 연결

19) 뉴런 활동에서 미로 팔 선택의 예측은 뉴런 발화 밀도가 가장 높았던 처음 몇 초 동안 가장 정확했다. 이것은 시간이 지남에 따라 덜 정확해지는 메모리와의 또 다른 유사점이다. 바퀴 달린 동안의 신경 궤적의 구성은 초기 조건에 고유하다. 즉, 궤도는 '무엇'을 코딩할 수 있다. 동일한 시퀀스는 실행 거리와 경과 시간도 추적하므로 일화 기억의 기본 기능인 무엇, 어디서, 언제와 관련이 있다(제10장).

20) 지도 기반 탐색 가설은 또한 환경 입력이 변경되지 않으면 스파이크 단계가 고정된 상태로 유지될 것이라고 예측한다. 이 예측과 대조적으로, 순차적으로 활성화된 모든 뉴런은 바퀴가 달리는 동안 위상 세차를 표시한다. 장소 세포와 유사하게 에피소드 세포의 세타 주파수 진동은 필드 세타 리듬보다 높으며 위상 세차의 기울기는 에피소드 필드의 길이에 반비례한다(Pastalkova et al., 2008). 신경 궤적이 광학 또는 촉각 흐름, 바퀴의 단계 등에 의해 구동되는 것이 아니라 메모리 부하에 의해 구동된다는 것을 입증하기 위해 수많은 제어 실험이 수행되었다.

21) 오류 시도는 상황을 명확하게 할 수 있다. 대부분의 오류 시도 동안 뉴런 발사 순서가 행동 선택을 올바르게 식별했지만 쥐가 나온 팔은 식별하지 않았기 때문이다. 예를 들어, 쥐가 이전에 좌회전한 후 잘못 좌회전했을 때 궤도는 쥐가 T 미로 교차로에서 좌회전하고 과거 경로(왼팔을 오른팔로)를 잘못 인코딩할 것이라고 확실하게 예측했다. 그러나 이러한 명확성은 실험자에게만 제공되는 정보이다. 쥐의 관점에서 볼 때 잘못된 시도는 오류가 아니다. 보상의 부족이 실수를 저질렀다는 것이 드러날 때까지 자신의 선택이 옳았다는 신념에 따라 행동했다고 정당하게 주장할 수 있다.

되어 있다. '지금'이나 현재에 대한 명확한 경계가 없다.[22]

후속 실험은 내부적으로 조직된 해마 뉴런 궤적과 기억 유도 공간 행동에 세타 진동이 필수적임을 보여 주었다. 예를 들어, 무결성이 세타 진동에 필수적인 해마에 대한 내측 중격 입력의 국부적 약리학적 억제 후에[23] 뉴런 발사의 필드가 와해되고 뉴런은 수레바퀴가 달리는 동안 거의 무작위로 낮은 속도로 발화한다. 대조적으로, 미로의 장소 필드는 대부분 보존되는데, 아마도 장소 세포 발사가 방 랜드마크의 통제하에 있기 때문일 것이다. 그러나 세타 주기 내의 시간적 순서가 완전히 무질서하기 때문에 장소 세포도 완벽하지 않다. 따라서 세타 진동은 수십 밀리 초 시간 규모에서 뉴런의 시간적 조정을 위한 전제 조건이다.[24]

전반적으로, 이 실험은 세타 진동이 뉴런 시퀀스의 단시간 규모 구성에 필수적임을 보여 준다. 미로의 장소 필드는 행동 시간 척도 시퀀스와 함께 보존되기 때문에 발견은 또한 뉴런 시퀀스가 두 가지 기본적으로 다른 메커니즘에 의해 생성될 수 있음을 암시한다. 첫째, 해마의 내부 역학은 메모리 부하하에서 시퀀스를 생성한다. 둘째, 환경적 또는 기타 자극은 순차적인 특성으로 인해 행동의 속도로 뉴런 시퀀스를 생성한 다음 세타 시간 척도 시퀀스로 압축된다. 내부적으로 유도된 시퀀스가 기억 작업에서 교란될 때, 예를 들어 어떤 두드러진 신호에 의해, 뉴런 궤적이 '점프'한다. 그러면 원래 궤적이 돌아오거나 새로운 궤적이 나타난다.[25] 이 과정은 한 화자가 이야기를 내레이션할 때의 대화와 유사하다. 다른 화자가 질문으로 말을 중단할 수 있으며, 그 후에 중단의 성격에 따라 이야기가 계속되거나 새로운 방향으로 전환될 수 있다. 따라서 신경 궤적의 진화는 자기 조직화된 네트워크의 내부 메커니즘과 외부 영향 사이의 상호작용에 의해 주도되며, 이 두 가지의 상대적 중

---

22) 세타 주기 내의 스파이크 수를 정량화하여 임의의 세그먼트를 '지금'으로 지정할 수 있다(Csicsvari et al., 1998, 1999; Dragoi & Buzsáki, 2006). 세타 주기의 내림차순 단계에서 발생하는 어셈블리는 과거에 해당하고 상승 단계에서 발생하는 어셈블리는 미래에 해당하지만, 가장 활동적인 어셈블리는 세타파의 최저점을 차지하는데, 이는 곧 여기와 지금의 표상이라고 할 수 있다([그림 7-4]).

23) Petsche et al.(1962)의 선구적인 작업부터 알려져 왔다. 내측 중격이 파괴된 후 세타 진동은 해마와 주변 구조에서 완전히 사라진다.

24) Wang et al.(2015). 칼슘 영상을 사용하여 해마 CA1 피라미드 뉴런의 활동을 감지한다. Villette et al.(2015)은 보상 없이 완전한 어둠 속에서 그리고 트레드밀 표면이 외부 신호를 제공하지 않을 때 다양한 길이의 뉴런 시퀀스가 나타난다. 실행 거리(또는 지속 시간)는 이러한 시퀀스 범위의 정수 배수로 분포된다. 저자는 내부적으로 생성된 해마 시퀀스가 자발적인 달리기 시합을 유발하고 지속 시간을 추적한다고 추측한다.

25) 세포 조립 궤적의 이러한 점프는 단일 세타 주기에서 발생할 수 있다(Zugaro et al., 2004; Harris et al., 2003; Jezek et al., 2011; Dupret et al., 2013).

요성은 시시각각 변하며 때로는 상당히 많이 변할 때도 있다.

학습 및 기억 회상 동안의 유사한 신경 궤적

2007년에 나는 예루살렘에 있는 히브리 대학교의 방문 교수로 재직하면서 캘리포니아 대학교 로스앤젤레스의 신경외과 의사인 이츠하크 프리드(Itzhak Fried)를 만났다. 이츠하크는 깨어 있는 간질 환자의 만성 생리학적 연구의 리더이다. 이러한 환자들은 발작의 원인을 파악하기 위해 해마내비강 전극을 이식하는 경우가 많다. 이러한 전극 중 일부는 단일 피라미드 뉴런에서 기록할 수 있으며 많은 환자가 진단 목적으로 발작이 일어나기를 기다리는 동안 인지 실험에 자발적으로 참여한다. 나는 이츠하크에게 설치류의 바퀴 실험에 대해 이야기했고, 그는 기록된 뉴런이 동영상 클립에 어떻게 반응하는지 설명했다.

그의 팀은 설치류 대상으로는 불가능했던 일을 인간에서 수행할 수 있었다. 인간의 녹음은 몇 개의 뉴런만을 다루었지만 실험자들은 짧은 시간에 많은 동영상 클립을 보여 줄 수 있었다. 뉴런이 클립 중 하나에만 선택적으로 반응하는 경우 무비 클립을 설명하는 뉴런군 시퀀스의 일부라고 가정할 수 있다. 우리의 쥐 실험에서 우리는 신경 궤적이 특정한 정신적 여행 사건을 인코딩한다는 결정적인 증거를 가지고 있었다. 그러나 설치류 피험자가 자신의 경험을 구두로 보고할 수 없었기 때문에 에피소드 기억의 중요한 테스트인 자유 회상을 조사할 수 없었다. 그러나 인간 피험자는 할 수 있다. 자유회상은 어떤 단서 없이 장기 저장에서 의식적으로 불러올 수 있는 기억이다. 이츠하크의 실험에서 다른 뉴런은 영화 클립에서 다른 유명인의 행동이나 사건에 반응했다. 모든 클립이 표시된 후 실험자는 연구 참가자에게 중요한 질문을 했다. "방금 무엇을 보았습니까?" 참가자들이 경험을 보고하는 동안 특정 무비 클립(예: 오프라 쇼에서 톰 크루즈의 그 유명한 소파 위 점프)에 응답한 동일한 뉴런은 참가자가 배우의 이름을 말하기 100분의 1초 전에 활성화되었다. 그들의 실험은 두 가지 이유로 중요하다. 첫째, 에피소드를 부호화하고 회상하는 과정에서 유사한 신경 궤적이 형성됨을 보여 주며, 이는 자발적 회상으로 초기 조건을 설정할 수 있음을 시사한다. 둘째, 암호화 과정에서 정보는 외부 세계에서 신피질로, 그런 다음 내비해마 시스템으로 흐른다. 회상하는 동안, 그리고 아마도 상상하는 동안 방향이 바뀐다. 활동은 해마에서 시작되어 신피질로 전파된다.[26]

이러한 신경생리학적 실험은 인간 영상 연구에서 유사한 관찰 결과를 반영한다. 멀티

복셀 패턴 분석(MVPA)이라고 하는 고급 기술은 세포 조립 또는 모집단 벡터 아이디어의 개념적 확장이다. fMRI(기능적 자기 공명)로 해결할 수 있는 가장 작은 단위인 복셀에는 약 10,000개의 뉴런이 있다. 각 스캔에서 많은 복셀이 이미지화되기 때문에 가능한 조합의 수는 천문학적으로 높다. 이러한 조합 중 일부는 입력 패턴 및 잠재적인 움직임과 일치할 수 있다. 선구적인 실험에서 연구원들은 인구 복셀 패턴을 식별하고 학생들은 유명인, 사물 및 장소의 사진을 연구했다. 나중에 참가자들이 학습된 자료를 회상할 때 범주별 복셀 별자리가 명백한 응답 전에 다시 나타났다. 예를 들어, 참가자가 유명 배우의 사진을 회상하기 전에 얼굴 처리를 담당하는 피질의 측두 영역이 뇌의 다른 부분에 있는 다른 많은 복셀과 함께 활성화되어 연구 단계에서 본 것과 동일한 패턴을 표시한다.[27] 이러한 이미징 실험은 초기에 일화적 또는 의미론적 정보를 처리하는 뉴런군이 동일한 정보를 기억하거나 상상할 때 활성화되는 뉴런군과 유사하거나 적어도 겹친다는 견해를 뒷받침한다.

또한 에피소드 정보에 대한 해마의 중요한 판독 모드에 대한 직접적인 지원도 있다. 일련의 분석 실험에서 매사추세츠 공과대학교(Massachusetts Institute of Technology)의 도네가와 스스무(Susumu Tonegawa)는 위협 조절 작업에서 활성화된 뉴런에 태그를 지정했다. 위협 동안 반응한 해마 뉴런은 빛에 민감한 단백질의 발현을 촉발했다. 나중에 그들은 마우스에게 해를 입히지 않은 다른 상자에 있는 이 동일한 뉴런에 레이저 빛을 비추었다. 그러나 마우스는 충격을 받은 상자 안에서와 같은 방식으로 얼어붙었다.[28] 이 실험은 학습 중에 활성화된 뉴런이 경험을 회상하고 적절한 행동을 시작하는 데 필요한 뉴런과 관련되어 있음을 다시 한번 보여 준다.

---

26) Gelbard-Sagiv et al.(2008) 원숭이에 대한 실험에 따르면(Miyashita, 2004), 두 가지 유형의 검색 신호가 피질 표현을 활성화할 수 있다. 하나는 능동적(또는 노력) 검색을 위한 전두엽 피질(하향식 신호)이고 다른 하나는 자동 검색을 위한 내측 측두엽이다.

27) Polyn et al.(2005).

28) Liu et al.(2012). 2010년에 Michael Häusser의 그룹은 이미 Society for Neuroscience Meeting에서 해마 치아이랑에서 동일한 분자 생물학적 방법을 사용하여 유사한 실험을 발표했지만 그들의 실험은 발표되지 않았다. 이러한 섭동 실험에 대한 중요한 비판은 위협 조정 패러다임에서 동결 또는 동결 없음과 같은 유일한 관련 행동을 유도하기에 매우 적은 중첩만으로도 충분하다는 것이다. 따라서 레이블이 지정되고 다시 활성화된 뉴런은 경험의 실제 복제를 반영하지 않을 수 있다. 다른 실험에 따르면 시간이 지남에 따라 원래 경험 중에 활성화된 뉴런의 작은 부분만 동일하게 유지된다(Ziv et al., 2013).

해마 이외의 다른 구조에서의 내부적으로 생성된 세포 조립 시퀀스

자기 조직화된 뉴런 시퀀스는 해마만의 전문 분야가 아니다. 내측 전전두엽 피질의 뉴런이 기억 작업 동안 기록되었을 때 유사한 진화하는 뉴런 궤적이 감지되었다([그림 7-6]). 이 실험에서 쥐는 미로의 대기 공간(바퀴 대신)에서 초콜릿이나 치즈 냄새에 노출되었고 두 가지 냄새가 미로의 왼쪽 또는 오른쪽 팔로 각각 회전하도록 지시한다는 것을 배워야 했다. 해마 기록에서와 같이 신경 궤적은 동물의 미래 선택에 따라 달리기 전의 대기 구역과 미로의 중앙 팔에서 독특하게 달랐다.[29] 게다가 뉴런군는 0.5~2초 동안 지속되었는데, 이는 유사한 메커니즘이 특정 뉴런 또는 그룹이 얼마나 오래 활성화될 수 있는지를 결정함을 시사한다.[30]

인지에 결정적으로 관여하는 또 다른 피질 구조는 후두정 피질(posterior parietal cortex)이다. 레이저 기술을 사용한 광범위한 기록 방법인 칼슘 역학의 광학 영상화는 이 영역의 표층에서 회로 역학을 탐색하는 데 사용되었다. 이 테스트에서 마우스의 머리는 제자리에 고정되었지만 공 위의 마우스 움직임에 의해 영사되는 영화의 풍경이 제어되는 가상현실 환경을 통해 스스로를 안내하기 위해 큰 스티로폼 공을 실행할 수 있다. 개별 정수리 뉴런은 일정 수준의 스파이크를 반영하는 일시적인 칼슘 활성화로 반응하고 작업 시험의 전체 기간에 걸쳐 뉴런 활성화 시퀀스를 형성하기 위해 시간이 지남에 따라 차례로 비틀거렸다. 동물의 목표 위치에 따라 다른 실험에서 뉴런의 고유한 시퀀스가 시작되었다. 뉴런군 시퀀스는 운동 피질을 포함한 다른 구조에서도 관찰되었으며, 이는 자기 조직화된 뉴런

29) 이 지연이 있는 표본 일치 테스트는 내측 전전두엽 피질과 해마가 모두 필요한 것으로 알려져 있다(Fujisawa et al., 2008). Ito et al.(2015)는 이러한 발견을 확인하고 확장했다. 전전두엽 뉴런 외에도 그들은 전전두엽 유출을 해마 CA1 영역으로 연결하는 시상 핵인 재결합 핵(nucleus reuniens)에서 행동 궤적 특이적 인코딩을 발견했다. 그들은 궤도 의존적 활동이 전전두엽 피질에서 발생하고 핵 재결합을 통해 해마로 전달된다고 제안했다. 그러나 시상의 입력을 받지 않는 과립 세포와 CA3 피라미드 세포(Senzai & Buzsáki, 2017)의 발화 패턴에서도 동물의 미래 선택을 예측할 수 있다.

30) 그들의 고전적인 연구에서 Fuster & Alexander(1971; Kubota & Niki, 1971; Funahashi et al., 1989)는 작업 기억 작업의 지연 기간 동안 영장류의 배외측 전전두엽 피질의 단일 뉴런이 지속적으로 발화됨을 보여 주었다. 수십 년 동안 단일 셀의 지속적인 발사는 지연을 연결하고 정보를 염두에 두는 주요 모델로 사용되었다. 우리의 녹음에서 그러한 모든 뉴런은 빠르게 급상승하는 억제성 개재 뉴런으로 밝혀졌다. '지속적인' 활동은 몇 초에서 수십 초 동안 방전을 유지하는 소규모 특수 뉴런 그룹이 아니라 진화하는 어셈블리에 의해 유지되는 것으로 보인다.

궤적이 뇌 회로의 표준임을 보여 준다.[31] 엄밀히 말하면, 앞서 논의한 모든 신경 궤적과 그 구문적 조합은 순차 활동의 1차 정보만 사용되기 때문에 '단순한' 것으로 간주될 수 있다. 뉴런 구문이 더 높은 차수를 활용하는지 여부에 관계없이 포함된 구조는 여전히 입증되어야 한다.[32]

신경망은 어떻게 자기 조직적 시퀀스를 생성하는가

우리가 인지라고 부르는 거의 모든 것에 대해 내부적으로 생성된 뉴런 궤적의 중요한 중요성에도 불구하고 뉴런의 자기 조직화된 순차적 활동을 생성하는 정확한 메커니즘은 완벽하게 이해되지 않다. 필수 요구 사항이 두 가지뿐이므로 원칙은 매우 간단한다. 첫 번째는 경쟁 프로세스를 포함하는 네트워크이다. 두 번째는 일종의 단기 숙박 기능이다. 실험적 관찰에 따르면 뉴런군는 일반적으로 가능한 메커니즘의 수를 제한하는 1~2초 동안 지속된다.[33] 이것은 뉴런 시퀀스를 지원하는 데 필요한 가능한 생리학적 메커니즘에 관한 몇 가지 단서를 제공한다.

여기와 억제 둘 다의 상대적으로 대칭적인 연결성을 가진 뉴런의 2차원 네트워크('뉴런 시트')를 상상하라. 만약 홍분성 연결이 억제성 연결보다 짧다면, 홍분성 활동의 씨앗은 억제로 둘러싸인 큰 국부적 '돌출' 활동을 생성할 것이다. 여기와 억제의 파동을 그래프로 그리면, 산꼭대기가 계곡으로 둘러싸인 멕시코 모자처럼 보이다. 이러한 연결 행렬은 공간적으로 확산되는 활동을 모델링하는 데 자주 사용된다. 이 모델 중 가장 단순한 모델에서

---

31) Harvey et al.(2012)는 정수리 피질에서 내부적으로 생성된 신경 시퀀스를 설명했다. 이러한 순서는 자발적인 움직임을 계획하고 실행하는 동안 운동 피질에서도 흔히 볼 수 있으며(Shenoy et al., 2013) 내비 피질(O'Neill et al., 2017)과 복부 선조체(Akhlaghpour et al., 2016)에 기록되어 있다.

32) Gao & Ganguly(2015). 구어에서 1차 또는 직렬 구문은 소리의 순서를 나타낸다. 즉, 개별 음향 장치가 어떻게 생성되고 결합되어 다양성을 제공하는지에 대한 것이다('내 아버지의 형제의 아내의 딸의 개', 소유의 위계질서). 이러한 다양성은 내재된 고차 규칙('고양이가 우유를 조금 마셨어요')에 의해 더욱 강화될 수 있다. 이러한 임베딩은 전 세계의 6,000~8,000개 언어에서 보편적이며, 이는 이것이 뉴런 시퀀스 구성원 간의 고차 관계를 갖는 뇌 메커니즘에 기반을 두고 있음을 시사한다.

33) 자체 유지 활동이 요구 사항이 아닌 경우 고정된 시냅스 가중치와 연결된 뉴런 그룹의 모델 체인에서 순차적 활동을 유도할 수 있다. 그러한 'synfire' 사슬에서(Abeles, 1991), 순차적 활동은 한 방향으로 가는 홍분 행동의 결과이다. 모델과 반복 루프 및 피드백이 있는 피질 네트워크 사이의 비유사성에도 불구하고(Buonomano & Maass, 2009), 신파이어(synfire) 체인 모델은 뉴런 활동이 계층에서 계층으로 또는 영역에서 영역으로 확산될 수 있는 방법에 대한 유용하고 훈련된 사고를 생성했다(예: Ikegaya et al., 2004).

활동 돌출은 고정되어 있거나 제한된 거리만 움직인다. 네트워크 모델링 문헌의 용어로 범프는 활동의 확산을 막는 견인자로 간주된다. 그러나 적응 구성 요소를 추가하면 상황이 크게 바뀐다.[34] 예를 들어, 흥분성 뉴런의 스파이크 역치가 스파이크 강도의 함수로 증가한다면, 높은 활동 영역(즉, 끌어당김체)의 뉴런은 자체 스파이크 활동이 흥분성을 감소시키기 때문에 시간이 지남에 따라 점점 더 적게 발화하게 된다. 이 자체 증가 임계값의 결과는 활동의 범프가 뉴런의 스파이크 임계값이 더 낮은 경쟁 이웃 영역으로 이동한다는 것

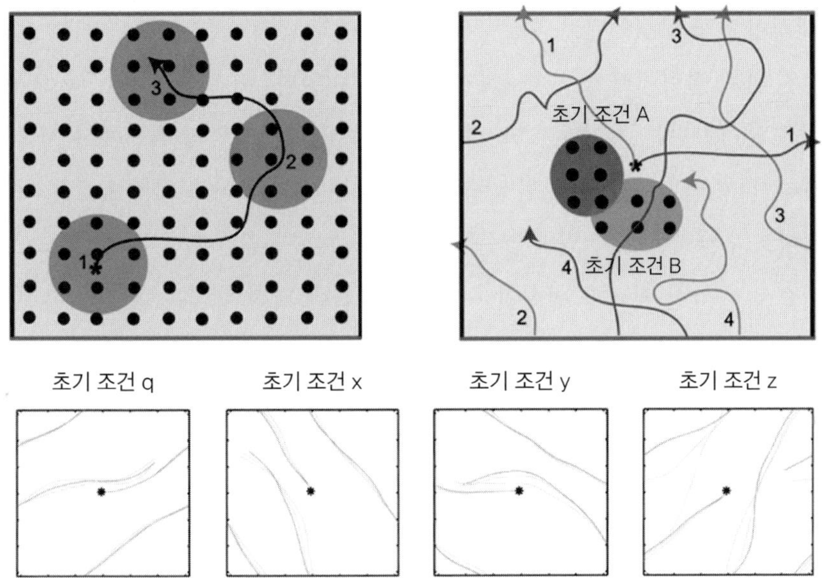

[그림 7-7] 자기 조직화된 신경 궤적 모델

왼쪽 위: 뉴런이 주기적인 경계 조건(토로이드 배열)으로 2차원 '시트'에 배열되어 위쪽 및 아래쪽 가장자리와 왼쪽 및 오른쪽 가장자리가 동일하다. 궤적은 시트를 '감싸고' 있다(화살표는 평면을 '떠나지만' 토로이드 또는 도넛에서 발생하는 것처럼 반대쪽으로 돌아간다). 적응이 없으면 네트워크 활동은 '범프 어트랙터'(음영 처리된 원)로 빠르게 수렴된다. 범프의 중심은 별표로 표시된다(위치 1). 그러나 적응이 있는 상태에서 활동 범프는 원환형 시트 주위를 계속 움직이며 결코 고정되지 않는다. 검은색 곡선은 세 개의 어트랙터를 통과하는 범프의 중심 위치를 추적한다. **오른쪽 위**: 적응 변수의 다른 초기 조건은 활동 범프에 대해 고유하게 다른 궤적으로 이어진다. 적응된 뉴런은 활성화할 가능성이 적기 때문에 초기 조건 A에서는 활동 범프가 처음에 오른쪽으로 이동하는 반면, 초기 조건 B에서는 활동 범프가 위쪽으로 이동한다. **하단**: 4가지 다른 초기 조건에 대한 궤적(즉, 시작 셀 어셈블리의 다른 무리).
출처: Itskov et al. (2011).

34) 조립 순서는 소음 수준이 유역 사이의 에너지 장벽을 뛰어넘어 한 유역에서 다음 유역으로 궤적을 이동할 만큼 충분히 높은 동적 시스템의 이종사상 어트랙터로 볼 수 있다(Redish et al., 2000; Rabinovich et al., 2008; Afraimovich et al., 2013). 유역에서 유역으로의 이동은 조건에 따라 규칙적으로 또는 확률적으로 발생할 수 있다. 외부 신호가 강하면 궤도를 새로운 방향으로 이동할 수 있다. Itskov et al.(2011); Howard(2018).

이다. 흥분성 활동의 확산 속도는 스파이크 역치 적응의 시간 경과에 의해 결정되며, 이는 피질 피라미드 뉴런에서 약 1초이다.[35)]

이제 그러한 행렬이 2차원 시트가 아니라 도넛의 표면(기술적으로 토로이드)을 차지한다면 활동은 원점으로 돌아가거나 토로이드 주위를 영원히 사행할 수 있다([그림 7-7]). 활동의 정확한 공간 패턴(즉, 뉴런 시퀀스의 궤적)은 활동이 시작된 위치에만 의존한다. 활동의 정확한 공간 패턴(즉, 뉴런 서열의 궤적)은 활동이 시작된 위치에만 의존한다. 활동이 다른 위치에서 시작되면 궤적이 달라질 것이다. 반대로 같은 부위가 반복적으로 활성화되면 같은 신경 궤적이 유도될 것이다.

바퀴 달린 바퀴 실험에서 초기 조건은 두 가지뿐이었다. 쥐가 왼쪽 복도나 오른쪽 복도에서 바퀴로 돌아갔다는 것이다. 그러나 모델에서 활동은 임의의 위치에서 시작될 수 있으므로 가능한 궤적의 수는 높고 환상체 매트릭스의 크기에 따라 극적으로 증가한다. 시스템이 노이즈의 영향을 크게 받지 않는 경우 동일한 초기 조건에서 수십 초 또는 몇 분 동안 안정적으로 유사한 궤적을 생성할 수 있다. 이러한 궤적 각각은 학습된 이벤트(예: 우리 삶의 에피소드)에 할당될 수 있다. 그러나 매우 많은 수의 초기 조건이 많은 고유한 궤적을 생성할 때 여러 궤적에 참여하는 뉴런의 비율이 증가한다. 이러한 중첩 뉴런은 매트릭스에 대한 수요 증가로 인해 발생하는 불가피한 노이즈로 간주할 수 있다. 또는 다른 이벤트를 연결할 수 있는 유용한 연결로 볼 수 있다. 어느 쪽이든, 이벤트가 시간이 지남에 따라 많은 뉴런을 포함하는 궤적으로 표현될 수 있다면 네트워크의 조합 가능성은 매우 커진다. 설치류 해마에는 약 10억 개의 시냅스와 50마일의 축삭이 있으며 신경 궤적에 의해 나타날 수 있는 사건의 수는 천문학적으로 많다. 같은 맥락에서 피아노에서 열 손가락으로 연주할 수 있는 코드의 수는 제한되어 있다. 그러나 수십 초에 걸쳐 키를 연속적으로 눌러 연주할 수 있는 멜로디의 변주 수는 훨씬 더 많다.[36)]

적응의 또 다른 중요한 원천은 시냅스 가소성이다. 활동 전위가 연이어 시냅스 전 부턴

---

35) 생체 내 Henze & Buzsáki(2001) & 생체 외 Mickus et al.(1999).

36) 몇 년 전 나는 토론토 교외에 있는 Endel Tulving의 집을 방문했다. 나는 해마(Pastalkova et al., 2008)와 전전두엽 피질(Fujisawa et al., 2008)에서 내부 시퀀스의 발견이 일화 기억의 기질 역할을 할 수 있다고 설명했다. 그가 거주하는 너구리에게 먹이를 주는 동안 우리는 그의 뒤뜰에서 차와 비스킷을 즐기고 있었다. 그는 잠시 너구리 코에서 내 코로 시선을 옮기며 말했다. “다른 것을 찾을 거라고 예상했나요?” 그는 뇌 내부에서 어떤 실험 작업도 한 적이 없지만, 나는 그가 신경 역학의 생리학적 작동을 얼마나 정확하게 예측할 수 있는지에 놀랐다. 아마도 그는 일관된 이론을 가지고 있었기 때문에 그러한 추론을 효과적으로 할 수 있었을 것이다. 나는 또한 그에게 ‘에피소드’의 정의에 대해 물었다. “책의 한 줄, 단락 또는 장인가, 아니면 전체 책인가?” 그는 잠시 머뭇거린 후 “그 위의 모든 것이죠.”라고 대답했다.

에 도달하면 신경 전달 물질이 방출될 확률과 시냅스 후 뉴런의 반응(흥분성 또는 억제성)이 증가하거나 감소할 수 있다. 피라미드 세포와 바구니형 억제 개재 뉴런 사이의 시냅스는 억제성(depressing) 시냅스이며, 이는 피라미드 세포의 연속적인 활동 전위가 바구니 세포에서 점진적으로 약한 반응을 유발한다는 것을 의미한다. 피라미드 뉴런이 집합체를 형성할 때, 그들은 바스켓 세포를 지배하며, 그 기능은 측면 억제에 의해 경쟁 집합체를 억제하는 것이다. 그러나 지배적 어셈블리의 헤게모니는 시간이 지남에 따라 바구니 셀의 응답성이 감소하기 때문에 일시적으로만 유지될 수 있다. 이러한 바스켓 셀의 어셈블리 보호 역할이 감소하면 완성된 어셈블리가 한동안 승자가 될 수 있다. 조립 기간은 생체 내에서 약 1초인 시냅스의 단기 가소성에 해당한다.[37)]

이러한 단순한 생물물리학적 적응 메커니즘은 특정 뉴런 그룹의 지배가 시간적으로 제한된 이유와 외부 입력 없이도 뇌의 영구적인 활동이 표준인 이유를 설명한다. 자기 조직적 활동은 신경망의 기본 상태이다. 동일한 초기 조건은 유사한 시퀀스를 생성하는 반면, 다른 초기 조건은 별개의 시퀀스를 생성한다. 자기 조직화된 활동의 중요한 결과는 입력에 대한 네트워크의 응답이 섭동보다 오래 지속될 수 있다는 것이다. 예를 들어, 실험에서 이상한 것을 관찰하면 그것이 오랫동안 뇌리에 울려 퍼진다. 많은 회로, 특히 해마의 거대한 순환 네트워크는 뇌 외부에서 오는 신호 없이도 많은 수의 신경 궤적을 생성할 수 있다. 접시에 담긴 배양된 뇌 조직조차도 다양한 자발적인 사건을 유발할 수 있다. 그것이 신경 회로가 하는 일이다.[38)] 그들은 단지 앉아서 자극을 기다리지 않는다.

이러한 예를 바탕으로 이제 우리는 학습이 각각의 새로운 경험과 함께 새로운 뉴런 시퀀스가 구축되는 아웃사이드-인 중첩 과정이 아닐 가능성을 고려할 수 있다. 대신, 학습은 내부적으로 일치하는 과정일 수 있다. 사용 가능한 거대한 궤적 레퍼토리에서 끌어낸 자발적으로 발생하는 뉴런 궤적이 유용한 작업과 일치할 때 해당 궤적이 뇌에 의미를 부여한다. 경험이 풍부할수록 의미 있는 궤적의 비율이 높아지지만 사용 가능한 패턴의 저장고는 항상 많다. 이 대안 모델에서 궤적 시퀀스의 수는 경험이 풍부한 두뇌와 입력을 경험한 적이 없는 가상의 순진한 두뇌에서 거의 동일하다. 이 인사이드 아웃 솔루션의 장점은 다양

---

37) Royer et al.(2012); Fernandez-Ruiz et al.(2017); English et al.(2017).

38) Li et al.(1994). 뉴런 시퀀스는 거의 모든 가정된 인지 작업(예: 기억, 계획, 의사 결정, 추론, 예측, 상상, 백일몽, 묵상)에서 역할을 하는 것으로 가정되었다. 인지의 뇌 모델(예: 예측 코딩, 예측 코딩, 통계, 확률 추론, 베이지안 추론 및 생성 모델)도 존재한다고 가정한다(Pezzulo et al., 2017).

하고 상호 의존적인 궤적의 거대한 영역이 네트워크에 안정성을 가져올 수 있으며 새로운 학습이 네트워크를 불안정하게 만들 것이라는 두려움이 없다는 것이다.[39] 우리는 제13장에서 이 주제로 돌아갈 것이다.

궤적 읽기

신경신경 메시지는 그것들의 가독성만큼만 유용하다. 어셈블리 시퀀스의 생물학적 관련성과 그들의 주장되는 '표현'은 다중의 중첩된 시퀀스 패턴을 구별하는 일부 판독기 메커니즘을 통해서만 확인할 수 있다. 어셈블리 시퀀스에 차등적으로 반응할 수 있는 판독기 메커니즘이 있다면 a, b, c, d 대 a, d, c, b에 그러한 미세한 차이는 뇌에 중요하다. 우리는 시퀀스 판독을 위한 메커니즘은 신경 회로에 존재해야 한다는 것에 대해 확신할 수 있다. 왜냐하면 우리는 많은 소리 시퀀스를 손쉽게 구별하고 손바닥을 왼쪽에서 오른쪽으로 또는 오른쪽에서 왼쪽으로 긁는 것 사이의 차이를 구별할 수 있기 때문이다. 그러나 세포 조립 시퀀스에서 메시지를 해독하는 생리학적 메커니즘은 잘 알려져 있지 않다. 서로 다른 판독기 메커니즘이 동일한 어셈블리 패턴의 활동을 동시에 모니터링하여 고유한 유형의 의미를 추출할 수 있다. 예를 들어, 한 판독기는 주어진 시간 창 내에서 신경 세포 집단의 급증 강도를 추적할 수 있는 반면, 다른 판독기는 어셈블리 구성원으로부터 시간적 관계를 추출할 수 있다.[40]

가장 단순한 상황에서 뉴런의 가능한 모든 시간적 패턴은 회로의 고정 배선 기능으로 인해 별도의 판독기 뉴런의 큰 배열로 수렴된다.[41] 그러나 시퀀스를 해석하는 다른 잠재적인 메커니즘이 있다. 단일 뉴런 또는 단일 수상돌기는 흥분성 입력의 순서에 민감할 수 있

---

39) 파국적 간섭(Catastrophic interference)은 새로운 학습이 기존의 귀중한 정보를 지울 수 있는 인공 신경망에서 끊임없이 반복되는 주제이다(Ratcliff, 1990).

40) 약한 전기 물고기(Eigenmania)가 물체와 다른 물고기를 감지하기 위해 몸 주위에 사인파 전기장 전위를 생성한다('재밍 회피 반응'). 두 Eigenmania에 의해 생성된 전기장 사이의 주파수 차이는 가까운 동종(conspecifics)을 전기 위치 지정하는 데 사용되는 체계적인 위상 및 진폭 변화를 생성한다(Heiligenberg, 1991; 제3장). 해마에서 스파이크 단계는 하류 판독기 메커니즘에 이동 거리 또는 경과 시간에 대해 알릴 수 있는 반면 스파이크 강도는 동물의 순간 속도를 반영한다(McNaughton et al., 1983; Hirase et al., 1999; Huxter et al., 2003).

41) MacLeod et al.(1998)은 메뚜기의 후각 시스템에서 더듬이 엽 뉴런의 앙상블을 가로질러 시간에 따라 인코딩된 정보가 버섯 몸체의 단일 뉴런으로 수렴된다는 것을 보여 주었다. 따라서 이러한 뉴런은 상위 정보 전송 뉴런의 인구 활동 시퀀스의 판독기로 간주될 수 있다.

다. 이 경우, 수상돌기의 일부 비선형 속성이나 국소 회로 효과가 활성화 순서를 구별하는 데 도움이 된다면, 다른 방향으로 수상돌기를 따라 이웃하는 시냅스의 순차적 활성화는 체세포에서 다른 응답을 생성한다.[42] 또 다른 잠재적인 메커니즘은 우리가 세포군 간의 경쟁과 관련하여 앞서 논의한 종류인 측면 억제의 타이밍 효과를 이용한다. 이 경우 업스트림 입력은 다운스트림 판독기에 불균일하게 신경을 쓴다. 상류 시퀀스의 첫 번째 입력에 반응하는 뉴런은 측면 억제를 모집하여 나머지 집단의 반응 능력을 감소시킨다. 두 번째 및 세 번째 입력은 몇 개의 새로운 뉴런을 모집할 수 있지만 첫 번째 입력보다 확률과 강도가 낮다. 그런 다음 이러한 추가 뉴런은 더 많은 억제를 동원하여 나머지 뉴런이 시퀀스에서 나중에 도착하는 입력에 반응할 확률을 더욱 감소시킨다. 따라서 입력이 먼저 도착하는 것이 더 강력한 효과를 가진다. 이 타이밍 우선 모델에서 중요한 규칙은 순위다.[43]

이러한 이론적 가능성에 대해 논의한 후 구체적인 예를 살펴보겠다. 해마의 장소 세포 조립 시퀀스는 발사 속도 독립적인 위상 코딩 메커니즘을 사용하여 측면 중격의 표적 뉴런에 의해 판독된다. 이 뉴런은 해마 CA1 및 CA3 배치 세포군의 활성을 비교하고 세타 주기에 대한 스파이크 선호도에 따라 활성 비율을 표현한다. 따라서 외측 중격에서 스파이킹의 세타 단계는 여행의 시작부터 끝까지 체계적으로 변하지만 외측 중격 뉴런의 속도는 그렇지 않다. 중격 뉴런 집단은 계획된 궤적의 과거, 현재 및 예측된 미래 위치를 정확하게 식별하고 이 압축된 메시지를 외측 시상하부 및 운동 제어 뇌간 영역에 전달할 수 있다. 이것은 추상적 인지 지도가 행동으로 번역되는 메커니즘일 수 있다.[44]

뉴런 정보의 풍부함은 독자의 수에 달려 있다

얼마나 많은 순차적 패턴을 읽을 수 있을까? 앞의 모델에서 다양한 인구 패턴은 하나 또는 몇 개의 리더 셀에서 급증하는 응답을 유발한다. 주어진 판독기 뉴런은 입력 층에서 뉴

42) 계산 모델링은 시간 시퀀스가 속도 종속적 변화보다 읽기가 훨씬 쉽다는 것을 보여 준다(Rall, 1964). 실험에서, 수상돌기 가지에서 체세포로 또는 체세포에서 수상돌기 끝으로 가시의 순차적 활성화는 피질 피라미드 뉴런에서 방향에 민감한 스파이크 응답을 생성했다. 차등 반응은 시냅스 N-메틸-D-아스파테이트(NMDA) 수용체의 비선형 활성화와 대부분의 뉴런에 공통적인 두 가지 기본적인 생물물리학적 특징인 수지상 가지를 따른 임피던스 기울기 사이의 상호작용으로 인한 것이다(Branco et al., 2010). 이러한 수지상 메커니즘은 10~200ms 범위에서 입력 시퀀스를 구별할 수 있지만 몇 초 동안 발생하는 셀 어셈블리 시퀀스를 읽는 솔루션을 제공할 가능성은 없다.

43) Thorpe et al.(2001); vanRullen et al.(2005).

44) Tingley & Buzsáki(2018).

런 방전의 특정 배열에 반응하는 방법을 배울 수 있지만 다른 패턴이 존재할 때는 침묵을 유지한다. 두 번째 패턴에 생물학적 유용성을 제공하려면 다른 독자가 이 다른 패턴에 선택적으로 튜닝되어야 한다. 수많은 패턴을 구별하는 법을 배우려면 많은 선택적인 독자가 필요하다([그림 7-8]).[45] 예를 들어, 두 개의 다른 선택에 해당하는 해마 또는 전전두엽 뉴런의 두 궤적(조립 순서)을 구별하는 것은 비교적 간단한 작업이다. 반면에 일생 동안 수집된 모든 에피소드 기억을 나타낼 만큼 충분한 궤적을 분리하려면 많은 열성 독자와 함께 복잡한 메커니즘이 필요하다. 신피질은 겹치는 해마 출력 패턴을 분류 및 분리하는 방법을 배우고 기억으로 두거나 계획 및 명백한 행동 반응으로 변환하는 방법을 배우는 판독기

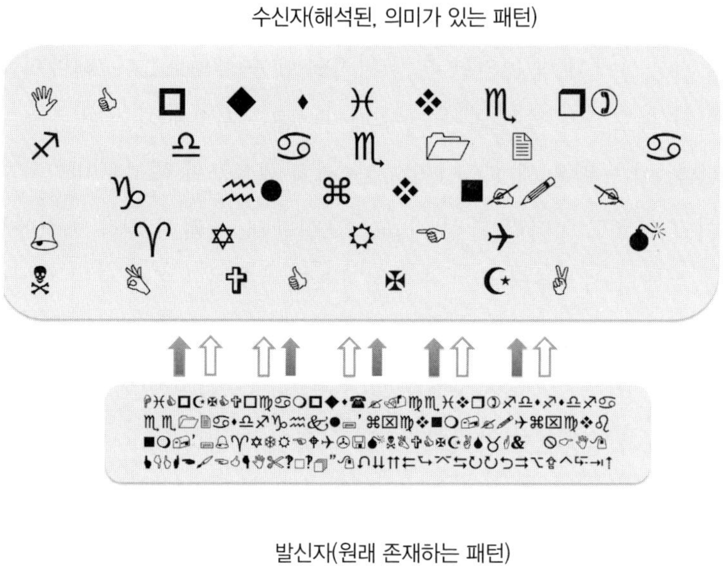

수신자(해석된, 의미가 있는 패턴)

발신자(원래 존재하는 패턴)

[그림 7-8] 기존 패턴을 경험에 일치시키기

발신자 구조(예: 해마)는 경험이 없는 경우에도 엄청나게 많은 수의 기존 패턴을 생성할 수 있다(여기서는 추상적인 기호로 표시됨). 이러한 패턴의 대부분은 뇌에 의미가 없다. 그러나 일부 패턴은 경험에 의존하는 중요한 사건과 연결되고 수용 구조(예: 신피질)에 의해 의미 있는 것으로 해석되어 의미를 획득할 수 있다. 정보의 풍부함은 발신자의 다양한 가능한 궤적에 의해 결정되는 것이 아니라 대신 행동을 통해 행동적으로 의미 있는 이벤트에 패턴을 연결하는 수신 구조의 능력에 의해 결정된다. 고등 포유류에서 증가하는 신피질의 크기는 점점 더 많은 수의 해마 궤적을 읽을 수 있다.

45) Masquelier et al.(2009)는 이 단락에서 논의된 프레임워크에 따라 독자 계산 모델을 제시했다. 메뚜기의 버섯 몸체(mushroom body)에서 50,000개의 독자 Kenyon 세포는 원칙적으로 50,000개의 냄새 조합에 반응할 수 있다(Jortner et al., 2007; Perez-Orive et al., 2002).

메커니즘이 있는 거대한 패턴 분리 구조로 생각할 수 있다. 그러나 모든 독자가 평등하지는 않다. 일부는 많은 패턴에 반응할 수 있다. 우리는 그들을 일반화자(generalizer)라고 부를 수 있다. 다른 사람들은 하나의 패턴에만 선택적일 수 있다. 우리는 그들을 전문가라고 부를 수 있다. 이러한 일반화 및 전문 독자는 심하게 편향된 기능으로 광범위한 분포를 차지한다. 우리는 제12장에서 뉴런의 비갈등적 특징의 중요성에 대해 확장할 것이다.

뇌에서 발신자-수신자 파트너십

신경 시퀀스의 내용을 이해하려면 업스트림 발신자와 다운스트림 판독자 뉴런 모두 적절하게 분할하고 메시지를 해독한다. 제6장에서 논의한 바와 같이 계층적으로 조직된 뇌 리듬은 이 목적을 위해 조정된다. 진동은 메시지를 청크할 뿐만 아니라 메시지가 올바른 길이를 가지며 적절한 시간 간격으로 서로 분리되도록 발신자 및 수신자 모집단의 활동을 일시적으로 조정한다. 발신자에서 수신자로의 메시지 전송은 일반적으로 단방향 작업으로 간주된다. 소스는 항상 준비된 수신자 네트워크에 정보를 보낸다. 뇌는 일을 더 효율적으로 하는 것으로 보인다. 메시지를 참을성 있게 기다리는 대신 독자는 발신자가 활성화되고 독자가 정보를 가장 효과적으로 수신할 수 있는 시간 창을 적극적으로 만든다.[46] 상사가 팀의 생산성에 대한 정보를 수집하기 위해 오전 11시에 회의를 소집할 때와 약간 비슷하다. 부하 직원(보낸 사람)은 상사(독자이자 대화의 개시자)가 자신이 제공하는 정보에 집중적으로 주의를 기울일 때 사무실에 나타나는 법이다.

이 '불러오기'는 행동-지각 주기(제3장)와 다소 유사하다. 거기에서 논의된 바와 같이 능동 감지는 결과적인 방전 메커니즘과 센서 조정을 통해 감각 시스템에 알리는 모터 명령으로 시작된다. 따라서 뉴런 정보가 교환될 수 있는 시간적 창은 행동 시스템에 의해 설정된다. 내이 근육의 단속적 눈 움직임, 킁킁거리기, 만지기, 핥기 또는 경련과 같은 명령 신호는 해당 감각 시스템의 많은 부분에서 스파이크 활동을 '재설정'하거나 동기화할 수 있으며 판독기(감각) 시스템의 입력을 처리하는 능력을 향상시킨다.[47]

46) 이는 내 연구실의 박사후 연구원이자 학생인 Anton Sirota가 처음 언급했다(Sirota et al., 2003, 2008). Isomuraet al.(2006).

47) Henson(1965) 참조; Halpern(1983); Ahissar & Arieli(2001); 그리고 제11장에서 추가 예시를 확인하라.

움직임과 감각 입력이 멀리 떨어져 있는 뇌 내부의 신경망도 이 독자-개시자 원리를 적용한다. 해마와 신피질 사이의 정보 교환이 그 대표적인 예이다([그림 7-9]). 깨어 있는 동물에서 해마(독자)는 신피질 네트워크 역학의 세타 단계 제어를 통해 신경 메시지 전달을 시작한다. 해마 세타 진동은 여러 신피질 위치에서 일시적으로 감마 진동을 편향시킬 수 있다. 그 결과, 감마파의 외피에 포함된 신피질 메시지는 세타 주기의 가장 민감한(섭동) 단계에서 해마에 도달하여 해마 네트워크가 이를 가장 효과적으로 흡수할 수 있다. 수면 중에는 편향이 반대 방향으로 작용한다. 이제 느린 진동이 해마의 날카로운 파동의 타이밍을 편향시키기 때문에 신피질(독자)에 의해 대화가 시작된다. 이것은 해마에서 신피질로 전송된 최근에 획득한 정보의 초동기화된 압축 메시지다(제8장). 이 원칙은 뇌의 일반적인 메커니즘으로 보인다. 독자는 느린 진동을 통해 대화를 시작하고 메시지는 감마 또는 리플 진동과 같은 더 빠른 발사를 통해 전송된다.[48]

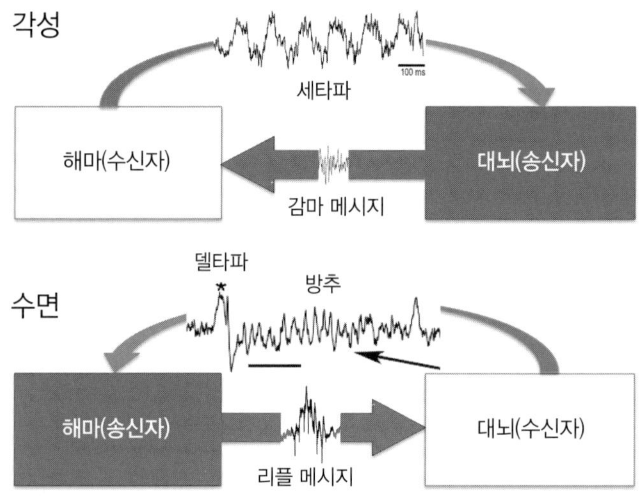

[그림 7-9] 정보 교환의 '콜 업' 가설

뇌의 정보 전달은 수신기에서 생성된 느린 진동에 의해 시작된다. 예를 들어, 깨어 있는 동안 해마의 세타 진동 단계는 신피질 활동(곡선 화살표)을 편향시키고 신피질(대뇌)은 감마 진동에 의해 전달되는 메시지(직선 화살표)를 세타 리듬의 민감한(수신) 단계로 전달한다. 비급속 안구 운동(REM) 수면 동안 신피질은 느리고 방추형 진동으로 해마의 날카로운 파동 발생을 편향시킨다(곡선 화살표). 차례로, 해마는 빠른 파급 메시지의 형태로 신피질에 메시지를 보낸다.

48) 기상 및 수면 주기 전반에 걸친 발신자와 수신자 역할의 역전은 인간의 휴식 상태 fMRI와 전기피질검사의 결합으로도 뒷받침된다. 델타 밴드 활동과 저속 활동은 세타-감마 커플링([그림 7-9])과 유사한 뇌 상태 의존 방식(Mitra et al., 2016)으로 해마와 대뇌 피질 사이에서 반대 방향으로 전파된다. 또 다른 훌륭한 시연은 짧은 꼬리 원숭이의 시각 피질

신경 정보의 인코딩과 읽기 모두 분할이 필요하다

이 과정에는 한 가지 더 복잡한 문제가 있다. 좋은 판독기 메커니즘은 정보를 즉시 합성하지 않는다. 대신, 그들은 완전히 정지 신호까지 해석과 함께 기다린다. 말의 의미를 이해하기 위해 문장이 끝날 때까지 기다려야 하는 연설에서와 같이 신경 메시지 평가에는 시간이 걸린다. 완벽하게 동기화된 시스템은 네트워크의 모든 부분에서 즉시 정보를 제공할 수 있지만 네트워크는 글로벌 마스터 클록에 의해 동기화되지 않다. 대신, 활동은 연못의 파도처럼 신경 공간에서 이동한다. 예를 들어, 해마의 세타 진동은 먼저 중격극에서 뉴런 활동을 동기화하기 시작하고 점차적으로 구조의 측두엽에 더 가까운 뉴런을 모집한다. 이 활동 스윕에는 약 70ms가 소요되며, 이는 대략 세타 주기의 절반에 해당한다.[49] 이러한 진행파 조직의 결과는 해마 하류의 정적 관찰자 뉴런이 중격극, 중간 분절 및 측두 말단에서 장소 세포의 시간적으로 동기화된 스파이크를 외부 세계의 동일한 위치 표현으로 해석할 수 있다는 것이다. 반대로, 세타 주기 내에서 서로 다른 시간에 발화하는 세포 배치는 동일한 단순한 정적 판독기 메커니즘에 의해 동물 경로의 서로 다른 위치를 나타내는 것으로 해석될 수 있다. 어느 해석도 옳지 않을 수 있다. 이 혼란스러운 상황을 비유로 설명하기 위해 파리에서 뉴욕으로 가는 비행기는 서로 다른 시간에 출발하고 도착한다(시간 구분 표시). 반대로, 제시간에 가깝게 도착하는 비행기는 다른 도시와 대륙에서 올 가능성이 높다(위치 표시). 유사하게, 해마의 다른 부분에서 또는 세타 주기의 다른 '시간대'에서 동일한 장소의 표현을 찾는 판독기 메커니즘은 이동하는 세타파 메커니즘에 의해 도입된 지연을 고려해야 한다. 해마의 신피질 판독기 메커니즘은 해마 메시지를 적절하게 해석하기 위해 각 세타 주기에서 중격에서 측두극까지의 전체 활동 순서를 고려해야 한다. 이러한 시공간 상대성 이론은 해마 시스템이 아니라 전체 뇌에 대해 특별하다. 중요하게도, 뇌는

에서 제공된다. 여기에서 V1의 표층 뉴런에서 V2의 과립층으로의 시각적 메시지는 4Hz 감마 대역(~60-80Hz) 진동에 의해 전달되는 반면, V2의 심층 뉴런에서 과립 상층 뉴런으로 피드백은 V1의 베타 대역(~14-18Hz)에 의해 매개된다(Bastos et al., 2015). 계층 구조의 개념은 뇌의 앞뒤 연결 사이의 비대칭성에 기반한다. 따라서 해부학적 계층은 표현의 시간적 척도로 정렬되며, 여기서 더 느린 시간 척도는 독자/개시자를 나타낸다. 게다가 더 높은 수준의 뇌 구조에서 나온 정보는 느린 진동을 통해 상황적 정보를 낮은 수준으로 전달한다(Kiebel et al., 2008).

49) Lubenov & Siapas(2009). Patel et al.(2012). 이동하는 세타파가 있는 상태에서 매 순간 물리적 공간의 한 부분이 중격측두엽(septotemporal) 축을 따라 지형적으로 매핑되며 모든 위치는 특정 시점이 아니라 해마 부피의 지속 시간으로 표시된다. 여행하는 뇌파는 뇌파도를 동시에 기록하고 분석한 이래로 알려져 왔다(EEG; Hughes, 1995; Ermentrout & Kleinfeld, 2001).

이 관계로 인해 거의 혼동되지 않다(제3장). 혼란은 일반적으로 뇌와 인간 해석자가 순차적 패턴을 다르게 해석하기 때문에 실험자의 마음에 발생한다(제10장).

분절 판독 문제에 대한 잠재적인 두뇌 솔루션은 신피질 독자가 해마 출력의 공간 여행을 구문적 단위, 즉 문장으로 간주하여 시간 분절에 걸쳐 발생하는 이벤트를 예측하고 고려할 수 있도록 하는 것이다. 이 요구 사항은 해마 세타 진동의 주파수가 전체 해마-내비후-전전두 시스템에 걸쳐 정확히 공변하는 이유를 설명할 수 있다.

전반적으로, 이 장에서 나는 뉴런 패턴의 시퀀스가 감각 입력에 의해 외부에서 내부 방식으로 뇌 회로에 항상 부과되는 것은 아님을 보여 주었다. 대신 내부적으로 조직된 프로세스는 외부 입력 없이도 자체 조직되고 조정된 신경 활동을 유지할 수 있다. 그렇다면 이러한 메커니즘은 수면 중에 발생하는 것처럼 뇌가 외부 신호로부터 작동을 해제할 때도 작동해야 한다. 이 주장에 대한 지지를 확인하고 수면이 인지 수행에 유익한 이유를 알아보려면 제8장을 보라.

요약

대부분의 신경 회로에서 기본적으로 발생하는 자동 생성, 순차적 진화 활동이다. 필요한 것은 여기와 억제와 같은 두 가지 경쟁 메커니즘과 적응 구성 요소의 존재뿐이다. 이러한 성분을 사용하면 활동이 영구적으로 이동하고 그 궤적은 초기 조건에만 의존한다. 대규모 순환 네트워크는 엄청난 수의 궤적을 생성할 수 있다. 경험이 필요하지 않다. 각 궤적은 경험과 일치하여 다운스트림 리더 메커니즘에 유용한 것을 시뮬레이션할 수 있다.

두뇌의 발신자와 독자 메커니즘은 종종 혼합되어 있으며 정보의 방향은 진동에 의해 편향될 수 있다. 독자는 일반적으로 정보 전송을 시작하여 느린 진동을 통해 여러 발신자의 메시지 시작을 조정한다. 그러면 메시지는 리더가 생성한 느린 진동의 섭동(즉, 민감한) 단계에서 더 빠른 진동 패키지의 형태로 도착한다.

언어의 단어와 문장과 마찬가지로 신경 세포의 메시지를 읽고 적절하게 해석하는 데는 시간이 걸린다. 문장이 끝날 때까지 기다리지 않으면 내용을 잘못 해석할 수 있다. 유사하게, 뇌의 메시지는 신경 공간에 분산되고 시간이 지남에 따라 진행하는 파동의 형태로 조정된다. 따라서 독자 메커니즘이 활동의 여행 특성을 '인식'하는 것이 중요하다. 예를 들어, 서로 다른 해마 세그먼트에서 동시에 발사되는 배치 세포는 단순한 독자에 의해 동일한 공간적 위치를 나타내는 것으로 해석될 수 있다. 대조적으로, 해마 콘텐츠의 이동 특성을 고려하는 보다 정교한 판독기 메커니즘은 다른 해마 세그먼트에서 완벽하게 동기적인 스파이크가 이동의 과거, 현재 및 미래 위치에 해당한다고 올바르게 추론할 수 있다.

새소리와 몸단장은 제한된 가변성으로 인해 상대적으로 단순한 판독기 메커니즘으로 해석될 수 있는 신경 궤적의 예이다. 대조적으로, 대규모 순환 회로는 수많은 궤적을 생성할 수 있으며, 각 궤적은 경험과 일치할 때 의미 있는 패턴이 될 수 있다. 정보의 풍부함은 시퀀스 패턴 생성기가 아니라 판독기 메커니즘에 따라 다르다. 이것은 신피질(독자)이 발신자(해마)보다 훨씬 더 큰 이유를 설명할 수 있다.

오프라인 두뇌의 내부적으로 조직화된 활동

Alice는 말했다. "나는 일이 일어나기 전의 일은 기억하지 못한다."
여왕은 "이것은 역방향으로만 작동하는 형편없는 기억력이다."라고 말했다.

–루이스 캐럴(Lewis Carroll)[1]

생각하는 것은 차이를 잊는 것, 일반화하는 것, 추상화하는 것이다.…… 잠자는 것은 세상으로부터 추상화되는 것이다.

–호르헤 루이스 보르헤스(Jorge Luis Borges)[2]

사회적 동물이 무리를 지어 모이면 혼자나 짝을 이룰 때와는 질적으로 다른 생물이 된다. 한 마리의 메뚜기는 조용하고 명상에 잠기고 고착하지만, 다른 메뚜기들과 합쳐지면 흥분하고 색이 변하고 놀라운 내분비 수정을 겪으며 활동을 강화한다. 제트 여객기의 에너지로 진동하고 윙윙거리며 이륙한다.

–루이스 토머스(Lewis Thomas)[3]

루이스 토머스(Lewis Thomas)의 인구 협동성에 대한 아름다운 은유는 날카로운 물결과 파동(Sharp Wave Ripple 혹은 SWR)이라고 하는 독특한 해마 패턴을 똑같이 잘 설명할 수 있

1) 『거울 나라의 앨리스(Through-Looking-Glass)』, Lewis Carroll, 제5장. [NeuroNote: Lewis Carroll은 빈번한 편두통과 적어도 2회의 간질 발작을 기록했다. 발작에 대한 자신의 경험이 『이상한 나라의 앨리스(Alice in Wonderland)』에서의 앨리스 경험에 영향을 미쳤을 수 있다(Woolf, 2010).]
2) 인용문은 Borges의 『Funes, the Memorious』(1994)에서 따온 것이다. [NeuroNote: Borges에 따르면 이 작품은 불면증을 피하기 위한 수단으로 작성되었다(Borges & Dembo, 1970).]
3) Thomas(1972).

다. 날카로운 파동은 많은 뉴런이 고착 상태에서 나와 어깨에서 어깨로 함께 발화할 때 발생하는, 무작위로 발생하는 국소 장 전위(local field potential) 이벤트다. 나는 박사후 과정에서 그들의 윙윙거리는 소리를 처음 들었을 때부터 그들의 아름다움과 힘에 매료되었다. 마치 한 무리의 오케스트라 연주자들이 한가롭게 악기를 조율하는 소리를 듣고 있는 것 같았고, 다음 순간 그들은 베토벤 교향곡 5번의 짜릿한 하모니로 뭉쳤다. 나는 여전히 그것이 뇌가 만들어 내는 가장 아름다운 패턴이라고 생각한다. 날카로운 파동은 포유류 뇌에서 가장 동기화된 개체군 패턴을 나타내며, 어떤 강도의 감각 자극에 의해 유발되는 반응보다 더 동기화된다. 그러나 그것들은 자기 조직화되고 해마 회로에 의해 자발적으로 방출된다. 뇌가 외부에서 전혀 예상하지 못한 이러한 비정상적인 뉴런 군집의 활동을 일으키기 위해 수고를 하는 데는 충분한 이유가 있어야 한다. 내 첫 번째 생각은 날카로운 파동이 비정상적인 간질 활동이며 아마도 내가 뇌에 넣은 레코딩 전극에 의해 가해진 기계적 외상에 의해 유발되었다는 것이었다. 수많은 대조 실험 후에, 그것이 아니라 이 이벤트가 잠재적으로 중요한 생리학적 패턴을 나타내는 것이 분명해졌다.

날카로운 파동을 발생하는 방아쇠는 없다. 그들은 어떤 것에 의해 촉발되지 않는다. 대신에, 말하자면, 가만히 앉아 있거나, 술을 마시고, 먹고, 몸단장을 하거나, 빠른 안구 운동(REM)을 하는 것과 같이 각성되지 않거나 잠[4]에서 깨어나지 않은 상태에서 일상적으로 발생하는 것처럼 피질하 신경 전달 물질이 해마 네트워크에 대한 그립을 줄이면 방출된다. 날카로운 파동은 해마, 피질하 복합체, 내후 피질에 있는 수만 개의 뉴런에 의해 생성되며, 뇌가 환경에서 분리될 때 단 30~100ms에 걸쳐 발생한다.[5] 그보다 더 많은 동시성은 간질 발작을 유발할 수 있다. 이 신경 세포의 협력이 나를 가장 매료시켰다. 동기화는 비용 없이 엄청난 전력 서지를 일으킬 수 있다. 교향곡이 한 번에 하나의 악기로 연주된다면 여러 악기의 협동 동작은 결코 식별할 수 없다. 유사하게, 우리가 개별 뉴런의 소리 스파이크를 들을 때(연구원이 전극에서 나오는 신호를 모니터링할 수 있는 스피커를 통해), 뉴런의 소리를 아무리 오래 들어도 날카로운 파동을 감지할 수 없다. 그러나 많은 뉴런이 함께 활동 전위를

---

4) 날카로운 물결과 파동(Sharp Wave Ripple)은 고립되고 이식된 해마에서 볼 수 있는 주요한 뉴런 군집 패턴이다(Buzsáki et al., 1987). 반대로, 중격-해마 콜린성 뉴런이 광유전학적 방법에 의해 활성화되면 시냅스에서 방출된 아세틸콜린이 날카로운 파동의 발생을 방지한다(Vandecasteele et al., 2014).

5) 경우에 따라 여러 잔물결이 시퀀스로 발생하거나 함께 융합되어 예외적으로 긴 뉴런군 시퀀스(최대 수백 밀리 초)를 반영한다. 이러한 긴 시퀀스는 새로운 환경과 메모리 요구 조건에서 가장 자주 발생한다.

방출할 때 그들의 집합적 행동은 제트 여객기처럼 들린다. 난 이 집단행동의 기능이 무엇인지 궁금했다.

1980년대에 많은 실험실에서 기억의 모델로 사용되는 뉴런에서 인위적으로 유도된 시냅스 변화를 모방할 수 있는 자연 조건을 찾고 있었다.[6] 그리고 그것은 거기에 있었다. 날카로운 파동은 전기 펄스 패턴의 여러 특성을 공유하여 시냅스 가소성에 장기간 변화를 가져오며, 예를 들어 교시 신호에 필요한 지속 시간, 고주파, 초강력 동기와 같은 특성을 나타낸다.[7] 날카로운 파동은 지금까지 조사된 모든 포유류 뇌에서 동일한 형태와 모양으로 발견되며 동일한 기능을 할 수 있다([그림 8-1]). 이들은 스파이크 시퀀스 패키지의 이산 양자를 형성한다. 박사 학위 논문에서 일찍이 나는 해마의 날카로운 파동 패턴이 정보 압축 및 가소성에 대한 생물학적 지표를 대표한다고 대담하게 주장했다. 그 후 나는 그들의 비밀을 이해하기 위해 30년을 보냈다. 이 기간 동안 날카로운 파동 파문에 대한 견해가 상당히 풍부해졌다. 이 기이하고 독특한 뇌 패턴은 오늘날 유기체의 선택을 탐색하고 가능한 미래 결과를 추정하고 예측하기 위해 분리된 뇌에서 과거의 저장된 항목을 검색하는 잠재의식 메커니즘으로 간주된다. 그것은 과거와 미래의 불연속적인 개념을 연속적인 흐름으로 압축하는 두뇌 메커니즘을 구현한다.

날카로운 물결과 파동은 흥분성 이득의 스파이크 전송을 촉진한다

날카로운 물결과 파동은 동시에 발생하지만 다른 위치에서 발생하는 두 가지 이벤트, 즉 날카로운 파동(sharp wave)과 잔물결(ripple)의 연속이다([그림 8-2]). 날카로운 파동은 CA1 피라미드 뉴런의 정점 수지상 층에서 큰 진폭의 음극성 편향이며, 여기에서 들어오는 시

---

6) 시냅스 가소성은 종종 기억과 동의어로 사용된다. 그러나 회로의 교대는 시냅스 수나 강도에 영향을 미치지 않으면서 뉴런과 축삭 구경의 고유한 특성을 변경함으로써 발생할 수도 있다.

7) 해마의 생리학에 관한 초기 회의에서 장기 강화의 발견자인 Tim Bliss는 내 토크 이후에 회의적인 청중 앞에서 다음과 같이 나를 격려했다. "날카로운 파동에 대한 나의 요점은 고주파와 고강도의 두 가지 조건을 만족시키는 자연발생적인 현상이라는 것입니다"(p. 395 in Buzsáki & Vanderwolf, 1985). 나는 최근 내 전문 신경과학자 동료들을 위해 날카로운 파동에 대한 논문을 썼다. 메커니즘, 기억, 계획, 질병, 역사적 세부 사항 및 관련 참조에 대한 의미는 여기에서 찾을 수 있다(Buzsáki, 2015).

냅스 접촉의 대부분은 CA3 파트너의 축삭에 의해 만들어진다. 날카로운 파동은 상류 CA2 및 CA3 영역에 있는 많은 뉴런 간의 강력한 발화 조정의 증거다. 따라서 날카로운 파동 진폭을 측정하는 것은 이 동기의 크기를 정량하는 편리한 방법이다. 날카로운 파동의 기저에 있는 자기 조직화된 인구 활동은 CA3 피라미드 뉴런의 광범위한 반복적 부수적인 강한 흥분성 영향에서 나타난다.[8] 차례로 CA1 피라미드 뉴런과 중간 뉴런의 강력한 탈분극은 CA3 뉴런의 동시 활성에 의해 유발되어 흥분성 뉴런과 억제성 뉴런 사이에 줄다리기를 일으키고 결과적으로 일시적 잔물결(ripple), 즉 이 두 경쟁 집단 간의 빠른 진동 동기화를 일으킨다(140~200/s)([그림 8-2]).[9] CA1 영역의 피라미드 뉴런은 피질 표적에 대한 유일한 해마 출력을 제공하므로 이 활동은 기능적 의미가 있어야 한다.[10] 우리는 그것이 무엇인지 알아내기만 하면 된다.

가장 흥미로운 부분은 이러한 이벤트를 중심으로 진화하는 뉴런의 역학이다. 거의 모든 뉴런 유형이 리플 이벤트에 참여한다. 일부 억제성 개재 뉴런 유형은 일시적인 증가 후에 중립을 유지하거나 활성을 감소시키지만 대다수는 강력하게 발화를 증가시킨다. 전반적인 결과는 날카로운 파동이 발생하는 동안 억제와 여기가 모두 증가하지만 여자는 억제보다 2~3배의 이득을 얻는다.[11] 이것은 해마 시스템에서 가장 높은 이득이며, 날카로운 파동 이벤트를 해마에서 신피질로 정보를 전송하는 데 특히 적합하다(제11장 참조). 그러면

---

8) 대규모 반복적인 흥분성 CA3 시스템이 완전히 조직되기 전에, 급격한 파동 폭발은 이미 출생 후 뇌에 존재한다. 그러나 거의 모든 사건은 신체의 어떤 종류의 움직임에 의해 주도된다(Leinekugel et al., 2002). 고유수용성 재구심화는 신피질-내비강 회로를 구동하여 차례로 해마의 날카로운 파동을 유발한다. 생후 2주가 되면 해마는 신체에서 파생된 신호에 대한 의존에서 벗어나 스스로 조직된 날카로운 파동을 생성한다(Valeeva et al., 2018). CA1의 잔물결은 해마 뉴런의 순차적인 발화와 동시에 생후 3주째에 나타난다(Buhl & Buzsáki 2005).

9) Buzsáki et al.(1992). 리플 패턴은 많은 수의 임의적이고 독립적인 이벤트가 결합될 때 많은 물리적 시스템에서 발생한다. 이러한 사건 중 가장 유명한 것은 빅뱅으로, 많은 무작위 사건이 확률론적 중력파를 생성했다고 가정한다. 잔물결이라고도 하는 이러한 중력파는 약 250Hz이고 100ms 동안 지속되어 서로 나선형으로 회전하는 두 개의 거대한 물체를 반사한다(Cho, 2016).

10) 그러나 해마 억제 중간 뉴런(inhibitory interneuron)의 작은 부분이 축삭돌기를 여러 나른 해마외 영역으로 보내기 때문에 이것은 정확하지 않다(Jinno et al., 2007). 우리는 이 특별한 유형의 세포를 '장거리' 개재 뉴런(interneuron)(Buzsáki et al., 2004)이라고 불렀는데, 이는 소규모 네트워크 아키텍처의 '지름길(short-cut)' 연결에 대비한 것이다(Watts & Strogatz, 1998).

11) 이득에 대한 자세한 내용은 제11장에서 읽으라. 역설적으로 큰 이득은 피라미드 세포와 중간 뉴런 사이의 매우 안정적인 스파이크 전달에서 파생될 수 있다(Csicsvari et al., 1998; English et al., 2017). 피라미드형 뉴런은 주어진 잔물결 파동에서 매우 동기적으로 발화하고 단일 피라미드형 뉴런 스파이크도 빠르게 스파이크 개재 뉴런을 방전할 수 있기 때문에 개재 뉴런의 스파이크 불응 기간 내에 많은 추가 피라미드형 세포의 스파이크는 더 많은 스파이크와 억제를 만들지 못한다. 이 내화성은 날카로운 물결과 파동 동안 큰 흥분성 이득에 대한 핵심 메커니즘일 수 있다(Csicsvari et al., 1999).

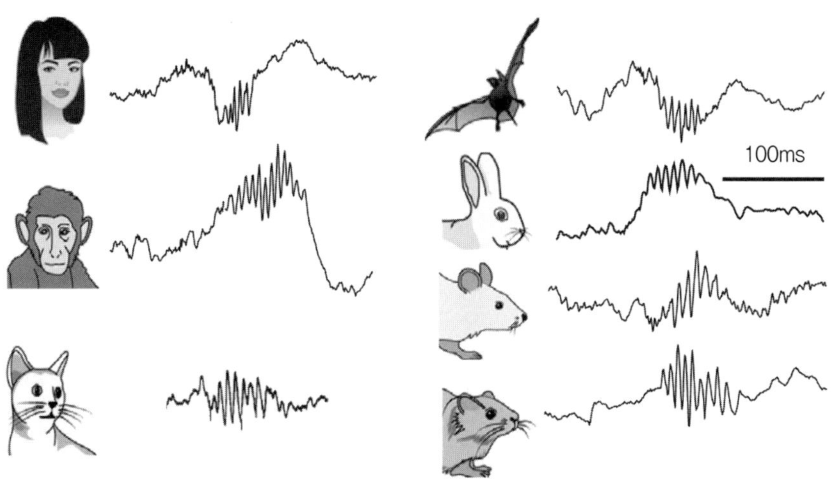

[그림 8-1] 포유류가 공통적으로 보이는 날카로운 파동(Sharp Wave)
다양한 종에서 기록된 예시적인 흔적이다.
출처: Buzsaki et al.(2013).

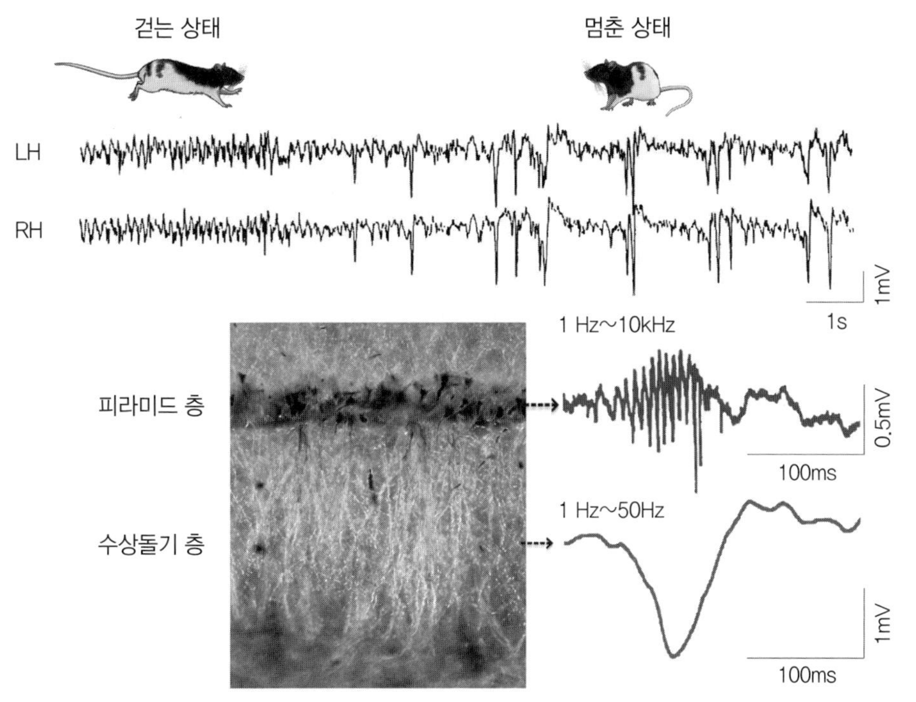

[그림 8-2] 해마 로컬 필드(local field) 활동의 행동 의존성
위: 운동-고정 전환 동안 왼쪽(LH) 및 오른쪽(RH) 등쪽 해마의 수지상 층의 대칭 위치에서 세포외 기록된 이벤트. 이동 및 큰 진폭 동안 규칙적인 세타파, 부동 상태에서 양방향 동기 음의 파동(날카로운 파동, SPW)에 유의하라. **하단**: 수상돌기 층(에서 기록된 하나의 예리한 파동 빨간색)과 피라미드 층에서 동시에 발생하는 리플 이벤트 기록.

어떤 종류의 신경 정보가 전송될까? 결국, 날카로운 파동은 뇌의 '오프라인' 또는 유휴 상태에서 나타나는 자체 조직화된 이벤트이다. 지각 입력이 센서에 공격을 퍼붓는 것도 아닌데도, 뇌가 그렇게 그렇게까지 활동적인 것은 좀 이상하지 않은가?

날카로운 물결과 파동의 조직된 스파이크 시퀀스

해마의 날카로운 파동을 그토록 특별하게 만드는 것은 가느다란 진동 패턴과 강한 홍분 이득 외에도 뉴런이 서로에 대해 스파이크를 방출하는 방식이다. 그들은 앞으로 읽든 뒤로 읽든 동일한 단어를 철자하는 일련의 문자인 회문을 재생할 수 있다. "Was it a car or a cat I saw?" 레트로바이러스에 의한 분자 진화에서 유사한 트릭이 이용되었기 때문에 이 회문 역할은 날카로운 파동이 일부 코딩 메커니즘을 의심하게 만든다. 레트로바이러스는 세포핵에 들어가서 자신의 DNA를 세포의 DNA에 패치하여 기존 지식 기반에 새로운 정보를 추가하고 영구적으로 사용할 수 있다. DNA 코딩의 회문 반복은 GTTCCTAATGTA-ATGTAATCCTTG처럼 보일 것이다.[12] 날카로운 파동도 그러한 일을 할 수 있으며, 궤적의 방향을 전환하는 능력도 신경 계산에 특히 중요할 것이다.

제7장에서 탐색하는 동안 뉴런 시퀀스는 세타 시간 규모와 행동의 시간 규모 모두에서 발생하며 이러한 시퀀스는 동물의 경로에 따라 다르다는 것을 상기하라. 예를 들어, [그림 8-3]에서 장소 셀 1~13은 미로 트랙의 다른 부분에서 활성화된다. 트랙의 주어진 시간에 뉴런의 작은 부분만이 세타파 내에서 함께 발화한다. 그러나 쥐가 움직이지 않고 앉아 있는 트랙의 시작과 끝에서 거의 모든 뉴런이 함께 발화한다. 확대된 시간 척도에서 이러한 동일한 뉴런의 발화 패턴을 확대하고 조사할 때 시퀀스도 표시된다는 것을 알 수 있다. 시퀀스는 트랙에서 연속 발사와 같은 순서로 또는 반대 순서로 발생하지만 두 경우 모두 가속된 속도로 발생하며 필드 레코딩(field recording)에서 빠른 리플 진동과 일치한다. 마치 두뇌가 미로 속 쥐의 움직임을 재현한 영화를 빨리 감기나 되돌리기로 재생하는 것과 같다. 추가 분석 없이는 이러한 가속화된 재생 이벤트가 어떤 기능을 수행할 수 있는지 궁금

12) 레트로바이러스의 특별한 코딩 능력에 대한 연구는 오늘날 분자생물학의 CRISPR 마법으로 가는 길을 열었다 (Quammen, 2108). CRISPR는 '규칙적으로 간격을 두고 클러스터링된 짧은 회문 반복(clustered regularly interspaced short palindromic repeats)'이라는 뜻으로, 날카로운 물결과 파동의 스파이크 패턴처럼 들린다.

할 뿐이다.

빨리 감기 이벤트의 대부분은 트랙의 시작 부분에서 발생하며, 해마가 미래의 여행 경로를 리허설하거나 계획하는 것처럼 달리기가 시작될 때까지 발생률이 꾸준히 증가한다. 대조적으로, 역재생 이벤트는 마치 두뇌가 역순으로 경로를 되풀이하는 것처럼 달리기 후에 트랙의 다른 쪽 끝에서 우세한다. 역 궤적의 우세는 여행이 끝날 때 동물이 얻는 보상의 크기에 의해 조작될 수 있다.[13] 요컨대, 날카로운 파동은 이미 발생했거나 미래에 발전할 이벤트 시퀀스의 압축이다. 순차 순서를 충실하게 유지하는 것 외에도 날카로운 물결과 파

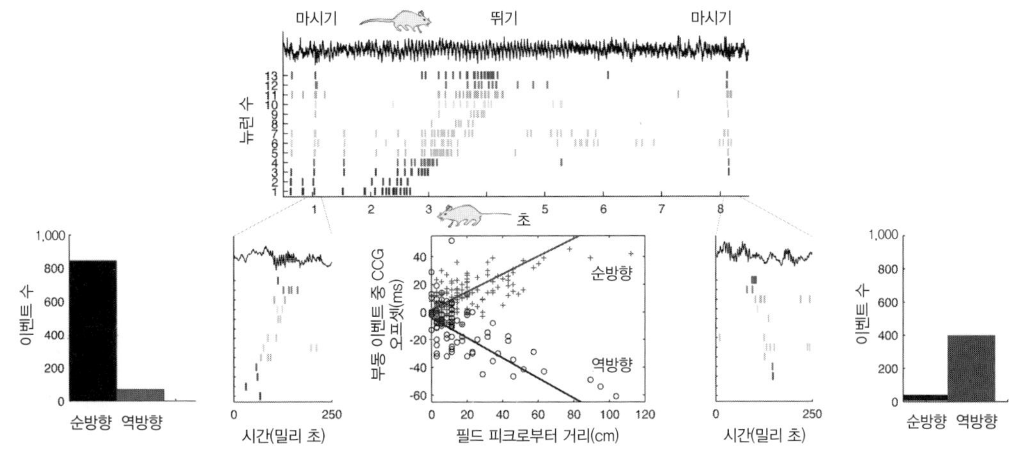

[그림 8-3] 장소 셀 시퀀스의 순방향 및 역방향 재생

상단: 단일 랩 전, 중, 후 13개 뉴런의 스파이크 트레인(상단 연속 tace: CA1 로컬 필드 전위). 동물은 트랙의 왼쪽에서 오른쪽 끝까지 달리고 양쪽 끝에서 보상(물)을 수집한다. 아래 삽입은 각각 동기 순방향 및 역방향 재생을 나타내는 스파이크 트레인의 250msec 섹션을 확대한다. 막대그래프(왼쪽 및 오른쪽 하단)는 95%의 순방향 이벤트가 실행 전에 발생한 반면 역방향 재생 이벤트의 85%는 실행 후에 발생했음을 보여 준다. **중간**: 동기 정방향(+) 및 역방향(o) 재생 이벤트 동안 뉴런 쌍의 스파이크 사이의 시간 오프셋(CCG)은 트랙의 장소 필드 피크 사이의 거리 표현과 상관관계가 있다.
출처: Diba & Buzsaki(2007).

13) 일반적으로 미로에 있는 장소 세포의 수보다 더 많은 뉴런이 날카로운 파동에 참여한다. 이것은 실시간 시퀀스를 재생 시퀀스와 비교하는 것을 복잡하게 만든다. Foster & Wilson(2006)은 새롭고 효과적인 방법을 사용했는데, 그것은 미로의 장소 셀 시퀀스를 템플릿으로 간주하고 날카로운 물결과 파동이 발생하는 동안 스파이크의 유사한 순위 순서를 검색하는 것이었다. 그들은 이전 예측(Buzsáki, 1989)을 지원하여 트랙에서 역방향 재생 이벤트만 관찰했으며 수면 중에 순방향 시퀀스만 발생한다는 가정과 대조했다. Foster & Wilson에 따르면, "반복된 재생은 강화 학습 모델 방식으로 이벤트 시퀀스를 평가하는 역할을 암시한다." 나는 비슷한 견해를 표현했다. SWR파 동안 "CA3 영역의 반복적인 부수적인 여기가 계층적으로 확산된다. 가장 흥분되는 세포가 먼저 발화하고 덜 흥분되는 세포가 발화한다. 즉, 탐색 중에 강화된 순서와 반대이다"(Buzsáki, 1989). 역재생은 보상의 크기에 따라 향상될 수 있다(Ambrose et al., 2016). 학습된 정보의 압축 재생은 인간에서도 관찰되었다(Kurth-Nelson et al., 2016).

동 동안의 순방향 및 역방향 이벤트에는 트랙의 장소 필드 사이의 거리에 대한 정보도 포함된다([그림 8-3]). 이 거리-시간 변환은 제7장에서 논의된 장소 셀 거리의 세타 시간 척도 압축을 연상시키며 두 가지 주목할 만한 차이점이 있다. 첫째, 시간 압축 계수는 일반적으로 세타 진동보다 날카로운 파동이 발생하는 동안 더 크다.[14] 둘째, 세타 진동 동안에는 순방향 시퀀스만 관찰되는 반면, 미로에서 동물의 여행에 대한 뉴런 영화는 날카로운 물결과 파동이 발생하는 동안 정방향 및 역방향 순서 모두에서 볼 수 있다. 중요한 것은 잔물결 동안의 빠른 재생 이벤트는 외부 신호나 신체에서 파생된 신호의 도움을 받지 않는다는 것이다. 압축 재생은 노래나 연설의 축소된 버전과 같다. 동일한 순차 패턴으로 식별되며 더 빠르게 재생된다.

날카로운 물결과 파동(SWR)은 자체 조직된 이벤트이지만 스파이크 내용은 행동하는 동물에서 실시간으로 진화하는 발사 패턴과 관련이 있다. 우리는 달리기 전의 이벤트가 다가오는 운동 궤적을 계획하는 데 도움이 될 수 있다는 결론을 내릴 수 있다. 반대로, 달리기가 끝날 때 반전된 재생 이벤트는 미로의 궤적을 되풀이할 수 있으므로 동물은 그 선택을 기억한다. 따라서 자연적으로 유도된 날카로운 파동의 순방향 및 역방향 시퀀스는 캐럴의 걸작에서 여왕이 언급한 것처럼 전향적 및 소급적 역할(예: 예측 및 사후 예측)을 모두 수행할 수 있다. 제5장의 논의를 바탕으로 여행 궤적의 내면화가 과거 경험의 단편을 반복하고 행동을 상상하거나 계획하는 데 모두 사용될 수 있다고 추측할 수 있다. 결국, 기억의 유일한 생물학적 유용성은 미래를 예측하는 데 도움이 되는 것이다.

비 REM 수면 중 학습된 경험의 통합

해마 네트워크의 시냅스 강도 분포에 영향을 미치는 조작은 날카로운 물결과 파동(SWR) 같은 자발적 네트워크 이벤트의 뉴런 구성원에 중대한 영향을 미칠 수 있다. CA3-CA3 또는 CA3-CA1 뉴런 사이의 시냅스 강도를 인위적으로 변경하면 날카로운 파동의 파

14) 거리 압축은 잔물결(Sharp Wave Ripple) 동안 더 강한 네트워크 드라이브에 상응하는 세타 파에 비해 날카로운 파문 중에 약 30% 더 강력한다(Diba & Buzsáki, 2007; Drieu et al., 2018). 날카로운 물결과 파동 중 재생 속도는 8m/s에 해당하며, 이는 쥐가 해당 장소 필드를 달리거나 걷는 평균 속도보다 10~20배 더 빠르다(Davidson et al., 2009). 이러한 시간 척도는 감각 입력보다는 내부 뇌 상태에 의해 결정된다.

형을 변경하거나 새로운 장소장을 만들거나 장소장이 사라질 수 있다. 이러한 발견은 날카로운 파동의 신경 구성이 해마 네트워크의 최근 과거에 의해 편향될 수 있음을 시사한다. 새로운 예리한 파동 관련 뉴런 시퀀스가 나타나면 시퀀스를 유도한 초기 조건 이후에 시퀀스가 자발적으로 여러 번 반복된다. 이러한 방식으로 내비(entorhinal) 입력의 발사 패턴은 해마 내 시냅스 연결을 수정할 수 있으며 이러한 수정은 자발적이고 자기 조직화된 인구 이벤트에 반영된다.[15] 뉴런 사건의 순서가 해마와 그 표적에 어떤 좋은 서비스를 제공할 수 있는지 여기에서 잠시 멈추고 학습 중에 발생하는 뉴런의 시냅스 세포 변형은 나중에 자발적으로 나타나는 뉴런 활동에서 읽을 수 있다. 이 순차적 메커니즘은 기억 형성의 2단계 모델에 대한 생리학적 기초로 간주될 수 있다.

가정된 통합 모델은 두 단계로 작동한다. 학습하는 동안, 세타 리듬과 관련된 신피질-내후각 피질 경로의 구심성 활동은 학습된 정보가 일시적으로 유지되는 CA3 해마 영역과 CA3-CA1 연결 내에서 시냅스 강도의 일시적인 변화를 일으킨다. 이 첫 번째 단계 다음에는 학습과정에서 활성화된 동일한 뉴런과 시냅스가 날카로운 파동이 발생하는 동안 반복적으로 재활성화되는 통합 단계가 이어진다. 비 REM 수면 중에 수백에서 수천 개의 날카로운 파동이 발생하기 때문에 불안정한 기억을 보다 영구적인 형태로 통합하는 데 중요하다고 가정했다. 날카로운 물결과 파동(SWR)은 경험 후 수면 중에 이전에 학습한 정보의 단편을 계속해서 반복한다. 이 오랜 과정은 에피소드 기억에 대한 연구와 잘 일치한다. 그들은 디지털카메라로 찍은 사진처럼 상황을 순간적으로 실사하는 사진이 아니다. 대신, 에피소드 기억은 처음에는 희미한 장면이 점차 선명해지는 폴라로이드 사진과 비슷하다. 이 과정에서 사진은 우리의 기억과 마찬가지로 수정되기 쉽다.

학습된 경험의 재생을 보여 주는 첫 번째 설득력 있는 증거는 애리조나 대학교 투손 캠퍼스의 맷 윌슨(Matt Wilson)과 브루스 맥노튼(Bruce McNaughton)의 획기적인 연구에서 나왔다.[16] 그들은 100ms 창에서 해마 CA1 피라미드 뉴런 쌍의 스파이크 동시 발생을 조사

15) 해마 네트워크의 시냅스 강도 분포에 영향을 주는 조작은 자발적 네트워크 이벤트의 뉴런 구성원에 중대한 영향을 미친다. 구심성 내후각(afferent entorhinal) 축삭중의 다른 그룹에 전기 자극을 주면 해마에서 유발된 반응의 독특한 공간-시간적 반응들을 유도할 수 있다. 테타닉 자극(tetanic stimulation, 시냅스의 장기간 강화를 유도하는 방법) 후, 수정된 연결은 자발적이고 자기 조직화된 인구 이벤트에 반영되어 자발적으로 발생하는 이벤트는 유발된 반응과 유사하다(Buzsáki, 1989).

16) Wilson & McNaughton(1994); Kudrimoti et al.(1999); Skaggs & McNaughton(1996); Hiraseet al.(2001). 대체로 이러한 생리학적 발견은 해마로 손상된 환자를 대상으로 한 실험을 기반으로 한 초기의 불안정한 기억 흔적이 시간이 지남

했으며, 이를 '공동 활성화'라고 불렀다. 예상대로 겹치는 장소 필드가 있는 뉴런의 활동은 탐색 중에 매우 긍정적인 상관관계를 보여 주었지만 겹치지 않는 필드가 있는 쌍은 신뢰할 수 있는 시간 상관관계를 보여 주지 않았다. 결정적으로, 먹이를 찾는 동안 겹치는 장소 필드와 강한 상관관계를 가진 뉴런 쌍은 먹이를 찾기 전에 수면 중에 상관관계가 적었지만 나중에 잠자는 동안 더 강하게 계속해서 발화했다. 많은 실험실에서 수많은 실험이 이러한 발견을 지원하고 확장했다. 한 가지 중요한 확장은 비 REM 수면의 날카로운 물결과 파동 동안 여러 번 재활성화된 신경 궤적([그림 8-3]과 유사)이 탐색 중 장소 세포 시퀀스의 가속화된 버전이라는 것을 보여 주었다.[17] 그렇게 학습된 정보의 재생이 시연되었다.[18]

2단계 모델의 개정판

이러한 초기 추측과 실험은 학습하는 동안 해마에서 대규모 시냅스 변형이 발생하고 일시적으로 변형된 시냅스가 뇌의 오프라인 상태 동안 더 강해지거나 적어도 지속된다는 생각을 뒷받침했다(즉, 강화; consolidation). 결과적으로 학습 유발 시냅스 변화는 날카로운 물결과 파동이 발생하는 동안 뉴런이 시퀀스로 어떻게 구성되는지를 완전히 결정하는 것

에 따라 통합된다는 이전의 아이디어를 뒷받침한다. 그러나 심리학 실험은 초기에 해마 의존적 기억이 신피질로 옮겨지고 해마로부터 독립적이 된다는 견해를 지지했고(Scoville & Milner, 1957; Squire, 1992a, 1992b; Squire et al., 1975; Ferbinteanu et al., 2006; Squire & Alvarez, 1995), 그에 반해 또 다른 견해는 통합은 해마에서 신피질 기억의 대략적인 인덱스의 보존에 해당한다고 보았다(Teyler & DiScenna, 1986; Nadel & Moscovich, 1997). 이러한 방식으로 해마 시퀀스는 상세한 신피질 의미 정보의 표현을 훑어보고 가상 오프라인 에피소드로 연결할 수 있다(Buzsáki, 2015).

17) Nádasdy et al.(1999); Lee & Wilson(2002)은 탐색 중 해마 피라미드 세포의 평활한 장소 필드 시퀀스가 템플릿('뉴런 단어')을 정의하는 행동 이벤트 기반 템플릿 매칭 방법을 도입했다. 고차 관계는 '연관 추론'을 만드는 데 중요하다. 예를 들어, A가 B와 관련되고 B가 C와 관련되어 있는 경우 A는 C와 간접적으로 관련된다(숨겨진 변수 B에 의해 중재되는 더 높은 순서의 방식). 이러한 추론은 해마의 무결성에 달려 있다(Dusek & Eichenbaum, 1997; Schacter & Addis, 2007; Schacter et al., 2007). 이러한 모든 초기 실험에서 깨어 있는 시퀀스의 재활성화는 순방향으로 진행되었는데, 이는 주로 이것이 유일한 템플릿이 검사되었기 때문이다. 연구자들이 역 시퀀스를 찾을 때 수면 중에도 발견되었으며(Wikenheiser & Redish, 2013), 역재생이 깨어 있는 상태 동안의 날카로운 물결과 파동에만 국한되지 않음을 보여 준다(Foster & Wilson, 2006).

18) 이러한 아이디어는 도전받지 않은 채로 남아 있지 않았다. Lubenov & Siapas(2008)는 깨어 있는 경험을 재생하는 것이 뉴런의 작은 부분을 포함하기 때문에 날카로운 파동이 발생하는 동안 뉴런의 발화는 무작위성과 동시성 사이의 전환 상태를 반영한다고 제안했다. 그들은 동기 버스트가 기억이 신피질 영역으로 전송됨에 따라 시냅스의 장기적인 억제와 해마 회로에서 정보의 선택적 삭제로 이어질 수 있다고 제안한다. 그러나 기억은 해마에 계속 존재한다(Nadel & Moscovitch, 1997). 수면 항상성에서 날카로운 파동의 잠재적인 역할은 Grosmark et al.(2012). Foster(2017)는 기억에서 예리한 파문을 깨우는 역할에 의문을 제기하고 대신 그 예상 역할을 강조한다. 그러나 이 견해는 수면과 깨어 있는 동안 순방향 재생과 역방향 재생의 공존을 설명할 수 없다. Norimoto et al.(2018)은 날카로운 파동이 경험 활성 뉴런을 보호하는 반면 기억과 관련 없는 뉴런 활동은 축소한다고 제안했다.

으로 믿어진다. 어떤 의미에서 사건에 대한 이러한 설명은 새로운 경험이 아웃사이드-인 관점에 따라 처음부터 새로운 신경 궤적을 구축한다는 의미로 해석될 수 있다. 그러나 여기에서 논의할 동일한 발견 및 실험은 제7장에서 논의한 대안적, 인사이드-아웃 관점과도 양립 가능하다. 즉, 해마는 경험 없이도 내부적으로 무수한 서열을 생성할 수 있고 학습은 이러한 기존 시퀀스 패턴 중 일부와 연결될 수 있다.

이 수정된 견해에 따르면 2단계 모델의 첫 번째 단계는 하나 또는 몇 개의 기존 시퀀스 또는 연결된 변형이 경험과 일치하는 선택 프로세스이다. 모든 새로운 상황에는 친숙한 요소가 있기 때문에(제12장과 제13장), 뇌는 현재 상황을 가장 잘 설명하는 신경 궤적을 선택할 수 있다. 뇌는 항상 추측한다. 즉, 특정 기존 신경 패턴과 일치시켜 가장 예상치 못한 상황에서도 이벤트를 처리하려고 시도한다. 필요한 경우 이 선택된 백본에 새로운 뉴런을 추가(또는 삭제)하여 상황의 새로운 측면에 맞게 조정된 시퀀스를 개선할 수 있다. 차례로, 이러한 새로운 뉴런은 날카로운 물결과 파동(2단계) 동안 선택된 시퀀스에 통합(또는 제거)된다. 2단계 모델의 선택 통합 버전은 세부 사항에서 이전 통합 버전과 다른 것처럼 보이지만 더 경제적이다. 학습의 많은 부분이 선택 과정이기 때문에 해마와 신피질 네트워크에서 작은 변화만 발생할 것으로 예상된다. 새로운 구성보다는 경험을 기존 패턴(제7장)과 일치시키는 것이다.[19] 이 주장을 더 발전시키려면 제12장에서 논의할 신경 역학 통계에 대한 중요한 세부 사항을 배워야 하고 제13장에서 선택 가설을 다시 검토해야 한다.

또한, 날카로운 물결과 파동의 실험은 지금까지 논의된 날카로운 물결과 파동 동안 깨어 있는 경험의 재활성화된 뉴런 패턴이 해마에서 유용한 일을 할 수 있지만 그 이상은 아닐 수 있음을 보여 준다. 예리한 파동 관련 재생의 발생이 예측 가능하지 않고 불규칙하다면 어떻게 신피질이 항상 경계하지 않고 메시지를 안정적으로 읽을 수 있을까? 앞서 논의한 바와 같이, 신피질은 비 REM 수면 동안 뉴런 활동의 완전한 침묵('다운' 상태)에서 수백 번에서 수천 번으로 재부팅된다. 신피질의 침묵 동안 해마에서 재생이 발생하면 해마와 피질의 활동이 어떻게든 조정되지 않는 한 귀가 먹먹해질 수 있다. 다행히도 그렇다.

---

19) 분명히, 이러한 조밀한 문단은 주로 이론적 고려 사항에서 파생된 추측에 기초하고 있으며, 그보다는 최근의 실험에서 파생된 것이다(Luczak et al., 2009; Dragoi & Tonegawa, 2011, 2013a, 2013b; Mizuseki & Buzsáki, 2013; Buzsáki & Mizuseki, 2014; Grosmark & Buzsáki, 2016; Liu et al., 2018). 제13장에서 이러한 아이디어를 확장한다.

신피질의 이벤트와 날카로운 물결과 파동(SWR)의 결합

REM 수면 동안의 두 가지 주요 신피질 사건, 느린 진동 및 수면 방추는 해마의 날카로운 파동과 미묘한 관계가 있다. 의사소통의 방향은 수면 상태, 대상 구조 및 이전 경험에 따라 달라질 수 있다. 날카로운 파동이 발생하는 동안 강력한 동기 해마 출력은 전두엽 회로를 다운 상태로 바꿀 수 있다.[20] 복귀 방향에서 신피질 방추사가 내비-해마(entorhinal-hippocampal) 네트워크를 성공적으로 침범할 때 날카로운 파동의 시간을 측정할 수 있다. 이러한 촉발된 사건은 간헐적인 해마 출력이 신피질-해마 대화를 시작한 동일한 여전히 활성 뉴런의 활동을 더욱 향상시킬 수 있기 때문에 중요할 수 있다.[21] 비록 해마가 연속적인 피질 사건 동안 이질적인 입력을 받지만 이 과정을 통해 활성 피질 패치를 찾거나 색인을 생성할 수 있다. 따라서 해마의 예리한 파문과 신피질의 잔물결의 상호작용은 정보 교환을 용이하게 하는 시간적 창문을 만든다.

이러한 상관 실험은 날카로운 파동 콘텐츠의 실험적 조작으로 보완되었다. 한 영리한 실험에서 수면 중 장소 세포의 스파이크 활동은 보람 있는 뇌 자극과 결합되었다. 뇌의 많은 부위에 대한 자극은 기분이 좋으며 보상에 대한 편리한 대용품으로 실험적으로 사용될 수 있다. 선택된 보상 뇌 부위의 자극은 수면 잔물결(sleep ripple) 동안 장소 세포의 각 스파이크의 자발적 방출에 의해 촉발되었다. 마우스가 깨어났을 때, 마치 보상을 찾는 것처럼 그 장소 셀이 나타내는 위치에 대해 일직선을 그었다. 자극은 보상과 공간적 위치 사이에 새로운 관계를 형성했다.[22] 기억 강화에서 재생의 역할을 보완하기 위해 또 다른 실험은 미로에서 학습한 후 수면 중 날카로운 파동을 선택적으로 제거하면 공간 기억 성능이 손상된다는 것을 보여 주었다.[23]

---

20) Peyrache et al.(2011). 간질 해마의 간질 스파이크는 날카로운 파동의 초강력 병리학 버전을 나타낼 수 있으며 깨어 있는 상태에서도 전전두엽 피질에서 지속적으로 하향 전환 및 방추를 유도할 수 있다. 비정상적인 간질 스파이크는 신피질에 '무의미한' 메시지를 전달하고 전두엽 영역이 '준비' 상태가 아닐 때 방추를 유도한다. 따라서 기억 통합의 세 가지 의심되는 패턴(해마 파문, 신피질의 느린 진동 및 방추)은 모두 간질 뇌에서 비정상적이며 만성 간질 환자의 기억/인지 장애의 원인이 될 수 있다(Gelinas et al., 2016).

21) Siapas & Wilson(1998); Sirota et al.(2003); Isomura et al.(2006); Mölle et al.(2009); Johnson et al.(2010); Sullivan et al.(2014). 몇 가지 실험은 해마와 신피질 구조에서 깨어 있는 경험의 공동 재생을 조사했다(Ji & Wilson, 2007; Peyrache et al., 2011; O'Neill et al., 2017; Khodagholy et al., 2017). 신피질의 재생은 또한 100ms 정도 지속되는 짧은 파열로 발생하며 일반적으로 느린 진동의 상향 상태와 일치한다(Takehara-Nishuchi & McNaughton, 2008; Johnson et al., 2010; Rothschild et al., 2017). 대부분의 피질 어셈블리 재활성화 이벤트는 해마의 날카로운 파문과 함께 발생한다.

22) de Lavilléon et al.(2015).

재생을 위한 핵심 메커니즘으로 날카로운 물결과 파동을 사용하는 2단계 모델은 단 한 번의 경험 후에도 그 에피소드가 기억될 수 있는 이유를 설명한다. 학습과정을 행동적으로 반복하는 대신, 아마도 시상피질 방추 및 느린 진동과 협력하여 내생적으로 조직된 날카로운 물결과 파동이 그 어려운 일을 해낸다. 그들은 최근 경험의 다양한 측면을 압축된 시간 규모로 강력하게 동기화된 방식으로 여러 번 반복하여 신피질 표적이 강력한 해마 출력을 인지하도록 한다.[24] 요컨대, 날카로운 물결과 파동은 뇌가 최근에 배운 자료를 굳게 만들 수 있다. 그러나 그들은 그 이상도 수행한다.

날카로운 물결과 파동의 구성적인 기능

날카로운 물결과 파동이 '현재' 이전에 발생한 신경 패턴을 강화한다는 결론은 과거와 현재의 개념적 구분에 기초한다. 그러나 최근의 생각은 이러한 전통적인 구분의 타당성에 의문을 제기한다(제10장 참조). 사후 예측과 예측의 연속성에 대한 아이디어에 따라 실험은 기억을 통합하는 것 이상으로 날카로운 물결과 파동에 대한 보다 풍부한 그림을 그린다. 하나의 흥미로운 연구는 녹음실에 맞도록 뒤틀린 긴 미로를 사용했다. 재생 시퀀스의 지속 시간은 일정한 속도로 행동 궤적을 묘사하는 것으로 나타났다. 즉, 표시된 거리에 비례하는 지속 시간이 있다. 이것은 연구원들이 물리적으로 가깝지만 (건널 수 없는) 복도 사이를 점프하지 않고 구부러진 트랙을 돌아다니며 여러 잔물결 이벤트에서 연결된 최대 700ms 시퀀스를 발견한 이유를 설명한다. 비교를 위해 더 작은 미로는 일반적으로

---

23) Girardeau et al.(2009). Ego-Stengel & Wilson(2010)의 '수레바퀴' 미로 연구 결과는 학습 후 수면의 날카로운 파동이 공간 기억에 미치는 영향을 더욱 뒷받침한다. Jadhav et al.(2012)은 쥐가 잠을 자지 않고 깨어 있을 때 날카로운 파문을 방해했다. 작업 수행 중 깨어 있는 날카로운 파동의 잘림은 공간 작업 기억에서 선택 오류를 증가시켰지만 참조 구성 요소에서는 그렇지 않았다. 또한, 보상 부근에서 발생하는 날카로운 파동의 선택적 절단은 공간 지도를 불안정하게 만들었다(Roux et al., 2017). 마지막으로, 광유전학적 방법에 의해 피질 활동 또는 방추의 다운 상태를 전기적으로 유도함으로써 급격한 파동과 느린 진동 사이의 결합을 증가시키면 기억 성능이 향상되었다(Maingret et al., 2016; Latchoumane et al., 2017).

24) 다르게 표현하면, 단일 경험(우발적 학습)은 'SWR 이벤트는 본질적으로 시간을 압축하고 시간적으로 구별되는 뉴런 표현이 일관된 전체로 결합되도록 허용'하고 날카로운 파동이 반복적으로 재생 또는 '재활성화되도록 하기' 때문에 기억될 수 있다. CA3와 CA1에 있는 뉴런의 동일한 부분 집합은 신경망의 최근 과거에 의해 정확하게 결정된다"(Buzsáki et al., 1994, p. 168). Buzsáki(1989, 1996, 1998, 2015); Lee & Wilson(2002); O'Neill et al.(2006, 2008). Dupret et al.(2010); van de Ven et al.(2016).

50~100ms 이벤트를 유발한다. 그러나 대부분의 잔물결 이벤트는 더 짧았고 미로 트랙의 길이를 따라 불연속적인 복도 사이를 뛰어넘었다. 다시 말해서, 재생 이벤트가 반드시 시간적으로 압축된 실제 여행 에피소드를 나타내는 것은 아니다. 대신 일부 시퀀스는 대체 경로를 평가하는 것처럼 횡단 가능한 거리의 조각과 조각을 나타내는 반면 다른 시퀀스는 동물이 이동한 적이 없는 궤적에 해당하는 시퀀스를 재생하여 동물의 위치와 다른 위치에서 시작하고 종료한다.[25] 따라서 탐색의 자기중심-타인중심의 분할과 유사하게, 날카로운 물결과 파동이 발생하는 동안 가상 경로의 시뮬레이션된 탐색은 자기중심적(자신으로 이동하거나 자기로부터 멀어짐) 또는 타인중심적(다른 장소에서 이벤트 순서 지정)일 수 있다. 이러한 실험은 향후 장소 세포 시퀀스의 순방향 재생과 함께 날카로운 물결과 파동에 대한 전향적이고 건설적인 역할을 제안한다.

대부분의 초기 실험에서 재생 시퀀스는 미로 트랙에 있는 장소 셀의 정렬된 시퀀스를 기반으로 하는 템플릿과 비교되었다. 본질적으로 건초 더미에서 바늘을 찾는 표적 검색이다. 그러나 이 방법에는 대가가 따른다. 예리한 파동이 발생하는 동안 발생하는 다른 많은 뉴런 시퀀스를 제거하므로 잠재적인 역할을 조사할 수 없다. T 미로(중앙 팔과 두 개의 선택 팔이 있음)에서는 날카로운 물결과 파동 동안 두 개의 템플릿(왼쪽 및 오른쪽 회전과 해당 장소 셀 시퀀스)만 검사된다. 이러한 단순한 기억 작업에서는 마치 해마가 적절한 선택을 고려하는 것처럼 날카로운 물결과 파동과 관련된 뉴런 시퀀스가 왼쪽 또는 오른쪽 회전에 관련할 수 있다.[26] 하지만 자연 채집 중에는 이동하는 위치에서 많은 선택이 가능하다. 순방향 재생(forward replay)은 따라서 대체 시나리오를 평가하고 최적의 선택을 계산하는 역할을 할 수 있다.

수렵에 해당하는 실험실 환경은 수많은 우물이 있는 넓은 열린 공간에서 보상을 찾는 것이다. 이 작업에서 쥐는 무작위 우물에 숨겨진 음식을 찾은 다음 다른 보상을 위해 집으로 돌아가도록 훈련된다. 본거지가 매일 바뀌는 경우, 쥐는 몇 번의 시도만으로 새로운 본거지를 찾는 법을 배우고, 그 후 몇 초 만에 모든 음식 우물에서 집으로 돌아온다. 이러한 실

---

25) Davidson et al.(2009); Wu & Foster(2014); Foster(2017); Karlsson & Frank(2009); Gupta et al.(2010); Liu et al.(2018). 세타 시퀀스 또한 특히 미로 선택 지점에서 그러한 '고려(contemplating)' 기능을 제공할 수 있다. 여기서 순차적으로 활성인 뉴런군은 T 미로의 오른쪽 또는 왼쪽 팔의 '앞을 내다볼' 수 있다(Johnson & Redish, 2007; Redish, 2016).

26) Singer et al.(2013). 이 작업에서 올바른 시도에 앞서 날카로운 파동이 일어나는 동안 재활성화된 신경 궤적은 동물의 현재 위치에서 멀어지는 시퀀스를 나타내는 쪽으로 편향되었다.

험의 주요 발견은 동물이 경기장의 어느 위치에서든 본거지로 돌아오기 전에 날카로운 파동 관련 시퀀스가 종종 현재 위치와 본거지 사이의 장소 셀 시퀀스와 밀접하게 일치한다는 것이다. 이 2차원 탐색 작업의 전방 뉴런 시퀀스는 과거 경로보다 쥐의 미래 경로와 더 잘 일치했다.

따라서 이러한 발견은 이전에 획득한 기억을 내부적으로 유연하게 조작하여 대안적인 미래 경로를 평가하고 기억된 목표에 대한 최적의 행동 궤적을 계획할 수 있음을 보여 준다. 이러한 궤적이 이전에 취해진 적이 없는 경우에도 마찬가지다.[27] 다른 실험에 따르면 뉴런 시퀀스는 순방향 및 역방향 이벤트를 모두 포함하는 여러 개의 연결된 날카로운 파동을 포함하는 단편화된 표현에서 종종 '함께 연결된다.'

날카로운 물결과 파동의 건설적인 측면에 대한 논의를 마무리하기 전에 재생이 경험한 과거의 진정한 순차적 순서를 충실하게 모방한다는 점을 강조하는 것이 중요한다. 대신 최근 경험이 기존 네트워크 역학에 포함된다. 역학의 상당 부분은 뇌의 유전적으로 결정된 구성과 기존 지식 기반에 의해 수행되고 안내된다(제12장). 따라서 재생 시퀀스는 세계 사건의 순서를 반영하기보다 뇌의 '믿음'을 더 많이 반영한다. 우리는 날카로운 물결과 파동의 이러한 건설적인 역할이 물리적으로 경험하지 않은 경우에도 서로 관련된 경로와 이벤트를 엮는 데 도움이 될 수 있다고 추측할 수 있다.

동물은 날카로운 파동의 내용을 알고 있을까

하나의 날카로운 파동은 의식 경험을 유발하기에 너무 짧다. 의식 경험은 적어도 0.5초 정도의 시간이 필요하다.[28] 그러나 날카로운 파동으로부터의 신경 궤적을 함께 연결하는 것은 전의식적 묵상을 위한 메커니즘으로 생각할 수 있다. 잠시 동안 목줄에서 벗어나 마

27) Pfeiffer & Foster(2013); Papale et al.(2016); Pfeiffer(2017); Pezullo et al.(2017); Liu et al.(2018); Xu et al.(2018). 이러한 실험은 이전의 이론적 예측을 확인시켜 주었다(Schmajuk & Thieme, 1992). Muller et al.의 해마 그래프 모델(1996)은 2차원 지도에서 거리가 CA3 순환 시스템에서 장소 세포 사이의 시냅스 강도의 역수 값에 의해 반영된다고 제안했다. 환경의 주요 랜드마크가 해마 어셈블리 표현에 매핑되면 가능한 모든 조합(예: 모든 위치에서 홈 베이스까지의 경로)은 해당 경로가 동물에 의해 횡단되지 않은 경우에도 계산될 수 있다. 날카로운 파동이 이 목적을 위해 이용되고(Muller et al., 1996; Samsonovich & Ascoli, 2005), 아마도 동일한 메커니즘이 네이게이션 이외의 다른 문제 대한 새로운 솔루션을 생성하는 데 사용될 수 있다고 가정되었다(Buzsáki & Moser, 2013).

28) Libet(2005)는 이를 '마인드 타임'이라고 불렀다. 이 시간은 여러 뇌 구조에서 큰 자원을 동원하고 효과적으로 의사소통할 수 있도록 하는 데 필요할 수 있다.

음을 방황하게 할 때 집중하는 것보다 올바른 해결책에 도달하는 것이 더 나은 방법일 수 있다. 우리 모두는 그러한 경험을 가지고 있다. 우리가 이름을 찾는 노력을 포기한 후 얼마 지나지 않아 이름이 튀어나올 수 있다. 미래의 행동이나 솔루션을 예측하는 시퀀스는 날카로운 물결과 파동의 클러스터를 함께 연결하여 구성할 수 있다.

전반적으로, 날카로운 파동이 발생하는 동안 가능한 순방향 경로의 선택은 필요 없이 최적의 경로를 선택하거나 새로운 추론을 구성하기 위해 실제 또는 가상의 대안을 유연하게 '상상'하는 내부화된 대리 시행착오 프로세스(제5장)로 생각할 수 있다. 움직임 기반 탐색을 위해[29] 해마의 뉴런군 시퀀스는 공간적 기능뿐만 아니라 수많은 비공간적 기능을 수행하기 때문에 날카로운 파동의 압축 혼합 기능은 많은 실제 시나리오의 은밀한 시뮬레이션을 지원할 수도 있다. 최근에 획득한 지식과 기존 지식을 결합하여 선택에 영향을 미치고, 행동을 계획하고, 잠재적으로 일반화, 추상화 및 창의적 사고를 촉진할 수 있다. 이렇게 계획된 시나리오를 지원하기 위해서 적절한 궤적 시퀀스가 행동의 선택 전에 재생하지 못하면 행동 오류가 생길 것이다.[30]

계획을 행동으로 옮기기 위해 해마는 예리한 파동 상태에서 세타 진동 상태로 전환해야 한다. 이 상태에서 해마 다운스트림 영역에서 발생하는 시뮬레이션된 결과의 목표 조건 평가와 함께 무의식적으로 '프라이밍된' 회로가 더 효율적으로 배포될 수 있다. 이 영역들은 외측 중격-시상하부 작용 경로 또는 전전두엽 피질, 안와전두피질 및 기저핵을 포함한다.[31]

앞의 4개 장, 특히 제5장에서 나는 추상적이고 의미론적인 정보를 생성하기 위해 경험

---

29) Schmajuk & Thieme(1992)은 Tolman(1932)에 이어 미로 선택 지점에서 머리를 스캔하는 움직임이 최적의 이동 경로를 선택하기 위한 관조적 행동인 '대리 시행착오'에 해당할 수 있다는 아이디어를 논의했다(Tolman, 1932). 인공지능 연구원들은 또한 기억의 2-상태 모델에서 영감을 받았다. 유명한 DQN(딥 Q-네트워크)은 이미지 픽셀 벡터를 동작(예: 조이스틱 움직임) 선택을 위한 정책으로 변환하는 방법을 학습함으로써 수많은 비디오 게임에서 인간을 능가할 수 있다. 네트워크는 인스턴스 기반 방식으로 훈련 데이터의 하위 집합을 저장한 다음 오프라인에서 계속해서 '재생'하여 과거에 발생한 성공과 실패로부터 새롭게 학습한다. 이 재생은 데이터 효율성을 극대화하는 데 중요하다(Hassabis et al., 2017).

30) Ólafsdóttir et al.(2017). 이 저자들은 또한 동물이 여행을 시작하거나 목표 위치에 도착하기 전 5초 이내에 날카로운 물결과 파동에서 미로 궤적의 정방향 및 역방향 재생이 발생함을 보여 주었다. 동물이 이러한 위치에서 더 오랜 시간 동안 멈춘다면 해마는 현재 상황에서 분리되고 이후에 나타나는 날카로운 물결과 파동은 현재 상황과 혼합된 더 먼 경험을 재생한다. 이러한 늦게 발생하는 사건에서 내후각 피질의 심층 뉴런도 동원된다. 이와 대조적으로 해마에 대한 입력인 표층 내후각 뉴런은 해마의 것과 크게 독립적으로 시퀀스를 재생하는 것으로 보인다(O'Neill et al., 2017).

31) 프라이밍은 종종 암시적 기억(Graf & Schacter, 1985) 또는 '처리 수준'(Craik & Tulving, 1975)이라고 하는 것의 한 예다. Redish(2016)는 해마 시스템이 기저핵의 네트워크와 협력하여 계획된 작업을 수행하는 방법을 광범위하게 논의한다. Tingley & Buzsáki(2018)는 해마의 공간 지도가 해마 시스템에서 동기 부여 및 운동 제어 회로로 이어지는 중요한 도관인 외측 중격에서 발사 속도에 독립적인 세타 진동 종속 위상 코드로 변환되는 방법을 보여 주었다.

의 여러 에피소드 또는 아마도 여러 개의 날카로운 물결이 필요하다고 주장했다. 그것은 다중 경험만이 에피소드의 공간-시간적 맥락을 제거하고 명시적 정보를 남길 수 있기 때문이다. 다음 장에서는 뇌 기능을 외부화함으로써 의미 지식의 습득을 가속화할 수 있으며, 이러한 외부화된 기능을 인공물, 언어 및 기타 형태의 의사소통 형태로 설명한다. 이러한 외부화는 인류 지식의 기하급수적인 성장의 열쇠였다.

요약

해마의 날카로운 파동은 포유류 뇌에서 가장 동기화된(synchronous) 이벤트이다. 리플 이벤트는 회문(앞에서부터 읽으나 뒤에서부터 읽으나 동일한 단어나 구)을 재생할 수 있으므로 특정 경로를 선택하기 전에 배치 셀 시퀀스가 경로를 건너는 동안과 동일한 순서로 훨씬 더 빠르게 재생된다. 여행 경로의 끝에서 동일한 시퀀스가 재생되지만 이제는 마치 뇌가 가상의 역주행을 반복하는 것처럼 거꾸로 재생된다. 따라서 리플 시퀀스 이벤트는 미래와 과거 모두로의 정신적 여행을 나타낸다.

순방향 및 역방향 셀 어셈블리 시퀀스에는 최소한 두 가지 기능이 있다. 첫째, 그러한 시퀀스는 뇌가 외부 세계와 분리되어 있을 때 깨어 있는 경험의 단편을 재생하기 위해 과거로 거슬러 올라간다. 이 과정은 일시적인 기억을 통합하고 불연속적인 경험을 연결하여 창의적인 생각을 낳을 수 있다. 둘째, 신경 어셈블리의 순방향 시퀀스는 미래 계획의 잠재의식 최적화를 도울 수 있는 내재화된 대리 시행착오 메커니즘으로 볼 수 있다. 동일한 신경 기질이 회고적 및 전향적 작업을 모두 수행할 수 있기 때문에 예측(즉, 계획)에서 사후 예측(즉, 기억)의 전통적인 분리를 다시 다루어야 한다(제10장 참조).

날카로운 파동의 메커니즘과 행동 관련성을 연구하는 것은 행동과 재생 시퀀스 간의 관계의 더 깊은 문제를 제기하는데, 그것은 '인과적' 방향(제2장)이다. 내부적으로 생성된 모든 시퀀스는 경험에 의해(즉, 외부에서 내부로) 해마 회로에 부과되는가? 이 경우 시퀀스의 수는 경험의 양에 따라 확장되어야 한다. 혹은, 광범위한 CA3 재순환(recurrent) 시스템은 아마도 이전 경험과 무관하게 매우 많은 수의 시퀀스를 자가 생성할 수도 있을 것이다. 이 두 번째 시나리오에서 경험의 역할은 기존 시퀀스 중에서 선택하고, 연결하며, 두뇌의 균형 잡힌 역학을 불안정하게 만들 위험 없이 약간 수정도 할 수 있다.

제9장 THE BRAIN FROM INSIDE OUT

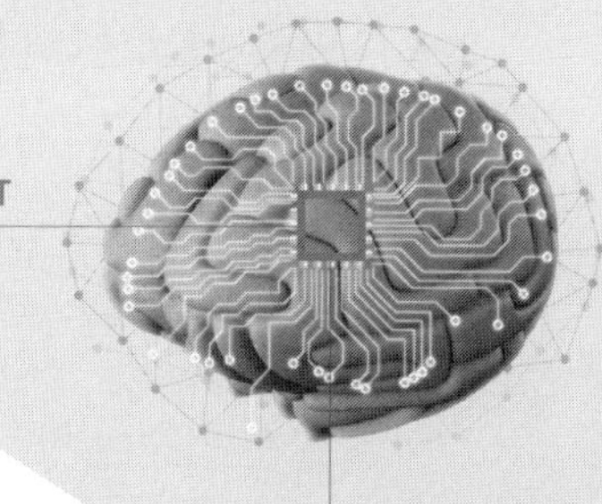

생각의 외부화를 통한 두뇌 성능

예술은 길고 인생은 짧다.

–히포크라테스(Hippocrates)

과학은 부자에게 장난감을 제공하면 악을 위해 일하고, 가난한 사람에게 필수품을 제공하면 선을 위해 일한다.

–프리먼 다이슨(Freeman Dyson)[1]

기술은 일종의 표현하는 방식이다. [그것은] 우리에게 다른 방식으로 생각하도록 요구한다.

–마르틴 하이데거(Martin Heidegger)[2]

19세기 영국의 섬유 산업에서 '뜨개질 틀'과 '털 깎는 틀'의 발명은 제한된 훈련을 받은 노동자들이 고용될 수 있도록 천 제조 과정을 단순화했다. 동시에 이러한 혁신은 노팅엄셔, 요크셔, 랭커셔의 직공과 장인을 위협했다. 이 고도로 숙련된 사람들은 새 기계를 수입 감소와 실직의 원인으로 보고 큰 망치를 들고 밤에 공장을 습격하여 기계를 부숴 버렸다. 젊은 견습생 네드 러드(Ned Ludd)가 최초의 공격자라는 소문이 돌았고, 그의 추종자들은 스스로를 러다이트(Luddite)라고 불렀다. 1811년과 1816년 사이에 러다이트는 수십 개의 공장을 급습하여 수백 개의 공장과 손상된 기계를 불태웠다. 그들은 또한 자동 직기와 뜨개질 틀을 제한하기 위해 영국 의회에 로비를 했다. 그러나 정부는 공장주들의 편에 서서

1) Dyson(1997).

2) Heidegger(1977).

반군을 사살하고 지도자들을 교수형에 처하거나 식민지로 이송했다.[3] 운동은 진압되었지만 'Luddite'라는 단어는 살아남았다. 오늘날 그것은 산업화, 컴퓨터화 또는 일반적으로 새로운 기술이 항상 행복을 가져다주는 것은 아니라고 생각하는 테크노포비아를 설명하는 데 사용되는 포괄적인 용어다. 러다이트 운동은 일부 인구의 생계를 손상시킨 무서운 기술과 소비주의에 대한 지도자 없는 저항으로 볼 수 있다.

비록 러다이트들이 기계를 망가뜨렸지만, 그들의 진정한 목표는 아마도 산업혁명을 주도한 공격적인 새로운 계급의 제조업자들이 값싼 노동력을 사용하지 못하도록 소유자를 단념시키는 것이었을 것이다. 러다이트들은 자신과 관련된 기술을 소유한 사람이 누구인지 분명히 알고 있었다. 오늘날 우리는 누가 기술을 통제하고 누가 끊임없는 혁신의 필요성을 주도하는지 더 이상 확신하지 못한다. 훨씬 더 복잡한 질문은 우리가 그로부터 얼마나 많은 이익을 얻는가다.[4] 프랭클린 루스벨트(Franklin Roosevelt) 대통령이 1938년에 임금 및 시간 법안에 서명한 이래로 주 5일제, 40시간제는 미국의 많은 근로자에게 표준이 되었으며 대부분의 다른 국가가 그 뒤를 이었다.[5] 기술적 발명이 가능하고 레크리에이션에 더 많은 시간을 할애할 수 있기 때문에 작업량을 더 줄일 수 있을까? 산업체와 사무실은 폐쇄될 수 있으며 계절에 따라 달라지는 농업 작업도 사람들의 그룹을 변경하여 운영할 수 있다. 따라서 원칙적으로 근무 시간을 결정할 수 있다.

나쁜 결정이 인간이 내린 것이라면 그것을 취소할 수 있어야 한다. 몇몇 풀뿌리 운동은 인류의 작업량을 줄이려고 시도했다. 합리적인 계산에 따르면 현재의 기술 발전으로 선진국의 사람들은 1960년대의 생활수준을 유지하면서 일주일에 3~4일만 일할 수 있을 것이다. 이러한 근무시간 단축은 실업, 높은 탄소 배출량, 사회적 불평등, 가족 돌봄, 개인 행복과 관련된 문제를 해결할 수도 있다. 그러나 작업량을 줄이는 대신 더 많은 세계 인구가 장

---

3) Sale(1995); Binfield(2004).

4) 기술에 대한 비합리적인 적대감은 하버드에서 교육받은 수학자이자 버클리 캘리포니아 대학교의 조교수인 Theodore Kaczynski와 악명 높은 Unabomber의 폭격을 부추겼다. 『New York Times』에서 출판한 선언문(Industrial Society and Its Future)에서 그는 몸값 요구의 일환으로 다음과 같이 말했다. "산업혁명과 그 결과는 인류에게 재앙이었다." [NeuroNote: 법원이 임명한 한 정신과 의사는 그가 편집증적 정신분열증을 앓고 있다고 선언했지만 카진스키는 이 평가를 '정치적 진단'이라고 일축했다.]

5) 7일 그룹화는 태양계에 7개의 행성이 있다고 믿었던 바빌로니아인들이 도입한 임의의 시대이다. 한 주의 끝을 기념하기 위해 신에 대한 숭배가 도입되었다. 안식일은 이슬람교, 유대교, 기독교 종교 전통에서 각각 금요일, 토요일 또는 일요일이며 하나님이 일곱째 날에 안식하신다는 믿음을 반영한다. 뇌는 일주일이라는 시간을 '느끼지' 않으며, 외부 세계에는 7일의 시대를 표시하는 명확한 지표가 없다. 대기 오염이 근무일과 주중 간에 크게 달라지는 오늘날의 도시 지역은 예외일 수 있다(Ward et al., 2015).

시간 노동을 하고 있으며 지난 수십 년 동안 여성의 정규직 고용은 증가했다.[6]

기술은 어떻게 신비롭게 우리에게 전해졌을까? 누구 탓인가? 아무도 책임지지 않으며 누구도 막을 수 없는 것 같다. 대신 우리 모두는 혼란스러운 시스템에 기여하고 우리 자신에게 더 많은 일을 부과한다. 우리는 장기적인 웰빙을 위해 이러한 혁신을 활용하는 대신 기술의 단기적 이점과 다른 사람들의 경제적 부러움에 이끌린다. 우리 모두가 분산 프로세스에 참여하면 아무도 우리를 대신하여 결정 내릴 수 없다.[7]

이 장에서는 뇌 기능의 외부화가 우리 뇌와 타인의 뇌에 어떤 영향을 미치는지 살펴봄으로써 이 복잡한 문제를 해결하려고 한다. 일부 텍스트는 이 책의 주요 주제에서 벗어난 것처럼 보일 수 있다. 그러나 이러한 문제를 논의하지 않고 일화적 기억과 의미론적 기억 사이의 관계가 다른 동물보다 인간에게 그렇게 다르게 나타나는 이유를 이해하는 것은 불가능하다.[8] 나는 인간이 만든 도구와 인공물이 행동-지각 루프의 연장선이 되었을 뿐만 아니라 추상적 아이디어가 빠르게 나타나고 퍼지는 매체 역할을 한다고 결론 내렸다. 이 과정을 통해 인간은 다른 동물이 접근할 수 없는 방식으로 뇌를 사용한다. 이러한 외현화 과정을 고려하지 않고서는 인간의 뇌가 어떻게 복잡한 생각과 아이디어를 만들어 내는지 이해할 수 없다. 인간의 뇌는 다른 종의 유사하게 큰 뇌보다 구조적으로 훨씬 더 복잡하지 않다.

6) 나는 기술의 사회학적 · 경제적 · 정치적 함의를 논의할 능력이 없다. 대신 이 장에서는 외부화된 혁신이 뇌에 미치는 영향에 중점을 둔다.

7) 당연히 인간은 두 차례의 세계 대전 이후 기술 대학살에 대해 불평했다. 베트남에서 네이팜탄의 공포를 목격한 우리 세대에서도 이와 유사한 기술 혐오가 일어났다. 히피 운동은 주로 과학의 사악한 측면에 의해 촉진되었다. 기술의 사용에는 딜레마가 있다. 소수의 사람들은 그것으로부터 엄청난 이익을 얻는 반면, 대다수는 훨씬 덜 이익을 얻거나 전혀 이익을 얻지 못한다. 기술이 모든 사람의 삶의 질을 향상시킨다 해도 기술 혁신의 통제는 사회를 통제하는 사람들에게 불균형적인 이익을 가져다준다. 이 경제라는 가위는 이익을 얻더라도 대다수가 항상 착취당하는 패배자처럼 느끼게 만든다.

8) 제5장에서 우리는 일화적 및 의미론적 기억 시스템의 진화적 뿌리가 추측 항법 및 랜드마크 기반 탐색 형태이고 의미론적 지식은 여러 일화적 사건이 필요하며, 이 과정을 통해 사건의 시공간적 측면이 제거된다는 아이디어에 대해 논의했다(Buzsáki, 2005; Buzsáki & Moser, 2013). 대조적으로, Mishkin et al.(1998)은 인간의 초기 해마 손상의 영향을 연구하면서 정반대의 결론을 내렸다. 그들의 관점에서 의미론적 정보는 일차적이며 해마 종속 에피소드를 구성하는 데 필요하다. 강조점의 차이는 정신 표현의 외부화를 통해 의미 정보를 신속하게 획득하는 능력에 의해 제공되는 인간의 '바로 가기' 메커니즘일 수 있다.

생각은 행동이다: 정신 작용의 외부화

두뇌 출력은 다양한 맛을 낸다. 가장 먼저 떠오르는 것은 신체와 센서를 움직이는 근육 활동이다. 두 번째 출력은 자율 신경계를 통해 작용하여 내부 장기와 땀샘에 영향을 준다. 세 번째 결과는 성장, 혈압, 성 호르몬, 갑상선 호르몬, 신진대사, 체온, 출산, 수유, 신장의 수분/염 농도에 영향을 미치는 뇌하수체에서 호르몬이 방출되는 것이다. 우리가 직관적으로 생각을 행동으로 보지 않더라도, 두뇌 출력의 네 번째 큰 범주는 생각이다. 생각이란 지연된 행동에 대한 완충 장치라고 개념화할 수 있으며(제5장), 이는 두뇌의 소유자에게 혜택을 줄때 유용하다.[9] 상상력과 사고는 주로 해마와 전전두엽 피질에 의존한다. 전전두엽 피질은 유사한 신경 구조를 가진 운동 피질의 내재화된 파생물로 간주될 수 있다. 운동 및 고차 전전두엽 피질 영역(내측, 안와 및 섬 영역으로 구분됨)은 현저하게 유사한 입력을 수신하고 유사한 출력을 표적에 보낸다. 주요 차이점은 1차 운동 피질은 골격근을 제어하기 위해 척수로 직접적인 투영을 보내는 반면, 전전두엽 피질은 대신 기저핵, 기저외측 편도체, 시상, 해마 및 외측 시상하부를 포함한 자율 및 변연 부위를 표적으로 한다는 것이다.[10] 이러한 예측은 운동 피질이 감각 영역에 진행 중인 행동에 대해 알려 주는 방식과 유사하게 전두엽 영역이 다른 고차 피질 영역과 보류 중인 행동 계획에 대한 동기 또는 행동 준비 구조에 정보를 제공하는 필연적 회로로 볼 수 있다. 따라서 우리는 전전두엽 피질 예측이 보류 중이거나 잠재적인 행동과 그 예상 결과를 회상 정보 및 원하는 목표와 비교한다고 결론지을 수 있다. 행동을 직접 평가하는 대신, 이 가상의 고차 추론 메커니즘은 명백한 움직임 전에 다단계 행동 계획을 형성하기 위해 뇌의 내부 작동을 비교하고 평가한다.

인간과 다른 유인원의 경우 몇몇 전두엽 영역에는 피질 5번째 층에 큰 뉴런이 있다. 이들을 방추 세포(spindle cells)라고 한다. 이 큰 세포는 척수로 투사되는 일차 운동 피질의 유사하게 큰 5층 Betz 세포의 첫 번째 사촌이며, 이는 전전두엽 피질 영역의 일반적인 건

9) 불교의 가르침은 육체적 · 정신적 행동(생각)이 관련되어 있음을 강조한다. 카르마는 말 그대로 행동이나 행위를 의미한다. 이 관계를 지적해 준 Liset Menendez de la Prida에게 감사드린다.

10) 쥐의 내측 전전두엽 피질에서 주목할 만한 돌출부가 있는 다른 표적은 내측 중격, 배외측 수도관 회색, 복측 피개 영역, 상완 주위 핵, 고립핵, 주동/미측 복측 수질, 심지어 흉추 척수이다. 몇 가지 주목할 만한 차이점이 있다. 변연 하부(영역 25), 변연 전(영역 32) 및 등쪽 전방 대상(영역 24b) 영역에 걸쳐 있다. 이러한 연결의 대부분은 상호적이다(Gabbott et al., 2005).

축 설계의 또 다른 표시다. 이 특별하게 보이는 방추 세포는 유인원에서 처음 관찰되었으며, 몇몇 조사자들은 인지 및 감정 조절에서 고유한 기능을 이들에게 돌렸다.[11] 그러나 이후 고래류, 인간보다 밀도가 높은 코끼리, 그리고 어느 정도는 붉은털원숭이와 너구리에서도 보고되었다. 이 뉴런은 큰 동물에서 장거리로 활동 전위를 빠르게 보내는 데 필요한 강력하게 수초화된 긴 축삭돌기를 가지고 있다. 이러한 해부학적 고려는 피질의 운동 영역과 전두엽 영역이 많은 해부학적 특징을 공유한다는 것을 보여 준다. 주요 기능적 차이점은 운동 피질의 활동이 즉각적인 행동으로 이어지는 반면 전전두엽 피질의 활동은 우리가 계획과 상상이라고 부르는 행동을 시뮬레이션할 수 있다는 것이다.

인간은 우월한가

많은 연구자들은 뇌 크기, 신경 세포 수 및 밀도, 축삭 연결성, 특수 세포 유형 또는 축삭 전도 속도와 같은 일부 해부학적 특징을 통해 호모사피엔스의 '우수한' 특성을 설명하려고 했다. 그들은 아무것도 찾지 못했다. 50,000년 전에 우리와 겹쳐진 우리의 사촌 네안데르탈인은 현대인보다 더 큰 뇌를 가졌다.[12] 그들은 분명히 우리에 비해 약간의 특별한 능력을 가지고 있었지만, 그렇게 많은 뉴런으로 정확히 무엇을 더 잘했는지는 설명되지 않고 있다.

50,000~200,000년 전에 행성을 걸었던 현대인은 오늘날 우리와 같은 성대, 손, 뇌를 가졌다.[13] 50,000년 전에 태어난 아이가 오늘날의 신생아로 바뀔 수 있다고 상상해 보라. 뉴욕시에서 태어나 사랑하는 가족에게 시간을 거슬러 순간 이동한 아이가 수렵-채집 공동체의 건설적인 구성원이 될까? 반대로 미국의 평범한 가정에 입양된 수만 년 전 텔레포트

---

11) 방추 세포(spindle cells)는 Constantin von Economa의 이름을 따서 명명된 이코노모 뉴런으로도 알려져 있다(von Economo & Koskinas, 1929). Allman et al.(2002)은 여러 종에서 이러한 뉴런을 광범위하게 연구했다.

12) Henneberg & Steyn(1993); Ruffet al.(1997); Bailey & Geary(2009). 다른 동물의 뇌와 인간 뇌의 진화적 비교에 대한 탁월한 최근 설명은 Herculano-Houzel(2016)에 의해 작성되었다.

13) 모로코의 Jebel Irhoud에서 새로 발견된 두개골은 300,000년 전의 것으로 추정된다. 5명의 두개골 유골은 현대적인 얼굴 특징을 가지고 있었지만, 뇌 케이스는 길쭉했고, 오늘날 살고 있는 인간처럼 약간 더 작은 뇌 부피와 둥글지 않다. Jebel Irhoud 사람들은 도구로 사용하기 위해 불과 망치로 돌을 통제했던 원시인으로 생각된다(Hublin et al., 2017). 거의 동시에 오늘날의 케냐에서 원시인들이 더 정밀하고 정교한 중세 석기 시대의 칼날과 창을 제조했다. 이것들은 원래의 암석 덩어리의 모양을 여전히 보존하고 있던 이전의 손도끼와 고기 긁는 도구보다 더 추상적이었다. 이 새로운 도구에서 남은 돌가루는 창조자의 몸을 그리는 데 사용되어 개성이나 집단 정체성의 상징으로 사용되었다(Brooks et al., 2018).

된 아이가 내 딸들과 같은 대학에 들어갈 수 있을까? 내 대답은 확고한 '그렇다'이다. 나는 우리 조상들이 우리와 같은 인지 및 의사소통 능력을 가지고 있다고 가정하고, 그들이 거의 동일한 뇌 배선 및 역학을 가졌다고 감히 생각한다.[14] 만약 당신이 이 문제에 대해 내 편을 든다면, 우리는 또한 뇌의 해부학적 차이 외에 호모사피엔스가 세계의 지배자가 된 이유를 설명해야 한다는 데 동의할 것이다. 내 생각에는 현대인들이 먼저 도구를 만들고 점점 더 정교하게 말, 글, 예술을 발명함으로써 마음을 외부화하는 법을 배웠다고 생각한다. 그 과정에서 그들은 협동적이고 지식을 공유하는 종으로 스스로를 재설계했다.[15]

외부화: 간략한 개요

호모하빌리스와 호모에렉투스는 이미 150만 년 전에 뼈에서 고기를 긁어내고 대형 동물을 도살하기 위해 양면 손도끼를 만들고 있었다. 그들의 기술은 백만 년 동안 약간의 수정만 가해 비교적 동일하게 유지되었다.[16] 기후가 따뜻해지면 우리의 조상은 아프리카보다 식량 가용성이 더 계절적인 중위도 유라시아로 이주했다. 이렇게 더 분산된 식량 자원은 점점 더 정교한 탐색, 기억 및 계획을 필요로 했다.[17] 수렵-채집인들은 천천히 농부로 변모했고 영구적인 가정 공간을 마련했으며 무기, 그림, 조각품, 악기를 포함한 더 정교한 공예품을 발명했다. 이러한 인공물 중 많은 부분이 더 이상 세계의 실제를 모방하거나 표현하지 않는다. 제작자가 작업을 시작하려면 먼저 상상해야 했다. 인공물은 생각의 외부화된 버전이며, 명상의 반영이며, 창작자가 사라진 후에도 개인 지식을 다른 사람에게 전달하는 방법이다. 인공물은 의미론적 개체로, 레이블을 붙이고 다른 것과 분리된 것으로 기

14) 사실, 문자 그대로 시간을 되돌릴 필요는 없다. 50,000년 전 조상처럼 살아온 접촉하지 않은 사람들이 지구상에 아직 몇 명 남아 있다. 인도와 말레이시아 사이 안다만 군도에 사는 북부 센티넬 사람들은 불을 피우는 법을 모르고 여전히 창과 화살을 사용하여 사냥한다.

15) Boyd et al.(2011).

16) 돌 조각에서 날카로운 양면 손도끼를 마스터하는 것까지 여러 단계와 사전 명상이 필요하다. 도구는 정리되지 않고 죽은 자료에 부과된 정신적 템플릿을 보여 준다. 서아프리카의 올두바이 협곡에서 발견된 많은 수의 인공물은 연속적인 정교함을 보여 준다(Toth, 1985). 카푸친 원숭이는 바위와 통나무를 망치와 모루로 사용하여 브라질 세하도에서 먹이로 야자열매를 부수고 있다. 일부 원숭이는 돌을 함께 두드려서 돌 조각을 부수기도 한다. 따라서 의도성에는 큰 두뇌가 필요하지 않다(Proffitt et al., 2016).

17) 그러한 생태학적 요인이 인간 두뇌 크기에 대한 결정적인 진화적 압력과 선택으로 구성되어 있다고 본다(예: Parker & Gibson, 1977; Gonzáles-Forero & Gardner, 2018).

억할 수 있다. 행동과 지각 사이의 미러링의 뿌리는 능동 감지와 유사한 메커니즘을 기반으로 하며 그 결과 회로가 있다(제3장).[18] 그러나 이 확장된 루프의 피드백은 뇌 내의 특수 회로가 아니라 행동으로 생성된 인공물과 뇌로의 반사 사이의 시퀀스이다.[19]

이러한 외부화된 정신 산물은 창조자의 뇌 외부에 영구적인 사회적 기억으로 존재하게 되어 집단 정신을 풍요롭게 한다. 도구 만들기의 창의적 행동은 언어의 서곡으로 간주될 수 있다. 망치를 만들기 위해 막대에 묶인 바위와 같은 다중 구성 요소 도구를 생각하려면 언어 구문의 자연스러운 선구자인 계층적 알고리즘이 필요하다. 도구 제작에 필요한 손재주도 후속 쓰기 능력에 필요하다.[20] 결국 인공물과 단어는 각 개인이 힘들게 일회성 탐색을 하지 않고도 한 뇌에서 많은 뇌로 의미 정보를 쉽게 전달할 수 있게 한다(제5장). 대신, 의미의 기초는 단순히 다른 사람들의 안내나 승인에 의해 달성된다. 외부화된 정보는 이름을 붙일 수 있으며, 따라서 의미 지식을 빠르게 퍼뜨린다. 그러나 이 능력에는 비용이 따른다. 우리는 개인적인 경험 없이 너무 자주 사건과 현상의 정의를 받아들이고, 그 진정한 의미를 이해하지 못하면서 방대한 어휘를 사용한다(제1장).

도시 혁명

약 12,000년 전에 수렵 채집인들이 농사를 시작하고 동식물을 길들여지자 집단 지식이 극적으로 증가하기 시작했다. 농업은 인구 증가의 가속화와 관련된 분업, 전문화, 계층 구조 및 무역을 필요로 했다. 6,000년 전 수메르의 도시인 우루쿠(Uruk)와 슈루파크(Shurupak)에는 수만 명이 함께 살았다. 주거 솔루션에 대한 압력은 직사각형 및 정사각형 집 바닥과 같이 완전히 외부화된 마음의 산물인 기하학적 디자인의 도입으로 이어졌다. 인구 밀도가 증가하고 도시가 형성되면서 외부 사고의 집단적 공유가 폭발적으로 확대되었다. 10,000명의 사람들이 협력하는 그룹으로 일하는 도시는 각각 100명으로 구성된 100개

18) 고고학의 좋은 부분은 생각의 화석 기록인 '신경 고고학'이다(Malafouris, 2009; Renfrew et al., 2009; Hoffecker, 2011). 인간이 만든 물건은 초기 사람들의 이주를 기록할 뿐만 아니라 주인의 의도, 생활 방식 및 인지 능력의 풍부한 원천이기도 하다. 그러나 도구는 '암호'를 공유하고 사용을 구상할 수 있는 사람에게만 의미가 있다.

19) 이 루프는 실험실에서 실험을 수행하는 방식과 유사하다. 생각은 실험(예: 뇌에 병변 만들기)을 생성한 다음 동요의 결과를 관찰하고 해석하여 실행된다.

20) Greenfield(1991)는 동일한 신경 기질이 다단계 객체 생성과 문장 구성 모두에 필요한 구문을 제공할 수 있다고 가정했다. 유인원의 브로카 영역과 유사한 것이 있지만, 두 살짜리 인간 수준에서 도구 구성과 기호 조작 모두의 복잡성을 지원할 수 있을 뿐이다(Holloway, 1969).

의 소규모 커뮤니티보다 훨씬 더 축적된 지식을 훨씬 더 빠르게 생성할 수 있다.[21] 도시 혁명으로 알려진 호모사피엔스 역사의 이 단계는 우리에게 글쓰기와 수학을 가져왔다.[22] 왕들과 파라오들과 그들의 관료들이 등장하고 그들이 만든 문서가 권위를 얻었다. 초기의 상형문자나 표의 문자는 천 년에 걸쳐 점차적으로 수메르의 쐐기형 또는 설형문자로 변형되어 현재의 문자 형태로 변모했다. 상형문자는 주로 구어를 돕기 위한 기억 장치로 작동했으며 읽기보다 해석해야 했다. 그것들은 내가 읽은 책의 여백에 낙서하는 개인 메모와 기호와 약간 비슷하다. 나조차도 관련 텍스트를 참조하지 않고 올바르게 해석하기가 어렵다. 그러나 상형문자는 생각을 뇌 외부에 저장하는 데 매우 유용하다. 소수의 권력자들이 집단적으로 동의한 그러한 외면화된 사상은 대대로 그 땅의 지배가 되었다. 서면 텍스트는 사회 구성원에게 특정 법률을 준수해야 하며 이를 위반하면 처벌을 받을 수 있음을 상기시키는 역할을 했다. 통치자들은 다양한 서비스와 노동 제품 간의 교환을 허용하는 화폐를 발명했다. 이 외부화된 가치 측정 기준은 작업의 추가 계층화를 가능하게 하고 훨씬 더 많은 사람들이 협력하고 함께 일할 수 있도록 했다.

인지혁명

외부화된 사물, 상징, 텍스트, 제도를 통해 타인의 독특한 마음을 읽는 능력은 인간 진화의 인지혁명 국면을 일으켰다. 이러한 종류의 정보는 뇌에 다시 반영되어 뇌의 회로에 지대한 영향을 준다. 현대 실험에서 인도의 문맹 여성은 뇌가 반복적으로 이미지화되는 동안 모국어인 힌디어를 읽고 쓰는 방법을 배웠다. 읽기 쓰기 훈련을 단 6개월 만에 시상과 뇌간을 포함한 뇌의 여러 영역이 재구성되었다.[23] 15세기에 인쇄된 책의 생산을 가능하게

---

21) 인간뿐만 아니라 다른 동물의 인지 능력도 인간이 아닌 영장류(Humphrey, 1976)와 호주 까치(Ashton et al., 2018)를 포함한 사회 집단의 규모로부터 혜택을 받다.

22) 메소포타미아에서 쓰기와 수학이 상대적으로 동시에 출현했기 때문에 여러 학자들은 동일한 종류의 인지 과정과 아마도 뇌 영역이 필요하다고 추측했다. 그러나 이것은 완전히 정확할 수 없다. 메소아메리카의 잉카 사람들은 이집트에 필적하는 문명을 건설하고 정교한 수학과 기하학의 도움으로 피라미드를 건설했으며 매듭을 묶은 기록 유지 방법을 가지고 있었지만 문자를 발명하지는 않았다(Ascher & Ascher, 1981).

23) 이전 연구초기 시각 시스템의 변화에 주로 초점을 맞췄다(Carreiras et al., 2009; Dehaene et al., 2010). Skeide et al.(2017)의 연구에서, 문해 학습의 효과는 또한 V3 및 V4, 시상 척수 및 뇌간의 상구체로 확장되었다. 이러한 피질하 구조와 시각 영역 V1에서 V4 사이의 혈액 산소 수준 의존(BOLD) 신호의 결합은 기본적인 문해력 기술을 습득한 후 증가했다. 힌디어의 데바나가리 문자는 음절과 음소 수준에서 소리를 동시에 나타내는 알파 음절 쓰기 시스템이다. 상구(superior colliculus)의 관련은 눈을 인쇄된 텍스트의 관련 부분에 고정하는 데 필요한 단속적 안구 운동의 시작을 미세

한 요하네스 구텐베르크(Johannes Gutenberg)의 발명으로 빨리 감기(fast forward)한 후[24] 그리고 산업적 규모의 인쇄를 도입한 19세기의 회전식 인쇄기로 건너뛰었다. 글, 수학적 방정식, 그림은 인간 정신의 집합적 인지 능력의 외현화된 산물이며 그 수명이 무한하다. 책을 통해 사람들은 다른 상황에서 아이디어가 발전한 다른 사람들의 생각을 확인하고 비교할 수 있다. 바쁜 대학 교수와 달리 책은 독자가 필요로 하는 모든 시간을 제공할 수 있다. 독자는 그 내용을 계속해서 참조할 수 있다. 문자와 단어의 추상적인 패턴을 조직화된 신경 활동으로 변환하여 뇌에서 새로운 생각을 생성하려면 암호를 소유하는 것만 필요하다. 뇌 기능의 외부화는 아이디어 작성자의 불멸의 필요 없이 복잡한 아이디어, 의도, 감정 및 희망을 뇌에서 뇌로 방송하고 복사할 수 있게 한다. 언어 구문의 계층적 · 생성적 · 재귀적 특성과 사실상 무한한 표현 범위 덕분에 사람들은 신에게로 가는 길이나 금지된 생각을 찾고, 새로운 가설을 세우고, 지구를 뒤흔드는 발견을 발표할 수 있다.

외부화와 내부화는 상호 보완적인 과정이다

제5장에서 논의한 바와 같이, 뇌를 환경에서 분리하고 외부 세계 모델을 조작하는 능력은 인지의 전제 조건이다. 이 작업은 외부화에 의해 촉진된다. 내부적으로 생성된 생각은 검증되고 기반이 되는 과정으로 원래의 생각을 반영하는 행동 생성 인공물에 대해 테스트된다. 이것은 지연된 행동-지각 미러링 루프다. 우리는 특정한 방식으로 행동하고 결과적으로 사물을 다르게 봄으로써 생각의 타당성을 테스트한다. 외부화는 내부 사고에 대한 정교한 테스트이다. 책과 같은 인공물의 도움으로 생각은 다른 많은 두뇌와 소통할 수 있다. 이 관행은 커뮤니티 내에서 합의된 추상화 또는 의미론적 지식을 발생시킬 수 있다. 따라서 인간이 만든 물건은 의미론적 지식과 추상적인 아이디어가 빠르게 퍼질 수 있는 매개체다.[25] 다른 뇌에 전달되지 않는 한 어떤 생각이나 개념도 타당성을 가질 수 없다. 한 그

조정한 결과일 수 있다(Dorris et al., 1997). 행동 시스템의 중요성은 시공간 운동 기술이 문맹 퇴치 아동의 읽기 결과를 예측한다는 발견에서도 설명된다(Carroll et al., 2016).

24) 무엇이든 1위가 되는 것은 어렵다. 책은 Gutenberg 이전 수세기 동안 중국과 한국에서 인쇄되었다.

25) 라틴어 동사의 의미는 abstracte '제거, 분리 또는 제거'이다. 동굴벽화나 기타 비실용적인 인공물은 구체적인 사건이 발생한 조건을 분리하여 여러 구체적인 상황의 본질적인 특징을 융합한다(제5장).

룹의 사람들이 “내 생각은 그렇게 미친 게 아니다”라는 공통된 이야기를 함께 엮을 때 의미가 만들어진다. 따라서 개념은 외부화된 접지에 의해서만 개념이 되고 접지의 과정은 다른 뇌와의 상호작용을 수반한다. 이러한 확장된 인지관은 인지가 개인의 뇌를 초월하는 사회적 현상으로만 이해될 수 있음을 의미한다.[26]

숫자의 발명

전달 가능한 추상적 아이디어는 어떻게 만들어지는가? 처음에 어떻게 되었는지는 아무도 모르지만 그럴듯한 시나리오는 하나 만들어 볼 수 있겠다. 똑똑한 개인이 마을을 위한 파티를 열고 싶어 한다고 가정해 보자. 이 사람은 양 한 마리를 차례로 제물로 바치면서 각 양의 뼈에 선을 긁었다. 메소포타미아에 도시가 건설되기 전에 집계 표시가 사용되었다. 이 과정을 여러 번 반복한 후, 5개의 수직 탤리 마크가 5개의 손가락을 닮았다는 생각이 떠올랐을 것이다. 이러한 통찰력으로 다음에는 홈 표시가 필요하지 않았다. 그는 손가락으로 양 한 마리를 세었을 뿐이다. 이 방법을 배운 그 또는 그의 후손들은 다섯 마리의 양을 ‘한 줌’이라고 불렀을 것이다. 이 단계에서 상징과 그것이 나타내는 물리적 사물 사이에는 여전히 일치가 있었다. 그러나 이것은 이미 수백 년이 걸렸을 주요 추상화였다.

여기에서 고고학은 외부화된 사고의 진화를 재구성하는 데 도움이 될 수 있다. 수백 년 동안 임의의 숫자 체계는 동물이나 곡식 자루와 같은 다른 그룹의 사물을 세는 데 사용되었지만 다른 체계는 다른 것을 계산하는 데 적용되었다.[27] 다른 도시의 사람들도 다른 집계 표시 시스템을 사용했다. 추상화의 다음 단계는 숫자가 모든 것에 동등하게 적용된다는 깨달음이었다. 이러한 일반화가 이루어지면 표식이 무엇을 가리키는지 모른 채 조작될 수 있다. 그러한 정신적 조작을 통해 표식은 그것을 생성한 상황과 분리되어 명시적 지식이 되었다. 따라서 숫자는 물리적 대응에 대한 의존성을 잃었다. 이러한 정신적 변형은 탐색에서 지도를 만들거나 여러 개인 에피소드에서 의미론적 지식을 만드는 과정과 유사하다는 점을 기억하라(제5장). 따라서 도구와 물건의 형태로 아이디어를 외부화하는 것은 새로운 생각을 생성하는 데 도움이 될 수 있으며, 이는 다시 다른 마음으로 내부화될 수 있

26) ‘의식’이라는 용어는 문자 그대로 공유된 지식을 의미하며 많은 언어에서 이런 의미로 사용된다.
27) Clegg(2016).

다. 초기 과정은 천 년이 걸렸을지 모르지만 점점 더 큰 도시에서 많은 개인이 같은 활동을 반복해야 하는 필요성으로 인해 빠르게 가속화되었다. 이 능력을 얻기 위해 뇌 하드웨어의 유전적 변화는 필요하지 않았다.

우리는 우리 아이들을 관찰할 때 빠른 속도로 추상화의 진화를 목격할 수 있다. 1학년은 사과 다섯 개, 연필 다섯 개, 기타 다섯 개를 만지고 잡고 셀 수 있다. 그런 다음 그들은 '5'가 'five'라는 단어에 해당한다는 것을 배우지만 종종 'Five what?'이라고 묻다. 물체의 기초 역할을 찾는 것처럼. 구체적인 물체를 추가하는 것은 아이들이 조작할 수 있을 때 비교적 쉬운 작업이다. 내면화 단계에서 가상의 사과를 셀 때 손가락을 만지다가 점차적으로 '5'를 하나의 대상으로 취급하고 결국에는 추상적인 숫자로 취급한다. 뇌가 성숙해지기 때문만이 아니라 뇌가 이미 숫자 개념을 추상화한 경험 많은 성인이 숫자 학습을 감독하기 때문에 전체 프로세스가 가속화된다.

많은 수학자와 물리학자는 숫자와 수학이 우주의 근본적인 조직자라고 믿는다. 따라서 우리는 외부 세계와 무관하게 정신적 상상력에서 간단히 추론할 수 있다.[28] 이 장에서는 프로세스가 반대 방향으로 작용하는 경우를 만들려고 했다. 외부화와 인간이 만든 인공물이 없었다면 숫자와 산술의 개념이 등장하지 않았을 것이다.

인간 협력을 동기화하기 위한 시계

아마도 외부화된 인공물은 우리의 아이디어에 시계보다 더 큰 영향을 미쳤을 것이다. 공간과 시간에 대한 막연한 개념은 주로 주변 세계의 광대함과 그 안에서 우리의 위치를 설명하기 위해 측정 기기보다 먼저 등장했다.

계절적 변화는 다양한 식량 자원의 접근성과 농업에 예측 가능한 영향을 준다. 또한 매일의 일주기 변화는 모든 생물의 활동에 영향을 미친다. 초기 인간은 태양과 달의 상대적인 위치와 같은 천체의 '시간 측정기'를 일상적으로 사용했지만, 더 짧고 불연속적인 간격

28) Roger Penrose(2004)에 따르면 숫자는 "물리적 우주의 본질에 대한 세부 사항에 대한 참조 없이 단순히 정신적 상상력을 발휘함으로써 겉보기에 추측하고 확실히 평가할 수 있다." Max Tegmark(2014)는 "우리의 물리적 세계는 수학으로 기술될 뿐만 아니라 수학이라고 주장한다. 우리 세상의 모든 것은 당신을 포함하여 순전히 수학이다." 그러나 세상을 정량화할 수 있는 다른 방법은 없다. 따라서 도구로서의 수학은 반증될 수 없다. 수학은 증명이 필요 없는 기본 가정인 공리로 시작한다. 수학은 종종 현실 세계가 받아들일 수 없는 예측을 한다.

을 결정할 수 있다면 활동을 이러한 자연 시간 창 내에서 더 잘 할당할 수 있다. 고대 이집트에서 일출부터 일몰까지의 낮과 일몰에서 일출까지의 밤을 12시간으로 나누어야 한다는 생각이 나왔다. 숫자 12의 기원에 대해 다른 설명이 있다. 1년에는 대략 12개의 달 주기가 있으며, 각 주기는 태양 주위의 지구의 완전한 1회 공전과 12개의 황도 별자리에 해당한다. 또한 네 손가락에는 각각 세 개의 지골이 있다. 세상의 사물과 우리 몸의 기준을 대응시켜 숫자가 나왔을 때 지골을 표시하는 것은 한 손으로 12를 셀 수 있는 좋은 방법이었을 것이다. 바빌로니아인들은 십이진수(12)와 60진수(60) 체계를 사용했다. 그들이 60을 선택한 이유는 그것이 멋지게 '나누어질 수 있는' 숫자(1, 2, 3, 4, 5, 6, 10, 12, 15, 20)라는 점을 제외하고는 명확하지 않다. 게다가 고대 천문학자들은 하늘이 60개의 동심원 반투명 구체로 구성되어 있고 지구가 그 중심에 있다고 믿었다. 기하학에서는 60진수 시스템이 10진수보다 더 잘 작동한다. 현대 시계는 여전히 12/60 방법을 기반으로 한다.[29]

시간은 움직임과 기하학과 밀접한 관련이 있다. 그러나 일출과 일몰 사이의 간격을 나누어 시간을 계산하는 것은 계절과 위치에 따라 길이가 다르기 때문에 문제가 된다. 옛날 방식으로 측정한 정오 시간과 시간의 길이는 해시계가 어디에나 있던 광대한 로마 제국의 여러 지역에서 달랐다. 고대 그리스인들은 이것을 깨닫고 낮과 밤의 길이가 같은 춘분을 기준으로 시간을 정의했다. 이 천상의 지속 시간은 그림자를 드리우는 해시계를 보정하는 데 사용되었다. 그러나 이 접근 방식은 다른 경도에서 시간 압축/확장 문제를 해결하지 못했다.

구체적인 시간과 지속 시간

물시계는 해시계와 거의 같은 시기에 발명되었지만 다른 목적을 위해 발명되었다. 그것들은 하루 중 시간이 아닌 특정한 신성한 또는 관료적인 활동의 지속 시간을 측정하는 역할을 했다. 그리스에서는 물시계(klepsydra라고 함)가 법원에서 불만 제기 시간을 제한하는 데 사용되었다.[30] 그들은 계절에 따라 낮과 밤의 길이가 다른지 여부에 대한 논쟁을 해결하기 위한 보정 장치 역할을 했다. 훨씬 후에 탱크의 물 높이와 부피 사이의 기하학적 관

29) Dohrn-van Rossum(1996). 물론 물시계는 시간의 흐름 자체를 측정하는 것이 아니라 용기에서 배수된 물의 양을 측정한 다음 다른 측정에 의해 보정된 시간 단위로 변환된다.

30) 기름으로 연료를 공급하는 램프는 마법의 의식에 사용되었다. 램프에 넣은 기름의 양이 이벤트 기간을 결정했다. 이 의식은 기도 시간이 불타는 초로 시간을 맞추는 교회에 여전히 존재한다. 램프, 물시계 및 이와 유사한 도구는 지속 시간

계가 이해되었을 때 물시계를 사용하여 시간(호로스)을 보정했다. 중세 유럽에서는 신자들이 미사에 참석할 수 있도록 종탑이 있는 교회를 지었다.[31] 수도원은 복잡한 관료 조직인을 조직하는 데 도움이 된 기계식 시계를 사용하는 최초의 기관이 되었다. 이슬람 세계에서 승려들은 매일 거의 같은 시간에 첨탑에서 기도하라는 부름을 암송했다. 주로 그러한 관행의 결과로 시간은 하루의 지속 시간과 시간 모두에서 실용적인 의미를 얻었다. 결과적으로 기계식 시계가 시간을 분으로, 나중에는 초로 나눌 수 있을 만큼 정확해지기까지는 수 세기와 수많은 혁신 단계[32]가 필요했다. 오늘날의 원자시계는 세슘 원자의 특정 에너지 전이 지속 시간을 기반으로 한다. 그러나 계측기 보관 시간과 점성술의 움직임에 따른 시간의 불일치는 오늘날에도 여전히 지속되고 있다. 불일치를 보완하기 위해 때때로 윤초를 삽입해야 한다.

[그림 9-1] 변화 또는 그것의 결여의 개념화

왼쪽: 마야 캘린더. 인생은 원이고 아무것도 변하지 않으며 모든 것이 주기적으로 반복된다. 이 견해는 힌두교, 불교 및 이집트 문화에서 공유된다. **오른쪽**: 시간은 흐르고, 어떤 것도 같은 것은 없다(panta rhei), 아즈텍, 기독교, 유대교 및 이슬람 종교에서 채택한 견해다. 업스트림은 과거다. 다운스트림은 미래다. 상대 위치는 시간 흐름을 결정한다.

만 측정했으며 훨씬 나중에 시간을 알려 주기 위해 일부 천체 이벤트와 동기화되었다. Demonsthenes는 "물을 멈춰라!"고 요구했다. 그의 법정 절차가 증언으로 중단되었을 때(Hannah, 2009a, 2009b). 사실 '물(hidor)'이라는 단어는 시간과 동의어였다. 물론 물시계는 시간의 흐름 자체를 측정하는 것이 아니라 용기에서 배수된 물의 양을 측정한 다음 다른 측정에 의해 보정된 시간 단위로 변환된다. 따라서 측정 가능한 볼륨은 추상적인 지속 시간을 기반으로 한다.

31) 1456년, János Hunyadi가 이끄는 헝가리-세르비아군은 Belgrade(당시 Nándorfehérvár)를 포위하는 Ottoman Turks를 격퇴했다. 이 승리는 70년 동안 오스만 제국의 확장을 막았기 때문에 중요했다. 승리의 중요성을 인식한 교황 Callixtus 3세는 모든 교회의 베오그라드 전투의 수비수의 영혼을 위해 기도하도록 종을 매일 정오에 울리도록 명령했다. 물론, 정오는 옛 유럽의 여러 나라에서 다른 시간을 의미했다. 정오의 종 의식은 오늘날까지 계속되고 있다.

32) 해양 크로노미터를 발명하고 추측 항법을 위한 해상 경도 계산 문제를 해결한 영국 시계 제작자 John Harrison의 이야기는 여러 번 들려왔다. 내가 가장 좋아하는 이야기는 Dava Sobel(1995)이다.

외부화된 시간의 내면화

측정 도구의 보급과 정확성이 증가하면서 인간의 시간 개념이 바뀌었다. 이집트와 다른 초기 사회에서는 시간을 화살로 보지 않았다. 대신, 변화는 우주의 순환으로 구상되었다([그림 9-1]). 하늘을 가로지르는 해와 달과 별들은 시간을 의미했다. 인간과 동물이 태어나고 죽는다는 것을 분명히 깨달았지만, 이것은 개인에게만 해당된다. 종은 영원했다. 이 견해는 이집트에서 거의 3,000년 동안 기존 체계를 보존한다는 지배적인 이데올로기와 일치했다. 강력한 사회는 역사적 설명 대신 과거, 현재, 미래에 동등하게 적용되는 내용을 가진 신화를 만들었다. 창조와 같은 과거의 사건은 신의 행위로 상상되었지만 과거와 미래의 구분은 중요하지 않았다. 고대 그리스에서 플라톤은 새로운 것은 없으며 영혼은 이미 진실을 알고 있으며 모든 것이 단지 회상(anamnesis)일 뿐이라고 주장했다. "해 아래 새것이 없다"(전도서 1장 9절).

선형적으로 진행되는 시간의 개념은 유대-기독교적 관점과 특히 13세기 이후 유럽에서 농업 생산성과 인구 밀도가 증가함에 따라 육체노동과 실질적인 혁신의 장려에 뿌리를 두고 있다.[33] 신흥 산업 시대의 핵심 기술은 기계식 시계였다. 교회는 기도 시간을 허용하는 시계를 받아들였다. 거의 모든 지역사회에 종을 설치함으로써 이 인간이 만든 장치는 모든 사람이 기능하는 '임의의 시간적 매트릭스'를 만들었다. 그것들은 마음의 일상적인 풍경의 구성 요소를 생성했다.[34] 임의의 단위를 가진 시계와 기타 도구는 우주에 대한 은유가 되었고 중세의 기계론적 세계관에 기여했다. 세계에 대한 이 새로운 해석은 예를 들어 시간을 초월한 유령과 신들로 가득 찬 수렵-채집 사회의 세계와는 근본적으로 다르다.[35] 시간에 대한 선형적 개념은 비록 수 세기가 걸렸지만 점진적이지만 근본적으로 유

---

33) 그렇지 않다고 믿는 사람들은 벌을 받았다. 무신론자인 Giulio Cesare Vanini는 1616년에 이렇게 썼다. "인류의 역사는 반복된다. 오래전에 존재하지 않았던 어떤 것도 오늘날 존재하지 않는다. 무엇이 되었고, 무엇이 될 것인가이다." 그는 이러한 견해 때문에 교회에서 처형되었다(Wootton, 2015에서 인용). 그러나 기독교는 재발의 요소를 유지했다. 전례는 그리스도의 삶의 끝없는 순환을 중심으로 조직된다.

34) Hoffecker(2011).

35) 이 연결은 Gordon Childe(1956)에 의해 처음으로 가장 명확하게 표현되었다. [NeuroNote: Childe는 사회적 불안에 시달렸다.] 이집트 사회의 귀족들은 피라미드와 물시계를 사용하여 하루를 시간으로 나누는 동안 거리를 측정하기 위해 일상적으로 막대를 사용했지만 중세 시대가 되어서야 일상생활이 불가능했다. 사람들이 그들에게 접근하기 시작했다. 모든 물리학의 출발점 역할을 하는 순전히 기계적인 선을 기반으로 하는 완전히 명료화된 우주 철학이 존재했다(Mumford, 1934).

럽인의 정신을 변화시켰다. 시간의 화살이라는 틀 안에서 역사를 해석하는 습관은 비교적 최근의 현상이다.[36]

여기서 잠시 멈추고 시간의 개념과 의미가 인류의 역사에 걸쳐 상당히 진화했다고 요약해 보겠다. 뇌 기능의 외부화는 발달은 개념의 출현과 추상적인 아이디어의 확산을 촉진했다. 사람들이 측정 기기와 더 많이 상호작용할수록 추상화 기반 단위가 더 실제처럼 보였다. 거리와 지속 시간을 측정함으로써 보다 구체적인 공간과 시간의 개념을 형성하였다.[37] 다시 말해, 새롭게 부상하는 사회적 지식은 개인의 개념 형성을 형성할 수 있다. 이 가설을 뒷받침하기 위해 9세 미만의 어린이는 직관적으로 속도의 개념을 이해하지만 시간은 이해하지 못한다. 장난감 기차 하나가 다른 기차보다 빠르지만 같은 시간 동안 움직일 때 아이들은 더 빠른 기차가 더 오랜 시간 동안 움직인다고 가장 자주 응답한다. 속도에 대한 개념은 어린 나이에 자연스러운 것이지만 공간과 시간에 대한 개념은 성인에게 습득된다.[38]

인류는 시간 측정 도구를 완성하는 데 상당한 노력을 기울였다. 시계는 세계에 대한 우리의 개념과 활동에 엄청난 영향을 미치면서 인간 사고의 궁극적인 외부화된 동기화 장치가 되었다(제10장 참조). 정확한 시계 없이는 오늘날과 같은 글로벌 규모의 여행, 통신 및 협력을 생각할 수 없다.

역설적이게도 시계가 인간의 하인이라는 생각은 산업혁명과 함께 급격하게 바뀌었다. 시계는 생산성을 측정하고 노동을 규제하는 도구가 되었고, 이 과정을 통해 시간이 가치와 연결되었다. 시간에 대한 추상적 개념이 구체적인 화폐가 되었다. 그러나 작업자의 시간 감각과 경영자의 시계가 표시하는 시간은 항상 치열하게 경쟁한다. 시계의 횡포는 우리가 완전히 이해하지 못하는 것이다. 아침 알람부터 마감일 부여에 이르기까지 시계 및 달력에 의해 요구되는 요구 사항은 일상생활에 엄청난 압박을 가한다. 지난 세기 동안 시간은 아마도 기술 발전에 있어 가장 중요한 요소이자 인간의 노력에 가장 큰 부담이 되었을 것이다. 쥐, 원숭이, 인간, 그리고 아마도 다른 종들은 시간 압박이 없을 때보다 시간 압박이

---

36) Collinwood(1946); Lévi-Strauss(1963); Hannah(2009a).

37) "시계를 사용함으로써 시간 개념이 객관적이 된다"(Einstein & Infeld, 1938/1966)이다.

38) "시간은 속도의 조정으로 나타난다"(Piaget, 1957). Jean Piaget는 시간 개념이 공간 개념보다 발달 단계에서 훨씬 늦게 이해되는 반면 속도 개념은 초기부터 존재한다고 결론지었다. "어린아이들이 구축한 시간 관계는 대부분 자신의 경험이 아니라 어른들에게서 들은 것에 기반한다"(Piaget, 1946).

있을 때 더 나쁜 성과를 낸다는 것을 알고 있기 때문에 이것은 이상하다.

정보 혁명 단계

사물, 책, 커뮤니케이션 매체의 형태로 외부화된 사고를 통해 개인의 지식을 많은 사람들에게 전파할 수 있다. 그 과정은 많은 두뇌에 대한 지식이 한 개인에게도 전달될 수 있기 때문에 상호적이다. 책, 컴퓨터, 인터넷 통신은 뇌 기능을 대규모로 외부화하고 축적된 인간 지식을 위한 거의 무제한의 저장 공간을 제공한다. 그러나 도서관의 책과 마찬가지로 이 지식은 접근성만큼만 유용하다. 학창시절에는 제 작품과 관련된 참고문헌을 찾아보고 상호 대차를 통해 기사를 주문했다. 몇 달 후 책이나 일지가 도착했을 때, 나는 직접 인쇄본을 만들기 위해 서면으로 허가를 요청해야 했다. 오늘날 이 프로세스는 훨씬 간편하지만 모든 사람이 신속하게 액세스할 수 있기 때문에 자체적으로 요구하는 사항은 비례적으로 증가했다.

1992년에 80Mb 하드 드라이브와 10Mb RAM이 장착된 매킨토시 컴퓨터 Macintosh Classic II에서 추적을 필터링하고 단일 채널 뇌파도(EEG)의 푸리에 변환을 계산하는 데 엄청난 시간이 걸렸다. 오늘날 Google의 DeepMind는 바둑(Go) 및 아타리(Atari) 게임에서 인간을 이기는 방법을 스스로 가르칠 수 있다.[39] 페이스넷(FaceNet) 시스템은 백만 명 중 특정 얼굴을 인식할 수 있다. 유사한 시스템은 전 세계 어디에서나 거리 장면을 찾을 수 있으며 여행을 많이 다니는 사람들보다 더 나은 작업을 수행할 수 있다. IBM의 Watson과 그 형제들은 질병 진단 분야에서 수십 년의 경험을 가진 의사를 능가하도록 훈련을 받았다.[40] 2020년까지 전 세계 성인 인구의 80%가 인류가 알고 있는 거의 모든 것에 액세스할 수 있는 스마트폰을 소유하게 될 것이다. 자율주행차가 코앞에 다가왔다. 웨어러블 센서는 5천만 명 이상의 등록된 사용자의 활동을 모니터링하고 매일 새로운 클래스가 등장한다. 키보

39) Silver et al.(2016) 참조. 딥 러닝 및 신경과학에서 영감을 받은 인공지능에 대한 훌륭한 리뷰는 Hassabis et al.(2017). 주제에 대한 더 긴 처리는 Sejnowski(2018)의 것이다.

40) Apple, Microsoft & Facebook의 현금 흐름은 미국의 생물의학 연구를 위한 연간 연방 예산의 10배를 초과한다(Insel, 2017). 이러한 급격한 변화는 노동력의 거대한 변화를 가져온다. 오늘날 미국인의 2%만이 농장에서 일하고 20%는 산업에서 일하지만 나머지 인구는 서비스를 제공하며 '정보'로 일하는 사람들의 비율이 증가하고 있다(Harari, 2017).

드를 두드리는 패턴을 모니터링하거나 수천만 명의 사용자가 읽는 동안 안구 움직임, 동공 크기 및 심박수를 추적하면 전례 없는 양의 분석 및 정량화 가능한 데이터가 제공된다. 취업 면접을 보거나 이 페이지를 읽는 동안 센서는 반응, 건강 상태, 심지어 욕망에 대한 정보를 수집하여 결국 알려지지 않은 그룹의 사람들이 소유하게 될 전례 없는 양의 생체 인식 데이터를 생성할 수 있다. 인공지능(AI) 기술은 농업과 의료에서 운송 및 금융에 이르기까지 삶의 거의 모든 측면을 변화시킬 것이다. 미래의 AI 기계는 스스로 학습하여 예상치 못한 놀라운 영역에서 인간의 성과에 필적하고 인간의 두뇌를 보완할 것이다.

인터넷은 세계 커뮤니케이션 언어가 되고 있으며, 외부화된 지식을 글로벌 규모로 교환하기 위한 새로운 아고라가 되고 있다. 단어, 표현 및 관용구는 이미 거의 모든 언어로 즉시 번역될 수 있으며 번역 프로그램은 나날이 향상되고 있다. 우리는 전례 없는 속도로 새로운 지식을 내면화하고, 자리를 떠나지 않고 '만약 무슨 일이 일어날까' 시나리오를 테스트하고, 그 과정에서 새로운 발견을 할 수 있다. 그러나 그러한 세계화에는 균질화가 수반된다. 우리는 미국에 거주하든 필리핀에 거주하든 동일한 트렌드와 브랜드를 따르도록 안내된다. 우리는 우리의 필요, 목표 및 수입에 대해 학습하여 혜택을 받는 많은 회사에서 권장하는 작은 단기 이익을 위해 자발적으로 인터넷에 개인 생활을 공개한다.

뉴로테크놀로지: 그다음 혁명

뇌 기능의 외현화의 정점으로서 과학은 아마도 사회 변화의 가장 강력한 원동력이 될 것이다. 아마도 인간 진화의 다음 새로운 시대는 높은 공간 및 시간 정밀도로 뇌 회로를 모니터링하고 조작하기 위한 비침습적 기술의 개발인 신경 기술이 될 것이다. 상대적으로 느린 속도로 뇌에서 간접적으로 신경 활동에 대한 정보를 얻는 것은 이미 기능적 영상으로 가능하다. 뉴런 통신의 속도로 대뇌 피질 뉴런의 큰 집합체에 의해 생성된 전기 및 자기 신호를 고밀도로 기록하는 것도 이젠 흔한 일이다. 다음 단계를 가로막는 장애물은 여전히 많다. 다음 단계란 단일 작용 전위 해상도로 많은 수의 뉴런에서 기록하고 중요한 수의 뉴런을 개별적으로 혹은 소그룹으로 조작하는 것이다. 그러나 일단 구현되면 고속으로 뇌 활동을 외부화하는 피드백 작동기 메커니즘을 설계하여 질병으로 인한 뉴런군의 발사 패턴을 재구성하거나 뇌 복구에서 누락된 뉴런의 작용을 대체할 수 있다.

두뇌 상태에서 한 두뇌의 의도에 이르기까지 모든 것을 나타내는 신호는 언어를 통한 현재의 '느린' 두뇌-두뇌 통신을 우회하여 다른 많은 두뇌로 라우팅될 수 있다. 연설에서는 한 번에 한 화자만 말하고 다른 화자는 하나씩 응답한다. 뇌에서 뇌로의 직접적인 의사소통에서 우리는 여러 뇌에서 생각, 의도, 감정을 다운로드하고 이를 다른 많은 뇌로 라우팅하여 집단적 사고와 의견 조정을 할 수 있다. 트위터와 인스타그램에서 주고받는 메시지는 이미 세미 온라인 멀티브레인 커뮤니케이션의 선구자이다. 자기장, 적외선 및 자외선, 또는 방사능에 대한 새로운 감각이 뇌에 통합될 수 있다. 그러한 '텔레파시' 통신은 미래에나 가능할 법하게 들리지만[41] 현재로서는 물리 법칙은 그러한 기술이 불가능하다고 경고하지 않다. 그보다는 누가 그러한 기술을 필요로 하고 그것이 제공하는 이점이 무엇인지가 가장 큰 문제다. 이러한 기술의 개발은 과학적 호기심, 치료적 고려 또는 상업적 이익에 따라 달라질 수 있다.[42]

브레인 리셋

알렉산드리아의 고대 도서관이 불에 타면서 힘들게 얻은 엄청난 양의 지식이 영원히 사라졌다. 아침에 일어나서 디지털 형태로 존재하던 모든 지식이 사라졌다고 상상해 보라. 그 손실은 인류의 외부화된 지식을 스푸트니크 이전 시대 수준으로 감소시킬 것이다. 거의 아무도 처음부터 컴퓨터를 만들거나 검색 엔진을 설계할 수 없었다. 오늘날의 기술은 고도로 훈련된 많은 개인의 협력적인 노력을 필요로 하며, 이들은 모두 외부화된 인간 두뇌 제품의 빠른 액세스로부터 똑똑함을 얻는다.

그래서 누가 더 똑똑한가? 아프리카 사바나에서 생존하기 위해 다양한 기술에 의존하는 평범한 수렵 채집인? 아니면 휴대전화가 있고, 택시를 불러 모퉁이에서 스타벅스를 찾을 수 있으며, 식사 후에 테이크아웃 음식을 주문할 수 있고, 에어컨이 설치된 직장에서 8시간을 보내는 평범한 뉴요커? 인류의 방대한 축적된 지식에 쉽게 접근할 수 있다는 것은 지난 50,000년 동안 우리 뇌의 성능이 향상되었다는 환상을 만든다. 그러나 우리의 독립형

41) 그러한 미래 지향적인 관점에 대한 재미있는 설명은 Harari(2015) & Tegmark(2017)에서 나왔다.

42) 신기술의 원동력은 최근 과학적 호기심에서 상업적 관심으로 옮겨 가고 있다. 특히, 응용 및 번역 과학의 경우 의사 결정 위원회는 자신과 같은 부유한 고객이 구매할 수 있는 기술 제안을 지원하는 경향이 있는 관리자와 기업 임원으로 점점 더 많이 구성된다(Dyson, 1997).

두뇌는 현재 요구 사항에 맞게 업데이트된 다양한 종류의 지식으로 채워진 동일한 하드웨어에 불과하다. 뇌의 우월성을 찾을 때 우리 호모사피엔스 다른 동물에 비해 뉴런 수, 연결 밀도 및 클러스터링 규칙뿐만 아니라 인간의 뇌가 다른 사람의 경험에서 배우기 위해 정보를 외부화하는 방법을 이해해야 한다. 마음 공동체의 외현화된 지식은 우리 자신을 재설계하기 위한 전제 조건인 효율적인 내면화를 가능하게 한다.

이러한 이익에는 치러야 할 대가가 있다. 인간의 지식은 많은 두뇌의 곱셈적인 상호작용으로 인해 기하급수적으로 증가하는 반면, 개인의 상대적 몫은 극적으로 감소하여 노동 분업이 증가한다. 시스템 신경과학자로서 나는 분자 문제, 신경 면역학 또는 인공지능의 전문가가 아니며 신경계의 수많은 질병에 대한 지식도 초보적이다. 오늘날에는 단일 학문의 범위 내에서도 전문가가 되기가 어렵다. 그러나 이러한 상황이 우리가 시도하지 않아야 함을 의미하지는 않다. 지식은 흡수되기를 기다리고 있다.

아마도 내 생각의 일부가 잘못된 부분이 있을 수 있다. 기술, 기억 또는 기타 인지 게임의 균형을 맞추는 면에서 인간을 능가하는 새로운 로봇에 대해 배울 때 우리는 동시에 슬프고 열광적인 자신을 발견한다. 그러나 이것은 공정한 비교가 아니다. 로봇이나 슈퍼컴퓨터는 수백에서 수천 개의 상호작용하는 단일 인간 두뇌들에 의해 생산되었다. 그 기계들이 하나의 호모사피엔스를 이길 수 있다는 것은 놀라운 일이 아니다. 우리는 종종 인간 대 기계 지식과 인류 지식 대 기계류의 비교를 혼동한다. 그러나 논쟁은 다른 방향으로도 갈 수 있다. 우리의 지식은 인간 두뇌의 성능뿐만 아니라 지구상에 74억 개의 두뇌가 있고 그중 상당수가 인터넷을 통해 효과적으로 의사소통할 수 있기 때문에 풍부하다. 에너지에 굶주린 로봇이 인간의 두뇌에 필적하는 수십억 개의 다른 로봇을 만들 수 있다고 믿는 것은 현실적이지 않다.

그렇다고 AI가 전례 없이 놀랍도록 놀라운 혁명을 겪지 않을 것이라는 말은 아니다. AI가 어떤 식으로든 도전하지 않은 뇌 기반 지능의 경계는 사실상 남아 있지 않다. 불과 10년 전만 해도 얼굴이나 장면을 기계로 인식할 수 있다는 것은 비현실적이었다. 오늘날 그들은 최고의 인간 전문가를 훨씬 능가한다. 그들의 '추론' 능력은 체스와 다른 게임에서 모든 인간을 이김으로써 입증된다.

상상력과 창의력? 흠. 이것들은 무슨 능력일까? 이 책을 쓰려면 다른 사람들의 수많은 작품을 읽고, 기존 정보를 추출하고 결합하고, 내 두뇌로 참신한 이야기를 만들어야 했다. AI가 이것을 달성할 수 있을까? 이것이 가능하다고 어떤 것도 말하지 않는다. AI는 이미 재미있는 이야기를 쓰고, 텍스트를 음성으로 또는 그 반대로 전사하고, 우리 대부분이 한 언어에서 다른 언어로 더 잘 번역하고, 우리 중 많은 사람들이 즐길 수 있는 새로운 음악을 작곡하고, 심미적으로 즐거운 그림을 만드는 등 이미 그러한 일을 할 수 있다. 이러한 업적 중 많은 부분이 뇌에서 영감을 받은 것으로 제안되었다. 그러나 기계 알고리즘의 하드웨어 구현은 두뇌와 컴퓨터에서 매우 다르기 때문에 이러한 영감은 비유나 은유에 불과하다. 하드웨어 기반이 너무 다르면 알고리즘 솔루션도 매우 다를 수 있다. 그리고 하나 더. 뇌에는 지능과 감정이 모두 있다. 감정은 뇌에서만 일어나는 것이 아니라 신체의 다른 부분도 필요로 한다. 인공 감정(AE) 같은 것은 (아직) 존재하지 않다. 달리 상상하는 것은 재미있지만 말이다. 이 단순한 이유 때문에 기계와 알고리즘은 어떤 것에 대해서도 1인칭 관점을 갖고 있지 않다. 로봇에는 어젠다가 없다. 현재의 AI 기기는 의도를 읽거나 행동에서 우리의 믿음을 추론할 수 없다는 점에서 자폐다. 미래 세대의 기계가 우리의 마음을 읽고 그에 따라 반응할 수 있다고 해도 그러한 메시지를 '개인적으로' 받아들이지는 않다. 그들은 잘 훈련된 맹인견처럼 순종적인 파트너로 남아 있다.

따라서 공상 과학 영화에서 자주 묘사되는 것처럼 자기 조직화된 AI 기계가 우리를 등질까봐 두렵지 않다.[43] 로봇에게 행복, 외로움, 고통은 터무니없는 개념이다. 그들은 자신을 복제하거나 다른 로봇 및 우리와 협력하거나 인간에 대한 의제를 개발하려는 욕망이 없다. 드문 경우지만 플러그를 뽑으면 생명이 없고 쓸모없는 물건이 된다. 기계는 위험하지 않다. 우리 인간이 위험하다.

뇌 기능을 외부화하는 핵심 측면은 측정 도구를 만들고 추상 단위를 개념화하는 것이다. 시계와 같은 이러한 도구는 새로운 개념의 형성과 의사소통을 가속화하고 우리가 세상과 우리 자신을 보는 방식에 영향을 미쳤다. 두 가지 개념이 우리의 현재 세계관에 기본적으로 나타난다. 공간과 시간, 두 개념은 뇌 활동과의 관계에 대해 다음에 논의한다.

---

43) 미래파 예측가들은 항상 그들의 예언에 타임라인을 포함시키는 실수를 범한다. Arthur C. Clark(1987)는 30년 전인 2017년에 우리가 궤도를 도는 우주정거장을 타고 10대의 힘과 에너지로 노년에 이르게 될 것이라고 예측했지만 인터넷이나 소련의 붕괴를 예측하지 못했다.

요약

계획과 생각을 생성하는 뇌 영역은 세포 구조 및 입력-출력 연결 측면에서 운동 피질과 많은 유사점을 공유한다. 주요 차이점은 전전두엽 피질이 운동 회로에 직접적으로 영향을 미치지 않는다는 것이다. 대신 전전두엽 피질 영역은 집합적으로 내면화된 행동 체계로 지정될 수 있으며, 따라서 계획과 생각은 지연된 명시적 행동에 대한 완충 역할을 하는 내면화된 신경 패턴으로 생각할 수 있다. 생각은 행동으로 이어질 때만 유용하다. 그 행동이 며칠 또는 몇 년 지연되더라도 말이다. 이러한 동일한 두뇌 영역과 메커니즘은 또한 인공물, 언어, 예술 및 문학의 형태로 사고를 외부화하는 역할을 한다. 결과적으로, 추상적 사고의 유형적 산물로서 외부화된 대상은 창작자의 마음과 다른 사람의 마음에 심오한 영향을 미칠 수 있다. 따라서 외부화된 뇌 기능은 소수가 힘들게 얻은 명시적 지식을 커뮤니티의 모든 구성원에게 쉽게 전달하여 의미 지식을 빠르고 효율적으로 전파할 수 있다.

우리 신경계의 특별한 배선이나 다른 특성이 아닌 뇌 기능의 이러한 효과적인 외부화는 우리가 지구의 지배자가 된 이유, 그리고 잠재적으로 파괴자가 된 이유를 설명한다. 인류의 인지적 진화는 도구 제작과 언어에서 시작되어 도시 혁명을 거쳐 현재의 정보화 시대로 이행되었다. 그 과정에서 인류의 집단지식에서 개인의 상대적인 비중이 급격히 감소하면서 생존을 위한 협력의 필요성이 증대되고 있다. 광범위한 협력과 외부화된 두뇌 제품이 없다면 우리의 지식은 수렵-채집인 조상의 수준으로 되돌아갈 것이다.

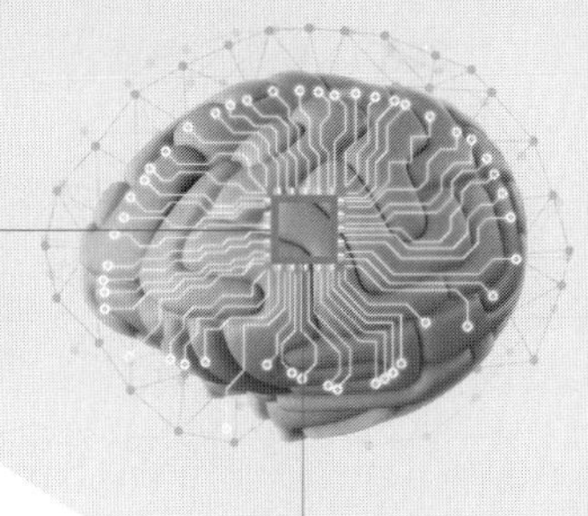

제10장 THE BRAIN FROM INSIDE OUT

뇌 안의 공간과 시간

공간 개념과 시간 개념 사이에는 분명한 차이가 있다.

—헨리크 로렌츠(Henrik Lorentz)[1]

시간은 우리가 사물의 변화를 통해 도달하는 추상화다.

—에른스트 마하(Ernst Mach)[2]

공간과 시간은 하나다.

—에드거 앨런 포(Edgar Allen Poe)[3]

인사이드-아웃 프레임 작업의 장점을 설명하고 논의한 후, 윌리엄 제임스(William James)의 책(제1장)의 목차로 돌아가 보자. 나는 인간이 발명한 용어의 뇌 메커니즘을 찾는 것이 신경과학을 발전시키는 최선의 방법이 아니라는 것을 적어도 일부 독자들에게 확신시켰기를 바란다. 그러나 어떤 용어를 버리거나 재정의해야 할까? 제임스의 목차에는 공간과 시간이라는 두 가지 두드러진 개념이 있는데, 이는 신경과학뿐만 아니라 일상생활에서도 타협할 수 없는 것처럼 보인다. 우리는 시각, 청각, 후각, 촉각 없이 살 수 있지만 우리가 하는 모든 것은 시간과 공간에서 일어나는 것 같다. 이러한 개념은 우리의 언어와 사고에 내장되어 있다. 우리는 특정 시간에 특정 장소에서 발생한 에피소드 기억을 소중히 여기기 때문에 다른 사람들과 구별되는 느낌을 받는다. 이 프레임워크의 암시적 예측은

1) Canales(2015).
2) Blackmore(1972).
3) Horgan(2015).

경험이 무엇을, 어디서, 언제의 구성 요소로 분해되어 함께 원래 에피소드를 재현할 수 있다는 것이다. 따라서 우리가 우리 자신을 알고 싶다면 뇌가 '무엇'을 저장하는지뿐만 아니라 그러한 경험과 관련된 장소 정보와 시간 정보가 처리, 저장 및 회상되는 방식을 이해해야 한다.

그러나 이 가정된 세 가지에는 수상한 점이 있다. 이 장에서 나는 당신이 열린 방식으로 공간과 시간에 대해 생각하도록 초대한다. 나와 동의하지 않을 수도 있지만 적어도 당신은 다른 관점을 경험할 것이다. 그리고 내가 시간과 공간이 인간이 발명한 개념이라고 여러분에게 확신시킬 수 있다면 아마도 제임스의 목록에 있는 나머지 항목에 대해서도 비슷하게 생각할 수 있을 것이다. 그것들이 뇌의 실제 사물들의 '재현상'이라기보다는 인간의 뇌의 구성물이라고.

『심리학 원리』의 목차의 일부(William James, 1890)

제11장–주의

제15장–시간에 대한 인식

제16장–기억

제18장–상상

제19장–'사물'에 대한 인식

제20장–공간에 대한 인식

제21장–실재에 대한 인식

언어로 된 상호 교환 가능한 공간과 시간

공간과 시간에 대한 논의는 종종 철학자 이마누엘 칸트(Immanuel Kant)를 인용하는데, 그는 이러한 개념이 직접적으로 연구될 수 없는 선험적 범주라고 주장했다. "공간은 외부 감각의 모든 현상의 형식일 뿐이다. …… [그것은] 모든 실제 지각보다 먼저 주어질 수 있으며, 따라서 선험적으로 마음속에 존재한다. …… 모든 경험에 앞서 이러한 대상의 관계를 결정하는 원칙을 포함할 수 있다."[4] 따라서 공간과 시간은 우주의 공리이며, 서로 직교하고 다른 모든 것과 독립적이다. 일화 기억의 경우 이러한 분리는 경제적으로도 의미가 있다. 뇌가 우리 일생의 모든 개별 경험(즉, 모든 조합의 무엇을, 어디서, 언제)의 목록을 저장해야 한다면 그 목록은 엄청나게 길 것이다. 그것을 인코딩하려면 엄청나게 큰 저장 용량이 필요하고 너무 많은 기억을 불러오는 것은 복잡할 것이다. 보르헤스(Borges) 소설의 주인공 푸네스 메모리우스(Funes Memorius)는 흠잡을 데 없는 기억력을 가지고 있으며 전날 활동의 모든 순간을 기억할 수 있지만 그렇게 하려면 또 하루가 걸린다.[5] 다른 방법은 무엇을, 어디서, 언제 구성 요소를 별도로 저장한 후에, what을 Where 및 When에 재구성하여 원래 에피소드를 재생하는 것이다. 이러한 관점에서 볼 때 일화기억의 신경과학은 뇌의 시공간 메커니즘에 초점을 맞출 필요가 있다. 그러나 우리는 우리가 무엇을 찾고 있는지 정말로 알고 있을까?

대부분의 문화권에서 보편적인 공간과 시간이라는 개념은 우주의 광대함과 복잡성을 삶의 짧음과 대조하는 데 사용된다. 일상 대화에서 이러한 차원은 종종 같은 의미로 사용된다. 여러 언어에서 거리와 기간은 동의어다. "내 연구실은 집에서 1시간 거리에 있다." 또는 "짧은 회의였다." 지구의 경도는 시간대 정오가 다른 국가와 다른 대륙에서 다른 시간에 발생하기 때문이라고 알려져 있다.[6] 거리의 단위는 시간으로 정의된다. 1광초는 빛이 진공에서 1초 동안 이동한 거리이다. 오늘날 우리가 어디에 있는지에 대한 지식의 대부분을 GPS(Global Positioning System) 데이터에 의존하는데, GPS에는 미터법이 전혀 없다. GPS는 신호가 다양한 위성에서 수신기에 도달하는 데 걸리는 시간 간격을 결정하여 위치를 계산한다.[7]

더욱이 모든 인간이 칸트의 필수 범주에 대한 필요성을 공유하는 것은 아니다. 일부 문화에는 시간의 흐름에 대한 개념이 없다. 사실, 세계 언어의 거의 절반에 문법 시제가 없다(예: 만다린). 언어학자들이 조사한 모든 언어에서 대부분의 시간 단어는 공간적 의미

---

4) Kant[『순수 이성 비판(Critique of Pure Reason)』, p. 71]. 칸트에게 시간과 공간은 개념이 아니라 고유한 기존의 '도식', 즉 전체 우주에서 단 하나의 시간과 공간이다. 개념은 사전에 없다. 그것들은 어떤 사람들에 의해 만들어지고 다른 사람들에게 설명된다.

5) Borges(1994).

6) 세슘 원자시계가 존재하기 전에 민간 및 천문학 모두의 공식 시간은 천체력 시간이라고 하는 동역학적 운동 이론에 기초하여 태양과 달의 궤도 위치에 의해 보정되었다.

7) GPS 별자리의 위성은 지상에서 약 20,000km의 고도에서 약 12시간의 궤도 주기로 궤도를 돌고 있다. 각 위성의 현지 시간은 정확도가 1ns인 원자시계로 계산된다. 일반 상대성 이론에 따르면 위성에 탑재된 시계는 지구에 있는 시계보다 더 빨리 똑딱거려야 한다(하루에 45μs 진행에 해당). 이 시간 전진을 고려하지 않으면 누적 오차는 매일 거의 10km가 되어 GPS가 거의 쓸모가 없게 된다.

를 주요 의미로 가지고 있다. 1986년 이후에야 세계에 알려진 아마존 부족인 아몬다와(Amondawa)는 전체적으로 시간과 관련된 언어 구조가 전혀 없다. 그들은 시간이라는 추상적인 시간 개념에 대한 단어가 없을 뿐만 아니라 보다 구체적인 월 또는 연도에 대한 단어도 없다. 아몬다와(Amondawa)는 나이를 언급하거나 생일을 축하하지 않는다. 대신, 그들은 커뮤니티 내에서 다른 지위를 얻을 때마다 그들의 이름을 바꾼다.[8] 마찬가지로, 그레이트빅토리아 사막에 있는 내륙 오스트레일리아 원주민에게 창조의 개념은 과거, 현재, 미래가 동시에 존재한다. 그들은 내일을 믿지 않으므로 소유물이 없다. 하루 이틀 음식이 남으면 사막에 음식이 부족하더라도 그들은 그것을 그냥 버린다. 오늘은 어제의 연속이 아닌 오늘이다. 그들은 땅을 가로질러 창조주의 여행을 이야기하기 위해 대대로 노래 또는 '노랫길'을 전달한다. 노랫길은 산, 물웅덩이, 랜드마크 및 경계의 위치를 포함하여 창조주의 경로를 설명하므로 탐색을 위한 지도 역할을 한다.[9] 다른 오스트레일리아 원주민 부족의 구성원이 시간적 진행을 보여 주는 일련의 사진(예: 소년, 남자, 노인 사진)을 배열하도록 요청받았을 때 그들은 일반적으로 하듯이 사진을 왼쪽에서 오른쪽으로 배열하지 않았다. 대신, 그들은 동쪽에서 서쪽으로 배열했다. 즉, 남쪽을 향하고 있을 때 카드를 왼쪽에서 오른쪽으로 배치했다. 대조적으로, 그들이 북쪽을 향할 때는 카드를 오른쪽에서 왼쪽으로 배열했다. 그들이 동쪽을 향하면 카드가 몸 쪽으로 향하는 식이었다.[10] 따라서 시간 개념이 없어도 이 사람들은 순서, 사건의 순서 또는 배열을 이해할 수 있지만 다른 모든 것과 독립적이거나 사건이 발생하는 맥락으로서의 시간 개념을 가지고 있지 않다.

캘리포니아 새크라멘토 밸리에 살았던 토착 윈투족은 개인 공간과 동질적인 공간을 구분하지 않는다. 몸의 형체와 관련하여 좌우를 말하는 것이 아니라 북쪽으로 가느냐 남쪽으로 가느냐에 따라 계곡의 두 가지 핵심 방향인 강변이나 산을 가리킨다.[11] 대조적으로,

---

8) 물론 이것은 아몬다와(Amondawa) 사람들이 연속된 시간에 포함된 이벤트를 보는 것이 아니라 순서가 있는 사건의 세계에서 산다는 것을 의미한다(Sinha et al., 2011).

9) 노랫말들은 본질적으로 광활한 사막의 구술 지도로, 문자가 없는 문화권에서 항해 기술을 전달할 수 있다(Wositsky & Harney, 1999).

10) Boroditsky(https://www.edge.org/conversation/lera_ boroditsky-how-does-our-language-shape-the-way-we-think).

11) Wintu 문화에서 자아는 자연과 연속적이다. 그러므로 자아는 결코 사라지지 않는다(Lee, 1950). 실제로 뇌에는 그러한 정보를 코딩할 수 있는 메커니즘이 있다. 쥐의 해마 안의 후구상회(post-subiculum)에 있는 뉴런은 머리 방향 정보를 왼쪽 또는 오른쪽에 있는 벽의 존재와 통합할 수 있다. 우리가 결정해야 할 모든 것은 우리에게 주어진 시간에 무엇을 할 것인가이다. 따라서 자기중심 정보와 동심 정보 사이의 경계가 모호하다(Peyrache et al., 2017).

수천 개의 호수가 있는 평지에 사는 핀란드 사람들은 기본 방향(남S, 동E, 북N, 서W = 각각 etelä, itä, pohjoinen, länsi)과 기본 방향(각각)에 대해 별도의 단어를 사용한다(남동 SE, 북동 NE, 북서 NW, 남서 SW = 각각 kaakko, koillinen, luode, lounas). 핀란드에서 멀리 떨어진 호주 북부, 케이프 요크의 서쪽 가장자리에 있는 작은 쿠르 세이요르(Kuuk Thaayorre) 원주민 공동체의 구성원은 그들이 개인(자기중심적) 공간에 대해 말할 때에도 기본 방향을 사용한다. "당신의 동쪽 귀에 거미가 있다." 따라서 당신이 쿠르 세이요르 클랜 구성원 중 한 명이면 거미의 행방을 식별하기 위해서 어느 방향을 향하고 있는지 알아야 한다.[12]

이러한 문화적 차이는 공간과 시간이 신경 계산의 분리할 수 없는 구성 요소가 아니라 훈련된 두뇌로만 표현되는 정신적 구성 요소일 수 있음을 시사한다. 우리의 생각이 상상된 좌표계에 배치되어야 하기 때문에 우리의 기억 개념은 공간과 시간을 필요로 한다. 그러나 이러한 좌표는 우리의 개념적 세계에서만 존재할 수 있다.

공간과 시간이 중요하지 않다면, 그것을 인지할 수 있는 특수 센서가 없는 뇌에 어떻게 변화를 '유발'할 수 있을까? 그런 어려운 질문에 대한 합리적인 답을 찾기 위해서는 먼저 물리학자들이 시간과 공간을 어떻게 바라보는지를 잠깐 알아보아야 한다.

물리학에서의 공간과 시간

개념적 공간과 시간은 차원이 없고 측정할 수 없으므로 직접 연구할 수 없다. 현대 과학은 추상적인 철학적 버전을 거리와 기간이라는 측정 가능한 변형으로 대체함으로써 이러한 개념을 변형시켰다.[13]

12) Levinson(2003).

13) 진리의 척도로서의 측정 도구는 최근에야 채택되었다. Galileo는 맥박과 심장 박동을 촉진하여 피사의 사탑에서 진자 박동을 측정했다(Canales, 2015). Richard Feynman과 동료들(1963)에 따르면 "어쨌든 정말로 중요한 것은 시간을 정의하는 방법이 아니라 시간을 측정하는 방법이다." 그러나 인간이 만든 막대와 시계를 통해서만 거리와 지속 시간을 해석할 수 있다는 사실을 받아들인다면 인간이 아닌 동물이 이러한 차원을 느끼고 사용할 수 있다는 것을 부정하는 것이다.

공간과 시간 정의

거리와 지속 시간을 계산하기 위해 도입된 새로운 도구를 통해 이전 세대는 "나는 어디에 있을까?"[14] 그리고 "지금 몇 시인가?"와 같은 중요한 질문을 해결할 수 있었다. 그러나 거리와 위치, 또는 지속 시간과 시계 시간 간의 관계는 본질적으로 원형이다. 위치는 임의로 정의된 첫 번째 위치를 기준으로 한 변위의 끝점이다. 임의적으로 정의된 시작과 관련된 지속 시간의 끝으로 정의되는 순간 또는 '지금'에도 유사한 순환이 적용된다.[15] 따라서 질문은 "합의된 날짜/시간은 무엇인가?"로 바꾸어야 한다. 시간은 그것을 측정하는 사람에 달려 있기 때문이다. 이 문단을 쓰고 있는 지금은 국제력으로 2017년 2월 17일이며 이슬람력으로 21 Jumada I 1438, 유대력으로 22 Shevat 5777, 페르시아력으로 30 Bahman 1395에 해당한다. 달력은 임의의 시작부터 지속 시간을 표시하므로 '지금'의 정의는 관찰자의 관점에 따라 다르다.

공간과 시간이 그 양을 측정하기 위해 다른 도구를 필요로 한다면, 그것들은 다른 품질을 가질 수 있다. 고전 물리학에서 시간 축은 공간의 3차원에 추가된다. 거리와 지속 시간은 시간과 위치의 단일 지점에서만 서로 교차한다. 이 비활성의 공허한 공간과 시간의 극장은 그 안에서 사물의 움직임을 허용한다. 특수 상대성 이론은 이 전통에서 계속되었고 항상 입자의 정확한 위치와 속도를 제공했다.[16]

그러나 뉴턴 이전에도 물리학자들은 공간과 시간이 거리와 지속 시간의 비율인 속도를

---

14) Mishkin, Ungerleider 및 동료들(1983)은 두 가지 계층적으로 조직되고 기능적으로 전문화된 처리 경로를 구분했다. 하나는 사물 시각(무엇)을 위한 시각 피질에서 하측두엽 피질까지의 '복측 스트림'이고, 다른 하나는 공간 시각(어디)을 위한 시각 피질에서 후두정엽 영역까지의 '동쪽 스트림'이다. Goodale & Milner(1990)는 이러한 경로-기능 할당의 부적절함을 지적하고 대신 복부 흐름이 물체의 지각 식별에 역할을 하는 반면, 등쪽 흐름은 그러한 물체에 대한 시각적 안내 동작에 필요한 감각 운동 변환을 매개한다고 제안한다. 따라서 등쪽 스트림의 기능은 where를 추출하는 것이 아니라 객체 조작을 지원하는 것(how)이다.

15) 존재와 시간에서 Heidegger는 "이 시간성의 시간화 방식은 어떻게 해석되어야 하는가? 태고에서 존재의 의미로 인도하는 길이 있는가? 시간 그 자체가 존재의 지평으로서 자신을 드러내는가?"를 궁금해했다. 그는 존재(현재 또는 존재)가 무엇에 대한 질문이 아니라 누구에 대한 질문이라고 제안한다. 이 실존주의적 질문은 세계를 해석하는 관찰자의 역할에 대한 끊임없는 탐구를 상기시킨다.

16) 입자 위치의 정확한 위치에 대한 가정은 Heisenberg의 불확정성 원리에 위배된다. 양자 물리학에서 입자의 순간 속도는 정확한 위치와 무관하다. 입자-파동 등가성 때문에 둘 다 동시에 기록될 수 없다. 모든 측정은 입자 또는 파동 상태에 영향을 미친다. 파동은 공간(그리고 시간)에 퍼져 있기 때문에 주파수를 알지 못하면 위상은 의미가 없다. 반면에 주파수는 공간(시간) 범위에서만 결정할 수 있다. 이 불확실성은 주파수와 시간이 서로 독립적이기 때문에 국부 전기장 전위 또는 뇌파도(EEG)의 리드미컬한 특성에 대한 노이즈에 대한 논쟁의 근본적인 원인이기도 하다. 진동의 유무는 시간 범위에 대해서만 정량적으로 결정할 수 있다.

통해 서로 관련되어 있음을 인식했다.[17] 어떤 두 매개 변수의 관계는 세 번째 매개 변수를 완전히 설명하는 데 충분하다. 제2장에서 논의한 바와 같이, 두 가지가 항상 상관관계가 있을 때, 우리는 종종 하나가 다른 하나를 일으키거나 둘 다 공통된 원인을 가지고 있다고 가정한다. 거리가 지속 시간을 유발하는가 아니면 그 반대인가? 아니면 공동 설명이 있을까? 고전 물리학에서는 이와 같이 공간과 시간의 독립성에 대해 많은 학자들이 의문을 제기해 왔다. 시간이 사물을 이동하는 매개체라면 시간은 사물 없이는 존재하지 않다. 시간을 정의하려면 일부 입자가 공간을 가로질러 이동해야 한다. 반대로, 아인슈타인(Einstein)의 스승인 헤르만 민코프스키(Hermann Minkowski)가 말했듯이 어떤 사건도 순식간에 일어날 수 없다.[18] 시간은 물질로 기록된다.

시간은 화살이다

고전 열역학에서 열은 뜨거운 물체에서 차가운 물체로 흐른다. 분자의 충돌로 인해 더 많은 충돌이 발생하여 마찰과 열이 발생하기 때문에 매 순간이 다르다. 열역학 제2법칙은 우주가 '엔트로피'[19]라는 용어로 정량화되는 점점 더 높은 무질서로 이동하며 결코 후퇴하지 않는다고 말한다. 아서 에딩턴(Arthur Eddington)에 따르면 이러한 엔트로피의 한 방향 흐름은 시간이 앞으로 가는 이유이며 '시간의 화살'을 설명한다.[20] 시간이 화살표라면 벡터이므로 기간과 방향이라는 두 가지 측정값으로 특성화해야 한다. 그러나 증가된 엔트로피는 은유에 불과하며 시간이나 지속 시간과 동일하지 않다는 점에 유의해야 한다. 중요한 것은 '엔트로피가 시간을 설명한다'는 논리를 사용하면 자기 조직화된 시스템에서 엔트

17) 옥스퍼드 머튼 칼리지의 14세기 학자들의 이름을 따서 명명된 '머튼 평균 속도 정리'는 변위와 지속 시간의 비율로서 속도의 현대 공식으로 인정받고 있다. 그러나 최근에 발견된 설형문자로 된 점토판은 바빌론의 천문학자들이 이미 기하학적 방법을 추상적인 수학 공간으로 사용하고 시간-속도 그래프 아래 영역에서 목성의 위치를 계산했음을 분명히 증명했다(Ossendrijver, 2016). 엄밀히 말하면, 속도는 거리를 지속 시간으로 나눈 것이 아니라 다른 편리한 거리 측정이나 진자의 스윙 횟수와 같은 일부 유형적이고 측정 가능한 변화로 나눈 것이다. 시계 시간 측정이 가능한 경우에만 거리를 지속 시간으로 나눈 공식이 속도 계산에 유효하다.

18) Barbour(1999)에서 인용.

19) 엔트로피—energy-trope 또는 변환(transformation)(en-trope)—는 시스템에 액세스할 수 있는 양자 상태 수의 로그다.

20) "시간의 위대한 점은 시간이 계속된다는 것이다"(Eddington, 1928). 에딩턴은 '시간 화살표'라는 표현을 사용했다. Heraclitus의 "만물은 유전한다(panta rhei)"는 비슷한 생각을 나타낸다. 그러나 최근 실험에 따르면 열은 특정 조건에서 차가운 양자 입자에서 더 뜨거운 양자 입자로 자발적으로 흐를 수 있다(Micadei et al., 2017). 시간의 방향에 대한 최근 논의는 Zeh(2002)를 참조하라. 시간의 지시된 개념은 스칼라 지속 시간과 대조적으로 벡터를 만든다. 엔트로피와 시간 화살표의 관계에 대한 논의와 비판은 Mackey(1992) & Muller(2016)를 참조하라.

로피가 감소하기 때문에 생물학적 시스템에서 시간이 뒤로 이동해야 한다는 것이다.

빅뱅 이론은 또한 시간 화살표 아이디어를 지원한다. 빅뱅은 우주가 공간적으로 팽창하고 시간적으로 앞으로 나아가는 시점인 모든 것의 시작으로 간주되는 경우가 많다. 이 이론은 2016년 천문학자들이 한 쌍의 중성자별이나 초거대질량 블랙홀에서 비롯될 가능성이 있는 중력파를 확인하면서 크게 향상되었다.[21] 그러나 기존 물질은 기존 공간 내에서 폭발하지 않았다. 대신 빅뱅은 우리가 공간과 시간이라고 부르는 것을 포함하여 모든 것을 창조했다. 따라서 공간의 확장은 본질적으로 시간의 팽창과 연결되어 있기 때문에 이러한 용어를 별도로 고려할 필요가 없을 수 있다. 이와 대조적으로 알려진 또 다른 이론인 인플레이션은 우주와 질량 모두의 기하급수적인 증가 과정이 그 지속 시간이 매우 짧더라도 빅뱅 이전에 발생했다고 제안한다. 빅뱅 시간은 우주의 우리 부분에만 적용될 수 있다.[22] 또 다른 설명은 우주가 공간과 시간의 순환적인 팽창과 수축을 반복하면서 무한한 수의 빅뱅을 겪는다는 것이다. 원인이 없는 영원에 대한 이 견해는 분명하게 시작되는 사물에 대한 인과적 설명을 찾는 학자에게는 물론 덜 매력적이다.

물리학에서의 시공간

19세기에 일정한 속도의 빛이 발견되고 빛이 인과관계의 원리를 따르지 않는다는 인식[23]이 거리와 지속 시간, 그리고 시간의 대칭성 사이의 동등성에 기반을 둔 상대성 이론으로 가는 길을 열었다.[24] 고전적 모델이 포기되고 일반 상대성 이론의 시공간 모델이 채택되었는데, 이 모델은 시간 축을 네 번째 4차원으로 본다. 아인슈타인은 사건의 시간이 사건의 위치에 영향을 미치고 그 반대의 경우도 같으므로[25] 거리와 기간을 서로 독립적으로

---

21) Steinhardt & Turok(2002). 중력장에 대한 간략한 설명은 Cho(2016)이다.

22) Guth(1997); Tegmark(2014).

23) Michelson & Morley(1887)의 실험과 많은 사람들이 확인한 실험은 '에테르'를 빛과 전자기장이 통과하는 매체로 반박했다. 그들은 빛의 속도(진공 상태에서 ~300,000km/s)가 지구의 운동 방향으로 측정하든 직각으로 측정하든 동일하다는 것을 보여 주었다. 따라서 빛에는 특별한 특성이 있다. 그 속도는 움직이는 다른 물체에 의해 가속되거나 감속되지 않다.

24) Hermann Minkowski는 상대성 이론을 공식화했다. 이 이론에서 공간과 시간은 추상적인 4차원 '시공간'에서 조정된다. 시간 좌표는 가상이었다. Minkowski의 시공간에서 상대 시간과 공간은 관찰자에 대한 투영으로 나타난다. "이제부터 공간 자체와 시간 자체는 단순한 그림자로 사라질 운명이며, 둘의 일종의 결합만이 독립적인 현실을 보존할 것이다"(Minkowski, 1909). Minkowski 이전에 H. G. Wells의 『타임머신(The Time Machine)』에서 시공간 통합은 이미 문학적 형식으로 가정되었다.

측정할 수 없다고 가정했다.

20세기 물리학의 모든 주요 이론은 시공간 연속체 모델에 기반을 두고 있다. 시공간의 변화는 없다. 과거, 현재, 미래가 없다. 우주의 시공간은 전체 이야기를 담고 있는 영화와 같다. 그러나 우리는 좁은 틈새를 통해 우주를 바라보고 있어 틈새를 통해 보고 있는 것이 지금인 것처럼 착각한다. 우리가 기억에서 기억하는 것은 과거이고 우리가 과거로부터 추론하려고 시도하는 것은 미래이다([그림 2-1] 참조). 따라서 인간 관찰자의 관점에서 세계는 영속적으로 움직이는 반면, 아주 먼 관찰자의 관점에서는 아무것도 변하지 않다. 반대로 지구는 현재 내 관점에서 움직이지 않지만 우주선에서 볼 때 움직인다. 일반 상대성 이론에서 시간 여행은 대칭이다. 아인슈타인은 "과거, 현재, 미래 사이의 분리는 아무리 강력하더라도 끈질기고 완고한 환상에 지나지 않는다"고 선언했다.[26]

시간은 되돌릴 수 있다. 압축하거나 확장할 수 있다. 시간은 시계로 완벽하게 설명할 수 있고, 그 설명은 시간을 지킬 의식적인 인간 두뇌가 없어도 가능하다.[27] 하지만 여기에 함정이 있다. 시계는 시간을 만들거나 나타내지 않는다. 시간은 시계에 아무 의미가 없다. 시침의 움직임은 관찰자 없이는 아무런 추상적인 의미가 없다. 시간이 항상 한 방향으로 움직이지만 입자가 원래 위치로 돌아갈 수 있다면, 변위는 시간적 대응이 없다. 즉, 어떤 사건도 0시간 내에 일어날 수 없다. 광자는 에너지가 0이므로 존재하지 않기 때문에 정지할 수 없다. 상대성 이론에서 과거와 미래는 완전히 대칭이므로 시간은 스칼라이다. '지금'이라는 개념은 중요하지 않다. 사실, 행성이 반대 방향으로 자전하거나 우주가 거꾸로 돌아간다고 하더라도 이 이론은 여전히 유효하다. 시간이 거꾸로 갈 때 많은 흥미로운 일들이 일어날 수 있다. 양전자는 리처드 파인먼(Richard Feynman)이 가정한 대로 시간을 거슬러 움직이는 전자가 되며, 따라서 양전하는 음의 시간으로 인한 환상일 뿐이다.[28]

---

25) Einstein(1989, 1997). [NeuroNote: Einstein의 아들 Eduard는 정신분열증(조현병)이었다.] 공간과 시간의 관계와 시공 개념의 의미에 대한 많은 우수한 책이 있다(Canales, 2015; Muller, 2016; Rovelli, 2016; Weatherall, 2016; Carroll, 2000).

26) Einstein은 이 진술을 서면으로 작성했지만 과학 출판물이 아니라 Besso가 사망한 후 Michele Besso의 여동생에게 보낸 개인 편지였다. 상대성 이론에서 빛은 모든 것이 이차적으로 관련되는 진리의 기초 요소이다.

27) 나는 Einstein이 청중이 그의 새로운 시공간 공식을 이해하지 못한다는 것을 깨달았을 때 좌절감에서 이 말을 했다고 가정한다. 일상적이고 실용적인 세계에서 시계 시간은 일상적인 업무에 필요한 것이 무엇인지 알려 준다.

28) 일반 상대성 이론에서 시간의 흐름은 환상일 뿐만 아니라 변화 자체도 마찬가지다. 몇몇 훌륭한 책들은 세계의 물리학을 설명하는 데 시간 개념이 필요하지 않다는 아이디어를 포함해서 이러한 흥미로운 개념에 대해 논의한다(Toulmin & Goodfield, 1982; Barbour, 1999; Carroll, 2000; Greene, 2011; Tegmark, 2014; Rovelli, 2016). 이에 반해 Lee Smolin(2013)은 우주의 가장 본질적인 특징은 시간이고 물리학은 그것을 공간과 융합할 때 잘못된 길을 택했다고 강력

시간은 중복되는가

상대성 이론과 양자 역학은 모두 내부적으로는 일관되고 아름답지만 서로 간에는 모순된다.[29] 논쟁의 핵심은 세계가 연속적이거나 이산 양자로 구성되어 있는지 여부다. 가장 최근에는 루프 양자 중력 이론에서 이러한 광대한 물리학 분야를 결합하려는 여러 시도가 있었다.[30] 여기에서 공간의 알갱이는 불연속적인 공간을 구성한다. 이것은 프랑스 철학자 앙리 베르그송(Henri Bergson)의 논평에 잘 나타난다. "수학자가 시간의 끝에서 시스템의 미래 상태를 계산할 때 우주가 이 순간부터 저 순간까지 사라졌다가 갑자기 다시 나타난다고 가정하지 않을 수 없다."[31] 베르그송에게 시간은 지각하는 사람과 분리된 저 밖의 어떤 것이 아니다. 그러나 공간 입자는 단순히 양자가 아니며 양자 자체가 순수한 상호작용으로 공간을 구성하기 때문에 공간에 있지 않다. 공간과 물질의 상호작용을 설명하는 이론은 모든 것이 계속해서 움직인다고 해도 시간을 포함하지 않는다.

물리학과 시간의 흐름에 대한 느낌 사이의 명백한 모순은 물리학이 현실의 가장 근본적인 측면에 도달할 수 없다고 결론을 내린 독일 철학자 마르틴 하이데거(Martin Heidegger)를 포함하여 많은 사람들을 화나게 했다. 방정식은 단순한 기호이지만 실제는 다를 수 있다. "시간이 시계 시간으로 정의되면 다시는 원래의 의미에 도달할 희망이 없다."[32] 그러나 문제는 하이데거가 생각한 것과 다를 수 있으며 물리학만으로는 공간과 시간 문제에 대한 답을 제공하지 못할 수 있다. 대신, 그것들을 다루는 것은 신경과학의 몫이다.

하게 주장한다. Smolin은 물리 법칙이 시간이 지남에 따라 끊임없이 진화한다고 믿는다. 중력은 시간에 따라 다르게 작용할 수 있으므로 과거, 현재, 미래를 여전히 구별할 수 있다. 우리는 다음 순간에 일어날 일에 대해 여전히 놀랄 수 있다.

29) 지속 시간이 시간임을 알기 위해서는 간격을 무언가 다른 것에 대해서 보정해야 한다. 진자의 스윙 사이의 지속 시간을 보정하려면 다른 기기가 필요하다(예: 더 빠른 진자 또는 틱이 있는 시계). 가장 빠른 원자시계조차도 여전히 양자로 시간을 측정한다. 양자 이론에 따르면 시공간은 이산적이다. 시계를 사용하면 시간 자체를 측정하지 않고 대신 양자를 계산하고 시간을 곱한다. 그러나 지속 시간은 더 빠른 양자를 계산하여 측정되므로 무한대로 진행된다.

30) Smolin(2013); Rovelli(2016).

31) Bergson(1922/1999); Canales(2015).

32) Heidegger(1927/2002). [NeuroNote: Heidegger는 제2차 세계 대전 이후 심각한 '신경쇠약'을 겪었는데, 아마도 그의 실존적 불확실성과 결합된 나치 체제에 동조한 죄책감 때문일 것이다.]

뇌의 공간과 시간: 표현인가, 구성인가

지금까지 물리학과 철학 간의 이러한 논의는 신경과학에 거의 영향을 미치지 않았다. 대신, 뉴턴의 공간과 시간은 신경과학의 구석구석에 존재한다.[33] 뇌의 공간과 시간에 대한 연구는 시공간의 등가 가능성을 크게 무시하면서 별도의 문헌으로 두 개의 독립적인 분야를 생성했다. 신경과학 연구자들은 실용적인 막대와 시계 측정을 사용하여 고전 물리학의 틀에서 실험을 계속하고 있다. 측정이 인간이 설계한 기기를 기반으로 한다는 것을 알고 있는 한 이러한 접근 방식에는 문제가 없다. 그러나 그러한 메트릭과의 상관관계가 공간과 시간의 개념을 밝힐 수 있다고 가정하는 것은 완전히 다르다.

공간과 시간의 접지(grounding) 문제

물리학을 진지하게 받아들이는 것에 대한 대안은 물리학 법칙이 '심리적' 시간에 적용되는지 여부에 대해 질문하는 것이다. 결국, 그러한 법칙을 설명하는 수학도 인간 생각의 산물이다.[34] 수학은 내부적으로 일관되고 아름다운 이론을 구축하기 위해 항상 몇 가지 가정으로 시작하는 공리 시스템이다. 아마도 물리학은 생물학과 다른 법칙을 가진 일종의 과학일 것이다. 결국, 증가하는 엔트로피는 무기 세계의 규칙인 반면, 국부적 엔트로피를 감소시키는 것은 생물학의 표준이다. 예측 또는 심지어 결정론이 무생물 세계를 지배하는 반면 예측은 생물학에서 점점 더 복잡한 문제가 되고 있다.

철학자들이 자주 사용하는 '물리학'에 대한 관련 주장은 세상이 내장된 거리 및 기간 단위와 함께 제공되지 않다. 인간이 발명한 도구는 공간이나 시간을 만들지 않으며 측정하지도 않다. 막대기는 막대기일 뿐이다. 시계는 그냥 똑딱거리고, 똑딱거리는 순간은 주어진 시간 단위에서 빛이 이동한 거리와 같은 다른 변화와 비교되어야 한다. 이 비교 또는 보

33) [NeuroNote: Isaac Newton은 말년에 과대망상을 가진 오늘날 우리가 양극성 성격이라고 부르는 성격을 가졌다. 그는 자신이 세상에 진리를 설명하도록 신에 의해 임명되었다고 생각했다.]

34) 이 주장은 수학자와 과학자 모두에게 충격을 준 Kurt Gödel의 정리에 의해 더욱 강화될 수 있다. 수학적 진리는 논리를 사용하여 도전할 수 없다. Gödel의 주장은 신경과학까지 확장될 수 있다. 과학의 어떤 분야도 다른 분야보다 우월하지 않다. [NeuroNote: Gödel은 물리학자 Ludwig Boltzmann, 수학자 Georg Cantor, 그리고 다른 많은 위대한 과학자들처럼 양극성 장애를 앓았다.]

정은 사람인 제3자가 수행해야 한다. 인간은 막대와 시계의 단위를 정의하기 때문에 이 과정은 필연적으로 우리의 공간과 시간 개념을 정의한다.

인간 관찰자의 문제와 접지의 필요성은 우리가 제1장과 제3장에서 논의한 신경과학의 문제와 유사하다.[35]

우리가 살고 있는 고전적 혹은 거시적 세계와 상대성 이론 및 양자물리학이 지배하는 미시적 세계 사이에는 엄청난 간극이 있는 것처럼 보인다. 우리는 이 간극을 무시할 수도 있고, 겉보기 수축의 원인과 거시적인 것과 미시적인 것 사이의 경계를 조사하려고 할 수도 있다.[36]

어떤 길을 택하든 적어도 두 가지 문제에 직면해야 한다. 첫째, 우리는 무엇을 표상하는 과정의 공간적 · 시간적 특성과 공간과 시간의 표상 사이의 차이를 인식해야 한다. 뉴런 활동이 이벤트의 시공간적 순서(막대 또는 타이머에 대해 측정됨)와 확실하게 상관관계가 있다고 해도 이러한 상관관계가 뉴런 활동 자체가 거리 또는 지속 시간을 계산한다는 것을 의미하지는 않는다.[37] 다시 말해서, 우리는 사건에 대한 설명을 주관적 해석과 혼동해서는 안 된다(제2장). 둘째, 신경과학 실험에서 말하는 시간이 우주의 시간(물리학)인지, 철학의 '살아 있는 시간'인지, 시계로 측정되는 '실용적인 시간'인지 명확히 해야 한다. 문제의 본질은 인간의 두뇌가 도구에 대해 측정된 응답의 의미와 독립적인 접지 없이 도구로 측정된 단위의 의미를 모두 해석한다는 것이다. 막대와 시계를 통해 상대적인 공간과 시간을 측정하는 것은 실험실 전반의 실험을 연관시키고 대조하는 데 필수적이며 신경과학에서 엄청난 발전을 가져왔다. 그러나 그것은 문제의 핵심에 이르지 못한다. 뇌에 공간과 시간은 무엇을 의미하는가?

---

35) 시간을 측정하는 정확한 도구가 나오기 전에는 사람들은 지각과 기억이 순간적이라고 생각했다. 실제로 다른 것과 비교하지 않고 지연이 발생하지 않는 것처럼 느껴지기 때문에 반론이 제기될 수 없다.

36) Rosenblum & Kuttner(2008)의 베스트셀러는 양자물리학의 여러 측면과 인간 의식을 비롯한 다양한 복잡한 문제에 대한 양자물리학의 의미에 대해 논의한다. 불행하게도, 물리학의 복잡한 문제에 관해 내가 읽은 거의 모든 것은 결국 내부적으로 일관된 이론 사이의 불일치의 원인을 조사하기보다는 결국 신, 의식 등에서 해결책을 찾는다.

37) Dennett & Kinsbourne(1992).

세계의 공간 대 뇌의 공간

공간과 시간을 측정하는 뇌 메커니즘은 필연적으로 추론적이다. 왜냐하면 우리는 시각, 청각, 후각, 촉각 또는 움직임을 특수 수용체를 통해 감지할 수 있지만 공간과 시간에 대한 센서가 없기 때문이다. 즉, 아웃사이드-인 접근 방식에서는 그 존재를 추적할 수 없다. 그럼에도 불구하고 신경과학자들은 처음에 우리의 센서가 바깥세상을 어떻게 느끼는지를 반영하는 자기중심적 관점에서 공간을 정의했다. 이러한 접근 방식은 사용하는 지각 시스템에 따라 다양한 공간 영역이 존재한다는 견해로 이어졌다. 몸과 머리는 고정되어 있지만 눈은 움직일 수 있는 경우, 그 공간은 시야 그 자체이며, 이를 시안 운동 공간(visuo-ocular motor space)이라고 한다. 머리 움직임이 허용될 때 우리는 두부 운동 시각-공간을 만난다. 운동은 시각-운동 공간으로 이어진다. 시각-안구 운동 공간조차도 중심와와 주변 영역으로 나눌 수 있다. 청각, 후각 및 체성 감각 공간에도 유사한 구분이 적용되었다. 손에 있는 물건은 손바닥 공간에 있다. 입안의 사탕은 구강 공간에 있다. 팔이 움직일 수 있는 범위 안에 있는 것은 도달 공간에 해당한다. 도구적 공간은 우리가 도구를 통해 지각하는 것으로 정의할 수 있다. 차를 탈 때, 움푹 들어간 곳을 지나갈 때 우리가 느끼는 요철은 차 밖을 가리킨다. 망원경을 통해 보면 우리의 시각 공간을 몇 배나 확장할 수 있다.

이 초기 실험의 수많은 공간 용어가 기이하게 보일 수는 있지만, 자기중심적 공간 탐사의 선구자들은 그러한 아이디어에 대한 실험적 근거를 제공했으며 이러한 범주 중 몇 가지에서 선택적 결함이 있는 뇌 손상 환자를 발견했다. 아동 실험에서는 시력 없이 양손을 사용하여 거울상 물체를 식별하는 과제에서, 팔과 손목이 고정되어 손가락만 움직일 수 있는 조건에서, 팔과 손목은 자유롭게 움직일 수 있으나 여러 손가락으로 물체를 만질 수 없는 조건 비해 수행 능력이 더 떨어졌다. 이에 대한 해석은 지각이 새로운 축에 접지(grounding) 혹은 근거할 수 있을 때 비대칭 또는 대칭을 식별하는 것이 더 쉽다는 것이다. 이 실험의 경우 후자는 움직이는 공간에서의 손 위치가 자세 신체 공간에 대해 접지되는 것이다. 이와 비슷하게, 선천적으로 맹인이 쌍수 점자 읽기를 배우는 것은 같은 또래의 정상 시각을 갖는 아동보다 다른 점자 패턴의 거울 이미지인 패턴에 의해 더 혼동된다. 시각 정보는 촉각 공간과 신체 중심 공간 모두에서 촉진된 물체의 배치를 도울 수 있다.[38]

후두정 피질 손상이 있는 환자는 물체와 공간 지각의 차이를 보여 준다. 이 환자들은 움직이는 물체를 따라가는 것, 보이는 목표물을 가리키거나 도달하는 것, 경로를 학습하는 것, 공간적 관계를 인식하는 데 어려움이 있지만 상대적으로 탐색에는 결함이 적다. 개인 공간 효과는 손상이 왼쪽 반구보다 오른쪽 반구에 영향을 줄 때 더 극적이다. 이 사람들은 반대쪽 신체 공간을 무시하고 얼굴의 한 면만 면도하거나 접시의 한 면에서만 음식을 마무리한다. 시계와 같은 그림을 복사하라는 요청을 받으면 반쪽만 그리는 경우가 많다. 이탈리아 밀라노에서 공부를 잘한 환자가 자신이 두오모 광장을 바라보고 있다고 상상하고 그 장면을 묘사하도록 요청받았을 때, 그는 오른쪽에 있는 건물을 정확하게 식별했지만 왼쪽에 있는 것은 기억하지 못했다. 광장 반대편 끝에 서 있다고 상상해 보라고 했을 때 그는 건물과 구조물을 이전에는 무시했지만 지금은 자신의 오른쪽에 있는 반대편에 나열했다.[39] 그러한 '편측 무시' 환자는 대상 자체를 인지하고 기억할 수 있지만 이미지에서 대상에 접근하거나 적절한 기하학적 관계로 대상을 설명할 수 없다. 망막의 이미지는 공간을 인식하기에 충분하지 않다. 뇌는 또한 눈과 머리가 가리키는 곳을 알아야 한다.[40]

원숭이에 대한 생리학적 실험은 인간에 대한 이러한 관찰을 확증한다. 후두정 피질과 그 파트너는 물체와 신체 사이의 공간적 관계를 인코딩하는 신체 중심 좌표계를 형성한다.[41] 정수리 영역에 있는 뉴런의 집단 발화 패턴은 환경과 신체의 다양한 부분으로부터의 입력을 결합한다. 그러나 이 지역에는 신체나 환경에 대한 지형도가 포함되어 있지 않다. 대신, 이 네트워크의 주요 임무는 수신하는 많은 입력에서 이러한 정보를 통합하는 것이며, 그중 일부는 지형도를 가지고 있다.[42] 이러한 뇌 영역에는 전운동 피질과 시상핵

---

38) 수많은 실험에서 Jacques Paillard는 외부 세계의 정신적 '지도'가 신체 자체의 움직임에 의해 구성된다는 결론을 내렸다(Paillard, 1991). 시각장애인을 이용한 실험은 Martinez(1971)에 의해 수행되었다. 이 프레임워크는 아마도 움직임이 관절과 근육의 개별 표현에 의해 유도되는 것이 아니라 공간 표현에 의해 유도된다는 Nicolai Bernstein의 모델에 의해 주도되었을 것이다(Bernstein, 1947/1967).

39) Holmes(1918)는 제1차 세계 대전 이후 두정엽의 관통 미사일 상처로 군인의 공간적 방향 결핍을 설명했다. Bisiach & Luzzatti(1978)의 논문은 오른쪽 후두정엽 손상이 있는 환자가 왼쪽 시야뿐만 아니라 이미지에서도 왼쪽에 있는 것을 무시한다고 처음으로 설명했다. 또한 van den Bos & Jeannerod(2002)를 참조하라.

40) 손의 궤적과 기타 다관절 움직임을 정리하는 것은 매우 복잡한 작업이지만 우리는 힘들이지 않고 해낸다. 궤적은 초기 위치에서 최종 위치까지 공간에서 손의 구성을 나타낸다. 즉석에서 여러 근육에 거리 및 지속 시간 명령을 제공하려면 특별한 계산이 필요하다. 대신에 기하학적 시뮬레이션의 고차 계획이 움직임을 안내하는 것 같다. 아주 작은 종이나 큰 칠판에 같은 사람이 쓴 서명은 서로의 크기가 조정된 버전이다. 이 사실은 궤적 계획과 실행이 크기가 변하지 않는다는 것을 보여 준다. 이는 거리-지속 시간 변환만으로 그리고 정규화 프로세스 없이 달성하기 어려울 것이다(Flash & Hogan, 1985).

41) 두정피질이 손상된 편측신경마비 환자에 대한 수많은 정신물리학적 관찰과 임상 데이터는 물체 위치 파악을 위해 고정 좌표 프레임이 사용된다는 가정 하에 조정하기 어려웠다. 그러나 정수리 뉴런 모델에서 객체의 위치가 여러 참조 프레임에 동시에 표시되면 불일치가 줄어든다(Pouget & Sejnowski, 1997a, 1997b).

피질이 포함되며, 여기서 뉴런은 '머리 중심' 좌표에서 얼굴 근처의 시각 공간을 나타내고 '팔 중심' 좌표에서 팔 근처 공간을 나타낸다.

정수리 피질은 또한 배외측 전전두엽 피질과 두드러지게 연결되어 있다. 전전두엽 영역의 소위 기억 영역은 지형적으로 조직화되어 눈이 2차원 공간에서 기억된 위치로 이동할 때 반응한다. 이 아이디어는 작은 피질 병변에 의해 기억된 시야의 경계 영역에 있는 '기억 구멍'의 유도에 의해 아름답게 설명된다. 두정-전전두엽 피질 표현 없이 시야에 나타난 물체는 보이지만 눈이 그것에 초점을 맞추도록 유도할 수는 없다. 전반적으로, 이러한 실험과 다른 많은 실험[43]은 감각 입력이 2차원 장면과 고립된 물체뿐만 아니라 물체와 신체 사이의 관계로 어떻게 변환되는지 보여 준다. 이러한 매핑은 관계를 기반으로 하는 적극적인 움직임을 통해서만 얻을 수 있다.[44]

생리학적 실험에서 나온 일반적인 원칙은 뇌가 네트워크 내 어딘가에 일반적이고 균일한 공간을 인코딩하지 않는다는 것이다. 단일 마스터 좌표계 대신 대부분의 동작에는 다양한 형식의 서로 다른 뇌 영역에서 관계적으로 표현되는 다중 좌표계와 공간 구조가 필요하다.[45] 해결해야 할 다음 문제는 눈과 몸 중심(자기중심적) 공간 표현이 어떻게 세계 중심(동종 중심적) 좌표계로 변환되는지이다.

공간 및 해마 시스템에서의 탐색

후방 정수리 영역의 또 다른 주요 표적은 내후각 피질을 통해 해마로 돌출하는 해마 주변 피질이다. 해마 회로의 계산은 주로 공간 탐색과 관련이 있다. 해마 및 내후각 뉴런에는

---

42) 다중 모드 신호는 측면 두정내 피질(LIP)과 후두정 피질의 영역 7a에서 결합된다. 시각, 체성 감각, 청각 및 전정 신호의 통합은 관찰자와 환경 내에서 자극의 위치를 나타낼 수 있다. Dorsal medial superior temporal area(MSTd)는 시각 운동 신호와 안구 운동 및 전정 신호를 결합한다. 이 통합은 관찰자가 이동하는 경로를 지정하는 데 중요하다고 믿어진다(Andersen, 1997). 많은 LIP 뉴런은 안구 움직임을 예상하여 발화하며 움직임 계획의 필연적 루프의 일부이다(제3장).

43) 이 짧은 단락은 이 매우 넓은 영역의 활발한 연구를 정당화하지 못했다. 리뷰는 Goldman-Rakic et al.(1990) & Gross & Graziano(1995)를 참조하라.

44) 변형은 거울 대칭, 회전 대칭(좌표 회전) 및 병진 대칭(좌표 이동)과 같이 속성이 변경되지 않은 상태로 유지될 때 대칭이거나 변형이 새로운 품질을 생성할 때 비대칭('대칭 깨짐')일 수 있다. 예를 들어, 감각 신호와 얼굴과 관련된 이름과 같은 추상적인 특징 사이의 변환. 해마의 'Jennifer Aniston' 또는 '할머니 세포'(Quian Quiroga et al., 2005)는 해당 뉴런의 고유한 특성(그냥 규칙적인 피라미드 세포임)과 아무 관련이 없지만, 그 특성은 상호작용에서 발생한다. 다른 뉴런과의 복잡한 관계. 변환의 일반적인 모델은 Ballard(2015)를 참조하라. 따라서 속성은 주로 관계를 반영한다.

45) Graziano et al.(1994).

장소 필드와 그리드 필드가 있는데, 이는 $x-y$ 지도를 생성하기 위해 2차원 좌표를 명시적으로 정의한다(제5장과 제7장 참조). 이러한 세포에 의해 정의된 위치들이 모여 공간의 타인 중심의(allocentric), 비벡터 표상을 제공한다. 존 오키프(John O'Keefe)와 린 나델(Lynn Nadel)이 제안한 이 공간 지도 이론은 칸트 철학에서 영감을 받았다.[46] 이 모델에서 공간은 독립적인 존재가 아니다. 뇌는 부분과 관계에서 공간을 구성한다. 공간 자체에 대한 전용 센서가 없는데 뇌는 어떻게 이를 수행하는가? 거리와 기간은 첫 번째 원칙에서 파생되지 않는다. 대신 시각, 청각, 후각, 고유감각을 사용하여 물체의 위치와 거리를 추론한다. 동물이 환경을 통과할 때 지도는 걸음 수 계산, 자체 동작 의존적 시신경 및 체성 감각 신호, 전정 가속도 신호를 포함한 여러 메커니즘에 의해 형성된다.[47]

세상과 뇌 속의 시간

여행과 기억 회상은 마치 시간과 관련이 있는 것처럼 느껴진다.[48] 두뇌 계산에 시간이 정말 중요할까? 많은 실험에서 타이밍을 지원할 수 있는 뇌 메커니즘을 탐구했다. 우리는 종종 타이밍이 현실 세계에서 생존에 중요하다고 주장한다. 적시에 발을 확장하면 포식자

46) Kant(1871). 인지 지도로서의 해마(The Hippocampus as a Cognitive Map)에서 O'Keefe & Nadel(1978)은 Kant의 공간에 대한 견해와 그 견해가 어떻게 타인 중심(allocentric) 정의의 공간과 관련하는지 논의한다(pp. 23-24).

47) 이석 기관과 반고리관의 다양한 활동 조합은 신체의 모든 병진 및 회전을 고유하게 신경신호화한다(Angelaki & Cullen, 2008). 이 정보는 망막의 신호로 보완된다. 방향에 민감한 신경절 세포인 신경절 세포의 하위 집합은 광학 흐름이라고 하는 이미지 움직임을 감지하는 데 특화되어 있다. 이 뉴런은 주로 행동 선호도가 높은 두 가지 운동 축, 즉 신체 축과 중력 축을 인코딩한다. 병진 이동('방향')은 동물 주변 공간의 한 지점에서 발산하고 전역 시각 공간의 경도 선을 따라가는 광학 흐름을 유도한다. 회전하는 광학 흐름은 시각적 공간의 한 지점을 중심으로 순환하는 위도선을 따른다. 방향에 민감한 신경절 세포의 하위 유형은 네 가지 기본 광학 흐름 필드 중 하나와 선호도를 정렬하고 중력 및 신체 축을 인코딩한다. 이 축은 뇌에 의해 번역 또는 회전 구성 요소로 해독된다. 쌍안 앙상블은 파노라마 뷰를 형성하고 동물의 조합 활동은 동물이 오르고, 내리거나, 전진하거나, 후퇴할 때 신호를 보낸다(Sabbah et al., 2017). 이 시스템은 고정 배선되어 있으며 전정 시스템과 함께 작동한다. 벽에 의한 수염 활성화와 같은 운동 유도 체성 감각 자극도 햅틱 흐름이라고 하는 가치 있는 신호를 생성한다. 전정 신호는 망막 이미지를 안정화하기 위해 눈과 머리의 움직임을 보정한다. 시각 신호와 전정 신호의 불일치는 자동차, 비행기, 기차, 롤러코스터 또는 가상현실 시뮬레이션에서 멀미를 유발한다.

48) 독자의 즉각적인 반응은 "통합은 시간이 지남에 따라 발생한다"라고 말할 것으로 예상한다. 그러나 이 연결이 아무리 자연스럽게 느껴져도 통합은 순차적 작업이며 시간이 없으면 동일하다. 수학적 적분에는 시간적 요소가 필요하지 않다. 통합의 물리적 인스턴스화에는 연속성이 필요하지만 시간은 필요하지 않다. 통합은 빠르게 또는 느리게 발생할 수 있지만 이 속도 매개 변수는 시간 자체가 아니며 시퀀스를 가속 또는 감속할 수 있는 엔지니어링 용어 '이득' 또는 변화율로 대체될 수 있다(제11장). Hoerl & McCormack(2001)의 여러 장에는 시간과 기억 사이의 관계에 대한 흥미로운 논의가 포함되어 있다.

에게 점심이 될 수 있으며, 적절한 순간에 빠르게 점프하면 먹이의 생명을 구할 수 있다.[49] 경과 시간(지속 시간)의 추정은 사건을 예상하고, 보상을 기대하고, 결정을 준비하고, 행동을 계획하고, 작업 기억을 구조화하는 데 필수적이다. 시간 연구자들은 종종 1초 미만 규모의 지각 운동 타이밍과 초초 규모의 인지 매개 간격 감지를 구별한다. 그들은 이 비늘을 짧은 기간 동안 소뇌에 의해 지원되는 메커니즘과 연관시키고 더 긴 기간 동안 기저핵과 전전두엽, 운동 및 정수리 피질 영역의 네트워크를 연결한다.

시간의 경과를 조사하기 위해 세 가지 절차가 사용된다. 즉, 당김음(syncopation) 작업에서와 같이 이벤트 기간 추정, 간격 생성 및 간격 재생이다. 예를 들어, 동물 실험에서 실험자는 보상이 10초 간격으로 제공되도록 장치를 프로그래밍한다. 그런 다음 동물은 목표 간격이 끝날 무렵에 전략적으로 응답을 집중하여 학습된 규칙을 보고한다. 많은 동물들이 이 게임을 잘해서 그들의 신경계에 특별한 시간 측정 메커니즘이 있다는 인상을 준다. 충분한 훈련 후에는 평균 응답 간격이 목표 간격에 근접할 것이다. 평균 주변의 반응의 분산은 조사된 모든 종의 기준 기간에 비례한다. 짧은 간격의 목표는 작은 오류를 유발하는 반면 긴 목표 간격은 비례적으로 더 큰 오류를 유발한다. 표준편차로 정량화된 평균과 오류 응답 분포 사이의 합법적인 관계를 간격 타이밍 메커니즘의 스칼라 속성이라고 한다. 뇌의 어떤 메커니즘이 간격을 계산할까?

두뇌의 시간기록원?

똑딱거리는 시계와 모래시계 모래 타이머와 유사하게, 뉴런 시계와 램핑 타임키퍼의 두 가지 다른 뇌 메커니즘이 시간을 추적하는 것으로 가정되었다. 신경 시계의 후보 메커니즘은 뇌 리듬으로, 몇 자릿수 이상의 주파수 범위를 가진 비교적 이산적인 '틱'을 생성할 수 있다([그림 10-1]). 램프 메커니즘의 예는 많은 개별 뉴런의 스파이크 축적 또는 통합이다. 시간이 지남에 따라 스파이크를 통합하는 것은 모래시계를 통해 흐르는 모래와 유사하다. 적분기는 언제든지(즉, 미리 선택된 임계값에서) 재설정될 수 있고 명령이 응답 시스템으로

49) Gallistel & Gibbon(2000)은 가상의 뇌 회로에 의한 시간 계산이 인지의 기본 측면을 나타낸다고 제안한다. 대안으로, 뇌 리듬은 전용 시간 기록 메커니즘 없이도 구조 전반에 걸쳐 시간적으로 신경 이벤트를 조정하는 동일한 목적을 수행할 수 있다(Buzsáki, 2006). 그러나 뇌의 진동에 참여하는 모든 뉴런은 다른 기능도 함께 계산한다. 여기서 알고리즘 단계 간의 관계를 계산하고 설명하는 계산의 광범위한 정의를 반복하는 것이 중요하다.

전달되고 통합이 처음부터 다시 시작될 수 있다. 따라서 적분기 모델은 누적된 모래로 측정된 많은 실제 간격을 가질 수 있으며, 시계에는 서로 구분된 틱들과 그 틱들 사이의 가상적인 간격만 있다. 약간의 변형이 있기는 하지만 모든 계시원은 이러한 기본 아이디어를 따른다. 카운트 스파이크를 기반으로 한 기간 추정은 시간이 지남에 따라 악화되어 임의의 시점에서 추정된 오류가 적분 시작 이후 경과된 기간에 비례한다(제12장).[50]

두뇌의 타이머는 어디에 있을까? 이 질문은 반복적으로 제기되었으며 두 가지 솔루션이 제공되었다. 초기 아이디어는 다양한 뇌 영역에 시간의 틱을 알려 주는 중앙 시계였다.[51] 그러나 밀리 초에서 몇 분 간격으로 그러한 뇌 명령 시스템은 발견되지 않았다.[52] 좀 더 현

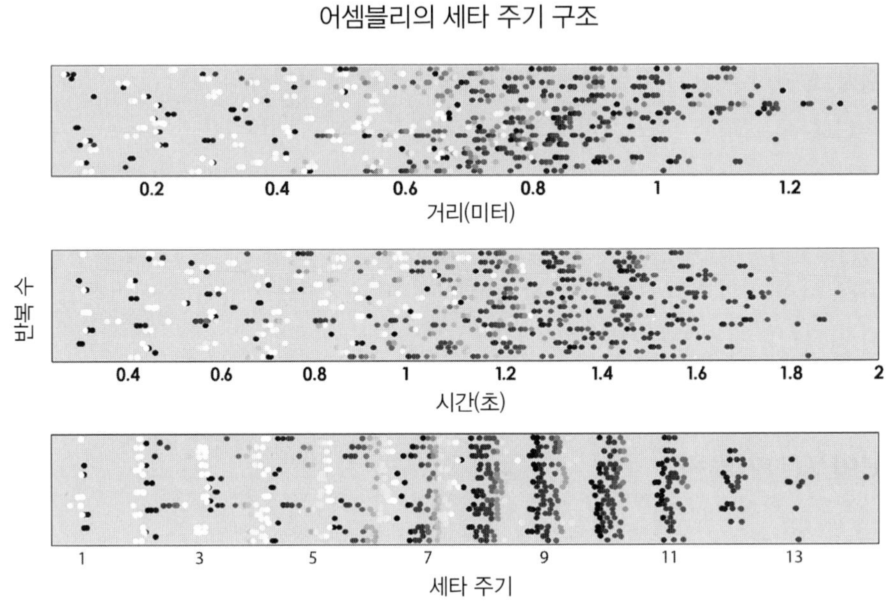

어셈블리의 세타 주기 구조

[그림 10-1] 뇌의 시계 시간 대 변화율

해마의 장소 세포군은 세타 진동('뇌 시간')에 의해 구성된다. 점의 각 줄은 10개의 장소 셀(다양한 회색 음영으로 표시됨)의 스파이크 활동에 대한 하나의 트라이얼(trial)이다. **상단 패널**: 미로의 거리에 대한 트라이얼이 표시되었다. **중간 패널**: 트라이얼이 시작부터 경과 시간에 대해 표시되었다. **하단 패널**: 시도는 연속적인 세타 주기에서 뉴런의 위상 고정된(phase-locked) 활동으로 표시되었다.

* Eva Passtalkova와 Carina Curto의 허락하에 사용.

50) 이 짧은 문장은 타이밍 행동에 대한 심리학 및 신경과학에 대한 대규모 문헌의 전신 요약만을 반영한다는 것을 알고 있다. 운 좋게도 관심 있는 독자를 위한 몇 가지 우수한 검토 논문이 있다. 예를 들어, Church(1984), Michon(1985); Gibbon et al.(1997); Buonomano & Karmarkar(2002); Mauk & Buonomano(2004); Ivry & Spencer(2004); Nobre & O'Reilly(2004); Buhusi & Meck(2005); Staddon(2005); Radua et al.(2014); Mita et al.(2009); Shankar & Howard(2012); Howard et al.(2014); Buonomano(2017).

대적인 아이디어는 시간이 각 뇌 시스템에서 생성된다는[53] 지역적 필요에 따른 것이다. 따라서 시간은 어디에나 있지만 필요할 때 로컬에서 조정되고 네트워크 전체에서 조정된다. 제7장에서 논의된 바와 같이, 뉴런군의 자체 유지, 순차적 활성화를 지원할 수 있는 모든 네트워크는 잠재적으로 시간 경과를 추적할 수 있다. 생리학적, 약리학적, 병변 실험은 필연적으로 표현의 시간적 순서를 시간이나 지속 시간 자체의 표현과 분리시키는 문제에 직면한다. 행동 순서와 시간이 너무 복잡하게 얽혀 있어 서로를 완벽하게 예측할 수 있다면 행동 순서에 시간 레이블이 필요한 이유는 무엇일까? 외부적인 시간 제어 상황에서 행동이 어떻게 수정되는지 살펴보자.

시간의 행동적 중재

인터벌-타이밍 실험에서 동물들은 항상 무언가를 하고 있다. 그들은 고정관념적인 행동을 생성하여 시간을 보내는 방법을 알아낸다. 설치류는 미신적으로 주위를 맴돌거나, 벽이나 음식 디스펜서를 긁거나, 반복적으로 뒤로 물러나거나, 그렇지 않으면 레버를 너무 일찍 누르는 것을 피하기 위해 스스로를 차지한다. 동물에게 바퀴를 타고 달리거나, 나무 부스러기를 파거나, 사다리를 오르거나, 터널을 기어갈 수 있는 기회가 주어지면 할 일이 많지 않은 환경에 비해 타이밍 성능이 크게 향상된다.[54] 인간도 크게 다르지 않다. 우리는 머리를 긁적이거나 손톱을 물어뜯거나 커피를 한 모금 마시며 아이디어가 머릿속에 떠오를 때까지 기다린다. 식당의 테이블에 줄을 설 때 우리는 낯선 사람과 대화를 나누거나, 아

51) Church(1984). 이러한 내부 시계 아이디어에 대한 최근 업데이트는 선조체(striatum)가 비트를 제공하고 필요에 따라 이를 나머지 뇌에 분배한다는 것이다(Matell & Meck, 2004). 그러나 뇌에 보편적인 마스터 클럭이 있을 가능성은 거의 없다. 물리학에서와 같이 시간은 다른 측정(예: 시계 시간)과 관련하여 뇌의 각 구조와 기능에 대해 유비쿼터스하고 국부적인 현상이다. 시간은 사건의 관계이다.

52) 분에서 시간 단위로 시간을 추적하는 신경 메커니즘은 거의 없다. 이러한 긴 타이밍은 배고픔, 졸음, 빛 및 온도와 같은 외부 메커니즘에 의존한다고 믿어진다.

53) 인간 EEG 문헌에서 이러한 시간 축적 메커니즘의 가장 잘 알려진 상관관계는 자발적인 행동을 하기 몇 초 전에 보조 운동 영역을 최대 진폭으로 축적하는 우발적 부적 변이(contingent negative variation: CNV; Walter et al., 1964)와 준비 전위(Bereitschaftspotential kin)(Kornhuber & Deecke, 1965)이다. 이러한 전기적 패턴은 대상이 움직임을 인식하기 전에 나타나기 시작하기 때문에 자유 의지에 대한 강렬한 토론을 촉발했다(예: Libet, 1985 참조). 해마의 오류 수정은 세타 진동의 거리-시간 압축 메커니즘에 의해 달성된다. 각 세타 주기에서 탐색 거리 세그먼트와 메모리 및 계획 세그먼트가 반복적으로 중첩 방식으로 재생된다. 약 7개의 항목이 여러 세타 주기에서 반복적으로 재생되며 각 후속 주기는 각각 하나의 새 항목과 하나의 기존 항목을 얻거나 잃는다(Lisman & Idiart, 1995; Dragoi & Buzsáki, 2006; Diba & Buzsáki, 2008). 이것은 효과적인 오류 수정 안전 메커니즘이다.

54) Staddon & Simmelhag(1971).

이폰을 확인하거나, 참을성 없이 호스트를 괴롭힌다. 진료실에서 약속을 기다리며 리드미컬하게 다리를 움직이는 10대들을 지켜보라. 시간 기록에는 행동이 포함된다.

항법 메모리 시스템의 '시간 세포'

눈금자가 없으면 GPS 시스템에서와 같이 순간 이동 속도와 결합된 시간 생성 메커니즘에 의해 거리는 계산될 수 있다. 속도, 기간, 방향을 포함하여 경로를 계산하는 데 필요한 모든 요소는 해마-내비기관에 존재한다. 많은 뉴런은 방향 입력이 머리 방향 시스템에 의해 제공되는 이러한 구조에서 속도에 의해 변조된다(제5장).

경과 시간은 시간 측정 기기와 관련된 세포 조립 시퀀스의 신경 스파이크 축적으로 추적할 수 있다. 예를 들어, 시간의 흐름은 동물의 공간적 이동 없이 과거 기억과 계획된 목표에 대한 정보를 유지하는 내부적으로 진화하는 신경 궤적에 의해 충실하게 기록된다([그림 7-6]). 그러한 세포 조립 순서로부터의 기간 추정 오차는 비례하여 증가하지 않고, 시간이 경과하더라도 수십 초의 지연 후에도 상대적으로 점근적인 상태를 유지한다.[55] 해마에 있는 100개 뉴런의 활동에 기초하면, 15초 후 누적 오류는 20% 미만일 수 있다. 이 타임키퍼는 적어도 수세기 동안 인간에 의해 완성된 시계와 비교할 때 그다지 인상적이지 않을 수 있지만 기록된 뉴런의 수를 늘리게 되면 추정 오류를 상당히 줄일 수 있다. 더욱이, 이러한 정밀도는 계산이 수십 초에 걸쳐 퍼질 때 이 크기의 오류가 잘 용인되기 때문에 뇌에서는 충분히 훌륭하다.

시간 측정이 해마 시스템의 중요한 기능인 이유는 뭘까? 전형적인 대답은 해마와 그 파트너가 정의상 공간과 시간에 배치되어야 하는 우리의 일화적 기억을 담당한다는 것이다. 일화적 기억의 시간적 임베딩에 대한 가정된 필요성과 시간을 효과적으로 추적하는 세포군의 능력으로 인해 보스턴 대학교의 하워드 아이헨바움(Howard Eichenbaum)은 해마 및 내후각 뉴런을 '시간 세포'라고 명명했다.[56] 그의 그룹은 거리 코딩에서 지속 시간 코딩을 분리하기 위한 일련의 실험을 설계했다. 그들은 해마 의존적 기억 작업에서 목표 지속 시간 또는 목표 거리 동안 러닝머신에서 달리도록 쥐를 훈련했다. 대부분의 해마 및 내비 뉴

55) Pastalkova et al.(2008); Fujisawa et al.(2008); Itskov et al.(2011).

56) 물론 셀 어셈블리는 절대 시간이 아닌 지속 시간을 추적하기 때문에 적절한 용어는 '지속 시간 셀'이어야 한다.

런은 시간과 거리에 모두 반응했다. 다시 말해서, 그들은 같은 거리에서 또는 달리기 시작과 동시에 같은 시간에 후속 시도에서 안정적이고 반복적으로 발사했다. 소수의 뉴런은 러닝머신에서 보낸 시간에 대해 상대적으로 선택적인 반면, 똑같이 작은 부분의 활동은 거리와 더 나은 상관관계를 보였다. 이러한 결과는 활동이 지속 시간과 상관관계가 있는 뉴런이 일화적 기억의 핵심 누락 요소일 수 있다는 가설로 이어졌다.[57] 거리에 대한 코딩과 지속 시간에 대한 코딩 사이의 관계를 조사하는 것은 이러한 실험을 통해 신경과학자들이 신경 메커니즘의 맥락에서 공간과 시간의 개념에 직면할 수 있기 때문에 중요한다. 그러나 시간과 그에 따른 뇌 메커니즘을 자세히 조사할수록 더 많은 수수께끼가 발생한다.

시간을 측정하는 것이 유일한 기능인 뉴런 네트워크가 있다는 가설을 정당화하기는 어렵다. 명백한 운동 상관관계를 고려할 수 있는 경우에도 뉴런군는 주장된 시간 추적 외에도 항상 다른 것을 계산하는 것으로 나타났다. 예를 들어, 원숭이 정수리 피질에서 신경 스파이크는 시간 판단과 관련이 있다고 가정한다. 동시에 이 뉴런은 속도와 가속도를 계산하고, 거리를 측정하고, 공간 지각을 코딩하고, 움직임을 계획하고, 결정을 준비한다. 따라서 이러한 레이블은 다운스트림 독자를 위한 스파이크 정보의 분리된 흐름보다는 실험자의 관점과 질문을 크게 반영한다. 실제로, 의사 결정의 계산 모델은 시간 간격 메커니즘의 누적 증가하는 누산기-임계값 모델(ramping accumulator-threshold model)과 거의 동일한 논리를 사용한다.[58]

요컨대, 순차적인 뉴런 활동은 일련의 이벤트를 추적할 수 있으며, 이는 시계 단위와 비교할 때 타임라인에 배치될 수 있다. 그러나 뉴런 활동이 실제로 시계 시간이나 지속 시간을 계산한다는 것을 보여 주지는 않는다. 뇌의 어느 곳에서나 신경 회로가 독립적인 기능으로 시간을 계산하는 데 전념하는지 또는 회로가 순차적으로 진화하여 외부 기기의 진드기와 상관관계가 있는 특정 기능을 계산하는지 여부는 아직 명확하지 않다.

---

57) Eichenbaum(2014); MacDonald et al.(2011); Kraus et al.(2015); Tiganj et al.(2017). 그러나 일단 속도가 고해상도로 모니터링되면 달리기의 거리와 지속 시간은 자연스럽게 동일하다(Redish et al., 2000; Geisler et al., 2007; Rangel et al., 2015).

58) '증거'의 축적과 이전 지식과의 비교에 의해 결정된 임계값에 도달하는 것이 의사결정의 행위이다(Leon & Shadlen, 2003; Janssen & Shadlen, 2005). '무언가'의 누적은 시계 단위에 대해 보정되며 시간이라고 할 수 있다(Machens et al., 2005; Lebedev et al., 2008; Finnerty et al., 2015). 그러한 과정의 예는 뉴런에 전하(증거)가 축적되는 것인데, 이는 수많은 흥분성 시냅스 후 전위에 의해 유발되고 임계값에서 활동 전위로 정점에 달한다. 의인화된 관점에서 이것은 뉴런이 내리는 결정이다. 조절 지연 기간 동안 뉴런 활동의 증가는 시간 명령으로 볼 수 있다(McCormick & Thompson, 1984; Thompson, 2005). 또는 대응 준비로 스파이크 활동의 동일한 축적을 해석할 수 있다.

시간 왜곡

알베르트 아인슈타인은 즐거운 사람들과 함께 있으면 시간이 빨리 가고 지루할 때는 느려진다고 말했다.[59] 실험은 이 직감을 뒷받침한다. 동기가 높은 상태, 불확실성, 새로운 상황, 집중된 인지 활동은 시간을 과소평가하는 것과 관련이 있다. 반대로 두렵거나 혐오스러운 상황, 피로, 졸음은 시간을 과대평가하는 것과 관련이 있다. 뇌를 자극하는 약물은 가속화될 수 있지만 진정제는 약물과 물질이 우리의 주관적인 시간 감각을 늦추거나 왜곡할 수 있다. 도파민 신호에 영향을 미치는 약물은 잠재적으로 시간 간격 추정에 중요한 구조인 기저핵에 대한 영향을 통해 타이밍 행동을 현저하게 조절한다. 흑색질과 복측 피개 영역의 도파민 생성 뉴런은 보상이 예상되는 시기에 활성화되고 기대되는 보상이 생략되거나 보상 전달의 예상 시간이 다를 때 스파이크가 감소한다.[60] 도파의 일시적인 선택적 활성화 생쥐의 광산성 뉴런은 지속 시간의 판단을 늦추기에 충분하지만 억제는 반대 효과를 나타낸다.[61]

'순간을 느끼는 것'과 '순간을 기억하는 것'에는 차이가 있다. 주관적인 시간 굴곡은 느낌 대 기억 중에 반대 방향으로 진행된다. 내가 30분 연설을 하고 있는데 사회자가 40분에 정중하게 나를 멈추면 나는 믿을 수 없다. 시간이 이렇게 빨리 지나가다니. 그런데 그 강연을 떠올리면 왜 내가 전하고 싶은 몇 가지를 30분 안에 이야기 못했을까 하는 생각이 든다.[62]

우리의 두뇌는 지속 시간의 판단뿐만 아니라 시점의 판단에서도 우리를 속일 수 있다. 발가락으로 코를 만져서 직접 테스트하라. 접촉을 동시에 느끼는 것 같은가? 당신의 눈은 코와 발가락이 동시에 닿는 것을 보았고, 이 이벤트는 시각 시스템에 등록된다. 반면, 발가락의 촉각 정보는 뇌 바로 옆에 있는 코의 정보보다 척수를 통해 뇌에 도달하는 데 몇 배 더 오래 걸린다. 따라서 사건의 신호는 체성 감각 피질에 동시에 도달하지 않다. 그러나 전

---

59) 뇌 상태는 주관적인 거리 추정에도 영향을 미친다. 깊은 생각을 하거나 누군가와 대화를 하면 긴 산책이 짧게 느껴진다(Falk & Bindra, 1954). Jafarpour & Spiers(2017)도 참조하라.

60) 도파민 신호 전달과 보상 기대 사이의 관계가 발견되면서(Hollermann & Schultz, 1998; Schultz, 2015) 강화 학습 및 기계 학습 분야가 싹트게 되었다(Sutton & Barto, 1998) 그리고 최근에 신경과학을 경제학 및 게임 이론과 연결했다(Glimcher et al., 2008).

61) Honmaet al.(2016). 도파민성 뉴런의 직접적인 광유전학적 조작은 가정된 내부 시계뿐만 아니라 운동 행동에도 영향을 미치며, 지연되거나 조기 반응이 근본적인 운동 효과 또는 내부 계시기 메커니즘을 반영하는지 여부에 대한 질문을 제기한다(Soares et al., 2016).

62) 판단 지속 시간과 느낌 지속 시간은 다르다(Wearden, 2015).

반적인 관찰자인 뇌는 이러한 지연 차이를 보상하고 계산에 통합하는 방법을 배운다.[63] 유사하게, 우리가 손가락을 튕길 때, 비록 이러한 양상의 신호가 서로 다른 시간에 뇌에 도달하더라도, 신체 감각, 시각 및 청각 정보가 동시적 사건으로 혼합된다. 뇌의 경험 기반 시간 예측은 그러한 물리적 차이를 보상한다. 그러나 뇌가 보상할 준비가 되어 있지 않을 때 기이하게 일시적인 환상(제3장)이 발생할 수 있다. 예를 들어, 실험 참가자는 키를 눌러 컴퓨터 화면에 사물이 나타나도록 지시했다. 참가자들에게 알려지지 않았지만 실험자는 키 누름과 화면 이벤트 사이에 다양한 지연을 도입했다. 뇌는 그러한 지연을 보상하는 법을 배우고 인과관계가 지속된다. 그러나 이 적응 훈련 후에 키 누름과 화면 이벤트 사이의 정상적인 관계가 정상으로 돌아갔고 참가자들은 화면 이벤트가 키 누름의 원인이 된 것처럼 느꼈다고 보고했다.[64] 시간에 대한 그들의 인식은 역전되었다.

주관적인 시간 압축은 우리가 알아차리지는 못하지만 모든 단속적 안구 운동과 함께 발생한다. 시각은 흔히 공간을 탐색하는 메커니즘으로 생각되지만 타이밍에도 영향을 미친다. 안구가 점핑할때 시각 자극의 지속 시간은 약 2배 정도 과소평가된다. 단속적 움직임이 있을 때 100ms 자극은 정지된 눈에 50ms 자극을 가한 것과 동일한 지속 시간으로 판단된다. 이 시간 압축은 단속적 안구 운동(saccadic eye movement)을 지원하는 신경 메커니즘에서만 발생하는데, 그 이유는 시간 압축이 눈 깜박임 동안에는 발생하지 않고, 깜박임 대신 청각적 클릭이 지속 시간 판단에 사용될 때에도 발생하지 않기 때문이다. 놀랍게도, 연구 참가자들에게 사건의 시간적 순서를 판단하도록 요청하면 단속적 행동 이전의 작은 창에서 수행이 저하되고 종종 순서 판단이 반대로 되어 두 번째로 발생한 사건이 먼저 발생한 것으로 인식된다.[65] 단속 유도 시간 압축은 주관적 시간의 판단이 의존하는 가상의 신

---

63) 물리학자는 이것이 단순히 기준 좌표계의 문제라고 말할 것이다. 두 이벤트가 서로 다른 위치에서 발생하면 하나의 참조 프레임에서 동시에 판단되거나 다른 참조 프레임에서 서로 지연될 수 있다. 뇌우에서 두 개의 먼 섬광 사이에 중간에 서 있는 관찰자는 섬광을 동시적인 것으로 볼 수 있는 반면, 다른 관찰자보다 하나에 더 가까이 서 있는 다른 관찰자는 가장 가까운 섬광을 먼저 보고 더 먼 섬광을 볼 것이다. 후자의 상황은 코, 발가락, 뇌의 관계와 정확히 유사하다. 그러나 뇌는 행동을 통해 이러한 지연을 학습하고 계산을 통해 지연을 편집할 수 있다.

64) Eagleman et al.(2005); Yarrowet al.(2001). 이러한 관찰은 William Gray Walter가 운동 피질에 전극을 이식한 환자에서 발견한 결과를 현대에 복제한 것이다. 그는 이를 Oxford University의 Ostler Society에 제출했다(1963; Dennett & Kinsbourne, 1992 참조). Gray Walter의 실험에서 환자는 프로젝터의 컨트롤러 버튼을 눌러 슬라이드 프로젝터의 슬라이드를 마음대로 진행했다. 그러나 실제로 컨트롤러는 프로젝터에 연결되지 않았다. 대신 피험자의 운동 피질에서 나오는 CNV(Contingent negative variation; eeg 신호의 일종)신호가 방아쇠를 당겼다. CNV는 액션이 일어나기 수십~수백 밀리초 전에 생성되기 때문에 실제 버튼을 누르기 전에 회전목마가 움직이기 시작하는 경우가 많다. 피험자들은 깜짝 놀라 버튼을 누르려고 할 때 에이전트가 자신을 대신하여 행동하고 있다고 느꼈다.

65) Morroneet al.(2005). 이러한 움직임에 의해 유발된 시간 왜곡 환상은 상대성 이론의 '시간 여행자' 문제를 연상시킨다.

경 타이밍 메커니즘의 속도 저하와 같다.

사건 순서의 잘못된 재구성의 또 다른 일상적인 예를 들어보자. 당신은 고속도로를 운전하고 있는데 사슴이 길을 건너고 있다. 당신은 브레이크를 세게 밟는다. 이것은 당신이 일어난 사건의 순서이다. 당신은 사슴을 발견하고 결과적으로 브레이크를 밟고 차를 돌렸다. 실제로, 운동 반응 시간은 인식에 필요한 시간보다 훨씬 빠르다. 의식적으로 사슴을 알아채기도 전에 브레이크를 밟았다. 발가락을 만지는 상황과 단속 운동에 의한 시간 회귀와 마찬가지로 뇌는 시간적 질서와 인과관계를 후향적으로 구성한다. 이것은 뇌가 구성한(주관적인) 시간이 상대주의적이기 때문에 발생한다. 그것은 앞으로 또는 뒤로 흐를 수 있다. 뇌간(brainstem)에서 자동으로 짧은 대기 시간 동작의 복사본은 이러한 정보가 해석되는 피질 영역으로 전달된다. 이 뉴런 해석은 "내가 이 행동의 대리인이다"라는 내부 생성 예측을 낳는다. 차례로 자신을 관찰하는 것은 시간적 질서와 인과관계에 대한 환상을 낳는다.[66]

요약하자면, 시간 추정 실험은 주관적인 시간이 많은 조작에 의해 왜곡될 수 있음을 보여 준다. 아인슈타인이 옳았다. 지속 기간은 상대적이다. 그리고 이러한 관찰은 뇌가 물리적 또는 시계적 시간의 흐름을 충실하게 모방하지 않는다는 것을 보여 준다. 뇌의 시간 메커니즘은 여러 규모로 실행되며 자체 계산을 위해 서로 다른 구조에서 상대적으로 독립적으로 나타난다. 가장 중요한 것은 시간 생성이나 진동 주기 수를 계산하는 것이 유일한 기능인 전용 메커니즘과 뉴런이 있다는 것을 설득력 있게 보여 주는 실험이 없다는 것이다.[67] 모든 신경 계산은 타임라인에서 진화하지만 주관적인 시간은 앞이나 뒤로 움직일 수 있다.

---

66) 이것은 예를 들어 수의적 행동에 중요하다고 여겨지는 뇌 영역인 보조 운동 영역 위에서 준비 가능성(CNV)이 시작된 후 수백 밀리 초 후에 손가락을 움직이고 싶은 충동을 경험하는 이유를 설명할 수 있다. 뉴런의 '해석'은 인식을 위해 약 500ms가 필요하다(Libet et al., 1979). 흥미로운 질문은 우리가 행동에 적극적으로 주의를 기울이지 않을 때 움직이고 싶은 충동을 느끼는지 여부다. 이 순간, 당신은 당신이 셔츠를 입고 있다고 느끼지 않다. 하지만 이 문장을 읽고 나면 그럴 수도 있다. 내부 해석은 '주의'로 볼 수 있다. 주의 행위와 근본적인 신경 메커니즘은 의식적 경험의 원천으로 간주될 수 있다(Graziano, 2013).

67) 포유류 뇌의 시상하부 시차교차 핵에 있는 뉴런은 약 24.2시간의 내부 주기로 진동하고 태양 시간과 안정적인 위상 관계를 유지하는 전용 타임키퍼(계시원)로 묘사된다. 이러한 24시간 주기 시계는 거의 모든 육상 동물과 대부분의 수생 동물에 존재하며 주야간 주기에 따라 행동을 조정할 수 있도록 한다. 그러한 반복과 환경적 규칙성은 유기체가 우리가 타이밍 행동이라고 부르든 그렇지 않든 행동의 결과를 확실하게 예측할 수 있도록 한다. 이 논리에 따르면 지구의 자전은 주기적으로 변하기 때문에 타임키퍼(계시원)이기도 한다.

뇌에서의 공간과 시간

공간과 시간 공간과 시간은 개념적 유사성이 깊고 관계적 구조를 공유한다. 공간 스키마는 시간 스키마가 이벤트를 순차적인 순서로 구성하는 데 동등하게 잘 사용될 수 있다. 거리와 지속 시간은 뇌에서 동일한 구조와 동일한 뉴런 및 메커니즘으로 표현되는 것으로 보인다. 앞의 생리학적 데이터는 지속 시간 계산이 거리 계산과 관련이 있음을 보여 준다. 뇌의 이러한 계산이 물리학에서와 같이 관련되어 있다면 공변해야 한다.

우리 친구들이 영화를 보러 왔다고 상상해 보자. 잠시 후 우리는 영화를 멈추고 모든 사람들에게 막대에 시간이 얼마나 지났는지 표시하도록 요청한다. 동일한 길이의 막대에서 표시가 유사한가? 모든 사람이 다른 길이의 막대를 얻는다면 어떻게 될까? 내 생각에 모든 사람의 표시는 막대 길이에 관계없이 거의 동일한 비율을 반영할 것이다. 게다가 아무도 "우리는 시간이 아니라 거리를 측정하고 있다"고 주장하지 않을 것이다.[68] 공간 관계에 대한 자기중심적 및 이분심적 관점(제5장과 제7장)과 유사하게 우리는 시간을 이러한 이중 척도로 개념화한다. 자기중심적 관점에서 관찰자는 타임라인을 따라 움직이고 있다("보조금 제출 마감일이 다가오고 있다"). 미래가 우리 앞에 있다. 이에 반해 동심의 은유에서 관찰자는 고정되어 있고 시간은 관찰자에 대해 사물을 나르는 강이다("보조금 제출 기한이 다가오고 있다"). 두 물체가 움직일 때 시간적 관계는 운동 방향을 기반으로 한다(A가 B보다 앞서거나 그 반대의 경우도 마찬가지다). 개념적 시간의 이벤트 시퀀스 특성의 이중성 때문에 우리는 종종 혼란스러워한다. "뉴욕에서 유럽으로 비행할 때 시계를 6시간 앞으로 돌려야 할까, 아니면 뒤로 돌려야 할까?"[69]

느낌 지속 시간은 기분뿐만 아니라 다른 많은 요인에 따라 달라진다. 두 개의 대상이 별도로 제시되지만 동일한 시간 동안 제시되면 더 큰 대상의 지속 시간이 더 길게 느껴진다.

68) 이 실험은 우리의 추측이 우리가 이전에 보정(학습)한 것과 비교한다는 것을 보여 준다. 경과 시간을 추측하려면 일반적으로 100분 동안 지속된다는 것을 알기 위해 많은 영화를 경험해야 했다. 친구에게 예를 들어 1kHz에서 10kHz 사이의 스윕을 따라 사운드의 피치를 표시하도록 요청하면 지속 시간 추측은 동일할 것이다. 각각의 경우에 우리는 다른 양식의 비율을 비교한다. 비율 추정은 뇌에 쉽고 측정 단위와 무관하다. 그러한 관계는 보편적이다(제12장 참조).

69) Lakoff & Johnson(1980)은 우리가 공간과 시간과 같은 추상적인 영역에 대해 이야기하기 위해 종종 은유를 사용하며 우리는 에피소드-의미적 기억 변환과 유사하게 구체적인 영역에서 더 추상적인 영역으로 이동한다고 지적한다. Boroditsky(2000)도 참조하라.

이러한 주관적인 시간 확장은 확률이 낮은 '이상한' 사건이 친숙한 자극 시퀀스에 포함될 때도 발생한다. 새로운 자극은 익숙한 자극보다 더 길게 느껴진다. 유사하게, 반복열의 첫 번째 자극은 연속적인 자극보다 지속 시간이 더 긴 것으로 판단된다.[70] 주관적 시간은 시계 시간과 다른 속도로 움직인다.

주관적 경험의 시공간의 유사성에 대한 우아한 시연은 건축 연구에서 비롯된다. 그 실험에서 건축학과 학생들은 자신이 캠퍼스 전체 크기 라운지의 1/6, 1/12 또는 1/24인 축소 모형을 통해 소인국의 인물이라고 상상하고, 그들이 하는 활동에 참여하도록 요청받았다. 미니어처 라운지는 마분지 가구와 비례 크기의 인형으로 꾸며졌다. 실험의 주요 매개변수는 주관적인 시간이었다. 참가자는 30분이 지났다고 느낄 때 조사자에게 알리도록 요청했다. 참가자들은 주관적인 시간이 가속화된다는 것을 발견했다. 훨씬 더 놀랍게도, 시계 시간에 대한 경험 지속 시간의 비율로 측정된 가속도의 크기는 실제 크기 환경에 대한 모델의 비율에서 정량적으로 예측되었다. 예를 들어, 참가자가 시계 시간의 10분 동안 1/6 스케일 환경에서 30분을 경험했다면 1/12 모델에서 주관적인 30분은 단 5분 만에 발생했다. 이 실험은 시간적 척도와 공간적 척도가 주관적 경험과 관련되어 있으며 공간 척도가 경험적 시간의 주요 매개자가 될 수 있음을 보여 준다. 이러한 시공간의 상대성은 시공간의 경험이 같은 것을 가리킨다는 것을 함축한다.[71] 시간을 경험하는 것은 공간을 경험하는 것이다.

행동에 의한 공간 및 시간 왜곡

다수의 신경 메커니즘이 단속적 안구 운동 동안 불안한 운동 감각을 보상한다. 드문 조건에서 이러한 유용한 메커니즘은 환상을 생성한다. 단속적 행위는 시간적 판단에 영향을 미칠 뿐만 아니라 공간을 왜곡시킨다. 단속 속도가 시작되기 직전과 직후에 잠깐 깜박이는 물체는 잘못된 위치에 있는 것처럼 보인다. 단속적 표적이 있는 방향으로 움직이는 것

70) Tse et al.(2004).

71) DeLong(1981)은 테네시 대학교 건축 학교에서 이러한 실험을 수행했다. 공간 척도는 부피가 아닌 선형 차원을 기반으로 했다. 이는 인간의 경우 2차원 스케일링이 지속 시간과 관련이 있음을 시사한다. 많은 수의 피험자가 결과를 적절하게 정량화하고 관계를를로 공식화할 수 있었다 E = x. 여기서 E는 경험 기간이고 x는 관찰되는 환경 규모의 역수이다. 또한 Bonasia et al.(2016)을 참조하라.

같으며 단속적 경로와 평행하게 짓눌려 있다. 결과적으로 객체 간의 기하학적 관계가 일시적으로 왜곡된다. 이러한 공간과 시간의 뒤틀림은 빠르게 움직이는 눈의 직접적인 결과가 아니다. 왜냐하면 왜곡은 단속적 움직임의 수십 밀리 초 전에 시작되어 단속적 반응 이후까지 지속되기 때문이다. 대신, 그것은 운동 명령을 추적하는 동반 방출 메커니즘(제3장)을 반영한다.

신경 기록은 또한 인지된 거리와 지속 시간의 동등성을 지원한다. 원숭이의 측두정내피질 영역에 있는 뉴런은 시간적 지속 시간과 공간적 거리를 인코딩하는 것으로 보인다. 대략 이 뇌 영역에 있는 뉴런의 3분의 1은 단속적 안구 운동 동안 예측적으로 코딩을 변경하며, 이들의 활동이 지각된 공간 및 시간 압축에 대한 책임이 있는 것 같다.[72)]

운동 실험에서 정상적인 참가자들은 눈을 가린 상태에서 이전에 걸었던 직선 경로를 재현하도록 요청받았다. 속도는 정확하게 재현되었지만 보행시간은 거리만큼 영향을 받아 뇌의 공간계산과 시간계산이 밀접한 관련이 있음을 시사한다. 이 실험의 보다 정교한 버전에서 각 참가자는 눈을 가리고 머리를 고정한 상태에서 로봇을 타고 2~10m 앞으로 수동으로 이동했다. 로봇이 완전히 정지한 후 참가자는 이전에 부과된 거리를 재현하기 위해 조이스틱으로 같은 방향으로 로봇을 운전했다. 샘플 수동 거리뿐만 아니라 속도 프로파일도 삼각형, 정사각형 및 사다리꼴 패턴의 무작위 순서로 다양했지만 참가자는 이를 안정적으로 재현했다. 결과는 인간이 전정 및 아마도 체성 감각 신호만을 사용하여 단순한 궤적을 재현할 수 있고 세상을 보지 않고도 전신 수동 선형 운동의 동적 속성을 저장할 수 있음을 보여 준다.[73)]

거리-지속 시간 문제를 조사하면 우리는 뉴런 발화에 대한 속도의 역할에 대해 궁금해한다. 쥐가 미로에서 다른 속도로 장소 세포의 장소 필드를 통과할 때 필드의 다른 부분에서 방출되는 스파이크의 수는 대체로 동일하게 유지된다([그림 7-5]). 또한, 개별 장소 세포 스

---

72) 공간과 시간뿐만 아니라 숫자도 단속 운동에 의해 왜곡되어(Burr & Morrone, 2010), 두정 뉴런 시간이나 공간보다는 크기에 대한 코드(Walsh, 2003). 관련된 견해는 암산, 공간 및 비공간 작업 기억, 주의 제어, 개념적 추론 및 시간 기록과 같은 여러 유형의 인지 작업이 이미징 실험에서 유사한 구조를 모집한다는 것이다. 따라서 기본 계산은 유사할 수 있으며 아마도 '인지 노력'이라는 용어로 설명될 수 있다(Radua et al., 2014). Basso et al.(1996)도 참조하라. Glasauer et al.(2007); Cohen Kardosh et al.(2012).

73) Berthoz et al.(1995); Perbal et al.(2003); Elsingeret al.(2003). 파킨슨병 환자는 대조군에 비해 시간 생성 작업에서 10초 이상의 간격을 강력하게 과소평가하며, 시간 과소평가는 시냅스 전 신경 말단에 위치한 선조체 도파민 수송체의 수준과 상관관계가 있다(Honma et al., 2016). 정수리 병변이 있는 환자는 공간 무시로 고통받을 뿐만 아니라 수초 간격을 심하게 과소평가하거나 과대평가한다.

파이크의 진동 주파수는 쥐의 달리기 속도에 따라 달라지며 이러한 이유로 속도 제어 발진기라고 한다.[74] 장소 필드안의 어셈블리 시퀀스의 시간 추적 기능으로 측정된 경과 시간과 장소 셀의 진동 주파수에서 계산된 순간 속도에서 이동 거리와 순간 위치를 연속적으로 도출할 수 있다. 뇌가 그러한 계산을 수행하는 방법에 대해서는 아직 더 연구해야 한다. 그러나 우리에게는 몇 가지 단서가 있다.

물리학에서와 마찬가지로 변위(displacement)와 지속 시간은 뇌에서 동전의 양면이며 속도에 의해 연결된다. 이 관계는 대부분의 해마 뉴런이 거리와 지속 시간을 똑같이 잘 보고하는 이유를 설명한다. 동물이 매우 긴 거리나 지속 시간을 달리면 모든 해마 뉴런이 장소(거리) 세포가 되고 뉴런 궤적 시퀀스의 위치를 통해 지속 시간도 보고한다.[75] 동일한 뉴런이 장소 세포와 시간 세포 모두로 기능한다면 다운스트림 판독기 메커니즘은 스파이크가 거리 또는 지속 시간을 나타내는지 여부를 알 수 있는 방법이 없다. 거리와 지속 시간에 대한 별도의 다운스트림 리더 메커니즘에 대해 입증이 안 되기 때문에, 우리는 해마 세포가 장소도 시간 세포도 아니라는 결론을 내릴 수 있다.[76]

거리-기간 단일성과 이벤트의 연속성

내 로터스 엘리스 자동차(Lotus Elise)의 대시보드에는 주행 거리계, 속도계 및 시계를 포함한 여러 디스플레이가 있다. 주행 거리계는 자동차가 이동한 거리를 추적한다. 이 측정은 본질적으로 엔진 실린더에 있는 피스톤의 스트로크 수이다.[77] 내 연구실은 집에서 약

---

74) 이 용어는 전자 장치의 전압 제어 발진기에 대한 의도적인 참조다. 이러한 장치에서 출력 주파수는 전압 입력에 의해 상대적으로 선형적으로 제어된다(Geisler et al., 2007; Jeewajee et al., 2008). 우리는 'speed'보다는 'velocity'라는 용어를 사용했는데, 그 이유는 전좌(translocation)가 없이 바퀴 위를 달리는 동안 메모리 작업에서 동일한 관찰이 이루어졌기 때문이다.

75) 지속 시간이나 거리에 차등적으로 민감한 것으로 보이는 뉴런의 작은 부분은 뉴런 개체군 내에서 속도 의존성의 넓은 분포를 반영하거나 동물의 순간 속도(속도)를 측정할 때 잠재적인 오류를 반영할 수 있다(Kraus et al., 2015).

76) 공간 기억 작업에서 러닝머신을 실행하는 동안 내후각 피질 뉴런의 순차적 발사는 경과 시간과 거리를 추적할 수도 있다. 그리드 셀은 그리드가 아닌 셀보다 지속 시간과 거리에 대해 더 날카롭게 조정된다. 그리드 셀은 일반적으로 트레드밀 달리기 동안 여러 개의 발사 필드(firing fields)를 나타내며, 이는 열린 공간에서 관찰되는 주기적인 발사 필드와 유사한데, 이는 처리 거리 및 지속 시간에 대한 별도의 메커니즘이 아니라 공통된 메커니즘을 나타낸다(Kraus et al., 2015).

77) 이것은 물론 엔진 작동에 대한 매우 단순화된 설명이다. 4 스트로크 사이클 엔진은 흡기, 압축, 점화, 동력 및 배기 행정을 포함하여 한 작동 주기에서 5번의 스트로크를 완료한다. 4, 6 또는 8 실린더의 피스톤 운동은 조화되어야 한다.

150만 스트로크 떨어져 있다. 이 숫자는 로터스의 세계를 넘어서는 매우 유익한 측정이 아니기 때문에 스트로크 수를 타이어 둘레와 연관시킬 수 있다. 차례로, 원주는 일부 합의된 단위와 관련될 수 있으며 인치, 피트, 야드, 미터, 마일, 광년 또는 선택한 단위로 표시되고 주행 거리계에 표시될 수 있다. 즉, 우리는 스트로크 수에서 거리를 도출했다. 속도계는 자동차의 회전하는 구동축과 코일에 부착된 작은 자석을 사용한다. 자석이 코일(센서)을 통과할 때마다 약간의 전류가 생성되고 전류의 크기가 속도계 디스플레이의 단위로 변환된다. 이전 기계 버전은 동일한 변환 원리를 사용한다. 궁극적으로 속도계에 표시되는 순간 판독값은 엔진 실린더의 피스톤 이동 속도와 관련이 있다. 피스톤이 위아래로 빨리 움직일수록 자동차가 더 빨리 달린다. 150만 스트로크를 속도계의 평균 판독값으로 나누면 작업에 소요되는 시간을 알 수 있다. 이 비율을 시계의 틱, 모래시계를 통해 흐르는 모래의 양, 열 박동 또는 기타 관계 단위와 같은 일부 합의된 단위와 관련시키면 지속 시간 또는 시간이라고 부를 수 있다. 피스톤 운동에 의해 발생하는 '시간'과 대시보드 시계의 시간 사이의 관계는 자동차의 '주관적 기분'에 따라 달라질 수 있다. 더 높은 옥탄가의 가솔린을 사용하면 가속 페달을 더 세게 밟고 더 많은 가스를 공급할 때와 마찬가지로 내 차가 더 행복해진다(즉, 더 빨리 달린다).

내 자동차 비유의 중요한 메시지는 우리가 기계적 움직임을 인간이 발명한 측정 기기의 단위와 관련시키는 한 동일한 기계적 움직임(피스톤의 움직임과 피스톤의 움직임 속도)이 속도, 거리 또는 지속 시간으로 해석될 수 있다는 것이다. 그러나 피스톤과 엔진의 다른 움직이는 부분이 많은 기계식 시계와 동일한 메커니즘을 가지고 있더라도 자동차 자체는 거리나 지속 시간을 만들지 않는다.

신경과학자들은 속도계, 주행 거리계 및 시계로 뇌의 대시보드를 검색한다. 그러나 직시하자. 속도계의 존재에 대한 확실한 증거는 있지만(전정계, 근육 재구향, 광학 흐름), 그에 반해 선택적이고 구체적으로 공간이나 시간을 계산하는 신경 메커니즘은 그 매혹적인 매력에도 불구하고 직접적인 실험적 증거는 없다. '시간에 대한 인식'이나 '공간에 대한 인식'과 같은 것은 없다. 그것들은 단순히 제임스(James)의 목록에 있는 제목일 뿐이다(제1장).[78] 아마도 그것들은 인간 마음의 거대한 추상화일 뿐이며 실제로 뇌 작동을 설명

78) 이는 2,000년 된 아이디어로 판명되었다. "시간 자체는 존재하지 않다. 사람은 사물의 움직임이나 안정되어 있지 않은 상태에서 시간을 감지할 수 있다고 주장해서는 안 된다"(Lucretius, 2008, Book 1). 우리는 시간이 존재한다고 가정하지만, 그것을 직접 관찰하지는 않는다. 대신, 이벤트를 계산하여 추론한다.

하는 데 그것들이 필요하지 않을 수도 있다. 우리의 마음이 그 안에서 자유롭고 자신 있게 여행할 수 있도록 우리는 고전 물리학의 공간과 시간에 대한 비유가 필요하다.

임의의 항목이나 이벤트를 넣을 수 있는 컵들이 모여 있다고 상상해 보자. 이벤트에서 이벤트로 이동하는 것은 공간을 통한 여행으로 설명될 수 있다. 한 컵에서 다음 컵으로의 진행 기간 생각해 보면 시간여행이다.[79] 컵에서 컵으로의 전이 속도를 알면, 컵 사이의 거리를 추론할 수 있기 때문에 시간 여행은 우주여행과 동일하다. 반대로 컵 사이의 거리를 속도 정보와 결합하면 우주여행은 여행 기간과 동일하다. 또는 여정을 궤적 또는 전환이 있는 시퀀스라고 부를 수 있다. 이 간단한 설명은 인간이 만든 도구의 단위를 참조할 필요 없이 외부 세계의 시퀀스와 뇌의 신경 궤적 사이에 일대일 관계를 생성하는 이점이 있다. 제7장과 제8장에서 논의한 바와 같이, 뇌 역학은 여러 가지 방법으로 분할 또는 연결될 수 있는 매우 많은 수의 그러한 궤적을 생성하여 학습된 경험을 궤적과 일치시킬 수 있는 다양한 기회를 만든다. 이러한 유연한 메커니즘은 시간을 참조할 필요 없이 고차 연결도 설정할 수 있도록 한다. 시간은 항상 비시간적 물리적 용어로 설명될 수 있다. 정밀한 기기로 시간을 측정하는 것은 단순히 실제적인 가상 기준을 제공하여 두 개 이상의 시스템에서 일련의 이벤트를 비교할 수 있도록 한다.[80]

물론 독자는 "좋다, 그런데 변화는 시간의 또 다른 이름일 뿐이다."라고 말할 수도 있다. 그러나 근본적인 차이가 있다. 변화는 항상 무언가를 나타낸다('무언가의 변화'). 대조적으로, 시간은 다른 모든 것과 독립적으로 정의된다. 공간과 함께, 다른 모든 것들로부터의 이러한 주장된 독립성 덕분에 그들에게 그러한 강력한 개념적 조직력을 부여한다.

운동, 시간, 공간

뇌에서 일어나는 사건의 진행을 첫 번째 원칙에서 정의할 수 있을까? 실제 또는 정신 공

---

79) 이론가들은 이것을 안장점 유인기-반퇴 상태 벡터(saddle point attractor-repellor state vector)라고 부를 수 있다. 변화는 연속적이거나 불연속적일 수 있다. 이상적인 평탄한 고속도로에서의 주행은 계속된다. 대부분의 시골길은 언덕과 계곡을 통과하여 운전이 비교적 잘 이루어진다. 개념적 공간에서 이러한 언덕과 계곡은 동적으로 변화하고 전환의 변화율을 결정할 수 있는 '유인자' 및 '퇴치자'라고 부를 수 있다.

80) 아마도 Karl Lashley(1951)는 이러한 통찰력으로 인정받아야 한다. 그는 역학 이론이 유명해지기 전에 이러한 문제에 대해 생각했다. "기억은 단어의 연속이든 행위의 연속이든 거의 변함없이 시간적 순서로 나타난다……. 따라서 공간적 질서와 시간적 질서는 대뇌 작용에서 거의 완전히 상호 교환 가능한 것처럼 보인다. 기억 흔적의 공간적 분포에서 시간적 순서로의 번역은 연속적 질서 문제의 근본적인 측면인 것 같다."

간에서의 탐색은 이벤트의 연속에 해당한다. 가장 일반적인 의미에서는 움직임이다. 물리학에서 정의한 바와 같이, 움직임은 상대적이며(최소한 두 물체 사이) 항상 속도에 의해 특징지어진다.

우리는 시간 또는 공간에 대한 직접적인 센서는 없지만[81] 속도(즉, 가속도)의 변화를 감지하는 전정 센서를 가지고 있으며 머리 방향 시스템은 벡터 변위를 계산할 수 있다. 움직임 자체는 공간이나 시간을 감지할 필요 없이 광학적 또는 촉각적 흐름과 그에 따른 동반 방출(corollary discharge)로부터 직접 경험할 수 있다.[82]

시퀀스 생성기로서의 해마

실제 또는 정신 공간에서 탐색은 본질적으로 이벤트의 연속이다. 아마도 해마 시스템이 수행하는 일의 핵심은 어떤 사건의 내용이 없거나 제한적이면서 순서가 있는 구조를, 사건에 대한 세부 사항 없이 인코딩하는 것이다. 실제로 이 장에서 논의된 모든 실험에 대한 간결한 해석은 두정엽 피질과 해마-내후각(hippocampal-entorhinal) 시스템이 모두 연결될 이벤트 사이의 간격을 지속적으로 배열하는 범용 시퀀스 생성기라는 것이다.[83]

시퀀스와 겉보기 공간 또는 시간 표현 사이의 대조를 설명하는 실험을 통해 이 이단적인 진술을 뒷받침하겠다. 해마에 손상을 입은 환자 그룹과 일부 정상인이 캘리포니아 대학교 캠퍼스 가이드 투어를 받았다([그림 10-2]). 투어에는 컵 버리기, 자전거 잠그기, 바나나 사기, 동전 찾기, 분수대에서 물 마시기 등 실험자가 미리 계획한 다양한 이벤트가 포함되었다. 여행이 끝나면 참가자들은 실험실로 돌아와 세 가지 테스트를 완료했다. 첫 번째는 참가자들에게 6분 동안 걷기에 대해 기억하는 모든 것을 설명하도록 요청했다. 두 번째 테스트에서 실험자는 각 이벤트에 대한 프롬프트("자전거에 무슨 일이 일어났나요?")를 제공하고

81) 시차상핵의 24시간 주기 시계는 '24시간 내내' 진동한다는 점에서 인공 시계에 가장 가깝다. 하지만 진동과 시간은 직교 차원이다(위상 대 지속 시간). 오실레이터의 이벤트는 항상 동일한 0 위상으로 돌아가는데, 이는 무한 시간 화살표 아이디어와 상당히 다르다. 위상은 재설정되고, 더 발전하거나, 또는 지연될 수 있다. 시간은 그냥 앞으로만 흘러간다. 뇌, 자율 신경계, 간 및 장의 24시간 주기 시계는 자발적으로 서로 독립적으로 작동하지만 빛, 배고픔 및 기타 변수에 의해 재설정 및 동기화될 수 있는데, 그러한 입력들을 중재하는 센서가 있기 때문이다.

82) 거리 측정법의 보행 교정 후 자기 중심 거리는 일차 시각과 후두정 피질에서 양안 시차 선택적 뉴런의 스파이크에서 추출될 수 있다(Pouget & Sejnowski, 1994). 광학 흐름은 격자 세포 및 공간 메트릭에 중요하다(Chen et al., 2016).

83) 물론 다른 많은 뇌 구조가 내부적으로 시퀀스를 생성할 수 있다. 그러나 거대한 피질 모듈인 해마는 그 시퀀스가 큰 피질 맨틀의 뉴런 내용에 영향을 미칠 수 있기 때문에 특별한 경우이다.

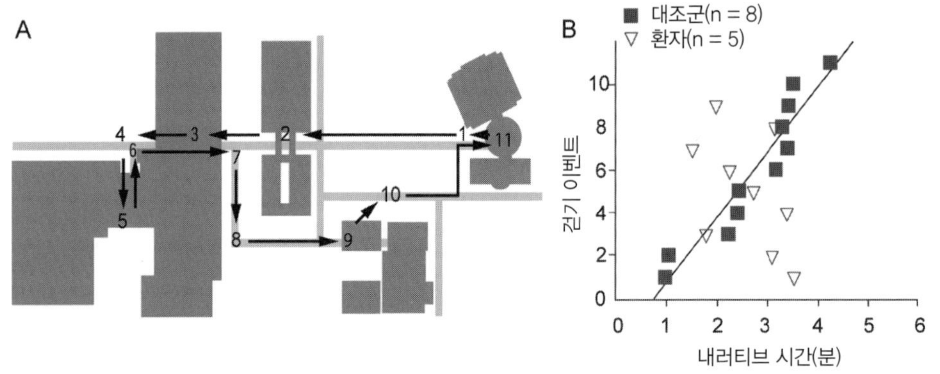

[그림 10-2] 해마 병변이 있는 환자의 핵심 결핍은 사건을 발생한 순서대로 설명할 수 없다는 것이다.

A: 가이드와 함께 캠퍼스 산책을 하는 동안 발생한 11가지 이벤트의 지도다. 보도는 밝은 회색이다. 건물은 짙은 회색이다. 화살표는 걷는 동안 이동한 경로를 나타낸다. B: 6분 내러티브 중에 설명된 도보 이벤트. 대조군(회색 사각형, Con)은 대략 11개의 사건을 순서대로 기술할 수 있었다. 환자(열린 삼각형, Pat)들이 기술한 사건의 순서는 사건이 실제 발생한 순서와 관련이 없었다.

출처: Dede et al.(2016).

참가자들에게 1분 안에 기억할 수 있는 모든 세부 정보를 이야기하도록 요청했다. 세 번째 테스트에서는 이벤트에 대해 강제 선택 질문("우리는 25센트 또는 10센트를 찾았나요?")을 했다. 정상 참가자들도 한 달 뒤에 같은 검사를 다시 받았다.

예상대로 해마 손상 환자는 대부분의 테스트에서 정상 대조군보다 더 나빴다. 환자(투어 직후 테스트)는 기억된 이벤트 수 및 기간 판단과 같은 측정에서 한 달 후에 테스트한 대조군 참가자와 거의 동일한 성능을 보였다(해마, 해마 주변 영역 및 전두엽 피질과 관련된 가장 큰 뇌 손상을 입은 한 명의 참가자를 제외하고). 기억력 손상에도 불구하고 해마 환자들은 자전거 '앞쪽에 전조등이 있었다'와 같은 많은 공간적 · 지각적 세부 사항을 회상했다. 대조군 참가자에게 가장 기억에 남는 사건은 환자에게도 가장 기억에 남았다. 그러나 두 그룹 사이에는 현저한 차이가 있었다. 환자가 사건을 회상하는 순서는 사건이 발생한 순서와 관련이 없었다. 대조적으로 통제 참가자는 한 달 후에도 사건의 순서를 효과적으로 회상했다.[84]

또 다른 실제 사례를 인용하겠다. 양측 해마 손상을 입은 런던의 한 택시 운전사는 도시의 랜드마크와 대략적인 위치에 대한 상당한 지식을 보유하고 있었지만 이러한 위치를 새

84) Dede et al.(2016). 시퀀스 코딩의 기능적 자기 공명 영상 지원에 대해서는 DuBrow & Davachi(2013, 2016)를 참조하라.

로운 순차적 궤적으로 편집할 수는 없었다. 해마 손상을 입은 쥐는 최근에 발생한 냄새를 인식하는 보존된 능력과 대조적으로 냄새 자극의 순서에 대한 기억력이 유사하게 손상된 것으로 나타났다.[85] 이러한 실험은 해마가 순차적 사건의 명목상 순서를 생성하고 회상 시 이를 재현할 수 있는 뉴런 시퀀스 생성기라는 아이디어를 뒷받침한다.

공간 또는 시간과 관련하여 해마 시스템의 시퀀스는 학습 중에 경험한 것과 동일한 순서로 신피질에 저장된 항목(무엇)을 쉽게 알려 준다. 이러한 분업은 도서관(의미 지식이 저장되는 신피질)에서 사서(책이 어디 있는지 알려 주는 해마)의 역할과 유사하다.[86] 따라서 해마 시스템은 정보 덩어리의 시퀀스를 구성하는 역할을 할 수 있으며 덩어리 내용은 신피질에서 인코딩되고 검색된다.

시퀀스 생성기로서의 해마의 개념은 이 장의 시작 부분에서 논의된 것처럼 가상의 공간과 시간에서 항목과 이벤트를 별도로 인코딩하는 이점이 있다. 발생하는 모든 시퀀스에 대해 고유한 상태의 거대한 레퍼토리를 저장하는 대신, 뇌는 내용(신피질)과 별도로 시퀀스(해마)를 저장할 수 있다. 신피질 표상(무엇)에 대한 이러한 조직화된 접근(뉴런 궤적에 담겨 있는)은 이후 일화 정보가 된다.[87] 일화 기억은 '무엇'의 순서화된 시퀀스이다.

미래에 대한 기억

뉴런 궤적과 순서 지정 역할은 과거, 현재 또는 미래를 똑같이 잘 나타낼 수 있다. 미래를 예측하는 것은 행동의 결과를 경험하고 성공한 시도와 실패한 시도의 결과를 모두 저장한 후에만 가능하다. 따라서 우리는 사후 예측과 예측의 신경 메커니즘이 그렇게 다르지 않다고 기대할 수 있다. 실제로 인간을 대상으로 한 영상 실험은 전통적으로 기억 시스템의 일

---

85) Fortin et al.(2002); Maguire et al.(2006).

86) Teyler & DiScenna(1986)는 해마 계산에 색인(indexing)의 비유를 사용했다. 색인 또는 목차(해마)는 책의 간결한 요약을 나타낸다. 그러나 피질 모듈을 '가리키는' 단일 인덱스 대신 '단위'는 해마 시스템이 입력과 출력 모두를 위한 시퀀스로 신피질 정보의 덩어리를 연결하는 역할을 하는 인덱스 시퀀스('다중 포인터')이다. 이들은 일반적으로 세타 진동 주기에서 발견된다(Buzsáki & Tingley, 2018).

87) Karl Friston과 나는 2016년 1월 헝가리 과학 아카데미의 멋진 건물에서 열린 회의에서 연이어 이야기를 나눴다. 청중에게는 마치 우리가 두 개의 다른 세계에 사는 것처럼 느껴졌다. 내부적으로 생성된 시퀀스 및 로그 분포에 대해 설명했다(제12장 참조). 우리의 생각이 공명하는 것 같았고 우리는 점심 식사를 통해 잠재적인 연관성에 대해 논의하고 싶었다. 몇 시간 동안의 우호적인 토론 끝에 우리는 순차 생성의 장점에 대해 기본적으로 완성된 논문을 머릿속에 남겨두고 자리를 떠났다. Karl은 대부분의 원고를 작성하는 어려운 작업을 수행했다(Friston & Buzsáki, 2016). 이 점심 토론은 천재의 두뇌가 어떻게 작동하는지 관찰할 수 있는 기회이기도 했다.

부로 여겨졌던 많은 구조가 계획, 상상, 행동 시스템의 분리할 수 없는 부분이라는 것을 보여 준다.[88] 실험실 동물에서 세포군의 순차적 활동에서 과거의 기억으로 보이는 것은 계획된 미래 행동을 반영할 수도 있다. 아마도 정렬된 뉴런 시퀀스를 통한 표현은 기억 및 계획과 관련된 뇌 구조와 메커니즘이 왜 그렇게 강한 중첩을 보이는지를 설명한다. 사후 예측과 예측의 구분은 물리학에서 과거, 현재, 미래 사이의 환상적 분리와 유사할 수 있다.

공간과 시간의 유무에 관계없이?

오해하지 마시라. 나는 신경과학 연구자들이 공간과 시간의 개념을 배제한다고 제안하는 것이 아니다. 물리학에 의한 시공간의 공식화는 시계를 불신하는 것이 아니다. 이와는 반대로 물리학 및 기타 모든 과학은 실험적 관찰을 보정하기 위해 측정 기기의 정밀도에 점점 더 의존하고 있다. 이것은 신경과학에서도 변하지 않을 것으로 예상된다. 이것은 신경과학에서도 변하지 않을 것으로 예상된다. 사실, 이 책의 나머지 부분에서 나는 이 용어를 일반적인 방식으로 계속 사용한다. 이것이 불일치로 간주되어서는 안 되며 일반 독자를 혼란스럽게 하지 않는 방법으로 간주해야 한다. 시간과 공간은 생각을 정리하는 데 여전히 유용한 개념이다.

실제적으로 근본적인 변화를 만들려는 것이 아니라면, 뇌의 공간과 시간의 표상을 연구하는 것이 나는 왜 이렇게 많은 페이지를 소비할까? 그 대답은 뉴런 활동의 진화가 사건의 시간적 연속과 확실하게 상관관계가 있다는 관찰('표현의 시간적 순서')이 뉴런 활동이 시간을 계산한다는 것('시간적 순서의 표현')을 의미하지 않기 때문이다. 도구도 두뇌도 공간이나 시간을 만들지 않는다.[89] 그러나 그것들 없이는 복잡한 사고가 거의 불가능할 것이기

---

88) 계획 '구성적' 기억(Schacter & Addis, 2007) 또는 '미래의 기억'이라고 부를 수 있다"(Ingvar, 1985). 다음의 논문을 참조하라. Lundh, 1983; Schacter et al.(2007); Hassabis & Maguire(2007); Buckner & Carroll(2007); Suddendorf & Corballis(2007); Pastalkova et al.(2008); Fujisawa et al.(2008); Lisman & Redish(2009); Buckner(2010); Gershman(2017). 이러한 새로운 발견은 합성어와 뇌 메커니즘 사이에 오랫동안 존재했던 벽을 허물기 시작했다. 계획하는 것과 회상하는 것은 다르게 느껴진다. 하나는 주관적인 미래와 관련되고 다른 하나는 주관적인 과거와 관련된다. 그러나 모든 형태의 계획에는 기존 지식에 대한 액세스가 필요하다(Luria, 1966). 또한 계획된 행동은 행동이 완료될 때까지 '계획'이 메모리에 저장되지 않으면 수행될 수 없다. 양측 해마 손상은 과거를 회상하는 것뿐만 아니라 개인의 미래에 대해 생각하는 것(Atance & O'Neill, 2001) 및 새로운 가상 경험을 상상하는 것(Hassabis et al., 2007)의 손상과도 관련이 있다.

89) Bergson(1922/1999); Dennett & Kinsbourne(1992); Ward(2002); Friston & Buzsáki(2016); Shilnikov & Maurer(2016). 갈릴레오 이후로 시간은 고전 물리학의 많은 방정식(및 신경과학, 예: dv/dt)에서 매우 중요한다. 그러나 현대 이론의

때문에 그것들은 여전히 유용한 개념이다. 그러나 뇌 활동의 진화를 시계와 비교하는 것과 뇌에 있는 공간, 시간 또는 기타 정신적 구조의 뉴런 '표상'을 검색하는 연구 프로그램을 설계하는 것은 완전히 다른 것임을 기억하는 것이 중요하다.

'내 생각'이 독자에게 너무 급진적으로 보인다면, 이런 식으로 생각하는 이상한 사람이 내가 처음이 아니라는 것을 상기시켜 드린다. 그리스 철학자 알렉산드리아의 필로는 2천 년 전에 다음과 같이 썼다. "시간은 낮과 밤의 연속일 뿐이며, 이것들은 필연적으로 지구 위와 아래의 태양의 운동과 관련이 있다. 그러나 태양은 하늘의 일부이기 때문에 시간은 이 세상보다 뒤처진 것으로 인식되어야 한다. 그러므로 세계가 시간을 창조했다고 하는 것이 아니라, 그 시간이 세계에 의해 존재하게 된 것이라고 말하는 것이 옳을 것이다. 시간의 본질을 결정하는 것은 하늘의 움직임이기 때문이다."

공간과 시간에 대한 인사이드 아웃 접근은 윌리엄 제임스(William James)의 목록에 나열된 다른 용어로 일반화될 수 있으며 거의 모든 용어는 우리의 마음에만 존재할 수 있다. 신경과학자로서 우리의 도전은 그러한 선입견에 의존하지 않고 실험을 수행하고 뇌 메커니즘에 대해 생각하는 방법이다. 나는 시퀀스와 지속 시간 사이의 관계에 대한 논의에서 한 가지를 빠뜨렸는데, 그것은 바로 계승의 속도다. 순차순서가 변화의 속도와 결합되어야 시간을 대체할 수 있다. 뇌의 전환 속도는 집합적으로 '이득 제어(gain control)'로 알려진 유비쿼터스 뇌 메커니즘에 의해 뒷받침되며, 이에 대해서는 다음 장에서 설명한다.

요약

이 장에서 나는 타협할 수 없는 것처럼 보이는 공간과 시간이라는 용어조차도 뇌 중심적 관점에서는 다르게 볼 수 있음을 설명했다. 뉴턴의 물리학과 칸트의 철학 모두에서 공간과 시간은 서로로부터 그리고 다른 모든 것들로부터 독립적이다. 존재하는 모든 것은 거대한 용기로 가정한 공간과 화살표로 가정한 시간선에서 발생한다. 뉴턴은 텅 빈 세상을 상상할 수 있었지만 공간과 시간이 없는 세상은 상상할 수 없었다. 그러나 공간은 우리

방정식에는 시간이 눈에 띄게 빠져 있다. 이 이론들은 모두 변화와 관계에 관한 것이다. 아마도 수학적 뇌 이론이 마침내 등장한다면, 그 방정식은 t를 사용하지 않을 것이다.

마음을 제외하고는 무언가를 놓을 수 있는 거대한 극장이 아니다. 우리는 움직이는 것들에서만 공간과 시간을 추론할 수 있다. 공간과 시간의 과학은 이러한 무차원 개념을 정확한 단위를 사용하여 거리와 기간으로 변환하는 측정 기기의 발명으로 시작되었다. 이 과정은 신경과학에 특별한 문제를 야기했다. 공간과 시간이 측정된 무엇에 대응되는 것이라면, 그러한 도구가 없이는 공간과 시간이 의미하는 바가 무엇인가 하는 것이다. 그런 도구를 읽을 수 없는 인간이 아닌 동물들에도 마찬가지다.

현대 신경과학은 여전히 고전 물리학 관점의 틀 안에 살고 있다. 우리의 일화적 기억은 '나에게, 어디서, 언제 일어난 일'로 정의된다. 이 정의는 '어디'와 '언제'의 독립적인 좌표에 '무엇'을 저장하는 뇌의 메커니즘을 식별해야 한다. 이것은 전형적인 아웃사이드-인 접근 방식이다. 개념을 가정하고 두뇌에서 집을 검색한다. 따라서 신경과학 연구자들은 공간과 시간을 정의하는 뇌 메커니즘을 부지런히 찾아왔다. 공간에 대한 두 가지 주요 허브가 확인되었다. 자기중심적 표현을 위한 정수리 피질과 동심 표현을 위한 해마 시스템이다. 시간 측정에 대한 연구는 우주에 대한 연구와 대체로 독립적이었다. 처음에는 두뇌에 컴퓨터에서 볼 수 있는 것과 유사한 중앙 시계가 있는지 또는 각 구조가 자체적으로 필요한 타이밍을 생성하는지 여부에 대해 논쟁이 있었다. 소뇌(cerebellum)와 기저핵(basal ganglia)이 중심 시계로 떠올랐다. 최근 연구는 시간 지각과 생성을 위한 기질로서 정수리 피질(parietal cortex)과 해마-내비 시스템(hippocampus-entorhinal)을 강조한다. 이러한 주장은 일부 뉴런의 유일한 기능이 공간이나 시간을 처리하는 것인지 아니면 항상 다른 것도 계산하는지에 대한 격렬한 토론을 불러일으켰다. 비슷하게, '장소 세포'와 '시간 세포'에 대한 논쟁의 주요 원인은 고전 물리학의 내부 모순에 뿌리를 두고 있다. 동물의 속도는 거리와 지속 시간 사이를 변환하여 장소 셀과 시간 셀을 동등하게 만든다.

공간과 시간의 독립성은 언어학자와 물리학자 모두에 의해 논의되어 왔다. 고전 물리학은 거리와 지속 시간이 속도를 통해 연결되어 있음을 보여 주었다. 두 변수에 대한 지식은 세 번째 변수를 식별할 수 있으므로 하나는 항상 중복된다. 현대 물리학, 특히 일반 상대성 이론은 시공간에 대한 우리의 현재 그림, 즉 공간이나 시간과 다른 공간과 시간의 등가물을 만들어 냈다. 이 견해는 이 세계가 그것을 '포함'하는 것이 아니라, 그것 '자체'라는 것을 가르쳐 준다.

이러한 '구식' 개념에 의존하지 않고 신경과학을 할 수 있을까? 또는 물리학의 시공간과 '살아 있는' 시공간이 질적으로 다르다는 철학적 입장을 지지할 수 있을까? 중요한 문제는 뇌에는 공간이나 시간에 대한 센서가 없지만 머리 방향과 속도에 대한 센서는 있다는 것이다. 두뇌도 시계도 시간을 만들지 않는다. 마찬가지로 두뇌나 자가(ruler) 거리를 만들지 않는다. 나는 우리가 지난 세기 동안 해 왔던 것처럼 측정 도구를 사용하고 관찰을 단위와 연관시켜 신경과학을 계속하는 것이 안전하다고 제안한다. 하지만 일부 뇌 영역 또는 메커니즘이 공간 또는 시간을 나타내거나 거리 또는 지속 시간을 계산한다고 선언하는 것은 안전하지 않다.

우리가 뇌에서 시간으로 귀인하는 모든 것은 순차적인 세포 조립 또는 신경 궤적에 의해 달성될 수 있다. 해마로 손상된 기억상실증 환자는 사건의 순서를 기억하는 것보다 거리와 기간을 추정하고 회상하는 데 문제가 훨씬 적다.

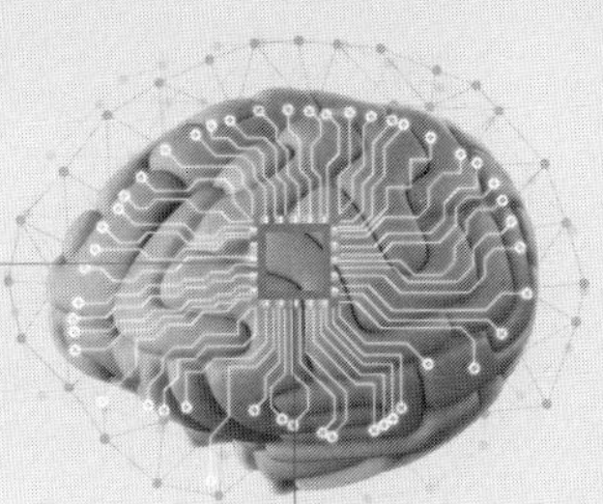

이득과 추상

구체적인 것에 보편성이 있다는 이 생각은 매우 중요하다.

—더글러스 R. 호프스태터(Douglas R. Hofstadter)[1]

추상화(abstraction)는 관점을 취하거나 특정 측면 또는 특정 각도에서 사물을 보는 것이다. 모든 과학은 추상화로 구별된다.

—풀턴 J. 신(Fulton J. Sheen)[2]

사랑은 일종의 추상화이다. 그러다가 혼자 잠을 자던 밤, 네가 아닌 베개에 몸을 웅크리고 누워 네 것이 아닌 발끝 소리가 들리는 그런 밤이 있다. 내가 당신을 완전히 떠올릴 수 있는 것은 아니다. 대신 당신의 생각을 받아들여야 한다.

—데이비드 리바이선(David Levithan)[3]

기마 궁술은 훈족, 마자르족, 몽골족을 포함한 유라시아 대초원의 대부분의 유목민과 미국 평원의 아메리카 원주민이 사냥과 전쟁에 사용했다. 이후 전쟁과 사냥이 총에 의존하게 되면서 궁술은 무술로 발전했다. 당신의 말이 시속 50km로 달리는 동안 움직이는 목표물인 적 전사를 쏘려고 한다고 상상해 보라. 아마도 'The Master'로 알려진 러요시 카사이(Lajos Kassai)만큼 질주하는 말에서 화살을 쏘는 것에 대해 더 많이 아는 사람은 없을 것

1) Hofstadter(1979).
2) https://www.diannasnape.com/abstraction/.
3) Levithan(2011).

이다. 말을 타고 있는 동안 카사이는 초인간적으로 보인다. 그는 목표를 놓치지 않는다.[4] 그는 마스터에게는 수십 년의 힘든 훈련을 거친 후 조준하는 본능이 있다고 말한다. 기마 궁수는 눈과 손의 협응, 근육 활동 패턴, 화살 궤적, 무의식적인 거리 계산의 조합에 의존하여 목표물을 명중시킨다. 20초 안에 10개의 목표물을 맞추는 것을 목표로 할 때 의도적인 계산을 허용하는 일이 너무 많다. 궁수의 눈, 머리, 몸통; 말의 몸; 그리고 말의 몸, 머리, 눈은 모두 자신의 독립적인 좌표 프레임에 포함되어 있다. 이 모든 것에 적 전사에 대한 동일한 수의 자유도를 곱한 다음 그의 각도와 이동 방향을 계산해 보라.

말을 타거나, 눈을 움직이거나, 환경을 탐색하는 것은 동일한 조정 원리를 이용한다. 모든 좌표는 다른 관점이다(제10장). 모든 좌표 프레임에서 정보는 먼저 일반화되고 새로운 관찰자 중심 분류기에 의해 범주로 분리된다. 효과적인 운동-감각 활동을 달성하기 위해 다운스트림 리더 네트워크는 관점에 따라 정보를 추출해야 한다.[5] 이득(gain)은 이러한 조정된 변환 및 추상화(abstraction) 문제를 지원하는 메커니즘이다.

이득의 원리와 메커니즘

라디오의 볼륨 다이얼을 돌리는 것은 사운드 생성을 위한 이득(gain) 컨트롤 메커니즘이다.[6] 이득 변조에는 증폭기와 변조기의 두 가지 소스가 필요하다([그림 11-1]). 소스를 곱하거나 나눌 때 이러한 상호작용은 소스를 추가(또는 빼기)할 때 예상되는 것보다 크기가 더 크거나 작은(이 경우 이득은 음수임) 출력을 생성한다.

이러한 비선형 이득 변조는 뇌에 널리 퍼져 있으며 광범위한 결과를 가져오며 개별 뉴런이나 시냅스의 다른 메커니즘에 의해 또는 뉴런 네트워크에서 더 큰 규모로 달성되어 이것이 중요한 작업임을 나타낸다. 이득 제어는 또한 뉴런 궤적에서 이벤트의 연속이 느리고

---

4) 여기에서 그의 행동을 볼 수 있다. https://www.youtube.com/watch?v=a0opKAKbyJw; https://www.youtube.com/watch?v=2yorHswhzrU하다. Kassai는 영화에서 할리우드 배우 Matt Damon을 활을 다루는 방법을 훈련시켰다.

5) 인공지능 알고리즘은 또한 계층적 추상화 문제에 직면해 있다. 최고 성능의 심층 Q 네트워크(DQN; Minh et al., 2017)는 이미지에 존재하는 로컬 상관관계를 활용하고 관점과 규모의 변환을 통해 발전한다. 프로그램의 명백한 목표는 보상을 최대화하는 방식으로 행동을 선택하는 것이다. 따라서 접지는 (모방된) 동작을 기반으로 하다.

6) 전기 공학에서 이득은 종종 신호 증폭 또는 증폭과 동의어로 사용된다. 증폭기의 이득은 로그 단위인 데시벨(dB)로 측정된다. 10배의 입출력 증가는 10dB의 이득에 해당한다. 100배 증가는 20dB(또는 각각 1과 2의 10승)를 나타낸다. LFP(Local Field potential) 및 EEG(electroencephalogram)의 전력 스펙트럼은 종종 이러한 이득 계수를 특징으로 한다.

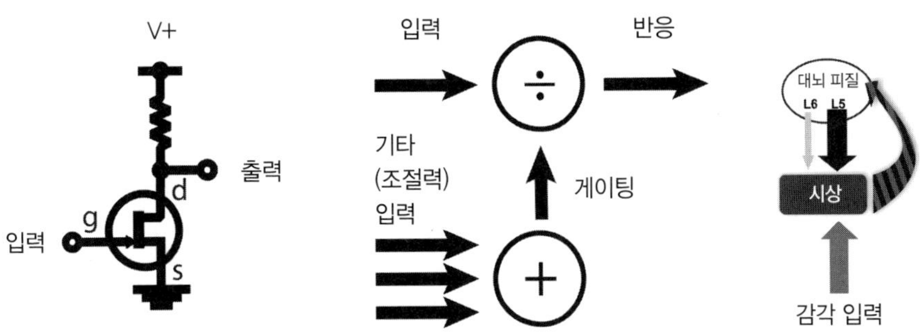

[그림 11-1] **왼쪽**: 전자 회로의 이득(gain) 제어. 반도체의 소스(s)에서 드레인(d)으로 흐르는 전류의 크기는 게이트(g)에 작은 전류를 인가하여 조정할 수 있다. 입력(게이트)의 작은 변화는 출력 전압(V_{out})의 큰 변화를 초래한다. **중간**: 이득(gain) 일반적인 구현. 입력-출력 전송은 나눗셈 또는 곱셈 회로에 의해 변조되고 두 번째 게이팅 입력에 의해 변조된다. 노르에피네프린 및 아세틸콜린과 같은 모든 피질하 신경 조절제는 이 원리에 의해 신경 전달을 제어한다. **오른쪽**: 시상에서 감각 입력 전달의 피질 이득 조절. 시상 피질 뉴런은 피질하(회색 화살표) 및 피질(피질 5층 및 6층에서 수렴 입력을 받는다). 6층 입력은 시상 피질 뉴런을 거의 방전시키지 않지만 감각 입력에 대한 반응을 향상시켜 이득 제어를 제공할 수 있다. 5층 입력은 시상 피질 세포를 효과적으로 방출할 수 있으며 입력보다 오래갈 수 있는 지속적인 시상 피질 활동의 유지에 기여할 수 있다. 시상의 출력은 구부러진 검정 및 회색 줄무늬 화살표로 표시된다.
출처: Groh et al.(2014)의 시상 그림.

빠른지 여부를 결정할 수 있다. 따라서 뉴런 시퀀스의 이득 제어 변화율은 원칙적으로 시간 개념을 대체할 수 있다(제10장). 여기에서는 이득(gain) 제어가 뉴런 회로에서 구현되는 몇 가지 방법을 나열한다. 세부 사항에 관심이 없다면 다음 몇 개의 하위 섹션을 건너뛸 수 있다.

이득 컨트롤의 뉴런적 구현

망막에 닿는 빛의 강도는 어두운 밤부터 맑은 날까지 9배 정도(10억 배의 변화) 변화한다. 동공 직경의 변화와 망막의 원추체와 간상체의 화학적 적응을 포함한 많은 주변 메커니즘은 망막 신경절 세포의 빛 반응과 시각 시스템으로 보내는 메시지를 효과적으로 감소한다. 여전히 시각 뉴런은 넓은 동적 범위를 처리해야 한다. 해결책은 입력의 절대 크기가 아니라 알려진 강도의 상대적 변화에 응답하는 것의 대비다. 평균 배경 강도와 이 평균으로부터의 편차에 대한 정보를 수신함으로써 뉴런은 모든 빛 강도에 대한 비율 또는 대비를 계산할 수 있다. 이 프로세스는 통계에서 용어를 차용하는 일종의 정규화인데, 이는 본질적으로 나눗셈이다.[7]

분로(shunting)

여러 메커니즘이 이러한 넓은 감도 범위를 달성하는 데 기여한다. 첫 번째 메커니즘은 개별 뉴런에서 제어를 얻는 것인데, 다른 입력을 기반으로 주어진 입력에 대한 해당 뉴런의 응답이 변경된다. 각 뉴런은 흥분성 및 억제성 뉴런으로부터 수백에서 수천 개의 시냅스를 받다. 그것이 출력 활동 전위로 반응하는지 여부는 모든 입력에 대한 억제 대 흥분의 비율에 따라 다룬다. 그러나 그 비율이 5개의 흥분성 뉴런과 2개의 억제성 뉴런 또는 500개의 흥분성 뉴런과 200개의 억제성 뉴런에서 나오는 것인지 여부도 중요하다. 많은 채널이 열리면 세포 외 환경과 세포 내 환경 사이의 저항이 감소한다. 즉, 이온이 뉴런의 내부와 외부 사이를 자유롭게 흐를 수 있기 때문에 막을 통한 전도도가 증가한다. 이 상태에 대한 기술 용어는 '분로(shunting)'이다. 왜냐하면 수많은 개방 채널이 단락 회로로 작동하기 때문이다. 이는 오븐, 토스터, 식기세척기를 동시에 켰을 때 병렬저항이 회로를 분로시켜 차단기가 터지는 상황과 유사하다. 따라서 여기와 억제의 증가가 균형을 이룰 때 발생하는 것처럼 막 전압이 동일하게 유지되더라도 많은 채널이 열려 있으면 입력이 뉴런에 미치는 영향이 줄어드는 것은 증가된 전도도가 시냅스 전류의 효능을 감소시키기 때문이다. 본질적으로 뉴런에 대한 시냅스 입력의 효능은 동시에 뉴런에 충돌하는 다른 모든 입력의 결합된 효과에 의해 분할되거나 정규화된다.[8] 이득의 변화는 선택성 또는 판별 속성에 영향을 주지 않고 입력 변화에 대한 뉴런의 민감도를 변경한다. 시냅스의 이득 또는 효능은 덧셈(뺄셈) 방식과 반대로 곱셈(나누기) 방식으로 뉴런 인구의 배경 활동에 의해 증폭되거나 할인된다.[9]

억제

이득 조절의 두 번째 메커니즘은 감마 아미노부티르산(GABA$_A$를 통해 작용하는 억제 시냅

7) 정규화는 이득 변조의 특별한 경우이며, 여기서 '정규화'(분모)는 응답을 결정하는 신호의 상위 집합이다(Carandini & Heeger, 1994, 2012). 이 경우 한 뉴런의 입력은 동일한 뉴런에 대한 수많은 다른 입력의 영향을 받는 요소이다.

8) 이 정규화 효과는 시냅스 입력 전류 때문에 옴의 법칙의 결과다. I 주어진 막 전위에서 V 가 막 전도도 g에 의해 조정되기 $I = gV$와 같이 된다. 주어진 상수를 곱하면 응답성의 확대 또는 축소에 따라 입력-출력 관계의 기울기 또는 이득이 변경된다.

9) 뉴런 이득의 증가는 곱셈에 해당하고 감소는 나눗셈에 해당한다. 신경 산술에 대한 훌륭한 요약은 Silver(2010)의 것이다.

스에서 발생한다) 수용체를 통해 일어난다.[10] 이 수용체는 뉴런의 휴지막 전위에 가까운 평형 전위를 갖는 염소 이온을 투과할 수 있다. 결과적으로 GABA 수용체의 활성화는 상대적으로 조용한 뉴런의 막 전위를 거의 변화시키지 않지만 뉴런을 차단하므로 흥분성 입력에 대해 음의 이득(분할)을 가져온다.[11] 이 메커니즘은 측면 억제를 통해 서로 경쟁하기 때문에 세포 어셈블리의 지속 가능성에 중요하다. 이러한 이득 제어 메커니즘은 스파이크 생성에 영향을 주어 뉴런에서 뉴런으로 스파이크의 전달에 영향을 준다.

단기 가소성

이득 제어 메커니즘의 세 번째 제품군은 뉴런에 대한 입력에 작용한다. 수상돌기의 근처에 있는 많은 입력이 활성화되면 서로의 효과를 증폭하여 대수적 합보다 더 큰 영향을 미친다.[12] 단일 시냅스에서 작용하는 훨씬 더 선택적 이득 제어는 시냅스 강도의 단기 가소성을 통해 달성될 수 있다. 시냅스 전 뉴런의 활동전위의 시냅스 효능은 시간이 지남에 따라 고정되지 않고 큰 변동을 보인다. 일부 시냅스는 증가('흥분성 시냅스')하는 반면, 다른 시냅스는 연속적으로 나중에 입력 스파이크에 대한 반응을 감소('억제성 시냅스')한다.[13] 우울증은 피질 피라미드 뉴런 사이의 시냅스에서 단기 가소성의 주된 형태이다. 입력 뉴런이 천천히 발화할 때 유발된 시냅스 후 반응의 크기는 비슷하다. 그러나 뉴런이 빠르게 발화하면 시냅스 후 반응의 크기가 시간이 지남에 따라 감소한다. 입력 스파이크 사이의 간격이 빠를수록 시냅스 우울증이 더 강해진다. 스파이크의 공세가 끝난 후 기준 반응의

---

10) Alger & Nicoll(1979); Kaila(1994); Vida et al.(2006).

11) 자세한 내용은 다음을 참조: http://www.scholarpedia.org/article/Neural_inhibition. 억제성 시냅스가 흥분성 시냅스와 스파이크 개시 부위 사이의 경로에 있는 경우 단락 시냅스가 더 효과적이다. 억제성 시냅스 후 전류와 흥분성 시냅스 후 전류 전위가 채널을 열어 막에서 누출을 유발하기 때문에 단락은 억제 또는 흥분에 의해 유발되든 공간적으로 국소화된다. 션트에 의한 이득 변조는 많은 수의 뉴런이 영향을 받을 때와 일반적으로 감마 주파수 진동 동안 발생하는 짧은 시간 창에서 상대적으로 균형 잡힌 여기 및 억제 증가가 있을 때 더 분명해진다. 균형 잡힌 배경 활동은 흥분성 입력에 대한 반응의 대략 곱셈 이득 변조를 생성한다(Chance et al., 2002).

12) Rodolfo Llinás는 수상돌기가 단순히 수동적 통합자가 아니라 뉴런의 계산 능력을 강력하게 향상시킬 수 있는 능동 전압 감지 채널을 가지고 있음을 최초로 입증한 사람 중 한 명이다. Mel(1999); Magee(2000) 참조하라.

13) 주파수 의존 단기 강화(STP)는 시냅스 전 소포 공급이 빠르게 고갈되거나 시냅스 후 수용체가 둔감할 때 발생한다. 단기 촉진은 또한 시냅스 전후 메커니즘을 모두 가질 수 있다(Thomson & Deuchars, 1994; Markram & Tsodyks, 1996; Zucker & Regehr, 2002). English et al.(2017)은 다양한 시간 규모에서 주파수 필터링 및 증폭을 수행할 수 있는 피라미드형 세포와 중간 뉴런 사이의 다양한 형태의 스파이크 전송 메커니즘을 설명했다. 이러한 유연한 메커니즘은 외부 영향 없이 셀 어셈블리를 이동하는 데 도움이 될 수 있다.

회복은 각 시냅스 유형에 대한 특징적인 시간 상수와 함께 약 1초가 걸릴 수 있다. 입력 스파이크의 비율이 증가함에 따라 시냅스를 누르는 것이 점점 덜 효율적이 되기 때문에 뉴런 전달의 저역 통과 필터(low pass filter)로 생각할 수 있다. 반대로 시냅스를 촉진하는 것은 고역 통과 필터(high pass filter)이다. 결과적으로 시냅스 후 뉴런의 반응은 시냅스 전 뉴런의 평균 입력 속도가 아니라 속도의 변화를 반영한다. 따라서 단기 시냅스 가소성은 뉴런을 '비율 측정기'로 바꾼다. 단기 가소성의 비선형성은 분할 이득 변화를 통해 입력-출력 관계를 변환한다.[14] 따라서 메커니즘은 다르지만 이득 제어는 단일 시냅스와 단일 뉴런 모두에서 작동한다. 시냅스의 동적 변화를 통한 제어 획득은 시간 왜곡(제10장)으로 개념화될 수 있는 뉴런 시퀀스의 뉴런 간의 변화 속도를 조정할 수 있다.

신경 조절

뉴런 네트워크에서 이득 제어는 다수의 유사한 뉴런에 영향을 미치는 메커니즘에 의해 달성된다. 재순환 흥분(recurrent excitation)은 신경망에서 비선형 곱셈의 빈번한 소스다. 아세틸콜린, 노르에피네프린, 세로토닌, 도파민 및 히스타민과 같은 피질하 신경 조절제는 한 가지 공통점을 공유한다. 바로 전도도에 영향을 미치고 출력 발사 속도에 승법 이득 제어를 가함으로써 표적 뉴런의 흥분성에 큰 영향을 미친다는 것이다. 흥분성 외에도 신경 조절은 이온 채널을 표적으로 하여 시냅스 특성과 비선형 막 특성 사이의 균형에 영향을 줄 수 있다. 몇몇 신경 조절제는 또한 시냅스전 말단을 표적으로 한다. 시냅스 전 수용체는 시냅스 틈으로 방출되는 신경 전달 물질의 양을 조절하여 시냅스 효능에 영향을 미칠 수 있다.[15] 피질하 신경 조절제는 일반적으로 많은 뉴런에 동시에 영향을 미치기 때문에 뉴런 네트워크에서 이득 제어에 중요하다.[16]

전도도(conductance) 변화, $GABA_A$ 수용체 매개 션트, 측면 억제, 시냅스 억제, 수지상 부스팅, 반복적인 여기 및 피질하 신경조절은 피질 회로의 도처에 있는 기능이다. 따라서

---

14) Abbott et al.(1997); Rothman et al.(2009).

15) 이온 채널 조절이 되도록 허용하지만, 이온 채널은 다른 메커니즘을 통해서도 조절될 수 있지만 일반적으로 신경 조절제가 G-단백질 결합 수용체에 결합하고 후속적으로 2차 전령이 활성화된다. 2-기공 도메인 칼륨(K^+) 채널 계열은 다양한 뉴런에서 누출 전도도의 상당 부분을 담당하며 피질하 신경 전달 물질은 누출 전도도를 효과적으로 조절한다(Kaczmarek & Levitan, 1986; Bucher & Marder, 2013). 이것은 네트워크 역학에 대한 강력한 영향을 설명할 수 있다.

16) 이득 조절에서 노르에피네프린의 역할은 Aston-Jones & Cohen(2005)에 의해 폭넓게 검토되었다.

이러한 메커니즘 중 하나는 단독 또는 조합으로서 이득 제어를 생성 연결 네트워크하여 다양한 방식으로 입력-출력 변환에 영향을 준다. 신경 조절제는 또한 신경 어셈블리를 통한 스파이크 전달 속도에 영향을 줄 수 있기 때문에 이러한 효과는 생리학적 효과에 영향을 줄 수 있는 신경 조절제 및 약물이 주관적 시간의 가속 또는 감속으로 이어질 수 있는 이유를 설명할 수 있다.

입력 크기 정규화

이득 변조의 가장 분명한 예는 앞서 언급한 광도 변화에 대한 적응과 같이 다양한 강도의 자연적 자극에 대한 감각 시스템의 반응일 것이다. 시상의 입력을 처리하는 첫 번째 피질 처리 스테이션인 1차 시각 피질의 피라미드 뉴런은 발화 속도의 동적 범위가 제한되어 있어 제한된 범위의 대조에 차등적으로 반응하는 능력이 제한된다. 그러나 시상 입력을 받는 뉴런은 다른 많은 피질 뉴런에서도 입력을 받는다. 이 배열은 시상 입력의 영향이 다른 많은 뉴런의 피드백 여기로 인해 발생하는 전도도 증가에 의해 비례적으로 감소(축소)되도록 한다([그림 11-2]). 이것은 다름 아닌 나누기다.

관련 메커니즘은 억제 매개 경쟁이다. 1차 시각 피질에서 뉴런이 선호되는 방향 자극에 반응하는 것은 비선호적인 방향을 중첩함으로써 억제될 수 있다. 이는 비선호 방향을 가진 뉴런의 활동이 억제성 뉴런을 흥분시키고, 이는 다시 자신이 선호하는 자극에 대한 뉴런의 반응을 억제하기 때문에 발생한다.[17] 냄새의 정도와 음의 강도도 상당히 다른데 유사한 메커니즘이 성향 변화를 계산하는 역할을 할 수 있다. 필요한 것은 두 개의 입력, 즉 뉴런을 활성화시키는 특정 입력과 분열적 정규화를 생성하는 또 다른 입력이다.[18]

---

17) 원칙(정규화의 필요성)에 대해서는 동의하지만, 전도 변화, 억제 또는 기타에 의해 분열이 발생하는지 여부에 대한 논쟁이 지속된다(Carandini & Heeger, 1994, 2011; Murphy & Miller, 2003). 정상화는 양극성 및 신경절 세포의 출력 스파이크가 주변 영역의 빛 대비에 의해 유도된 다른 신경절 세포의 활동으로 분할되는 망막에서도 작동하는 것으로 생각한다(Normann & Perlman, 1979).

18) 경쟁 정규화는 후각 처리 중 파리 안테나 엽에서 설명되었다. 여기에서 투영 뉴런은 후각 수용체로부터의 자극과 다른 투영 뉴런으로부터의 억제(피드포워드 또는 측면 억제)라는 두 가지 다른 입력을 받는다. 단일 냄새 물질이 다른 많은 냄새 물질과 혼합될 때, 선호하는 냄새 물질에 대한 투사 뉴런의 반응은 냄새 물질의 혼합물에 의해 다른 많은 파트너 뉴런의 동시 활성화에 의해 감소될 수 있다. 분할 정규화는 후각 수용체 뉴런 집단의 총 활성 크기에 따라 조정된다. 투영 뉴런의 활동을 증가시키면 좋아하는 자극에 대한 반응이 약해질 뿐만 아니라 일시적이다(Olsen et al., 2010).

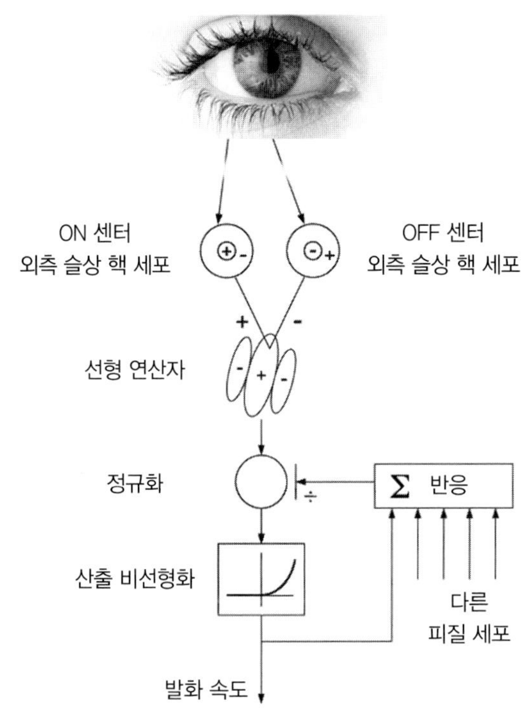

[그림 11-2] 신경 정상화의 그림

선형 단계는 외측 슬상 핵(LGN)을 통해 망막의 상보적 입력을 결합한다. 시각 피질의 뉴런은 '중심에 있는' 뉴런(즉, 시각 입력에 반응하는 뉴런)의 반응을 합산하고 '중심을 벗어난' 뉴런(즉, 수용장이 온의 영역 밖에 있는 뉴런)의 응답을 뺀다. –중심 뉴런). 이것은 선형 연산이다. 측면 억제 하위 영역은 여기와 억제의 반대 배열에 의해 얻어진다. 션트 기반 정규화 메커니즘은 선형 단계의 응답을 많은 수의 피질 세포의 풀링된 활동으로 나눈다. 이것은 비선형 연산이다.

출처: Carandini & Heeger(1994).

좌표 시스템을 변환하여 관점을 변경한다

이제 이득 제어 메커니즘을 신호 변환에 활용하는 방법을 살펴보겠다. 자동차를 운전할 때 시선은 전방의 차량에 고정된다. 라디오의 볼륨을 줄이려면 볼륨 다이얼에 손을 뻗으면 된다. 사실상, 중앙 시야로 트래픽에 주의를 기울이고 주변 시야로 볼륨 노브에 주의를 기울이면서 다중화하고 있다. 사람의 눈은 안와에서 많이 움직이기 때문에 눈, 머리, 몸통의 상대적 위치는 시시각각 변한다. 따라서 시각 시스템의 뉴런에 의한 눈 중심 공간의 망막 출력 및 망막 주제 표현은 손의 도달 운동에 많은 도움이 될 수 없다. 망막 이미지는 먼저 머리 및 몸 중심 좌표 프레임으로 변환되어야 한다.[19]

수용장과 이득장

시각 시스템의 뉴런은 수용장을 가지고 있는데, 이는 망막의 주어진 지점에 해당하는 특정 위치(최대 응답)에 자극이 제시될 때 최대로 반응한다는 것을 의미한다([그림 11-3]). 시야를 가로질러 서로 다른 위치에 조명된 스폿을 연속적으로 투사하여 눈이 자발적으로 대상에 고정될 때 수용장을 쉽게 매핑할 수 있다. 피크 응답과 피크를 둘러싸는 감소하는 응답은 수용장인 원뿔 모양의 응답 패턴을 형성한다.[20]

시각 영역과 후두정 피질의 많은 뉴런에는 이러한 망막 수용장이 있다. 그들은 일반적으로 기본 시각 영역보다 정수리 피질에서 훨씬 크다. 그러나 캘리포니아 공과 대학교의 리처드 앤더슨(Richard Andersen)의 획기적인 실험에서 볼 수 있듯이 두정엽 뉴런은 눈 위치에 대한 정보도 전달한다. 그와 그의 동료들은 두정 피질 뉴런이 기록되는 동안 프로젝션 스크린의 작은 십자가에 고정하도록 원숭이를 훈련했다. 수용 영역이 점 자극으로 매핑된 후 고정 지점을 변경하여 안와에서 눈을 움직였다. 또한 점은 항상 뉴런의 수용장의 중앙에 머물도록 이동되었다. 따라서 선호하는 망막 지점에 대한 시각적 입력은 실험 내내 동일하게 유지되는 반면 눈의 위치는 체계적으로 변경되었다. 정수리 뉴런의 발화 반응은 눈 위치의 함수로 다양했다. 일부 위치에서는 응답이 컸지만 다른 위치에서는 더 작거나 심지어 사라졌다. 이 속도 변조에는 공간 패턴이 있으며 저자는 이를 '이득 필드'라고 불렀다([그림 11-3]). 뉴런의 발화율은 수용장 프로파일에 의해 유도된 발화율과 눈 위치에 의한 변조로 인한 요인을 곱하여 근사할 수 있다. 따라서 '이득(gain)'이라는 이름이 붙었다. 이 선구적인 실험은 시각적 개체의 망막 위치에 대한 신경 반응이 정수리 피질 신경 세포의 눈 위치에 의해 배수적으로 조정된다는 것을 보여 주었다.[21]

---

19) 신체에 대해 끊임없이 변화하는 망막 입력을 보상하는 메커니즘은 결과적으로 방전을 나타낸다(제3장 참조).

20) 시각 수용 영역은 해마 장소 세포의 장소 영역과 관련이 있다는 아이디어이다(제6장). '수용장'이라는 용어는 감각 시스템 연구의 핵심이다. 위치 외에도 시각 뉴런은 속도, 방향 및 방향과 같은 빛 자극의 다양한 기능에도 반응한다. 수용장 내 반응의 크기는 뇌 상태와 같은 여러 요인의 영향을 받을 수 있다. 신경과학의 모든 분야에서 확고한 관찰은 뇌 상태가 수면과 깨어 있는 동안 변화하여 신경 반응의 크기와 선택성에 큰 영향을 미친다는 것이다.

21) Andersen et al.(1985)의 원숭이 정수리 피질 영역 7a에서의 이러한 관찰을 수행했다. 여러 다른 실험실에서 확인되어 복측 두정내 영역(VIP)을 포함한 다른 피질 영역으로 확장되었다. 머리 위치 변조된 뉴런은 정수리 내 고랑의 측면 은행에서 발견된다(LIP; Brotchie et al., 1995). 손 위치 뉴런은 두정엽 도달 영역(PRR)이라고도 불리는 내측 은행에서 발견된다. 그 이유는 PRR 단위가 도달 운동의 목표로 사용될 때 시각적 자극에 대해 공간적으로 선택적이기 때문이다(Chang et al., 2009).

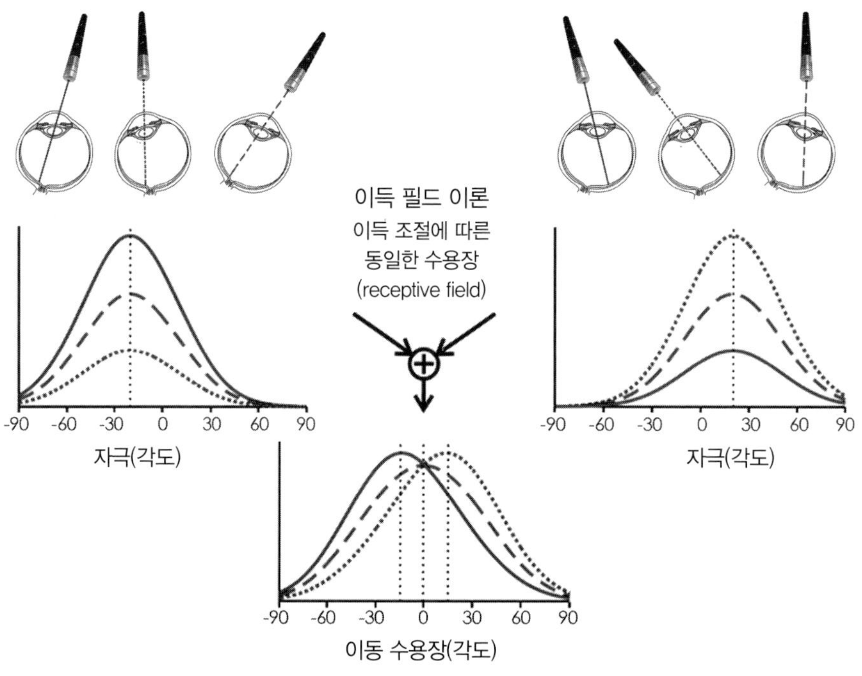

[그림 11-3] 두정엽 피질의(parietal cortex) 필드 메커니즘
상단 패널은 눈 위치에 의해 이득 변조되는 두 뉴런의 가상 수용장을 보여 준다. 각 그래프의 3개의 선은 3개의 다른 눈 위치에서 응시에 대해 매핑된 시각적 수용장을 나타낸다. 레이저 광은 전체 망막을 스캔할 수 있다. 여기에는 한 지점(최대 수용장 응답)만 표시된다. 눈 위치는 두 뉴런의 반응 강도를 조절하지만 수용 영역은 동일하게 유지된다. 그러나 이 두 이득 변조 신경 응답(하단 패널)을 합하면 눈 위치의 함수로 출력의 수용장이 이동한다.
출처: Zipser & Andersen(1988).

이후의 실험은 정수리 뉴런의 시각적 반응이 머리 위치와 손 위치에 의해서도 영향을 받는다는 것을 보여 주었다. 이 눈과 손 이득 필드는 독립적이지 않고 대신 동등하고 반대되는 강도를 가지므로 눈-손 이득 필드는 피질 처리의 동일한 단계에서 기준 프레임 변환과 움직임 계획을 결합한다. 전반적으로 두정 피질의 이러한 메커니즘은 시선을 안내하는 데 눈이나 머리가 사용되는지 여부에 관계없이 시선 방향이 이득 변조에 사용할 수 있음을 보장한다.[22]

22) 눈, 머리 및 손의 위치 외에도 다른 유형의 신호는 동공의 경계, 목표 거리, 색 대비 및 감각 신호 자체의 예상 확률을 포함하는 이득 필드를 생성하여 신경 세포의 이득 변조가 활동은 일반적인 계산 메커니즘이다.

망막 보기 및 운동 조정

이러한 신경 메커니즘은 운전 중에 라디오의 볼륨 노브에 도달하는 방법을 설명할 수 있다. 제10장에서 논의한 바와 같이 두정 뉴런은 시각, 청각 및 촉각 자극을 움직이는 방향과 속도에 민감하므로 이 뇌 영역은 이 작업을 지원하기에 좋은 후보이다. 전운동 피질에 대한 연결을 통해 두정엽 피질은 다중 모드 참조 프레임을 인코딩하고 참조 프레임에서 좌표 변환을 수행할 수 있다. 작업을 올바르게 수행하려면 두정 피질 뉴런 또는 그 대상이 현재 응시 각도와 손의 대상 위치(무전기의 손잡이) 사이의 관계를 계산해야 한다.

일반적으로 움직임 궤적 프로그래밍은 감각 좌표의 정보를 눈, 머리, 팔 또는 신체에 적합한 좌표 시스템으로 변환해야 한다. 정수리 뉴런의 전체 모집단을 고려하는 대신 단순화를 위해 4개를 고려해 보자([그림 11-4]). 목표는 시선 각도에 관계없이 시각적으로 제어되는 손잡이로 팔을 안내하는 것이다.[23] 이 단순한 상황에서 몸체와 손잡이 사이의 관계는 고정된 것으로 간주될 수 있으므로 시선과 몸체 사이의 변화하는 관계만 계산해야 한다. 우리가 보았듯이 정수리 뉴런은 궤도에서 눈의 위치를 '알고' 이 정보를 물체의 망막 좌표에 추가할 수 있다. 4개의 정수리 뉴런의 합산 활동을 계산함으로써 다운스트림 리더 뉴런은 응시-신체 관계를 추론할 수 있다. 이러한 판독기 뉴런의 응답 크기는 응시 각도가 변경됨에 따라 이동한다. 따라서 팔의 타깃(노브)의 공간 좌표는 시선 방향이 이동함에 따라 지속적으로 업데이트될 수 있다.

불행하게도, 이 좋은 설명은 실제 인구 데이터와 변환에 대한 상세한 생리학적 탐색보다는 이론적인 모델링을 기반으로 한다. 그러나 이득 변조된 뉴런이 좌표 시스템을 변환할 수 있는 원리는 실행 가능한 메커니즘을 보여 준다. 다행히도 일부 실험은 좌표 변환의 가상 판독기 뉴런의 존재를 뒷받침한다. 정수리 피질과 전운동 피질 모두에서 일부 뉴런은 시선 방향과 무관하게 물체 위치의 수평 방향과 고도를 인코딩한다. 따라서 이러한 뉴런은 머리 중심의 참조 프레임에서 공간적 위치를 나타낸다.[24]

---

23) 이 연습에서는 이동 궤적이 구성되는 방식을 무시한다. 신경과학의 큰 분야는 그 복잡한 문제를 다루고 있다(Shenoy et al., 2013).

24) Duhamel et al.(1997); Graziano et al.(1997). Fogassi et al.(1992)는 원숭이의 전운동 피질(하부 영역 6)에 있는 뉴런이 시각적으로 안내되는 움직임을 프로그래밍하는 데 필요한 안정적인 신체 중심 기준 프레임을 제공한다는 것을 보여 주었다.

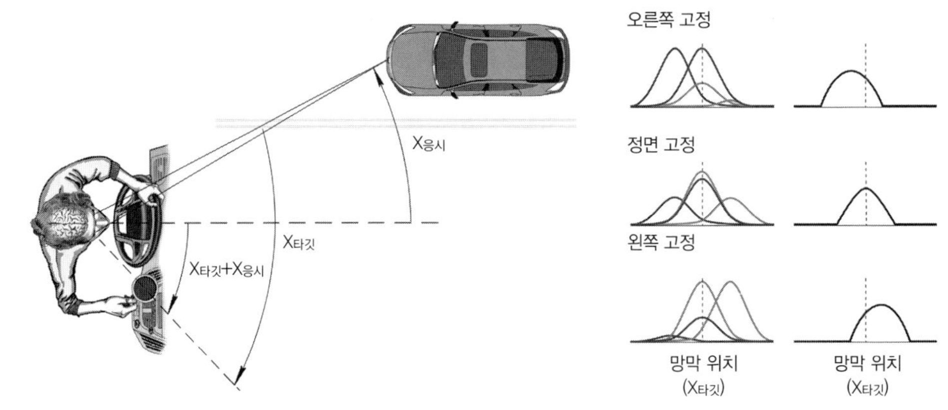

[그림 11-4] 이득 필드가 좌표 변환을 지원한다

왼쪽: 주행 중 시각 시스템이 수행하는 좌표 변환. 운전하는 동안 시선을 돌리지 않고 라디오의 볼륨 조절 손잡이에 손을 대고 싶을 수 있다. 몸체에 대한 손잡이의 위치는 두 점선 사이의 각도로 표시된다. 단순화를 위해 처음에 손이 좌표계의 원점에서 몸체에 가깝다고 가정한다. 운전자가 어디를 보고 있는지, 즉 응시 각도(X응시)에 관계없이 손잡이 방향으로 도달 동작이 발생해야 한다. 망막 좌표에서 대상의 위치(즉, 고정점 기준)는 X타깃이지만 이는 응시에 따라 다르다. 그러나 신체에 대한 상대적인 위치는 X타깃 + X응시로 주어지며 응시에 따라 달라지지 않다. 이 메커니즘에 의해 망막 또는 눈 중심에서 신체 중심 좌표로의 변경이 수행된다. **오른쪽**: 여러 이득 변조 뉴런의 활동을 결합하면 변화하는 반응을 일으킬 수 있다. 왼쪽 열은 자극 위치의 함수로서 4개의 이상화되고 이득 변조된 정수리 뉴런의 응답을 보여 준다. 오른쪽의 세 곡선은 다운스트림 관찰 장치의 구동에 해당하는 4개의 이득 변조 뉴런의 합계이다.

* Selinas & Sejnowski(2001)에서 영감을 받음.

좌표 프레임을 전환하는 것은 많은 정보를 버리고 새로운 관점에서 필수 기능만 추출하는 놀라운 위업이다. 시각적 두정엽 영역의 하류 구조는 적어도 우리의 예에서는 눈이 보고 있는 것과 도달해야 하는 위치만 알면 된다. 도달 동작은 변형된 신경 패턴에 대한 기반을 제공하는 광범위한 운동 연습을 통해 학습되어야 한다.[25] 행동과 그 결과에 대한 피드백이 없다면 상류 입력에 대한 신경 세포의 반응은 뇌에 횡설수설로 남는다.

서로 다른 참조 프레임에 의한 추상화

눈 중심 좌표와 신체 중심 좌표 간의 변환이 뉴런 이득 메커니즘만 필요로 한다는 점은

25) 부품, 서로의 거리(제3장), 주변 세계와의 관계는 실습을 통해 배우고 유지해야 한다. 경험은 승산 이득 변조를 통해 고유수용성, 필연적인 방전 신호에 의해 감각 정보를 접지할 수 있다. 모든 초보 자동차 운전자의 일반적인 실수는 머리가 돌아가는 방향으로 핸들을 돌리는 것이다. 이것은 뇌의 자연스러운 작용이다. 자동차와 같은 큰 체외 확장을 명령하는 것은 우리의 생물학에 뿌리를 두고 있지 않다.

주목할 만하다. 이러한 간단한 메커니즘이 하나의 좌표 변환에 대해 작동한다면 아마도 다른 회로에서 유사한 목적으로 배포될 수 있다. 즉, 두정 피질의 출력을 읽는 뉴런에 의해 전달되는 신체 중심 정보는 동일한 유형의 이득 제어 메커니즘을 사용하여 다음 계산 수준에서 추가 변환을 겪을 수 있다. 그 과정에서 망막 정보의 훨씬 더 복잡한 특징을 추출할 수 있다.[26] 다른 방향에서 대상을 보고, 접근하고, 만질 때 다중 경험은 시야에서 나타나는 위치에 관계없이 대상이 감지된 특정 조건을 제거하고 필수 기능만 남길 수 있다. 변환 불변성이라고도 알려진 이것이 추상화이다.[27]

주의에 의한 이득 통제

운전 시나리오는 원숭이가 (교통 대신) 십자가에 눈을 고정하고 동시에 무언가가 나타날 수 있는 시야의 특정 위치에 주의를 기울이도록 훈련함으로써 실험실에서 모방할 수 있다(볼륨 노브 대신). 이것은 몇 방울의 주스로 보상을 받는 광범위한 훈련을 통해 달성된다. 생리학적 측정은 방향 선택성 뉴런이 발견되고 시각 정수리 시스템에서 수용 영역이 확인된 후 시작된다. 이 영역의 많은 뉴런은 방향 선택적이라고 하는데, 그것은 특정 방향으로 움직이는 흑백 줄무늬에 최대로 반응하기 때문이다. 실험자는 줄무늬 격자를 여러 방향으로 이동하면서 실험해서 뉴런들의 튜닝 곡선을 얻을 수 있다.

측정은 두 가지 다른 조건에서 수행할 수 있다. 첫 번째 방법에서 원숭이는 뉴런의 수용 영역에서 무엇인가를 감지하도록 훈련된다(우리가 교통 체증에 시선을 유지하면서 주변 시선

26) Salinas & Sejnowski(2001)와 Salinas & Abbott(1995)는 아마도 이득 변조가 범용 좌표 변환 메커니즘이라고 가정한 최초의 사람이었을 것이며 Zipser와 Andersen(1988)의 초기 아이디어를 확장한다. 그들의 모델링은 유사하게 조정된 뉴런 사이의 흥분성 연결과 다르게 조정된 뉴런 간의 억제성 연결이 있는 반복적으로 연결된 네트워크의 뉴런이 가산 시냅스 입력에 대한 제품 연산을 수행할 수 있음을 보여 주었다. 앞에서 설명한 발사 속도 이득 변조 메커니즘을 사용하여 컴퓨터 모델에서 이득 제어 메커니즘의 손상은 편측 방치 환자에서 관찰된 다양한 결함을 설명할 수 있다(Pouget & Sejnowski, 1997a). 따라서 이득 제어는 다양한 표현 형식 사이의 암호가 될 수 있다.

27) 원숭이의 하측두엽(IT) 피질에 있는 뉴런(인간 두뇌의 중측 및 하측두회에 해당)은 물체에 똑같이 강하게 반응하며, 어떤 경우에는 물체가 시야에 나타날 때마다 어떤 배경에서도 얼굴에 똑같이 강하게 반응한다. 얼굴 선택 뉴런은 상측두고랑에서 더 널리 퍼져 있다. 다른 물체나 얼굴이 이러한 위치에 표시될 때 동일한 뉴런은 전혀 반응하지 않을 수 있다(Desimone, 1991; Miyashita, 1993; Logothetis & Sheinberg, 1996). 인간 연구 참가자의 내비 피질의 뉴런은 유명한 여배우 Jennifer Aniston과 같은 물체와 얼굴에 매우 선택적인 반응을 보인다. 이 뉴런은 만화나 배우의 이름을 써도 이 세포를 활성화할 수 있기 때문에 고도로 추상적인 특징을 나타낸다(Quian Quiroga et al., 2005). 이 가상의 좌표 변환 과정은 일화적 경험(제5장)에서 의미론적 정보의 형성을 연상시킨다.

으로 라디오 손잡이에 손을 갖다 댈 때 하는 것처럼 주의를 기울이기 위해). 두 번째 조건에서 동물은 반대쪽 시야에서 무언가를 감지하도록 요청받는다(주변 시야로 왼쪽 거울에 주의를 기울일 때 하는 것처럼). 원숭이의 시선은 항상 화면 중앙의 십자가에 고정되어 있기 때문에 주의하는 위치만 다르기 때문에 두 조건은 물리적인 면에서 모두 동일하다. 두 개의 조정 곡선의 모양은 예상대로 비슷하지만 원숭이가 뉴런의 수용장에 주의를 기울일 때 응답의 크기가 더 커진다. 가장 큰 차이는 수용장의 피크에서 발생한다. 수용장 외부에서 두 곡선은 동일하다. 간단히 말해서, 선택적 주의는 조정 특성을 변경하지 않고 일정한 요소로 뉴런의 응답을 곱하거나 '이득–조절'한다. 주의에 의한 이득 조절은 시각 후두정 피질 시스템의 모든 단계에서 잘 작동하며,[28] 다른 많은 뇌 영역에서도 효과가 있을 수 있다.

주의의 자율적 상관

주의는 으스스한 주관적인 용어이며 제임스(James)의 목록(제1장)에 있는 중요한 항목이다. 은밀한 행동으로 뇌에 수많은 전극을 배치하는 것 외에는 직접적인 조사가 불가능하다. 그러나 우리가 움직이지 않고 눈이 회전하지 않더라도 우리가 무언가에 집중할 때 여전히 관찰 가능한 변화가 있을 수 있다. 앞서 논의한 바와 같이, 신경 조절제는 이득 조절에 중요하다. 이들 중 두 가지인 아세틸콜린과 노르에피네프린은 동공의 직경을 조절한다. 흥분하면 노르한에피네프린 수치가 높아지고 신경 세포 증가가 증가하며 동공이 수축된다.[29] 따라서 동공 직경은 주의력에 대한 객관적인 판독값이 될 수 있다.

이 가능성을 다루는 실험에서 인간 연구 참가자는 다양한 시각적 및 의미론적 특징을 가진 이미지를 인식하도록 훈련되었다. 참가자들에게 알려지지 않은, 하나의 시각적 특징과 하나의 의미론적 특징은 금전적 보상을 예측했다. 일부 참가자는 시각적으로 편향되어 있고 다른 일부는 의미론적 특징에 편향되어 있어 조사관이 기능적 이미징을 사용하여 참가

28) 변조주의에 의한 이득 변조 모란과 Desimone(1985), 지역 V1, V2, V4 및 TEO 뉴런에서 녹음에 의해, 그리고 MT 지역(Treue & Martinez-Trujillo, 1999)과 V2와 V4(McAdams & Maunsell, 1999)의 작업에 의해 곧 복제되었다. 후자의 연구는 또한 주의가 고정된 응답 이득 인자를 적용하여 신경 스파이크를 승법적으로 증가시킨다는 것을 보여 주었다. Reynolds & Heeger(2009)의 리뷰는 주의 변조 이득 제어의 여러 측면과 이점에 대해 논의한다.

29) 동공 직경은 청반(locus ceruleus) 노르아드레날린성 뉴런에서 스파이크 활동의 강장제 수준과 상관관계가 있다. 청반(locus ceruleus) 뉴런의 위상 활동은 동공 직경에 반비례한다. 주의력과 신경 이득을 추적하기 위해 동공 직경이 제안되었다(Aston-Jones & Cohen, 2005; Gilzenrat et al., 2010; Reimer et al., 2016).

자의 해당 뇌 영역에 집중할 수 있다. 학생 반응은 학습 수행이 시각적 또는 의미론적 특징에 대한 이러한 개별 소인을 따르는 정도 및 뇌 영역 전반에 걸친 상관 활동의 강도와 강한 상관관계가 있었다.[30] 따라서 동공 직경 또는 기타 자율 반응을 노르에피네프린 수치의 대용물로 사용하여 손상되지 않은 인간의 뇌에서 신경 획득을 적어도 간접적으로 연구할 수 있다. 이 접근 방식에는 명백한 주의 사항이 있지만, 그럼에도 불구하고 발견 사항은 주의 및 이득 변조가 행동 상관관계를 나타낼 수 있음을 시사한다.[31] 우리는 동공에 영향을 미치는 뉴런을 제어하는 출력 명령이 시각적 입력의 획득 제어를 담당할 수 있는 두정 피질 영역에 필연적인 방전을 보낸다고 추측할 수 있다.

속도와 이득 제어

발화율 조절을 통한 이득 제어는 뛰는 속도에 영향받지 않는 장소 코딩(제7장)을 달성하기 위한 해마-내후각(entorhinal) 시스템의 중요한 메커니즘이다. 각 셀은 최소한 두 가지 유형의 입력을 받는다. 하나는 다양한 신피질 영역(외부 신호)에서 도착하는 복잡한 기능을 나타내고 다른 하나는 속도 시스템(내부 신호)의 정보를 나타낸다. 결과적으로 해마와 내후각 뉴런은 이중 제어하에 있다. 두 가지 유형의 정보가 준비되어 있으며 그중 하나는 작업과 관련되고 다른 하나는 외부 입력이 접지될 수 있다.

많은 장소 세포의 발사 속도는 동물의 이동 속도가 증가할 때 증가한다([그림 11-5]).[32] 장소 필드의 중앙이 가장 강한 효과를 나타내며, 필드에서 동물의 출입을 향해 점차 가늘어진다. 장소 필드 외부에서 속도는 발사 속도에 영향을 미치지 않거나 거의 영향을 미치

---

30) Eldar et al.(2013).

31) 명백한 단점은 시각적 및 의미적 특징 관련 변화 간의 차이가 있지만 전체주의와 초점 주의 사이의 구분이 부족하다는 것이다. 혈액 산소 수준 의존(BOLD) 신호는 일반화된 각성 효과에 대한 논거로 간주될 수 있다. 이러한 전체적인 변화는 동공 수축과도 관련된 스트레스와 함께 발생한다. 또 다른 중요한 경고는 피질하 신경 조절제에 의한 이득 조절은 느린 G-단백질 결합 수용체 반응으로 인해 불가피하게 느린 반면 이득 조절은 종종 다른 메커니즘에 의해 더 빠른 규모로 발생한다는 것이다. 이러한 빠른 메커니즘은 주의를 기울이는 동안에도 작동할 수 있다.

32) 각 장소 셀은 상대적으로 고유한 속도 비율 프로필을 가지고 있다. 일부는 비율에 따라 단조롭게 증가한다. 다른 사람들은 속도의 함수로 활동을 늘리거나 줄인다. 두 개의 다른 장소 필드에 있는 동일한 뉴런은 다른 속도 프로필을 가질 수 있으며, 이는 현재 어셈블리 구성원이 속도 입력의 고유한 분포에 의해 구동됨을 나타낸다(McNaughton et al., 1983; Czurko et al., 1999). 모든 장소 필드가 속도에 따라 선형으로 변조되는 것은 아니다. 대신 특정 실행 속도가 최대 발사 속도와 관련이 있다. 소수의 장소 세포는 속도에 의해 부정적으로 조절된다.

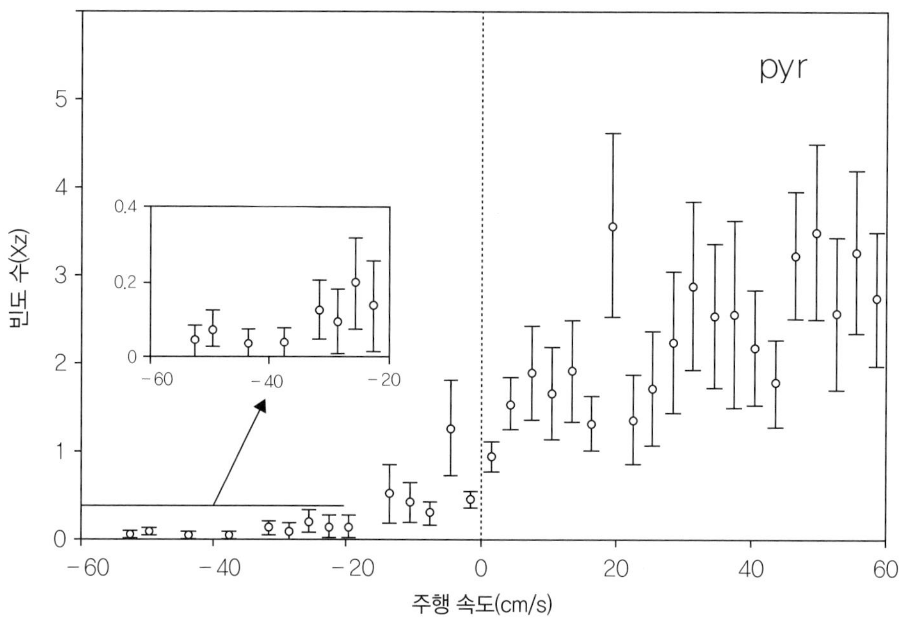

[그림 11-5] 피라미드 세포[의 속도 의존적 조절(pyr) 해마에서] 활동

음수 및 양수 속도 값은 주행 휠의 주행 방향(왼쪽 또는 오른쪽)을 나타낸다. 발사 속도는 쥐가 세포의 조율장을 향할 때 속도에 따라 증가하지만 반대 방향을 향할 때는 억제된다. 인서트는 속도에 따른 발사 억제를 강조한다. 이 조정 동작은 시각 피질 뉴런의 수용 영역에서 주의 조절 동작과 유사하다.

지 않는다. 뇌의 다른 영역과 마찬가지로 두 입력의 효과는 곱해진다. 따라서 다른 속도의 장소 필드는 필드 크기의 변화가 없지만 발사 속도의 큰 변화를 보여 준다. 전정계는 속도 조절의 가능성이 있지만 유일한 원인은 아니다. 발사 속도는 바퀴, 트레드밀, 머리가 고정된 공이나 트랙을 달리는 동안 속도에 의해 조절되며, 아마도 시신경 흐름이나 근육 활동의 피드백에 의해 구동될 수 있다.[33]

위치와 거리를 안정적으로 나타내기 위해서는 위치 세포에 속도 입력이 필수적이다. 느린 실행에서 장소 세포의 최고 발사 속도가 초당 10개의 스파이크라고 가정하자. 더 빠른 실행 중에는 최고 속도가 초당 15 스파이크로 증가할 수 있다. 이 경우 뉴런은 동물이 최대 발사 영역에서 멀어질 때 초당 10개의 스파이크를 발사한다.[34] 해마의 하류 뉴런이 발

33) 속도가 마우스의 머리가 고정되어 있는 동안 완전한 어둠 속에서도 세포 어셈블리를 가로지르는 시간 이동에 영향을 미치기 때문에 전정 입력도 시신경 흐름도 모두 필수적이다(Villette et al., 2015).

34) 관련 솔루션은 겹치는 장소 필드가 있는 장소 셀의 순간 발사 속도 비율을 사용하는 것이다. 두 경우 모두 분할이 필요하다.

사 속도만으로 동물의 위치를 해독해야 하는 경우 초당 10개의 스파이크는 달리기 속도에 따라 다른 위치에 해당하기 때문에, 다른 달리기의 경우에는 다른 응답을 얻는다. 판독기 메커니즘이 장소 세포 집단에서 입력을 얻더라도 비율 코딩의 모호성은 남아 있다. 트랙에서 동물의 위치를 올바르게 해독하려면 판독기 메커니즘이 더 빠른 실행 중에 도착하는 펄스를 1.5로 나누어야 한다. 이 정규화 솔루션은 이 장의 시작 부분에서 논의한 바와 같이 억제 및 집단 피드백 반응을 모두 사용하는 강도 불변 감각 뉴런의 메커니즘을 연상시킨다. 따라서 한 가지 가능성은 빠른 실행 중에 특정 장소 세포의 속도 증가가 겹치는 장소 필드를 가진 다른 뉴런의 속도 의존적 증가에 의해 정규화된다는 것이다.[35] 또 다른 옵션은 분할 억제이다. 실험적으로 장소 세포의 세포체 주변의 활성 억제가 선택적으로 감소되면, 그 발사 속도는 장소 필드 내에서 향상되며 필드의 피크에서 가장 큰 변화가 나타난다. 장소 필드 외부에서 감소된 억제는 거의 효과가 없다. 개재 뉴런도 속도에 의해 조절되기 때문에 이 실험적 조작은 억제의 변화가 이득을 유도하는 요인 중 적어도 하나를 구성한다는 것을 보여 준다.[36]

속도는 거리 표상에 영향을 준다

속도는 장소 뉴런의 발화 속도뿐만 아니라 시간적 관계에도 영향을 미친다. 제7장에서 세포 조립 시퀀스는 동물이 이미 지나간 장소의 표현과 함께 세타 주기의 후반 단계에서 시작되고 후속 어셈블리의 스파이크는 다가오는 위치를 나타내는 이전 단계로 진행된다는 것을 기억할 수 있다. 따라서 각 세타 주기는 과거에서 미래로의 이동(sweep) 또는 동물 뒤에서 시작하여 동물보다 앞서 끝나는 거리의 한 부분을 나타낸다. 표현의 미래 지향적인 부분은 '미리 보기'라고 불린다. 따라서 거리는 세타 시간 척도 지속 시간으로 변환된다. 이 기간 동안의 거리 압축은 제7장에서 논의되었다.[37] 그 중요성을 설명하기 위해 속도 신

---

35) 제7장에서 해마 장소 세포는 속도 제어 발진기이고 스파이크의 세타 위상은 실행 속도에 비례하여 진행되므로 세타가 실행 속도에 비례하여 진행된다. 장소 세포 스파이크의 위상은 위치에 따라 변하지 않는다. 따라서 다운스트림 판독기에 세타 진동의 위상에 대한 정보가 있는 경우 위상 디코딩 메커니즘은 속도 디코딩보다 덜 모호하다.

36) Royer et al.(2012). 여러 다른 실험에 따르면 억제는 대부분의 조건에서 감산적이기보다는 분할적이다(Murphy & Miller, 2003; Carandini & Heeger, 2011; Wilson et al., 2012).

37) Skaggs et al.(1996); Tsodykset al.(1996); Samsonovich & McNaughton(1997); Dragoi & Buzsáki(2006); Diba & Buzsáki(2007); Geisler et al.(2007); Johnson & Redish(2007).

호가 해마 계산에서 아무런 역할도 하지 않는다고 잠시 가정하자. 이 경우 세타 주기 내에서 어셈블리 간의 고정 시간 오프셋은 위치 A와 B 사이의 가변 실행 기간과 관련되어야 한다. 결과적으로 거리 표현은 달리는 속도에 따라 달라진다. 이러한 왜곡을 방지하는 것이 속도 이득(gain)이다. 실제로, 실험은 속도가 세타 주기 내에서 장소 셀 어셈블리의 전환 시간을 조정한다는 것을 보여 준다. 더 빠른 속도에서는 한 어셈블리에서 다음 어셈블리로의 전환이 비례적으로 빨라진다. 어셈블리 전환에서 증가된 이득으로 인해 더 많은 셀 어셈블리가 주어진 세타 주기에 맞출 수 있다. 즉, 더 빠른 달리기에서는 더 큰 세그먼트의 주위 환경이 세타 주기에 표상된다.

이러한 이유로 해마의 거리 '표상'(이 편리한 표현을 사용하여 실례한다)은 동물의 운동 행동과 크게 다르지 않다.[38] 속도 이득 덕분에 속도에 관계없이 물체 사이의 거리를 판단할 수 있다. 예를 들어, 다른 차 뒤에서 운전할 때와 같이 이 메커니즘은 기마 궁수의 두뇌가 자신과 목표물 사이의 거리를 계산하는 방법을 설명한다. 우리는 속도 증가 메커니즘을 필연적 방전 아이디어의 확장으로 생각할 수 있으며, 이는 뉴런 활동의 변화가 환경 변화가 아니라 뇌 소유자의 행동에 의해 유발된다는 것을 뇌에 알리는 것을 목표로 한다.

관심의 속도에서: 이득 제어의 내재화

어떻게 이득 제어의 이러한 메커니즘의 주의와 같은 주관적인 메커니즘에 의해 동원 할 수 있는가? 실제 탐색 중에 어셈블리 시퀀스 내의 변화 속도는 동물의 신체 속도 또는 안구 움직임에 의해 제어된다. 앞서 논의한 바와 같이(제5장), 뇌가 복잡해짐에 따라 많은 환경적 기능이 내재화된다. 예를 들어, 탐색은 정신적 여행이 되며 겉보기에는 다른 기능을 하지만 동일한 신경 메커니즘을 사용한다. 해마 시스템의 자기 조직화된 조립 순서와 외부 세계와의 분리는 기억, 상상력 및 계획에 완벽하게 적합하지만 이러한 기능 동안 이득을 제어하는 내재화된 메커니즘은 명확하지 않다.

38) 세포 조립 순서 압축은 장소의 거리 사이의 비율(실험자에 의한 외부 측정)과 세타 주기(내부 메커니즘) 내에서 장소 세포의 스파이크 사이의 변화율로 측정된다. Maurer et al.(2012)은 시퀀스 압축이 저속에서 높고 쥐의 달리기 속도가 40cm/s까지 감소함에 따라 감소한다고 계산했다. 압축 계수가 고원에 도달하는 이유에 대한 잠재적인 설명은 해마가 매우 빠른 속도로도 다가오는 위치를 계산할 충분한 시간이 있어야 하기 때문이다.

우리는 주의가 이 메커니즘의 후보라고 가정할 수 있다. 속도 대신 주의가 조립 순서의 변화율을 조정할 수 있다. 이 아이디어는 시각 시스템의 관찰에 의해 뒷받침된다. 여러 연구실의 조사자들은 운동 속도가 일차 시각 피질에서도 뉴런 발화율에 강력한 영향을 미치는 것을 관찰하고 놀랐으며, 이는 운동이 뉴런 획득에 미치는 일반적인 영향을 보여 준다.[39] 이 속도 관련 이득의 매개자는 다른 수상돌기를 표적으로 하는 억제 뉴런을 억제하는 특별한 종류의 억제 개재 뉴런이다.[40] 전반적인 결과는 피라미드 세포의 억제가 감소되어 활동이 증가한다는 것이다. 이 개재 뉴런은 기저 전뇌로부터의 콜린성 입력과 같은 피질하 신경 조절제에 의해 흥분된다. 이 입력은 이동 중뿐만 아니라 동물이 다양한 자극에 주의할 때 활동을 증가시킨다. 주의력과 피질 회로가 어떻게 콜린성 뉴런을 활성화시킬 수 있는지 설명해야 한다.[41]

우리가 주의력이 속도를 대신할 수 있다는 점을 잠정적으로 받아들인다면 장소 세포, 격자 세포 및 기타 유형의 뉴런의 내재화된 기능이 운동 없이 인지 작업의 역학에 어떻게 영향을 미치는지 설명할 수 있다. 현재로서는 메커니즘이 명확하지 않더라도 이 아이디어의 장점은 신경망에서 주의력 획득의 진화적 기원과 행동적 의미가 뇌에 대한 행동 유도 피드백에 기반할 수 있다는 것이다.[42] 전정계는 우리 자신의 움직임의 속도와 가속도를 모니터링하고 우리 행동의 변화율에 대한 기본 정보를 제공할 수 있다. 우리는 전정 신호를 대체하기 위해 어떤 신경 메커니즘이 개입하는지 알지 못하지만 머리 방향 뉴런이 수면 중에도 관계를 유지하고 변화 속도가 내부 뇌 역학에 의해 제어되기 때문에 그러한 대체가 존재한다는 것을 안다(제5장).

이득 제어 및 정규화의 기본이 되는 나눗셈 또는 곱셈이 이전에 논의한 바와 같이 행동 및 인지에 광범위한 영향을 미치는 경우, 여러 수준의 신경 조직에서 심오한 영향을 미칠 것으로 예상할 수 있다. 그리고 실제 그들은 그렇게 한다. 다음 장은 '어떻게'를 설명한다.

---

39) 이는 행동이 아무런 역할을 하지 않는 시각의 지각적 틀 내에서만 놀라운 일이었다(Niell & Stryker, 2010).

40) 이 특별한 개재 뉴런 유형은 혈관작용 장 펩티드(vasoactive intestine peptide: VIP) 발현 그룹으로 알려져 있으며, 니코틴 수용체를 통해 아세틸콜린에 의해 활성화되고 5-HTa 수용체를 통해 세로토닌에 의해 활성화될 수 있다(Rudy et al., 2011; Fu et al., 2014). 이 VIP 뉴런 매개의 탈억제 회로는 운동과 주의 모두에 의해 활성화되는 공통 이득 제어 메커니즘을 구성할 수 있다.

41) Gielow & Zaborszky(2017); Schmitz & Duncan(2018).

42) Krauzlis et al.(2014) 또한 주의는 인과관계가 아니라 결과라고 주장한다. 이것은 동물과 그 환경의 현재 상태를 추정하는 것과 관련된 기저핵을 중심으로 하는 회로의 부산물이다. 주의력을 담당하는 뇌 메커니즘은 신피질의 출현 이전에 존재했다.

요약

이득 및 정규화는 단순하지만 뇌의 수많은 기능을 지원할 수 있는 기본적인 메커니즘이다. 이러한 메커니즘은 좌표 변환, 장소 고정, 추상화 및 주의와 같은 다양한 이름으로 호출된다. 분열 억제, 시냅스의 단기 가소성, 피질하 신경 조절을 포함하여 뇌에 존재하는 이득 조절을 위한 수많은 메커니즘에 의해 설명되는 것처럼 그것들은 근본적으로 중요하다. 이득(gain) 제어는 망막의 입력과 안와, 머리 및 손의 눈 위치가 여러 뇌 영역, 특히 두정 피질의 시각적 입력에 대한 응답의 크기에 영향을 준다. 이득 제어 메커니즘은 예를 들어 시각적 공간에서 머리 공간, 손 공간으로 좌표 표현을 이동하거나 다른 방향에서 볼 때 객체를 동일한 것으로 인식할 수 있다. 번역 메커니즘과 객체 불변성은 추상화의 뉴런 기반이며, 이는 개체를 인식하는 데 필수적이지 않은 기능을 무시하는 과정이다. 이득(gain) 제어는 해마 시스템에서 중요하므로 이동 속도와 무관하게 거리를 판단할 수 있다. 주의는 내부화된 이득 제어로 볼 수 있다.

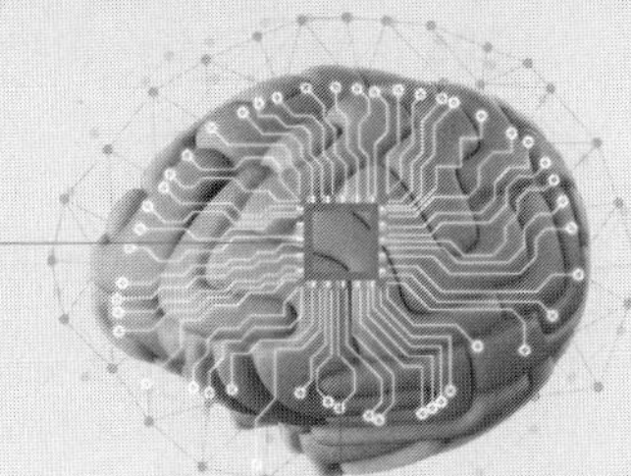

■ 제12장 ■ THE BRAIN FROM INSIDE OUT

모든 것은 관계다
비평등주의자, 로그 스케일의 뇌

우리는 우리 뇌의 10%만 사용한다.[1]

로그 함수의 테이블 계산에 얼마나 많은 시가 있는지 당신은 알지 못한다.

—카를 프리드리히 가우스(Karl Friedrich Gauss)[2]

모든 것이 동일하게 유지되려면 모든 것이 변해야 한다.

—주세페 디 람페두사(Giuseppe Di Lampedusa)[3]

내 동료 뉴요커들은 '우리는 다 봤어'라는 태도로 관용을 베푸는 사람들이다. 거리를 걷는 동안 원하는 것을 무엇이든 입을 수도 있고 아무것도 입지 않을 수도 있다. 당신은 여장 남자가 되거나 심지어 헝가리 억양을 가질 수도 있지만, 대다수의 뉴요커는 눈도 깜박이지 않을 것이다. 그러나 메트로폴리탄 오페라의 로비에서 기린만한 크기의 여자와 함께 걷는 다람쥐 크기의 남자는 분명히 약간의 눈썹을 올릴 것이다. 그것은 스캔들로 간주되기 때문이 아니라 매우 불가능하기 때문이다.[4] 한 종 내에서 신체 크기의 이러한 큰 변화는 표

1) 이 신경 신화(BrainFacts.org)의 정확한 기원은 알려져 있지 않다. "사실 우리 대부분은 뇌의 10% 정도만 사용한다." 1996년 헝가리-유대인 마술사인 Uri Geller가 썼다. [NeuroNote: Geller는 폭식증과 신경성 거식증을 앓고 있었다. 그는 외계 요원이 그에게 준 초자연적 능력을 가지고 있다고 믿었다.] 미 국방부의 고등연구계획국(DARPA)은 이 초심리학자의 터무니없는 주장을 조사하기 위해 많은 돈을 낭비했다(Targ & Puthoff, 1974). 10% 아이디어는 William James의 인용문에서 파생되었을 수 있다. "우리는 가능한 정신적 · 육체적 자원 중 극히 일부만을 활용하고 있다"(James, 1907, p. 12). 물론 10%는 뇌의 부피, 발화 속도, 시냅스 강도 등을 나타낼 수 있다.

2) http://lymcanada.org/the-poetry-of-logarithms/.

3) di Lampedusa(1958).

4) 이 시나리오는 실제로 있을 가능성이 매우 낮지만 이론적으로 불가능한 것은 아다. 길들여진 개는 인간 육종가 덕분에 5인치 높이의 치와와에서 7피트 높이의 Great Dane에 이르기까지 모든 종의 신체 크기 변화가 가장 크다. 신체 크기와 뇌 크기 변화는 모든 자연 종에서 정상 또는 종 모양(가우시안) 분포를 나타낸다.

준을 벗어난다. 그러나 뇌에서는 연결성이나 역학 관계에 관계없이 몇 자릿수에 이르는 분포가 표준이다. 크기나 접는 차이는 비율이나 관계 판단을 기반으로 하기 때문에 쉽게 알아차릴 수 있다. 이 장과 다음 장에서 설명하는 것처럼 비율 판단은 계산 방식으로 인해 뇌의 자연스러운 기능이다.

뇌 회로에서 어디에서나 볼 수 있는 연산인 곱셈, 나눗셈, 분수, 비례, 정규화 및 이득은 앞의 장에서 반복되는 용어이다.[5] 이러한 모든 작업은 비율 또는 라틴어로 된 로고를 사용한다. 따라서 이 장의 주제는 뇌의 로그 스케일링이다.[6] 여기에서 나의 목표는 뇌 연결이 무작위가 아니며 뇌의 가소성 특징의 추정된 기질이 타불라 라사의 뇌와 일치하지 않는다는 것을 입증하는 것이다. 대신, 고도로 구조화된 연결 매트릭스는 신경 그룹이 어떻게 반응하고 자기 조직화된 활동을 유지하는지 제한하는 왜곡된 역학을 지원한다. 효과적으로 수행하려면 침묵과 초동시 사이의 넓은 동적 범위에서 생리학적 뇌 작동이 차지해야 한다.

이 동적 범위는 중복성, 탄력성, 퇴화, 항상성, 가소성, 진화 가능성, 견고성 및 안정성과 같은 많은 경쟁 기능이 뇌에 공존할 수 있도록 하는 데 필요하다. 이러한 기능은 지속적으로 서로 경쟁한다.[7] 간단히 말해서 네트워크는 약한 입력과 강한 입력 모두에 응답해야 한다. 약한 자극은 증폭되어야 하고 강한 자극은 약화되어야 한다. 동시에, 신경 회로는 입

---

5) 덧셈과 곱셈의 관계는 다양한 문화권에서 논의되었다. 중세 유럽에서 기독교 학자들은 지식에 근거한 하나님께 이르는 길은 성경을 배우고 논리를 사용하는 산물이라고 주장했다. 곱셈에 찬성하는 주장은 아무리 많은 논리도 경전을 읽지 않고는 도움이 되지 않는다는 것이었다. 경전 지식이 0이면 전체 지식은 여전히 0이다. 반대로 논리 값이 0이면 성경의 모든 페이지를 암기하더라도 지식은 여전히 0이 된다(Harari, 2017). 비슷한 논리로 중국 철학에 따르면 음과 양은 떼려야 뗄 수 없는 대립적인 힘이다. 음양의 양이 없다는 것은 지식이나 균형을 의미한다. 대조적으로, 더하기는 당신이 성경을 읽지 않거나 당신이 양에 대해 무지하더라도 항상 약간의 지식을 산출할 것이다.

6) 로고스는 여러 의미를 가지고 있지만 수학적 맥락에서 나타낸다. 비율 또는 비율을. '로그' 때문에 비율이 있는 숫자로 변환된다. 산술이 숫자를 의미하기. 로그 문제는 사인, 코사인, 탄젠트, 각도 코탄젠트와 같은 구면 삼각법의 비율을 해결해야 하는 천문학적 관찰에서 발전했다. 로그와 관련하여 Scot John Napier는 기억할 가치가 있다. Napier의 주요 기여는 실용적인 장치(로그 테이블)를 도입한 것이다. 그는 두 개의 양수 변수의 곱셈이나 나눗셈이 로그를 더하거나 빼서 계산할 수 있고 각각 그 합이나 차의 반대수를 취함으로써 계산할 수 있다는 것을 인식했다. 네이피어에게는 알려지지 않았지만, 스위스의 시계 제작자인 Jost Bürgi는 이미 Johannes Kepler가 사용했던 그러한 통나무 테이블을 준비했다(Clegg, 2016). [NeuroNote: Kepler의 어머니는 요술을 행했다는 혐의를 받았고 그의 가족 중 몇몇은 정신적 문제가 있었다.]

7) 이러한 용어 중 일부가 대부분의 독자에게 명확하지 않을 수 있다. 강건성은 섭동하에서 기능의 지속성이다. 다소 관련된 복원력은 시스템이 문제를 겪은 후 복구할 수 있는 능력을 설명한다. 이중화는 다른 구성 요소가 고장 나면 그 역할이 중요해지지 않는 한 주어진 기능에 중요하지 않은 구성 요소를 말한다(von Neumann, 1956). 자물쇠와 함께 문에 사슬이 달린 것과 같다. 퇴화는 동일한 기능이 다양한 메커니즘에 의해 달성될 수 있다고 말한다. 예를 들어, 동일한 주파수의 리듬은 다양한 구조적 기능적 솔루션에 의해 생성될 수 있다. 항상성 은 사물을 유지하는 시스템의 능력이다(예: 진동 또는 기타 솔루션을 통한 억제 및 여기의 균형). 진화 가능성은 시스템이 새로운 상황에 적응하는 능력이라고 할 수 있다. 학습, 항상성 및 섭동에 대한 적응은 가소성을 통해 달성된다.

력의 차이를 평가하는 능력을 유지해야 한다. 즉, 네트워크는 민감하고 안정적이어야 한다. 이러한 경쟁적인 요구가 올바른 균형을 이루지 못하면 네트워크가 과도하게 흥분하고 간질 상태가 되거나 영원히 침묵을 유지하게 된다. 이러한 경쟁적인 동적 기능 사이의 섬세한 균형은 다양하고 양적 변화가 크며 곱셈 방식으로 결합되는 구성 요소를 통해 달성된다. 이러한 속성을 가진 시스템은 에너지 효율적이며 구성 요소 오류에 대한 높은 내성을 보여 준다.[8] 그러한 시스템을 구축하고 유지하는 방법은 무엇인가?

다양성은 흥미로운 시스템적인 속성을 제공한다

연례 신경과학 학회(Society for Neuroscience) 회의에 참석하는 것은 항상 나를 불안하게 만든다. 그 느낌은 특정한 불확실성에서 비롯된다. 내가 이 행사에 참여하지 않는다면 어떤 변화가 생길까? 이 아이디어 교류장에서 25,000명의 열심히 일하는 동료들이 결과를 발표한다. 모든 프레젠테이션에는 알아 둘 만한 가치가 있는 내용이 포함되어 있으며, 그중 많은 부분이 흥미롭고 항상 놓칠 수 없는 몇 가지 내용이 있다. 정말 흥미로운 발견은 해마다 같은 최고 수준의 연구실에서 나오는 경우가 많다. 나는 신경과학 지식의 절반이 연구실의 10~20%에서 나온다고 생각한다. 그러나 이는 또한 나머지 절반은 나머지 80~90%의 조사자들에게서 나옴을 의미한다. 분포의 두 절반은 서로 없이는 효율적으로 기능할 수 없다.[9] 이유는 다음과 같다.

다양성에 의해 가능해진 분업은 아마도 생물계에서 가장 보편적인 규칙일 것이다. 뇌도 예외는 아니다. 여기에는 많은 다른 뉴런 유형과 비뉴런 세포가 포함되어 있다. 복잡한 시스템에서는 이를 구성 요소 다양성이라고 한다. 비유하자면 전자 회로에는 트랜지스터, 다이오드, 저항기 및 커패시터와 같은 다양한 구성 요소가 있다. 그러나 비선형 증폭 기능을 가진 자랑스러운 트랜지스터는 겸손하지만 중요한 저항기의 기여 없이는 빛날 수 없

8) Mitra et al.(2012); Ikegaya et al.(2013); Helbing(2013). 전자 회로와 생화학 시스템 모두에서 대수 선형 계산의 장점은 에너지 효율성이다(Sarpeshkar, 2010; Daniel et al., 2013). 이 원리는 뇌 회로에도 적용될 수 있다.

9) 이렇게 왜곡된 창의성 분포가 완벽한 종형 곡선으로 알려진 IQ의 정규분포와 어떻게 관련되는지 질문할 수 있다(Herrnstein & Charles, 1994). IQ 곡선은 특정 기준을 충족하도록 테스트를 설계하여 대칭을 이룬다. 창의성을 측정하는 것이 아니라 특정 틈새시장에 맞는 적성을 측정한다.

다. 부품 내에서도 편차가 크다. 예를 들어, 트랜지스터의 이득은 작거나 클 수 있으며 저항의 저항은 몇 배나 다를 수 있다. 유사하게, 뇌에서 동일한 뉴런 유형, 시냅스 및 네트워크 내의 양적 특징은 10배에서 100배, 때로는 천 배로 다양하다.

많은 동일한 구성 요소가 서로 추가로 상호작용할 때 거시적 관찰에서 평균 동작에 대한 좋은 아이디어를 얻을 수 있다. 예를 들어, 가스의 특성은 모든 분자의 위치와 속도를 모른 채 전체 온도를 간단히 측정하여 설명할 수 있다. 유사한 구성 요소의 수가 증가하면 일반적으로 솔루션을 계산하기가 더 쉬워진다.[10] 대조적으로, 하나의 원자의 정확한 거동을 기술하는 것은 물리학에서 여전히 큰 도전으로 남아 있다. 그러나 가장 평가하기 힘든 영역은 수십 개의 질적으로 다른 구성 요소가 상호작용할 때이다. 이것이 바로 신경과학의 경우이다. 다른 악기의 상호작용이 사실상 무한한 다양한 작곡을 일으키는 오케스트라를 비유할 수 있다.

게의 체위신경절과 같은 무척추 동물의 신경 회로에는 소수의 뉴런만 있지만 각각은 다르다. 이 작은 회로의 전체 '배선 다이어그램'이 이미 결정되었지만, 이러한 세포 간 상호작용이 리드미컬한 출력을 생성하는 순차적 시공간 패턴을 발생시키는 정확한 메커니즘은 알지 못한다.[11] 유사하게, 작은 뇌는 큰 뇌에 비해 상대적으로 적은 수의 뉴런을 가지고 있지만 구성 요소의 다양성은 높다. 그러나 구성 요소의 다양성은 종에 따라 완만하게 증가한다.[12] 대신에 피라미드 세포와 같은 몇 가지 뉴런 유형은 오케스트라에 백만 명의 제2 바이올리니스트를 추가하는 것과 유사한 과정으로 더 큰 뇌에서 많은 수로 증식한다. 좋은 소식은 10가지 유형의 뉴런으로 구축된 시스템에 한 가지 유형이 백만 배 증가한다는 사실이 단지 10개의 서로 다른 개별 뉴런을 가진 작은 뇌보다 이해하기가 훨씬 더 어렵지 않다는 것이다.[13] 동일한 유형의 구성 요소 내에서도 나중에 논의할 양적 변동이 매우 크

---

10) 이 접근 방식은 동일한 유형의 분자를 구별할 수 없기 때문에 작동한다. 나중에 라벨을 붙이고 개별적으로 인식할 수 없다. 뉴런은 다르다. 그들은 우리와 같은 개인이다. 실제로 각 뉴런에는 조사자가 출생부터 수명 종료까지의 운명을 추적할 수 있도록 하는 구별 가능한 '바코드'가 있다(Kebschul et al., 2016; Mayer et al., 2016).

11) Harris-Warrick et al.(1992); Marder et al.(2015). 이 회로의 퇴화는 관련 종과 같은 종의 구성원 내에서 동일한 리듬에 대한 수백 개의 회로 솔루션으로 매우 풍부하다(Prinz et al., 2004).

12) 예를 들어, GABA성 중간 뉴런 유형은 포유류에서 보존되는 것으로 보인다(Klausberger & Somogyi, 2008). 다른 종의 다른 피질층의 주세포도 강한 유사성을 보여 준다. 때때로 보노보와 고래의 '방추 세포'와 같은 새로운 뉴런 유형이 보고되지만(제9장), 규칙이라기보다는 예외인 것 같다.

13) Gao & Ganguli(2015)도 비슷한 감정을 표현했는데, 실험에서 기록해야 하는 뉴런의 수는 구성 요소 다양성의 역할이 명시적으로 다루어지지 않았지만 뉴런 작업 복잡성의 로그에 비례한다고 제안한다.

기 때문에 도전 과제는 여전히 거대하다 (희망적이지는 않지만). 난 왜곡된 분포에 대한 논의를 오래된 인지 문제로 시작하고 여기에 신경 메커니즘을 할당하려고 한다.

인식의 로그

법칙 초기 물리학과 마찬가지로 현대 신경과학은 관찰을 수학 방정식으로 설명하고 압축하려고 노력하고 있다. 물리학과 비교할 때 신경과학은 법칙의 수가 적다.[14] 그러나 그 중 하나인 베버(Weber) 법칙 또는 베버-페히너(Weber-Fechner) 법칙은 숨이 멎을 정도로 단순하고 일반화되어 있다. 이 법칙은 물리적 자극과 그것이 유도하는 정신 상태 사이의 관계에 대한 정량적 조사인 인간 정신물리학의 토대를 마련한 두 독일 과학자의 이름을 따서 명명되었다. 에른스트 하인리히 베버(Ernst Heinrich Weber)는 촉각의 차이를 인식하는 방법에 관심이 있는 의사였다. 광범위한 실험 끝에 그는 "비교되는 것들 사이의 차이를 관찰할 때 우리는 사물들 사이의 차이를 인지하는 것이 아니라 비교되는 사물의 크기에 대한 이 차이의 비율을 인지하게 된다"고 결론지었다. 예를 들어, 100g의 물체를 들고 있다면 두 번째 물체의 무게는 최소 110g이어야 차이를 알 수 있다. 물체의 무게가 200g인 경우 다른 물체의 무게가 220g을 초과하거나 180g 미만인 경우에만 무게 차이를 감지할 수 있다. 이 임계값 변경을 베버 비율(Weber fraction)이라고 하며, 그냥 눈에 띄는 차이라고도 한다.[15]

구스타프 테오도어 페히너(Gustav Theodor Fechner)는 실험을 수행하지 않았다. 대신 우리는 그를 초기 계산 과학자라고 부를 수 있다. 그는 베버(Weber)의 관찰을 신뢰했고 감각은 물리적 강도의 대수 함수라는 것을 수학적으로 계산했다. 그러므로 자극의 힘이 배가 되면 지각의 힘이 더해진다.[16] 법의 중요성이 일반화 가능성에 달려 있다면 베버-페히너

14) 물론 자연에는 법과 규칙이 없다. Isaac Newton이 용어의 원래 사용에서 법칙은 외부 에이전트에 의해 지배되거나 야기된 이벤트를 나타낸다. Newton에 따르면 모든 법칙은 신에 의해 시행되며 결코 변하지 않다. 실제로는 중력의 법칙, 옴의 법칙 또는 정신물리학적 Weber-Fechner 법칙과 같은 일부 가상의 법칙을 따르는 것처럼 보이는 신뢰할 수 있는 규칙성만 있다. 이러한 믿을 수 있는 세계의 규칙성과 반복은 미래를 예측하기 위해 두뇌에 의해 이용된다.

15) 단지 눈에 띄는 차이는 주관적인 판단의 문턱으로 간주될 수 있다.

16) "단순 미분 감도는 차 성분의 크기에 반비례한다. 상대적 미분 감도는 크기에 관계없이 동일하게 유지된다"(Fechner, 1860/1966). $S = k \ln I + C$, 여기서 S는 감각, I은 자극 강도, C는 적분 상수, ln은 자연 로그이다. 상수 k는 감각에 따라 다르며 양식에 따라 다르다. Fechner는 물질적 감각과 정신적 지각 사이의 관계에 대한 통찰력이 반쯤 잠든 상태에서

(Weber-Fechner) 법칙이 중요하다. 시각, 청각, 미각에 적용된다. 거리 인식, 시간 인식 및 반응 시간도 각각 거리 또는 시간 간격에 따라 대수적으로 변한다.[17] 눈의 단속성 운동 사이(Intersaccadic) 간격의 분포, 즉 시각적 장면을 검사하는 시간도 로그 정규 형식을 보여준다. 유사하게, 두 숫자의 차이가 감소함에 따라 두 숫자를 구별하는 데 점점 더 오랜 시간이 걸린다. 의사 결정과 단기기억 오류 축적도 법칙을 따른다.[18] 이것은 인상적인 목록이다.[19] 베버-페히너 법칙은 150년 전에 고안되었지만 많은 변수에 대한 주관적 감각이 이러한 특정 체계적인 패턴을 포함하는 이유는 여전히 불분명하다.

이러한 체계적인 패턴을 설명하기 위한 나의 가설은 우리의 행동과 인식의 주관적인 특성이 뇌의 중간 및 미시적 '연결체'의 로그 정규분포와 로그 규칙이 지배하는 역학에 의해 뒷받침된다는 가정에 기반한다.[20] 이 가설을 뒷받침하기 위해 우리는 정신물리학 실험에서 발견된 통계적 특징과 일치하는 뇌의 연결 매트릭스와 역학을 찾아야 한다. 나는 이 설명이 유일한 가능성은 아니지만 추구할 가치가 있다는 데 동의한다. 이 아이디어를 더 설명하기 전에 일부 통계 분포의 특성에 대해 논의해야 한다.

정규분포와 비뚤어진 분포

어떤 사람도 보통 사람보다 10배 더 큰 뇌를 가지고 있지 않다. 같은 종 내의 뇌 용적은 정규분포 또는 가우스 분포를 나타낸다.[21] 정규분표는 대칭인 두 개의 파라미터, 즉 평균

침대에 누워 있을 때 그에게 왔다고 주장했다(Heidelberger, 2004).

17) 간격의 길이를 추정하라는 요청을 받았을 때 응답의 변동성은 시간을 측정할 간격의 크기에 따라 확장된다(Gibbon, 1977; Gibbon et al., 1984; Wearden & Lejeune, 2008). 유사하게, 거리 추정의 오차는 추정할 거리에 비례하여 증가한다.

18) Dehaeneet al.(1998); Gold & Shadlen(2000); Deco & Rolls(2006); Buzsáki(2015). Stevens(1961)는 감각과 자극 강도 사이의 거듭제곱 법칙 관계가 로그 규칙보다 수학적으로 더 그럴듯하다고 제안했다. 그러나 Stevens의 접근 방식은 방법론적 근거에서 반복적으로 비판을 받아 왔다(Mackay, 1963; Staddon, 1978).

19) 소음 수준, 지진 강도, pH 스케일 및 엔트로피와 같은 많은 비생물학적 현상도 로그 거동을 나타낸다.

20) 생각 이 아이디어는 내 이전 책의 주요 주제였다(Rhythms of the Brain, 2006). 유사하게, 뇌의 베이즈 모델은 세계 사건과 뇌에 의한 패턴 구성 간의 일치를 설명하기 위한 정량적 시도다(Helmholtz, 1866/1962; Ashby, 1947, 1962; Dayan et al., 1995; Rao & Ballard, 1999; Friston, 2010; Friston & Buzsáki, 2016).

21) 많은 독립 변수의 합인 물리량은 종종 정규분포를 갖다. 확률 이론의 중심 극한 정리에 따르면 많은 수의 작은 독립 확률 변수를 더하거나 빼면 가우스 곡선의 형태를 취하는 빈도 분포가 생성된다. 얼마 전까지만 해도 과학자들은 자연의 모든 분포가 정상이라고 믿었기 때문에 이를 '정상'이라고 불렀다. 일반적인 값이 있고 변동성은 약간의 추가 노이즈로

과 표준편차에 의해 정량화 될 수 있는 벨 모양의 곡선을 특징으로 한다. 실제 정규분포 모집단에서 오른쪽에 비해 왼쪽에서 몇 배 더 큰 값의 발생률은 거의 0이다.

그러나 생물학에서 정규분포는 드물다. 다양성에 힘입어 생물학적 시스템에서는 예외가 아니라 큰 변이가 표준이다. 비례 값의 덧셈이 아니라 곱셈은 많은 '극단적' 값을 발생시켜 분포를 비대칭 또는 '비뚤어진' 것처럼 보이게 한다. 이러한 분포는 다양한 형태를 취할 수 있다.[22] 아마도 생물학에서 가장 흔한 편향된 분포는 대수 정규분포 또는 대수 정규분포다.[23] 이 분포는 선형 척도에서 오른쪽으로 치우쳤지만 관찰된 값의 로그를 그릴 때 종 모양으로 보인다. 즉, 로그 정규분포는 로그가 정규분포를 따르는 확률 변수의 확률분포다. 생물학의 예로는 과당 종의 수, 종의 생존 시간, 과일의 크기, 약리학적 효과, 전염병의 첫 증상까지 걸리는 시간, 연령대 내 혈압 분포 등이 있다. 안정 시 심박수, 시력, 대사율과 같은 기본적인 생리학적 과정도 편향된 분포를 보인다. 경제학에서 소득은 종종 로그 정규 함수에 잘 맞다.[24]

로그 정규분포는 또한 피질 피라미드 뉴런의 발화 속도를 설명한다. 이 세포의 활동은 거의 완전한 침묵에서 초당 몇 번 스파이크까지 다양하다([그림 12-1]). 많은 뉴런의 장기 평균 발화율을 선형 척도로 표시하면 분포가 심하게 왜곡되어 왼쪽 끝에는 천천히 발화하는 많은 뉴런이 있고, 오른쪽 끝에는 소수의 고도로 플롯의 오른쪽 꼬리를 차지하는 활성 뉴런이 차지한다. 평균이 빠르게 발사되는 소수에 의해 강하게 편향되기 때문에 이 분포에는 '황금 평균' 또는 대표적인 평균 뉴런이 없다. 분포의 중간 값인 중앙 값은 좀 더 설명적이지만 분포의 모양은 단일 값보다 더 많은 정보를 제공한다. 데이터를 로그 척도로 다

인해 발생한다는 아이디어였다. 아마도 Henri Poincare는 이 믿음에 의문을 제기한 첫 번째 사람일 것이다. "모든 사람이 그것을 믿다. 실험주의자는 그것이 수학적 정리라고 믿고, 수학자는 이것이 경험적 사실이라고 믿는다"(Lyon, 2014에서 인용).

22) 감마 분포와 로그 정규분포는 유사하게 치우쳐 있지만 감마는 확률 변수의 곱셈과 나눗셈에서 엄격하게 증가하지 않다. 로그 정규의 경우 로그 플롯의 왜도는 0인 반면 감마 분포는 왼쪽에 더 두꺼운 꼬리가 있다. 데이터에 대한 다양한 분포의 적합성은 분포를 발생시키는 생성 메커니즘에 대한 단서를 제공할 수 있다.

23) Aitchison & Brown(1957); Cow & Shimizu(1988); Ansell & Phillips(1994); Limpert et al.(2001).

24) 로그 정규분포는 다양한 과학 분야의 데이터를 설명한다(Koch, 1966). 생물학에서 이러한 분포의 대부분은 거듭제곱 법칙으로 특징지어진다. 거듭제곱-법칙 관계에서 한 수량의 거듭제곱 변화는 다른 수량의 거듭제곱에 따라 달라지므로 로그-로그 플롯의 선이 생성된다. 거듭제곱 법칙과 로그 정규분포는 자연스럽게 연결되며 유사한 생성 모델은 사소한 변동에 따라 하나 또는 다른 분포로 이어질 수 있다(Mitzenmacher, 2003). 로그 정규분포의 오른쪽 꼬리는 종종 멱법칙을 따르므로 실제로는 로그 정규분포와 멱법칙 분포의 구분이 간단하지 않은 경우가 많다. 왼쪽 꼬리의 분산이 크고 '노이즈'이거나 임의의 값에서 임계값을 지정하는 경우 로그 정규분포는 거듭제곱 법칙의 설명인 로그-로그 플롯에 선으로 나타날 수 있다. 그러나 로그 정규분포는 규모가 없는 시스템의 거듭제곱 법칙분포와 달리 유한한 평균과 분산을 갖다(Barabási, 2002; Barabási & Albert, 1999).

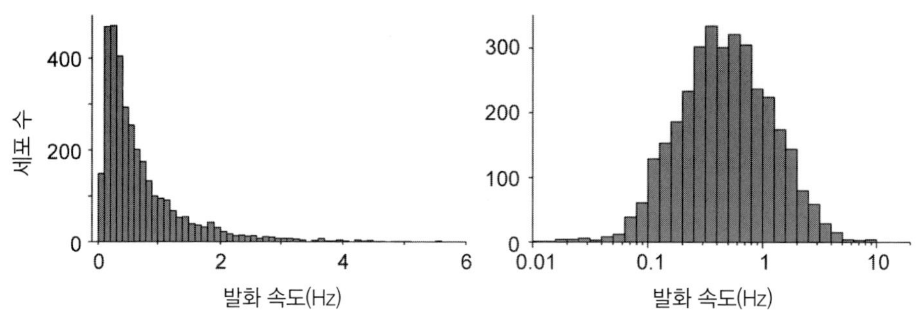

[그림 12-1] 분포의 선형 표시와 로그 표시 간의 관계

비급속 안구 운동(비 REM) 수면 중 해마 피라미드 뉴런의 발화율(선형 척도). 로그 정규분포는 로그 척도에서 단봉이다.

시 표시하면 로그 값의 정규분포를 반영하는 익숙한 종 모양의 곡선이 표시된다.

과학자들은 적어도 두 가지 이유로 관찰의 빈도 분포에 관심이 있다. 첫 번째 이유는 실용적이다. 값의 분포는 적절한 수학적 방법으로 관찰의 유효성을 검증하는 방법을 알려준다. 이러한 방법의 선택은 분포의 특성에 달려 있기 때문이다. 두 개 이상의 정규분포 그룹이 다른지 여부를 수량화하는 수많은 소위 매개 변수 방법(예: 분산 또는 회귀 분석)이 있다.[25] 두 번째 이유는 다른 목표에 대해 중요하다. 분포는 이러한 관찰을 발생시키는 메커니즘에 대한 단서를 제공할 수 있다.[26] 도수분포가 대칭적인 종 모양의 곡선을 보인다면 대표 평균값에 많은 작은 독립 요인을 더하거나 빼는 메커니즘에 의해 데이터가 생성된다고 확신할 수 있다. 마찬가지로, 로그 숫자의 벨 모양 분포는 임의 요인을 곱하거나 나누어 생성된다. 나는 이 장의 뒷부분에서 편향된 발사 속도분포의 기초가 되는 신경 메커니즘에 대해 논의한다. 그러나 먼저 나는 로그 규칙이 신경 시스템에서 우세하다는 것을 독자에게 확신시키기 위해 뇌의 구조적 및 동적 변수 목록을 제시한다.

25) 데이터의 빈도 분포는 모든 데이터 세트에 대해 유효하게 수행할 수 있는 통계 분석 유형을 결정하는 주요 요소다. 그러나 대부분의 경우 데이터가 충분하지 않기 때문에 빈도분포를 엄격하게 테스트하는 경우는 거의 없다. 로그 정규분포의 분산이 평균에 비해 작으면 정규분포와 매우 유사하게 보일 수 있다. 일부 통계학자들은 정규분포가 단순히 로그 정규분포의 특수한 경우라고 주장한다(Lyon, 2004).

26) 2016년, 세계에서 가장 큰 호박이 벨기에에서 재배되었다는 뉴스가 나왔다. 슈퍼 호박의 무게는 1톤(2,624.6파운드) 이상으로, 우리 가족이 핼러윈에 전시하기 위해 조각한 것보다 100배나 더 크다. 과일과 꽃 크기의 분포는 가우시안 패턴보다는 로그 정규식에 맞는 것으로 오랫동안 알려져 왔으며 분포의 모양은 유전자가 곱셈적으로 결합한다고 주장하는 데 사용되었다(Groth, 1914; Sinnot, 1937). Galton(1879)은 분산이 '통계의 매력'이라고 지적했다. 그는 최근까지 로그 정규분포라고 부르지 않았지만 로그 정규분포를 처음으로 도입했다. Galton은 또한 빛의 강도 변화에 대한 눈의 반응이 로그 정규 형식을 따른다는 것을 보여 주었다(Weber-Fechner 법칙 확인; Koch, 1966에 설명됨).

신경망의 로그 아키텍처

두뇌는 자연에서 가장 정교하고 확장 가능한 아키텍처 중 하나이며 다양한 종의 초소형에서 초대형에 이르기까지 다양한 크기로 제공된다. 확장성은 시스템이 성장하면서도 동일한 원하는 계산을 수행할 수 있도록 하는 속성을 말하며 종종 효율성이 증가한다. 향유고래(7kg)에 속하는 가장 큰 뇌는 가장 작은 포유동물인 사비왜소땃쥐(65mg)의 뇌보다 수천 배 더 크다. 이 엄청난 변동성은 모든 두뇌가 유사한 구조적 규칙을 공유하는지 여부에 대한 질문을 제기한다. 그렇다면 뇌의 스케일링 법칙과 제약은 무엇일까?

축삭 직경 및 전도 속도

앞서 논의한 중요한 제약 중 하나는 포유류의 뇌 리듬을 보존하는 것이다(제6장). 따라서 이러한 리듬에 의해 설정된 계산 및 구문 규칙은 두뇌 크기에 관계없이 동일하게 유지되어야 한다.[27] 다시 말해, 뉴런 네트워크는 많은 수의 분산된 로컬 프로세스를 전역적으로 정렬된 상태로 일시적으로 통합하는 뇌의 능력을 보존해야 로컬 계산의 결과가 광범위한 뇌 영역에 동시에 전파될 수 있다. 역방향으로, 로컬 계산 및 여러 다운스트림 대상으로의 신호 흐름은 종종 '실행' 혹은 '하향식' 제어라고 하는 글로벌 뇌 활동의 제어하에 있다. 효과적인 로컬-글로벌 통신을 위한 중요한 요구 사항은 다양한 네트워크 진동에 의해 설정된 다운스트림 리더 메커니즘의 통합 시간 창 내에서 여러 영역의 로컬 계산 결과가 전달되어야 한다는 것이다. 뇌가 커질수록 뇌의 각 부분은 필연적으로 서로 더 멀어진다. 다양한 크기의 뇌에서 시간적 통합을 유지하려면 더 긴 전송 거리를 보상하기 위한 하드웨어 솔루션이 필요하다.

장거리 통신은 축삭돌기를 통해 이루어지며 활동 전위가 시냅스를 통해 뉴런에서 뉴런으로 이동할 수 있다. 일부 축삭은 수초를 코팅하고 절연하여 전기 자극이 더 효율적으로 이동할 수 있도록 하기 때문에 스파이크를 더 빠르게 수행할 수 있다. 축삭 직경과 수초화

27) 확장성 시스템에서 시스템의 특정 측면은 동일한 계산 목표 경우 제한해야 증가하는 유기체의 복잡성에 직면하여 달성되어야 한다(Buzsáki et al., 2013).

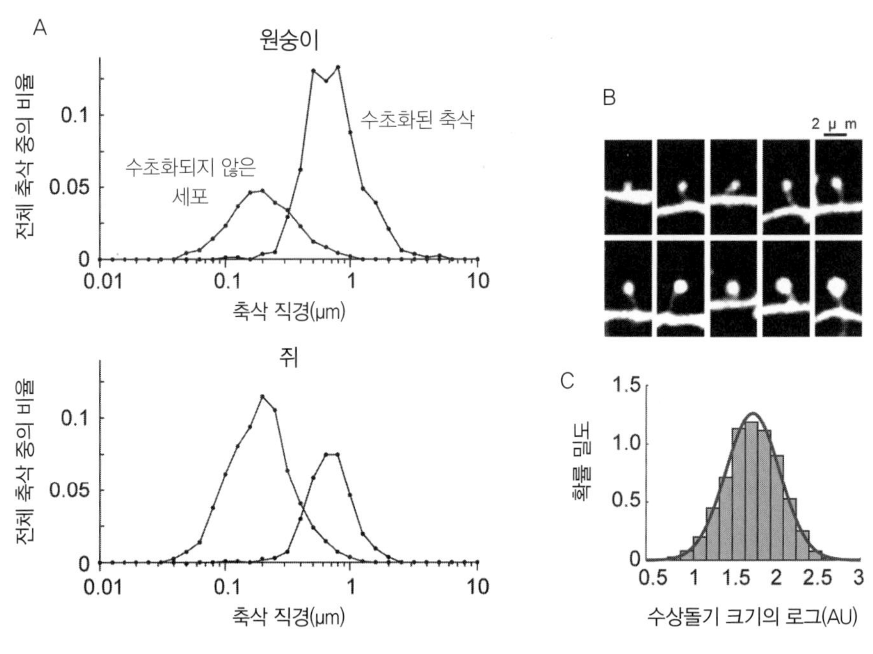

[그림 12-2] A: 짧은 꼬리 원숭이와 마우스의 뇌량에서 수초화되지 않은 축삭과 수초화되지 않은 축삭의 직경 분포. B: 한 뉴런의 수상돌기를 따라 이미지화된 가시의 예. C: 척추 크기의 로그 정규분포.
출처: A: Wang et al.(2008); C: Loewenstein et al.(2011).

가 뉴런의 전도 속도를 결정하기 때문에 이러한 변수의 진화적 조정은 뇌 크기 불변 척도에 가장 중요한 것으로 보인다. 축삭돌기 직경을 늘리면 신호가 주어진 시간 창 내에서 더 먼 거리를 이동할 수 있고 다양한 소스의 신호가 거의 동시에 대상에 전달될 수 있다.

뇌의 축삭돌기 직경은 몇 배 정도 다양하며 분포가 심하게 왜곡되어 있다. 인간에서 대부분의 뇌량 축삭은 직경이 0.8μm 미만이지만 가장 두꺼운 0.1%의 축삭은 직경이 10μm만큼 클 수 있다([그림 12-2]). 직경이 큰 축삭은 일반적으로 감각 정보를 전달하는 반구 횡단 경로에서 발견되는 반면, 전두엽 피질 영역(통신 속도가 느린)에서는 직경이 작은 축삭이 우세한다. 동일한 뉴런에서 발생하지만 다른 뇌 영역을 대상으로 하는 축삭돌기의 두께는 상당히 다양할 수 있으며, 이는 통신 라인이 다양한 기하학적 및 시간 계산 속성을 갖는 복잡한 시스템을 예시한다.

더 큰 뇌의 모든 축삭이 직경에 비례하여 증가한다면 뇌의 크기와 에너지 요구량이 엄청나게 증가할 것이다. 그 대신, 직경이 불균형적으로 증가된 소수의 축삭은 다른 종의 뇌에서 타이밍을 비교적 일정하게 유지한다. 실제로 분포의 가장 두꺼운 지름의 꼬리는 뇌 크기에 따라 가장 잘 확장된다. 매우 큰 직경을 가진 축삭의 작은 부분을 추가하면 종에 걸쳐 교차 반구 전도 시간을 보존할 수 있다([그림 12-2]).[28] 요약하면, 빠른 전도 속도와 함께 더 큰 직경의 축삭의 불균형적인 증가는 뇌 크기가 증가함에 따라 유사한 통신 속도를 유지한다.

미시적 연결성

시냅스 전달 강도라고도 하는 뉴런 간의 커뮤니케이션 효율성은 시냅스의 해부학적 특징에 따라 달라진다. 다른 뉴런에 대한 흥분성 입력은 수상돌기 가시라고 하는 돌출부 형태의 시냅스 연결을 형성한다. 수상돌기 가시(spine)는 좁은 목으로 수상돌기에 연결되어 있으므로 드럼 스틱이나 버섯이 더 적절할 것이다. 이 머리는 들어오는 축삭의 끝에 있는 시냅스 전 부톤(bouton)과 접촉한다. 가시의 부피는 시냅스 후 밀도의 양과 상관관계가 있고, 이는 흥분성 전달 물질의 시냅스 전 방출에 의해 유도된 흥분성 시냅스 후 전류의 진폭과 상관관계가 있기 때문에 중요한 척도다.

현미경 영상 연구는 단일 피라미드 뉴런에서 다양한 수상돌기 가시의 크기를 보고했다. 거대한 가시는 가장 작은 것보다 수백 배 더 클 수 있다. 레이어 5 신피질 뉴런과 해마 피라미드 세포의 척추 크기 분포는 대수 정규 규칙에 의해 잘 설명된다.[29] ([그림 12-2]). 이 큰 변화는 일부 파트너 뉴런이 큰 시냅스를 통해 수신 뉴런에 강한 영향을 미치는 반면 대부분의 상류 파트너는 약한 시냅스를 설정하므로 개별적으로 많은 영향을 미치지 않는다는 것을 의미한다. 따라서 이 상황은 우리의 사회적 연결과 매우 유사하다. 소수의 개인은 우리의 행동에 매우 강한 영향을 미치는 반면, 대부분의 지인은 거의 또는 전혀 영향을 미치지 않는다.

거시적인 연결성: 일반적인 배선 규칙

뇌가 타불라 라사라면, 서로 무작위로 연결된 뉴런은 제 역할을 할 것이다. 대부분의 네

28) Swadlow(2000); Aboitiz et al.(2003); Wang et al.(2008); Innocenti et al.(2014). 거대 구경 축삭의 숙주 뉴런은 여전히 확인해야 한다. 그들 중 적어도 일부는 억제성 뉴런일 가능성이 있다. 쥐에서 장거리 억제 뉴런의 수초화된 축삭 직경은 피라미드 세포보다 몇 배 더 두꺼운 3μm에 도달할 수 있다(Jinno et al., 2007). 차례로, 이론 및 모델링 연구에 따르면 장거리 개재 뉴런은 뇌 전체의 감마와 잠재적으로 다른 진동의 동기화에 중요하다(Buzsáki et al., 2004).

29) Yasumatsu et al.(2008); Loewenstein et al.(2011).

트워크 모델은 임의 연결 통계(random connectivity statistics)를 사용한다. 이 경우 경험은 연결 강도를 수정할 수 있는데, 이는 인공 신경망의 경우와 비슷한데 모든 뉴런이 다른 모든 뉴런에 연결될 확률이 동일한 조건이기 때문이다. 이 기대와는 대조적으로, 여러 실험실의 정교한 미세회로 분석은 두 개의 뉴런이 상호 연결되어 있거나 상호 연결된 뉴런이 세 번째 뉴런의 입력을 공유하는 것과 같은 '뉴런 모티브'가 임의 연결 통계 모델에서 기대되는 경우보다 더 자주 발생한다는 것을 반복적으로 보여 주었다.[30] 그러나 이러한 비임의적(nonrandom) 연결이 형성되는 일반적인 규칙과 이러한 규칙이 다양한 크기의 뇌에 걸쳐 확장되는 방식은 아직 완전히 해결되지 않았다.

축삭돌기를 세포체까지 추적하는 원숭이 원숭이에 대한 해부학적 연구는 뇌 영역 사이의 연결 강도 범위가 5배에 이른다는 것을 보여 준다. 주어진 피질 영역은 몇몇 구조에 강하게 연결되어 있고 다른 많은 구조에는 약하게 연결되어 있다. 이 연결 프로필은 로그 정규분포로 가장 잘 설명된다.[31] 뇌 해부학은 마우스의 뇌와 유사하다. 시애틀에 있는 앨런 연구소(Allen Institute)의 산업적 규모의 노력에 따르면 각 피질 영역에서 보내진 모든 축삭돌기의 절반은 소수의 다른 영역으로 향하고 있다. 이러한 소수의 연결은 문제의 피질 영역에서 보내진 모든 축삭돌기의 절반을 나타낼 수 있다. 축삭의 나머지 절반은 많은 영역에 약하게 분포한다. 원숭이와 마찬가지로 연결분포는 로그 정규 형식을 따른다. 사실, 로그 규칙은 피질 내 연결뿐만 아니라 시상 및 기타 피질하 표적을 포함한 모든 피질 패치의 모든 연결에 적용된다. 이 패턴은 지금까지 두 종에서만 정량적으로 설정되었지만 영역 간 연결의 크기가 종 간에 걸쳐 보존되고 영역 간의 상호작용 강도가 유사한 중간 배선 규칙을 따른다는 것을 제안하고자 한다.[32] 이 정보를 가지고 우리는 이러한 구조적 기초가 뉴런 어셈블리에서 스파이크 매개 통신에 어떻게 영향을 미치는지 추측할 수 있다.

30) Songet al.(2005); Yoshimura et al.(2005); Perin et al.(2011); Koet al.(2013).

31) Markov et al.(2011, 2013); Wang et al.(2012); Ercsey-Ravasz et al.(2013). 이러한 발견은 신피질의 이전 연결 추정치를 상당히 수정한다. 평균 경로 길이는 3에서 4 사이로 고려되었지만 로그 정규 연결은 약 1.5임을 나타낸다. 즉, 장거리 흥분성 연결은 일반적으로 매우 약하지만 피질 영역은 하나 또는 두 개의 시냅스 릴레이를 통해 다른 영역과 연결된다.

32) Oh et al.(2014).

로그 역학

피라미드 세포에서 척추 부피의 대수 정규분포에서 예상되는 바와 같이, 뉴런 간의 생리학적 연결의 강도를 반영하는 시냅스 가중치에도 큰 변화가 있다. 연결 강도를 분석하는 가장 정확한 방법은 세포 내에서 뉴런 쌍을 기록하고 시냅스 전 뉴런에서 유발된 스파이크에 대한 반응으로 시냅스 후 뉴런에서 흥분성 또는 억제성 시냅스 후 전위의 진폭을 정량화하는 것이다. 다중 세포 내 기록은 동물을 행동하는 데 실용적이지 않기 때문에 간접적인 방법은 시냅스 강도를 추정하는 데 사용된다. 여기에는 시냅스로 연결된 뉴런 쌍 간의 스파이크 전송 확률 계산이 포함된다([그림 12-3]). 일반적으로 이러한 두 가지 유형의 방법은 잘 일치한다.[33] 이러한 실험을 통해 뉴런 간의 스파이크 전달 확률은 대수 정규분포를 나타내며 일반적으로 스파이크 전달은 잠자는 동물보다 깨어 있을 때 더 강하다는 것이 확인되었다. 더 강한 시냅스는 평균적으로 더 강할 뿐만 아니라 베버-페히너(Weber-Fechner) 로그 법칙을 연상시키는 사건마다 더 안정적이다.

발사 속도 및 스파이크 버스트의 대수 정규분포

해마 뉴런의 발사 속도분포는 거북이에서 인간에 이르기까지 현재까지 조사된 모든 종의 모든 피질 및 피질하 영역에서 알려진 모든 뉴런 유형을 나타낸다([그림 12-1]).[34] 같은 부류의 개별 뉴런들의 평균 자발적 발화율은 4배에 이른다. 주어진 시간 창에서 각 유형 내 뉴런의 10~20%가 모든 스파이크의 절반을 기여하는 반면 나머지는 스파이크의 나머지 절반을 담당한다. 이러한 분포는 여러 유형의 억제성 중간뉴런의 유사한 이동과 일치하여 다양한 종류의 뉴런과 다양한 뇌 상태에서 왼쪽이나 오른쪽으로 이동할 수 있다. 중요하게, 자발적인 스파이크와 자극에 의해 유발된 스파이크의 로그 발사 속도는 강한 상관관계가 있다. 자

---

33) Gerstein & Perkel(1969); Csicsvariet al.(1998); Fujisawa et al.(2008). 뉴런 쌍 간의 시냅스 연결을 확인하기 위해 영국인인 McKenzie et al.(2017)은 단일 세포 인접 세포 전류 주입 또는 행동하는 마우스에서 작은 세포 그룹의 광유전학적 자극을 통해 진행 중인 네트워크 활동에서 시냅스 전 뉴런을 분리했다. 시험관 내에서 직접 페어링된 녹음의 경우는 Song et al.(2005)을 참조. 억제 뉴런은 또한 더 많은 수의 입력을 통합하거나 넓은 영역에서 많은 표적과 접촉함으로써 허브 역할을 할 수 있다(Bonifazi et al., 2009).

34) 때때로 비율분포는 로그 정규분포보다 감마에 더 잘 맞다.

극이 뉴런에서 초당 1개의 속도로 추가 스파이크를 유발하면 동일한 자극이 기본 발사 속도가 초당 10인 다른 뉴런에서 10개의 과도한 스파이크를 유발할 수 있다. 이것은 유도된 스파이크의 수에서 큰 차이가 있지만 비례적으로 동일한 값을 산출한다. 즉, 외부 입력에 대한 뉴런의 반응은 장기 발화 속도에 비례하여 베버-페히너 법칙을 상기시킨다.[35)]

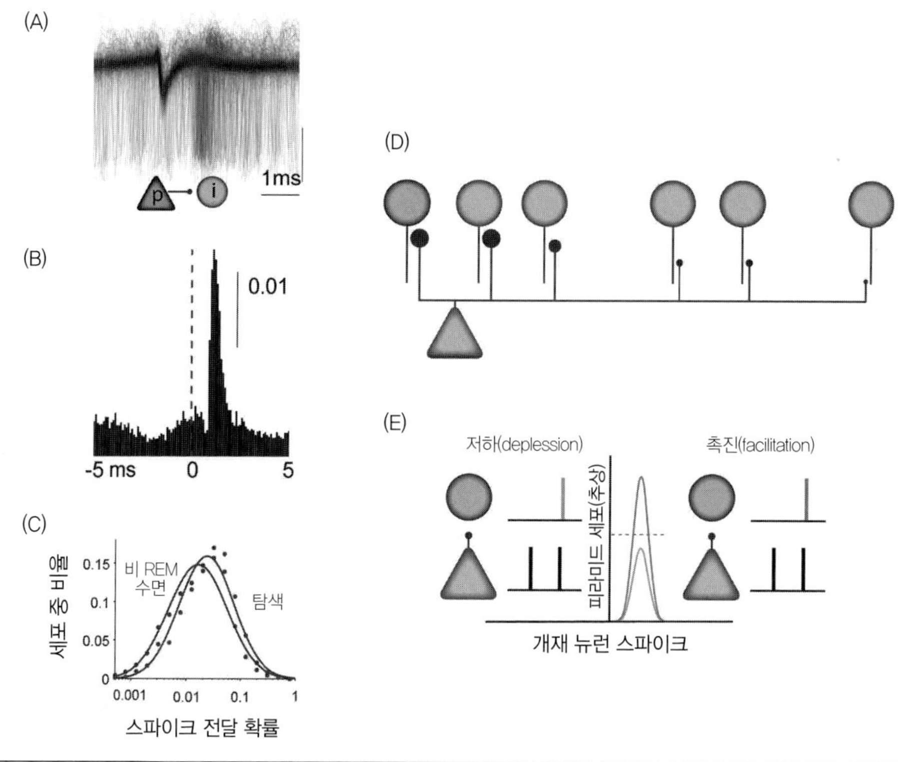

[그림 12-3] 피라미드 세포-뉴런 간 시냅스 연결의 역학

A: 피라미드 세포의 중첩된 스파이크(*p*, 작고 넓은 스파이크) 및 중간 뉴런(*I*, 스파이크에 의해 촉발된, 크고 좁은 스파이크). 피라미드 세포의 스파이크 후 1msec에서 중간 뉴런의 많은 스파이크를 확인한다. B: CA1 피라미드 세포 스파이크(시간 0)와 중간 뉴런의 스파이크(히스토그램의 피크) 사이의 스파이크 전달 확률 값의 시간 차이. C: 탐색(RUN) 및 비급속 안구 운동(비 REM) 수면 중 스파이크 전송 확률(로그 스케일 참고)의 분포. 곡선의 오른쪽 이동은 탐색 중 더 강한 스파이크 전송을 나타낸다. D: 연결 강도는 뉴런 쌍 사이의 거리에 따라 급격히 감소한다. E: 스파이크 전파 확률은 '변화 없음'(가로 파선) 위와 아래의 가우스 곡선에 의해 표시된 바와 같이 활동 의존적 단기 촉진과 저하를 모두 나타낸다.

* McKenzie et al.(2017)에서 수정.

35) 놀랍게도, 빠른 발화 뉴런은 흥분의 유일한 또는 적어도 주요 소스가 채널 로돕신 제어 탈분극일 때 광유전학적 자극에 더 강력하게 반응한다. 인위적으로(빛) 유도된 스파이크의 발화율과 자발적 발화율은 강한 상관관계가 있다(Stark et al., 2015).

스파이크 사이의 간격이 짧은 경우(예: 10ms) 해당 발사 이벤트를 스파이크 버스트 라고 한다. 모든 스파이크 간 간격에 대한 이러한 짧은 간격의 비율은 뉴런의 파열 성향을 정량적으로 측정한 것이다. 버스트 분포도 로그 정규 형식을 갖다. 분포의 오른쪽 꼬리에 있는 피라미드 뉴런의 작은 부분은 슈퍼 버스터라고 부르는데, 이들은 40~50% 폭발하는 반면 분표의 왼편에 있는 뉴런들은 거의 발화하지 않는다.

앙상블 크기의 왜곡된 분포

타깃에 대한 뉴런 어셈블리의 영향은 동기화 정도에 따라 다르다. 수백 개의 뉴런이 몇 초 만에 함께 발화하거나 짧은 감마 주기로 작동하는 것 사이에는 차이가 있다(제4장). 시간적 동기화는 주어진 시간 창에서 스파이크 뉴런의 비율을 정량화하여 측정할 수 있다. 이러한 측정은 '앙상블 크기'(특정 시간 창에서 활성화된 뉴런의 수)가 일반적인 평균 주위에서 변하지 않는다는 것을 보여 준다. 대신, 동기화의 크기는 로그 정규분포를 따른다. 드물게 강하게 동기화된(매우 큰) 이벤트가 많은 중간 및 작은 이벤트 사이에 불규칙하게 산재되어 있다.[36] 분포가 왜곡되었다는 것은 피질 네트워크에 특징적인 뉴런 앙상블 크기가 없음을 의미한다.[37] 더 자주 발생하는 스파이크가 느린 뉴런의 스파이크보다 다른 이벤트와 더 자주 일치할 것으로 예상되기 때문에 빠르게 발화하는 뉴런은 대규모 인구 이벤트에 더 자주 참여한다.[38] 그러나 이보다 훨씬 더 중요한 것은 서로 및 인구의 다른 모든 뉴런들과 더 잘 연결되어 있다는 점이다. 연결성의 이러한 소수 독점적인 '허브' 특성은 빠르게 발

36) 예를 들어, CA1 피라미드 세포의 소수(1.5%)가 해마의 날카로운 파동 현상의 절반에 참여하는 반면 모든 뉴런의 절반은 날카로운 파동의 10% 미만에서 발화한다(Mizuseki & Buzsáki, 2013).

37) 군집의 동기(syncrhony)의 로그 정규분포는 Hebb의 세포 어셈블리 정의에 대한 도전이다. 가정된 집합이 고정 집합인 경우 연속 시간 창에서 스파이크 뉴런의 비율이 크기에 따라 달라지는 이유는 명확하지 않다. 그러나 뉴런 메시지의 상당 부분이 매우 활동적인 소수의 뉴런에 의해 전달될 수 있다면 각 시간 창에 '충분히 좋은' 정보가 존재한다. 활성 뉴런의 비율뿐만 아니라 뉴런 쌍 간의 상관 계수도 로그 정규분포를 나타내며, 동시 활성화된 뉴런 쌍은 파트너의 발화 속도와 크게 상관관계가 있다(Buzsáki & Mizuseki, 2014). 해마 조직 배양에서 CA3 뉴런 쌍의 칼슘 신호 공동 활성화는 또한 로그 정규분포를 나타낸다(Takahashi et al., 2010). 인구 반응의 심하게 치우친 분포를 일으키는 요인은 잘 이해되지 않는다. 동적 시냅스가 있는 계산 네트워크는 외부 입력에 강력하게 응답할 수 있지만 섭동 직후 기준선 활동으로 돌아갈 수 있기 때문에 시냅스 가중치의 대수 정규 변형은 가능성이 있는 소스다(Sussillo & Abbott, 2009).

38) Okunet al.(2015)는 이웃하는 피질 뉴런이 인구의 전반적인 발화에 대한 결합이 다를 수 있음을 발견했다. 그들은 강하게 결합된 사람들을 '합창단'이라고 부르고 약하게 결합된 사람들을 '솔로이스트'라고 불렀다. 합창단과 솔로이스트가 각각 로그 정규 비율 분포의 오른쪽 꼬리와 왼쪽 꼬리의 뉴런을 대표할 가능성이 있다. 군집의 커플링은 감각 선호도와 크게 무관하며 자극 조건에 불변인 고정된 세포 속성이다. 고발사 뉴런의 특징에서 예상되는 바와 같이, 합창단은 솔로이스트에 비해 여러 기능에 반응하고 더 많은 수의 다른 뉴런과 연결된다(Mizuseki & Buzsáki, 2014).

사하는 뉴런을 더 자주 파트너로 만들고 종종 대규모 인구 이벤트의 리더로 만든다. 해마의 날카로운 파동, 신피질의 느린 진동, 시상피질의 수면 방추를 포함하여 인구 사건의 규모뿐만 아니라 지속 기간도 로그 정규분포를 따른다.

신경망의 독재적 조직 신경망

너무나 많은 구조적 및 동적 변수의 왜곡된 분포는 중요한 방식으로 그 작동을 제한한다. 빠르게 발화하는 일부 뉴런들이 특별한 지위를 가지게 된다. 그들은 항상 더 열심히 일할 뿐만 아니라 더 많은 연결을 가지고, 다른 빠르게 발사하는 뉴런을 포함하여 목표 파트너와 더 강력하게 연결되어 있다.[39] 이것은 흥분성 및 억제성 뉴런 모두에서 그렇다. 그들은 허브를 형성하며, 이는 연결과 정보 전달의 과두적 조직이다. 네트워크에서 이러한 파트너십을 '리치 클럽'이라고도 한다.[40] 고도로 활동적인 독재적 뉴런은 더 긴 축삭을 갖고 천천히 발화하는 동료보다 더 많은 구조로 축삭을 보낸다. 이러한 연결을 통해 특권 클럽 회원은 비회원 뉴런보다 더 많은 정보에 액세스할 수 있으며 이러한 정보를 서로 공유한다.

다시 말하지만, 허브 뉴런의 힘든 작업에도 불구하고 그들은 스파이크의 절반만 기여하고 영향의 절반만 발휘한다는 것을 반복하는 것이 중요하다. 그러나 정상적인 뇌 작동의 경우 나머지 절반도 똑같이 중요하다. 나머지 스파이크 활동은 더 느슨하게 형성된 큰 네트워크에서 약한 시냅스를 통해 연결된 천천히 방전되는 뉴런의 많은 부분에 의해 제공된다. 우리는 허브와 리더에 대해 의인화하고 이야기하는 것을 좋아하지만 대수 정규 과두제에서는 빠른 끝과 느린 끝, 강한 끝과 약한 끝 사이에 정의할 수 있는 경계선이 없다는 점을 강조하는 것이 중요한다. 따라서 로컬 연결과 전역 연결의 경계는 불투명하다. 이러한 로컬-글로벌 상호작용이 있는 네트워크의 장점은 계산 속도와 정확도 간의 최적 균형이다.

앞의 논의에서 분명히 알 수 있듯이, 발사 속도는 뉴런의 다른 많은 기능과 관련이 있기 때문에 장기간 발사 속도만큼 간단한 측정은 먼 길을 간다. 여기서 적절한 비유는 언어다. 일상 언어에서 다른 단어가 사용되는 빈도는 모든 언어와 시간 척도에서 의미 변화의 속도

39) Yassin et al.(2010); Ciocchiet al.(2015).

40) Olaf Sporns의 뇌 네트워크에 관한 책(2010)에는 신경망의 왜곡된 조직에 대한 논의와 관련된 많은 링크가 있다. 또한 van den Heuvel & Sporns(2011); Nigam et al.(2016)을 참조하라.

에 영향을 미친다. 인도-유럽어의 단어들 사이에 이러한 어휘 진화의 비율에는 거의 100배의 변화가 있으며 분포는 로그 정규식과 같은 형태를 보여 준다. '하나', '둘', '누가', '밤'과 같이 가장 자주 사용되는 단어는 강력하게 보존되어 언어에 따라 분기되는 데 10,000년이 걸릴 수 있는 반면, '돌리다'와 같이 거의 사용되지 않는 단어는 '찔러'와 '배짱'은 불과 몇 백 년 만에 바뀔 수 있다.[41] 빠르게 발사되는 뉴런과 유사하게 자주 사용되는 단어는 단단한 허브를 형성하고 일상 대화를 지배하지만 기존 어휘의 많은 단어는 거의 사용되지 않는다. 그러한 선택을 지원하는 뇌 메커니즘이 뇌 구조 및 역학에서 작동하는 로그 규칙과 관련이 있다는 결론을 내리고 싶은 생각이 든다. 그러한 분포는 어떻게 생성되고 유지되며 기능적 결과는 무엇일까?

로그 역학 생성하기

아마도 가장 흥미로운 질문은 뇌 조직의 많은 수준에서 로그 패턴이 서로 어떻게 관련되어 있는지다. 치우친 분포는 다양한 비선형 연산으로 인해 발생할 수 있다. 따라서 해부학적 연결성의 로그 분포가 로그 역학을 발생시키는 방법이나 시냅스 가중치의 왜곡이 로그 정규 발사 속도 및 왜곡된 인구 협력과 어떻게 관련되는지는 분명하지 않다. 적어도 두 가지 옵션이 있다. 뉴런 집단에 대한 입력이 종 모양의 분포를 보이더라도 반응 뉴런의 발화율 분포는 막 속성의 비선형성으로 인해 왜곡될 수 있다. 대안으로, 뉴런은 로그 정규분포 시냅스 입력에 선형으로 반응할 수 있으며, 이 경우 왜도(skewness)의 원인은 입력이다.[42]

앞서 논의한 바와 같이 단일 피라미드 세포에 있는 수백에서 수천 개의 시냅스의 강도는 대수 정규분포를 갖는다. 그러나 시냅스 전 뉴런만으로는 시냅스 후 세포에 스파이크가 거의 발생하지 않기 때문에 시냅스 전 협력 및 입력의 시냅스 후 통합 규칙도 알아야 한다. 우리는 또한 뉴론 집단이 동기화되는 크기가 로그 정규 패턴을 따른다는 것을 배웠다. 그러나 이런 축적된 지식조차도 통합 규칙을 모른 채 뉴런이 어떻게 반응할지 예측하기에

41) Pagel et al.(2007)에서 이러한 예를 빌렸다. 발생률의 몇 가지 추가 결과를 설명한다. 단어 사용의 비율은 뇌 과정의 외부화와 유사할 수 있다. 우리가 행동의 유사한 결과를 더 자주 접할수록 두뇌 표현은 더 명확해진다.

42) 여러 논문에서 이 주제를 다루었다. Hromádka et al.(2008); Koulakov et al.(2009); Roxin et al.(2011); Ikegaya et al.(2013).

는 충분하지 않다. 간접 증거와 모델링 결과는 첫 번째 가설을 뒷받침한다. 즉, 뉴런에 걸친 발사 속도의 로그 정규분포는 고유한 비선형 속성의 왜곡된 분포에서 나타난다. 발사 속도의 변화가 시냅스 효능의 변화와 결합되어 있음이 분명하지만, 어느 것이 가장 중요하고 두 번째를 유발하는지 확인하기 위해서는 더 강력한 증거가 필요하다.[43]

우리는 처음에 어떻게 편향된 분포가 나타나는지 추측할 수 있을 뿐이다. 신경 발생 동안, 초기에 태어난 뉴런은 서로 신경분포할 가능성이 더 높으며, 신진 수상돌기에서 만드는 시냅스는 체세포에 가장 가깝게 위치한다. 따라서 나중에 태어난 뉴런은 수상돌기의 더 먼 부분에만 발달할 수 있다. 이 관찰을 바탕으로 우리는 일찍 태어난 뉴런이 동료를 방전시키는 데 더 효과적이므로 발사 속도분포가 단순한 시간적 기원을 가질 수 있다고 추측할 수 있다.

로그 다이내믹스(Log-Dynamics)의 유지

이들 뉴런의 발사 패턴은 어떻게 유지될까? 다음 두 가지 옵션을 고려하고 추측해 보라. 첫째, 빠르게 작동하는 뉴런이 피곤하면 긴 낮잠을 자는 동안 이전에 휴면 중인 뉴런이 활성화되어 전체 활동 분포를 동일하게 유지하지만 회전하는 활성 참가자와 함께 유지한다. 둘째, 속도분포는 뇌 상태와 다양한 테스트 상황에서 상관관계를 유지하므로 일부 뉴런은 다른 뉴런보다 영원히 더 열심히 일해야 한다. 결정하지 못하더라도 걱정하지 마시라. 내가 많은 동료들에게 물었을 때, 대다수는 첫 번째 옵션을 선호했지만 일부는 두 번째 옵션에 찬성하여 주장했다. 맞다. 개별 뉴런은 마치 자신의 발사 출력을 감지하고 각 세포에 맞춤화된 설정값으로 조정하는 것처럼 며칠, 몇 주, 몇 달에 걸쳐 발사 속도 순위를 유지한다. 고유 발화율의 분포는 신경 세포 집단의 근본적인 생물물리학적 이질성을 반영하며, 뉴런의 발사 속도는 쉽게 식별할 수 있는 마커 역할을 한다.[44] 물론 개별 뉴런의 발화 속도는 일시적으로(예: 관련 자극에 대한 응답으로) 다르지만 반응의 크기는 뉴런의 장기 기본 속

---

43) 그중 신경망 모델에서 가장 중요한 것으로 보이는 급증 속도다(Kleberg & Triesch, 2018). 스파이크 타이밍 종속 가소성 규칙과 곱셈 정규화(제11장)가 네트워크에 통합되면 초기에 유사한 시냅스 가중치가 곧 왜곡된 분포와 강한 나가는 시냅스를 가진 허브 뉴런을 형성한다.

44) 구심성 구동의 변화로 인한 발화율의 지속적인 변화 후에도 뉴런은 이전 속도로 되돌아간다(Koulakov et al., 2009; Mitra et al., 2012; Mizuseki & Buzsáki, 2013; Fu et al., 2016; Hengen et al., 2016). 스파이크 버스트 속도의 대수 정규분포는 버스트 발생 가능성이 주로 뉴런의 고유 속성에 의존하기 때문에 막 채널 속성이 중요하다는 아이디어를 지지

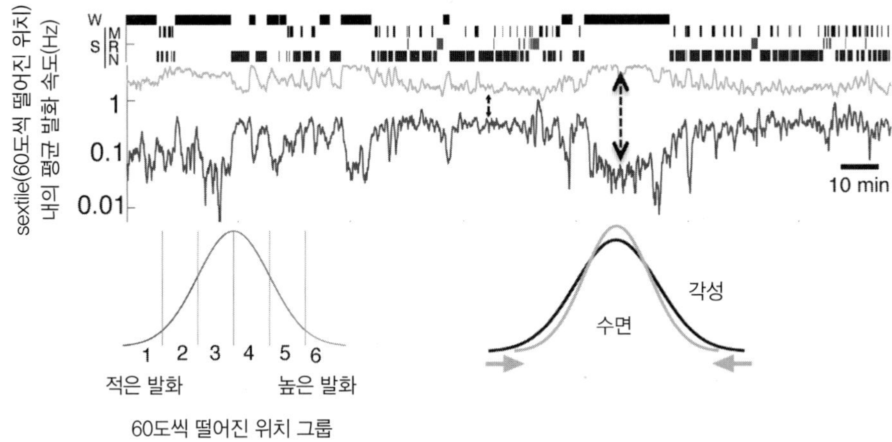

[그림 12-4] 수면 및 각성 상태는 빠르고 느린 발사 뉴런에 반대로 영향을 미친다.

Bars: 기상-수면 상태 점수. W, 기상; S, 수면; R, 빠른 안구 운동(REM) 수면; N, 비 REM 수면; M: 미세 각성. 각성 및 수면에 대한 가장 빠른 및 가장 느린 섹스타일 그룹의 발사 속도는 반대 방향으로 변경된다(크고 작은 양방향 화살표, 섹스타일(sextile; 60도씩 떨어진 위치) 분포는 왼쪽 삽입에 표시됨). **오른쪽 하단**: 로그 가우스 곡선은 깨어 있는 기간이 끝날 때(로그 발사 속도분포를 보여 준다. 검정색)와 절전이 끝날 때(회색). 수면은 발사 속도의 속도분포를 좁힌다.

도와 상관관계가 있다. 피질 피라미드 세포는 스파이크 활동을 최대 약 80/s까지 증가시킬 수 있다. 그러나 뉴런의 비율이 장기간에 걸쳐 샘플링되면 '유휴' 상태의 활동이 지배한다.

집단 내 뉴런의 발화율 순위는 수면을 통해 유지된다. 발화율로 표현되는 신경 흥분성과 시냅스 가중치의 편향된 분포로 표현되는 신경 이질성의 국소 네트워크 관련 소스는 서로 관련이 있다. 이 관계는 교대 수면-각성 주기 동안 신경 역학에서 발생하고 유지된다([그림 12-4]).

수면은 깨어 있는 동안 고된 작업으로 지친 뉴런을 회복하는 데 필요한 뇌 상태로 오랫동안 여겨져 왔다.[45] 이 가설된 '수면 항상성 가소성'에 대한 세부 사항은 여전히 논의되고 있

한다. 그러나 고유한 생물물리학적 특성과 채널 밀도 변화를 조절하는 뉴런 자율 속도 항상성 외에도 뉴런이 포함된 네트워크는 뉴런 스파이크에 지속적인 영향을 미칠 수 있다.

45) 특정 시냅스가 특정 기억 흔적을 강화하기 위해 '선택적으로' 수정되는 것으로 생각되는 기억 통합(제8장)과는 대조적으로 항상성 기능은 안정적인 신경 시스템을 유지하기 위해 인구 전체에 걸친 시냅스의 일반적이고 변형을 포함하는 것으로 가정한다. Tononi & Cierelli(2003, 2014; Vyazovskiy & Harris, 2013)의 영향력 있는 모델은 깨어 있는 동안 대부분의 활성 세포와 시냅스가 수면 중에 계속 활성인 반면 약한 시냅스와 느리게 발화하는 뉴런은 '하향 선택'되었다고 제안한다(즉, 네트워크 참여에서 제거됨). 따라서 모델은 천천히 작동하는 뉴런의 속도를 증가시키기보다는 감소시킴으로써(즉, 실험적으로 관찰된 변화와 반대) 수면 중에 로그 정규분포가 비대칭적으로 영향을 받을 것이라고 예측할 것이다.

지만 침투가 이루어졌다. 수면의 조절력은 안정적인 신경 시스템을 유지하기 위해 인구 전체의 역학을 복원하는 역할을 한다. 수면 중에는 피질하 신경 조절 물질의 방출이 감소하고 신피질은 외부 세계의 영향으로부터 격리되며 시상피질계는 자기 조직화된 방식으로 활동을 지속한다.[46] 뉴런 집단의 지속적인 발사('업 상태'라고 함)는 짧은(30~200ms) 인구 전체의 침묵 기간('다운 상태')에 의해 중단된다. 다운 상태에서는 거의 전체 피질, 시상 및 많은 피질하 부위가 침묵한다. 뇌는 매일 밤 수천 번 이 고요함에서 스스로를 재부팅해야 한다. 위 및 아래 상태의 지속 시간은 모두 로그 정규분포를 따르며 상대적 지속 시간은 밤에 잠자는 동안 이동한다.[47]

실험적 관찰에 따르면 수면 중에 뉴런 인구 활동이 외부 주도에서 내부 주도 체제로 전환되고 로컬 네트워크의 드라이브가 전 세계적으로 증가하여 보완된다. 깨어 있는 동안 발사 속도의 로그 정규분포가 넓어져 왼쪽 꼬리에 있는 많은 뉴런이 조용해지거나 방전 활동이 감소하는 반면 빠르게 발사하는 뉴런은 스파이크가 증가한다. 비급속 안구 운동(비 REM) 수면(즉, 단속적 또는 급속 안구 운동이 발생하지 않을 때 수면의 대부분) 동안에는 반대 현상이 발생한다. 많은 각성-침묵 뉴런이 활성화되는 반면, 매우 활동적인 뉴런은 수면 과정에서 점차적으로 발화율을 감소시킨다. 결과적으로 뇌는 잠자기 전보다 훨씬 더 좁고 날카로운 로그 정규곡선으로 깨어난다.

발사 속도분포를 넓히고 좁힐 수 있는 메커니즘은 무엇일까? 제11장에서 논의된 바와 같이, 피질하 신경 전달 물질은 이득을 조절하고 감각 입력에 대한 피질 뉴런의 반응성을 조절한다. 따라서 감각 드라이브는 깨어 있는 동안 빠른 뉴런 사이의 발사 속도의 상승을 설명할 수 있다. 더 빨리 반응하는 뉴런은 억제성 뉴런을 더 효과적으로 모집하여 이미 느린 뉴런의 발화 속도를 더욱 감소시킨다. 결과적으로 분포의 양쪽 끝이 넓어진다.

속도분포를 넓히는 또 다른 방법은 시냅스 가소성을 이용하는 것이다. 적어도 하나의 메커니즘은 스파이크 타이밍 종속 가소성이라고 하는데, 이는 스파이크의 시간적 순서에 따라 다르다. 만일 뉴런 A와 B가 서로 연결되어 있고, A가 감마 주기 동안 뉴런 B보다 먼저 발화한다면 A에서 B로의 시냅스는 강화되지만 B에서 A로의 시냅스는 약해질 것이다(제4장). 시간적 일치의 확률은 동시 활성 뉴런의 발화율과 함께 증가하기 때문에 이 시냅스 가

46) 수면 연구의 선구자들은 비 REM 수면 동안의 파워 델타 활동이 수면 압력의 신뢰할 수 있는 측정이며 항상성 메커니즘 역할을 한다고 제안했다(Feinberg, 1974; Borbely, 1982).

47) Watson et al.(2016); Levenstein et al.(2017).

소성 규칙은 발화율이 더 높은 뉴런과 관련된 시냅스의 우선적인 강화를 선호한다. 깨어 있는 뇌에서 비동기적으로 활성화된 이종 집단은 더 높은 자발적 발화율을 가진 뉴런의 시냅스의 비대칭 강화로 이어진다. 이 과정의 결과는 상상하기 쉽다. 흥분할 수 있는 뉴런이 점차적으로 더 흥분되어 결국 네트워크를 불안정하게 만들 수 있다. 일부 메커니즘이 깨어 있는 뇌에서 이러한 '가소성 압력'과 싸우지 않는 한, 결과적인 포지티브 피드백 루프는 시냅스 가중치를 최대 포화 상태로 증가시킬 수 있다. 이 압력에 대응하는 한 가지 메커니즘은 비 REM 수면의 상향 전환이다.

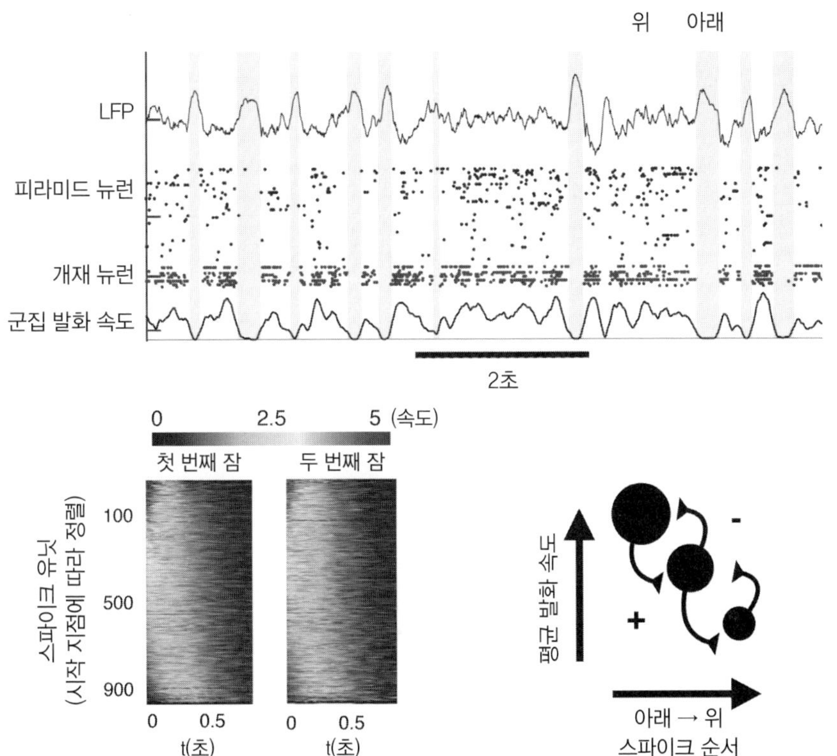

[그림 12-5] 빠른 안구 운동(비 REM) 수면의 '다운' 상태에 의한 발사 속도의 항상성 조절

위: 위아래 상태의 그림. 다운 상태 동안 피라미드 세포와 중간 뉴런은 모두 침묵한다(뉴런의 점 스파이크, 각 행은 단일 뉴런임). **왼쪽 하단**: 비 REM 수면(> 천 개의 뉴런)의 하향 전환에서 높은 발화율 세포에서 낮은 발화율 세포로의 순차적 활동. 각 회색 선은 단일 피라미드 뉴런의 발화 사건으로, 업 상태가 시작된 후 첫 번째 스파이크의 발생의 기준으로 정렬되며 비 REM 수면의 첫 번째 절반과 두 번째 절반에 대해 별도 표시된다. 회색의 밀도는 뉴런의 발사 속도를 반영한다. 더 빨리 발화하는 뉴런은 업 상태가 시작될 때 더 일찍 발화하는 경향이 있다(상단에 있는 뉴런). **오른쪽**: 비 REM 수면 동안 낮은(작은 원) 및 높은(큰 원) 발사 속도 셀 사이의 자발적인 소성 압력은 하향 전환 시 높은 발사 속도에서 낮은 발사 속도로 순차적으로 활동하기 때문이다. 시냅스 가소성 규칙은 각각 느린 발사 뉴런과 빠른 발사 뉴런의 발사 속도를 증가 및 감소시킨다.

출처: Watson et al.(2016); Levenstein et al.(2017).

비 REM 수면에서 다운 상태에서 업 상태로 전환하는 동안 뉴런은 순서대로 발화한다. 이 순서에서 뉴런의 위치는 기준 발사 속도와 상관관계가 있으므로 더 높은 발사 속도를 가진 뉴런이 더 낮은 발사 속도를 가진 뉴런보다 먼저 급증하는 경향이 있다([그림 12-5]).[48] 간단하지만 중요한 결과는 높은 발화율과 낮은 발화율을 가진 뉴런이 일시적으로 분리된다는 것이다. 높은 발화 뉴런은 하향식 전환 이후에 낮은 발화 뉴런보다 먼저 발화하는 경향이 있기 때문에 가소성 규칙은 고발화 뉴런에서 저발화 뉴런으로의 시냅스 가중치를 증가시키는 반면 낮은 발화 뉴런에서 고발화 뉴런으로 가는 시냅스의 가중치를 줄이는 경향이 있다. 비 REM 수면 중 시냅스 가중치의 이러한 재분배는 로그 정규 발사 속도분포의 양 끝을 평균에 더 가깝게 당기고 비동기 웨이크 상태의 변화에 대한 항상성 카운터 역할을 한다.[49] 이 정상화 메커니즘은 수면의 중요한 기능이다.

로그 규칙의 결과

이 장을 시작하면서 나는 신경망의 경쟁적인 속성 사이에서 현상을 유지하기 위해 왜곡된 연결과 활동 역학이 필요하다는 것을 설명했다.[50] 다음으로, 나는 광범위한 발화율, 시냅스 가중치, 집단 동기화 정도가 몇 가지 이점을 제공한다는 것을 설명할 것이다.

친숙함-새로움 간의 연속

'오래된 것과 새로운 것' 또는 '익숙한 것과 새로운 것'이라는 용어는 별개의 범주로 지정되지만 연속 수량의 두 극단으로 볼 수도 있다. 로그 정규분포는 분포의 두 끝이 여러 구별

---

48) Luczak et al.(2007); Peyrache et al.(2011); Watson et al.(2016); Levenstein et al.(2017).

49) 신경 회로의 왜곡된 조직은 질병에 중요한 영향을 미친다. 분포의 두 끝 사이에서 현상 유지의 항상성 유지는 정상적인 뇌에 중요한다. 어느 방향으로든 이동하면 필연적으로 성능이 저하된다. 예를 들어, 허브 뉴런의 필요 이상으로 강한 지배력은 간질 초점을 형성할 수 있다.

50) 스파이크 타이밍 종속 가소성(STDP) 규칙은 시냅스 가중치를 약한 시냅스와 강한 시냅스의 이중 모드 분포로 분리할 수 있지만 네트워크는 추가 제약 없이 불안정해질 수 있다. 그러나 STDP가 시냅스 가중치 종속 방식(log-STDP라고 함)으로 작동하면 왜곡된 가중치 분포를 생성하고 안정적인 네트워크 역학을 유지할 수 있다. 이러한 체제에서 장기 우울증은 약한 시냅스에 대해 선형 가중치 의존성을 나타내지만 강한 시냅스에 대해서는 훨씬 덜한다. 강한 시냅스의 장기적인 억제는 시냅스 가중치가 증가하여 시냅스 가중치 분포에서 긴 꼬리를 생성하도록 한다(Omura et al., 2015).

가능한 속성과 연결되어 있기 때문에 이러한 범주가 뉴런 네트워크에서 표현되는 방식을 설명할 수 있다.

새롭고 친숙한 환경에서 대부분의 해마 피라미드 뉴런에는 장소 필드가 없거나 한 개만 있는 반면 소수의 뉴런에는 많은 필드가 있다. 따라서 미로 적용 범위의 분포가 심하게 왜곡된다. 해마 뉴런이 주어진 미로에서 발화하지 않을 때 우리는 그것이 다른 미로에서 발화할 것으로 예상한다. 즉, 모든 해마 뉴런은 잠재적인 장소 세포로 간주된다. 이 아이디어는 3, 10, 22, 48m 길이의 새로운 미로 트랙을 달리도록 쥐를 훈련시켜 테스트했다. 짧은 트랙에서 발사된 일부 장소 세포는 더 큰 트랙에서 추가 필드를 형성했지만 대부분의 새로운 장소 세포는 초기에 침묵하는 세포 풀에서 모집되었다. 형성된 필드의 수는 크게 왜곡되었다. 소수의 뉴런에는 많은 필드가 있는 반면 많은 뉴런에는 하나 또는 전혀 없는 것으로, 단일 미로에서 해마 뉴런의 동작과 유사하다. 관찰된 로그 분포로부터의 외삽(extrapolation)은 거의 모든 해마 피라미드 세포가 쥐의 생태학적 틈새에 해당하는 것으로 여겨지는 직경 약 1km의 환경에서 활동할 것임을 시사했다. 다른 실험에서는 쥐를 여러 방에서 테스트했다. 대부분의 피라미드형 뉴런은 단일 방에서만 발화되지만 소수는 여러 방 또는 모든 방에서 발화되어 다른 방에서 뉴런 활동의 중첩에 대한 로그 정규분포를 생성한다.[51] 전반적으로 이러한 실험은 테스트 환경의 특성이나 크기에 관계없이 장소 필드의 왜곡된 분포가 일반적인 규칙임을 보여 준다.

일반론자와 전문가의 연속은 고차 피질 영역의 배타적인 특징이 아니라 일차 감각 피질에도 현저하게 존재한다. 일차 시각 피질의 표층에 있는 대부분의 뉴런은 자극의 방향(예: 수직 또는 수평 막대) 또는 움직이는 자극의 방향(예: 왼쪽에서 오른쪽 또는 오른쪽에서 왼쪽으로)에 일부 뉴런은 진정한 전문가이며 단일 기능에 선택적으로 반응한다. 그러나 모집단에 걸쳐 선택성의 크기는 상당히 다양하다. 분포의 오른쪽 끝에 있는 작은 그룹은 몇 가지 시각적 특징에 반응한다. 이와 유사하게 체성 감각 피질의 소수의 뉴런은 수염 편향의 특정 방향에 대해 선택적인 선호를 보인다. 그러나 다른 소수는 여러 방향에 반응하며 대부분의 뉴런은 중간 특이성으로 반응한다. 청각 피질에서 표면 뉴런은 매우 구체적이고 좁은 주파수 조정 특성을 가질 수 있으며(예: 하나의 뉴런은 10kHz 신호음에 선택적으로 응답하고 다른 뉴런은 20kHz 신호음에 응답), 다른 뉴런은 다중 중첩 대역에 응답할 수 있다. 수많은

---

51) Alme et al.(2014); Rich et al.(2014). Buzsáki & Mizuseki(2014) 리뷰를 참조하라.

실험실과 피질의 다른 부분에서 수행된 많은 생리학적 실험에서 얻을 수 있는 전반적인 지혜는 일부 뉴런이 여러 자극과 상황을 동일하고 유사한 것으로 취급하는 것처럼 보일 수 있다는 것이다. 즉, 입력 기능을 일반화한다. 반면에 다른 뉴런은 매우 전문적인 것처럼 보이며 많은 옵션 중 하나의 기능에만 반응한다. 그러나 이 논의의 가장 중요한 메시지는 일반화자와 전문가가 연속체를 형성한다는 것이다.[52] 대상이나 상황이 동일하거나 유사하거나 다른 것으로 판단되는지 여부는 하위 관찰자 뉴런과 회로가 편향 분포된 업스트림 스파이크 출력 결과를 분류하는 방법에 따라 다르다.

뉴런의 비동맹적 투표

예를 들어, 공간 관계를 '인코딩'하는 경우 이러한 편향된 분포의 이점은 무엇일까? 독립적(기하학에서는 '직교'라고도 함) 코딩의 관점에서 여러 장소 필드가 있는 소수의 뉴런은 시스템에서 '노이즈' 또는 불완전한 것으로 간주될 수 있다.[53] 그러나 이 소수의 다른 생리학적 특징을 고려할 때, 다른 그림이 나온다. 그들은 여러 환경에서 더 활동적일 뿐만 아니라 발사 속도도 더 높고 더 많은 스파이크 폭발을 방출하며 개별 장소 필드는 대다수 뉴런의 필드 필드에 비해 더 크다. 미로에서 활동하는 소수 집단의 더 높은 평균 발사 속도는 그들의 장소 필드 내에서 그들의 피크 발사 속도 및 심지어 동물의 우리에서 잠자는 동안의 발사 속도와 강한 상관관계가 있다. 게다가 부지런한 소수는 느리게 발화하는 다수보다 모든 뇌 상태에서 더 자주 다른 뉴런과 동시에 발화하고 목표물에 더 강력하고 효과적인 자극을 생성한다. 결과적으로 세타 진동과 날카로운 파동(제6장과 제8장)과 같은 생리학적 시간 프레임에서 해마 스파이크의 약 절반이 이 활성 소수에 의해 기여되고 나머지 절반은 그렇지 않은 대다수의 뉴런에서 발생한다.

따라서 세포 집합체의 뉴런은 크게 편향된 기여를 하며, 이는 세포 집합체가 비평등주의적 조직임을 시사한다. 예를 들어, 해마 장소 세포 사이의 낮은 발화력을 지닌 대다수 사이의 합의는 "뇌의 주인은 이제 다른 방에 있다"는 것일 수 있다. 투표가 스파이크로 표시

52) Ohki et al.(2005); Rothschild et al.(2010); Kremer et al.(2011).

53) 뒨직교화(orthogonalization)의 개념은 신경과학에 Marr(1969)에 의해 도입되어 뉴런의 독립적인 별자리가 우리가 접하는 수많은 자극을 나타낼 수 있다는 그의 가설을 뒷받침한다.

되는 경우 투표자가 많더라도 투표는 단 한 표만 가질 수 있다. 이에 반해 열성적인 소수는 "이것은 같은 방이다"라는 견해를 나타낼 수도 있다. 적은 수에도 불구하고 스파이크가 많고 시냅스가 더 강해 투표율이 높다. 다운스트림 리더 뉴런은 판단을 내리고 활동 전위를 생성하기 위해 이 혼합된 출력을 해석해야 한다([그림 12-6]). 고발화 뉴런은 동일한 시간 창 내에서 더 많은 스파이크를 방출하여 더 강한 영향을 미칠 수 있다. 그러나 독자 뉴런이 변화의 비율에 반응하는 옵션도 고려해야 한다. 즉, 빠른 뉴런과 느린 뉴런 모두의 스파이크 메시지를 정규화한다. 이 경우 두 개의 업스트림 뉴런 모집단의 비례적인 영향은 동일한다.

뻣뻣함과 부드러움 간의 연속

활동 속도가 다른 뉴런이 다운스트림 파트너에게 비갈등적 영향을 미치는 경우 새로운 경험은 로그 정규분포의 두 꼬리에도 차등 영향을 미칠 수 있다. 항상성 외에도 비 REM 수면도 기억 강화에 중요하다. 논의한 바와 같이 제8장에서 기억 재생은 유사한 속성을 가진 뉴런 집단 내에서 고차 상호작용을 통해 발생하는 것으로 종종 개념화된다. 그러나 앞에서 설명한 것처럼 대뇌 피질 네트워크는 시냅스 가중치의 왜곡된 분포, 장기 발사 속도 및 스파이크 버스트를 특징으로 하는 매우 다양한 생물물리학적 특성을 가진 뉴런을 포함한다. 더욱이, 그들의 시간적 상관관계는 뇌 상태와 환경적 상황에 걸쳐 크게 보존되어 학습 유발 변화가 동적으로 안정적인 네트워크 내에서 제한됨을 시사한다.

널리 사용되는 인구 분석 방법에서는 뉴런 간의 개인차가 모호하다. 이는 매우 활동적인 뉴런의 작은 그룹이 편향된 분포를 갖는 모집단에서 일반적으로 나타나는 것처럼 그러한 방법으로 도달한 결론을 강하게 편향시킬 수 있기 때문이다.[54] 이 문제에 대응하려면 모집단의 모든 뉴런을 개별적으로 특성화해야 한다. 선수 중 한 명이 탈락할 경우 팀이 어떻게 수행할지 알고 싶은 스포츠에서와 마찬가지로 뉴런 활동의 팀 수행에서도 개별 뉴런의 영향을 측정해야 한다. 왜냐하면 개별 뉴런이 동일하지 않기 때문이다. 이러한 개별 뉴런 분석은 학습 유발 가소성이 새로운 공간 작업을 만난 후 해마 피라미드 뉴런 사이에 균

54) 이것은 인간 상호작용과 유사하다. 8명의 후보자와 다른 모든 사람들의 성격이 변하는 것처럼 보일 것이다(Kahneman, 2011).

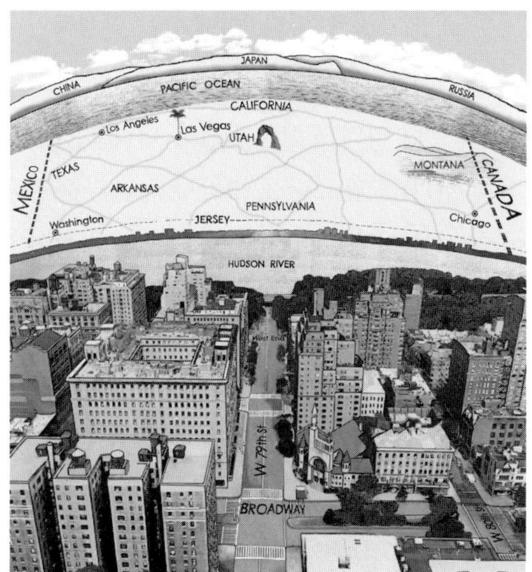

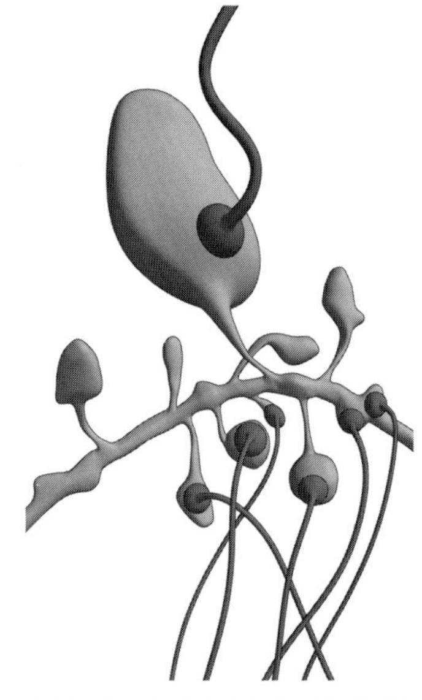

[그림 12-6] **왼쪽**: 『New Yorker』 잡지에 실린 솔 스타인버그(Saul Steinberg)의 1976년 삽화에서 영감을 받은 뉴요커들의 편향된 세계관. **오른쪽**: 뉴런은 업스트림 파트너 뉴런에서 혼합 메시지를 수신한다. 대부분의 약하게 활동하는 뉴런은 상황의 특징에 대한 자세한 정보를 전달하는 반면, 강력하고 단단한 시냅스를 가진 강하게 발화하는 소수는 상황 전반에 걸쳐 일반화된다.

등하게 분포되지 않음을 보여 준다. 대신, 새로운 환경에서 장소 세포의 순서는 경험 이전에 이미 장소 세포 특징을 갖고 학습하는 동안 많이 변하지 않는 뉴런에서 형성된다. 우리는 그것들을 '강체' 세포라고 부를 수 있다. 이 경직된 뉴런은 집단의 가장 높은 발화단에 속하며 서로 더 강하게 연결되어 있다. 그들의 구심성 연결 중 많은 부분이 이미 너무 강해서 '포화'라고도 하므로 더 강해질 수 없다.[55] 스펙트럼의 다른 쪽 끝에는 '가소성' 뉴런이 있다. 그들은 또한 새로운 환경에서 초기부터 장소 필드를 가질 수 있지만 발사 패턴을 수정할 수 있고 경험 후에 경직된 그룹의 중추에 통합될 수 있다.[56] 따라서 해마 네트워크는 강성에서

55) Perin et al.(2011)은 시험관 내에서 신피질 뉴런 간의 상호작용을 조사하면서 시냅스 강도가 뉴런 간의 연결 확률과 상관관계가 있음을 발견했다. 또한, 최대 클러스터링의 작은 부분에만 도달한 후에 시냅스 강도가 포화될 수 있다. 따라서 그들은 단단한 클러스터를 구성한다.

56) Grosmark와 Buzsáki(2016). 분포의 경직 대 플라스틱 끝은 장소 필드가 사전 존재하는지 또는 경험이 필요한지 여부에 대한 오랜 논쟁과 관련이 있다(제13장). 초기 연구는 쥐가 처음으로 새로운 환경에 들어갈 때 해마 피라미드 세포가 장소장을 표시한다고 제안했다(Hill, 1978; Samsonovich & McNaughton, 1997). 우리 작업 전에 Dragoi & Tonegawa(2011, 2013a, 2013b)는 미로의 새로운 부분에 있는 위치 셀 시퀀스가 새로운 경험을 하기 전에 수면 중 날카로운 파동 관련 시퀀스와 상관관계가 있다고 보고했다. 그들은 그러한 시퀀스를 '프리플레이'라고 불렀다(Dragoi & Tonegawa, 2011). 사전 플레이의 존재는 통계적 근거(Silva et al., 2015)와 동물이 회랑에 들어가기 전에 미로의 새로

소성까지의 범위에 걸쳐 있는 뉴런의 연속체를 포함한다. 플라스틱 셀은 단단한 셀보다 낮은 평균 발사 속도, 더 구체적인 발사 필드, 탐색 첫 몇 분 동안 발사 속도 및 필드 특이성의 더 큰 변화를 보여 준다. 빠르게 발사되는 강체 세포는 천천히 발사되는 가소성 세포가 빠르게 통합될 수 있는 백본을 제공한다(제8장).[57]

가소성 뉴런은 또한 강체 세포와 비교하여 더 높은 장소 특정 지수를 가지며 일반적으로 한 장소 필드만 갖는다. 가소성 뉴런과 강체 뉴런의 발화 패턴은 학습하는 동안 다르게 변한다. 빠르게 발사하는 뉴런과 느리게 발사하는 뉴런은 모두 미로 탐색 초기부터 장소 필드를 가질 수 있지만 느리지만 빠르게 발사하지 않는 뉴런은 내부에서 방출되는 스파이크 수와 외부에서 방출되는 스파이크 수의 비율로 측정할 때 학습하는 동안 장소 필드에서의 공간 특이성을 꾸준히 증가시킨다. 이러한 행동의 변화는 이 세포를 '가소성'으로 만든다. 따라서 학습은 반드시 새로운 장소 필드를 생성하는 것은 아니지만 '신호 대 잡음' 비율을 증가시켜 해마 공간 지도가 더 신뢰할 수 있게 된다. 가소성 해마 뉴런은 또한 경험 후 수면 중 폭발 방출을 증가시킨다. 특히, 날카로운 물결 파문이 발생하는 동안 다른 뉴런과 함께 발화할 때 그렇다(제8장).[58] 전반적으로, 이러한 실험 결과는 깨어 있을 때와 잠자는 동안 재생 순서를 형성하는 뉴런이 다양한 코딩 및 가소성 특성을 가진 편향된 분포에서 추출되고 재생 이벤트가 기존 관찰자 뉴런과 최근에 학습된 정보의 합성을 보낸다는 것을 보여 준다.

운 부분에 대한 쥐의 시각적 조사가 장소 세포 서열을 유도했다고 제안함으로써 도전받았다(Ólafsdóttir et al., 2015). 이러한 추론은 안정적인 발사장이 새로운 회랑(Wilson & McNaughton, 1993; Frank et al., 2004)과 아마도 탐사 후 날카로운 파동을 통해 최소한 몇 번의 통과가 필요하다는 것을 보여 주는 다른 연구에서도 뒷받침된다. 우리 연구에서 쥐는 완전히 새로운 방에서 테스트되었다. 그러나 첫 번째 실행 전에 환경을 육안으로 검사하면 탐색 중에 펼쳐지는 순차적 활동의 스캐폴드를 형성하기 위해 기존의 단단한 일반화 세포를 선택하는 데 기여할 수 있다.

57) 내 연구실에서 George Dragoi의 실험(Dragoi et al., 2003)은 필드 내 발사 속도가 높은 장소 세포가 해마 네트워크의 시냅스 강도의 섭동에 대해 강건하다는 것을 보여 주었다. 대조적으로, 느리게 발사되는 장소 세포는 우리가 그들의 시냅스 입력에 인위적으로 영향을 준 후 새로운 장소 필드를 표현하는 경향이 높았다(Lee et al., 2012; Bittner et al., 2015 도 참조).

58) 날카로운 물결 파문이 발생하는 동안 장소 세포가 발사되는 것을 방지하는 것이 장소 세포의 안정성을 방해한다(Roux et al., 2017).

영역의 왜곡된 분포

지금까지 내가 그린 그림은 구조적 구성 요소와 뉴런 및 뉴런 네트워크의 역학 모두의 왜곡된 분포가 지각과 기억을 포함한 뇌의 많은 중요한 기능에 기여할 수 있다는 것이다.[59] 뇌의 편향된 조직은 또한 우리의 행동과 사회적 상호작용에 영향을 미칠 수 있다. 구조적 · 기능적 수준의 뇌 조직과 행동, 특히 사회적 행동 사이의 기계적 연결을 구축하는 것은 어려운 문제로 인식된다. 그러나 우리는 몇 가지 예를 볼 수 있다. 영토 행동은 동물 행동학자에 의해 잘 연구되지만 많은 인구를 대상으로 하는 정량적 실험은 드물다. [그림 12-7]은 연구자들이 식량과 물을 공급했던 폐쇄된 마우스 마을을 조사함으로써 바로 그 일을 하려는 초기의 시도를 보여 준다.

14개의 사용 가능한 대피소 상자 중 한 수컷은 3개, 다른 하나는 2개, 그리고 5수컷은 각각 하나씩 소유했다. 이 수컷들은 나머지 21명의 수컷들보다 더 무겁고 더 강했다. 강한 수컷 5명에게는 각각 1명의 암컷 동반자가 있는 반면, 2명은 각각 2명의 동반자가 있었다. 또 다른 8명의 수컷은 암컷 파트너 없이 하나의 작은 상자에 함께 살았고, 나머지는 13명의 수컷과 19명의 암컷이 한 집에 모여들었다. 비어 있는 상자에는 둥지가 없었고 영토 수컷은 다른 마우스가 그 안에 정착하는 것을 허용하지 않았다. 각 영토의 수컷은 모든 사람으로부터 자신의 특정 상자를 방어했다. 이 사회 구조는 몇 달 동안 지속되었다.

수컷의 영역은 상자에만 국한되지 않았다. 넓은 바닥 면적도 특정 수컷의 소유였다. 그럼에도 불구하고 각 영역 사이의 보이지 않는 경계는 매우 현실적이었고 모든 마우스 시민들이 인식할 수 있었다. 가장 공격적으로 우세한 마우스는 큰 둥지 상자 (d)에 살았으며 깨어 있는 시간의 대부분을 집 상자 상단의 한 모서리에 있는 유리한 지점에서 자신의 영역을 순찰하거나 보호하는 데 보냈다. "여기서 그는 웅크리고 허공을 킁킁거리며 아래를 살폈고, 이상한 마우스가 그 영역에 들어오면 호랑이가 침입자에게 달려가듯 허공에 몸을 던졌다."[60] 그의 공격은 변함없이 성공적이었고, 그 후에 그는 항상 그의 영토를 돌았다.

---

59) Fusiet al.(2007).

60) Crowcroft의 책(1966)은 아마도 내가 마우스 행동에 대해 읽은 것 중 가장 훌륭하고 가장 재미있는 책일 것이다. 여기에는 집쥐(Mus musculus musculus)의 사회적 및 영역적 행동에 대한 세심한 관찰이 포함되어 있으며, 상세하고 놀라운 관찰이 많이 포함되어 있다. 반복된 실험에서, 우리의 크기나 음식이 부족 여부에 관계없이 쥐의 3분의 2 이상이 하나의 보호소에 모여드는 것이 일반적이었다.

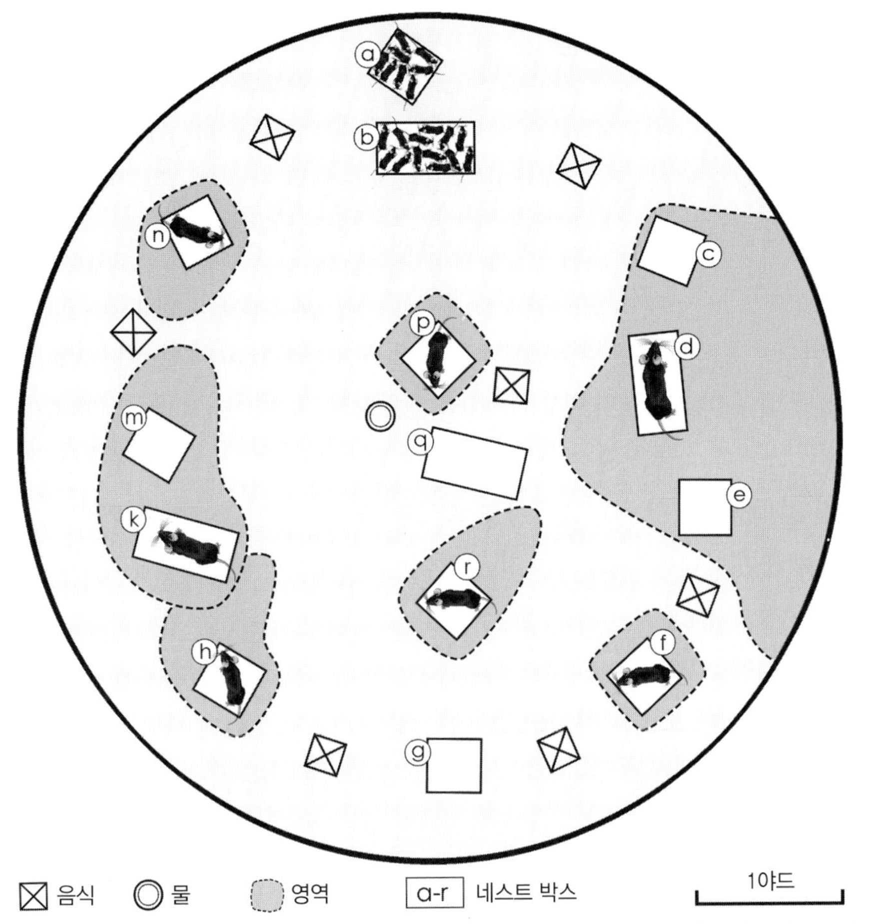

[그림 12-7] 쥐 마을의 왜곡된 영토 분포
사용 가능한 공간의 대부분은 몇 마리의 쥐(상자 d, f, h, k, n, p, r에 각각 한 마리의 수컷)가 소유한 반면, 대다수의 쥐는 두 개의 상자(a: 8마리 수컷 및 b : 남자 13명, 여자 19명—남자만 표시)에 모여 있었다. 상자 c, e, g, m 및 q는 비어 있었지만 영토 남성이 순찰했다. 쥐의 크기는 사회 계층에서 지배력의 크기를 나타낸다.

둥지 재료 없이 상자 (a)에서 함께 살았던 8마리의 수컷은 식민지에서 가장 약하고 짓밟혔다. 상자 (b)는 식민지 인구의 3분의 2를 수용했다. 이 상자는 독신 남성이 지배했는데, 그는 개인 주택을 지키는 일곱 남성의 지위에 거의 도전하지 않았지만 그의 집의 다른 대부분의 사람들을 끊임없이 압제했다. 이 '빈민가' 마우스는 짝짓기를 거의 하지 않으며 대부분의 자손은 영토 수컷에서 파생된다.

인간 상호작용에 대한 적용

쥐에 대한 이러한 관찰을 다른 종인 호모사피엔스의 통계와 비교해 보자. 가장 부유한 10% 가구는 미국과 많은 선진국에서 전체 부의 절반을 소유하고 있다. 거의 모든 휴식이 인구의 절반에게 분배되는 반면, 가장 가난한 40%의 사람들은 부의 3%밖에 소유하지 못한다. 소득 분포는 로그 정규분포로 잘 설명되어 있어 불평등을 명확하게 정량화할 수 있다.[61] 사회경제적 차이는 시간이 지남에 따라 커지는 경향이 있어 한 세대에서 다음 세대로 소수자에게 이점을, 다수자에게 불이익을 전달한다. 1980년대에 유럽에서 가장 부유한 10%의 평균 가처분 소득은 가장 가난한 10%의 평균 가처분 소득보다 7배나 높았다. 오늘날에는 거의 10배나 높다. 이 '큰 격차'는 소득과 축적된 부의 측면에서 부자와 가난한 사람을 구분할 뿐만 아니라 교육, 직업 접근, 복지 및 기대 수명에도 영향을 미친다.[62]

더 나은 연결, 더 효과적인 정보 접근, 빠른 결정을 내릴 수 있는 집단적 능력을 갖춘 매우 활동적인 뉴런의 '풍부한 클럽'과 마찬가지로 인간 그룹 형성도 유사한 규칙에 따라 이루어질 수 있다. 정보에 대한 접근과 신속한 결정을 내리는 집단적 능력, 인간 집단 형성은 유사한 규칙에 의해 인도될 수 있다. 조직화된 엘리트에 의해 통제되는 잘 훈련된 군대와 경찰은 항상 효율적으로 대규모지만 조직화되지 않은 대중을 지배해 왔다. 20세기로 접어들면서 300만 귀족과 그 관리들이 러시아에서 1억 8,000만 이상의 농민과 노동자를 지배했다. 그 후 1917년에 당원이 23,000명에 불과한 매우 잘 조직된 공산당이 등장하여 하룻밤 사이에 광대한 러시아 제국을 장악하고 결국 세계 인구의 6분의 1을 지배하게 되었다. 저는 이 제도의 '수혜자' 중 한 명으로서 어떻게 그렇게 소수의 사람들이 그토록 강력한 권위를 유지할 수 있는지 이해하기 어려웠다. 이제 더 잘 이해한다. 조직이 핵심이다.[63] 역설적이게도 그들의 모든 사회적 불의는 평등의 기치 아래 행해졌다.

나는 많은 경쟁 요인이 작용할 때 편향된 분포가 안정성을 제공한다고 설명하면서 이 장

---

61) Vilfredo Pareto(Koch, 1998 참조)는 인구의 20%가 유럽 땅의 약 80%를 소유하고 있음을 관찰했다. 이것은 80-20 법칙으로 알려지게 되었다. 그러나 오늘날 가장 부유한 10%가 세계 부의 85% 이상을 소유하고 있다. 파레토의 거듭제곱 법칙은 소득 분포의 꼬리에만 적용된다. 소득은 거듭제곱 법칙이 아닌 로그 정규분포를 따른다(Glomm & Ravikumar, 1992; Deininger & Squire, 1996; Benabou, 2000).

62) 경제적 불평등의 증가는 또한 기관에 대한 사회적 신뢰를 낮추고, 교육 격차를 증가시키며, 불의에 대한 인식을 낳고, 편협함과 차별을 정치적 불안정을 초래한다. 사회 계약은 국가마다 상당히 다르다. 통계는 다음을 참조할 것. http://oe.cd/cope-divide-europe-2017.

63) Yuval Harrari's의 최근 저서 『Homo Deus』(2017)의 핵심은 조직에 대한 강조였다.

을 시작했다. 이는 일반적으로 생물학과 특히 뇌에서 그렇다. 이 원칙은 인간 사회 집단에도 적용될 수 있다. 파라오가 있는 이집트는 3천 년 이상 존재했다. 인도의 카스트 제도는 현존하는 세계에서 가장 오래된 사회 계층 중 하나이다.[64] 장수한 중국 왕조, 신성로마제국, 크메르 제국, 마야 문명은 모두 상류층에게 많은 특권을 부여하고 소수 특권층에 의한 하류층 억압을 승인하는 고도로 계층화된 제도였다. 대조적으로, 그리스 민주주의와 공산주의 '민주주의'(또는 '다수의 독재')는 일시적이었다(많은 사람들에게 그렇게 느껴지지 않더라도). 이들 국가에 대한 소련의 장악이 해제되는 순간, 인위적으로 유지된 부의 분배는 10년도 채 되지 않아 왜곡된 형태로 되돌아갔다.

마우스와 인간처럼 다른 종의 소유물이 비슷하게 분포되어 있는 것에서 우리가 무엇을 배울 수 있는가? 일부 경제학자들은 인위적으로 가난한 사람들의 소득을 높이는 것만으로는 원하는 효과를 내지 못할 것이라고 주장한다. 나는 동의한다. 중요한 것은 부의 차이의 크기뿐만 아니라 사람들이 그것에 대해 느끼는 방식이다. 불평등은 경제적 수준과 감정적 수준 모두에서 관계적이다. 로그 정규분포의 왼쪽 끝을 압축하는 것 외에도 오른쪽 끝도 압축해야 한다. 우리는 두 꼬리 사이의 격차를 넓히려는 기술 발전과 세계 경제의 본질적인 추진력과 싸우기 위해 비 REM 수면의 항상성 보상 메커니즘의 사회적 버전이 필요하다(제9장). 불행히도 역사는 그러한 보상 메커니즘이 예외적으로 드물다는 것을 보여 준다. 불평등은 일반적으로 자연 재해, 전염병, 전쟁 및 혁명에 의해서만 갑자기 감소한다.[65]

인간 사회에서 편향된 분포는 자연적 속성을 도덕적 속성과 동일시하는 문제인 '당위 문제'로 간주될 수 있다.[66] 있는 그대로라고 해서 그대로 있어야 하는 것은 아니다. 뇌 기능을 외부화하여 수십만 년에 걸쳐 성숙해진 우리의 사회적 계약은 설치류의 계약과 달라야 한다. 우리는 규칙을 도입하고 현명하게 시행하여 편향된 분포의 강력한 경향에 대응할 수 있다. 마르크스주의 교리가 순진하고 일관되게 했던 것처럼 우리 모두가 평등한 능력을 가지고 태어났다는 생각을 전파하는 것은 결코 사회 정의나 평등한 기회로 이어지지 않

64) 분업은 전문화된 행동 그룹을 만들고 일부 포유류를 포함한 동물 공동 사회에서 자주 발생한다. 그룹 멤버십은 라이프스타일과 특권의 유전을 결정한다. 대조적으로, 호주 원주민의 주로 수렵-채집 사회는 60,000년 동안 존재해 왔다. 아마도 그들이 소규모로 분리된 공동체에 살고 있기 때문일 것이다.

65) 이 중요한 주제에 대해 몇 가지 훌륭한 최근 책을 이용할 수 있다. 예상치 못한 것은 아니지만 분석과 권장 사항이 크게 다르다(Atkinson, 2015; Payne, 2017; Scheidel, 2017). 간결한 요약은 Reeves(2017)가 작성했다.

66) '당위 문제'는 David Hume이 그의 『A Treatise of Human Nature』(Stanford Encyclopedia of Philosophy; https://plato.stanford.edu/entries/hume-moral/)에서 가장 두드러지게 표현했다.

을 것이다. 반면에 인간 사회에서 사물이 있는 그대로지만 그대로 있을 필요는 없음을 인정하는 것이 우리가 노력해야 할 것이다. 이 아이디어를 이해하고 실행하지 않는 한, 현재 형태의 시장 경제는 로그 정규분포로 설명되는 사회적 불의를 계속 강화할 뿐이다.

편향된 분포에 의해 구동되는 신경 조직은 아웃사이드-인 프레임워크의 기대와 현저하게 다르며, 마지막 장의 주제인 미리 구성되었지만 유연한 두뇌와 더 호환된다.

요약

물리학과 달리 신경과학에는 뇌 조직의 여러 영역을 가로지르는 일반화 가능한 규칙이 거의 없다. 인간 정신물리학에서 확립된 베버-페히너 법칙은 예외이다. 법칙에 따르면 모든 감각 양식에 대해 지각 강도는 물리적 강도의 대수 함수이다. 따라서 자극의 강도가 증가함에 따라 지각의 강도만 추가된다. 거리지각, 시간지각, 반응시간 역시 거리와 시간 간격에 따라 대수적으로 변한다. 단기기억의 오차축적과 다른 현상들도 이 법칙을 따른다. 간단히 말해서, 다양한 감각 및 인지 영역은 유사한 신경 메커니즘에 의해 지배될 수 있다.

나는 우리의 지각과 기억의 심하게 왜곡된 특성이 마이크로 스케일과 메소 스케일 모두에서 해부학적 연결성의 로그 정규분포, 시냅스 무게 분포, 발화 속도 및 뉴런 인구 활동에서 비롯된다는 가설에 대해 논의했다. 뇌의 거의 모든 해부학적 및 생리학적 특징은 일반적으로 로그 정규 규칙을 따르는 연속적이지만 광범위한 분포의 일부이다. 이 규칙은 이 분포를 발생시키는 상호작용이 무작위 요인의 곱셈 또는 나눗셈을 포함하고 결과적으로 값이 몇 자릿수에 걸쳐 있을 수 있음을 의미한다. 넓은 동적 범위, 중복성, 탄력성, 항상성 및 가소성을 포함하여 경쟁 요구에 대한 안정성을 유지하려면 이러한 광범위한 분포를 갖는 신경 네트워크가 필요하다.

활동의 로그 정규분포의 양쪽 끝에 있는 뉴런은 서로 다르게 구성된다. 빠르게 작동하는 뉴런은 느리게 작동하는 뉴런보다 서로 더 잘 연결되고 더 많이 터진다. 더 강력하게 연결된 더 빠른 발사 뉴런은 전체 뉴런 모집단에 더 잘 접근할 수 있는 '풍부한 클럽'을 형성하고, 그러한 정보를 그들 사이에서 공유하고, 따라서 상황 전반에 걸쳐 일반화한다. 대조적으로 느리게 발화하는 뉴런은 독립적인 고독을 유지하고 독특한 상황에서만 활동을 높이다. 분포의 두 꼬리는 비 REM 수면 동안 항상성 과정에 의해 유지된다. 새로운 그림은 기준 발사 주파수와 같은 간단한 측정이 계산에서 뉴런의 역할과 연결 속성에 대해 많은 것을 드러낼 수 있다는 것이다.

다양한 수준의 신경 조직에서 작용하는 로그 정규분포 규칙은 뇌가 관계적 판단을 내릴 수 있도록 하고, 언어를 사용하는 인간의 경우에는 이러한 분포의 극단을 단어로 구분할 수 있다. 로그 분포의 왼쪽과 오른쪽 끝은 마치 별개의 기능을 가진 별개의 그룹인 것처럼 서로 다르거나 반대되는 효과를 전달하는 것으로 보인다.[67] 그러나 실제로는 긴 꼬리가 있는 연속체의 일부다. 오른쪽 끝에 있는 끊임없이 활동하는 소수의 뉴런은 환경 전반에 걸쳐 일반화하는 역할을 할 수 있으며, 이는 뇌가 어떤 상황도 완전히 알려지지 않은 것으로 간주할 수 있게 한다. 반면에, 덜 활동적인 뉴런의 대부분은 한 상황을 다른 상황과 정확하게 구별하고 각각을 구별되는 것으로 표시하기 위해 동원될 수 있다.

이러한 원칙에 따라 조직된 신경 시스템은 상반되지만 보완적인 기능을 가진 뇌 네트워크를 형성하여 대부분의 상황에서 뇌 자원의 일부만을 사용하여 충분하고 빠른 결정을 내릴 수 있다. 대조적으로 중요한 세부 사항을 배우려면 광범위한 뇌 네트워크가 필요하다.

67) 이것은 철학자 Georg W.F. Hegel의 미스터리한 양에서 질로의 변환 또는 그 반대의 법칙을 설명할 수 있다. 헤겔은 자연의 질적 차이는 구성의 차이나 에너지의 양의 차이에서 발생한다고 주장했다. 로그 정규분포의 관점에서 이 점은 거의 분명해 보인다.

■ 제13장 ■ THE BRAIN FROM INSIDE OUT

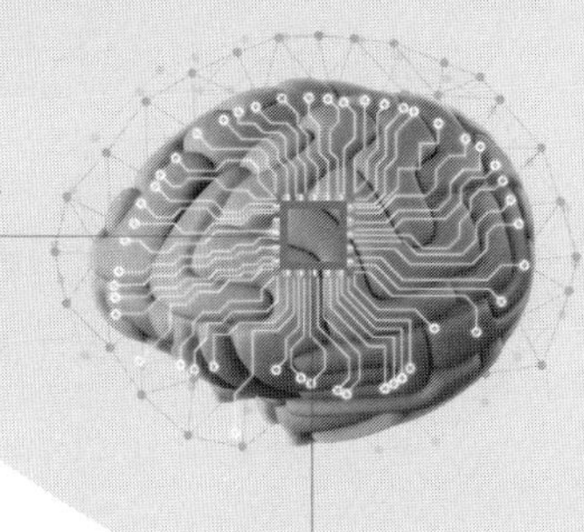

두뇌의 최선의 추측

결함이 없는 조약돌보다 결함이 있는 다이아몬드가 더 좋다.

—공자[1)]

완벽한 것은 선의 적이다.

—볼테르(Voltaire)[2)]

철학은 우리의 시선에 끊임없이 열려 있는 이 거대한 책, 우주를 기록했다. 그러나 먼저 언어를 이해하는 법을 배우고 책에 쓰인 문자를 읽지 않으면 책을 이해할 수 없다.

—갈릴레이(Galileo Galilei)[3)]

우리의 두개골에는 두 개의 뇌가 있거나 적어도 두 개의 가상 부분으로 나누어진다. 첫째, '충분히 좋은' 두뇌가 있다. 이것은 대부분 미리 회로가 구성이 된 소수의 매우 활동적이고 폭발적인 뉴런들이 빠르게 전도하는 축삭과 강한 시냅스를 통해 네트워크로 연결된다. 충분한 두뇌는 빠르고 효율적인 방식으로 세상의 사건을 판단하지만 특별히 정확하지는 않다. 이 첫 번째 가상 부분에서는 특권을 가진 소수가 주어진 시간에 뇌 안의 스파이크의 거의 절반을 담당하고, 정보를 공유하고, 나머지 다수의 뉴런보다 뇌의 나머지 부분에 더 빠르게 액세스할 수 있다. 충분히 좋은 두뇌를 형성하는 강력한 상호작용 회로는 상황

1) https://www.goodreads.com/quotes/63434-better-a-diamond-with-a-flaw-than-a-pebble- without.

2) https://fr.wiktionary.org/wiki/le_mieux_est_l%E2%80%99ennemi_du_bien.

3) https://www.princeton.edu/~hos/h291/assayer.htm.

전반에 걸쳐 일반화할 수 있지만 완벽하지는 않다. 요컨대, 뇌에서 가장 강한 10% 정도의 시냅스와 빠르게 작동하는 뉴런이 항상 무거운 일을 한다. 그들은 대규모 오케스트라의 몇몇 핵심 연주자가 즐거운 리사이틀을 만들 수 있는 것처럼 대부분의 조건에서 충분히 좋은 일을 한다.[4)]

충분한 두뇌에 의한 계획의 빠른 실행은 뉴욕시의 '지하철 영웅'인 웨슬리 오트리(Wesley Autrey)에 의해 충분히 설명된다. 그는 2007년에 발작을 일으키다가 플랫폼에서 넘어져 선로에 떨어진 한 젊은이의 생명을 구했다. 오트리는 주저 없이 선로에 뛰어들어 지하철 차량이 지나가는 동안 자신의 몸을 던져 남성을 보호했다. 인터뷰에서 오트리는 충분히 좋은 두뇌에 대해 내가 말하려는 것을 완벽하게 요약했다. "저는 그냥 도움이 필요한 사람을 보고, 옳다고 생각하는 일을 한 것입니다."[5)] 우리 모두는 비록 덜 영웅적인 형태긴 하지만 항상 그런 행동을 한다.

그러나 충분히 좋다는 것은 완벽과는 거리가 멀다. 우리는 60~80%의 정확도로 자동차를 운전하거나 그 정도 정확도로 과학 논문을 제출하고 싶어 하지 않는다. 더 잘 수행하려면 두 번째 가상 뇌도 이용해야 한다. 그것은 약한 시냅스를 통해 더 느슨하게 형성된 거대한 네트워크로 연결된 큰 뇌 부피를 차지하며, 가소성 속성을 가진 대부분 느리게 발사하는 뉴런으로 구성된다. 그들의 작업은 뇌 성능의 정확도를 높이는 데 절대적으로 중요하다.

물론, 나는 하나의 두개골에 있는 두 개의 개별 두뇌를 생각하는 것이 아니고, 대신 왼쪽과 오른쪽 꼬리에서 분명히 다른 질적 계산을 수행하는 혼합 네트워크의 광범위한 분포의 연속체를 생각하고 있다. 이 분포를 통해 뇌는 기존의 경직된 패턴에서 매우 유연한 솔루션에 이르기까지 모든 것을 구현할 수 있다. 따라서 '빠른 결정, 낮은 정밀도' 및 '느린 결정, 높은 정밀도' 네트워크 사이에는 정의할 수 있는 경계가 없다.[6)] 두뇌 성능은 속도와 정확성 사이의 균형이다.

---

4) 생리학적 실험에서 흔히 단지 10여 개 정도의 강력 발사 뉴런의 활동이 종종 느린 발사 뉴런의 대부분의 구성원보다 동물의 행동에 대해 더 많은 정보를 것이다. 예를 들어, 뇌-기계 인터페이스 응용 프로그램에서 100개의 기록된 뉴런 중 10개의 강력한 작업 관련 뉴런만 사지의 위치 또는 잡는 힘에 대해 60% 정확도를 예측할 수 있다. 나머지 90개의 뉴런에서 스파이크를 추가하면 예측이 몇 퍼센트만 향상된다. 작업 관련 뉴런의 '백본'은 적절한 조치에 대한 '최상의 추측'을 제공한다. 작업 수행을 15% 더 높이려면 동시에 기록된 1,000개의 뉴런이 필요하고 30% 개선을 달성하려면 10,000개가 필요할 것이다(Nicolelis & Lebedev, 2009). 핵심 질문은 커밋된 작업 관련 소수인 백본이 침묵한다면 네트워크에서 어떤 일이 일어날 것인가이다.

5) https://www.nytimes.com/2007/01/03/nyregion/03life.html.

6) 이 단락은 Buzsáki와 Mizuseki(2014)의 리뷰를 요약하였다.

이 주제에 대한 나의 연설 중 하나가 끝난 후 누군가가 이렇게 말했다. "당신이 말씀하신 이분법은 대니얼 카네만의 책 『생각에 관한 생각(Thinking, Fast and slow)』을 떠올리게 하네요." 이것은 나에게 부끄러운 순간이었다. 나는 애모스 터벌스키(Amos Tversky)[7)]의 인지 편향에 대한 카네만(Kahneman)의 흥미로운 연구에 대해 잘 알고 있었지만, 그 책에 대해서는 들어본 적이 없었다. 그날 밤 호텔 방으로 돌아와 가장 먼저 한 일은 그 단행본을 주문하는 것이었다. 목차는 내 논문과 명백한 관계를 드러내지 않았다. 반면에 "마음에는 두 가지 시스템이 있다"라는 책 뒷면의 문구는 분명했다. "시스템 1은 빠르고 직관적이며 감성적이다. 시스템 2는 더 느리고 더 신중하고 논리적이다." 이 짧은 문장은 내게 패닉을 유발했다. 내가 어딘가에서 이 연구에 대해 읽었고 나의 형편없는 기억력이 나를 속여서 카네만의 아이디어가 내 생각이라고 믿게 했던 것일까? 나는 그 책을 책상 위에 놓고 매일 밤 그것을 보았지만 그것을 들여다볼 용기가 없었다. 그러다가 2주 정도 하다 포기하고 주말에 처음부터 끝까지 읽었다. 뇌 메커니즘이 주장된 두 시스템을 지원하는 방법에 대한 개요를 찾는 것이 두려웠기 때문에 장마다 심장 박동수가 올라갔다. 그러나 뇌에 대한 언급은 없었다.

카네만은 현상학적으로 정의된 두 시스템 간의 차이점을 효과적으로 강조하는 수많은 심리학적 실험에 대해 논의했으며 동일한 입력이 주어졌을 때에도 두 시스템이 어떻게 다른 행동 결과를 생성할 수 있는지 웅변적으로 설명했다. 마지막 페이지를 마친 후 나는 책과 나 자신과 화해했다. 카네만과 나는 우리가 매우 다른 방향에서 동일한 문제에 접근했지만 유사한 결론에 도달했다. 그의 관심은 마음과 인식이며 그는 경제학의 관점을 취했다. 나는 뇌 안에서 연구 프로그램을 시작했고 비슷한 결론을 내리기 위해 천천히 밖으로 나아갔다. 즉, 뇌 역학은 광범위하게 분포되어 있기 때문에 종종 근본적으로 다르게 보일 수 있는 상호 보완적인 작업을 수행할 수 있다. 이러한 전용 네트워크는 신속하게 충분한 결정을 내릴 수 있지만 정확성을 위해서는 뇌의 넓은 영역에 걸쳐 더 오랜 시간이 소요되는 프로세스가 필요하다. 두 개의 시스템이 있는 것이 아니라 두 개의 꼬리가 있는 하나의

---

7) Tversky & Kahneman(1974, 1981). Daniel Kahneman은 2002년에 노벨 경제학상을 받았다. 『Thinking, Fast and Slow』(2011)는 '로그 동적 두뇌' 논문(Buzsáki & Mizuseki, 2014)보다 3년 전에 출판되었다. 필자를 변호하자면, 로그 분포의 실험적 기반을 발표하는 데 2년의 노력이 필요했다(Mizuseki & Buzsáki, 2013). Kahneman의 책은 National Academies Communication Award를 수상했다. 이 책은 우리의 인지적 편견, 판단, 결정이 실험 계획부터 주식 시장에 이르기까지 모든 것을 형성하는 방법을 보여 준다.

시스템만 있을 뿐이다. 따라서 우리의 견해는 상호 보완적이며 같은 동전의 양면을 보고 있다.[8] 이 마지막 장에서는 이전 장의 헤드라인을 요약하고 내용으로 인사이드 프레임워크를 채울 것이다.

미리 형성된 뇌 역학

아마도 자존심이 있는 신경과학자 중 누구도 타불라 라사, 즉 마음이란 경험이 기록되는 화이트보드라고 명시적으로 말하는 의견에 동의하지 않을 것이다. 그러나 대부분의 신경과학 실험실에서 실험은 여전히 이러한 아웃사이드-인사이드의 전통 또는 현대 버전인, 연결주의에 따라 수행된다.[9] 타불라 라사의 개념은 아직 살아 있지만 잘 숨어 있다.

아웃사이드-인사이드 관점의 가장 좋은 예는 아마도 기억 연구 분야일 것이다. 거의 모든 계산 메모리 모델은 새로운 경험이나 표현이 새겨진 백지에서 암묵적으로 시작한다.[10] 대부분의 인공 신경망은 '재앙적 간섭'으로 알려진 불편한 버그로 인해 어려움을 겪고 있다. 새로운 학습은 연결주의 모델에 저장된 모든 기억을 효과적으로 지울 수 있기 때문에 실패를 '재앙적'이라고 한다. 덮어쓰기(overwriting) 문제는 계산 모델 개발에 있어 중요한 과제로 남아 있다.[11] 이것은 학습과정에서 역학이 구축되는 본질적으로 연결주의 모델인 가상의 타불라 라사 뇌에서도 문제가 될 수 있다. 그 이유는 새로운 정보를 추가하면 필연적으로 동적 상태를 불안정하게 하기 때문이다. 게다가 경험의 정도가 다른 같은 종의 구성원의 뇌 배선과 생리는 타불라 라사 뇌에서 극적으로 다를 수 있다. 왜냐하면 그러한 모

---

8) 두 가지 접근 방식은 조사 수준(심리학 대 신경과학)에서만 구별되는 것이 아니다. Kahneman의 접근 방식은 내가 여기서 제안하는 로그 스케일 기반 연속 분포와 대조적으로 이산 및 비계층적 일반 대조 모델(Tversky, 1977)에 속한다.

9) 미리 구성된 연결성과 내부적으로 조절된 역학은 중복성을 희생하고 뉴런의 조합 가능성을 제한한다는 것이 반복적으로 제안되었다. 주로 감각 성능의 향상은 종종 피질 뉴런 사이의 스파이크 상관관계 감소를 동반한다는 관찰을 기반으로 한다(Cohen & Maunsell, 2009; Mitchell et al., 2009; Gutnisky & Dragoi, 2008). 이러한 중복성을 일반적으로 '노이즈 상관관계'라고 한다(Zohary et al., 1994; Averbeck et al., 2006; Cohen & Maunsell, 2009; Renart et al., 2010; Ecker et al., 2010). 물론 뇌의 '노이즈'이라는 용어는 세련된 메커니즘에 대한 우리의 무지를 반영할 뿐이다.

10) 예를 들어, Marcus et al.(2014). '표상주의'는 '표상되는 것'과 '표상하는 것' 사이의 관계를 설명할 수 없다. 유사성 중 하나입니까? 은유적(상징적)입니까? 아니면 디지털 카메라의 사진 표현과 같은 숫자 맵입니까? 정상적인 지각에서 타불라 라사 뇌는 외부 물체의 영향을 받고 마음에 의해 지각된다. 그러면 환상은 왜곡된 표현이고, 환각은 근거 없는 표현이다(Berrios, 2018).

11) McCloskey & Cohen(1989); McClelland et al.(1995).

델에서 네트워크의 속성은 경험의 양에 따라 조정되기 때문이다. 그러나 그러한 뇌의 뉴런이 주의를 어디로 향해야 하는지 또는 세상에서 어떤 사건을 처리해야 하는지를 어떻게 알 수 있는지는 분명하지 않다. 마찬가지로 중요하게도, 외부 프레임워크에 내장된 백지 상태의 수동적 관찰자의 두뇌가 어떻게 목표의 실행자이자 창조자가 될 수 있는지 이해하는 쉬운 방법은 없다.

지각의 신경 메커니즘에 대한 견해는 지난 20년 동안 몇 가지 중요한 변화를 겪었지만 이러한 새로운 발전은 대체로 외부에서 내부 구조의 영역에 머물렀다. 오늘날의 지각 연구의 문제는 의사 결정과 밀접하게 연관되어 있으며 18세기 사상가 토머스 베이즈(Thomas Bayes)의 이름을 따서 명명된 베이즈 추정의 언어로 설명되어 있다.[12)]

여기서 우리는 '베이즈 방법'과 '베이즈 뇌 모델'을 구분해야 한다. '베이즈 방법'은 관찰을 효과적으로 처리하고 결과와 대조할 수 있는 수학의 한 분야이고, '베이즈 뇌 모델은' 관찰들과 실험자가 가정한 뇌의 목적(예컨대, 이상적인 관찰자와 효율적인 평가자) 간의 은유적 해석에 기반을 둔다. 공식적으로 베이즈 방법은 데이터를 수집하고 평가하는 훈련된 통계 방법이다. 예를 들어, 수면 중 날카로운 파동이 일어나는 동안 해마 뉴런의 순차적인 활동을 고려할 때, 이 관찰이 주어진 순서(제8장)에서 미로에서 동물의 위치를 얼마나 잘 설명할 수 있는가? 베이즈 뇌 모델은 감각 처리에 대한 내부 운동 재구심 또는 행동에 기인하는 역할이 없거나 거의 없는 지각 입력 및 의사 결정 평가에 중점을 둔 표현 프레임워크다.[13)] 그 예측은 감각 입력이 어떻게 전개되는지에 대한 내부 또는 생성 모델에 의존한다. 그것은 뇌(더 정확하게는 우리의 지각 시스템)가 객관적 세계에 대해 가정을 한다고 가정한다. 보다 정확하게는 매개 변수의 가능한 모든 값의 표현이 관련 확률과 함께 연속 단계에서 계산되고 이 프로세스가 가장 효율적인 예측으로 이어짐을 제안한다. 베이즈 정리의 의사결정자가 예측을 해야 할 때 유사한 상황에서 이전의 성공 및 실패와 같은 이전 결과를 고려한다. 베이즈 모델을 사용하면 뇌가 특정 판단에 너무 일찍 전념하지 않고 다양한 감각 신호와 양식을 점진적이고 신중하게 통합할 수 있다.

---

12) 베이즈 정리는 천체 역학 및 의학 통계와 같은 문제를 다루기 위해 프랑스 수학자 Pierre-Simon Laplace(1812년 그의 분석적 확률 이론에서)에 의해 일반화되고 확장되었다. 베이즈 추론 방법은 기계학습 분야(예: Bishop, 2007; Stone, 2013)와 최근에는 거의 모든 신경과학 분야에서 엄청난 인기를 얻었다. 베이즈 통계적 추론은 뉴런 서열의 동적 분석에 특히 효과적이다(Pfeiffer & Foster, 2013).

13) Knill & Pouget(2004); Doya(2007); Friston(2010); Friston & Kiebel(2009).

베이즈 모델은 우리와 같은 더 복잡한 두뇌가 감각 정보만을 기반으로 객관적 세계의 속성을 정확하게 추정할 수 있다고 가정한다. 그것은 감각 정보가 관찰자에게 독립적인 진실을 제공하여 실제 지각을 산출할 수 있다고 가정한다.[14] 이전 경험을 포함하는 축적된 증거에 대해서 결정이 내려지며, 모델은 진화가 점차 우리의 지각 시스템을 완성했다고 암묵적으로 가정한다. 그러나 파리, 개구리, 생쥐, 인간은 같은 환경을 보고 평가하는 방식이 다를 수 있으므로 인간의 두뇌 관점이 다른 종의 두뇌 관점보다 더 사실적이라고 가정하는 것은 정당화되기 어렵다.

베이즈 모델에서 감각 신호의 출처와 의미를 적극적으로 탐구한다는 아이디어는 인사이드-아웃 프레임워크에서 뇌의 역할인 가설 테스트와 미래 예측하기와 맞닿아있다. 또한, 이전 경험과 계통 발생학적 하드와이어링('선험 정보')의 중요한 역할은 베이즈 모델을 인사이드 프레임워크에 연결시킨다. 그러나 베이즈 모델에서와는 달리, 인사이드-아웃 프레임워크에서는 접지가 핵심 기능인데, 이는 곧 행동에 기반한 경험의 2차 정보에 의해 제공된다. 지각 체계가 외부 세계의 실제 상황을 설명한다는 가정이나 필요는 없다. 행동 시스템의 하인으로서 센서는 충분한 단서를 제공함으로써 생태학적 틈새에서 동물을 효과적으로 안내하도록 조정한다. 만족이란 객관적인 세계의 특징이 아니라 유기체의 필요와 환경 사이의 관계를 반영하는 것이다.

비어 있는 책과 미리 쓰인 책

타불라 라사에 반대되는 견해는 플라톤(Plato)부터 시작되어 오랫동안 발전되어 왔다. 비록 플라톤은 뇌가 불가지론적이라고 생각했지만. 플라톤 철학에 따르면 '이상적 형태'는 관찰자와 독립적으로 존재하는데, 이는 기존의 뇌 역학에 대한 생각에서 그리 멀지 않다고 할 수 있다. 우리 인간은 동굴에 묶여 있기에, 우리가 세상과 그 안에 있는 존재에 대해 지각하는 것은 그들이 입구를 지나갈 때 우리 동굴 벽에 던지는 그림자뿐이다. 플라톤 철학과 경험주의 철학은 여러 면에서 정반대이지만, 암묵적으로 가정된 지식의 원천, 즉 신호

14) '진리'는 서양 문화의 오랜 주제였으며 절대적인 것으로 여겨진다. 진리는 객관적(외부) 또는 주관적(이해를 통해 지각하는 마음에 의해 생성됨)으로 가정된다. 그러나 상황을 이해하는 것은 항상 상황과의 상호작용에 달려 있다. 진리의 다른 버전은 의미에 대한 다른 설명을 낳는다. 왜냐하면 진리라고 생각하는 것은 항상 자신의 개념 체계에 달려 있기 때문이다.

를 직접 감지하거나 신호의 그림자를 간접적으로 관찰하는 수동적 관찰에 관해서는 사실상 동일하다. 따라서 두 견해는 모두 아웃사이드-인사이드 프레임워크에 속한다. 기존의 신경 패턴을 유용하게 만들기 위해 플라톤의 동굴 거주자들은 사슬을 풀고 동굴을 떠나 세계를 탐험하고 다른 의견을 얻어야 한다. 지식을 되찾기 위해 모험을 떠나야 한다. 물속에서 '휘어져 보이는' 막대기가 실제로 부러지지 않는다는 것을 배울 수 있는 유일한 방법은 만지고 움직이는 것이다.

뇌 네트워크와 역학이 미리 구성되어 있다면 백지 모델에 비해 어떤 이점이 있을까? 무엇보다도 기존의 뇌의 '이상적 형태'는 넓은 동적 범위, 감도 및 가소성과 같은 다른 경쟁 요구에 대해 뇌의 동적 환경을 안정적이고 견고하게 유지하는 데 필요한 균형을 제공한다(제12장). 미리 형성된 뇌 네트워크가 새로운 경험에 의해 크게 동요되지 않기 때문에 치명적 간섭의 위협이 없다. 실제로, 치명적인 간섭을 피하려는 계산 모델에는 두 개의 서로 다른 시냅스 개체군이 포함된다. 한 세트는 빠르게 변할 수 있지만 빠르게 0으로 감소한다('빠른' 가중치). 나머지 세트는 변경하기 어렵지만 천천히 다시 0으로 감소한다('느린' 가중치). 학습 알고리즘에 사용된 가중치는 느린 가중치와 빠른 가중치의 조합으로 실제 뇌의 시냅스 가중치 로그 분포의 양끝을 연상시킨다.[15] 둘째, 어휘 목록에 새로운 단어를 추가한다는 의미에서는 새로 습득한 경험이 생성되지 않는다. 대신에 미리 형성된 뇌는 이미 존재하는 사전이지만, 그 수많은 단어와 문장이 처음에는 의미가 없다. 생명이 없는 돌의 날카로운 조각이 고기나 무기를 긁는 데 필수적인 도구가 될 가능성이 있는 것처럼, 뉴런 단어는 경험이 유용성을 부여한 후에야 유기체에 의미가 될 가능성이 있다. 갈릴레오의 말을 바꾸어 말하면, 책(즉, 뇌)은 먼저 그 언어를 이해하고 그 책이 쓰여진 문자를 읽는 법을 배우지 않는 한 이해할 수 없다. 이 두뇌 책에서 신경 단어의 의미는 탐구를 통해 습득된다.

15) Hinton & Plaut(1987). 이 모델에서 강한 시냅스와 약한 시냅스는 분포되지 않지만 각 연결에는 두 가지 가중치가 있다. 즉, 장기간 지식을 저장하는 천천히 변화하는 플라스틱 가중치와 일시적인 지식을 저장하고 0으로 감소하는 빠르게 변화하는 탄성 가중치다. 새로운 연상에 대한 후속 훈련에 의해 오래된 기억이 '흐려질' 때 기억은 단지 몇 개만 연습함으로써 '흐려지지' 않을 수 있다. 빠른 가중치가 다시 0으로 감소하자마자 새로 학습된 연관이 복원된다. Fusi & Abbott(2007)는 메모리를 저장하는 데 사용되는 시냅스 수에 대한 메모리 용량의 대수 의존성을 갖는 모델을 사용하여 유사한 근거를 따랐다. 간섭에 대한 시스템 수준의 솔루션은 이전에 저장된 정보(예: 해마)를 간섭하지 않는 새로운 정보의 빠른 획득을 위한 메커니즘으로 빠른 학습 구조를 갖는 것이다. 결과적으로 해마는 모든 기존 기억의 세부 사항이 저장되는 느리게 배우는 신피질의 교사 역할을 한다(McClelland et al., 1995; 제8장).

미리 형성된 뇌 모델에서 신경 단어와 문장은 처음부터 만들어지거나 지각 입력에 의해 완전히 제어되지 않는다. 그들은 편향된 분포 규칙을 가진 기존 구성 요소에서 결합된다. 감마 또는 리플 사이클(제4장 및 제8장)에 포함된 신경 집합체(문자)와 같은 이러한 구성 요소는 뇌가 환경에서 분리되거나 잠이 들 때도 완전히 활성화된다. 따라서 진화하는 세포 집합체는 뇌의 기본 기능 모드를 반영한다. 사실, 뉴런이 조용하거나 유휴 상태인 비동적 고정 회로는 상상하기 어려울 것이다.

이 섹션을 요약하자면, 나는 뇌는 사전 경험 없이도 이미 존재하는 역학과 함께 제공되어 뇌가 제어하는 신체 활동의 결과에 대해 추측하고 세상의 어떤 측면에 관심 가질 가치가 있는지 필터링 하는 발판을 제공한다고 제안한다. 뇌는 세상의 진실로 점차 채워지는 백지가 아니라 자신의 관점에서 사건을 통합할 준비가 되어 있는 미리 형성된 역학을 가진 능동적인 탐험가이다. 뇌의 유일한 임무는 그 과정에서 외부 세계의 '객관적 현실'을 학습하는지 여부에 관계없이 상호작용하는 신체의 생존과 번영을 돕는 것이다.

매칭 프로세스로서의 경험

백지 상태(tabula rasa) 뇌에게는 지식이 아무런 사전 준비나 지식 없이 합성된다. 하지만 인사이드-아웃 모델의 경우에서는 경험이 미리 형성된 신경 궤적과 그 조합에 의미를 추가하게 된다. 우리는 풍부한 실험적 증거, 특히 많은 해부학적 및 생리학적 매개 변수의 편향된 분포를 후자의 관점을 선호하는 이전 장에서 논의했다. 풍부한 뇌 역학은 감각 입력이나 경험 없이도 발달하는 동안 유전적으로 프로그래밍된 배선 회로와 뉴런의 생물물리학적 특성에서 나타날 수 있다. 그러한 기본적이고 경험에 의존하지 않는 역학의 원천 중 하나는 뇌 리듬이다. 뇌의 계층적으로 관련된 진동은 이중 목적을 수행한다. 즉, 한편으로는 안정성과 견고성을 유지하고 다른 한편으로는 신경 단어 및 문장의 구문 구성에 필요한 기질을 제공한다(제6장). 이것은 내가라고 부르는 조직 미리 형성된 또는 미리 구성된 두뇌이다. 내부적으로 생성된 구문 규칙과 결합된 기존의 말도 안 되는 단어 사전이다. 계층적으로 구성된 리듬을 가진 뉴런 구문은 뉴런 메시지의 길이를 결정하고 그 조합을 형성한다. 따라서 의미 있는 내용 이전에 뇌 구문이 존재한다.

포유류 피질의 원형 조직인 반복 연결이 있는 신경 회로는 오랫동안 침묵할 수 없다. 대신, 신경 회로의 기본적인 역학은 자기 조직화를 통한 뉴런 시퀀스의 유지이다(제7장). 모든 뇌 네트워크는 거의 무한한 방법으로 리듬 구문에 의해 결합될 수 있는 끊임없이 진화하는 세포 조립 시퀀스의 풍부한 역학을 특징으로 가진다.[16] 이 과정은 잠재적인 뉴런 단어와 문장의 풍부한 영역을 생성하지만 단어는 행동 기반 경험에 의해서만 의미를 얻는다. 의미란 행동으로 보정된 신경의 궤적인 것이다.

행동을 통해서만 뉴런은 감각 입력에 대한 반응을 결과적 방출 메커니즘에 의해 지원되는 다른 것과 연관시킬 수 있다(제1장, 제3장, 제5장). 주로 이러한 메커니즘을 통해 감각 신호는 유기체에 대한 의미로 정의되는 의미를 획득할 수 있다. 뇌의 활동 신호는 항상 감각 회로에 복사되기 때문에(제장), 무의미한 뉴런 단어는 행동을 감각과 비교함으로써 의미가 될 수 있다. 출력 사본은 감각 회로에 이차 의견을 제공한다. 센서를 통해 뇌에 들어오는 것에 대한 일종의 현실 확인이다. 스스로 생성한 모든 행동, 심지어 눈을 한 번 쳐다보는 것조차 뇌의 가설 테스트로 간주될 수 있다. 뇌 회로의 귀무 가설은 외부에서는 이상한 일이 일어나지 않는다는 것이다. 그러나 비교기 메커니즘이 행동 생성 기대와 감각 입력 사이의 차이를 감지할 때 귀무 가설은 기각된다. 이 불일치는 추가 조사를 촉발하고 참석한 예상치 못한 사건과 일치하는 기존의 신경 패턴이 중요한 것으로 표시된다. 더 많은 지식이 축적될수록 신경 궤적의 더 많은 부분이 유기체에 의미가 있게 된다([그림 13-1]). 경험이 늘어남에 따라 비교기 메커니즘은 훨씬 더 미묘한 차이를 알아차릴 수 있는 능력을 향상시킬 수 있다. 따라서 "신생아에게는 모든 것이 새롭다"는 일반적인 통념과는 대조적으로 그 반대일 수도 있다고 생각한다. 신생아의 경우 특정 얼굴에서 일반적인 얼굴로 이동하는 대신 모든 인간의 얼굴은 계통 발생학적으로 편향된 막연한 얼굴 신호일 뿐이다. 많은 얼굴들 중에서 어머니와 아버지를 명백하게 다른 정체성으로 식별하고, 새로운 사람과 친숙한 사람을 구별하는 데 몇 달간의 두뇌 훈련이 필요하다.

나는 이 아이디어를 다르게 설명하려고 한다. 개념은 개별 요소에서 결합된 특징을 추

16) 결과물을 비슷한 견해가 다른 사람들에 의해 표현되었다. 내 연구실의 이전 박사후 연구원인 Ken Harris는 세포 조립 시퀀스가 제공하는 '가능성의 영역'을 언급한다(Luczak et al., 2009). 나의 이전 학생인 George Dragoi는 이를 이전에 경험한 적이 없는 미래의 '미리 재생' 시퀀스라고 부른다(Dragoi & Tonegawa, 2011, 2013a, 2013b; Liu et al., 2018). 마취된 원숭이와 흰족제비의 시각 피질에서 자발적 공간 패턴과 감각 유발 공간 패턴 간의 유사성은 미리 구성된 네트워크의 프레임워크에서도 해석되었다(Kenet et al., 2003; Tsodyks et al., 1999; Fiser et al., 2004; MacLean et al., 2005). 학생으로서 나의 첫 번째 과제는 고양이의 청각 피질에서 클릭 유발 반응의 다양성을 조사하는 것이었다. 실험의 결론은 유발된 사건의 변동성의 주요 원인은 배경 자발적 활동이라는 것이었다(Karmos et al., 1971).

출하여 형성된다고 생각하는 것이 직관적인 반면, 실제로는 세부 사항보다 범주 및 게슈탈트 개념을 더 빨리 학습한다. 아이가 개를 보고 '개'라고 이름을 지었을 때, 그것은 특정 범주도 일반 범주도 아닌 혼합 범주이다. 그 아이가 양을 만나서 '개'라고 말할 수도 있다. 상위 범주, 예를 들어 '포유류'는 기존의 신경 궤적과 쉽게 일치될 수 있고 많은 유사한 모양으로 일반화될 수 있다. 특정 애완견과 같은 하위 개념을 지정하려면 기존의 신경 궤적 세그먼트를 연결하여 천천히 학습하는 몇 가지 추가 기능이 필요하다([그림 13-1]). 아기의 첫 말은 구체적인 언급이 아니라 일반화된 개념이다. '바나'는 바나나를 보거나, 바나나를 요청하거나, 바나나를 먹는 아빠를 가리킬 수 있다. 언어학자들은 이러한 초기 일반화된 말하기를 '홀로프레이즈'라고 부른다. 게다가 일반에서 특정으로 또는 충분에서 정밀로의 전환은 더 경제적이다. 우리가 주변 세계에서 모든 것을 배우고 이름을 부여한다고 가정하는 것은 현실적이지 않다. 우리가 어떤 것(예: 집)의 이름을 지을 때도 가장 흔히 모호하다(예: 오두막이나 이글루가 포함되거나 포함되지 않을 수 있음). 두뇌의 경제적 솔루션은 정밀도와 두뇌의 저장 및 처리 능력 사이의 절충안인 것 같다.

경험이 없는 뇌라도 실생활에서 의미를 얻을 수 있는 잠재력이 있는 고유한 신경 궤적의 거대한 저장소를 가지고 있다. 그러나 탐색적이고 능동적인 경험만이 뉴런 시퀀스의 크게 미리 구성된 발화 패턴에 의미를 부여할 수 있다. 뉴런 시퀀스의 저장소에는 미리 형성된 규칙(제12장)을 통해 상호 연결된 다양한 스펙트럼의 고발화, 강성 및 저발화 플라스틱 구성 요소가 포함되어 있다. 강력하게 상호 연결된 미리 구성된 백본과 매우 활동적인 구성원 뉴런을 통해 뇌는 어떤 상황도 완전히 알려지지 않은 것으로 간주할 수 있다. 결과적으로 뇌는 어떤 상황에서도 항상 '최선의 추측'을 취하고 가장 그럴듯한 가설을 테스트한다. 새롭거나 친숙한 각 상황은 뇌의 최선의 추측을 반영하는 가장 높은 확률의 뉴런 상태와 일치될 수 있다. 두뇌는 그것을 도울 수 없다. 명시적 기능을 식별하는 대신 항상 즉시 관계를 비교한다. 뇌에 알려지지 않은 것은 없다. 모든 새로운 산, 강 또는 상황에는 친숙한 요소가 있으며 유사한 상황에서의 이전 경험을 반영하여 기존의 신경 궤적 중 하나를 활성화할 수 있다. 따라서 익숙함과 새로움은 완전히 낯선 것이 아니다. 그들은 서로 관련되어 있으며 존재하기 위해 서로가 필요하다. 불일치의 경우(입력과 가능한 가장 높은 기존 궤적 사이에 불일치가 있는 경우) 기존 궤적에서 새로운 조합이 구성되고 뇌의 '지식 기반'에 추가된다([그림 13-1] (D)의 두꺼운 선). 예를 들어, 미로의 여러 회랑이 탐색 과정에 의해 뉴런 궤적과 이미 일치된 후 두 회랑의 뉴런 궤적을 연결하여 두 회랑 사이의 한 번도 가지 않은 경로의 새로

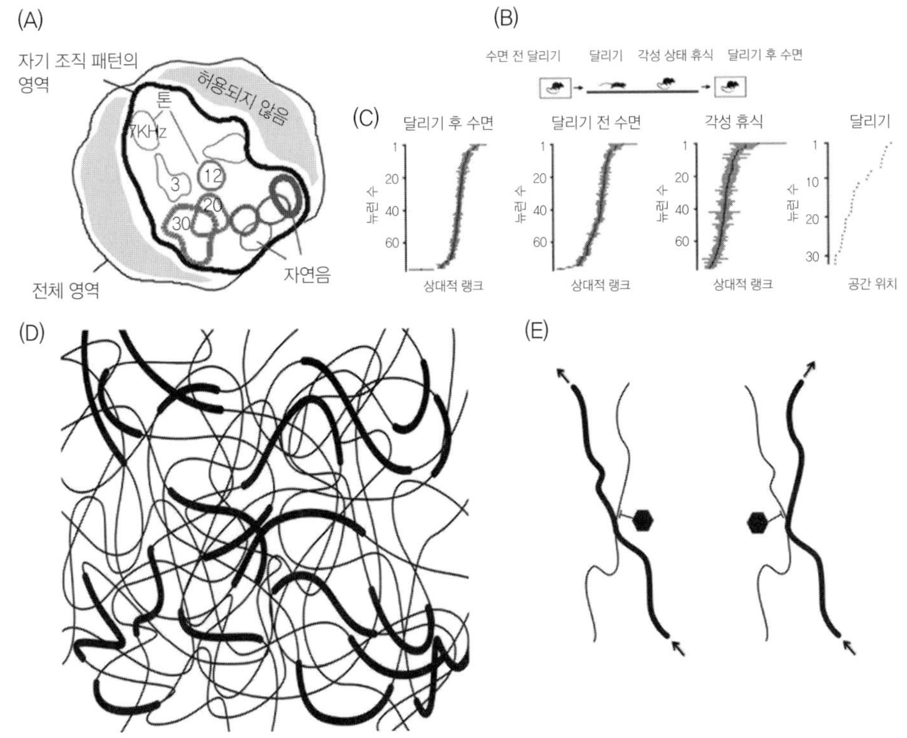

[그림 13-1] 자극 및 환경 변화에 대한 신경 반응은 내부적으로 생성된 신경 패턴의 큰 저장소에서 선택된다.
A: 설치류 청각 피질에서 자발적인 사건과 유발 사건 사이의 관계에 대한 기하학적 해석을 보여 주는 그림. 모든 이론적 시나리오(외부 경계)에서 신경 연결은 가능한 자기 조직 패턴의 영역(두꺼운 검은색 선으로 윤곽이 표시된 영역)을 제한한다. 이 경계 밖의 회색 영역(허용되지 않음)은 자발적으로 발생하지 않는다. 3~30kHz 톤(다양한 모양으로 표시됨)과 자연음(아래쪽, 오른쪽 타원형)에 대한 유발 반응은 기존의 자발적 패턴에서 도출된다. B: 해마에서 뉴런 서열의 유사성을 조사한 행동 상태의 비교: 실험쥐가 홈 케이지에서의 사전 체험 및 체험 후 수면(실행 전과 후), 미로 트랙에서 달리기 및 휴식을 수행한다. C: 트랙에 장소 필드가 있는 뉴런은 장소 필드 피크(가장 오른쪽 패널)에 따라 정렬되었다. 달리는 동안과 동일한 순서의 뉴런 시퀀스는 휴식과 경험 후 수면 동안뿐만 아니라 쥐가 새로운 트랙에 진입하기 전의 수면 중에도 풍부하게 발견되었으며, 이는 첫 경험 동안의 활동 패턴이 자기 조직화된 자발적 패턴의 저장소로부터 발현되었음을 의미한다. D: 가능한 많은 신경 궤적(가는 선)의 작은 부분의 그림. 동물에게 이미 의미를 부여한 궤적의 세그먼트는 굵은 선으로 표시된다(경험 일치 궤적). E: 억제(STOP 기호)는 뉴런 트래픽의 이동에 영향을 미치고 한 궤적 세그먼트에서 다른 궤적 세그먼트로의 교차를 방지/허용할 수 있다.
*A: Luczak et al. (2009)의 허가를 받아 복제했다.; B, C: Liu et al.(2018)의 허가를 받아 복제했다.

운 조합을 달성할 수 있다(제8장; [그림 13-1] (E)). 이 과정을 통해 처음에는 무의미한 뇌의 신경 단어가 의미 있고 유용하게 될 것이라고 상상한다. 따라서 의미는 객관적인 것이 아니라 절대적인 것이 아니라 기초 행위에 상대적이다.

내 추측을 한 단계 더 발전시키는 위험을 감수하겠다. 신경 패턴이 행동 매개 접지 경험을 통해 의미를 얻으면 자발적 또는 상상 보조 반복을 시뮬레이션 자극으로 사용할 수 있다. 차례로, 그러한 내면화된 패턴을 조작하고 다양한 별자리에서 결합하면 해마의 SWR(sharp wave ripples)(제8장) 또는 신피질의 관련 메커니즘의 혼합 포함 능력에 의해 새로운 아이디어와 추상 구조를 생성할 수 있다. 이것은 문제의 각 패턴이 이미 적극적인 탐색에 의해 고정되었고 각각이 유기체에 대해 어느 정도 유용성을 획득했기 때문에 가능하다. 그러나 결과적인 추상적 구성은 추론의 타당성을 검증하기 위한 행동에 근거해야만 한다(제9장). 그렇지 않으면 생성된 아이디어가 산타클로스와 같은 재미있는 허구적 생각이나 환각과 같은 병적인 생각의 영역에 남을 수 있다.[17]

제약 조건에 장점이 있다

연결 및 역학의 로그 규칙에 대한 논의(제12장)에서 회로 역학에 대한 제약은 놀라운 일이 아니다. 개별 뉴런은 주로 앙상블의 일부로 기능하기 때문에 뉴런은 단독으로 신호를 보내는 경우가 거의 없다(제4장). 이러한 집단적 응집력은 조합원의 자유를 감소시킨다. 자기 조직화된 네트워크는 외부 자극에 의해 부과되기보다는 신경 궤적의 진화를 안내하는 자체적인 제약과 역학을 생성한다(제5장). 내부적으로 제어되고 지속적으로 변화하는 역학을 가진 신경 네트워크는 다른 시간에 동일한 감각 자극에 다르게 반응할 수 있다. 진화하는 발사 역학의 통계적 특징의 출현에는 외부 통제가 불필요하다. 날카로운 물결(예파, Sharp wave)의 폭발은 탐색적 경험이 있기 전 출생 시에 존재한다.[18] 이들의 생성은 아마도 뇌회로 성숙으로 인해 출생 후 약간 증가한다. 내재적 과정은 또한 시냅스 강도와 뉴런의 발화 속도가 행동 상태 전반에 걸쳐 강력하게 보존되는 이유를 설명할 수 있다(제12장). 이러한 회로 제약은 또한 다른 뇌 상태와 다른 시간 규모에서 구성원 뉴런 시퀀스의 발사 순서에 영향을 미친다. 예를 들어, 수면 중 SWR(제8장) 동안, 새로운 환경을 탐색 중의 뉴런은 이전 수면의 SWR이 일어나는 동안과 유사한 순서로 활성화될 수 있다. 이러한 배열은 경험 이전에 순차적 역학이 존재해야 한다는 다소 반직관적인 예측을 제공한다.[19] 사실, 이

17) Feinberg(1978).

18) Leinekugel et al.(2002).

19) 이 실험에서 CA1 피라미드 뉴런이 광유전학적 드라이브에 의해 국소적으로 활성화된 유도된 발사 속도 및 시퀀스는 기본 속도 및 시퀀스와 상관관계가 있으며, 이는 주어진 상황에서 강력한 회로 속성 제약을 보여 준다(Stark et al., 2015).

아이디어는 발화 속도, 뉴런 사이의 시냅스 연결 강도, 발화 순서가 일반적으로 뇌 상태에 영향을 받지 않는다는 관찰과 자연스럽다(제8장과 제12장). 특정 활동 패턴에 대해 미리 구성된 신경 회로의 편향은 인공 활성화가 고유 시퀀스와 관련된 발화 시퀀스를 유도할 수 있다는 관찰에 의해 입증된다.

미리 형성된 뇌 역학을 추가로 지원하기 위해 성체 동물이 처음으로 새로운 환경을 방문할 때 기존의 시퀀스 및 지도 레퍼토리에서 특정 뉴런 집합이 선택된다. 해마와 내후각 피질은 알려지거나 알려지지 않은 모든 상황에서 항상 지도를 생성한다. 탐색적 운동은 동물의 과거 궤적을 재생하거나 새로운 궤적을 예측하는 빠른 신경 배열 패턴과 관련된 부동 기간에 의해 무작위로 중단된다.[20]

사전 구성된 패턴을 경험과 일치시키는 것은 해마에만 있는 것이 아니다. 운동 피질에서 특정 움직임이나 움직임의 의도를 학습한 후 관찰되는 뉴런의 발화 시퀀스는 학습 전에 생성된 기존의 뉴런 패턴과 현저하게 유사하므로, 뉴런이 내부에 있는 유도된 패턴의 대규모 저장소에서 뉴런 시퀀스를 생성하도록 제한되어 있음을 보여 준다. 무작위적이고 무제한적인 조합 대신, 큰 저장소의 특정 기존 패턴이 새로운 움직임과 인식된 패턴에 할당되어 신경 시퀀스가 행동 의미를 얻는다.[21] 이 프레임워크는 아웃사이드-인 타불라 라사 모델과 대조될 수 있다. 뉴런 어셈블리 및 시퀀스는 주로 감각 명령에서 구성된다.

인간의 언어는 로그 다이내믹 두뇌의 가능성과 제약을 은유적으로 설명한다. 인간이 사용하는 6,000개 이상의 상호 이해할 수 없는 언어는 신경 회로의 풍부한 생성 능력을 보여 준다. 인간 언어의 상당 부분은 외부화와 사회적 상호작용을 통해 획득된 의미론적 지식이다(제9장). 모든 명제, 의도 또는 생각은 모든 언어로 전달될 수 있으며 다른 언어로 쉽게 번역될 수 있다. 그러나 다른 언어로 된 발화의 의미와 쓰여진 단어에 관계없이 모든 언어는 동일한 기본 생성 규칙(즉, 기존 구문)을 가지며 로그 규칙에 따라 뇌 리듬의 계층적 구문

이 회로 제약은 새로운 환경에서 세포 시퀀스를 배치할 수 있다는 놀라운 관찰을 설명할 수 있다. 경험이 있기 전에 Sleep Wave Ripple과 관련된 '사전 재생' 시퀀스에서 예측할 수 있다(Dragoi & Tonegawa, 2011, 2013a, 2013b; Liu et al., 2018).

20) 재생 시퀀스는 새로운 트랙의 첫 번째 랩 이후에도 관찰되었다(Foster & Wilson, 2006). 현재 논쟁의 중심은 재생을 알려 주는 세계의 모델이 한두 번의 경험 이후에 매우 빠르게 발전했는지(Silva et al., 2015), 아니면 지도의 적어도 일부가 탐사 이전에 존재했는지(Dragoi & Tonegawa, 2011)이다.

21) 이 실험에서 원숭이는 운동 피질의 발사 패턴이 입력되는 '뇌-기계 인터페이스'에 의해 컴퓨터 화면에서 커서를 움직이도록 훈련되었다. 따라서 원숭이는 단순히 의도에 따라 커서의 방향과 속도를 명령했다. 학습 후 원숭이는 학습 전과 거의 동일한 모든 동작에서 일련의 활동 패턴을 생성했다(Golub et al., 2018). 이러한 실험은 인사이드 아웃 접근 방식과 밀접하게 관련된 프레임워크인 Gerry Edelman(1987)의 '신경 다윈주의' 또는 뉴런 그룹 선택 모델을 지원한다.

구성 제약에 따른다.[22)]

충분히 좋은 예측

일치 프로세스는 필요가 없는 경우 가장 빠르게 작동한다. 모든 세부 사항에서 각 항목을 개별적으로 식별하고, 정확한 방식으로 증거에 가중치를 부여하고, 가장 현명한 솔루션에 대해 숙고하는 대신, 두뇌는 입력 변수 간의 관계를 신속하게 평가하여 충분한 조치를 취한다. 뇌는 왜곡된 동적 조직으로 인해 세상과의 관계를 효과적으로 감지한다.

게슈탈트 심리학자들은 마음이 유사성, 근접성, 연속성, 폐쇄성 및 연결성을 기반으로 패턴을 인식하는 타고난 능력이 있다는 것을 인식했다. 이 모든 용어는 관계를 설명한다.[23)] 이미지의 부분에 대한 자세한 지식은 그 합(즉, 전체)을 인식하는 데 필요하지 않다. 잭슨 폴록(Jackson Pollock)의 그림에서 부분 분석을 아무리 많이 해도 지각하는 뇌의 통계적 동역학과 일치할 가능성이 있는 형태와 색상의 관계에서만 파생되는 미적 경험으로 전체가 있는 그대로 인식되는 이유에 대한 단서는 제공되지 않는다. 잭슨 폴록의 그림에서 왜 그 큰 그림의 전체가 인식이 되는지, 즉 형태와 색상의 관계가 그것을 인식하는 뇌의 통계적 역동성과 일치할 때만 생겨나게 되는 미적 경험이 어떻게 형성되는지, 그림의 부분에 대한 아무리 많이 분석하더라도 알려 주지 않는다.

이 책에서 논의되는 환상도 '충분히 좋은 뇌'의 지배에서 필연적으로 나온다. 이 '충분히 좋은 뇌'는 구성 부분 간의 관계를 평가하면서 종종 무의미한 요소를 무시한다. 이전에는 관련 없는 세부 사항은 오직 지각자에게 행동적 중요성을 획득했을 때에만 비로소 '정밀한 뇌'가 개입하여 이를 식별한다. 사전 구성된 로그-역학의 뇌 구조가 이 '충분히 좋음'과 '정밀'의 스펙트럼에 어떻게 영향을 미치는지 설명하는 또 다른 방법은 우리의 양에 대한 감각이다.

---

22) Noam Chomsky는 Universal Grammar가 알려진 모든 언어를 묶는다고 제안했다(1980). 뇌 리듬의 체계는 그러한 문법의 기초가 될 수 있다(Buzsaki, 2010; 제6장).

23) Eichenbaum & Cohen(2014).

관계와 수량의 감각

수학 애호가들은 종종 수학이 언어만큼 자연스럽기 때문에 학교에서 가능한 한 빨리 가르쳐야 한다고 생각한다. 이 주장의 일부는 단순한 동물도 숫자 감각을 가지고 있기 때문에 계산에 복잡한 두뇌가 필요하지 않다고 주장하는 행동 연구에 기반을 두고 있다. 악명 높은 세는 말 클레버 한스(Clever Hans)를 시작으로[24] 숫자 세기와 같은 기본 수학을 할 수 있다고 주장되는 동물 종의 목록이 증가하여 현재 침팬지, 오랑우탄, 원숭이, 개, 앵무새, 뉴질랜드 로빈(울새), 물닭, 도롱뇽, 갓 태어난 병아리, 심지어 꿀벌까지 포함한다. 일부 행동주의자들은 숫자 세기가 많은 종에서 타고난 것이라고 말하기까지 한다.[25] 이건 좀 이상하다. 숫자 감각이 색 감각만큼 우리에게 자연스럽다면, 숫자에 대한 아이디어를 생각하고 숫자를 사용하여 무엇이든 셀 수 있는 데 왜 수백만 년의 인류 진화가 필요했을까(제9장)?[26] 내 수학 전문가 친구들은 수학은 표를 암기하는 것이 아니라 패턴을 찾아내는 것이라고 설명하며 그 반대를 반박할 것이다. 어떤 사람은 산수에는 엉망이어도 그녀의 패턴 발견 능력이 수량을 효율적으로 판단할 수 있게 해 준다. 나는 이에 동의한다.

타고난 형태와 후천적인 형태의 수학에 대한 논쟁은 두 개의 명백하게 다른 세계가 하나의 분야로 뭉쳐지기 때문에 로그 동적 두뇌의 '충분히 좋음'과 '정밀함'의 양극단을 반영하는 것일 수 있다. 이전 장에서 논의한 바와 같이 비율의 판단은 신경 회로의 자연스러운 기능이다. 어린아이를 포함한 모든 동물은 쉽게 비율을 추정할 수 있다. 이러한 추정은 나눗셈이나 곱셈의 정확한 산술은 아니지만 실용적인 목적으로는 충분한다. 두 영양 사이의 크기 차이를 추정하면 사자가 추가로 달리고 싸우는 시간을 상당히 절약할 수 있다. 그 사자가 1.6666이라는 정확한 비율을 계산하지 않더라도. 충분한 두뇌는 숫자에 대한 단서가 없어도 대부분의 조건에서 수량에 대해 빠르고 효율적인 판단을 내릴 수 있다.

---

24) 물론 Hans가 주인이나 그의 '세는' 행위에 대한 다른 관찰자의 신호를 받아 '속임수'로 판명(Pfungst, 2000)되었다.

25) Matsuzawa(1985); Pepperberg(1994); Jordan et al.(2008); Tennesen(2009). HTTP://www.scientificamerican. com/article/how-animals-have-the-ability-to-count/

26) 프랑스 수학자이자 신경과학자인 Stanislas Dehaene는 수학이 언어 의존적이라고 믿는다(1997). 이 경우, 사전적 또는 비언어적 계산과 같은 것은 없을 것이며(Gallistel & Gelman, 1992), 인간 이외의 동물은 수학적 기술을 가질 수 없다. 다른 사람들은 같은 문제에 더 근본적으로 접근한다. 동물은 "추상 능력이 부족하기 때문에 절대 양을 생각하지 않는다"(Shepard et al., 1975; Ifrah, 1985).

수량 판단은 숫자 기반 계산과 다르다. 이 견해는 원숭이가 다섯 개까지만 '셀 수' 있는 이유, 로빈(울새)이 가장 많은 거저리를 가진 구멍을 먼저 보고, 새로 부화한 병아리가 더 많은 개체를 찾는 이유를 설명한다. 그들은 계산하지 않고 비율을 추정한다. 하지만 20개와 21개를 정확히 구분하는 능력은 별개다. 숫자의 차이는 선천적으로 이해할 수 없다. 대신 학교에 가서 발명된 규칙과 형식화된 논리를 배워야 한다.[27]

선형 척도 대 (vs) 로그 척도

선을 따라 숫자를 균등하게 배치하여 각 숫자에 동일한 중요성을 부여하는 것은 사람들이 동의한 규칙이다. 수학의 이러한 측면은 뇌에 자연스러운 것이 아니다. '3' 및 '4'와 같은 숫자는 명시적인 추상 기호이며, 힘든 교육을 통해 배워야 하는 인간의 발명품이다. 이 규칙은 더 많은 양이 점진적으로 더 압축되는 뇌의 로그 숫자 라인과 대조된다.[28]

대수 대 선형 분할을 지지하는 뇌 영상 연구는 정수리 피질 영역의 활성화에 의해 반영되는 바와 같이 어린 나이부터 숫자 감각의 추정 측면이 존재한다는 것을 보여 준다. 제10장에서 이 영역은 크기, 위치, 시선 방향 및 지속 시간과 같은 공간 및 기하학적 차원을 나타내는 영역과 겹치거나 현저하게 가깝다는 것을 상기하라. 이 영역에서 뇌 손상을 입은 신경과 환자들은 공간적 소홀뿐만 아니라 특이한 정신 수선을 보인다. 예를 들어, 그들은 2와 6 사이의 숫자 간격의 중간 점으로 5를 선택할 수 있다. 아마도 대수 값을 추정하는 뇌의 자연스러운 경향에 의해 편향되었을 것이다.[29] 충분히 좋은 추정과 대조적으로, 정확한 계산이 필요한 문제에서는 언어 영역을 포함한 전두엽 피질 영역이 활성화된다.[30] 따라서 '자연수'는 뇌에 그다지 자연스럽지 않다. 그들과 그들의 조합 규칙은 언어와 유사한 사회적 상호작용을 통해 습득해야 한다.

이미지 연구와 함께 붉은털원숭이에 대한 전기 생리학적 연구는 정수리와 전전두엽 피

27) Geary(1994); Gardner(1999); Devlin(2000).

28) Amazon의 원주민 그룹인 Mundurucu와 같이 정규 수학교육을 받지 않은 인간은 기호 및 비기호 숫자를 선형 척도 대신 로그 척도에 매핑한다(Dehaene et al., 2008). 그들의 성과는 압축된 대수 매핑을 부과하는 작은 숫자에 더 많은 공간을 할애하는 서양 유치원생의 성과와 다소 유사하다. 예를 들어, 숫자 10을 0에서 100 세그먼트의 중간 근처에 배치할 수 있다(Siegler & Opfer, 2003). 내 생각에 어린이들이 교육 기반 산술에 어려움을 겪는 것은 숫자 크기의 기존 로그 표현에 지속적으로 의존하기 때문일 수 있다.

29) Brannon & Terrace(1998); Zorzi et al.(2002); Sawamura et al.(2002).

30) Dehaene et al.(1999).

질에서 단일 뉴런의 발화가 수량 표현의 로그 규칙을 따른다는 것을 보여 준다. 실험자들은 원숭이들에게 1개에서 5개의 점을 포함하는 연속 이미지가 동일한 수의 점을 나타내는지 아니면 다른 수의 점을 나타내는지 판단하도록 '요청'했다. 두 가지 놀라운 발견이 있었다. 첫째, 많은 뉴런은 크기와 위치에 관계없이 동일한 수의 점(예: 2 또는 4)을 포함하는 그림에 가장 강하게 반응했다. 둘째, 뉴런 발화 반응이 점의 로그 수의 함수로 플로팅되었을 때 베버-페히너(Weber-Fechner) 법칙에 따라 고정된 분산을 갖는 가우스 곡선을 따랐다. 따라서 이 실험은 뉴런의 발화가 선형 척도가 아니라 대수에서 인지된 양에 해당한다는 것을 다시 발견한다.

의미는 탐색을 통해 생긴다

지도와 같은 새로운 지식의 획득은 유사한 상황에 대한 이전 경험을 일반화한 결과라고 주장할 수 있다. 갓 태어난 동물의 뇌는 어떨까?

쥐는 인간보다 훨씬 더 태어날 때 제한된 감각 능력을 가지고 있다. 출생 후 6일째에는 기본적인 킁킁거리고 수염을 기를 수 있으며 10일째에는 성인 수준에 도달한다. 생후 첫 주 동안 강아지는 기어갈 수만 있다. 네 다리로 걷는 것은 생후 두 번째 주가 끝날 때쯤 나타나며 그 후에 새끼는 둥지를 떠나기 시작한다. 이러한 탐색 여행의 길이는 세 번째 주가 시작될 때 갑자기 증가하고 새끼는 세 번째 주가 끝날 때까지 어미에게서 독립하게 된다.

머리 방향 시스템은 이미 초기부터 안정적이다. 둥지의 경계를 넘어 첫 번째 탐색 여행은 출생 후 15일에서 17일 사이에 발생한다. 이 발달 단계에서 해마 피라미드 뉴런은 첫 번째 여행에서 이미 성인과 유사한 장소장을 표시하고 순서가 지정된 시퀀스를 나타낸다. 그런데 안정적인 내후각 피질(entorhinal) 그리드 세포의 출현은 젖떼기까지 지연된다. 따라서 해마는 탐사가 시작되기 전에 가능한 많은 신경 궤적을 가지고 있다. 이러한 미리 형성된 궤적 때문에 강아지가 새로운 환경에 들어갈 때 즉시 새로운 지도를 검색할 수 있

---

31) 머리 방향 세포와 마찬가지로 경계 세포도 자발적 보행 전에 제자리에 있다. 그리드 셀은 장소 셀이 출현한 후 4주째까지 불규칙하고 가변적인 필드를 가지고 있다. 이들은 함께 새끼 쥐가 생애 처음으로 둥지를 떠날 때 기능적 지도를 형성하고 그 이후에는 지도가 미세 조정된다(Langston et al., 2010; Wills et al., 2014; Bjerknes et al., 2014). Muessig et al.(2016)은 "어린 새끼에서 재매핑을 유발하는 요인은 여전히 미해결 질문"이라고 말한다. 아마도 실제로 재매핑을 '추진'하는 것은 없을 것이다. 이는 이미 존재하는 지도와 보행 탐색 간의 일치 프로세스이다.

다.[31] 해마 뉴런은 환경의 특정 부분에서 신호가 발화되기 때문에 발화하지 않지만 내부적으로 진화하는 뉴런 궤적이 활성화될 차례가 되는 지점에 도달하기 때문이다. 인공 단어 사전을 생각해 보라. 사전에서 무작위로 페이지를 열고 맹목적으로 단어를 가리킴으로써 영어 단어를 이 인공 언어에 매핑할 수 있다.[32] 영어 단어에 대한 지식은 행동 기반 경험의 기초 능력과 유사하게 인공 단어의 의미를 기초로 할 수 있다. 물론 뇌는 아무 페이지에서나 무작위로 열 수 있는 단순한 사전이 아니다. 그것은 우리가 제12장에서 논의한 바와 같이 내재된 제약을 가지고 있다. 따라서 경험이 연결될 수 있는 미리 조직된 우선순위가 있는 것 같다.

첫 번째 공간 지도는 조잡하지만 충분히 좋은 스케치('프로토맵')일 수 있다. 이는 새로운 상황에 대한 뇌의 최선의 추측이다. 추가 탐색을 통해 느린 발화를 하는 대다수의 큰 저장소로부터 가소성 있는 뉴런을 프로토맵으로 모집할 수 있다(제8장). 이 명백한 추측 프레임워크에서 경험을 통한 학습의 생리학적 상관관계는 빠르게 발화하는 소수의 뉴런의 기존 역학에 기반한 환경의 친숙한 측면에 대한 빠른 일치와 하위 그룹의 발화 패턴을 점진적으로 개선하는 것을 포함한다. 이렇게 하여 상황의 느린 발사 예비군 뉴런의 새로운 측면을 반영한다. 예를 들어, 날카로운 파동 (sharp wave rippl)의 주기는 일련의 세포 어셈블리를 포함하며, 각각은 여러 주기가 하나의 뉴런 단어를 형성하도록 가상의 뉴런 어휘의 문자로 개념화될 수 있다. 날카로운 물결(sharp wave ripple) 클러스터에서 단어는 여행 경로, 상황 또는 이벤트의 개별 세그먼트의 확장된 시퀀스와 일치하도록 새로운 문장으로 재조립될 수 있다(제8장). 사슬로 연결된 날카로운 파동(sharp wave ripple)의 이러한 '의미 묶음, 청킹'은 미리 형성된 연결 단어로부터 많은 수의 조합을 유연하게 생성한다.[33]

전반적으로 뉴런을 이용한 학습은 네트워크 역학에 약간의 일시적인 영향을 미치는 기존의 뉴런 이벤트의 합성을 포함한다. 각 학습 에피소드에서 가능한 많은 기존 신경 궤적

---

32) 예를 들어, 고양이 = xx.u이다. 이런 식으로 초기 집합을 구축하면 다음에 마음에 단어(dog)가 있을 때 다른 임의의 단어(n-zk)를 찾을 뿐만 아니라 어떻게든 이들 사이의 관계를 나타내야 한다. 이 유추에도 큰 약점이 있다. 처음에는 무의미한 뇌의 뉴런 단어들이 이미 서로 간에 이미 존재하는 관계를 갖고 있을 수 있다. 편견이라고 할 수 있다. 이러한 사전 구성된 제약 조건은 페이지가 가상 사전에서 열리는 방식을 편중하게 만든다.

33) 날카로운 파동에 의한 신경 '덩어리' 연결에 대한 자세한 내용은 Buzsáki(2015) & Pfeiffer(2018) 참조. 경험 후 수면 중 날카로운 파동은 경험 유발 교란 후 기본 네트워크 역학을 복원하는 데에도 중요하다(Grosmark et al., 2012). 학습 후 그리고 장기 강화와 같은 가소성을 유발하는 전기 자극 후에도 시냅스가 더 강해질 수 있으며 일부 뉴런은 발화 속도를 증가시키지만 다른 뉴런을 희생시킬 뿐이다. 동일한 뇌 상태 내에서 전체 시냅스 가중치와 시스템의 평균 흥분성은 시간이 지남에 따라 일정하게 유지된다(Dragoi et al., 2003).

중 소수가 행동 의미를 획득하여 특정 관계 집합을 나타내기 시작한다. 이 분야에서 가장 정량적인 실험 데이터를 사용할 수 있기 때문에 공간 학습을 예로 사용했다. 신경 궤적이 사건 및 상황과 일치할 때도 동일한 과정이 적용될 수 있다. 이 견해는 지각이 뇌에서 가설을 테스트한다는 생각을 반영한다.[34] 매칭은 미리 형성된 방대한 저장고에서 어떤 상황에서도 가장 적합한 뉴런 궤적을 끌어내고 불일치가 발생할 때만 이를 정제하려는 뇌의 시도다.

요약

베버-페히너 법칙은 무게, 크기, 밝기 및 냄새 강도뿐만 아니라 크기, 거리, 소유 영역, 간격, 지속 시간, 숫자 및 기타 양의 상징적 표현과 같은 보다 추상적인 차원을 설명한다. 이 장과 이전 장에서 나는 이러한 정신적 지표가 비뚤어지게 조직된 뇌 구조와 역학을 기반으로 한다고 제안했다. 행동 기반 인식 및 추상적인 표현의 보정은 사전 구성된 뇌의 제약에서 직접 비롯된다. 이 견해는 뇌의 사물이 세계의 모양과 속성에 해당한다고 가정하는 동형주의(isomorphism)[35]의 철학적 아이디어와는 다르다. 대신, 신경계는 물리적 세계의 통계적 확률을 모방하도록 진화하여 사건의 효율적인 예측자가 될 수 있다. 결과적으로 신경생리학적 및 지각적 뇌 역학은 모두 몇 자릿수에 걸쳐 공통 수학적 기초인 로그 규칙을 공유한다.

여러 수준의 뇌 조직에서 치우친 분포에는 장점과 단점이 있다. 이러한 양적 분포의 꼬리는 명백하게 구별되는 질적 특징을 가지고 있으며, 우리는 친숙한 것과 새로운 것, 딱딱하고 플라스틱적인 것, 충분하고 정확함과 같은 별개의 단어로 설명한다.[36] 그러나 모든 새로운 상황에는 친숙한 요소가 포함되어 있다. 유사하게, 플라스틱 대 강성 분할은 실제

34) Helmholtz(1866/1962); Gregory(1980). 뇌의 베이즈 모델은 Friston(2010, 2012)과 유사한 감정을 표현한다. 그러나 베이즈 뇌는 뇌가 어떻게 새로운 지식을 생성하는지의 설명이 부족하다(Friston & Buzsáki, 2016).

35) Ullman(1980); Biederman(1987).

36) 해마 내비기관 뉴런의 생리적 속성을 설명하는 용어의 바벨(예: 장소 세포, 시간 세포, 격자 세포, 머리 방향 세포, 경계 벡터 세포, 경계 세포, 대상 세포, 대상 벡터 세포, 거리 세포, 보상 세포, 개념 세포, 보기 세포, 속도 세포, 기억 세포, 목표 세포, 목표 방향 세포, 분할 세포, 전망 세포, 회고 세포, 섬 세포, 해양 세포, 밴드 세포, 대상 세포, 피치 세포, 시험 주문 세포 등)은 몇 가지 연속 분포 집합의 명백한 구별성으로 설명될 수 있다. 관계는 종종 질적이기보다는 양적이다. 배포 요소에 이름을 지정하는 것은 그것들이 구별된다는 환상을 만든다(즉, 질적으로 다르다).

로 연속체다. 새로 습득한 경험의 뇌 상관관계는 무에서 끊임없이 확장되는 어휘에 이르기까지 새로운 단어를 발명한다는 의미에서 생성되지 않다. 대신, 미리 형성된 뇌는 뇌 네트워크가 끊임없이 생성하는 수많은 신경 궤적에 의해 지원되는 기존 단어와 문장에 할당된 의미가 처음에는 없는 사전이다. 탐색을 통해 뇌 사전에 있는 신경 단어의 행동적 의미나 의미를 습득한다. 따라서 경험은 주로 기존의 신경 역학을 세계의 이벤트와 일치시키는 과정이다.

외부는 항상 내부다.

—르 코르뷔지에리(Le Corbusier)[1]

중요한 것은 내부에 있는 것이다.

—큐브스마트(CUBESMART; 지하철 광고)

모든 탐구와 모든 배움은 기억에 불과하다.

—플라톤의 『메노 대화록』에서의 소크라테스

나는 완벽한 책을 쓰는 것을 목표로 한 것이 아니었다. 독자가 제 의견을 이해하고 도전할 수 있는 수준의 좋은 이야기를 쓰는 것이었다. 납득시키는 것보다는 문제를 드러내고 제시한 해결책을 강조하는 것이 내 목표였다.

완벽함과 정확한 해결책은 많은 실험을 거쳐 과학 저널에 상세히 보고되기를 기다려야 한다. 나는 우리가 뇌과학 이전의 선조들로부터 물려받고 의심하지 않은 정의되지 않은 용어가 진전에 장애물이 되었음을 분석했다. 불명확한 내용을 가진 새롭게 만든 용어의

1) Le Corbusier(1923).

신경 메커니즘은 발견하기 어렵다. 이러한 개념적 혼란이 아마도 '내 과학자'가 나의 돼지 친구의 인지 능력을 설명하지 못한 주된 이유일 것이다(서문 참조). 이 메시지는 비오는 후에 버섯처럼 새롭게 만들어진 용어들이 다시 등장하는 오늘날에 특히 중요하다. 내 안에서부터 밖으로의 프레임워크가 정답이거나 유일한 방법이라고 주장하지는 않지만, 나는 이 책에서 충분한 증거를 제시하여 주의 깊은 독자를 납득시킬 수 있기를 바란다. 뇌과학 연구에서 안에서부터 밖으로의 전략이 한계에 도달했음을.

나는 두 가지 주요 주제에 대해 논의했다. 첫째, 뇌 기전을 이해하기 위해 독자/관찰자 중심의 안에서부터 밖으로의 접근법을 적용해야 하는 이유를 다루었다. 제 직관은 행동 중심적인 접근법이 '중간'인 의사 결정자 호문쿨루스 문제를 해결할 것이라고 생각한다. 이는 외부에서부터 안으로의 인식-의사 결정-행동 프레임워크에서 암묵적으로 내재된 타불라 라사 뇌의 문제이다. 단 한 세기 전에는 '생명력'이라는 용어, 혹은 19세기 생명론 운동의 철학에서 나온 '핵심적 동력'이 비활성 물질에서 생명이 어떻게 탄생하는지 이해하는 열쇠로 여겨졌다. 이 용어는 프랑스의 철학자 앙리 베르그송(Henri Bergson)[2]이 만들었으며, 진화와 어떻게 난자와 정자로부터 성체가 형성되는지에 대한 가설적인 설명을 제공했다. 베르그송은 또한 의식이 뇌의 핵심 동력으로서 인간적 사고를 이끌어 내기 위해 필요하다고 생각했다. 분자 유전학이 등장하면서 내부에서부터 밖으로의 접근법으로서, '핵심적 동력'은 우리 어휘에서 제거되었다. DNA의 발견 이후로는 이 가설적인 표현은 씨앗이 나무로 성장하는 과정을 설명하기 위해 더 이상 필요하지 않았다. 서로 다른 프레임워크는 서로 다른 어휘를 요구한다.

둘째, 사전에 형성된 연결성과 동적 작용을 가진 뇌의 함축을 조망했다. 우리가 알지 못하는 것을 기억하는 것이 아니라, 우리의 뇌는 모든 상황에서 어떤 추측을 만들기 위해 프로그래밍되어 있기 때문에 우리는 알 수 있다. 가장 예상치 못한 상황에서도 우리의 뇌는 새로운 상황을 다른 것과 연관시켜 일반화한다. 유기체에게 중요한 불일치가 감지된 후에만 뇌는 현재 사건을 이전에 경험한 유사한 사건과 구별할 수 있는 상황을 파악하려고 한다.

나는 여러 장에서 몇 가지 결론을 도출하고 내가 보는 방식으로 새로운 방향을 제안했다. 그러나 이것은 내부 뇌 이야기의 끝이 아니라 시작에 더 가깝다. 새로운 책은 바로 여기에서 시작해야 하며, 아마도 뇌과학적 및 특히 정신질환과 뇌에서 영감을 얻은 인공지능

---

2) Bergson(1911).

에 대한 외부 대 내부 프레임워크의 의미를 논의할 것이다. 잠재적인 미래 방향에 대해 몇 문장 제시하겠다.

인지 신경과학과 같은 주류 정신의학은 또한 경험주의적 표현들의 역사적인 영향을 받고 있다. 미국의 『정신질환의 진단 및 통계 편람(DSM-5)』은 정신장애 간의 경계를 그리려는 시도에서 인간이 생각한 용어가 어떻게 사용되는지에 대한 또 다른 두드러진 예이다. 정신과의 '제임스 목록'이다. 각각의 새 버전은 이전 버전의 문제를 해결하려는 시도이다. 미국 정신의학협회(American Psychiatric Association)에 따르면 "DSM-5를 개발하는 목표는 임상가들이 정신장애를 정확하게 진단하는 데 도움이 되는 근거 기반 매뉴얼을 제공하는 것"이다. 이 목표는 복잡한 정신과학적 상태와 같은 고차원 문제를 단일 단어 또는 구절, 즉 진단으로 감소시키려는 집단적인 무의식적 욕구를 반영한다. 통계와 정보 이론에서의 차원 감소는 주성분 분석이나 비선형 차원 감소와 같은 방법을 사용하여 고려하는 변수의 큰 수를 줄이고 주요 변수 또는 특징을 추출하는 수학적 과정을 의미한다.[3] 당연히 이러한 방법들은 우리가 제공하는 데이터가 얼마나 좋은지에 따라 결과가 달라진다. 더 큰 문제는 경제학자 대니얼 카네만(Daniel Kahnemann)이 간결하게 말한 것처럼 "인간은 복잡한 정보에 대한 요약 판단을 할 때 어쩔 수 없이 일관성이 없다.

DSM-5 범주 환원의 몇 가지 예는 조정 장애, 반응성 애착 장애, 파괴적 기분 조절 장애, 간헐적 폭발 장애 및 신체 증상 장애이다. 나는 어떤 현직 정신과 의사도 저 문구들이 뇌의 뚜렷한 메커니즘에 해당한다고 믿지 않을 것 같다. 광범위하게 다른 병인을 가진 장애가 동일한 진단(예: 자폐 스펙트럼 장애)으로 함께 묶일 가능성이 더 높으며, 다른 진단은 약간의 변형(예: 정신분열증 및 감지되지 않은 특정 형태의 네트워크 발작)과 함께 동일한 뇌 메커니즘에 해당한다. 정신과 의사는 이러한 문제를 알고 있지만 접지 메커니즘(grouding mechanism) 없이는 경계를 그리는 방법을 말할 방법이 없다.

우리의 다양한 인지 용어와 유사하게 임의의 경계가 있는 이러한 진단 범주는 일상적인 대화와 보험 회사에는 유용하겠지만, 특정 뇌 구조나 메커니즘과 직접 관련이 있다고 가정해서는 안 된다. 내 아내와 같은 정신과 전문의에게 DSM이 설정한 경계가 그들이 치료하는 질병으로 얼마나 잘 해석되는지 물어보라. 정신과 의사는 증상을 치료하고 생각한 경계가 아니라 행동 결과에 관심을 갖는다. 그러나 신경과학자 및 유전학자들은 우울증, 정

---

3) Jolliffe(1986); Lee & Seung(1999); Roweis & Saul(2000); Tenenbaum et al.(2000).

신분열증, 자폐증 등의 동물 모델을 찾고 있다. 연구 펀딩 기관은 DSM 기준에 맞는 노력을 지원한다. 우리는 아직 이러한 장애의 생물학적 기초와 회로 메커니즘을 이해하지 못하기 때문에 이러한 꿈에서 나온 용어 중 어떤 용어가 신경 메커니즘에 근접할지 판단할 수 없다. 장애의 변화는 뇌 메커니즘의 광범위한 분포를 반영할 가능성이 더 크다. 이것은 관련이 없는 것처럼 보이는 장애가 유사한 약물에 반응하는 이유를 설명할 수 있다. 예를 들어, 가바펜틴(gabapentin)[4]은 특정 형태의 간질성 발작 및 신경통 치료에 대해 미국 식품의약국(FDA)의 승인을 받았지만 다양한 신경 및 정신질환 치료에도 널리 사용된다.

인사이드 아웃 프레임워크는 뇌에서 영감을 얻은 인공지능(AI)에 대한 대안적인 접근방식을 제공할 수도 있다. 타불라 라사(tabula rasa) 연결주의 모델 대신에, 연구자들은 구문 규칙의 풍부한 레퍼토리를 사용하여 신경 네트워크의 발화 및 모집단 통계를 모방하는 모델을 구축하고, 반복적인 강화 감독에 의한 학습이 아닌 행동으로부터 학습할 수 있을 것이다.[5] AI와 로봇 공학의 융합인 이러한 모델은 안정적이고 미리 형성된 동적 궤적의 방대한 레퍼토리가 실제 이벤트 및 상황과 어떻게 일할 수 있는지 조사하는 데 사용될 수 있다. 이러한 궤적의 일부는 행동 기반 '경험'에 의해 근거될 수 있다. 기계가 내장된 환경과 통신하도록 훈련되기 때문이다. 이러한 방식으로 구축된 기계(예: 두뇌)가 입력에서 작업을 분리하고 새로운 솔루션을 만들 수 있는 기회가 있다. 신경과학과 인공지능의 하이브리드 공동 진화는 잠재적으로 창조적인 아이디어가 기계뿐만 아니라 우리에게 유용할 수 있기 때문에 매우 흥미로울 것이다.

물론, 인사이드 아웃 프레임워크의 가장 중요한 의미는 나에게 아직 일어나지 않은 것들이다. 이 도전은 이 페이지까지 찾아온 독자들에게 넘긴다. 여러분 중 일부는 '거기'에 도달하는 법을 보여 줄 수 있다. 물론 첫 번째 과제는 '거기'가 어디에 있는지 재정의하는 것이다. 나는 특히 두뇌가 기존의 뉴런 궤적에 대한 특별한 레퍼토리를 가지고 있고 그것들을 놀라운 아이디어와 일치시키고 결합하여 훨씬 더 놀라운 아이디어를 형성하는 능력을 가진 창의적인 젊은 과학자들을 염두에 두고 있다. 윌리엄 셰익스피어가 웅변적으로 표현한 것처럼 '예전 것은 프롤로그'이다.

---

4) Neurontin, Gralise, Pregabalin의 상표명으로도 알려져 있다.
5) LeCun et al.(2015).

Abbott LF, Varela JA, Sen K, Nelson SB (1997) Synaptic depression and cortical gain control. Science 275: 220-224.

Abeles M (1991) Corticonics: Neural Circuits of the Cerebral Cortex. New York: Cambridge University Press.

Aboitiz F, Lopez J, Montiel J (2003) Long distance communication in the human brain: timing constraints for inter-hemispheric synchrony and the origin of brain lateralization. Biol Res 36: 89-99.

Acharya L, Aghajan ZM, Vuong C, Moore JJ, Mehta MR (2016) Causal influence of visual cues on hippocampal directional selectivity. Cell 164: 197-207.

Adolphs R, Tranel D, Damasio AR (1998) The human amygdala in social judgment. Nature 393: 470-474.

Adolphs R, Tranel D, Damasio H, Damasio A (1994) Impaired recognition of emotion in facial expressions following bilateral damage to the human amygdala. Nature 372: 669-672.

Adouane L (2016) Autonomous Vehicle Navigation: From Behavioral to Hybrid Multi-Controller Architectures. Boca Raton, FL: CRC Press.

Afraimovich VS, Tristan I, Varona P, Rabinovich M (2013) Transient dynamics in complex systems: heteroclinic sequences with multidimensional unstable manifolds. Int J Discontig, Nonlin Complex 2: 21-41.

Ahissar E, Arieli A (2001) Figuring space by time. Neuron 32: 185-201.

Ahissar E, Assa E (2016) Perception as a closed-loop convergence process. eLife 5:e12830.

Ahissar E, Nagarajan S, Ahissar M, Protopapas A, Mahncke H, Merzenich MM (2001) Speech comprehension is correlated with temporal response patterns recorded from auditory cortex. Proc Natl Acad Sci U S A 98: 13367-13372.

Aitchison J, Brown JAC (1957) The Log-Normal Distribution. Cambridge: Cambridge University Press.

Akhlaghpour H, Wiskerke J, Choi JY, Taliaferro JP, Au J, Witten I (2016) Dissociated sequential activity and stimulus encoding in the dorsomedial striatum during spatial working memory. eLife 5: e19507.

Alger BE, Nicoll RA (1979) GABA-mediated biphasic inhibitory responses in hippocampus. Nature 281: 315-317.

Allen DC (1960) The predecessors of Champollion. Proc Amer Phil Soc 104: 527-547.

Allman J, Hakeem A, Watson K (2002) Two phylogenetic specializations in the human brain. Neuroscientist 8: 335-346.

Allman JM, Hakeem A, Erwin JM, Nimchinsky E, Hof P (2001) The anterior cingulate cortex. The evolution of an interface between emotion and cognition. Ann N Y Acad Sci 935: 107-117.

Alme CB, Miao C, Jezek K, Treves A, Moser EI, Moser MB (2014) Place cells in the hippocampus: eleven maps for eleven rooms. Proc Natl Acad Sci U S A 111: 18428-18435.

Alonso A, Llinás RR (1989) Subthreshold Na+-dependent theta-like rhythmicity in stellate cells of entorhinal cortex layer II. Nature 342: 175-177.

Alyan S, McNaughton BL (1999) Hippocampectomized rats are capable of homing by path integration. Behav Neurosci 113: 19-31.

Amaral DG, Lavenex P (2007) Hippocampal neuroanatomy. In: The Hippocampus Book (Andersen P, Morris R, Amaral D, Bliss T, O'Keefe J, eds), pp. 37-114. New York: Oxford University Press.

Amit DJ (1988) Modeling Brain Function. Cambridge: Cambridge University Press.

Anastassiou CA, Montgomery SM, Barahona M, Buzsáki G, Koch C (2010) The effect of spatially inhomogeneous extracellular electric fields on neurons. J Neurosci 30: 1925-1936.

Andersen RA (1997) Multimodal integration for the representation of space in the posterior parietal cortex. Philos Trans R Soc Lond B Biol Sci 352: 1421-1428.

Andersen RA, Essick GK, Siegel RM (1985) Encoding of spatial location by posterior parietal neurons. Science 230: 450-458.

Andreasen NC (1987) Creativity and mental illness: prevalence rates in writers and their first-degree relatives. Am J Psychiatry 144: 1288-1292.

Angelaki DE, Cullen KE (2008) Vestibular system: the many facets of a multimodal sense. Annu Rev Neurosci 31: 125-150.

Ansell JI, Phillips MJ (1994) Practical Methods for Reliability Data Analysis. Oxford: Clarendon Press.

Araki M, Bandi MM, Yazaki-Sugiyama Y (2016) Mind the gap: neural coding of species identity in birdsong prosody. Science 354: 1282-1287.

Arbib MA (2005) From monkey-like action recognition to human language: an evolutionary framework for neurolinguistics. Behav Brain Sci 28: 105-167.

Aristotle (1908) Metaphysica. (Ross WD, eds). Oxford: Clarendon Press.

Aronov D, Nevers R, Tank DW (2017) Mapping of a non-spatial dimension by the hippocampal-entorhinal circuit. Nature 543: 719-722.

Aru J, Aru J, Priesemann V, Wibral M, Lana L, et al. (2015) Untangling cross-frequency coupling in neuroscience. Curr Opin Neurobiol 31: 51-61.

Ascher M, Ascher R (1981) Code of the Quipu: A Study in Media, Mathematics, and Culture. Ann Arbor: University of Michigan Press.

Ashby WR (1947) Principles of the self-organizing dynamic system. J Gen Psychology 37: 125-128.

Ashby WR (1962) Principles of the self-organizing system. In: Principles of Self-Organization: Transactions of the University of Illinois Symposium (Von Foerster H, Zopf GW, eds), pp. 255-278. London: Pergamon Press.

Ashton BJ, Ridley AR, Edwards EK, Thornton A (2018) Cognitive performance is linked to group size and affects fitness in Australian magpies. Nature 554: 364-367.

Aston-Jones G, Cohen JD (2005) An integrative theory of locus coeruleus-norepinephrine function: adaptive gain and optimal performance. Annu Rev Neurosci 28: 403-450.

Atallah BV, Scanziani M (2009) Instantaneous modulation of gamma oscillation frequency by balancing excitation with inhibition. Neuron 62: 566-577.

Atance CM, O'Neill DK (2001) Episodic future thinking. Trends Cogn Sci 5: 533-539.

Atkinson A (2015) Inequality. Cambridge: Harvard University Press.

Attneave F (1954) Some informational aspects of visual perception. Psychol Rev 61: 183-193.

Averbeck BB, Latham PE, Pouget A (2006) Neural correlations, population coding and computation. Nat Rev Neurosci 7: 358-366.

Axmacher N, Henseler MM, Jensen O, Weinreich I, Elger CE, Fell J (2010) Cross-frequency coupling supports multi-item working memory in the human hippocampus. Proc Natl Acad Sci U S A 107: 3228-3233.

Baars BJ (1988) A Cognitive Theory of Consciousness. New York: Cambridge University Press.

Bach-y-Rita P, Collins CC, Saunders FA, White B, Scadden L (1969) Vision substitution by tactile image projection. Nature 221: 963-964.

Bailey DH, Geary DC (2009) Hominid brain evolution: testing climatic, ecological and social competition models. Human Nature 20: 67-79.

Ball P (2017) A world without cause and effect. Nature 546: 590-592.

Ballard DH (2015). Brain Computation as Hierarchical Abstraction. Cambridge, MA: MIT Press.

Banquet JP (1973) Spectral analysis of the EEG in meditation. Electroencephalogr Clin Neurophysiol 35: 143-251.

Barabási AL (2002) Linked: How Everything Is Connected to Everything Else. New York: Perseus Publishing.

Barabási AL, Albert R (1999) Emergence of scaling in random networks. Science 286: 509-512.

Barbour J (1999) The End of Time: The Next Revolution in Physics. New York: Oxford University Press.

Barlow HB (1972) Single units and sensation: a neuron doctrine for perceptual psychology? Perception 1: 371-394.

Barnett L, Barrett AB, Seth AK (2009) Granger causality and transfer entropy are equivalent for Gaussian variables. Phys Rev Lett 103: 238701.

Barrett-Feldman L (2017) How Emotions Are Made: The Secret Life of the Brain. New York: Houghton Mifflin Harcourt.

Barrow-Green J, Siegmund-Schultze R (2016) "The first man on the street"—tracing a famous Hilbert quote (1900) back to Gergonne (1825). Historia Mathematica 43: 415-426.

Barthó P, Hirase H, Monconduit L, Zugaro M, Harris KD, Buzsáki G (2004) Characterization of neocortical principal cells and interneurons by network interactions and extracellular features. J Neurophysiol 92: 600-608.

Bartos M, Vida I, Jonas P (2007) Synaptic mechanisms of synchronized gamma oscillations in inhibitory interneuron networks. Nat Rev Neurosci 8: 45-56.

Basso G, Nichelli P, Frassinetti F, di Pellegrino G (1996) Time perception in a neglected space. Neuroreport 7: 2111-2114.

Bastos AM, Vezoli J, Bosman CA, Schoffelen JM, Oostenveld R, et al. (2015) Visual areas exert feedforward and feedback influences through distinct frequency channels. Neuron 85: 390-401.

Batey M (2009). Dilly: The Man Who Broke Enigmas. Dialogue. London: Biteback Publishing, Ltd.

Bayley PJ, Squire LR (2002) Medial temporal lobe amnesia: gradual acquisition of factual information by nondeclarative memory. J Neurosci 22: 5741-5748.

Beckmann P (1971) A History of Pi. London: MacMillan.

Beer RD (1990). Intelligence as Adaptive Behavior: An Experiment in Computational Neuroethology. New York: Academic Press.

Bell C (1811) An Idea of a New Anatomy of the Brain; submitted for the observations of his friends. privately printed pamphlet: London. Strahan & Preston.

Benabou R (2000) Unequal societies: income distribution and social contract. Am Econ Rev 90: 96-129.

Berger H (1929) Ueber das Elektroenkephalogramm des Menschen. Arch Psychiatr Nervenkrankh 87: 527-570.

Bergson H (1911) Creative Evolution. New York: Henry Holt and Company.

Bergson H (1922/ 1999) Duration and Simultaneity. Manchester: Clinamen Press.

Berkeley G (1710/ 1982) A Treatise Concerning the Principles of Human Knowledge. Kenneth Winkler edition. Indianapolis, IN: Hackett Publishing Company, Inc.

Bernstein N (1947/ 1967) The Coordination and Regulation of Movements. Oxford: Pergamon Press.

Berridge KC, Whishaw IQ (1992) Cortex, striatum and cerebellum: control of serial order in a grooming sequence. Exp Brain Res 90: 275-290.

Berrios GE (2018) Historical epistemology of the body-mind interaction in psychiatry. Dialogues Clin Neurosci 20: 5-12.

Berthoz A (1997) Le sens du mouvement. Paris: Odile Jacob.

Berthoz A, Israel I, Georges-Francois P, Grasso R, Tsuzuku T (1995) Spatial memory of body linear displacement: what is being stored. Science 269: 95-98.

Berwick RC, Friederici AD, Chomsky N, Bolhuis JJ (2013) Evolution, brain, and the nature of language. Trends Cogn Sci 17: 89-98.

Berwick RC, Okanoya K, Beckers GJ, Bolhuis JJ (2011) Songs to syntax: the linguistics of birdsong. Trends Cogn Sci 15: 113-121.

Betz W (1874) Anatomischer Nachweis zweier Gehirncentra. Centralblatt für die medizinischen

Wissenschaften 12: 578-580, 595-599.

Bi GQ, Poo MM (1998) Synaptic modifications in cultured hippocampal neurons: dependence on spike timing, synaptic strength, and postsynaptic cell type. J Neurosci 18: 10464-10472.

Bickerton D, Szathmáry E (2009) Biological Foundations and Origin of Syntax. Cambridge, MA: MIT Press.

Biederman I (1987) Recognition by components: a theory of human image understanding. Psychol Rev 94: 115-147.

Bienenstock E (1994) A model of neocortex. Network 6: 179-224.

Binfield K (2004) The Luddites: Machine Breaking in Regency England. New York: Shocken Publishers.

Bird BL, Newton FA, Sheer DE, Ford M (1978) Behavioral and electroencephalographic correlates of 40-Hz EEG biofeedback training in humans. Biofeedback Self Regul 3: 13-28.

Bishop G (1933) Cyclic changes in excitability of the optic pathway of the rabbit. Am J Physiol 103: 213-224.

Bishop CM (2007) Pattern Recognition and Machine Learning. New York: Springer.

Bisiach E, Luzzatti C (1978) Unilateral neglect of representational space. Cortex 14: 129-133.

Bittner KC, Grienberger C, Vaidya SP, Milstein AD, Macklin JJ, et al. (2015) Conjunctive input processing drives feature selectivity in hippocampal CA1 neurons. Nat Neurosci 18: 1133-1142.

Bjerknes TL, Moser EI, Moser M-B (2014) Representation of geometric borders in the developing rat. Neuron 82: 71-78.

Blasi DE, Wichmann S, Hammarström H, Stadler PF, Christiansen MH (2016) Sound-meaning association biases evidenced across thousands of languages. Proc Natl Acad Sci U S A 113: 10818-10823.

Bocca E, Antonelli AR, Mosciaro O (1965) Mechanical co-factors in olfactory stimulation. Acta Otolaryngol 59: 243-247.

Bolhuis JJ, Okanoya K, Scharff C (2010) Twitter evolution: converging mechanisms in birdsong and human speech. Nat Rev Neurosci 11: 747-759.

Bonasia K, Blommesteyn J, Moscovitch M (2016) Memory and navigation: compression of space varies with route length and turns. Hippocampus 26: 9-12.

Bonifazi P, Goldin M, Picardo MA, Jorquera I, Cattani A, et al. (2009) GABAergic hub neurons orchestrate synchrony in developing hippocampal networks. Science 326: 1419-1424.

Borbély AA (1982) A two process model of sleep regulation. Hum Neurobiol 1: 195-204.

Borges JL (1994) Ficciones. (Kerrigan A, ed). New York: Grove Press.

Botvinick M (2004) Probing the neural basis of body ownership. Science 305: 782-783.

Boyd R, Richerson PJ, Henrich J (2011) The cultural niche: why social learning is essential for human adaptation. Proc Natl Acad Sci USA 108: Suppl 2: 10918-10925.

Boyden ES, Zhang F, Bamberg E, Nagel G, Deisseroth K (2005) Millisecond-timescale, genetically targeted optical control of neural activity. Nat Neurosci 8: 1263-1268.

Bragin A, Jandó G, Nádasdy Z, Hetke J, Wise K, Buzsáki G (1995). Gamma (40-100 Hz) oscillation in the hippocampus of the behaving rat. J Neurosci 15: 47-60.

Braitenberg V (1971) Cell assemblies in the cerebral cortex. In: Theoretical Approaches to Complex Systems (R. Heim, G. Palm (eds.), pp 171-188. Berlin: Springer.

Branco T, Clark BA, Häusser M (2010) Dendritic discrimination of temporal input sequences in cortical neurons. Science 329: 1671-1675.

Branco T, Staras K (2009) The probability of neurotransmitter release: variability and feedback control at single synapses. Nat Rev Neurosci 10: 373-383.

Brannon EM, Terrace HS (1998) Ordering of the numerosities 1 to 9 by monkeys. Science 282: 746-749.

Brecht M (2017) The body model theory of somatosensory cortex. Neuron 94: 985-992.

Brecht M, Schneider M, Sakmann B, Margrie TW (2004) Whisker movements evoked by stimulation of single pyramidal cells in rat motor cortex. Nature 427: 704-710.

Breland K, Breland M (1961) The misbehavior of organisms. American Psychologist 16: 681-684.

Bressler SL, Freeman WJ (1980) Frequency analysis of olfactory system EEG in cat, rabbit and rat. Electroencephalogr Clin Neurophysiol 50: 19-24.

Bressler SL, Kelso JAS (2001) Cortical coordination dynamics and cognition. Trends Cogn Neurosci 5: 26-36.

Brette R (2015) Philosophy of the spike: rate-based vs. spike-based theories of the brain. Front Syst Neurosci 9: 151.

Brette R (2017) Is coding a relevant metaphor for the brain? BioRxiv. https://doi.org/10.1101/ 168237.

Brodmann K (1909) Vergleichende Lokalisationslehre der Gro-hirnrinde. Leipzig: Barth.

Brooks RA (1991) Intelligence without representation. Artificial Intelligence 47: 139-159.

Brooks, AS, Yellen JE, Potts, R, Behrensmeyer AK, Deino, AL, et al. (2018) Long-distance stone transport and pigment use in the earliest Middle Stone Age. Science 360: 90-94.

Broome BM, Jayaraman V, Laurent G (2006) Encoding and decoding of overlapping odor sequences. Neuron 51: 467-482.

Brotchie PR, Andersen RA, Snyder LH, Goodman SJ (1995) Head position signals used by parietal neurons to encode locations of visual stimuli. Nature 375: 232-235.

Brown PL, Jenkins HM (1968) Auto-shaping of the pigeon's key-peck. J Exp Anal Behav 11: 1-8.

Brukner C (2014) Quantum causality. Nature Physics 10: 259-263.

Bucher D, Marder E (2013) SnapShot: neuromodulation. Cell 155: 482.

Buckner RL (2010) The role of the hippocampus in prediction and imagination. Annu Rev Psychol 61: 27-48.

Buckner RL, Carroll DC (2007) Self-projection and the brain. Trends Cogn Sci 11: 49-57.

Buhl DL, Buzsáki G (2005) Developmental emergence of hippocampal fast-field "ripple" oscillations in the behaving rat pups. Neurosci 134: 1423-1430.

Buhusi CV, Meck WH (2005) What makes us tick? Functional and neural mechanisms of interval timing. Nat Rev Neurosci 6: 755-765.

Bullmore E, Sporns O (2009) Complex brain networks: graph theoretical analysis of structural and functional systems. Nature Rev Neurosci 10: 186-198.

Bullock TH (1970) Operations analysis of nervous functions. In: The Neurosciences; Second Study

Program (Schmitt FO, ed), pp. 375-383. New York: Rockefeller University Press.

Buonomano D (2017) Your Brain Is a Time Machine: The Neuroscience and Physics of Time. New York: W. W. Norton and Company.

Buonomano DV, Karmarkar UR (2002) How do we tell time? Neuroscientist 8: 42-51.

Buonomano DV, Maass W (2009) State-dependent computations: spatiotemporal processing in cortical networks. Nature Rev Neurosci 10: 113-125.

Burak Y, Fiete IR (2012) Fundamental limits on persistent activity in networks of noisy neurons. Proc Natl Acad Sci U S A 109: 17645-17650.

Burgess N, O'Keefe J (2011) Models of place and grid cell firing and theta rhythmicity. Curr Opin Neurobiol 21: 734-744.

Burr DC, Morrone MC (2010) Vision: keeping the world still when the eyes move. Curr Biol 20: R442-444.

Buzsáki G (1982) The "where is it?" reflex: autoshaping the orienting response. J Exp Anal Behav 37: 461-484.

Buzsáki G (1983) Situational conditional reflexes. Physiologic studies of the higher nervous activity of freely moving animals: P. S. Kupalov. Pavlovian J Biol Sci 18: 13-21.

Buzsáki G (1989) Two-stage model of memory trace formation: a role for "noisy" brain states. Neuroscience 31: 551-570.

Buzsáki G (1996) The hippocampo-neocortical dialogue. Cereb Cortex 6: 81-92.

Buzsáki G (1998) Memory consolidation during sleep: a neurophysiological perspective. J Sleep Res 7: 17-23.

Buzsáki G (2002) Theta oscillations in the hippocampus. Neuron 33: 325-340.

Buzsáki G (2004) Large-scale recording of neuronal ensembles. Nat Neurosci 7: 446-451.

Buzsáki G (2005) Theta rhythm of navigation: link between path integration and landmark navigation, episodic and semantic memory. Hippocampus 15: 827-840.

Buzsáki G (2006) Rhythms of the Brain. New York: Oxford University Press.

Buzsáki G (2010) Neural syntax: cell assemblies, synapsembles, and readers. Neuron 68: 362-385.

Buzsáki G (2015) Neuroscience. Our skewed sense of space. Science 347: 612-613.

Buzsáki G (2015) Hippocampal sharp wave-ripple: a cognitive biomarker for episodic memory and planning. Hippocampus 25: 1073-1188.

Buzsáki G, Anastassiou CA, Koch C (2012) The origin of extracellular fields and currents: EEG, ECoG, LFP and spikes. Nat Rev Neurosci 13: 407-420.

Buzsáki G, Bragin A, Chrobak JJ, Nadasdy Z, Sik A, Hsu M, Ylinen A (1994) Oscillatory and intermittent synchrony in the hippocampus: relevance to memory trace formation. In: Temporal Coding in the Brain (Buzsáki G, Llinás R, Singer W, Berthoz A, Christen Y, eds). Berlin: Springer, pp. 83-96.

Buzsáki G, Buhl DL, Harris KD, Csicsvari J, Czeh B, Morozov A (2003) Hippocampal network patterns of activity in the mouse. Neuroscience 116: 201-211.

Buzsáki G, Chrobak JJ (1995) Temporal structure in spatially organized neuronal ensembles: a role for interneuronal networks. Curr Opin Neurobiol 5: 504-510.

Buzsáki G, Czopf J, Kondakor I, Bjorklund A, Gage FH (1987) Cellular activity of intracerebrally transplanted fetal hippocampus during behavior. Neuroscience 22: 871-883.

Buzsáki G, Draguhn A (2004) Neuronal oscillations in cortical networks. Science 304: 1926-1929.

Buzsáki G, Geisler C, Henze DA, Wang XJ (2004) Interneuron diversity series: circuit complexity and axon wiring economy of cortical interneurons. Trends Neurosci 27: 186-193.

Buzsáki G, Horvath Z, Urioste R, Hetke J, Wise K (1992) High-frequency network oscillation in the hippocampus. Science 256: 1025-1027.

Buzsáki G, Kaila K, Raichle M (2007) Inhibition and brain work. Neuron 56: 771-783.

Buzsáki G, Leung LW, Vanderwolf CH (1983) Cellular bases of hippocampal EEG in the behaving rat. Brain Res 287: 139-171.

Buzsáki G, Llinás R (2017) Space and time in the brain. Science 358: 482-485.

Buzsáki G, Logothetis N, Singer W (2013) Scaling brain size, keeping timing: evolutionary preservation of brain rhythms. Neuron 80: 751-764.

Buzsáki G, Mizuseki K (2014) The log-dynamic brain: how skewed distributions affect network operations. Nat Rev Neurosci 15: 264-278.

Buzsáki G, Moser EI (2013) Memory, navigation and theta rhythm in the hippocampal-entorhinal system. Nat Neurosci 16: 130-138.

Buzsáki G, Stark E, Berényi A, Khodagholy D, Kipke DR, Yoon E, Wise KD (2015) Tools for probing local circuits: high-density silicon probes combined with optogenetics. Neuron 86: 92-105.

Buzsáki G, Tingley D (2018) Space and time: the hippocampus as a sequence generator. Trends Cogn Sci 22: 853-869.

Buzsáki G, Vanderwolf CH (eds) (1985) Electrical Activity of the Archicortex. Budapest: Akadémiai Kiadó.

Buzsáki G, Wang XJ (2012) Mechanisms of gamma oscillations. Annu Rev Neurosci 35: 203-225.

Calcott B (2017) Causal specificity and the instructive-permissive distinction. Biol Philos 32: 481-505.

Calder AJ, Young AW, Rowland D, Perrett DI, Hodges JR, Etcoff NL (1966) Facial emotion recognition after bilateral amygdala dmage: differentially severe impairment of fear. Cogn Neuropsychol 13: 699-745.

Canales TJ (2015) The Physicist and the Philosopher: Einstein, Bergson, and the Debate That Changed Our Understanding of Time. Princeton, NJ: Princeton University Press.

Cannon W (1927) The James-Lange theory of emotions: a critical examination and an alternative theory. Am J Psychol 39: 106-124.

Canolty RT, Edwards E, Dalal SS, Soltani M, Nagarajan SS, et al. (2006) High gamma power is phase-locked to theta oscillations in human neocortex. Science 313: 1626-1628.

Canolty RT, Knight RT (2010) The functional role of cross-frequency coupling. Trends Cogn Sci 14: 506-515.

Carandini M, Heeger DJ (1994) Summation and division by neurons in primate visual cortex. Science 264: 1333-1336.

Carandini M, Heeger DJ (2011) Normalization as a canonical neural computation. Nat Rev Neurosci 13:

51-62.

Carpenter RHS (1980) Movements of the Eyes. London: Pion.

Carreiras M, Seghier ML, Baquero S, Estévez A, Lozano A, et al. (2009) An anatomical signature for literacy. Nature 461: 983-986.

Carroll JM, Solity J, Shapiro LR (2016) Predicting dyslexia using prereading skills: the role of sensorimotor and cognitive abilities. J. Child Psychol Psychiatry 57: 750-758.

Carroll SM (2000) From Eternity to Here: The Quest for the Ultimate Theory of Time. New York: Dutton, Penguin Group.

Catania AC, Cutts D (1963) Experimental control of superstitious responding in humans. J Exp Anal Behav 6: 203-208.

Chance FS, Abbott LF, Reyes AD (2002) Gain modulation from background synaptic input. Neuron 35: 773-782.

Chemero A (2009) Radical Embodied Cognitive Science. Cambridge, MA: MIT Press.

Chen G, Manson D, Cacucci F, Wills TJ (2016) Absence of visual input results in the disruption of grid cell firing in the mouse. Curr Biol 26: 2335-2342.

Chen, X., Kebschull, J. M., Zhan, H., Sun, Y.-C., Zador, A. M. (2018). Spatial organization of projection neurons in the mouse auditory cortex identified by in situ barcode sequencing. bioRxiv. https://doi.org/10.1101/294637.

Chiel HJ, Beer RD (1997) The brain has a body: adaptive behavior emerges from interactions of nervous system, body and environment. Trends Neurosci 20: 553-557.

Childe VG (1956) Piecing Together the Past: The Interpretation of Archeological Data. London: Routledge and Kegan Paul.

Cho A (2016) Gravitational waves, Einstein's ripples in spacetime, spotted for first time. Science—online. February 11, 2016. https://www.sciencemag.org/news/2016/02/gravitational-waves-einstein-s-ripples-spacetime-spotted-first-time.

Choe Y, Yang H-F, Eng DC-Y (2007) Autonomous learning of the semantics of internal sensory states based on motor exploration. Int J Humanoid Robotics 4: 211-243.

Chomsky N (1980) Rules and Representations. New York: Columbia University Press.

Chang SW, Papadimitriou C, Snyder LH (2009) Using a compound gain field to compute a reach plan. Neuron 64: 744-755.

Chrobak JJ, Buzsáki G (1998) Gamma oscillations in the entorhinal cortex of the freely behaving rat. J Neurosci 18: 388-398.

Church RM (1984) Properties of the internal clock. Ann N Y Acad Sci 423: 566-582.

Churchland P (2002) Brain-Wise: Studies in Neurophilosophy. Cambridge, MA: MIT Press.

Churchland PS, Sejnowski TJ (1992) The Computational Brain. Cambridge, MA: MIT Press.

Churchland MM, Cunningham JP, Kaufman MT, Foster JD, Nuyujukian P, et al. (2012) Neural population dynamics during reaching. Nature 487: 51-56.

Ciocchi S, Passecker J, Malagon-Vina H, Mikus N, Klausberger T (2015) Brain computation. Selective information routing by ventral hippocampal CA1 projection neurons. Science 348: 560-563.

Clark A, Chalmers DJ (1998) The extended mind. Analysis 58: 7-19.

Clarke AC (1987) July 20, 2019: Life in the 21st Century. New York: Omni Book.

Clegg B (2016) Are Numbers Real? The Uncanny Relationship of Mathematics and the Physical World. New York: St. Martin's Press.

Cohen N, Eichenbaum H (1993) Memory, Amnesia, andThe Hippocampal System. Cambridg, MA: MIT Press.

Cohen Kadosh R, Gertner L, Terhune DB (2012) Exceptional abilities in the spatial representation of numbers and time: insights from synesthesia. Neuroscientist 18: 208-215.

Cohen MR, Maunsell JH (2009) Attention improves performance primarily by reducing interneuronal correlations. Nat Neurosci 12: 1594-1600.

Colgin LL, Denninger T, Fyhn M, Hafting T, Bonnevie T, et al. (2009) Frequency of gamma oscillations routes flow of information in the hippocampus. Nature 462: 353-357.

Collinger JL, Wodlinger B, Downey JE, Wang W, Tyler-Kabara EC, et al. (2013) High-performance neuroprosthetic control by an individual with tetraplegia. Lancet 381: 557-564.

Collinwood RG (1946) The Idea of History. Oxford: Clarendon Press.

Connor CE, Knierim JJ (2017) Integration of objects and space in perception and memory. Nat Neurosci 20: 1493-1503.

Constantinescu AO, O'Reilly JX, Behrens TEJ (2016) Organizing conceptual knowledge in humans with a gridlike code. Science 352: 1464-1468.

Constantinidis C, Goldman-Rakic PS (2002) Correlated discharges among putative pyramidal neurons and interneurons in the primate prefrontal cortex. J Neurophysiol 88: 3487-3497.

Constantino JN, Kennon-McGill S, Weichselbaum C, Marrus N, Haider A, et al. (2017) Infant viewing of social scenes is under genetic control and is atypical in autism. Nature 547: 340-344.

Conway JH, Guy RK (1996) The Book of Numbers. Gottenburg, GER: Copernicus.

Cooke M, Hershey JR, Rennie SJ (2010) Monaural speech separation and recognition challenge. Comput Speech Lang 24: 1-15.

Cooper BG, Mizumori SJY (1999) Retrosplenial cortex inactivation selectively impairs navigation in darkness. Neuroreport 10: 625-630.

Corkin S (2013) Permanent Present Tense: The Unforgettable Life of the Amnesic Patient, H.M. New York: Basic Books.

Cowey A (2010) Visual system: how does blindsight arise? Curr Biol 20: 1-3.

Cowey A, Stoerig P (1995) Blindsight in monkeys. Nature 373: 247-249.

Craik FIM, Tulving E (1975) Depth of processing and the retention of words in episodic memory. J Exp Psychol: General 104: 268-294.

Crapse TB, Sommer MA (2008) Corollary discharge across the animal kingdom. Nat Rev Neurosci 9: 587-600.

Crapse TB, Sommer MA (2012) Frontal eye field neurons assess visual stability across saccades. J Neurosci 32: 2835-2845.

Cromwell HC, Berridge KC (1996) Implementation of action sequences by a neostriatal site: a lesion mapping study of grooming syntax. J Neurosci 16: 3444-3458.

Crow EL, Shimizu K (1988) Log-normal Distributions: Theory and Applications. New York: Dekker.

Crowcroft P (1966) Mice All Over. London: G. T. Foulis and Co.

Csicsvari J, Hirase H, Czurkó A, Buzsáki G (1998) Reliability and state dependence of pyramidal cell-interneuron synapses in the hippocampus: an ensemble approach in the behaving rat. Neuron 21: 179-189.

Csicsvari J, Hirase H, Czurkó A, Mamiya A, Buzsáki G (1999) Oscillatory coupling of hippocampal pyramidal cells and interneurons in the behaving rat. J Neurosci 19: 274-287.

Csicsvari J, Hirase H, Mamiya A, Buzsáki G (2000) Ensemble patterns of hippocampal CA3-CA1 neurons during sharp wave-associated population events. Neuron 28: 585-594.

Csicsvari J, Jamieson B, Wise KD, Buzsáki G (2003) Mechanisms of gamma oscillations in the hippocampus of the behaving rat. Neuron 37: 311-322.

Czurkó A, Hirase H, Csicsvari J, Buzsáki G (1999) Sustained activation of hippocampal pyramidal cells by 'space clamping' in a running wheel. Eur J Neurosci 11: 344-352.

Dalai Lama, Chodron T (2017) Approaching the Buddhist Path. Somerville, MA: Wisdom Publications.

Damasio AR (1989) Time-locked multiregional retroactivation: a systemslevel proposal for the neural substrates of recall and recognition. Cognition 33: 25-62.

Damasio AR (1994) Descartes' Error: Emotion, Reason and the Human Brain. New York: Grosset/Putnam.

Damasio AR (1995) Toward a neurobiology of emotion and feeling: operational concepts and hypotheses. The Neuroscientist 1: 19-25.

Damasio H, Grabowski TJ, Tranel D, Hichwa RD, Damasio AR (1996) A neural basis for lexical retrieval. Nature 380: 499-505.

Daniel R, Rubens JR, Sarpeshkar R, Lu TK (2013) Synthetic analog computation in living cells. Nature 497: 619-623.

Das NN, Gastaut H (1955) Variations de l'activite electrique du cerveau, du coeur et des muscles squellettiques au cours de la meditation et de l'extase yogique. Electroencephal Clin Neurophysiol 6: 211-219.

Davidson TJ, Kloosterman F, Wilson MA (2009) Hippocampal replay of extended experience. Neuron 63: 497-507.

Dayan P, Hinton GE, Neal RM, Zemel RS (1995) The Helmholtz machine. Neural Computation 7: 889-904.

Deco G, Rolls ET (2006) Decision-making and Weber's law: a neurophysiological model. Eur J Neurosci 24: 901-916.

Dede AJ, Frascino JC, Wixted JT, Squire LR (2016) Learning and remembering real-world events after medial temporal lobe damage. Proc Natl Acad Sci U S A 113: 13480-13485.

DeFelipe J, Lopez-Cruz PL, Benavides-Piccione R, Bielza C, Larranaga P, et al. (2013) New insights into the classification and nomenclature of cortical GABAergic interneurons. Nat Rev Neurosci 14: 202-216.

Dehaene S (1997) The Number Sense: How the Mind Creates Mathematics. New York: Penguin Group.

Dehaene S, Changeux JP (2011) Experimental and theoretical approaches to conscious processing. Neuron 70: 200-227.

Dehaene S, Dehaene-Lambertz G, Cohen L (1998) Abstract representations of numbers in the animal and human brain. Trends Neurosci 21: 355-361.

Dehaene S, Izard V, Spelke E and Pica P (2008) Log or linear? Distinct intuitions of the number scale in Western and Amazonian indigene cultures. Science 320: 1217-1220.

Dehaene S, Pegado F, Braga LW, Ventura P, Filho GN, et al. (2010) How learning to read changes the cortical networks for vision and language. Science 330: 1359-1364.

Dehaene S, Spelke E, Pinel P, Stanescu R, Tsivkin S (1999) Sources of mathematical thinking: behavioral and brain-imaging evidence. Science 284: 970-974.

Deininger K, Squire L (1996) A new data set measuring income inequality. World Bank Econ Rev 10: 565-591.

Delage Y (1919) Le Réve. Etude psychologique, philosophique et litteraire. Paris: Presses Universitaires de France.

de Lavilléon G, Lacroix MM, Rondi-Reig L, Benchenane K (2015) Explicit memory creation during sleep demonstrates a causal role of place cells in navigation. Nat Neurosci 18: 493-495.

DeLong, AJ (1981) Phenomenological spacetime: toward an experiential relativity. Science 213: 681-683.

Demarse TB, Wagenaar DA, Blau AW, Potter SM (2001) The neurally controlled animat: biological brains acting with simulated bodies. Autonomous Robots 11: 305-310.

Dennett DC (1991) Consciousness Explained. Boston, MA: Little, Brown & Co.

Dennett DC, Kinsbourne M (1992) Time and the observer. Behavi Brain Sci 15: 183-247.

Descartes R (1984) The Philosophical Writings of Descartes. J. Cottingham, D. Murdoch and R. Stoothoff (eds) 2 volumes. Cambridge: Cambridge University Press.

Desimone R (1991) Face-selective cells in the temporal cortex of monkeys. J Cogn Neurosci 3: 1-8.

Destexhe A, Rudolph M, Paré D (2003) The high-conductance state of neocortical neurons in vivo. Nat Rev Neurosci 4: 739-751.

Dethier VG (1987) Sniff, flick, and pulse: an appreciation of interruption. Proc Amer Philos Soc 131: 159-176.

Devlin K (2000) The Math Gene: How Mathematical Thinking Evolved and Why Numbers Are Like Gossip. New York: Basic Books.

De Volder AG, Catalan-Ahumada M, Robert A, Bol A, Labar D, et al. (1999) Changes in occipital cortex activity in early blind humans using a sensory substitution device. Brain Res 826: 128-134.

Diekelmann S, Born J (2010) The memory function of sleep. Nat Rev Neurosci 11: 114-126.

Di Pellegrino G, Fadiga L, Fogassi L, Gallese V, Rizzolatti G (1992) Understanding motor events: a neurophysiological study. Exp Brain Res 91: 176-180.

Diaconis P, Mostelle F (1989) Methods for studying coincidences. J Am Statist Assoc 84: 853-861.

Diba K, Buzsáki G (2007) Forward and reverse hippocampal place-cell sequences during ripples. Nat

Neurosci 10: 1241–1242.

Diba K, Buzsáki G (2008) Hippocampal network dynamics constrain the time lag between pyramidal cells across modified environments. J Neurosci 28: 13448–13456.

Ding N, Simon JZ (2012) Neural coding of continuous speech in auditory cortex during monaural and dichotic listening. J Neurophysiol 107: 78–89.

Ditchburn RW, Ginsborg BL (1952) Vision with a stabilized retinal image. Nature 170: 36–37.

Dohrn-van Rossum G (1996). History of the Hour. Chicago, IL: University of Chicago Press.

Dorris MC, Paré M, Munoz DP (1997) Neuronal activity in monkey superior colliculus related to the initiation of saccadic eye movements. J Neurosci 17: 8566–8579.

Downes JJ, Mayes AR, MacDonald C, Hunkin NM (2002) Temporal order memory in patients with Korsakoff's syndrome and medial temporal amnesia. Neuropsychologia 40: 853–861.

Doya K (2007) Bayesian Brain: Probabilistic Approaches to Neural Coding. Cambridge, MA: MIT Press.

Dragoi G, Buzsáki G (2006) Temporal encoding of place sequences by hippocampal cell assemblies. Neuron 50: 145–157.

Dragoi G, Harris KD, Buzsáki G (2003) Place representation within hippocampal networks is modified by long-term potentiation. Neuron 39: 843–853.

Dragoi G, Tonegawa S (2011) Preplay of future place cell sequences by hippocampal cellular assemblies. Nature 469: 397–401.

Dragoi G, Tonegawa S (2013a) Selection of preconfigured cell assemblies for representation of novel spatial experiences. Philos Trans R Soc Lond B Biol Sci 369: 20120522.

Dragoi G, Tonegawa S (2013b) Distinct preplay of multiple novel spatial experiences in the rat. Proc Natl Acad Sci U S A 110: 9100–9105.

DuBrow S, Davachi L (2013) The influence of context boundaries on memory for the sequential order of events. J Exp Psychol: General 142: 1277–1286.

DuBrow S, Davachi L (2016) Temporal binding within and across events. Neurobiol Learning Memory 134: 107–114.

Duhamel JR, Bremmer F, BenHamed S, Graf W (1997) Spatial invariance of visual receptive fields in parietal cortex neurons. Nature 389: 845–848.

Duhamel JR, Colby CL, Goldberg ME (1992) The updating of the representation of visual space in parietal cortex by intended eye movements. Science 255: 90–92.

Dupret D, O'Neill J, Csicsvari J (2013) Dynamic reconfiguration of hippocampal interneuron circuits during spatial learning. Neuron 7: 166–180.

Dupret D, O'Neill J, Pleydell-Bouverie B, Csicsvari J (2010) The reorganization and reactivation of hippocampal maps predict spatial memory performance. Nat Neurosci 13: 995–1002.

Durrant-Whyte H, Bailey T (2006) Simultaneous localization and mapping: part I. IEEE Robotics Automation Mag 13: 99–110.

Dusek JA, Eichenbaum H (1997) The hippocampus and memory for orderly stimulus relations. Proc Natl Acad Sci U S A 94: 7109–7114.

Eagleman DM, Tse PU, Buonomano D, Janssen P, Nobre AC, Holcombe AO (2004) Time and the brain:

how subjective time relates to neural time. J Neurosci 25: 10369-10371.

Ecker AS, Berens P, Keliris GA, Bethge M, Logothetis NK, Tolias AS (2010) Decorrelated neuronal firing in cortical microcircuits. Science 327: 584-587.

Economo MN, Clack NG, Lavis LD, Gerfen CR, Svoboda K, et al. (2016). A platform for brainwide imaging and reconstruction of individual neurons. eLife, 5:e10566.

Eddington AS (1928) The Nature of the Physical World. New York: Cambridge University Press.

Edelman GM (1987) Neural Darwinism: The Theory of Neuronal Group Selection. New York: Basic Books.

Eggermont, JJ (2007) Correlated neural activity as the driving force for functional changes in auditory cortex. Hear Res 229: 69-80.

Ego-Stengel V, Wilson MA (2010) Disruption of ripple-associated hippocampal activity during rest impairs spatial learning in the rat. Hippocampus 20: 1-10.

Ehrsson HH, Holmes NP, Passingham RE (2005) Touching a rubber hand: feeling of body ownership is associated with activity in multisensory brain areas. J Neurosci 25: 10564-10573.

Eichenbaum H (2000) A cortical-hippocampal system for declarative memory. Nat Rev Neurosci 1: 41-50.

Eichenbaum H (2014) Time cells in the hippocampus: a new dimension for mapping memories. Nat Rev Neurosci 15: 732-744.

Eichenbaum H, Cohen NJ (2014) Can we reconcile the declarative memory and spatial navigation views on hippocampal function? Neuron 83: 764-770.

Eichenbaum H, Dudchenko P, Wood E, Shapiro M, Tanila H (1999) The hippocampus, memory, and place cells: is it spatial memory or a memory space? Neuron 23: 209-226.

Einevoll GT, Kayser C, Logothetis NK, Panzeri S (2013) Modelling and analysis of local field potentials for studying the function of cortical circuits. Nature Rev Neurosci 14: 770-785.

Einstein A (1989). The Collected Papers of Albert Einstein, Volume 2: The Swiss Years: Writings, 1900-1909 (English translation supplement; translated by Anna Beck, with Peter Havas, consultant ed.). Princeton, NJ: Princeton University Press.

Einstein A (1997). The Collected Papers of Albert Einstein, Volume 6: The Berlin Years: Writings, 1914-1917 (English translation supplement; translated by Alfred Engel, with Engelbert Schucking, consultant ed.). Princeton, NJ: Princeton University Press.

Einstein A, Infeld L (1938/1966) The Evolution of Physics: From Early Concepts to Relativity and Quanta. New York: Simon and Schuster.

El-Bizri N (2000) The Phenomenological Quest Between Avicenna and Heidegger. Bristol, UK: Global Academic Publishing.

Eldar E, Cohen JD, Niv Y (2013) The effects of neuronal gain on attention and learning. Nat Neurosci 16: 1146-1153.

Eliades SJ, Wang X-J (2008) Neural substrates of vocalization feedback monitoring in primate auditory cortex. Nature 453: 1102-1106.

Eliasmith C, Anderson CH (2003) Neural Engineering Computation, Representation, and Dynamics in

Neurobiological Systems. Cambridge, MA: MIT Press.

Ellender TJ, Nissen W, Colgin LL, Mann EO, Paulsen O (2010) Priming of hippocampal population bursts by individual perisomatic-targeting interneurons. J Neurosci 30: 5979-5991.

Elsinger CL, Rao SM, Zimbelman JL, Reynolds NC, Blindauer KA, Hoffmann RG (2003) Neural basis for impaired time reproduction in Parkinson's disease: an fMRI study. J Int Neuropsychol Soc 9: 1088-1098.

Emerson RW (1899) The Conduct of Life: Emmerson's complete works. New York: T. Y. Crowell & Company.

Engel AK, Fries P, Singer W (2001) Dynamic predictions: oscillations and synchrony in top-down processing. Nat Rev Neurosci 2: 704-716.

English DF, McKenzie S, Evans T, Kim K, Yoon E, Buzsáki G (2017) Pyramidal cell-interneuron circuit architecture and dynamics in hippocampal networks. Neuron 96: 505-520.

English DF, Peyrache A, Stark E, Roux L, Vallentin D, Long MA, Buzsáki G (2014) Excitation and inhibition compete to control spiking during hippocampal ripples: intracellular study in behaving mice. J Neurosci 34: 16509-16517.

Ercsey-Ravasz M, Markov NT, Lamy C, Van Essen DC, Knoblauch K, et al. (2013) A predictive network model of cerebral cortical connectivity based on a distance rule. Neuron 80: 184-197.

Ermentrout GB, Kleinfeld D (2001) Traveling electrical waves in cortex: insights from phase dynamics and speculation on a computational role. Neuron 29: 33-44.

Etchamendy N, Desmedt A, Cortes-Torrea C, Marighetto A, Jaffard R (2003) Hippocampal lesions and discrimination performance of mice in the radial maze: sparing or impairment depending on the representational demands of the task. Hippocampus 13: 197-211.

Etienne AS, Jeffery KJ (2004) Path integration in mammals. Hippocampus 14: 180-192.

Evarts EV (1964) Temporal patterns of discharge of pyramidal tract neurons during sleep and waking in the monkey. J Neurophysiol 27: 152-171.

Evarts EV (1973) Brain mechanisms in movement. Sci Am 229: 96-103.

Fadiga L, Fogassi L, Pavesi G, Rizzolatti G (1995) Motor facilitation during action observation: a magnetic stimulation study. J Neurophysiol 73: 2608-2611.

Falk JL, Bindra D (1954) Judgment of time as a function of serial position and stress. J Exp Psychol 47: 279-282.

Fechner GT (1860/1966) Howes DH, Boring EG, eds. Elements of Psychophysics [Elemente der Psychophysik]. volume 1. Translated by Adler HE. New York: Rinehart and Winston.

Fee MS, Kozhevnikov AA, Hahnloser RH (2004) Neural mechanisms of vocal sequence generation in the songbird. Ann N Y Acad Sci 1016: 153-170.

Feinberg I (1974) Changes in sleep cycle patterns with age. J Psychiatr Res 10: 283-306.

Feinberg I (1978) Efference copy and corollary discharge: implications for thinking and its disorders. Schizophr Bull 4: 636-640.

Ferbinteanu J, Shapiro ML (2003) Prospective and retrospective memory coding in the hippocampus. Neuron 40: 1227-1239.

Ferbinteanu J, Kennedy PJ, Shapiro ML (2006) Episodic memory: from brain to mind. Hippocampus 16: 691-703.

Ferezou I, Haiss F, Gentet LJ, Aronoff R, Weber B, Petersen CC (2007). Spatiotemporal dynamics of cortical sensorimotor integration in behaving mice. Neuron 56: 907-923.

Fernández-Ruiz A, Oliva A, Nagy GA, Maurer AP, Berényi A, Buzsáki G (2017) Entorhinal-CA3 dual-Input control of spike timing in the hippocampus by theta-gamma coupling. Neuron 93: 1213-1226.

Feynman R (1965) The Character of Physical Law. Cambridge, MA: MIT Press.

Feynman RP, Leighton RB, Sand Matts (1963) The Feynman Lectures on Physics. Reading, MA: Addison-Wesley Co.

Fields C (2014) Equivalence of the symbol grounding and quantum system identification problems. Information 5: 172-189.

Finnerty GT, Shadlen MN, Jazayeri M, Nobre AC, Buonomano DV (2015) Time in cortical circuits. J Neurosci 35: 13912-13916.

Fischer B, Ramsperger E (1984) Human express saccades: extremely short reaction times of goal directed eye movements. Exp Brain Res 57: 191-195.

Fiser J, Chiu CY, Weliky M (2004) Small modulation of ongoing cortical dynamics by sensory input during natural vision. Nature 431: 573-578.

Fisher SE, Scharff C (2009) FOXP2 as a molecular window into speech and language. Trends Genet 25: 166-177.

Fitch WT (2016) Sound and meaning in the world's languages. Nature 539: 39-40.

Flash T, Hogan H (1985) The coordination of arm movements: an experimentally confirmed mathematical model. J Neurosci 5: 1688-1703.

Fogassi L, Gallese V, di Pellegrino G, Fadiga L, Gentilucci M, et al. (1992) Space coding by premotor cortex. Exp Brain Res 89: 686-690.

Ford JM, Mathalon DH (2004) Electrophysiological evidence of corollary discharge dysfunction in schizophrenia during talking and thinking. J Psychiatr Res 38: 37-46.

Fortin NJ, Agster KL, Eichenbaum HB (2002) Critical role of the hippocampus in memory for sequences of events. Nat Neurosci 5: 458-462.

Foster DJ (2017) Replay comes of age. Annu Rev Neuorsci 40: 581-602.

Foster DJ, Wilson MA (2006) Reverse replay of behavioural sequences in hippocampal place cells during the awake state. Nature 440: 680-683.

Frank LM, Brown EN, Wilson M (2000) Trajectory encoding in the hippocampus and entorhinal cortex. Neuron 27: 169-178.

Frank LM, Stanley GB, Brown EN (2004) Hippocampal plasticity across multiple days of exposure to novel environments. J Neurosci 24: 7681-7689.

Frankland PW, Bontempi B (2005) The organization of recent and remote memories. Nat Rev Neurosci 6: 119-130.

Freeman D (1997) Imagined Worlds. Cambridge, MA: Harvard University Press.

Freeman WJ (1999) How Brains Make Up Their Minds. New York: Columbia University Press.

Frégnac Y, Carelli PV, Pananceau M and Monier C (2010) Stimulus-driven coordination of subcortical cell assemblies an propagation of Gestalt belief in V1. In: Dynamic Coordination in the Brain: from Neurons to Mind (von der Malsburg C, Phillips WA, Singer W, eds). Cambridge, MA: MIT Press.

Freund TF, Buzsáki G (1996) Interneurons of the hippocampus. Hippocampus 6: 347-470.

Friederici AD, Singer W (2015) Grounding language processing on basic neurophysiological principles. Trends Cogn Sci 19: 329-338.

Fries P (2005) A mechanism for cognitive dynamics: neuronal communication through neuronal coherence. Trends Cogn Sci 9: 474-480.

Fries P, Reynolds JH, Rorie AE, Desimone R (2001) Modulation of oscillatory neuronal synchronization by selective visual attention. Science 291: 1560-1563.

Friston K (2010) The free-energy principle: a unified brain theory? Nat Rev Neurosci 11: 127-138.

Friston K (2012) Prediction, perception and agency. Int Psychophysiol 83: 248-252.

Friston K, Buzsáki G (2016) The functional anatomy of time: what and when in the brain. Trends Cogn Sci 20: 500-511.

Friston K, Kiebel S (2009) Predictive coding under the free-energy principle. Philos Trans R Soc Lond B Biol Sci 364: 1211-1221.

Friston K, Moran R, Seth AK (2012) Analysing connectivity with Granger causality and dynamic causal modelling. Curr Opin Neurobiol 23: 172-178.

Fu TM, Hong G, Zhou T, Schuhmann TG, Viveros RD, Lieber CM (2016) Stable long-term chronic brain mapping at the single-neuron level. Nat Methods 13: 875-882.

Fu Y, Tucciarone JM, Espinosa JS, Sheng N, Darcy DP, et al. (2014) A cortical circuit for gain control by behavioral state. Cell 156: 1139-1152.

Fujisawa S, Amarasingham A, Harrison MT, Buzsáki G (2008) Behavior-dependent short-term assembly dynamics in the medial prefrontal cortex. Nat Neurosci 11: 823-833.

Funahashi S, Bruce CJ, Goldman-Rakic PS (1989) Mnemonic coding of visual space in the monkey's dorsolateral prefrontal cortex. J Neurophysiol 61: 331-349.

Fusi S, Abbott LF (2007) Limits on the memory storage capacity of bounded synapses. Nat Neurosci 2007 Apr;10(4): 485-493.

Fusi S, Asaad WF, Miller EK, Wang XJ (2007) A neural circuit model of flexible sensorimotor mapping: learning and forgetting on multiple timescales. Neuron 54: 319-333.

Fuster JM (1995) Temporal processing. Ann NY Acad Sci769: 173-181.

Fuster JM (2004) Upper processing stages of the perception-action cycle. Trends Cogn Sci 8: 143-145.

Fuster JM, Alexander GE (1971) Neuron activity related to short-term memory. Science 173: 652-654.

Gabbott PL, Warner TA, Jays PR, Salway P, Busby SJ (2005) Prefrontal cortex in the rat: projections to subcortical autonomic, motor, and limbic centers. J Comp Neurol 492: 145-177.

Gadagkar V, Puzerey PA, Chen R, Baird-Daniel E, Farhang AR, Goldberg JH (2016) Dopamine neurons encode performance error in singing birds. Science 354: 1278-1282.

Galilei G (1623/1954) Il Saggitore (The Assayer). English translation, Danto AC. Introduction to Contemporary Civilization in the West (2nd ed). New York: Columbia University Press, 1954, vol. I, p. 721.

Gallese V, Fadiga L, Fogassi L, Rizzolatti G (1996) Action recognition in the premotor cortex. Brain 119: 593-609.

Gallistel CR (1990) The Organization of Learning. Cambridge, MA: MIT Press.

Gallistel CR, Gelman R (1992) Preverbal and verbal counting and computation. Cognition 44: 43-74.

Gallistel CR, Gibbon J (2000) Time, rate, and conditioning. Psychol Rev 107: 289-344.

Galton F (1879) The geometric mean, in vital and social statistics. Proc Roy Soc 29: 365-367.

Gao P, Ganguli S (2015) On simplicity and complexity in the brave new world of large-scale neuroscience. Curr Op Neurobiology 32: 148-155.

Gardner H (1999) Intelligence Reframed: Multiple Intelligences for the 21th Century. New York: Basic Books.

Geary DC (1994) Children's Mathematical Development. Washington DC: American Psychological Association.

Geisler C, Robbe D, Zugaro M, Sirota A, Buzsáki G (2007) Hippocampal place cell assemblies are speed-controlled oscillators. Proc Natl Acad Sci USA 104: 8149-8154.

Geisler C, Diba K, Pastalkova E, Mizuseki K, Royer S, Buzsáki G (2010) Temporal delays among place cells determine the frequency of population theta oscillations in the hippocampus. Proc Natl Acad Sci U S A 107: 7957-7962.

Gelbard-Sagiv H, Mukamel R, Harel M, Malach R, Fried I. (2008) Internally generated reactivation of single neurons in human hippocampus during free recall. Science 322: 96-101.

Gelinas JN, Khodagholy D, Thesen T, Devinsky O, Buzsáki G (2016) Interictal epileptiform discharges induce hippocampal-cortical coupling in temporal lobe epilepsy. Nat Med 22: 641-648.

Geller U (1996) Uri Geller's Mindpower Kit. New York: Penguin Books.

Georgopoulos AP, Lurito JT, Petrides M, Schwartz AB, Massey JT (1989) Mental rotation of the neuronal population vector. Science 243: 234-236.

Georgopoulos AP, Schwartz AB, Kettner RE (1986) Neuronal population coding of movement direction. Science 233: 1416-1419.

Gershman SJ (2017) Predicting the past, remembering the future. Curr Opin Behav Sci 17: 7-13.

Giannitrapani D (1966) Electroencephalographic differences between resting and mental multiplication. Percept Motor Skills 22: 399-405.

Gibbon J (1977) Scalar expectancy-theory and weber's law in animal timing. Psychol Rev 84: 279-325.

Gibbon J, Church RM, Meck WH (1984) scalar timing in memory. Ann N Y Acad Sci 423: 52-77.

Gibbon J, Malapani C, Dale CL, Gallistel C (1997) Toward a neurobiology of temporal cognition: advances and challenges. Curr Opin Neurobiol 7: 170-184.

Gibson J (1977) The theory of affordances. In: Perceiving, Acting, and Knowing: Toward and Ecological Psychology (Shaw R, Brandsford J, eds), pp. 62-82. Hillsdale, NJ: Lawrence Erlbaum Associates.

Gibson JJ (1979) The Ecological Approach to Visual Perception. Boston, MA: Houghton Mifflin.

Gielow MR, Zaborszky L (2017) The input-output relationship of the cholinergic basal forebrain. Cell Rep 181817-181830.

Gilboa A, Winocur G, Rosenbaum RS, Poreh A, Gao F, et al. (2006) Hippocampal contributions to recollection in retrograde and anterograde amnesia. Hippocampus 16: 966-980.

Gilchrist ID, Brown V, Findlay JM (1997) Saccades without eye movements. Nature 390: 130-131.

Gilzenrat MS, Nieuwenhuis S, Jepma M, Cohen JD (2010) Pupil diameter tracks changes in control state predicted by the adaptive gain theory of locus coeruleus function. Cogn Affect Behav Neurosci 10: 252-269.

Girardeau G, Benchenane K, Wiener SI, Buzsáki G, Zugaro MB (2009) Selective suppression of hippocampal ripples impairs spatial memory. Nat Neurosci 12: 1222-1223.

Giraud AL, Poeppel D (2012) Cortical oscillations and speech processing: emerging computational principles and operations. Nat Neurosci 15: 511-517.

Giurgea C (1974) The creative world of P.S. Kupalov. Pavlov J Biol Sci 9: 192-207.

Glasauer S, Schneider E, Grasso R, Ivanenko YP (2007) Spacetime relativity in self-motion reproduction. J Neurophysiol 97: 451-461.

Glasser MF, Coalson TS, Robinson EC, Hacker CD, Harwell J, et al. (2016) A multi-modal parcellation of human cerebral cortex. Nature 536: 171-178.

Glimcher PW, Camerer C, Poldrack PA, Fehr E (2008) Neuroeconomics: Decision Making and the Brain. Cambridge, MA: Academic Press.

Glomm G, Ravikumar B (1992) Public versus private investment in human capital: endogenous growth and income inequality. J Polit Econ 100: 818-834.

Gold JI, Shadlen MN (2000) Representation of a perceptual decision in developing oculomotor commands. Nature 404: 390-394.

Gold JI, Shadlen MN (2007) The neural basis of decision making. Annu Rev Neurosci 30: 535-574.

Goldman-Rakic PS, Funahashi S, Bruce CJ (1990) Neocortical memory circuits. Cold Spring Harb Symp Quant Biol 55: 1025-1038.

Golub MD, Sadtler PT, Oby ER, Quick KM, Ryu SI, et al. (2018) Learning by neural reassociation. Nat Neurosci 21: 607-616.

González-Forero M, Gardner A (2018) Inference of ecological and social drivers of human brain-size evolution Nature 557: 554-557.

Goodale M, Milner A (1990) Separate visual pathways for perception and action. Trends Neurosci 15: 20-25.

Goodale MA, Pelisson D, Prablanc C (1986) Large adjustments in visually guided reaching do not depend on vision of the hand or perception of target displacement. Nature 320: 748-750.

Goodrich BG (2010) We do, therefore we think: time, motility, and consciousness. Rev Neurosci 21: 331-361.

Google Inc. (2012). Google self-driving car project. http://googleblog.blogspot.com.

Gothard KM, Hoffman KL, Battaglia FP, McNaughton BL (2001) Dentate gyrus and CA1 ensemble activity during spatial reference frame shifts in the presence and absence of visual input. J

Neurosci 21: 7284–7292.

Gottlieb A (2009) A Nervous Splendor: The Wittgenstein Family Had a Genius for Misery. New York: The New Yorker. April issue.

Gould JL (1986) The locale map of honey bees: do insects have cognitive maps? Science 232: 861-863.

Graf P, Schacter DL (1985) Implicit and explicit memory for new associations in normal and amnesic subjects. J Exp Psychol Learn Mem Cogn 11: 501–518.

Granger CWJ (1969) Investigating causal relations by econometric models and cross-spectral methods. Econometria 37: 424–438.

Grastyán E, Vereczkei L (1974) Effects of spatial separation of the conditioned signal from the reinforcement: a demonstration of the conditioned character of the orienting response or the orientational character of conditioning. Behav Biol 10: 121–146.

Gray CM, König P, Engel A, Singer W (1989) Oscillatory responses in cat visual cortex exhibit inter-columnar synchronization which reflects global stimulus properties. Nature 338: 334–337.

Graziano MSA (2013) Consciousness and the Social Brain. New York: Oxford University Press.

Graziano MSA, Hu TX, Gross CG (1997) Visuospatial properties of ventral premotor cortex. J Neurophysiol 77: 2268-2292.

Graziano MSA, Yap GS, Gross CG (1994) Coding of visual space by premotor neurons. Science 266: 1054–1057.

Greene B (2011) The Hidden Reality: Parallel Universes and the Deep Laws of the Cosmos. New York: Random House.

Greenfield P (1991) Language, tools and brain: the ontogeny of phylogeny of hierarchically organized sequential behavior. Behav Brain Sci 14: 531–595.

Gregg J (2013) Are Dolphins Really Smart? The Mammal Behind the Myth. Oxford: Oxford University Press.

Gregory RL (1980) Perceptions as hypotheses. Philos Trans R Soc Lond B Biol Sci 290: 181–197.

Grillner S (2006) Biological pattern generation: the cellular and computational logic of networks in motion. Neuron 52: 751–766.

Groh A, Bokor H, Mease RA, Plattner VM, Hangya B, et al. (2014) Convergence of cortical and sensory driver inputs on single thalamocortical cells. Cereb Cortex 24: 3167–3179.

Grosmark AD, Buzsáki G (2016) Diversity in neural firing dynamics supports both rigid and learned hippocampal sequences. Science 351: 1440–1443.

Grosmark AD, Mizuseki K, Pastalkova E, Diba K, Buzsáki G (2012) REM sleep reorganizes hippocampal excitability. Neuron 75: 1001–1007.

Gross CG, Graziano MSA (1995) Multiple representations of space in the brain. Neuroscientist 1: 43–50.

Groth BHA (1914) The golden mean in the inheritance of size. Science 39: 581–584.

Grush R (2004) The emulation theory of representation: motor control, imagery, and perception. Behav Brain Sci 27: 377–442.

Gulyás AI, Miles R, Sík A, Tóth K, Tamamaki N, Freund TF (1993) Hippocampal pyramidal cells excite inhibitory neurons through a single release site. Nature 366: 683–687.

Guo ZV, Inagaki HK, Daie K, Druckmann S, Gerfen CR, Svoboda K (2017) Maintenance of persistent activity in a frontal thalamocortical loop. Nature 545: 181-186.

Gupta AS, van der Meer MA, Touretzky DS, Redish AD (2010) Hippocampal replay is not a simple function of experience. Neuron 65: 695-705.

Guth A (1997) The Inflationary Universe. New York: Perseus Books Group.

Gutnisky DA, Dragoi V (2008) Adaptive coding of visual information in neural populations. Nature 452: 220-224.

Hafting T, Fyhn M, Molden S, Moser MB, Moser EI (2005) Microstructure of a spatial map in the entorhinal cortex. Nature 436: 801-806.

Hagoort P (2005) On Broca, brain, and binding: a new framework. Trends Cogn Sci 9: 416-423.

Hahnloser RH, Kozhevnikov AA, Fee MS (2002) An ultra-sparse code underlies the generation of neural sequences in a songbird. Nature 419: 65-70.

Haken H (1984) The Science of Structure: Synergetics. New York: Van Nostrand Reinhold.

Halpern BP (1983) Tasting and smelling as active, exploratory sensory processes. Am J Otolaryngol 4: 246-249.

Hamad S (1990) The symbol grounding problem. Physica D 42: 335-346.

Hämäläinen M, Hari R, Ilmoniemi RJ, Knuutila J, Lounasmaa OV (1993) Magnetoencephalography: theory, instrumentation, and applications to noninvasive studies of the working human brain. Rev Mod Phys 65: 413-497.

Han Y, Kebschull JM, Campbell RAA, Cowan D, Imhof F, et al. (2018) The logic of single-cell projections from visual cortex. Nature 556: 51-56.

Hannah R (2009a) Time in Antiquity. London: Routledge Press.

Hannah R (2009b) Timekeeping. In: The Oxford Handbook of Engineering and Technology of the Classical World (Oleson JP, ed), pp. 740-7158. Oxford: Oxford University Press.

Harari YV (2017) Homo Deus: A Brief History of Tomorrow. New York: Harper Publishing.

Hardcastle K, Maheswaranathan N, Ganguli S, Giocomo LM (2017) A multiplexed, heterogeneous, and adaptive code for navigation in medial entorhinal cortex. Neuron 94: 375-387.

Hardy L (2007) Towards quantum gravity: a framework for probabilistic theories with non-fixed causal structure. J Phys A 40: 3081-3099.

Harnad S (1990) The symbol grounding Problem. Physica D 42: 335-346.

Harris JA, Mihalas S, Hirokawa, KE, Zeng H (2018) The organization of intracortical connections by layer and cell class in the mouse brain. bioRxiv. https://doi.org/10.1101/292961

Harris KD (2005) Neural signatures of cell assembly organization. Nat Rev Neurosci 6: 399-407.

Harris KD, Csicsvari J, Hirase H, Dragoi G, Buzsáki G (2003) Organization of cell assemblies in the hippocampus. Nature 424: 552-556.

Harris-Warrick R, Marder E, Selverston AI, Moulins M (1992) Dynamic Biological Networks: The Stomatogastric Nervous System. Cambridge, MA: MIT Press.

Harvey CD, Collman F, Dombeck DA, Tank DW (2012) Choice-specific sequences in parietal cortex during a virtual-navigation decision task. Nature 484: 62-68.

Hassabis D, Kumaran D, Summerfield C, Botvinick M (2017) Neuroscience-inspired artificial intelligence. Neuron 95: 245-258.

Hassabis D, Kumaran D, Vann SD, Maguire EA (2007) Patients with hippocampal amnesia cannot imagine new experiences. Proc Natl Acad Sci U S A 104: 1726-1731.

Hassabis E, Maguire EA (2007) Deconstructing episodic memory with construction. Trends Cogn Sci 7: 299-306.

Hasselmo ME (2012) How We Remember: Brain Mechanisms of Episodic Memory. Cambridge, MA: MIT Press.

Hasselmo ME, Stern CE (2015) Current questions on space and time encoding. Hippocampus 25: 744-752.

Hatsopoulos NG. Suminski AJ (2011) Sensing with the motor cortex. Neuron 72: 477-487.

Hayman CAG, Macdonald CA, Tulving E (1993) The role of repetition and associative interference in new semantic learning in amnesia. J Cogn Neurosci 5: 375-389.

Hebb DO (1949) The Organization of Behavior: A Neuropsychological Theory. New York: Wiley.

Hechavarría JC (2013) Evolution of neuronal mechanisms for echolocation: specializations for target range computation in bats of the genus Pteronotus. J Acoustic Soc Amer 133: 570.

Heidegger M (1977) The Question Concerning Technology. In: Martin Heidegger: Basic Writings (Krell DF, ed), pp. 287-317. New York: Harper & Row.

Heidegger M (1927/2002) Time and Being. Translated by Joan Stambaugh. Chicago, IL: University of Chicago Press.

Heidelberger M (2004) Life and Work. Nature from Within: Gustav Theodor Fechner and his Psychophysical Worldview. Pittsburgh, PA: University of Pittsburgh Press.

Heiligenberg W (1991) Neural Nets in Electric Fish. Cambridge, MA: MIT Press.

Heit G, Smith ME, Halgren E (1988) Neural encoding of individual words and faces by the human hippocampus and amygdala. Nature 333: 773-775.

Helbing D (2013) Globally networked risks and how to respond. Nature 497: 51-59.

Held R, Hein A (1983) Movement-produced stimulation in the development of visually guided behavior. J. Comp Physiol Psychol 56: 872-876.

Helmholtz H (1866/1962) Treatise on Physiological Optics. New York: Dover Publications.

Hempel CG, Oppenheim P (1948). Studies in the logic of explanation. Philosoph Sci 15: 135-175.

Hengen KB, Torrado Pacheco A, McGregor JN, Van Hooser SD, Turrigiano GG (2016) Neuronal firing rate homeostasis is inhibited by sleep and promoted by wake. Cell 165: 180-191.

Henneberg M, Steyn M (1993) Trends in cranial capacity and cranial index in sub-Saharan Africa during the Holocene. Am J Human Biol 5: 473-479.

Henson OW (1965) The activity and function of the middle-ear muscles in echo-locating bats. J Physiol 180: 871-887.

Henze DA, Buzsáki G (2001) Action potential threshold of hippocampal pyramidal cells in vivo is increased by recent spiking activity. Neuroscience 105: 121-130.

Henze DA, Wittner L, Buzsáki G (2002) Single granule cells reliably discharge targets in the hippocampal CA3 network in vivo. Nat Neurosci 5: 790-795.

Herculano-Houzel S (2016) The Human Advantage: A New Understanding of How our Brains Became Remarkable. Boston, MA: MIT Press.

Herrnstein J, Charles M (1994) Bell Curve: Intelligence and Class Structure in American Life. New York: Simon and Schuster.

Hill AJ (1978) First occurrence of hippocampal spatial firing in a new environment. Exp Neurol 62: 282-297.

Hinard V, Mikhail C, Pradervand S, Curie T, Houtkooper RH, et al. (2012) Key electrophysiological, molecular, and metabolic signatures of sleep and wakefulness revealed in primary cortical cultures. J Neurosci 32: 12506-12517.

Hinman JR, Penley SC, Long LL, Escabi MA, Chrobak JJ (2011). Septotemporal variation in dynamics of theta: speed and habituation. J Neurophysiol 105: 2675-2686.

Hinton G, Plaut D (1987) Using fast weights to deblur old memories. In: Proceedings of the Ninth Annual Conference of the Cognitive Science Society, pp. 177-186. New York: Erlbaum.

Hinton GE, Dayan P, Frey BJ, Neal R (1995) The wake-sleep algorithm for unsupervised Neural Networks. Science 268: 1158-1161.

Hirabayashi T, Miyashita Y (2005) Dynamically modulated spike correlation in monkey inferior temporal cortex depending on the feature configuration within a whole object. J Neurosci 25: 10299-10307.

Hirase H, Czurko A, Csicsvari J, Buzsáki G (1999) Firing rate and theta-phase coding by hippocampal pyramidal neurons during "space clamping." Eur J Neurosci 11: 4373-4380.

Hirase H, Leinekugel X, Czurko A, Csicsvari J, Buzsáki G (2001) Firing rates of hippocampal neurons are preserved during subsequent sleep episodes and modified by novel awake experience. Proc Natl Acad Sci U S A 98: 9386-9390.

Hochberg LR, Bacher D, Jarosiewicz B, Masse NY, Simeral JD, et al. (2012) Reach and grasp by people with tetraplegia using a neurally controlled robotic arm. Nature 485: 372-375.

Hoerl C, McCormack T (eds) (2001) Time and Memory. Issues in Philosophy and Psychology. Oxford: Clarendon Press.

Hoffecker JF (2011) Landscape of the Mind: Human Evolution and the Archeology of Thought. New York: Columbia University Press.

Hoffman, DD (1998). Visual Intelligence: How We Create What We See. New York: W. W. Norton.

Hoffman DD, Singh M, Prakash C (2005) The interface theory of perception. Psychol Bull Rev 22: 1480-1506.

Hofmann V, Sanguinetti-Scheck JI, Künzel S, Geurten B, Gómez-Sena L, Engelmann J (2013) Sensory flow shaped by active sensing: sensorimotor strategies in electric fish. J Exp Biol 216: 2487-500.

Hollerman JR, Schultz W (1998) Dopamine neurons report an error in the temporal prediction of reward during learning. Nat Neurosci 1: 304-309.

Holloway RL (1969) Culture: a human domain. Curr Anthropol 10: 395-412.

Holmes G (1918) Disturbances of visual orientation. Br J Ophthalmol 2: 449-468.

Honma M, Kuroda T, Futamura A, Shiromaru A, Kawamura M (2016) Dysfunctional counting of mental time in Parkinson's disease. Sci Rep 6: 25421.

Hopfield JJ (1982) Neural networks and physical systems with emergent collective computational abilities. Proc Natl Acad Sci U S A 79: 2554-2558.

Hopfinger JB, Buonocore MH, Mangun GR (2000) The neural mechanisms of top-down attentional control. Nat Neurosci 3: 284-291.

Houde JF, Jordan MI (1998) Sensorimotor adaptation in speech production. Science 279: 1213-1216.

Howard MF, Poeppel D (2010) Discrimination of speech stimuli based on neuronal response phase patterns depends on acoustics but not comprehension. J Neurophysiol 104: 2500-2511.

Howard MW (2018) Memory as perception of the past: compressed time in mind and brain. Trends Cogn Sci 22: 124-136.

Howard MW, Kahana MJ (2002) A distributed representation of temporal context. J Math Psychol 46: 269-299.

Howard MW, MacDonald CJ, Tiganj Z, Shankar KH, Du Q, et al. (2014) A unified mathematical framework for coding time, space, and sequences in the hippocampal region. J Neurosci 34: 4692-4707.

Hromádka T, Deweese MR, Zador AM (2008) Sparse representation of sounds in the unanesthetized auditory cortex. PLoS Biology 6:e16-137.

Hubel DH (1957) Tungsten microelectrode for recording from single units. Science 125: 549-550.

Hubel DH, Wiesel TN (1962) Receptive fields, binocular interaction and functional architecture in the cat's visual cortex. J Physiol 160: 106-154.

Hubel DH, Wiesel TN (1974) Uniformity of monkey striate cortex: a parallel relationship between field size, scatter, and magnification factor. J Compar Neurol 158: 295-305.

Huber D, Gutnisky DA, Peron S, O'Connor DH, Wiegert JS, et al. (2012) Multiple dynamic representations in the motor cortex during sensorimotor learning. Nature 484: 473-478.

Huber D, Petreanu L, Ghitani N, Ranade S, Hromádka T, et al. (2008) Sparse optical microstimulation in barrel cortex drives learned behaviour in freely moving mice. Nature 451: 61-64.

Hublin JJ, Ben-Ncer A, Bailey SE, Freidline SE, Neubauer S, et al. (2017) New fossils from Jebel Irhoud, Morocco and the pan-African origin of Homo sapiens. Nature 546: 289-292.

Hughes JR (1995) The phenomenon of travelling waves: a review. Clin Electroencephalogr 26: 1-6.

Humphrey NK (1976) The social function of intellect. In: Growing Points in Ethology (PPG Bateson PPG, Hinde RA, eds), pp. 303-317. Cambridge: Cambridge University Press.

Hutcheon B, Yarom Y (2000) Resonance, oscillation and the intrinsic frequency preferences of neurons. Trends Neurosci 23: 216-222.

Huxter J, Burgess N, O'Keefe J (2003) Independent rate and temporal coding in hippocampal pyramidal cells. Nature 425: 828-832.

Hyde KL, Lerch J, Norton A, Forgeard M, Winner E, et al. (2009) Musical training shapes structural brain development. J Neurosci 29: 3019-3025.

Iacoboni M, Dapretto M (2006) The mirror neuron system and the consequences of its dysfunction. Nat

Rev Neurosci 7: 942-951.

Iacoboni M, Woods RP, Brass M, Bekkering H, Mazziotta JC, Rizzolatti G (1999) Cortical mechanisms of human imitation. Science 286: 2526-2528.

Ifrah G (1985) From One to Zero. New York: Viking.

Ikegaya Y, Aaron G, Cossart R, Aronov D, Lampel I, et al. (2004) Synfire chains and cortical songs: temporal modules of cortical activity. Science 304: 559-564.

Ikegaya Y, Sasaki T, Ishikawa D, Honma N, Tao K, et al. (2013) Interpyramid spike transmission stabilizes the sparseness of recurrent network activity. Cereb Cortex 23: 293-304.

Ingvar DH (1985) "Memory of the future": an essay on the temporal organization of conscious awareness. Hum Neurobiol 4: 127-136.

Innocenti GM, Vercelli A, Caminiti R (2014) The diameter of cortical axons depends both on the area of origin and target. Cereb Cortex 24: 2178-2188.

Insel T (2017) Join the disruptors of health science. Nature 551: 23-26.

Isomura Y, Sirota A, Ozen S, Montgomery S, Mizuseki K, et al. (2006) Integration and segregation of activity in entorhinal-hippocampal subregions by neocortical slow oscillations. Neuron 52: 871-882.

Ito HT, Zhang SJ, Witter MP, Moser EI, Moser MB (2015) A prefrontal-thalamo-hippocampal circuit for goal-directed spatial navigation. Nature 522: 50-55.

Itskov V, Curto C, Pastalkova E, Buzsáki G (2011) Cell assembly sequences arising from spike threshold adaptation keep track of time in the hippocampus. J Neurosci 31: 2828-2834.

Ivry RB, Spencer RM (2004) The neural representation of time. Curr Opin Neurobiol 14: 225-232.

Jadhav SP, Kemere C, German PW, Frank LM (2012) Awake hippocampal sharp-wave ripples support spatial memory. Science 336: 1454-1458.

Jafarpour A, Spiers H (2017) Familiarity expands space and contracts time. Hippocampus 27: 12-16.

James W (1884) What is an emotion? Mind 9: 188-205.

James W (1890) The Principles of Psychology, Volumes I and II. New York: Dover.

James W (1907) The Energies of Men. New York: Moffat, Yard and Company.

Janssen P, Shadlen MN (2005) A representation of the hazard rate of elapsed time in macaque area LIP. Nat Neurosci 8: 234-241.

Järvilehto T (1999) The theory of the organism-environment system: III. Role of efferent influences on receptors in the formation of knowledge. Integr Physiol Behav Sci 34: 90-100.

Jasper HH, Andrews HL (1938) Brain potentials and voluntary muscle activity in man. J Neurophysiol 1: 87-100.

Jeannerod M (2001) Neural simulation of action: a unifying mechanism for motor cognition. Neuroimage 14: S103-S109.

Jeewajee A, Barry C, O'Keefe J, Burgess N (2008) Grid cells and theta as oscillatory interference: electrophysiological data from freely moving rats. Hippocampus 18: 1175-1185.

Jensen O, Colgin LL (2007) Cross-frequency coupling between neuronal oscillations. Trends Cogn Sci 11: 267-269.

Jensen O, Lisman JE (1996a) Hippocampal CA3 region predicts memory sequences: accounting for the phase precession of place cells. Learn Mem 3: 279-287.

Jensen O, Lisman JE (1996b) Novel lists of 7±2 known items can be reliably stored in an oscillatory short-term memory network: interaction with long-term memory. Learn Mem 3: 257-263.

Jensen O, Lisman JE (2000) Position reconstruction from an ensemble of hippocampal place cells: contribution of theta phase coding. J Neurophysiol 83: 2602-2609.

Jensen O, Lisman JE (2005) Hippocampal sequence-encoding driven by a cortical multi-item working memory buffer. Trends Neurosci 28: 67-72.

Jezek K, Henriksen EJ, Treves A, Moser EI (2011) Theta-paced flickering between place-cell maps in the hippocampus. Nature 478: 246-249.

Ji D, Wilson MA (2007) Coordinated memory replay in the visual cortex and hippocampus during sleep. Nat Neurosci 10: 100-107.

Jinno S, Klausberger T, Marton LF, Dalezios Y, Roberts JD, et al. (2007) Neuronal diversity in GABAergic long-range projections from the hippocampus. J Neurosci 27: 8790-8804.

Jolliffe IT (1986) Principal component analysis. Springer Series in Statistics. New York: Springer.

John ER (1972) Switchboard versus statistical theories of learning and memory. Science 177: 850-864.

John ER (1976) A model of consciousness. In: Consciousness and Self-Regulation (Schwartz GE, Shapiro DH, eds), pp. 6-50. New York: Plenum Press.

Johnson A, Redish AD (2007) Neural ensembles in CA3 transiently encode paths forward of the animal at a decision point. J Neurosci 27: 12176-12189.

Johnson LA, Euston DR, Tatsuno M, McNaughton BL (2010) Stored trace reactivation in rat prefrontal cortex is correlated with down to-up state fluctuation density. J Neurosci 30: 2650-2661.

Johnston D, Wu SM (1995) Foundations of Cellular Neurophysiology. Cambridge, MA: MIT Press.

Jones OP, Alfaro-Almagro F, Jbabdi S (2018) An empirical, 21st century evaluation of phrenology. Cortex 106: 26-35.

Jones W, Klin A (2013) Attention to eyes is present but in decline in 2-6-month-old infants later diagnosed with autism. Nature 504: 427-431.

Jordan KE, Maclean EL, Brannon EM (2008) Monkeys match and tally quantities across senses. Cognition 108: 617-625.

Jørgensen CB (2003) Aspects of the history of the nerves: Bell's theory, the Bell-Magendie law and controversy, and two forgotten works by P. W. Lund and D. F. Eschricht. J Hist Neurosci 12: 229-249.

Jortner RA, Farivar SS, Laurent G (2007) A simple connectivity scheme for sparse coding in an olfactory system. J Neurosci 27: 1659-1669.

Josselyn SA, Köhler S, Frankland PW (2015) Finding the engram. Nat Rev Neurosci 16: 521-534.

Jung C (1973) Synchronicity: An Acausal Connecting Principle. Princeton, NJ: Princeton University Press.

Kable JW, Glimcher PW (2009) The neurobiology of decision: consensus and controversy. Neuron 63: 733-745.

Kaczmarek LK, Levitan IB (1986) Neuromodulation: The Biochemical Control of Neuronal Excitability. New York: Oxford University Press.

Kahneman D (2011) Thinking Fast and Slow. New York: Farrar, Straus and Giroux, Macmillan Publishers.

Kaila K (1994) Ionic basis of GABAA receptor channel function in the nervous system. Prog Neurobiol 42: 489-537.

Kalueff AV, Stewart AM, Song C, Berridge KC, Graybiel AM, Fentress JC (2016) Neurobiology of rodent self-grooming and its value for translational neuroscience. Nat Rev Neurosci 17: 45-59.

Kampis G (1991) Self-Modifying Systems in Biology and Cognitive Science. London: Pergamon Press.

Kandel ER, Schwartz JH, Jessell JM, Siegelbaum SA, Hudspeth HJ, Mack S. (2012) Principles of Neural Science (5th ed). New York: McGraw-Hill.

Kant I (1871) Critique of Pure Reason (Guyer P, Wood AW, translators). Cambridge Edition of the Works of Immanuel Kant.Cambridge: Cambridge University Press.

Karayannis T, Au E, Patel JC, Kruglikov I, Markx S, et al. (2014) Cntnap4/ Caspr4 differentially contributes to GABAergic and dopaminergic synaptic transmission. Nature 511: 236-240.

Karlsson MP, Frank LM (2009) Awake replay of remote experiences in the hippocampus. Nat Neurosci 12: 913-918.

Karmos G, Martin J, Czopf J (1971) Jel-zaj viszony mértékének jelentősége agyi kiváltott potenciálsorozatok számítógépes értékelésénél. Mérés és Automatika, 19 (in Hungarian)

Katz B (1966) Nerve, Muscle and Synapse. New York: McGraw Hill.

Katz LC, Shatz CJ (1996) Synaptic activity and the construction of cortical circuits. Science 274: 1133-1138.

Kawato M (1999) Internal models for motor control and trajectory planning. Curr Opin Neurobiol 9: 718-727.

Kebschull JM, Garcia da Silva P, Reid AP, Peikon ID, Albeanu DF, Zador AM (2016) High-throughput mapping of single-neuron projections by sequencing of barcoded RNA. Neuron 91: 975-987.

Kelemen E, Fenton AA (2010) Dynamic grouping of hippocampal neural activity during cognitive control of two spatial frames. PLoS Biol 8:e1000403.

Kelso JAS (1995) Dynamic Patterns: The Self-Organization of Brain and Behavior. Cambridge, MA: MIT Press.

Kenet T, Bibitchkov D, Tsodyks M, Grinvald A, Arieli A (2003) Spontaneously emerging cortical representations of visual attributes. Nature 425: 954-956.

Kepecs A, Fishell G (2014) Interneuron cell types are fit to function. Nature 505: 318-326.

Kéri S (2009) Genes for psychosis and creativity: a promoter polymorphism of the neuregulin 1 gene is related to creativity in people with high intellectual achievement. Psychol Sci 20: 1070-1073.

Kerlin JR, Shahin AJ, Miller LM (2010) Attentional gain control of ongoing cortical speech representations in a "cocktail party." J Neurosci 30: 620-628.

Keysers C, Wicker B, Gazzola V, Anton JL, Fogassi L, Gallese V (2004) A touching sight: SII/ PV activation during the observation and experience of touch. Neuron 42: 335-346.

Khazipov R, Sirota A, Leinekugel X, Holmes GL, Ben-Ari Y, Buzsáki G (2004) Early motor activity drives spindle bursts in the developing somatosensory cortex. Nature 432: 758-761.

Khodagholy D, Gelinas JN, Buzsáki G (2017) Learning-enhanced coupling between ripple oscillations in association cortices and hippocampus. Science 358: 369-372.

Kiebel SJ, Daunizeau J, Friston KJ (2008) A hierarchy of time-scales and the brain. PLoS Comput Biol 4:e1000209.

Kilner JM, Friston KJ, Frith CD (2007) Predictive coding: an account of the mirror neuron system. Cogn Processing 8: 159-166.

Kim S, Sapiurka M, Clark RE, Squire LR (2013) Contrasting effects on path integration after hippocampal damage in humans and rats. Proc Natl Acad Sci U S A 110: 4732-4737.

Kjelstrup KB, Solstad T, Brun VH, Hafting T, Leutgeb S, et al. (2008) Finite scale of spatial representation in the hippocampus. Science 321: 140-143.

Klausberger T, Somogyi P (2008) Neuronal diversity and temporal dynamics: the unity of hippocampal circuit operations. Science 321: 53-57.

Kleberg FI, Triesch J (2018) Neural oligarchy: how synaptic plasticity breeds neurons with extreme influence. BioRxiv http://dx.doi.org/10.1101/361394.

Knierim JJ, Neunuebel JP (2016) Tracking the flow of hippocampal computation: pattern separation, pattern completion, and attractor dynamics. Neurobiol Learn Mem 129: 38-49.

Knierim JJ, Zhang K (2012) Attractor dynamics of spatially correlated neural activity in the limbic system. Annu Rev Neurosci 35: 267-285.

Knill DC, Pouget A (2004) The Bayesian brain: the role of uncertainty in neural coding and computation. Trends Neurosci 27: 712-719.

Knudsen, EI, Konishi M (1978) A neural map of auditory space in the owl. Science 200: 795-797.

Ko H, Cossell L, Baragli C, Antolik J, Clopath C, et al. (2013) The emergence of functional microcircuits in visual cortex. Nature 496: 96-100.

Koch AL (1966) The logarithm in biology I. Mechanisms generating the log-normal distribution exactly. J Theor Biol 12: 276-290.

Koch C (2004) The Quest for Consciousness: A Neurobiological Approach. Englewood, CO: Roberts and Co.

Koch C, Rapp M, Segev I (1996) A brief history of time (constants). Cereb Cortex 6: 93-101.

Koestler A (1973) The Roots of Coincidence. New York: Vintage.

Kolarik AJ, Scarfe AC, Moore BCJ, Pardhan S (2017) Blindness enhances auditory obstacle circumvention: assessing echolocation, sensory substitution, and visual-based. PLoS One 2017 Apr 13;12(4): e0175750.

Kolers PA, von Grünau M (1976) Shape and color in apparent motion. Vision Res 16: 329-335.

Konorski J (1948) Conditioned reflexes and neuron organization. New York: Cambridge University Press.

Kopell N (2000) We got rhythm: dynamical systems of the nervous system. N Am Math Soc 47: 6-16.

Kornhuber HH, Deecke L (1965) Hirnpotentialänderungen bei Willkurbewegungen und passiven

Bewegungen des Menschen: Bereitschaftspotential und reafferente Potentiale Pflugers Archiv 284: 1-17.

Kornmüller AE (1931) Eine experimentelle Anasthesie der ausseren Augenmuskeln am Menschen und ihre Auswirkungen. Journal fur Psychologie und Neurologie 41: 354-366.

Koulakov AA, Hromádka T, Zador AM (2009) Correlated connectivity and the distribution of firing rates in the neocortex. J Neurosci 29: 3685-3694.

Kozaczuk, W (1984) Enigma: How the German Machine Cipher Was Broken, and how it was read by the allies in World War Two. Kasparek C, ed. and translator (2nd ed.). Frederick, MD: University Publications of America (translation of the original Polish version in 1979, supplemented with appendices by Marian Rejewski).

König P, Luksch H (1998) Active sensing: closing multiple loops. Z Naturforsch C 53: 542-549.

Kraus BJ, Brandon MP, Robinson RJ 2nd, Connerney MA, Hasselmo ME, Eichenbaum H (2015) During running in place, grid cells integrate elapsed time and distance run. Neuron 88: 578-589.

Krakauer JW, Ghazanfar AA, Gomez-Marin A, MacIver MA, Poeppel D (2017) Neuroscience needs behavior: correcting a reductionist bias. Neuron 93: 480-490.

Krauzlis RJ, Bollimunta A, Arcizet F, Wang L (2014). Attention as an effect not a cause. Trends Cogn Sci 18: 457-464.

Kremer W (2012) Human echolocation: using tongue-clicks to navigate the world. BBC. Retrieved September 12, 2012.

Kremer Y, Léger JF, Goodman D, Brette R, Bourdieu L (2011) Late emergence of the vibrissa direction selectivity map in the rat barrel cortex. J Neurosci 31: 10689-10700.

Kubie JL, Muller RU, Bostock E (1990) Spatial firing properties of hippocampal theta cells. J Neurosci 10: 1110-1123.

Kubota K, Niki H (1971) Prefrontal cortical unit activity and delayed alternation performance in monkeys. J Neurophysiol 34: 337-347.

Kudrimoti HS, Barnes CA, McNaughton BL (1999) Reactivation of hippocampal cell assemblies: effects of behavioral state, experience, and EEG dynamics. J Neurosci 19: 4090-4101.

Kümmerle R, Ruhnke M, Steder B, Stachniss C, Burgard W (2014) Autonomous robot navigation in populated pedestrian zones. J Field Robotics 32: 565-589.

Kupalov PS (1978) Mechanisms of the Establishments of Temporary Connections Under Normal and Pathologic Conditions (in Russian). Moscow: Meditsina.

Kushchayev SV, Moskalenko VF, Wiener PC, Tsymbaliuk VI, Cherkasov VG, et al. (2012) The discovery of the pyramidal neurons: Vladimir Betz and a new era of neuroscience. Brain 135: 285-300.

Lakatos P, Karmos G, Mehta AD, Ulbert I, Schroeder CE (2008) Entrainment of neuronal oscillations as a mechanism of attentional selection. Science 320: 110-113.

Lakatos P, Shah AS, Knuth KH, Ulbert I, Karmos G, Schroeder CE (2005) An oscillatory hierarchy controlling neuronal excitability and stimulus processing in the auditory cortex. J Neurophysiol 94: 1904-1911.

Landau B, Spelke E, Gleitman H (1984) Spatial knowledge in a young blind child. Cognition 16: 225-

260.

Lange CG (1885/ 1912) The mechanisms of the emotions (B. Rand translation). In: The Classical Psychologists (Rand B, ed), pp. 672-684. Copenhagen (Original work published 1885, Om Sindsbevaegelser et Psyki-Fysiologist Studie).

Langguth B, Eichhammer P, Zowe M, Kleinjung T, Jacob P, et al. (2005) Altered motor cortex excitability in tinnitus patients: a hint at crossmodal plasticity. Neurosci Lett 380: 326-329.

Langston RF, Ainge JA, Couey JJ, Canto CB, Bjerknes TL, et al. (2010) Development of the spatial representation system in the rat. Science 328: 1576-1580.

Lansner A (2009) Associative memory models: from the cell-assembly theory to biophysically detailed cortex simulations. Trends Neurosci 32: 178-186.

Lashley KS (1930) Basic neural mechanisms in behavior. Psychol Rev 30: 237-2272 and 329-353.

Lashley KS (1951) The problem of serial order in behavior. In: Cerebral Mechanisms in Behavior: The Hixon Symposium (Jeffress LA, ed), pp. 112-136. New York: Wiley.

Lasztóczi B, Klausberger T (2016) Hippocampal place cells couple to three different gamma oscillations during place field traversal. Neuron 91: 34-40.

Latchoumane CV, Ngo HV, Born J, Shin HS (2017) Thalamic spindles promote memory formation during sleep through triple phase-locking of cortical, thalamic, and hippocampal rhythms. Neuron 95: 424-435.

Laurent G (1999) A systems perspective on early olfactory coding. Science 286: 723-728.

Leaman O (1985) An Introduction to Medieval Islamic Philosophy. New York: Cambridge University Press.

Lebedev MA, O'Doherty JE, Nicolelis MA (2008) Decoding of temporal intervals from cortical ensemble activity. J Neurophysiol 99: 166-186.

LeCun Y, Bengio Y, Hinton G (2015) Deep learning. Nature 521: 436-444.

LeDoux J (2015) Anxious: Using the Brain to Understand and Treat Fear and Anxiety. New York: Penguin Random House.

LeDoux JE (2014) Coming to terms with fear. Proc Natl Acad Sci U S A 111: 2871-2878.

LeDoux J, Daw ND (2018) Surviving threats: neural circuit and computational implications of a new taxonomy of defensive behaviour. Nat Rev Neurosci 19: 269-282.

Lee AK, Wilson MA (2002) Memory of sequential experience in the hippocampus during slow wave sleep. Neuron 36: 1183-1194.

Lee D (1950). Notes on the conception of the self among the Wintu Indians. J Abnorm Soc Psychol 45: 538-543.

Lee D, Lin B-J, Lee AK (2012) Hippocampal place fields emerge upon single-cell manipulation of excitability during behavior. Science 337: 849-853.

Lee DD, Seung SH (1999) Learning the parts of objects by non-negative matrix factorization. Nature 401: 788-791.

Leinekugel X, Khazipov R, Cannon R, Hirase H, Ben-Ari Y, Buzsáki G (2002) Correlated bursts of activity in the neonatal hippocampus in vivo. Science 296: 2049-2052.

Leon MI, Shadlen MN (2003) Representation of time by neurons in the posterior parietal cortex of the macaque. Neuron 38: 317-327.

Leopold D, Murayama Y, Logothetis N (2003) Very slow activity fluctuations in monkey visual cortex: implications for functional brain imaging. Cereb Cortex 13: 422-433.

Lerner Y, Honey CJ, Silbert LJ, Hasson U (2011) Topographic mapping of a hierarchy of temporal receptive windows using a narrated story. J Neurosci 31: 2906-2915.

Lettvin JY, Maturana HR, McCulloch WS, Pitts WH (1959) What the frog's eye tells the frog's brain. Proc Inst Radio Engr 47: 1940-1951.

Leutgeb S, Leutgeb JK, Treves A, Meyer R, Barnes CA, et al. (2005) Progressive transformation of hippocampal neuronal representations in "morphed" environments. Neuron 48: 345-348.

Leutgeb S, Ragozzino KE, Mizumori SJ (2000) Convergence of head direction and place information in the CA1 region of hippocampus. Neuroscience 100: 11-19.

Levenstein D, Watson BO, Rinzel J, Buzsáki G (2017) Sleep regulation of the distribution of cortical firing rates. Curr Opin Neurobiol 44: 34-42.

Levinson SC (2003) Space in Language and Cognition: Explorations in Cognitive Diversity. New York: Cambridge University Press.

Lévi-Strauss C (1963) Structural Anthropology. New York: Basic Books.

Levy WB, Steward O (1983) Temporal contiguity requirements for long-term associative potentiation/depression in the hippocampus. Neurosci 8: 791-797.

Li X, Shu H, Liu Y, Li P (2006) Mental representation of verb meaning: behavioral and electrophysiological evidence. J Cogn Neurosci 18: 1774-1787.

Li XG, Somogyi P, Ylinen A, Buzsáki G (1994) The hippocampal CA3 network: an in vivo intracellular labeling study. J Comp Neurol 339: 181-208.

Libet B (1985) Unconscious cerebral initiative and the role of conscious will in voluntary action. Behav Brain Sci 8: 529-566.

Libet B (2005) Mind Time: The Temporal Factor in Consciousness. Cambridge, MA: Harvard University Press.

Libet B, Wright EW, Feinstein B, Pearl DK (1979) Subjective referral of the timing for a conscious sensory experience: a functional role for the somatosensory specific projection system in man. Brain 102: 193-224.

Liberman AM, Cooper FS, Shankweiler DP, Studdert-Kennedy M (1967) Perception of the speech code. Psychol Rev 74: 431-461.

Limpert E, Stahel WA, Abbt W (2001) Log-normal distributions across the sciences: keys and clues. BioScience 51: 341-352.

Lisman J, Redish AD (2009) Prediction, sequences and the hippocampus. Philos Trans R Soc Lond B Biol Sci 364: 1193-1201.

Lisman JE (1997) Bursts as a unit of neural information: making unreliable synapses reliable. Trends Neurosci 20: 38-43.

Lisman JE, Idiart MA (1995) Storage of 7 ± 2 short-term memories in oscillatory subcycles. Science 267:

1512-1515.

Liu K, Sibille J, Dragoi (2018) Generative predictive codes by multiplexed hippocampal neuronal tuplets. Neuron XXX

Liu X, Ramirez S, Pang PT, Puryear CB, Govindarajan A, et al. (2012) Optogenetic stimulation of a hippocampal engram activates fear memory recall. Nature 484: 381-385.

Livio M (2002) The Golden Ratio: The Story of Phi, the World's Most Astonishing Number. New York: Broadway Books.

Llinás R (1988) The intrinsic electrophysiological properties of mammalian neurons: insights into central nervous system function. Science 242: 1654-1664.

Llinás R (2002) I of the Vortex: From Neurons to Self. Cambridge, MA: MIT Press.

Llinás R, Sugimori M (1980) Electrophysiological properties of in vitro Purkinje cell dendrites in mammalian cerebellar slices. J Physiol 305: 197-213.

Locke J (1690) An essay concerning human understanding. London: T Basset.

Loewenstein Y, Kuras A, Rumpel S (2011) Multiplicative dynamics underlie the emergence of the log-normal distribution of spine sizes in the neocortex in vivo. J Neurosci 31: 9481-9488.

Logothetis NK, Sheinberg DL (1996) Visual object recognition. Annu Rev Neurosci 19: 577-621.

Long MA, Fee MS (2008) Using temperature to analyse temporal dynamics in the songbird motor pathway. Nature 456: 189-194.

Losonczy A, Magee JC (2006) Integrative properties of radial oblique dendrites in hippocampal CA1 pyramidal neurons. Neuron 50: 291-307.

Löwel S, Singer W (1992) Selection of intrinsic horizontal connections in the visual cortex by correlated neuronal activity. Science 255: 209-212.

Lubenov EV, Siapas AG (2008) Decoupling through synchrony in neuronal circuits with propagation delays. Neuron 58: 118-131.

Lubenov EV, Siapas AG (2009) Hippocampal theta oscillations are travelling waves. Nature 459: 534-539.

Lucretius (2008) On the Nature of the Universe (translated by Melville, Robert). Oxford: Oxford University Press.

Luczak A, Barthó P, Harris KD (2009) Spontaneous events outline the realm of possible sensory responses in neocortical populations. Neuron 62: 413-425.

Luczak A, Barthó P, Marguet SL, Buzsáki G, Harris KD (2007) Sequential structure of neocortical spontaneous activity in vivo. Proc Natl Acad Sci U S A 104: 347-352.

Lundh L-G (1983) Mind and Meaning: Towards a Theory of the Human Considered As a System of Meaning Structures. Studia Psychologica-Upsaliensia 10: 1-208.

Luria AR (1966) Higher cortical functions in man. Tavistock, London.

Lutz J (2009) Music drives brain plasticity. F1000 Biol Rep 1: 78.

Lyon A (2014) Why are normal distributions normal? British J Philos Sci 65: 621-649.

MacDonald CJ, Lepage KQ, Eden UT, Eichenbaum H (2011) Hippocampal "time cells" bridge the gap in memory for discontiguous events. Neuron 71: 737-749.

MacDonald S (1998) Aquinas's libertarian account of free will. Rev Int Philos 2: 309-328.

Machens CK, Romo R, Brody CD (2005) Flexible control of mutual inhibition: a neural model of two-interval discrimination. Science 307: 1121-1124.

MacKay DM (1956) The epistemological problem for automata. In: Automomata Studies (Shannon CE, McCarthy J, eds), pp. 235-251. Princeton, NJ. Princeton University Press.

Mackay DM (1963) Psychophysics of perceived intensity: a theoretical basis for Fechner's and Stevens' laws. Science 139: 1213-1216.

MacKay DM (1967) Ways of looking at perception. In: Models for the Perception of Speech and Visual Form (Wathen-Dunn w, ed). Cambridge, MA: MIT Press.

Mackey M (1992) Time's Arrow: The Origins of Thermodynamic Behavior. Berlin: Springer-Verlag.

MacLean JN, Watson BO, Aaron GB, Yuste R (2005) Internal dynamics determine the cortical response to thalamic stimulation. Neuron 48: 811-823.

MacLean PD (1970) The triune brain, emotion, and scientific bias. In: The Neurosciences (Schmitt FO, ed). New York: Rockefeller University Press.

MacLeod K, Bäcker A, Laurent G (1998) Who reads temporal information contained across synchronized and oscillatory spike trains? Nature 395: 693-698.

Magee JC (2000) Dendritic integration of excitatory synaptic input. Nat Rev Neurosci 1: 181-190.

Magee JC, Johnston D (1997) A synaptically controlled, associative signal for Hebbian plasticity in hippocampal neurons. Science 275: 209-213.

Magendie F (1822) Expériences sur les fonctions des racines des nerfs rachidiens. Journal de physiologie expérimentale et de pathologie 276-279.

Maguire EA, Gadian DG, Johnsrude IS, Good CD, Ashburner J, et al. (2000) Navigation-related structural change in the hippocampi of taxi drivers. Proc Natl Acad Sci U S A 97: 4398-4403.

Maguire EA, Nannery R, Spiers HJ (2006) Navigation around London by a taxi driver with bilateral hippocampal lesions. Brain 129: 2894-907.

Maingret N, Girardeau G, Todorova R, Goutierre M, Zugaro M (2016) Hippocampo-cortical coupling mediates memory consolidation during sleep. Nat Neurosci 19: 959-964.

Malafouris L (2009) "Neuroarchaeology": exploring the links between neural and cultural plasticity. Prog Brain Res 178: 251-259.

Mannino M, Bressler SL (2015) Foundational perspectives on causality in large-scale brain networks. Phys Life Rev 15: 107-123.

Manns JR, Hopkins RO, Reed JM, Kitchener EG, Squire LR (2003) Recognition memory and the human hippocampus. Neuron 37: 171-180.

Mao T, Kusefoglu D, Hooks BM, Huber D, Petreanu L, Svoboda K (2011) Long-range neuronal circuits underlying the interaction between sensory and motor cortex. Neuron 72: 111-123.

Maor E (1994) E: The Story of a Number. Princeton NJ: Princeton University Press.

Marcus G, Marblestone A, Dean T (2014) Neuroscience. The atoms of neural computation. Science 346: 551-552.

Marder E, Goeritz ML, Otopalik AG (2015) Robust circuit rhythms in small circuits arise from variable circuit components and mechanisms. Curr Opin Neurobiol 31: 156-163.

Marder E, Rehm KJ (2005) Development of central pattern generating circuits. Curr Opin Neurobiol 15: 86-93.

Markov NT, Ercsey-Ravasz M, Van Essen DC, Knoblauch K, Toroczkai Z, Kennedy H (2013) Cortical high-density counterstream architectures. Science 342: 1238406.

Markov NT, Misery P, Falchier A, Lamy C, Vezoli J, et al. (2011) Weight consistency specifies regularities of macaque cortical networks. Cereb Cortex 21: 1254-1272.

Markram H, Lubke J, Frotscher M, Sakmann B (1997) Regulation of synaptic efficacy by coincidence of postsynaptic APs and EPSPs. Science 275: 213-215.

Markram H, Rinaldi T, Markram K (2007) The intense world syndrome-an alternative hypothesis for autism. Front Neurosci 1: 77-96.

Markram H, Tsodyks M (1996) Redistribution of synaptic efficacy between neocortical pyramidal neurons. Nature 382: 807-810.

Marr D (1969) A theory of cerebellar cortex. J Physiol 202: 437-470.

Marr D (1971) Simple memory: a theory for archicortex. Philos Trans R Soc Lond B Biol Sci 262: 23-81.

Marr D (1982) Vision: A Computational Investigation into the Human Representation and Processing of Visual Information. New York: Freeman.

Martinez F (1971) Comparison of two types of tactile exploration in a task of a mirror-image recognition. Psychonom Sci 22: 124-125.

Martinez-Conde S, Macknik SL, Hubel DH (2004) The role of fixational eye movements in visual perception. Nat Rev Neurosci 5: 229-240.

Masquelier T, Guyonneau R, Thorpe SJ (2009) Competitive STDP-based spike pattern learning. Neural Comput 21: 1259-1276.

Matell MS, Meck WH (2004) Cortico-striatalcircuits and interval timing: coincidence detection of oscillatory processes. Brain Res Cogn Brain Res 21: 139-170.

Matsuzawa T (1985) Use of numbers by a chimpanzee. Nature 315: 57-59.

Maturana HR, Varela FJ (1980) Autopoieis and Cognition: The Realization of the Living. D. Dordrecht, Netherlands: Reidel Publishing.

Mátyás F, Sreenivasan V, Marbach F, Wacongne C, Barsy B, et al. (2010) Motor control by sensory cortex. Science 330: 1240-1243.

Mauk MD, Buonomano DV (2004) The neural basis of temporal processing. Annu Rev Neurosci 27: 307-340.

Maurer AP, Burke SN, Lipa P, Skaggs WE, Barnes CA (2012) Greater running speeds result in altered hippocampal phase sequence dynamics. Hippocampus 22: 737-747.

Maurer AP, Vanrhoads SR, Sutherland GR, Lipa P, McNaughton BL (2005) Self-motion and the origin of differential spatial scaling along the septo-temporal axis of the hippocampus. Hippocampus 15: 841-852.

Mayer C, Bandler RC, Fishell G (2016) Lineage is a poor predictor of interneuron positioning within the forebrain. Neuron 92: 45-51.

Mazor O, Laurent G (2005) Transient dynamics versus fixed points in odor representations by locust antennal lobe projection neurons. Neuron 48: 661-673.

McAdams CJ, Maunsell JHR (1999) Effects of attention on orientation-tuning functions of single neurons in macaque cortical area V4. J Neurosci 19: 431-441.

McBain CJ, Fisahn A (2001) Interneurons unbound. Nat Rev Neurosci 2: 11-23.

McClelland JL, McNaughton BL, O'Reilly RC (1995) Why there are complementary learning systems in the hippocampus and neocortex: insights from the successes and failures of connectionist models of learning and memory. Psychol Rev 102: 419-457.

McClelland JL, Rumelhart DE, the PDP Research Group (1986) Parallel Distributed Processing: Explorations in the Microstructure of Cognition. Volume 2: Psychological and Biological Models. Cambridge, MA: MIT Press.

McCloskey M, Cohen N (1989) Catastrophic interference in connectionist networks: The sequential learning problem. In: The Psychology of Learning and Motivation: Volume 24 (Bower GH, ed), pp. 109-164. Cambridge, MA: Academic Press.

McCormick DA, Thompson RF (1984) Cerebellum: essential involvement in the classically conditioned eyelid response. Science 223: 296-299.

McElvain LE, Friedman B, Karten HJ, Svoboda K, Wang F, et al. (2017) Circuits in the rodent brainstem that control whisking in concert with other orofacial motor actions. Neuroscience 368: 152-170.

McGregor RJ (1993) Composite cortical networks of multimodal oscillators. Biol Cybern 69: 243-255.

McNaughton BL, Barnes CA, Gerrard JL, Gothard K, Jung MW, et al. (1996) Deciphering the hippocampal polyglot: the hippocampus as a path integration system. J Exp Biol 199: 173-185.

McNaughton BL, Barnes CA, O'Keefe J (1983) The contributions of position, direction, and velocity to single unit activity in the hippocampus of freely-moving rats. Exp Brain Res 52: 41-49.

McNaughton BL, Battaglia FP, Jensen O, Moser EI, Moser MB (2006) Path integration and the neural basis of the "cognitive map." Nat Rev Neurosci 7: 663-678.

McNaughton BL, Morris RGM (1987) Hippocampal synaptic enhancement and information storage within a distributed memory system. Trends Neurosci 10: 408-415.

Mehta MR (2015) From synaptic plasticity to spatial maps and sequence learning. Hippocampus 25: 756-762.

Meister MLR, Buffalo EA (2016) Getting directions from the hippocampus: the neural connection between looking and memory. Neurobiol Learn Mem 134: 135-144.

Mel BW (1999) Computational neuroscience. Think positive to find parts. Nature 401: 759-760.

Merleau-Ponty M (1945/ 2005) Phenomenology of Perception (Smith C, translator). London: Routledge.

Mesgarani N, Chang EF (2012) Selective cortical representation of attended speaker in multi-talker speech perception. Nature 485: 233-236.

Mesulam MM (1998) From sensation to cognition. Brain 121: 1013-1052.

Micadei K, Peterson JPS, Souza AM, Sarthour RS, Oliveira IS, et al. (2017) Reversing the thermodynamic arrow of time using quantum correlations. arXiv: 1711.03323.

Michelson AA, Morley EW (1887) On the relative motion of the earth and the luminiferous ether. Am J

Sci 34: 333-345.

Michon JA (1985) The complete time experiencer. In: Time, Mind and Behavior (Michon JA, Jackson JL, eds), pp. 21-52. Berlin: Springer.

Mickus T, Jung Hy, Spruston N (1999) Properties of slow, cumulative sodium channel inactivation in rat hippocampal CA1 pyramidal neurons. Biophys J 76: 846-860.

Miesenbock G (2009) The optogenetic catechism. Science 326: 395-399.

Miles R (1990) Synaptic excitation of inhibitory cells by single CA3 hippocampal pyramidal cells of the guinea-pig in vitro. J Physiol 428: 61-77.

Milh M, Kaminska A, Huon C, Lapillonne A, Ben-Ari Y, Khazipov R (2007) Rapid cortical oscillations and early motor activity in premature human neonate. Cereb Cortex 17: 1582-1594.

Miller G (1956). The magical number seven, plus or minus two: some limits on our capacity for processing information. Psychol Rev 63: 81-97.

Miller R (1996) Neural assemblies and laminar interactions in the cerebral cortex. Biol Cybern 75: 253-261.

Milner B, Corkin S, Teuber HL (1968) Further analysis of the hippocampal amnesic syndrome: 14-year follow-up study of H.M. Neuropsychologia 6: 191-209.

Milner B, Squire LR, Kandel ER (1998) Cognitive neuroscience and the study of memory. Neuron 20: 445-468.

Milner PM (1996). Neural representations: some old problems revisited. J Cogn Neurosci 8: 69-77.

Minkowski H (1909) Raum und Zeit. Physikalische Zeitschrift 10: 104-111. Reprinted and translated in Minkowski Spacetime: A Hundred Years Later (Vesselin P, ed), pp. xiv-xlii. Dordrecht: Springer 2010.

Mishkin M, Ungerleider L, Macko K (1983) Object vision and spatial vision: two cortical pathways. Trends Neurosci 6: 414-417.

Mishkin M, Vargha-Khadem F, Gadian DG (1998) Amnesia and the organization of the hippocampal system. Hippocampus 8: 212-216.

Mita A, Mushiake H, Shima K, Matsuzaka Y, Tanji J (2009) Interval time coding by neurons in the presupplementary and supplemental motor areas. Nat Neurosci 12: 502-507.

Mitchell JF, Sundberg KA, Reynolds JH (2009) Spatial attention decorrelates intrinsic activity fluctuations in macaque area V4. Neuron 63: 879-888.

Mitra A, Mitra SS, Tsien RW (2012) Heterogeneous reallocation of presynaptic efficacy in recurrent excitatory circuits adapting to inactivity. Nature Neurosci 15: 250-257.

Mitra A, Snyder AZ, Hacker CD, Pahwa M, Tagliazucchi E, et al. (2016) Human cortical-hippocampal dialogue in wake and slow-wave sleep. Proc Natl Acad Sci U S A 113: E6868-E6876.

Mittelstaedt ML, Mittelstaedt H (1980) Homing by path integration in a mammal. Naturwissenschaften 67: 566-567.

Mitzenmacher M (2003) A brief history of generative models for power law and lognormal distributions. Internet Math 1: 226-251.

Miyashita Y (1993) Inferior temporal cortex: where visual perception meets memory. Ann Rev Neurosci

16: 245-263.

Miyashita Y (2004) Cognitive memory: cellular and network machineries and their top-down control. Science 306: 435-440.

Miyashita-Lin EM, Hevner R, Wassarman KM, Martinez S, Rubinstein JL (1999) Early neocortical regionalization in the absence of thalamic innervation. Science 285: 906-909.

Mizuseki K, Buzsáki G (2013) Preconfigured, skewed distribution of firing rates in the hippocampus and entorhinal cortex. Cell Rep 4: 1010-1021.

Mizuseki K, Diba K, Pastalkova E, Buzsáki G (2011) Hippocampal CA1 pyramidal cells form functionally distinct sublayers. Nat Neurosci 14: 1174-1181.

Mizuseki K, Sirota A, Pastalkova E, Buzsáki G (2009) Theta oscillations provide temporal windows for local circuit computation in the entorhinal-hippocampal loop. Neuron 64: 267-280.

Mnih V, Heess N, Graves A, Kavukcuoglu K (2014). Recurrent models of visual attention. arXiv: 14066247.

Mölle M, Eschenko O, Gais S, Sara SJ, Born J (2009) The influence of learning on sleep slow oscillations and associated spindles and ripples in humans and rats. Eur J Neurosci 29: 1071-1081.

Moore T, Armstrong KM, Fallah M (2003) Visuomotor origins of covert spatial attention. Neuron 40: 671-683.

Moran J, Desimone R (1985) Selective attention gates visual processing in the extrastriate cortex. Science 229: 782-784.

Morillon B, Hackett TA, Kajikawa Y, Schroeder CE (2015) Predictive motor control of sensory dynamics in auditory active sensing. Curr Opin Neurobiol 31: 230-238.

Morris JS, Friston KJ, Büchel C, Frith CD, Young AW, et al. (1998) A neuromodulatory role for the human amygdala in processing emotional facial expressions. Brain 121, 47-57.

Morrone MC, Ross J, Burr D (2005) Saccadic eye movements cause compression of time as well as space. Nat Neurosci 8: 950-954.

Moser EI, Kropff E, Moser MB (2008) Place cells, grid cells, and the brain's spatial representation system. Annu Rev Neurosci 31: 69-89.

Moser EI, Moser MB, McNaughton BL (2017) Spatial representation in the hippocampal formation: a history. Nat Neurosci 20: 1448-1464.

Moser EI, Roudi Y, Witter MP, Kentros C, Bonhoeffer T, Moser MB (2014) Grid cells and cortical representation. Nat Rev Neurosci 15: 466-481.

Mosher CP, Zimmerman PE, Gothard KM (2014) Neurons in the monkey amygdala detect eye contact during naturalistic social interactions. Curr Biol 24: 2459-2464.

Mountcastle VB (1957) Modality and topographic properties of single neurons of cat's somatic sensory cortex. J Neurophysiol 20: 408-434.

Moyal JE (1949) Causality, determinism and probability. Philosophy 24: 310-317.

Muessig L, Hauser J, Wills TJ, Cacucci F (2016) Place cell networks in pre-weanling rats show associative memory properties from the onset of exploratory behavior. Cereb Cortex 26: 3627-3636.

Mukamel R, Ekstrom AD, Kaplan J, Iacoboni M, Fried I (2010) Single-neuron responses in humans during execution and observation of actions. Curr Biol 20: 750-756.

Muller RA (2016) Now: The Physics of Time. New York: W. W. Norton and Company.

Muller RU, Kubie JL (1987) The effects of changes in the environment on the spatial firing of hippocampal complex-spike cells. J Neurosci 7: 1951-1968.

Muller RU, Stead M, Pach J (1996) The hippocampus as a cognitive graph. J Gen Physiol 107: 663-694.

Mumford L (1934) Technics and Civilization. New York: Harcourt, Brace & Company.

Murphy BK, Miller KD (2003) Multiplicative gain changes are induced by excitation or inhibition alone. J Neurosci 23: 10040-10051.

Musall S, Kaufman MT, Gluf S, Churchland A (2018) Movement-related activity dominates cortex during sensory-guided decision making. BiorRxiV https://doi.org/10.1101/308288

Nadasdy Z, Hirase H, Czurko A, Csicsvari J, Buzsáki G (1999) Replay and time compression of recurring spike sequences in the hippocampus. J Neurosci 19: 9497-9507.

Nadel L, Moscovitch M (1997) Memory consolidation, retrograde amnesia and the hippocampal complex. Curr Opin Neurobiol 7: 217-227.

Navigli R, Lapata M (2010) An experimental study of graph connectivity for unsupervised word sense disambiguation. IEEE Trans Pattern Anal Mach Intell 32: 678-692.

Nelson A, Schneider DM, Takatoh J, Sakurai K, Wang F, Mooney R (2013) A circuit for motor cortical modulation of auditory cortical activity. J Neurosci 33: 14342-14353.

Newsome WT, Mikami A, Wurtz RH (1986) Motion selectivity in macaque visual cortex. III. Psychophysics and physiology of apparent motion. J Neurophysiol 55: 1340-1351.

Newtson D, Engquist G, Bois, J (1977) The objective basis of behaviour units. J Personal Soc Psychol 35: 847-862.

Nicolelis MA, Lebedev MA (2009) Principles of neural ensemble physiology underlying the operation of brain-machine interfaces. Nat Rev Neurosci 10: 530-540.

Niell CM, Stryker MP (2010) Modulation of visual responses by behavioral state in mouse visual cortex. Neuron 65: 472-479.

Nielsen JM (1958) Memory and Amnesia. Los Angeles, CA: San Lucas.

Niessing J, Friedrich RW (2010) Olfactory pattern classification by discrete neuronal network states. Nature 465: 47-52.

Nigam S, Shimono M, Ito S, Yeh F-C, Timme NM, et al. (2016) Rich-club organization in effective connectivity among cortical neurons. J Neurosci 36: 670-684.

Nobre AC, O'Reilly J (2004) Time is of the essence. Trend Cog Sci 8: 387-389.

Noë A (2004) Action in Perception. Cambridge, MA: MIT Press.

Noë A (2009) Out of Our Heads: Why You Are Not Your Brain, and Other Lessons from the Biology of Consciousness. New York: Hill and Wang.

Norimoto H, Makino K, Gao M, Shikano Y, Okamoto K, et al. (2018) Hippocampal ripples down-regulate synapses. Science 358: 1524-1527.

Normann RA, Perlman I (1979) The effects of background illumination on the photoresponses of red and green cones. J Physiol 286: 491-507.

Nottebohm F, Stokes TM, Leonard CM (1976) Central control of song in the canary, Serinus canarius. J Comp Neurol 165: 457-486.

O'Connor DH, Hires SA, Guo ZV, Li N, Yu J, et al. (2013) Neural coding during active somatosensation revealed using illusory touch. Nat Neurosci 16: 958-965.

Oh SW, Harris JA, Ng L, Winslow B, Cain N, et al. (2014) A mesoscale connectome of the mouse brain. Nature 508: 207-214.

Ohayon M, Zulley J, Guilleminault C, Smirne S (1999) Prevalence and pathologic associations of sleep paralysis in the general population. Neurology 52: 1194-2000.

Ohki K Chung S, Ch'ng YH, Kara P, Reid RC (2005) Functional imaging with cellular resolution reveals precise micro-architecture in visual cortex. Natur 433: 597-603.

O'Keefe J (1976) Place units in the hippocampus of the freely moving rat Exp. Neurol 51: 78-109.

O'Keefe J (1991) An allocentric spatial model for the hippocampal cognitive map. Hippocampus 1: 230-235.

O'Keefe J (1999) Do hippocampal pyramidal cells signal non-spatial as well as spatial information? Hippocampus 9: 352-364.

O'Keefe J, Burgess N (1996) Geometric determinants of the place fields of hippocampal neurons. Nature 381: 425-428.

O'Keefe J, Dostrovsky J (1971) The hippocampus as a spatial map. Preliminary evidence from unit activity in the freely-moving rat. Brain Res 34: 171-175.

O'Keefe J, Nadel L (1978) The Hippocampus as a Cognitive Map. New York: Oxford University Press.

O'Keefe J, Recce ML (1993) Phase relationship between hippocampal place units and the EEG theta rhythm. Hippocampus 3: 317-330.

Okun M, Steinmetz N, Cossell L, Iacaruso MF, Ko H, et al. (2015) Diverse coupling of neurons to populations in sensory cortex. Nature 521: 511-515.

Ólafsdóttir HF, Barry C, Saleem AB, Hassabis D, Spiers HJ (2015) Hippocampal place cells construct reward related sequences through unexplored space. eLife 4: e06063.

Ólafsdóttir HF, Carpenter F, Barry C (2017) Task demands predict a dynamic switch in the content of awake hippocampal replay. Neuron 96: 925-935.

Olsen SR, Bhandawat V, Wilson RI (2010) Divisive normalization in olfactory population codes. Neuron 66: 287-299.

Olshausen BA, Anderson CH, Van Essen DC (1993). A neurobiological model of visual attention and invariant pattern recognition based on dynamic routing of information. J Neurosci 13: 4700-4719.

Olton DS (1979) Mazes, maps, and memory. Am Psychol 34: 583-596.

Omer DB, Maimon SR, Las L, Ulanovsky N (2018) Social place-cells in the bat hippocampus. Science 359: 218-224.

Omura Y, Carvalho MM, Inokuchi K, Fukai T (2015) A lognormal recurrent network model for burst generation during hippocampal sharp waves. J Neurosc 35: 14585-14601.

O'Neill J, Senior T, Csicsvari J (2006) Place-selective firing of CA1 pyramidal cells during sharp wave/

ripple network patterns in exploratory behavior. Neuron 49: 143-155.

O'Neill J, Senior TJ, Allen K, Huxter JR, Csicsvari J (2008) Reactivation of experience-dependent cell assembly patterns in the hippocampus. Nat Neurosci 11: 209-215.

O'Neill J, Boccara CN, Stella F, Schoenenberger P, Csicsvari J (2017) Superficial layers of the medial entorhinal cortex replay independently of the hippocampus. Science 355: 184-188.

O'Regan JK, Noë A (2001) A sensorimotor account of vision and visual consciousness. Beh Brain Sci 25: 883-975.

Oscoz-Irurozqui M, Ortuño F (2016) Geniuses of medical science: friendly, open and responsible, not mad. Med Hypotheses 97: 71-73.

Ossendrijver M (2016) Ancient Babylonian astronomers calculated Jupiter's position from the area under a time-velocity graph. Science 351: 482-484.

Otero-Millan J, Troncoso XG, Macknik SL, Serrano-Pedraza I, Martinez-Conde S (2008) Saccades and microsaccades during visual fixation, exploration, and search: foundations for a common saccadic generator. J Vis 8: 1-18.

Pagel M, Atkinson QD, Meade A (2007) Frequency of word-use predicts rates of lexical evolution throughout Indo-European history. Nature 449: 717-720.

Paillard J (1991) Motor and representational framing of space. In: Brain and Space (Paillard J, ed), pp. 163-182. Oxford: Oxford University Press.

Palm G, Aertsen A (eds.) (1986) Brain Theory. Proceedings of the First Trieste Meeting on Brain Theory. Berlin: Springer Verlag.

Papale AE, Zielinski MC, Frank LM, Jadhav SP, Redish AD (2016) Interplay between hippocampal sharp-wave-ripple events and vicarious trial and error behaviors in decision making. Neuron 92: 975-982.

Papez JW (1937) A proposed mechanism of emotion. Arch Neurol Psychiatry 38: 725-744.

Parker ST, Gibson KR (1977) Object manipulation, tool use and sensimotor intelligence as feeding adaptations in cebus monkeys and great apes. J Hum Evol 6: 623-641.

Parker Jones O, Alfaro-Almagro F, Jbabdi S (2018) An empirical, 21st century evaluation of phrenology. Cortex 106: 26-35.

Parron C, Save E (2004) Evidence for entorhinal and parietal cortices involvement in path integration in the rat. Exp Brain Res 159: 349-359.

Pasley BN, David SV, Mesgarani N, Flinker A, Shamma SA, Crone NE, Knight RT, Chang EF. (2012) Reconstructing speech from human auditory cortex. PLoS Biol 10:e1001251.

Pastalkova E, Itskov V, Amarasingham A, Buzsáki G (2008) Internally generated cell assembly sequences in the rat hippocampus. Science 321: 1322-1327.

Patel J, Fujisawa S, Berényi A, Royer S, Buzsáki G (2012) Traveling theta waves along the entire septotemporal axis of the hippocampus. Neuron 75: 410-417.

Patzke N, Spocter MA, Karlsson KÆ, Bertelsen MF, Haagensen M, et al. (2015) In contrast to many other mammals, cetaceans have relatively small hippocampi that appear to lack adult neurogenesis. Brain Struct Funct 220: 361-383.

Paus T, Perry DW, Zatorre RJ, Worsley KJ, Evans AC (1996) Modulation of cerebral blood flow in the human auditory cortex during speech: role of motor-to-sensory discharges. Eur J Neurosci 8: 2236-2246.

Payne K (2017) The broken ladder: how inequality affects the way we think, live and die. Viking.

Pearl J (1995) Causal diagrams for empirical research. Biometrika 82: 669-709.

Pedroarena C, Llinás R (1997) Dendritic calcium conductances generate high-frequency oscillation in thalamocortical neurons. Proc Natl Acad Sci U S A 94: 724-728.

Penrose R (2004) The Road to Reality: A Complete Guide to the Laws of the Universe. London: Jonathan Cape.

Penttonen M, Buzsáki G (2003) Natural logarithmic relationship between brain oscillators. Thalamus Related Systems 2: 145-152.

Pepperberg I (1994) Numerical competence in an African gray parrot (Psittacus erithacus). J Comp Psychol 108: 36-44.

Perbal S, Couillet J, Azouvi P, Pouthas V (2003) Relationships between time estimation, memory, attention, and processing speed in patients with severe traumatic brain injury. Neuropsychologia 41: 1599-1610.

Perez-Orive J, Mazor O, Turner GC, Cassenaer S, Wilson RI, Laurent G (2002) Oscillations and sparsening of odor representations in the mushroom body. Science 297: 359-365.

Perin R, Berger TK, Markram H (2011) A synaptic organizing principle for cortical neuronal groups. Proc Natl Acad Sci U S A 108: 5419-5424.

Pesic P (2018) Polyphonic Minds: Music of the Hemispheres. Cambridge MIT Press.

Petreanu L, Gutnisky DA, Huber D, Xu Nl, O'Connor DH, et al. (2012) Activity in motor-sensory projections reveals distributed coding in somatosensation. Nature 489: 299-302.

Petsche H, Stumpf C, Gogolák G (1962) The significance of the rabbit's septum as a relay station between midbrain and the hippocampus. I. The control of hippocampus arousal activity by the septum cells. Electroencephalogr Clin Neurophysiol 14: 202-211.

Peyrache A, Battaglia FP, Destexhe A (2011) Inhibition recruitment in prefrontal cortex during sleep spindles and gating of hippocampal inputs. Proc Natl Acad Sci U S A 108: 17207-17212.

Peyrache A, Lacroix MM, Petersen PC, Buzsáki G (2015) Internally organized mechanisms of the head direction sense. Nat Neurosci 18: 569-575.

Peyrache A, Schieferstein N, Buzsáki G (2017) Transformation of the head-direction signal into a spatial code. Nat Commun 8: 1752. doi: 10.1038/s41467-017-01908-3.

Pezzulo G, Kemere C, van der Meer MAA (2017) Internally generated hippocampal sequences as a vantage point to probe future-oriented cognition. Ann N Y Acad Sci 1396: 144-165.

Pfeiffer BE (2017) The content of hippocampal "replay." Hippocampus doi: 10.1002/ hipo.22824.

Pfeiffer BE, Foster DJ (2013) Hippocampal place-cell sequences depict future paths to remembered goals. Nature 497: 74-79.

Pfungst O (2000) Clever Hans: The Horse of Mr. von Ostern. London: Thoemmes Press.

Piaget J (1946) Le D'eveloppement de la Notion de Temps chez l'Enfant. Paris: Presses Universitaires de

France.

Piaget J (1957) The child and modern physics. Sci Am 196: 46–51.

Pinker S (2003) The Blank Slate: The Modern Denial of Human Nature. New York: Viking.

Pizlo Z, Li Y, Sawada T, Steinman RM (2014) Making a Machine That Sees Like Us. New York: Oxford University Press.

Poincaré H (1905) La valeur de la science. Paris: Flammarion.

Poldrack RA (2010) Mapping mental function to brain structure: how can cognitive neuroimaging succeed? Perspect Psychol Sci 5: 753–761.

Polyn SM, Natu VS, Cohen JD, Norman KA (2005) Category-specific corti

Popper K (1959) The Logic of Scientific Discovery. Abingdon-on-Thames, UK: Routledge.

Port RF, Van Gelder T (1995) Mind as Motion. Cambridge, MA: MIT Press.

Posamentier AS, Lehmann I (2007) The Fabulous Fibonacci Numbers. Amherst, NJ: Prometheus Books.

Pouget A, Sejnowski T (1994) A neural model of the cortical representation of egocentric distance. Cereb Cortex 4: 314–329.

Pouget A, Sejnowski TJ (1997a) A new view of hemineglect based on the response properties of parietal neurones. Philos Trans R Soc Lond B Biol Sci 352: 1449–1459.

Pouget A, Sejnowski TJ (1997b) Spatial tranformations in the parietal cortex using basis functions. J Cog Neurosci 9: 222–237.

Poulet JF, Hedwig B (2006) The cellular basis of a corollary discharge. Science 311: 518–522.

Power RA, Steinberg S, Bjornsdottir G, Rietveld CA, Abdellaoui A, et al. (2015) Polygenic risk scores for schizophrenia and bipolar disorder predict creativity. Nat Neurosci 18: 953–955.

Prinz AA, Bucher D, Marder E (2004) Similar network activity from disparate circuit parameters. Nat Neurosci 7: 1345–1352.

Prinz W, Beisert M, Herwig A (2013) Action Science: Foundations of an Emerging Discipline. Cambridge, MA: MIT Press.

Proffitt T, Luncz LV, Falótico T, Ottoni EB, de la Torre I, Haslam M (2016) Wild monkeys flake stone tools. Nature 539: 85–88.

Pulvermüller F (2003) The Neuroscience of Language. Cambridge: Cambridge University Press.

Pulvermüller F (2010) Brain embodiment of syntax and grammar: discrete combinatorial mechanisms spelt out in neuronal circuits. Brain Lang 112: 167–179.

Pulvermüller F (2013) Semantic embodiment, disembodiment or misembodiment? In search of meaning in modules and neuron circuits. Brain Lang 127: 86–103.

Quian Quiroga R, Reddy L, Kreiman G, Koch C, Fried I (2005) Invariant visual representation by single neurons in the human brain. Nature 435: 1102–1107.

Quilichini P, Sirota A, Buzsáki G (2010) Intrinsic circuit organization and theta-gamma oscillation dynamics in the entorhinal cortex of the rat. J Neurosci 30: 11128–11142.

Quine WVO, Churchland PS, Føllesdal D (2013) Word and Object. Cambridge, MA: MIT Press

Quintana J, Fuster JM (1999) From perception to action: temporal integrative functions of prefrontal and parietal neurons. Cereb Cortex 9: 213–221.

Rabinovich MI, Huerta R, Varona P, Afraimovich VS (2008) Transient cognitive dynamics, metastability, and decision making. PLoS Comput Biol 4:e1000072.

Radua J, Del Pozo NO, Gómez J, Guillen-Grima F, Ortuño F (2014) Meta-analysis of functional neuroimaging studies indicates that an increase of cognitive difficulty during executive tasks engages brain regions associated with time perception. Neuropsychologia 58: 14-22.

Rall W (1964) Theoretical significance of dendritic trees for neuronal input-output relations. In: Neural Theory and Modeling (Reiss R, ed), pp. 73-97. Stanford, CA: Stanford University Press.

Ramachandran VS, Rogers-Ramachandran D, Cobb S (1995) Touching the phantom limb. Nature 377: 489-490.

Ranck JB (1985) Head direction cells in the deep cell layer of dorsal presubiculum in freely moving rats. In: Electrical Activity of the Archicortex (Buzsáki G, Vanderwolf CH, eds), pp. 217-220. Budapest: Akadémiai Kiadó.

Rangel LM, Quinn LK, Chiba AA (2015) Space, time, and the hippocampus. In: The Neurobiological Basis of Memory (Jackson PA, Chiba AA, Berman RF, Ragozzino ME, eds), pp. 59-75. Berlin: Springer-Verlag.

Rao RP, Ballard DH (1999) Predictive coding in the visual cortex: a functional interpretation of some extra-classical receptive-field effects. Nat Neurosci 2: 79-87.

Ratcliff R (1990) Connectionist models of recognition memory: constraints imposed by learning and forgetting functions. Psychol Rev 97: 285-308.

Rauskolb FW, Berger K, Lipski C, Magnor M, Cornelsen K, et al. (2008) Caroline: an autonomously driving vehicle for urban environments. J Field Robotics 25: 674-724.

Redican WK (1975) Facial expressions in nonhuman primates. In Primate Behavior (Rosenblum LA, ed), pp. 103-194. London: Academic Press.

Redish AD (2016) Vicarious trial and error. Nat Rev Neurosci 17: 147-159.

Redish AD, Elga AN, Touretzky DS (1996) A coupled attractor model of the rodent head direction system. Netw Comput Neural Syst 7: 671-685.

Redish AD, Rosenzweig ES, Bohanick JD, McNaughton BL, Barnes CA (2000) Dynamics of hippocampal ensemble activity realignment: time versus space. J Neurosci 20: 9298-9309.

Redish AD, Touretzky DS (1997) Cognitive maps beyond the hippocampus. Hippocampus 7: 15-35.

Reeves A (2017) The architecture of inequality. Nature 543: 312-314.

Reid CR, Latty T, Dussutour A, Beekman M (2012) Slime mold uses an externalized spatial "memory" to navigate in complex environments. Proc Natl Acad Sci U S A 109: 17490-17494.

Renart A, de la Rocha J, Bartho P, Hollender L, Parga N, et al. (2010) The asynchronous state in cortical circuits. Science 327: 587-590.

Renfrew C, Frith C, Malafouris L (2009) The Sapient Mind: Archaeology Meets Neuroscience: Oxford: Oxford University Press.

Rescorla RA, Wagner AR (1972) A theory of Pavlovian conditioning: Variations in the effectiveness of reinforcement and non-reinforcement. In: Classical Conditioning II: Current Theory and Research (Black AH, Prokasy WF, eds), pp. 64-99. New York: Appleton-Century.

Reynolds JH, Heeger DJ (2009) The normalization model of attention. Neuron 61: 168-185.

Rich PD, Liaw HP, Lee AK (2014) Place cells. Large environments reveal the statistical structure governing hippocampal representations. Science 345: 814-817.

Rieke F, Bodnar DA, Bialek W (1995) Naturalistic stimuli increase the rate and efficiency of information transmission by primary auditory afferents. Proc Biol Sci 262: 259-265.

Rieke F, Warland D, de Ruyter van Steveninck R, Bialek W (1997) Spikes: Exploring the Neural Code. Cambridge, MA: MIT Press.

Riggs LA, Ratliff F (1952) The effects of counteracting the normal movements of the eye. J Opt Soc Am 42: 872-873.

Risold PY, Swanson LW (1996) Structural evidence for functional domains in the rat hippocampus. Science 272: 1484-1486.

Rizzolatti G, Arbib MA (1998) Language within our grasp. Trends Cogn Sci 21: 188-194.

Rizzolatti G, Craighero L (2004) The mirror-neuron system. Annu Rev Neurosci 27: 169-192.

Rosenbaum P, Rubin DB (1983) The central role of the propensity score in observational studies for causal effects. Biometrika 70: 41-55.

Rosenblum B, Kuttner F (2008) Quantum Enigma: Physics Encounters Consciousness. New York: Oxford University Press.

Ross J, Morrone MC, Goldberg ME, Burr DC (2001) Changes in visual perception at the time of saccades. Trends Neurosci 24: 113-121.

Rothman JS, Cathala L, Steuber V, Silver RA (2009) Synaptic depression enables neuronal gain control. Nature 457: 1015-1018.

Rothschild G, Nelken I, Mizrahi (2010) Functional organization and population dynamics in the mouse primary auditory cortex. Nat Neurosci 13: 353-560.

Rothschild G, Eban E, Frank LM (2017) A cortical-hippocampal-cortical loop of information processing during memory consolidation. Nat Neurosci 20: 251-259.

Roux L, Hu B, Eichler R, Stark E, Buzsáki G (2017) Sharp wave ripples during learning stabilize the hippocampal spatial map. Nat Neurosci 20: 845-853.

Rovelli C (2016) Reality Is Not What It Seems: The Journey to Quantum Gravity. London: Allan Lane Publisher.

Roweis ST, Saul LK (2000) Nonlinear dimensionality reduction by locally linear embedding. Science 290: 2323-2325.

Roxin A, Brunel N, Hansel D, Mongillo G, van Vreeswijk C (2011) On the distribution of firing rates in networks of cortical neurons. J Neurosci 31: 16217-16226.

Royer S, Sirota A, Patel J, Buzsáki G (2010) Distinct representations and theta dynamics in dorsal and ventral hippocampus. J Neurosci 30: 1777-1787.

Royer S, Zemelman BV, Losonczy A, Kim J, Chance F, et al. (2012) Control of timing, rate and bursts of hippocampal place cells by dendritic and somatic inhibition. Nat Neurosci 15: 769-775.

Rudy B, Fishell G, Lee S, Hjerling-Leffler J (2011) Three groups of interneurons account for nearly 100% of neocortical GABAergic neurons. Dev Neurobiol 71: 45-61.

Ruff CB, Trinkhous E, Holliday TW (1997) Body mass and encephalization in Pleistocene Homo. Nature 387: 173-176.

Rumelhart DE, McClelland JL, the PDP Research Group (1986) Parallel Distributed Processing: Explorations in the Microstructure of Cognition. Volume 1: Foundations. Cambridge, MA: MIT Press.

Russell B (1992) On the notion of cause. In: The Collected Papers of Bertrand Russell v6: Logical and Philosophical Papers 1909-1913 (Slater J, ed), pp 193-210. London: Routledge Press.

Russell B, Slater JG, Frohmann B (1992) The Collected Papers of Bertrand Russell: Logical and Philosophical Papers, 1909-1913. New York: Routledge.

Rutishauser U, Tudusciuc O, Wang S, Mamelak AN, Ross IB, Adolphs R (2013) Single-neuron correlates of atypical face processing in autism. Neuron 80: 887-899.

Sabbah S, Gemmer JA, Bhatia-Lin A, Manoff G, Castro G, et al. (2017) A retinal code for motion along the gravitational and bodyaxes. Nature 546: 492-497.

Sajin SM, Connine CM (2014) Semantic richness: the role of semantic features in processing spoken words. J Mem Lang 70: 13-35.

Sale K (1995) Rebels Against the Future: The Luddites and Their War on the Industrial Revolution: Lessons for the Computer Age. New York: Basic Books.

Salinas E, Abbott LF (1995) Transfer of coded information from sensory to motor networks. J Neurosci 15: 6461-6474.

Salinas E, Sejnowski TJ (2001) Gain modulation in the central nervous system: where behavior, neurophysiology, and computation meet. Neuroscientist 7: 430-440.

Salinas E, Thier P (2000) Gain modulation: a major computational principle of the central nervous system. Neuron 27: 15-21.

Samsonovich A, McNaughton BL (1997) Path integration and cognitive mapping in a continuous attractor neural network model. J Neurosci 17: 5900-5920.

Samsonovich AV, Ascoli GA (2005) A simple neural network model of the hippocampus suggesting its pathfinding role in episodic memory retrieval. Learn Mem 12: 193-208.

Sanchez-Vives MV, McCormick DA (2000) Cellular and network mechanisms of rhythmic recurrent activity in neocortex. Nat Neurosci 3: 1027-1034.

Sargolini F, Fyhn M, Hafting T, McNaughton BL, Witter MP, et al. (2006) Conjunctive representation of position, direction, and velocity in entorhinal cortex. Science 312: 758-762.

Sarpeshkar R (2010) Ultra Low Power Bioelectronics: Fundamentals, Biomedical Applications, and Bio-inspired Systems. New York: Cambridge University Press.

Sawamura H, Shima K, Tanji J (2002) Numerical representation for action in the parietal cortex of the monkey. Nature 415: 918-922.

Scarr S, McCartney K (1983) How people make their own environments: a theory of genotype → environment effects. Child Dev 54: 424-435.

Schacter DL (2001) Forgotten Ideas, Neglected Pioneers: Richard Semon and the Story of Memory. Philadelphia: Psychology Press.

Schacter DL, Addis DR (2007) Constructive memory: the ghosts of past and future. Nature 445: 27.

Schacter DL, Addis DR, Buckner RL (2007) Remembering the past to imagine the future: the prospective brain. Nat Rev Neurosci 8: 657-661.

Schacter DL, Harbluk J, McLachlan D (1984) Retrieval without recollection: an experimental analysis of source amnesia. J Verb Learn Verb Behav 23: 593-611.

Schaffer J (2016) The metaphysics of causation. In: The Stanford Encyclopedia of Philosophy (Zalta EN ed). Stanford, CA: Stanford University.

Scharnowski F, Rees G, Walsh V (2013) Time and the brain: neurorelativity: the chronoarchitecture of the brain from the neuronal rather than the observer's perspective. Trends Cogn Sci 17: 51-52.

Scheidel W (2017) The Great Leveler: Violence and History of Inequality from the Stone Age to the Twenty-First Century. Princeton, NJ: Princeton University Press.

Schlegel AA, Rudelson JJ, Tse PU (2012) White matter structure changes as adults learn a second language. J Cogn Neurosci 24: 1664-1670.

Schmajuk NA, Thieme AD (1992) Purposive behavior and cognitive mapping: a neural network model. Biol Cybern 67: 165-174.

Schmitz TW, Duncan J (2018) Normalization and the cholinergic microcircuit: a unified basis for attention. Trend Cogn Sci 22: 422-437.

Schneider DM, Nelson A, Mooney R (2014) A synaptic and circuit basis for corollary discharge in the auditory cortex. Nature 513: 189-194.

Schneider F, Wildermuth D (2011) Results of the European land robot trial and their usability for benchmarking outdoor robot systems. Towards Autonomous Robotic Systems 408-409.

Scholz J, Klein MC, Behrens TE, Johansen-Berg H (2009) Training induces changes in white-matter architecture. Nat Neurosci 12: 1370-1371.

Schomburg EW, Fernández-Ruiz A, Mizuseki K, Berényi A, Anastassiou CA, et al. (2014) Theta phase segregation of input-specific gamma patterns in entorhinal-hippocampal networks. Neuron 84: 470-485.

Schroeder CE, Lakatos P (2009) Low-frequency neuronal oscillations as instruments of sensory selection. Trends Neurosci 32: 9-18.

Schroeder CE, Lakatos P, Kajikawa Y, Partan S, Puce A (2008) Neuronal oscillations and visual amplification of speech. Trends Cogn Sci 12: 106-113.

Schultz W (1998) Predictive reward signal of dopamine neurons. J Neurophysiol 80: 1-27.

Schultz W (2015) Neuronal reward and decision signals: from theories to data. Physiol Rev 95: 853-951.

Scoville WB, Milner B (1957) Loss of recent memory after bilateral hippocampal lesions. J Neurol Neurosurg Psychiat 20: 11-21.

Seetharaman G, Lakhotia A, Blasch E (2006) Unmanned vehicles come of age: the DARPA grand challenge. Computer 39: 26-29.

Sejnowski TJ (2018) The Deep Learning Revolution. Cambridge, MA: MIT Press.

Seligman MEP (1971) Phobias and preparedness. Behavior Ther 2: 307-320.

Seligman MEP (1975) Helplessness: On Depression, Development, and Death. San Francisco, CA: W. H.

Freeman.

Senzai Y, Buzsáki G (2017) Physiological properties and behavioral correlates of hippocampal granule cells and mossy cells. Neuron 93: 691-704.

Seth AK (2005) Causal connectivity analysis of evolved neuronal networks during behavior. Netw Comput Neural Syst 16: 35-55.

Shadlen MN, Kiani R (2013) Decision making as a window on cognition. Neuron 80: 791-806.

Shafer G (1996) The Art of Causal Conjecture. Cambridge, MA: MIT Press.

Shankar KH, Howard MW (2012) A scale-invariant representation of time. Neural Computation 24: 134-193.

Shannon CE (1948) A mathematical theory of communication. Bell System Technical Journal 623-656.

Shannon CE (1956) The bandwagon. IRE Trans InformTheory 2: 3.

Shannon RV, Zeng FG, Kamath V, Wygonski J, Ekelid M (1995) Speech recognition with primarily temporal cues. Science 270: 303-304.

Sharma J, Angelucci A, Sur M (2000) Induction of visual orientation modules in auditory cortex. Nature 404: 841-847.

Shaw GL, Silverman DJ, Pearson JC (1985) Model of cortical organization embodying a basis for the theory of information processing and memory recall. Proc Natl Acad Sci.82: 2364-2368.

Sheer DE, Grandstaff NW, Benignus VA (1966) Behavior and 40-c-sec. electrical activity in the brain. Psychol Rep 19: 1333-1334.

Shenoy KV, Sahani M, Churchland MM (2013) Cortical control of arm movements: a dynamical systems perspective. Annu Rev Neurosci 36: 337-359.

Shepard RN, Kilpatric DW, Cunningham JP (1975) The internal representation of numbers. Cogn Psychol 7: 82-138.

Sherrington CS (1942) Man on His Nature. Cambridge: Cambridge University Press.

Shilnikov AL, Maurer AP (2016) The art of grid fields: geometry of neuronal time. Front Neural Circuits 10: 12.

Shimamura AP, Squire LR (1987). A neuropsychological study of fact memory and source amnesia. J Exp Psychol Learn Mem Cogn 13: 464-473.

Shipley TF, Zacks JM (eds) (2008) Understanding Events: From Perception to Action. Oxford: Oxford University Press, 2008.

Shmueli G (2010) To explain or to predict? Statist Sci 25: 289-310.

Shumway-Cook A, Woollacott MH (1995) Motor Control: Theory and Practical Applications. Philadelphia, PA: Lippincott Williams & Wilkins.

Siapas AG, Wilson MA (1998) Coordinated interactions between hippocampal ripples and cortical spindles during slow-wave sleep. Neuron 21: 1123-1128.

Siegler RS, Opfer JE (2003) The development of numerical estimation: evidence for multiple representations of numerical quantity. Psychol Sci 14: 237-243.

Silva D, Feng T, Foster DJ (2015) Trajectory events across hippocampal place cells require previous experience. Nat Neurosci 18: 1772-1779.

Silver D, Huang A, Maddison CJ, Guez A, Sifre L, et al. (2016) Mastering the game of Go with deep neural networks and tree search. Nature 529: 484-489.

Silver RA (2010) Neuronal arithmetic. Nat Rev Neurosci 11: 474-489.

Singer AC, Carr MF, Karlsson MP, Frank LM (2013) Hippocampal SWR activity predicts correct decisions during the initial learning of an alternation task. Neuron 77: 1163-1173.

Singer W (1999) Neuronal synchrony: a versatile code for the definition of relations? Neuron 24: 49-65.

Singh N, Theunissen F (2003) Modulation spectra of natural sounds and ethological theories of auditory processing. J Acoust Soc Am 114: 3394-3411.

Sinha C, Da Silva Sinha V, Zinken J, Sampaio W (2011) When time is not space: the social and linguistic construction of time intervals and temporal event relations in an Amazonian culture. Lang Cogn 3: 137-169.

Sinnot EW (1937) The relation of gene to character in quantitative inheritance. Proc Natl Acad Sci USA 23: 224-227.

Sirota A, Csicsvari J, Buhl D, Buzsáki G (2003) Communication between neocortex and hippocampus during sleep in rodents. Proc Natl Acad Sci U S A 100: 2065-2069.

Sirota A, Montgomery S, Fujisawa S, Isomura Y, Zugaro M, Buzsáki G (2008) Entrainment of neocortical neurons and gamma oscillations by the hippocampal theta rhythm. Neuron 60: 683-697.

Skaggs WE, McNaughton BL (1996) Replay of neuronal firing sequences in rat hippocampus during sleep following spatial experience. Science 271: 1870-1873.

Skaggs WE, McNaughton BL, Wilson MA, Barnes CA (1996) Theta phase precession in hippocampal neuronal populations and the compression of temporal sequences. Hippocampus 6: 149-172.

Skarda CA, Freeman WJ (1987) How brains make chaos in order to make sense of the world. Behav Brain Sci 10: 161-173.

Skeide MA, Kumar U, Mishra RK, Tripathi VN, Guleria A, et al. (2017) Learning to read alters cortico-subcortical cross-talk in the visual system of illiterates. Sci Adv 3: e1602612.

Skinner BF (1938) The Behavior of Organisms: An Experimental Analysis. Boston, MA: D. Appleton & Company.

Slotine JJE, Li W (1991) Applied Nonlinear Control. Engelwood, NJ: Prentice-Hall.

Smear M, Resulaj A, Zhang J, Bozza T, Rinberg D (2013) Multiple perceptible signals from a single olfactory glomerulus. Nat Neurosci 16: 1687-1691.

Smolin L (2013) Time Reborn: From the Crisis of Physics to the Future of the Universe. Boston, MA: Houghton Mifflin Harcourt.

Soares S, Atallah BV, Paton JJ (2016) Midbrain dopamine neurons control judgment of time. Science 354: 1273-1277.

Sobel D (1995) Longitude: The True Story of a Lone Genius Who Solved the Greatest Scientific Problem of His Time. New York: Walker Publishing Company, Inc.

Sokolov EN (1960) Neuronal models and the orienting reflex. In: The Central Nervous System and Behavior (Brazier MAB, ed), pp. 187-276. New York: Josiah Macy, Jr. Foundation.

Sokolov EN (1963) Perception and the Conditioned Reflex. New York: Pergamon Press.

Soltesz I (2005) Diversity in the Neuronal Machine: Order and Variability in Interneuronal Microcircuits. New York: Oxford University Press.

Soltesz I, Deschênes M (1993) Low-and high-frequency membrane potential oscillations during theta activity in CA1 and CA3 pyramidal neurons of the rat hippocampus under ketamine-xylazine anesthesia. J Neurophysiol 70: 97-116.

Sommer MA, Wurtz RH (2006) Influence of the thalamus on spatial visual processing in frontal cortex. Nature 444: 374-377.

Song S, Sjöström PJ, Reigl M, Nelson S, Chklovskii DB (2005) Highly nonrandom features of synaptic connectivity in local cortical circuits. PLoS Biology 3: e68.

Sperry RW (1950) Neural basis of the spontaneous optokinetic response produced by visual inversion. J Compar Physiol Psychol 43: 482-489.

Spirtes P, Glymour C, Scheines R (2000) Causation, Prediction, and Search (2nd ed). Cambridge, MA: MIT Press.

Sporns O (2010) Networks of the Brain. Cambridge, MA: MIT Press.

Spruijt BM, van Hooff JA, Gispen WH (1992) Ethology and neurobiology of grooming behavior. Physiol Rev 72: 825-852.

Squire LR (1992a) Declarative and nondeclarative memory: multiple brain systems supporting learning and memory. J Cogn Neurosci 4: 232-243.

Squire LR (1992b) Memory and the hippocampus: a synthesis from findings with rats, monkeys, and humans. Psychol Rev 99: 195-231.

Squire LR, Alvarez P (1995) Retrograde amnesia and memory consolidation: a neurobiological perspective. Curr Opin Neurobiol 5: 169-177.

Squire LR, Slater PC, Chace PM (1975) Retrograde amnesia: temporal gradient in very long term memory following electroconvulsive therapy. Science 187: 77-79.

Squire LR, Stark CE, Clark RE (2004) The medial temporal lobe. Annu Rev Neurosci 27: 279-306.

Srinivasamurthy A, Subramanian S, Tronel G, Chordia P (2012) A beat tracking approach to complete description of rhythm in Indian classical music. Proc 2nd Comp Music Workshop, 72-78.

Staddon JE (2005) Interval timing: memory, not a clock. Trends Cogn Sci 9: 312-314.

Staddon JER (1978) Theory of behavioral power functions. Psychol Rev 85: 305-320.

Staddon JER, Simmelhag VL (1971) The "superstition" experiment: a reexamination of its implications for the principles of adaptive behavior. Psychol Rev 78: 3-43.

Stark E, Roux L, Eichler R, Buzsáki G (2015) Local generation of multineuronal spike sequences in the hippocampal CA1 region. Proc Natl Acad Sci U S A 112: 10521-10526.

Steinhardt PJ, Turok N (2002) A cyclic model of the universe. Science 296: 1436-1439.

Steriade M, Contreras D, Curró Dossi R, Nuñez A (1993a) The slow (< 1 Hz) oscillation in reticular thalamic and thalamocortical neurons: scenario of sleep rhythm generation in interacting thalamic and neocortical networks. J Neurosci 13: 3284-3299.

Steriade M, Nuñez A, Amzica F (1993b) A novel slow (~1 Hz) oscillation of neocortical neurons in vivo: depolarizing and hyperpolarizing components. J Neurosci 13: 3252-3265.

Steriade M, Nuñez A, Amzica F (1993c) Intracellular analysis of relations between the slow (<1 Hz) neocortical oscillation and other sleep rhythms of the electroencephalogram. J Neurosci 13: 3266–3283.

Stevens SS (1961) To honor Fechner and repeal his law: a power function, not a log function, describes the operating characteristic of a sensory system. Science 133: 80–86.

Stone JV (2013) Bayes' Rule: A Tutorial Introduction to Bayesian Analysis. London: Sebtel Press.

Stringer C, Pachitariu M, Steinmetz N, Reddy CB, Carandini M, Harris KD (2018) Spontaneous behaviors drive multidimensional, brain-wide population activity. BiorRxiV. https://doi.org/10.1101/306019.

Sturm I, Blankertz B, Potes C, Schalk G, Curio G (2014) ECoG high gamma activity reveals distinct cortical representations of lyrics passages, harmonic and timbre-related changes in a rock song. Front Human Neurosci 8: 798.

Suddendorf T, Corballis MC (2007) The evolution of foresight: what is mental time travel, and is it unique to humans? Behav Brain Sci 30: 299–313.

Suga N, Schlegel P (1972) Neural attenuation of responses to emitted sounds in echolocating bats. Science 177: 82–84.

Sullivan D, Mizuseki K, Sorgi A, Buzsáki G (2014) Comparison of sleep spindles and theta oscillations in the hippocampus. J Neurosci 34: 662–674.

Sussillo D, Abbott LF (2009) Generating coherent patterns of activity from chaotic neural networks. Neuron 63: 544–557.

Sutton RS, Barto AG (1998) Reinforcement Learning: An Introduction (Adaptive Computation and Machine Learning). Cambridge, MA: MIT Press.

Swadlow HA (2000) Information flow along neocortical axons. In: Time and the Brain (Miller R, ed). Reading, UK: Harwood Academic Publishers.

Szent-Györgyi A (1951) Nature of the contraction of muscle. Nature 167: 380–381.

Takahashi N, Sasaki T, Matsumoto W, Matsuki N, Ikegaya Y (2010) Circuit topology for synchronizing neurons in spontaneously active networks. Proc Natl Acad Sci U S A 107: 10244–10249.

Takehara-Nishiuchi K, McNaughton BL (2008) Spontaneous changes of neocortical code for associative memory during consolidation. Science 322: 960–963.

Talmy L (1985) Lexicalization patterns: semantic structure in lexical forms. In: Language Typology and Semantic Description (Shopen T, ed), pp. 57–149. Cambridge: Cambridge University Press.

Taube JS (2007) The head direction signal: origins and sensory-motor integration. Annu Rev Neurosci 30: 181–207.

Tegmark M (2014) Our Mathematical Universe: My Quest for the Ultimate Nature of Reality. New York: Vintage Books, Random House.

Tenenbaum JB, de Silva V, Langford JC (2000) A global geometric framework for nonlinear dimensionality reduction. Science 290: 2319–2323.

Tennesen M (2009) More Animals Seem to Have Some Ability to Count. Sci Am. September. http://www.scientificamerican.com/article/how-animals-have-the-ability-to-count/.

Terada S, Sakurai Y, Nakahara H, Fujisawa S (2017) Temporal and rate coding for discrete event sequences in the hippocampus. Neuron 94: 1248-1262.

Teyler TJ, DiScenna P (1986) The hippocampal memory indexing theory. Behav Neurosci 100: 147-154.

Thaler L, Arnott SR, Goodale MA (2011) Neural correlates of natural human echolocation in early and late blind echolocation experts. PLoS One 6: e20162.

Thelen E (1989) Self-organization in developmental processes: Can systems approaches work? In: Systems and Development: The Minnesota Symposia on Child Psychology, Vol. 22 (Gunnar M, Thelen E, eds), pp. 17-171. Hillsdale, NJ: Erlbaum.

Thomas L (1972) Antaeus in Manhattan. N Engl J Med 286: 1046-1047.

Thompson RF (2005) In search of memory traces. Annu Rev Psychol 56: 1-23.

Thomson AM, Deuchars J (1994) Temporal and spatial properties of local circuits in neocortex. Trends Neurosci 17: 119-126.

Thomson AM, West DC (2003) Presynaptic frequency filtering in the gamma frequency band; dual intracellular recordings in slices of adult rat and cat neocortex. Cereb Cortex 13: 136-143.

Thorpe S, Delorme A, Van Rullen R (2001) Spike-based strategies for rapid processing. Neural Netw 14: 715-725.

Tiganj Z, Cromer JA, Roy GE, Miller EK, Howard MW (2017) Compressed timeline of recent experience in monkey lPFC. bioRxiv 126219.

Tingley D, Buzsáki G (2018) Transformation of a spatial map across the hippocampal-lateral septal circuit. Neuron 98: 1229-1242.

Tinbergen N (1951) The Study of Instinct. New York: Oxford University Press.

Tolman EC (1948) Cognitive maps in rats and men. Psychol Rev 55: 189-208.

Tomasino B, Fink GR, Sparing R, Dafotakis M, Weiss PH (2008) Action verbs and the primary motor cortex: a comparative TMS study of silent reading, frequency judgments, and motor imagery. Neuropsychologia 46: 1915-1926.

Tonegawa S, Liu X, Ramirez S, Redondo R (2015) Memory engram cells have come of age. Neuron 87: 918-931.

Tononi G (2012) Phi: A Voyage from the Brain to the Soul. New York: Pantheon Books.

Tononi G, Cirelli C (2003) Sleep and synaptic homeostasis: a hypothesis. Brain Res Bull 62: 143-150.

Tononi G, Cirelli C (2014) Sleep and the price of plasticity: from synaptic and cellular homeostasis to memory consolidation and integration. Neuron 81: 12-34.

Tononi G, Sporns O, Edelman GM (1994) A measure for brain complexity: relating functional segregation and integration in the nervous system. Proc Natl Acad Sci U S A 91: 5033-5037.

Toth N (1985) The Oldowan reassessed: a close look at early stone artifacts. J Archeol Sci 12: 101-120.

Toulmin S, Goodfield J (1982) The Discovery of Time. Chicago: The University of Chicago Press.

Treue S (2003) Visual attention: the where, what, how and why of saliency. Curr Opin Neurobiol 13: 428-432.

Treue S, Martínez-Trujillo JC (1999) Feature-based attention influences motion processing gain in macaque visual cortex. Nature 399: 575-579.

Treves A, Rolls ET (1994) Computational analysis of the role of the hippocampus in memory. Hippocampus 4: 374-391.

Trivers RL (2011) The Folly of Fools. New York: Basic Books.

Trope Y, Liberman N (2010) Construal-level theory of psychological distance. Psychol Rev 117: 440-463.

Troxler IPV (1804) Über das Verschwinden gegebener Gegenstände innerhalb unseres Gesichtskreises [On the disappearance of given objects from our visual field]. Ophthalmologische Bibliothek (in German) 2: 1-53.

Truccolo W, Hochberg LR, Donoghue JP (2010) Collective dynamics in human and monkey sensorimotor cortex: predicting single neuron spikes. Nat Neurosci 13: 105-111.

Tse PU, Intriligator J, Rivest J, Cavanagh P (2004) Attention and the subjective expansion of time. Percept Psychophys 66: 1171-1189.

Tsodyks M, Kenet T, Grinvald A, Arieli A (1999) Linking spontaneous activity of single cortical neurons and the underlying functional architecture. Science 286: 1943-1946.

Tsodyks MV, Skaggs WE, Sejnowski TJ, McNaughton BL (1996) Population dynamics and theta rhythm phase precession of hippocampal place cell firing: a spiking neuron model. Hippocampus 6: 271-280.

Tulving E (1972) Episodic and semantic memory. In: Organization of Memory (Tulving E, Donaldson W, eds), pp. 381-402. New York: Academic Press.

Tulving E (1983) Elements of Episodic Memory. Oxford: Clarendon Press.

Tulving E (2002) Episodic memory: from mind to brain. Ann Rev Psych 53: 1-15.

Tulving E, Schacter DL (1990) Priming and human memory systems. Science 247: 301-306.

Tversky A (1977) Features of similarity. Psychological Review 84: 327-352.

Tversky A, Kahneman D (1974) Judgment under uncertainty: heuristics and biases. Science 185: 1124-1131.

Tversky A, Kahneman D (1981) The framing of decisions and the psychology of choice. Science 211: 453-4458.

Ullman S (1980) Against direct perception. Behav Brain Sci 3: 373-416.

Umeno MM, Goldberg ME (1997) Spatial processing in the monkey frontal eye field. I. Predictive visual responses. J Neurophysiol 78: 1373-1383.

Urmson C, Anhalt J, Bae H, Bagnell A, Baker CR, et al. (2008) Autonomous driving in urban environments: boss and the urban challenge. J Field Robotics 25: 425-466.

Valeeva G, Janackova S. Nasretdinov A, Richkova V, Makarov R, et al. (1998) Coordinated activity in the developing entorhinal-hippocampal network. Proc Natl Acad Sci (USA) in press

van den Bos E, Jeannerod M (2002) Sense of body and sense of action both contribute to self-recognition. Cognition 85: 177-187.

van den Heuvel MP, Sporns O (2011) Rich-club organization of the human connectome. J Neurosci 31: 15775-15786.

Vandecasteele M, Varga V, Berenyi A, Papp E, Bartho P, et al. (2014) Optogenetic activation of septal cholinergic neurons suppresses sharp wave ripples and enhances theta oscillations in the hippocampus. Proc Natl Acad Sci U S A 111: 13535-13540.

Vanderwolf CH (2007) The Evolving Brain: The Mind and the Neural Control of Behavior. Berlin: Springer.

van de Ven GM, Trouche S, McNamara CG, Allen K, Dupret D (2016) Hippocampal offline reactivation consolidates recently formed cell assembly patterns during sharp wave-ripples. Neuron 92: 968-974.

VanRullen R, Guyonneau R, Thorpe SJ (2005) Spike times make sense. Trends Neurosci 28: 1-4.

Varela F, Lachaux JP, Rodriguez E, Martinerie J (2001) The brainweb: phase synchronization and large-scale integration. Nat Rev Neurosci 2: 229-239.

Varela FJ, Thompson E, Rosch E (1991) The Embodied Mind: Cognitive Science and Human Experience. Cambridge, MA: MIT Press.

Vargha-Khadem F, Gadian DG, Watkins KE, Connelly A, Van Paesschen W, Mishkin M (1997) Differential effects of early hippocampal pathology on episodic and semantic memory. Science 277: 376-380.

Verhage M, Maia AS, Plomp JJ, Brussaard AB, Heeroma JH, et al. (2000) Synaptic assembly of the brain in the absence of neurotransmitter secretion. Science 287: 864-869.

Vida I, Bartos M, Jonas P (2006) Shunting inhibition improves robustness of gamma oscillations in hippocampal interneuron networks by homogenizing firing rates. Neuron 49: 107-117.

Villette V, Malvache A, Tressard T, Dupuy N, Cossart R (2015) Internally recurring hippocampal sequences as a population template of spatiotemporal information. Neuron 88: 357-366.

von der Malsburg C (1994). The correlation theory of brain function. In: Models of Neural Networks II: Temporal Aspects of Coding and Information (Domany E, van Hemmen JL, Schulten K, eds). New York: Springer.

von Economo C, Koskinas GN (1929) The Cytoarchitectonics of the Human Cerebral Cortex. London: Oxford University Press.

von Holst E, Mittelstaedt H (1950) Das reafferezprincip Wechselwirkungen zwischen Zentralnerven-system und Peripherie. Naturwissenschaften 37: 467-476, 1950. [The reafference principle. In: The Behavioral Physiology of Animals and Man. The Collected Papers of Erich von Holst, translated by Martin R. Coral Gables, FL: Univ. of Miami Press, 1973, p. 139-173, 176-209].

Von Neumann J (1956) Probabilistic logics and synthesis of reliable organisms from unreliable components. In: Automata Studies. Annals of Mathematical Studies, No. 34 (Shannon CE, McCarthy J, eds), pp. 43-98. Princeton, NJ: Princeton University Press.

Von Neumann J (1958) The Computer and the Brain. New Haven, CT: Yale University Press.

von Uexküll J (1934/ 2011) A Foray into the Worlds of Animals and Humans, with a Theory of Meaning. Minneapolis: University of Minnesota Press.

Vyazovskiy VV, Harris KD (2013) Sleep and the single neuron: the role of global slow oscillations in individual cell rest. Nat Rev Neurosci 14: 443-451.

Wachowiak M (2011) All in a sniff: olfaction as a model for active sensing. Neuron 71: 962-973.

Wallenstein GV, Hasselmo ME (1997) GABAergic modulation of hippocampal population activity: sequence learning, place field development, and the phase precession effect. J Neurophysiol 78: 393-408.

Walsh V (2003) A theory of magnitude: common cortical metrics of time, space and quantity. Trends Cogn Sci 7: 483-488.

Walter WG (1950) An imitation of life. Sci Am 182: 42-45.

Walter WG, Cooper R, Aldridge VJ, McCallum WC, Winter AL (1964) Contingent negative variation: an electric sign of sensorimotor association and expectancy in the human brain. Nature 203: 380-384.

Wang HP, Spencer D, Fellous JM, Sejnowski TJ (2010) Synchrony of thalamocortical inputs maximizes cortical reliability. Science 328: 106-109.

Wang Q, Sporns O, Burkhalter A (2012) Network analysis of corticocortical connections reveals ventral and dorsal processing streams in mouse visual cortex. J Neurosci 32: 4386-4399.

Wang RF, Spelke ES (2000) Updating egocentric representations in human navigation. Cognition 77: 215-250.

Wang SS, Shultz JR, Burish MJ, Harrison KH, Hof PR, et al. (2008) Functional trade-offs in white matter axonal scaling. J Neurosci 28: 4047-4056.

Wang X, Merzenich MM, Beitel R, Schreiner CE (1995) Representation of a species-specific vocalization in the primary auditory cortex of the common marmoset: temporal and spectral characteristics. J Neurophysiol 74: 2685-2706.

Wang XJ (2010) Neurophysiological and computational principles of cortical rhythms in cognition. Physiol Rev 90: 1195-1268.

Wang Y, Romani S, Lustig B, Leonardo A, Pastalkova E (2015) Theta sequences are essential for internally generated hippocampal firing fields. Nat Neurosci 18: 282-288.

Ward HC, Kotthaus S, Grimmond CS, Bjorkegren A, Wilkinson M, et al. (2015) Effects of urban density on carbon dioxide exchanges: observations of dense urban, suburban and woodland areas of southern England. Environ Pollut 198: 186-200.

Ward LM (2002) Dynamical Cognitive Science. Cambridge, MA: MIT Press.

Watson BO, Levenstein D, Greene JP, Gelinas JN, Buzsáki G (2016) Network homeostasis and state dynamics of neocortical sleep. Neuron 90: 839-852.

Watson JB (1930) Behaviorism. Chicago, IL: University of Chicago Press.

Watson RA, Szathmáry E (2016) How can evolution learn? Trends Ecol Evol 31: 147-157.

Watts DJ, Strogatz SH (1998) Collective dynamics of "small-world" networks. Nature 393: 440-442.

Wearden JH (2015) Passage of time judgements. Conscious Cogn 38: 165-171.

Wearden JH, Lejeune H (2008) Scalar properties in human timing: conformity and violations. Quart J Exp Psychol 61: 569-587.

Weatherall JO (2016) Void: The Strange Physics of Nothing (Foundational Questions in Science). New Haven, CT: Yale University Press.

Wehner R, Menzel R (1990) Do insects have cognitive maps? Ann Rev Neurosci 13: 403-414.

Weng J (2004) Developmental robotics: theory and experiments. Int J Humanoid Robot 1: 199-236.

Wennekers T, Sommer F, Aertsen A (2003) Neuronal assemblies. Theory Biosci 122: 1-104.

Werner, G. (1988) Five decades on the path to naturalizing epistemology. In: Sensory Processing in the Mammalian Brain (J. S. Lund, ed), pp. 345-359. New York: Oxford University Press.

Wertheimer M (1912) Experimentelle Studien über das Sehen von Bewegung. Zeitschrift für Psychologie 61: 161-265.

Whishaw IQ, Brooks BL (1999) Calibrating space: exploration is important for allothetic and idiothetic navigation. Hippocampus 9: 659-667.

Whishaw IQ, Hines DJ, Wallace DG (2001) Dead reckoning (path integration) requires the hippocampal formation: evidence from spontaneous exploration and spatial learning tasks in in light (allothetic) and dark (idiothetic) tests. Behav Brain Res 127: 49-69.

Whittington MA, Traub RD, Kopell N, Ermentrout B, Buhl EH (2000) Inhibition-based rhythms: experimental and mathematical observations on network dynamics. Int J Psychophysiol 38: 315-336.

Wickelgren WA (1999) Webs, cell assemblies, and chunking in neural nets: introduction. Can J Exp Psychol 53: 118-131.

Wicker B, Keysers C, Plailly J, Royet JP, Gallese V, Rizzolatti G (2003) Both of us disgusted in my insula: the common neural basis of seeing and feeling disgust. Neuron 40: 655-664.

Wiener N (1956) The theory of prediction. In: Modern Mathematics for Engineers, Series 1 (Beckenback EF, ed). New York: Dover Publications.

Wikenheiser AM, Redish AD (2013) The balance of forward and backward hippocampal sequences shifts across behavioral states. Hippocampus 23: 22-29.

Wills TJ, Lever C, Cacucci F, Burgess N, O'Keefe J (2005) Attractor dynamics in the hippocampal representation of the local environment. Science 308: 873-876.

Wills TJ, Muessig L, Cacucci F (2014) The development of spatial behaviour and the hippocampal neural representation of space. Philos Trans R Soc Lond B Biol Sci 369: 20130409.

Willshaw DJ, Buneman OP, Longuet-Higgins HC (1969) Non-holographic associative memory. Nature 222: 960-962.

Wilson MA, McNaughton BL (1993) Dynamics of the hippocampal ensemble code for space. Science 261: 1055-1058.

Wilson MA, McNaughton BL (1994) Reactivation of hippocampal ensemble memories during sleep. Science 265: 676-679.

Wilson NR, Runyan CA, Wang FL, Sur M (2012) Division and subtraction by distinct cortical inhibitory networks in vivo. Nature 488: 343-348.

Winfree AT (1980) The Geometry of Biological Time. (Biomathematics, Vol. 8.). Berlin-Heidelberg-New York: Springer-Verlag.

Winter SS, Clark BJ and Taube JS (2015) Disruption of the head direction cell network impairs the parahippocampal grid cell signal. Science 347: 870-874.

Wittgenstein L (1973) Philosophical Investigations. (3rd edition). London: Pearson.

Wolff SBE, Ölveczky BP (2018) The promise and perils of causal circuit manipulations. Curr Opin Neurobiol 49: 84-94.

Wolpert DM, Ghahramani Z, Jordan MI (1995) An internal model for sensorimotor integration. Science 269: 1880-1882.

Wood E, Dudchenko PA, Robitsek RJ, Eichenbaum H (2000) Hippocampal neurons encode information about different types of memory episodes occurring in the same location. Neuron 27: 623-633.

Woolf J (2010) The Mystery of Lewis Carroll. New York: St. Martin's Press.

Wootton D (2015) The Invention of Science. A New History of Scientific Revolution. New York: HarperCollins Publishers.

Wositsky J, Harney BY (1999) Born Under the Paperbark Tree. Marlston, SA: JB Books.

Wu X, Foster DJ (2014) Hippocampal replay captures the unique topological structure of a novel environment. J Neurosci 34: 6459-6469.

Yarbus AL (1967) Eye Movements and Vision (Haigh B, translator). Original Russian edition published in Moscow, 1965. New York: Plenum Press.

Yarrow K, Haggard P, Heal R, Brown P, Rothwell JC (2001) Illusory perceptions of space and time preserve cross-saccadic perceptual continuity. Nature 414: 302-305.

Yassin L, Benedetti BL, Jouhanneau JS, Wen JA, Poulet JFA, Barth AL. (2010) An embedded subnetwork of highly active neurons in the neocortex. Neuron 68: 1043-1050.

Yasumatsu N, Matsuzaki M, Miyazaki T, Noguchi J, Kasai H (2008) Principles of long-term dynamics of dendritic spines. J Neurosci 28: 13592-13608.

Yoshimura Y, Dantzker JL, Callaway EM (2005) Excitatory cortical neurons form fine-scale functional networks. Nature 433: 868-873.

Yuste R, MacLean JN, Smith J, Lansner A (2005) The cortex as a central pattern generator. Nat Rev Neurosci 6: 477-483.

Zatorre RJ, Chen JL, Penhune VB (2007) When the brain plays music: auditory-motor interactions in music perception and production. Nat Rev Neurosci 8: 547-558.

Zeh HD (2002) The Physical Basis of the Direction of Time (4th ed.). Berlin: Springer.

Zhang Q, Li Y, Tsien RW (2009) The dynamic control of kiss-and-run and vesicular reuse probed with single nanoparticles. Science 323: 1448-1453.

Zion Golumbic EM, Ding N, Bickel S, Lakatos P, Schevon CA, et al. (2013) Mechanisms underlying selective neuronal tracking of attended speech at a "cocktail party." Neuron 77: 980-991.

Zipser D, Andersen RA (1988) A back-propagation programmed network that simulates response properties of a subset of posterior parietal neurons. Nature 331: 679-684.

Ziv Y, Burns LD, Cocker ED, Hamel EO, Ghosh KK, et al. (2013) Long-term dynamics of CA1 hippocampal place codes. Nat Neurosci 16: 264-266.

Zohary E, Shadlen MN, Newsome WT (1994) Correlated neuronal discharge rate and its implications for psychophysical performance. Nature 370: 140-143.

Zorzi M, Priftis K, Umiltà C (2002) Brain damage: neglect disrupts the mental number line. Nature 417: 138-139.

Zucker RS, Regehr WG (2002) Short-term synaptic plasticity. Annu Rev Physiol 64: 355-405.

Zugaro MB, Monconduit L, Buzsáki G (2004) Spike phase precession persists after transient intrahippocampal perturbation. Nature Neurosci 8: 67-71.

인명

Aquinas, T. 27
Aristotle 21

Barnes, C. 127
Bergson, H. 256
Brodmann, K. 22
Brunelleschi, F. 78

Eddington, A. 253
Eichenbaum, H. 266
Einstein, A. 268

Fechner, G. T. 309
Feynman, R. 255

Gall, F. J. 21
Georgopoulos, A. 104
Granger, C. 61
Gutenberg, J. 233

Hebb, D. O. 101
Heidegger, M. 256
Heisenberg, W. K. 56
Hume, D. 26

James, W. 23 247

Kant, I. 59, 248

Locke, J. 26

Magendie, F. 70
Maguire, E. 124
Marr, D. 28
McNaughton, B. 127, 215
Mittelstaedt, H. 79

Nadel, L. 262

O'Keefe J. 126, 135, 262

Pavlov, I. 27

Rizzolatti, G. 141
Russell, B. 63

Shannon, C. 45
Skinner, B. F. 29
Sperry, R. 79

Tonegawa, S. 192

von Holst, E. 79

Watson, J. B. 29
Wilson, M. 215

내용

DeepMind 240
two-trace 모델 140

가소성 뉴런 330
감마 아미노부티르산 288

강체 세포 330
거울 뉴런 시스템 140

결정론 58
경험주의적 관점 115
계층적인 관계 154
교차 주파수 결합 162
그리드 셀 125

내면화된 행동 118
내부에서 밖으로 25
내재화 94
내후각 피질 129
뇌 기능의 외부화 123
뇌-기계 인터페이스 105
뇌파(EEG) 156
누산기-임계값 모델 267
뉴런 시퀀스 181
능동적 감지 84

다중 루프 패턴 117
단속적 안구 운동 269
동반 방출 80
동반 방출 메커니즘 80
두정엽 피질 277

러다이트 225
로그 스케일링 306
로컬 필드 전위(LFP) 155
리치 클럽 320

매킨토시 컴퓨터 240
멀티복셀 패턴 분석(MVPA) 191

반향정위 87
방추 세포 228
배선 다이어그램 308
베버 법칙 309
베버 비율 309
베버-페히너 법칙 309
변환 불변성 297
복잡계 64
분로 288
비급속 안구 운동(비 REM) 수면 324
비선형 증폭 기능 307
빠른 안구 운동(REM) 수면 76

상관관계 53
세타-감마 위상 결합 170
세포 조립 101
수면 방추 93
수상돌기 가시 315
수용체 289
스스로 조직화된 역학 65
시간 압축 269
시간 창 108
시냅스 가소성 196
시냅스 전 부톤 315
시스템 277
시안 운동 공간 259
신경 오실레이터 161
신속 눈운동 82

아몬다와 250
앙상블 크기 319
앨런 연구소 316
억제성 개재 뉴런 159
엔그램 102
엔트로피 253
예측 53
외부에서 안으로 25
외삽 53
원투족 250
의미론적 기억 138
인공지능 241
인과성 58
인지의 출현 120
인터넷 241
일화 기억 136
임의 연결 통계 316

자기 뇌파(MEG) 156
자기 조직화된 시스템 253
자기 조직화된 행동 77
자기 조직화된 활동 118, 181
장거리 개재 뉴런 167
장소 세포 126
장소 코딩 299
장소 필드 126
재순환 흥분 290
전기 피질도(ECoG) 155
접지 95, 259
제임스-랑게 감정 이론 146

창발 68

탐색 로봇 131
트랜지스터 307

판독 107
판독 분류기 107
페이스넷 240
편도체 144
피드 포워드 억제 모티프 62
피드포워드 억제 메커니즘 90

해마 129
해마 장소 세포 182
해마-내비기관 266
해마-내후각 277
해마-내후각 시스템 133, 299
행동주의 115
행동-지각 71
호문쿨루스 26
확장성 164
회귀선 53
후두정 피질 193
흥분성 피라미드 뉴런 159

저자 소개

György Buzsáki

헝가리 출신의 의사 및 뇌과학자로, 신경과학 분야에서 국제적으로 인정받는 학자이다. 주요 연구 주제는 뇌파와 신경망의 동작 메커니즘이며, 현재 뉴욕대학교 신경과학 및 생리학과 교수로 재직 중이다.
미국 국립과학원(National Academy of Sciences), 과학진흥협회(American Association for the Advancement of Science) 회원이며, 2011년 해마와 피질에서 뉴런의 조직을 설명한 연구로 브레인 상(Brain Prize)을, 2020년 미국 신경과학회에서 주는 최고 영예인 랄프 제라드 상(Ralph Gerard Prize)을 수상했다.

역자 소개

차지욱(Jiook Cha)

고려대학교 환경생태공학부 학사(2000~2007)
가톨릭대학교 의생명과학과 신경생물학 석사(2007~2009)
미국 뉴욕주립대학교 스토니브룩 신경과학 박사(2009~2013)
미국 컬럼비아의대 정신과 조교수 박사후 연구원(2013~2016)
미국 컬럼비아의대 정신과 조교수(2016~2020)
데이터 신경과학자
현 서울대학교 심리학과 부교수

뇌영상, 발달뇌과학, 정신과학 분야 50여 편 논문 발표

뇌과학 혁명
뇌의 언어부터 이해하라
The Brain from Inside Out

2024년 10월 22일 1판 1쇄 인쇄
2024년 10월 30일 1판 1쇄 발행

지은이 • György Buzsáki
옮긴이 • 차지욱
펴낸이 • 김진환
펴낸곳 • ㈜학지사
04031 서울특별시 마포구 양화로 15길 20 마인드월드빌딩
대표전화 • 02-330-5114 팩스 • 02-324-2345
등록번호 • 제313-2006-000265호

홈페이지 • http://www.hakjisa.co.kr
인스타그램 • https://www.instagram.com/hakjisabook

ISBN 978-89-997-3235-5 93180

정가 25,000원

역자와의 협약으로 인지는 생략합니다.
파본은 구입처에서 교환해 드립니다.

이 책을 무단으로 전재하거나 복제할 경우 저작권법에 따라 처벌을 받게 됩니다.

출판미디어기업 **학지사**

간호보건의학출판 **학지사메디컬** www.hakjisamd.co.kr
심리검사연구소 **인싸이트** www.inpsyt.co.kr
학술논문서비스 **뉴논문** www.newnonmun.com
교육연수원 **카운피아** www.counpia.com
대학교재전자책플랫폼 **캠퍼스북** www.campusbook.co.kr